맥체인성경
키워드

맥체인성경 키워드

2023년 7월 31일 초판 1쇄 발행

발 행 처 선교횃불

디 자 인 디자인이츠

등 록 일 1999년 9월 21일 제54호

등록주소 서울시 송파구 백제고분로 27길 12(삼전동)

전   화 (02) 2203-2739

팩   스 (02) 2203-2738

이 메 일 ccm2you@gmail.com

홈페이지 www.ccm2u.com

맥체인성경

키워드

신교횃불

• 발간사 •

성경에 대한 관심이 되살아난 이 중대한 사건은 비록 2,400년 전(주전 445년경)에 일어난 일이지만 성경을 읽고 이해하며 하나님의 복을 아는 것(계 1:3)은 그 이후 모든 세대에 가장 필요한 일이 되었습니다. 그래서 선교횃불 출판부에서는 이 일을 위해 연구를 시작하였습니다. 어떻게 하면 쉽게 성경을 한눈에 볼 수 있을까를 생각하며 집필한 것이 바로 이 한 권의 책입니다.

이 책은 맥체인성경을 기초로 하여 하루에 4권을 간략히 이해하고 읽을 수 있도록 주제의 연결 고리를 만들어 성경 66권을 한 눈에 볼 수 있도록 하였고, 성경의 각 장(章)을 요약하였으며 핵심 단어의 성구를 기록하였고, '말씀기도'로 마무리할 수 있도록 구성하였습니다. 그리고 '묵상'과 그 장의 '메시지'를 기록함으로서 그 장을 간략히 소개하는 형식으로 엮었으며 네 권의 책을 통해 말씀 연결 고리를 찾아볼 수 있도록 하였고, 끝으로 '일러두기'를 통해 그 단락의 중심 주제를 묵상하도록 하였습니다. 『맥체인성경 키워드』가 시간적, 공간적으로 제한을 느끼는 이들에게 유익한 작은 도서관 역할을 해줄 것을 기대합니다. 또한 성경을 이해하고 알아가기를 원하는 모든 이들에게 그 효율성이 배가 되기를 희망해봅니다.

성경은 하나님이 주신 영감으로 작성된 66개 문서의 모음집입니다. 이 문서들이 두 개의 약속, 곧 구약(39권)과 신약(27권)으로 모였습니다. 이스라엘의 여러 선지자와 제사장, 왕, 지도자가 히브리어로(아람어로 쓰인 두 개의 단락과 함께) 구약을 썼습니다. 또한 사도들과 그의 동료들은 헬라어로 신약을 썼습니다. 이 두 개의 약속은 창조에서 완성으로, 영원한 과거에서 영원한 미래로 나아갑니다. 구약은 우주의 창조에서 시작하여 예수 그리스도가 처음 이 땅에 오시기 전까지 오랜 기간에 걸쳐 기록되었습니다. 구약이 완성되고 나서 약 400여 년의 침묵의 시간이 흘렀는데, 그 기간 하나님은 아무 말씀도 하시지 않았고 영감을 받은 성경도 없었습니다. 그러다가 약속된 주, 구세주가 왔다고 선언한 세례 요한의 등장으로 이 침묵은 마침내 깨졌습니다. 신약은 그리스도의 탄생부터 모든 역사가 완성되기까지 그리고 마지막 영원의 상태에 이르는 나머지 역사를 기록했습니다. 39권의 구약은 주로 이스라엘의 역사와 오실 구세주에 대한 약속을 담고 있지만, 27권의 신약은 주로 그리스도의 존재와 교회의 설립에 대한 내용으로 되어 있습니다. 이와 같은 성경을 이해하려면 창조부터 완성에 이르는 역사의 흐름을 파악하는 것이 필요합니다. 『맥체인성경 키워드』는 이 구속을 위한 하나님의 계획을 영원 전에 그것이 생길 때부터 영원한 미래에 그것이 완성될 때까지 드러내 보여줍니다. 하나님의 영광을 위한 죄인의 구속이라는 이 장엄하고 압도적인 주제가 이야기의 처음부터 끝입니다.

끝으로 『맥체인성경 키워드』의 기초가 되는 구성과 편집 작업을 위해 도움을 주신 염성철 장로님께 감사를 드립니다. 아무쪼록 이 책이 독자들로 하여금 많은 사랑과 호응을 받을 수 있기를 기도하며 하나님 나라를 위해 쓰임 받는 책이 될 수 있기를 간절한 마음을 담아 소원해 봅니다.

도서출판 선교횃불 편집부

• 차 례 •

시작

창세기 1장 | 마태복음 1장 | 에스라 1장 | 사도행전 1장

창 1장 | **우주의 역사와 만물의 시작**

묵상 | 하나님은 창조주시오 세상의 주인이시며, 유일한 신앙의 대상이다

key word | 1:1 태초에 1:2 혼돈하고 1:14 징조 1:20 번성 1:22 복

message | 하나님의 형상(1:26-27):하나님을 "우리의 형상"이라고 표현한 것은 삼위일체 하나님에 대한 언급으로 보기도 한다. 또 하나님이 사람을 하나님의 모양대로 만들었다는 말은 단순히 사람이 하나님의 겉모습만 닮은 것이 아니라 하나님께서 주신 고귀한 내면까지라는 뜻이 담겨 있다.

마 1장 | **예수의 계보와 탄생**

묵상 | 아브라함과 다윗의 자손 예수 그리스도의 계보

key word | 1:1 아브라함과 예수 그리스도의 1:17 열네 대 1:21 예수 1:23 임마누엘

message | 신약의 첫 책인 마태복음 첫 장 초두의 '아브라함과 다윗의 자손 예수 그리스도의 계보'는 구약성경이 예언하고 기다리던 메시야가 도래했음을 선포한다. 특히 1장은 예수께서 누구의 가문을 통해 세상에 왔는지를 보여주는 족보와 그분의 탄생에 관해 기록하고 있다.

말씀 연결(창 1장; 마 1장)_천지 창조와 왕의 시작

▶**말씀기도**

지난해의 아쉬움으로 좌절하지 않고 말씀에 의지하여 다시금 시작함에 있어서 모든 시작은 하나님의 섭리에 달려 있음을 기억하며 살아가기를 간구합니다.

스 1장	**고레스의 칙령에 따른 유다의 귀환**
묵상	에스라는 바벨론에서 예루살렘으로 귀환하기까지 상황
key word	1:1 고레스 원년 1:2 하늘의 하나님 여호와
message	고레스는 기원전 539년경(단 5:30) 바벨론 제국을 멸망시키고 중근동 지역에 강력한 제국을 건설한다. 고레스 원년은 바벨론 정복 원년을 가리키며, 에스라는 바사의 신이 아니라 여호와가 하늘의 하나님이라고 주장한다.

행 1장	**성령을 기다리며 기도에 힘쓴 제자들**
묵상	누가의 첫 책인 누가복음과 연결성을 확인시켜주고(1-5절), 예수께서 친히 명한 선교의 명령(6-11절)과 약속한 성령을 기다리며 기도에 힘쓴 초대교회 성도들의 모습(12-14절), 가룟 유다를 대신할 사도를 택한 내용(15-16절)
key word	1:1 데오빌로 1:2 성령 1:4 약속 1:5 성령 세례 1:6 나라 회복 1:8 증인 1:12 안식일 1:14 예수의 아우들 1:19 아겔다마
message	예수께서는 제자들에게 자신의 일을 수행하기 위해 필요한 진리를 말씀과 행동으로 가르치셨고, 십자가에서 구속의 일을 마치셨으며 그 영광을 전파하는 일을 비로소 시작하셨다.

말씀 연결(스 1장; 행 1장)_새 성전의 시작과 성령

▶**일러두기**

우리가 살고 있는 이 지구와 태양계가 속해 있는 은하계에는 태양과 같은 또 다른 태양이 1,000억 개나 있다고 한다. 지구에서 보는 태양은 지구보다 150만 배가 큰데 반해 다른 태양들은 이 태양계의 태양보다 훨씬 더 크다고 한다. 이 은하계의 크기는 그 직경이 20만 광년의 거리를 가지고 있다는 것이다.

씨

창 2장　**하나님 나라의 씨(인간)의 창조**

묵상　천지 창조 중 최대 관심사는 하나님의 형상

key word　2:7 흙, 생령　2:8 에덴 동산　2:9 생명 나무　2:18 배필　2:23 뼈 중의 뼈

message　에덴은 기쁨과 아름다움을, 동산은 울타리를 쳐둔 정원이라는 뜻으로서 에덴 동산은 울타리가 둘러쳐진 기쁨이 넘치는 정원이라는 말이며, 낙원이라는 의미를 지니고 있다.

마 2장　**하나님 나라의 씨**

묵상　동방에서 온 박사들이 예수의 탄생을 경배

key word　2:1 헤롯 왕　2:2 동방　2:16 두 살　2:22 아켈라오

message　예수 그리스도의 탄생에 이어 동방에서 온 박사들이 예수의 탄생을 경배하는 장면과 예수의 가족이 헤롯의 칼날을 피해 애굽으로 피신하는 장면, 이어 헤롯의 무자비한 유아 대학살 사건, 예수의 나사렛 어린 시절이 소개된다.

말씀 연결(창 2장; 마 2장)_하나님 나라 씨의 시작

▶말씀기도

우리는 언제나 무너지고 넘어져도 하나님은 하나님 나라 씨에게 새로운 시작을 주시는 분임을 믿으며 오직 믿음으로 반응하며 살아가기를 위해 기도합니다.

스 2장	새 성전 시대의 하나님 나라의 씨의 모습
묵상	제1차 포로 귀환(BC 538년경)에 참여한 자 중 자손별 인구 수, 고향별 인구 수
key word	2:1 느브갓네살 2:36 제사장들 2:40 레위 사람 2:43 느디님 사람들
message	스룹바벨의 이름은 '바벨론의 사냥' 혹은 '바벨론의 씨(후예)', 다윗 혈통에 속한 자로서 여호야긴 왕의 손자였으며(대하 3:17-19), 예수의 조상 가운데 한사람이었다(마 1:12-13). 귀환 후 성전과 성곽을 재건하였는데 이때 세운 성전을 스룹바벨 성전이라고 한다.

행 2장	하나님 나라의 씨를 위한 선물 성령
묵상	예수께서 약속하셨던 성령이 마침내 강림하신 사건
key word	2:3 불의 혀 2:15 제 삼 시 2:17 육체 2:23 법 없는 자 2:35 발등상 2:38 회개, 세례
message	팔레스타인 밖에서 살고 있으면서 이방인들 사이에서 여호와 신앙을 지키던 유대인들을 일컬어 '디아스포라'라고 하는데 이들은 끝까지 믿음을 잃지 않고 지킨 자들이다. 그들의 믿음을 본받아 하나님의 씨의 선물인 성령을 보여주는 대목이다.

말씀 연결(스 2장; 행 2장)_하나님 나라의 씨의 모습

▶일러두기

'에덴'이라는 말은 '즐거움', '기쁨', '낙원'이라는 의미를 가지고 있다. 에덴은 인간이 살기에 완벽한 곳이었다. 창세기 2:8-17에서 우리는 에덴의 모습을 볼 수 있다. 하나님이 창조한 에덴은 바로 하나님 나라의 원형이다. 그곳은 하나님의 통치가 온전히 이루어지는 곳으로서 땅에서도 하늘에 닿을 수 있는 복이 넘치는 곳임을 알 수 있다.

죄(罪)

창세기 3장 | 마태복음 3장 | 에스라 3장 | 사도행전 3장

창 3장 **죄의 시작**

묵상   죄의 시작과 하나님의 자비하심

key word   3:1 간교   3:5 밝아져   3:18 가시덤불과 엉겅퀴   3:20 하와

message   교만과 불순종에서 비롯된 범죄는 이 땅에 고통, 불화, 죽음을 가져왔다. 그러나 하나님은 곧 메시야에 대한 약속과 그분의 보호와 인도를 상징하는 가죽옷을 입혀주셨다. 인간은 실패했으나 그를 사랑하시는 하나님은 실패하지 않으신다는 것을 보여준다.

마 3장 **회개와 세례**

묵상   죄를 처리하는 방법인 회개와 세례를 통한 새롭게 됨

key word   3:2 회개하라   3:4 메뚜기와 석청   3:7 바리새인   3:9 아브라함이   3:15 모든 의

message   헤롯 왕의 죽음으로 예수의 가족이 애굽에서 나사렛으로 돌아온 기록에 이어 30년의 세월을 뛰어넘어 예수께서 공생애 사역을 시작하기 직전 요단 강에서 선지자 세례 요한으로부터 세례를 받고 공개적으로 하나님으로부터 당신의 아들임을 인정받는 신비한 사건이 소개되고 있다.

말씀 연결(창 3장; 마 3장)_죄와 회개

▶**말씀기도**

세상을 살아가면서 분별력 없이 판단하고 살아온 지난날들의 죄악들을 회개하오니 용서하시고 하나님의 창조 목적을 이루어 살아가게 하시고 그 뜻을 이루기를 위해 기도합니다.

스 3장　　예루살렘 성전의 기초 공사

묵상　　　제1차 포로 귀환에 참여한 자

key word　3:3 모든 나라 백성 3:5 항상 드리는 번제 3:10 나팔을 들고

message　제1차 포로 귀환자들이 마침내 예루살렘으로 돌아와 포로 생활 중 중
　　　　　단되었던 예배를 재개하고, 그렇게도 바라던 성전 재건 작업에 착수
　　　　　하게 된다.

행 3장　　오순절 성령 강림과 교회의 시작

묵상　　　성령을 체험한 제자들의 반응

key word　2:3 불의 혀 2:15 제 삼 시 2:17 육체 2:23 법없는 자 2:35 발등상 2:38
　　　　　회개, 세례

message　예수께서 약속하셨던 성령이 마침내 강림하신 사건과 성령을 체험한
　　　　　제자들의 신령한 반응을 보고 놀란 오순절 순례자들에게 베드로가
　　　　　설교하고 잃어난 사건 등을 소개하고 있다.

말씀 연결(스 2장; 행 2장)_성전의 회복

▶일러두기

'여자의 후손'이란 남자 경험이 없는 동정녀에게 잉태되어 성육신하신 메시야 예수를 가리키는
것으로 예수는 십자가상에서 뱀의 후손으로부터 상처를 입고 죽음을 맞이할 것이나 사망 권세
를 물리치고 부활하심으로써 영원한 승리를 쟁취하실 것이다.

4
Jan
용납과 거절
창세기 4장 | 마태복음 4장 | 에스라 4장 | 사도행전 4장

창 4장 **최초의 살인**

묵상   제사에 있어서 하나님 편에서의 용납과 거절

key word   4:15 칠 배   4:16 하나님 앞을 떠나서   4:17 에녹   4:20 야발   4:21 유발
              4:22 두발가인   4:25 셋   4:26 에노스

message   죄악은 그 파괴성과 추이성이 점증하며 마침내 형제 살인이라는 참
              극을 빚어낸다. 범죄한 인간의 모든 활동은 죄요 결국은 죽음이다. 그
              러나 이에 대한 하나님의 반응은 회개하기까지 오래 기다리시는 사
              랑과 섭리였다.

마 4장 **시험을 이기시고 공생애 시작**

묵상   시험을 거절하시고 사람들을 용납하시는 예수님과 부르심

key word   4:13 가버나움   4:15 스불론, 납달리, 갈릴리   4:21 야고보, 요한

message   예수님께서는 40일 금식을 마치신 후 마귀의 시험을 이기고 본격적
              으로 공생애 사역을 시작하신다. 예수의 공생애는 갈릴리 사역에서
              부터 시작되는데 제자를 부르시고 천국 복음을 선포하시는 장면이
              다.

말씀 연결(창 4장; 마 4장)_하나님 편에서의 용납과 시험의 거절

▶말씀기도

주 예수 그리스도를 만왕의 왕으로 모시고 죄를 멀리하고 지은 죄를 철저히 회개하며, 예수 그
리스도 한 분만을 위해 살아가는 신자 되기를 간절히 기도합니다.

스 4장	**성전 건축을 방해하는 사마리아인**
묵상	성전 건축에서 이방인들의 동참을 거절함
key word	4:6-7 아하수에로, 아닥사스다 4:13 조공과 관세와 통행세 4:14 소금 4:15 사기
message	종교적 혈통과 혼합주의자들인 사마리아인들이 유다인들의 성전 재건을 방해한 일들과 예루살렘 성곽 재건 작업을 방해하기 위한 사마리아인들의 고소 사건이 연대기적으로 소개되고 있다.

행 4장	**교회를 향한 유대주의자들의 핍박**
묵상	예수 그리스도, 물질에 대한 용납과 거절을 보여주고 있다.
key word	4:1 성전 맡은 자 4:6 안나스 4:11 버린 돌, 모퉁이의 머릿돌 4:15 공회 4:24 대주제
message	성령 강림 후 사도들의 복음 전파 사역이 본격화되는 것과 동시에 기존 종교 세력의 적대감이 고조되고 있다. 그러한 상황에서 베드로와 요한의 투옥, 제자들의 그리스도 증거, 베드로와 요한이 산헤드린의 침묵 명령을 거부한 일과 교회가 합심하여 기도에 힘쓰는 일등이 소개되고 있다.

말씀 연결(스 4장; 행 4장)_성전건축과 물질에 대한 용납과 거절

▶일러두기

성경은 예수 그리스도만이 유일한 구원의 길이라고 분명히 말하고 있다. 하지만 또한 하나님은 절대 고정하며 자비로운 분이라고 가르친다. 어쩌면 이 두 가지 진리의 조화 속에 해답이 있을 것이다. 우리가 알아야 할 것은, 구원은 우리 하나님을 사랑하는 데에 따른 결과가 아니라 하나님이 우리를 사랑하시는 데에 따른 결과라는 점이다. 구원은 우리의 선행이나 노력으로 이루어지는 것이 아니라 하나님의 은혜인 것이다.

하나님과 동행

창세기 5장 | 마태복음 5장 | 에스라 5장 | 사도행전 5장

창 5장 **경건의 씨앗, 셋의 자손**

묵상 죄악이 가득한 세상 가운데서 하나님과 동행함

key word 5:1 모양 5:22 동행 5:24 데려가시므로

message 타락한 가인의 후예에 이어 경건한 셋 자손의 계보가 소개되고 있으며, 가인의 후손과 그들이 만들어낸 악한 문화가 만연하는 듯 보이나 하나님은 그 가운데도 경건한 후손을 예비하시고 믿음의 가정을 이루게 하신다.

마 5장 **산상수훈과 천국 시민의 윤리 강령**

묵상 하나님과 동행함에 있어서의 기준인 천국의 규범

key word 5:5 온유함 5:6 의에 주리고 목미른 자 5:13 그 맛을 잃으면 5:14 세상의 빛 5:15 등불 5:17 율법 5:18 일획 5:22 라가

message 산상수훈은 왕이신 예수님의 취임 연설이다. 예수님은 하나님 나라의 백성들에게 기대하시는 것을 말씀하시고 있다.

말씀 연결(창 5장; 마 5장)_하나님과 동행함과 천국의 규범

▶**말씀기도**

우리는 주님과 온전한 동행을 하는지 생각하게 하시고 천국의 규범을 따라 주님과 동행하는 삶을 살게 하시고 오직 주님만을 위한 삶이 되며 순종하며 살아가기를 소원합니다.

스 5장	**성전 건축을 방해하는 사마리아인**
묵상	하나님과 동행함에서 있어 성전 건축의 중요성
key word	5:1 학개, 스가랴 5:2 스룹바벨 5:5 공사를 막음 5:8 나무 5:11 이스라엘의 큰 왕 5:12 갈대아 사람
message	사마리아인들의 방해로 중단된 재건 작업이 학개와 스가랴를 중심하여 재개되었다. 이에 사마리아인들의 방해가 적극적이며 그 방해공작이 있음에도 불구하고 유다의 지도자들은 성전 건축의 정당성을 말하며 맞서고 있다.

행 5장	**아나니아와 삽비라 부부 사건**
묵상	하나님과 동행함에 있어서 하나님께 순종의 중요성
key word	5:5 혼이 떠나니 5:9 함께 꾀하여 5:13 상종 5:17 대제사장 5:19 주의 사자 5:21 원로 5:32 증인 5:34 가말리엘 5:37 호적
message	성령을 속이려 한 아나니아와 삽비라 부부의 부정직한 행위와 더욱 힘 있게 전파되는 복음 전도와 거듭된 투옥과 구원, 그리고 사도들이 가말리엘의 도움으로 풀려나는 일 등이 소개되고 있다.

말씀 연결(스 5장; 행 5장)_성전건축과 물질에 대한 용납과 거절

▶일러두기

이스라엘의 예배 제도에서 제단은 중심적인 위치를 차지한다. 제단은 속죄가 이루어지는 유일한 장소이다. 범죄한 인간이 용서를 확신하면서 안전하게 하나님을 만날 수 있는 곳이 바로 제단이었다. 하지만 유대인들이 바벨론 포로 생활에서 본토 예루살렘으로 돌아왔을 때, 그들이 제단을 재건한 동기는 죄의식 때문이 아니었다. 그들은 옛 성전 터에 제단을 세우고 번제와 즐거이 드리는 예물을 바쳤다. 번제는 하나님께 온전한 헌신을 한다는 의미의 제사였으며, 즐거이 드리는 예물은 하나님과의 교제와 화목을 상징하는 자발적인 감사의 제물이었다.

하나님과 동행(2)

창세기 6장 | 마태복음 6장 | 에스라 6장 | 사도행전 6장

창 6장	**세상에 휩쓸리지 않는 노아**
묵상	죄악이 넘치는 세상 가운데서도 하나님과 동행하는 삶
key word	6:2 육신 6:3 백이십 년 6:4 네피림 6:7 가축과 새 6:114 칸들 6:19 암수 한 쌍
message	대 홍수 심판에서 유일하게 구원을 받은 노아 가족의 행적에 대한 기록이다. 죄악이 넘치는 세상에서 구원받는 길은 타락한 다수의 세속적 경향성과 악한 유형을 따르지 않고 하나님의 말씀에 순종하며 의롭게 사는 것이다.

마 6장	**구제와 기도, 금식에 관한 교훈**
묵상	하나님과 동행하는 영역들
key word	6:2 외식하는 자 6:6 골방 6:7 중언부언 6:19 좀과 동록 6:22 눈이 성하면 6:23 눈이 나쁘면 6:28 백합화 6:30 들풀 6:33 그의 의
message	구제와 기도 그리고 금식 등 하나님과의 관계에서 올바른 신앙생활에 필요한 교훈을 주고 있다. 그리고 외식하는 자들에 대해 경고하고 있다.

말씀 연결(창 6장; 마 6장)_하나님과 동행과 삶의 영역

....

....

....

▶**말씀기도**

죄악이 가득한 세상에서 하나님과 동행하는 삶을 살게 하시고, 주님의 능력을 따라 금식하고 구제하며 주님의 성전을 올바르게 세워가는 삶이 되고 오직 기도와 말씀으로 성령 충만하게 하옵소서.

스 6장	**다리오의 후원으로 재건된 성전**
묵상	하나님과 동행하는 자의 형통과 성전 건축의 완성
key word	6:2 메대 6:4 큰 돌 6:8 경비 6:10 왕과 왕자들 6:11 명령의 변조 6:16 사로잡혔던 자 6:18 분반 6:21 스스로 구별
message	우여곡절 끝에 다리오 왕 제6년 아달월 3일(BC 516년 2-3월 3일)에 마침내 성전이 재건되어 봉헌식을 하게 되었고, 중단되었던 유월절 예식이 준수되는 장면이다.

행 6장	**일곱 집사 선택**
묵상	하나님과 동행에서 하나님께 순종함의 중요성
key word	6:1 제자 6:5 스데반, 니골라 6:6 안수 6:9 자유민들 6:13 거룩한 곳
message	구제와 관련하여 교회 내부적으로 문제가 일어났으나 그로 인하여 일곱 집사들이 선택되고 그들의 사역을 통해 교회가 좀 더 체계화된 사건이 언급되고 있다. 이어서 은혜와 권능이 충만한 스데반의 활동과 유대인들에게 고소당한 사건이 소개되고 있다.

말씀 연결(스 6장; 행 6장)_성전건축과 물질에 대한 용납과 거절

▶**일러두기**

다리오 왕의 조소로 성전 재건 공사가 신속하게 진행되어 이스라엘 백성들은 성전 봉헌식과 함께 유월절을 지키게 된다. 여기서 유월절은 단순히 출애굽 사건을 기념하는 것만이 아니라 예배의 회복으로 말미암아 하나님과의 교제를 회복하고 여호와의 구원과 은혜를 확인하는 의미를 지니고 있다.

하나님의 선한 손의 도우심

창세기 7장 | 마태복음 7장 | 에스라 7장 | 사도행전 7장

창 7장　유일한 피난처인 구원의 방주

묵상　죄악 중에 씨를 남기시는 하나님의 도우심

key word　7:1 방주　7:2 정결한 짐승, 부정한 짐승　7:4 사십 주야　7:16 문을 닫으심
7:20 십오 규빗　7:22 생명의 기운

message　말씀과 순종으로 건조된 방주는 홍수 심판의 유일한 피난처였다. 이
는 죄와 죽음의 물결이 넘실대는 세상과 환난 날의 위기에서 화를 면
하게 하는 유일한 수단이 구원의 방주이신　예수님이심을 예비하는
것이다.

마 7장　천국 백성의 사회적인 의무

묵상　구하는 자에게 주시는 하나님

key word　7:1 비판　7:3 눈 속에 있는 티　7:6 거룩　7:8 구하는, 찾는, 두드리는　7:15
거짓 선지자들　7:21 뜻대로　7:22 그 날　7:24 반석　7:25 비　7:29 권위

message　예수께서는 산상수훈 마지막에서 천국 백성이 사회에서 어떤 자세로
살아가야 할지 교훈하신다. 여러 비유에서 말씀의 실천을 강조하신
다.

말씀 연결(창 7장; 마 7장)_구하는 자에게 주시는 하나님

....

....

....

▶**말씀기도**
오늘 계획하는 모든 일에 하나님의 선한 도우심의 손길을 기대하며 우리가 기도할 때 응답하시
고 순전한 백성으로 살아가기를 기도합니다.

스 7장	**2차 바벨론 포로 귀환**
묵상	하나님의 선한 손의 도우심을 통한 형통함
key word	7:1 스라야 7:5 엘르아살 7:6 익숙함 7:12 모든 왕의 왕 7:13 이스라엘 7:16 예물 7:22 백 달란트 7:24 조공, 권세
message	제사장의 출신이자 율법학자인 에스라를 중심으로 제2차 귀환자들이 예루살렘에 당도한 사실과 아닥사스다 왕이 귀환 명령과 함께 예루살렘 재건에 필요한 물품을 공급한 사실과 에스라의 감격에 찬 신앙고백 등이 소개되고 있다.

행 7장	**스데반의 설교와 순교**
묵상	이스라엘 구원을 위한 하나님의 선한 손의 도우심
key word	7:2 하란에 있기 전 7:6 사백 년 동안 7:8 할례의 언약 7:14 야곱과 온 친척 7:22 모세 7:23 사십 7:29 미디안 땅 7:38 말하던 그 천사 7:39 모세에게 7:44 증거의 장막 7:58 사울이라 하는 청년의 발 앞에
message	스데반의 설교를 요약하면, 이스라엘 역사는 하나님 활동의 역사이며, 하나님은 사람의 손으로 지은 성전을 필요로 하지 않으시고 예수의 죽음은 곧 하나님께 대한 이스라엘의 또 다른 반역이라고 할 수 있다. 이 설교로 인해 스데반은 순교의 피를 쏟게 되었다.

말씀 연결(스 7장; 행 7장)_하나님의 선한 도우심과 형통

▶**일러두기**

'공룡이 노아 방주에 탔을까 하는 의문' - 공룡은 인기가 많은 동물이다. 움직이는 동물 중에서 가장 거대한 몸집을 가진 동물일 것이다. 그 거대한 동물인 공룡이 노아 방주에 탔을까 하는 내용은 성경 어디에도 없다. 성경은 공룡에 관한 이야기가 아니라 사람들에 대한 이야기와 우리 삶에 대한 하나님의 계획을 이야기해 주고 있는 점이다.

하나님의 선한 손의 도우심(2)

창세기 8장 | 마태복음 8장 | 에스라 8장 | 사도행전 8장

창 8장	**홍수 심판의 끝**

묵상 | 홍수 후 다시 생육하고 번성을 명하시는 하나님의 손길

key word | 8:1 기억하사 8:4 아라랏 8:11 감람나무 8:13 육백일 년 첫째 달 곧 그 달 초하룻날에 8:17 생육하고 8:21 그 향기를 받으시고

message | 홍수 심판의 목적은 인류 멸망이 아니라 악한 인류를 정결하게 하며, 거룩한 씨를 보존하려는데 목적이 있다. 하나님과의 관계 회복이나 구원에 대한 감사가 피 흘린 제사로써 표현된 것은 여호와의 근간이 대속의 희생에 있음을 시사해 주고 있다.

마 8장	**예수께서 행하신 이적들**

묵상 | 모든 악한 것을 고치심을 통해 선한 도우심의 손길

key word | 8:4 아무에게도 이르지 말고 8:5 백부장 8:10 놀랍게 여겨 8:11 천국에 8:12 울며 이를 갈게 8:22 죽은 자들 8:30 돼지 떼 8:34 떠나시기를 간구

message | 나병환자, 백부장의 종, 베드로의 장모의 질병과 귀신 들린 자들을 고치신 예수의 치유와 함께 바다를 잔잔케 하신 이적을 볼 수 있다.

말씀 연결(창 8장; 마 8장)_생육하고 번성하며, 하나님의 선한 손의 도우심

....

....

....

▶말씀기도

생육하고 번성하라는 주님의 도우심을 간구하며 우리의 모든 육신의 연약함을 고치시고 주님의 은혜와 능력을 힘입어 살아가게 하옵소서.

스 8장	**2차 귀환자 명단**
묵상	하나님의 선한 도우심을 통한 형통함
key word	8:6 요나단 8:8 미가엘 8:10 슬로밋 8:15 야하와로 흐르는 강 8:16 아리엘 8:21 모든 소유 8:22 부끄러워 하였음이라 8:26 육백오십 달란트 8:27 금 같이 보배로운 놋
message	2차 귀환에 참여한 자들을 각 가문별로 파악한 일과 귀환자 중 성전 봉사자들을 모집한 일 그리고 금식을 통해 귀환자들의 영적 각성을 촉구한 일과 귀환자들이 감사 제사를 드리는 장면을 소개하고 있다.

행 8장	**예루살렘 교회의 고난과 사마리아 선교**
묵상	박해 중 복음을 전파하기 위한 도우시는 선한 손길
key word	8:1 사도 외에는 8:3 잔멸할새 8:5 빌립 8:10 크다 일컫는 8:14 하나님의 말씀 8:16 성령 8:27 에디오피아 사람 8:30 읽는 것을 듣고 8:40 아소도
message	교회의 점진적인 확장을 기록하고 있다. 스데반의 순교로 예루살렘 성도들이 흩어진 사실과 빌립의 사마리아 전도 및 사도들의 사마리아 방문, 그리고 에디오피아 내시에게 복음을 전파하는 빌립 등이 소개되고 있다.

말씀 연결(스 8장; 행 8장)_도우심을 통한 형통함과 박해 중 복음을 전파하기 위한 도우심의 손길

▶**일러두기**

에스라와 함께 귀환한 2차 귀환자들의 계보와 수효에 대한 기록이다. 2차 귀환자들의 수효는 남자만 1,773명이며, 어린이와 부녀자들을 합치면 약 9천 명 정도이다. 귀환 도중 에스라는 성전에서 봉사할 레위인들을 모집하고 금식 기도를 한 후 예루살렘으로 향한다. 그리고 약 4개월에 걸친 긴 여행을 무사히 마친 것에 대한 감사 제사를 드린다.

번성의 약속과 성취

창세기 9-10장 | 마태복음 9장 | 에스라 9장 | 사도행전 9장

창 9-10장 **노아와 맺은 무지개 언약과 그 후손들**

묵상 생육과 번성의 명령과 성취하심

key word 9:6 다른 사람의 피 9:9-10 내 언약 9:13 무지개 9:20 농사 10:1 족보 10:2 야벳 10:6 미스라임 10:12 큰 성읍 10:21 에벨

message 하나님이 내리시는 복은 창조 때와 마찬가지로 홍수 심판 이후에도 땅에 생명이 번성하는 것이다. 그러므로 하나님은 노아와 함께 다시는 물로 멸망하게 하지는 않겠다는 언약을 세우신다. 10장에서는 성경 족보는 단순한 이름의 나열이 아니라 지금까지의 역사 마감과 새 시대의 시작이라는 전환과 변화의 메시지를 담은 압축판 역사이자 구원 계획의 흐름을 한눈에 볼 수 있는 요약판 구속사이다.

마 9장 **죄인을 부르러 오신 예수의 구원 사역**

묵상 번성을 위한 새 출발의 시작인 죄 사함과 믿음

key word 9:1 건너가 9:2 그들의 믿음 9:3 신성을 모독 9:6 인자 9:9 마태 9:11 바리새인 9:12 건강한 자 9:17 새 부대 9:18 한 관리 9:23 피리부는 자들 9:25 소녀의 손 9:27 맹인 9:29 너희 믿음대로 9:32 말 못하는 사람 9:36 불쌍히 여기시니

message 중풍병자, 혈루증 앓는 여인, 두 소경, 귀신들려 벙어리 된 자 치유 등 예수의 이적들이 소개되고 있다. 특히 세리 마태를 제자로 삼고 세리나 죄인을 친구처럼 지내는 예수의 행적이 나타난다.

말씀 연결(창 9-10장; 마 9장)_생육과 번성의 성취와 번성을 위한 새 출발의 시작

▶**말씀기도**
번성하고 충만하라고 명령하신 주님의 말씀을 받아 날마다 자신을 성결하게 하고 순종하며 살아가기를 기도합니다.

스 9장	**이방인과의 결혼 금지**
묵상	번성하게 되는 법
key word	9:1 떠나지 아니하고 9:2 거룩한 자손 9:4 저녁 제사 9:8 박힌 못과 같게 9:9 수리하게 9:11 더러움 9:14 진노 9:15 범죄하였사오니
message	포로에서 돌아온 유대인들은 안정된 생활을 하면서 영적인 위기를 맞는다. 그들은 우상을 섬기는 이방인들과의 결혼을 통해 여호와 종교를 망실하는 죄를 범한다.

행 9장	**사울의 회개와 베드로의 활동**
묵상	하나님 나라 번성을 위해 세운 사람들
key word	9:1 위협과 살기 9:2 다메섹 9:10 아나니아 9:11 직가 9:15 임금들 9:23 여러 날 9:31 교회 9:33 애니아 9:37 다락 9:43 무두장이
message	초대교회 역사상 두 중심인물인 사울(바울)과 베드로에 관련된 내용이다. 사울이 열성적인 유대교도에서 회심한 사건과 예루살렘과 유대와 사마리아 전도 사역을 주도한 베드로의 활동상이 언급되고 있다.

말씀 연결(스 9장; 행 9장)_ 하나님 나라의 번성을 위한 법과 세운 사람들

▶**일러두기**

창세기에서 왜 하늘에 무지개를 두셨는가? - 방주에서 나온 노아는 하나님께 감사의 제사를 드렸고, 하나님은 노아에게 지구를 멸망시킬 정도의 홍수를 다시는 보내지 않겠다고 약속하셨다. 그리고 나서 하나님은 이 약속의 징표로서 구름 사이에 무지개를 두셨다. 무지개는 우리들로 하여금 하나님의 약속과 사랑을 기억하도록 하는 멋진 그림이고 상징물이 된 것이다.

10

Jan

씨의 번성을 위한 조처

창세기 11장 | 마태복음 10장 | 에스라 10장 | 사도행전 10장

창 11장 **바벨탑 사건과 셈의 후손**

묵상 생육과 번성의 명령과 성취하심

key word 11:1 온 땅 11:2 시날 평지 11:4 탑 11:8 흩으셨으므로 11:9 바벨 11:26 아브람과 나홀과 하란 11:28 우르

message 한 공동체인 인류가 범죄하여 언어의 통일성을 잃게 된 사실을 증명하고 있다. 이어지는 셈에서 아브람까지의 족보는 인간의 반역과 하나님의 심판으로 끝난 바벨탑 사건의 암울한 분위기를 역전시켜 구원의 여명으로 안내한 역할을 하고 있다.

마 10장 **제자를 부르시고 파송하시는 예수**

묵상 씨의 번성을 위한 대사 임명

key word 10:2 사도 10:3 다대오 10:4 가나안인 10:17 공회 10:25 바알세불 10:38 십자가를 지고

message 열두 제자의 선택과 파송 받은 제자의 자세 등이 소개되고 있다.

말씀 연결(창 11장; 마 10장)_씨의 번성을 위한 인본주의 방식과 대사 임명

▶**말씀기도**

말씀도 하나요, 언어도 하나였지만 교만하고 불순종하여 바벨이라는 이름으로 하나님께 불순종하는 우리의 옛 모습을 기억하며 이 시간 회개하오니 긍휼을 베풀어 주옵소서.

스 10장	**에스라의 개혁 운동**
묵상	이방 아내와 그 소생을 내쫓고 이방 여자와 결혼한 남자들의 명단
key word	10:2 스가냐 10:3 모든 아내와 그들의 소생 10:6 근심하여 10: 8 삼일 내에 10:9 광장 10:25 이스라엘 10:30 브살렐 10:31 시므온
message	에스라의 참회의 기도가 도화선이 되어 유다 모든 백성이 자신들의 허물을 자백하고 이방인과의 결혼 청산을 위해 예루살렘에서 온 백성의 총회가 소집되고 있다. 이방 여인과 결혼한 명단도 공개되고 있다.

행 10장	**베드로와 고넬료**
묵상	이방인까지 하나님 나라의 씨로 허용함
key word	10:2 하나님을 경외 10:4 상달되어 10:9 기도하려고 지붕에 10:12 각종 네 발 가진 짐승 10:23 유숙하게 10:30 나흘 전 10:41 음식을 먹은 우리에게
message	초대 교회가 복음 전파 사역에서 이방 선교라는 새로운 계기를 맞는 장면이다. 그 중 로마군 장교 고넬료의 환상과 베드로의 환상을 통해 고넬료를 방문하여 그 집에서 설교한 베드로와 고넬료에 집에 임한 성령의 역사를 소개하고 있다.

말씀 연결(스 10장; 행 10장)_정결하지 못한 씨의 축출과 이방인까지 하나님 나라의 씨로 허용

▶일러두기

창세기에서 바벨탑 사건을 통해 인간이 하나님과 갈라지려는 교만에서 비롯되었는데 그것은 곧 창조주에 대한 도전 행위였다. 하지만 하나님은 이 사건을 통해 언어를 혼잡하게 하심으로써 인류가 급속히 분산되도록 하는 계기로 만드셨고, 그 결과 택한 백성을 세상으로부터 구별해 내는 구속사의 촉진 기회로 삼으신 것이다.

씨의 번성을 위한 조처(2)

창세기 12장 | 마태복음 11장 | 느헤미야 1장 | 사도행전 11장

창 12장	**아브람을 부르신 하나님**
묵상	바벨탑 사건 후 긍정적, 능동적 하나님의 나라의 전개
key word	12:1 이르시되 12:6 모레 12:7 제단 12:8 벧엘 12:9 바로 12:15 남방 12:16 낙타 12:17 재앙 12:19 그를 누이라 하여
message	실질적으로 선민 공동체를 태동시킨 족장과 그 가족들의 역사가 시작된다. 특히 믿음의 조상이요, 복의 근원으로 세움 받은 아브람이 소명 받고 본격적인 나그네 인생을 시작하게 된 장면을 소개하고 있다.

마 11장	**메시야 선포와 복음으로 초청하는 예수**
묵상	침노함과 주 안에서 쉼의 은혜
key word	11:3 오실 그이 11:11 그보다 크니라 11:12 침노를 당하나니 11:17 피리를 불어도 11:25 천지의 주재 11:27 모든 것 11:28 수고하고 무거운 짐
message	요한의 제자와 예수의 대화, 세례 요한에 대한 예수의 증언과 복음을 거부하는 자를 향한 책망과 복음을 영접하라는 메시지가 소개되고 있다.

말씀 연결(창 12장; 마 11장)_바벨탑 사건과 주 안에서의 쉼

▶**말씀기도**

주님의 은혜와 사랑으로 순종하며 살아가는 삶 가운데 성령과 동행하며 주신 말씀을 따라 나라와 민족을 위해 간구하는 귀한 삶을 살게 하옵소서.

| 느 1장 | **민족을 위해 간구하는 느헤미야** |

묵상   은혜를 입은 자의 형통함을 보여줌

key word   1:1 느헤미야   1:2 하나니   1:4 금식하며 기도하여   1:8 흩을 것이요   1:11 술
관원

message   포로 귀환 시대 유다의 총독 바사 왕 아닥사스다의 술 관원으로 있다
가 유다의 총독이 되어 예루살렘 성을 재건한 인물이다. 그는 대적들
의 도전에 굴하지 않는 용기를 가진 지도자이며, 하나님께 기도하며
사역을 감당하는 신앙의 인물이었다. 동시대 제사장이자 학사인 에
스라와 함께 포로 귀환 후 이스라엘의 영적 부흥을 이끌었다.

| 행 11장 | **이방 선교의 인정과 안디옥 교회 설립** |

묵상   은혜의 유지와 수단

key word   11:1 사도들과 형제들   11:3 무할례자   11:18 생명 얻는 회개   11:20 헬라인
11:21 주의 손   11:27 선지자들   11:30 장로들

message   고넬료와 그 가족의 구원 사건에 대한 베드로의 변론과 예루살렘 교
회의 공식적인 추인 장면, 수리아 지방에서 안디옥 교회가 설립되어
이방 선교가 본격적으로 추진되는 내용이 소개되며, 특히 예수의 제
자들이 최초로 그리스도인이라고 불린다.

말씀 연결(느 1장; 행 11장)_은혜를 입은 자의 형통과 은혜의 유지

▶일러두기

성경 이야기의 초점은 이스라엘의 조상 아브람에게 모아졌다. 하나님께서 아브람을 가나안 땅
으로 불러내신 데는 그를 통해 택한 백성 이스라엘을 조성하려는 뜻이 있었다. 하지만 하나님
의 부르심에 응하여 가나안 땅으로 들어온 아브람은 이리저리 떠도는 고단한 유랑의 삶을 살아
야 했다. 한편 많은 가축 떼로 인해 야기되는 조카 롯과의 분가 장면은 희생과 양보의 미덕을 갖
춘 아브람의 성숙한 인격을 보여주고 있다.

12
Jan

새로운 출발

창세기 13장 | 마태복음 12장 | 느헤미야 2장 | 사도행전 12장

창 13장 · **아브람과 롯의 분가**

묵상 · 새로운 시작을 위해 떠남과 약속

key word · 13:1 네게브 13:2 풍부 13:3 벧엘 13:10 요단 지역 13:12 롯, 소돔 13:14 눈을 들어 13:17 그 땅을 종과 횡으로

message · 애굽에서 인간적 연약함을 드러냈던 아브람은 가나안에 돌아온 후 조카 롯과 소유권 분쟁에서 한층 성숙한 면모를 보여주고 있다. 롯은 보이는 물질적 풍요를 따라갔지만 아브람은 하나님의 약속을 믿고 소유에 집착하지 않았다. 롯과의 분가는 하나님의 섭리의 결과이다.

마 12장 · **주님과 바리새인의 안식일 논쟁**

묵상 · 새로운 질서

key word · 12:4 진설병 12:5 안식일을 범하여도 12:6 성전보다 더 큰 이 12:11-12 사람, 양 12:18 내가 택한 종 12:34 독사의 자식들 12:36 심판 날 12:38 표적 12:40 밤낮 사흘 동안 12:42 남방

message · 예수의 복음 전도 사역은 점점 도전에 직면하게 된다. 바리새인과의 바알세불 논쟁, 기적에 대한 요구, 요나의 표적으로 대답하시는 예수의 이야기가 소개되고 있다.

말씀 연결(창 13장; 마 12장)_새로운 시작 새로운 질서

▶**말씀기도**

우리의 생활 속에서 익숙한 것들의 떠남이 슬프지만 그 슬픔을 기억하게 하시고 새로운 삶의 길을 허락하신 주님을 기억하고 날마다 기도하며 살아가는 삶이 되기를 기도합니다.

느 2장	**예루살렘으로 귀환한 느헤미야**
묵상	새 역사를 위한 출발
key word	2:1 니산월, 왕 앞에서 수심 2:3 성읍 2:8 왕의 삼림 2:9 군대 장관과 마병
	2:10 산발랏 2:13 골짜기 문
message	느헤미야는 왕의 군대 장관과 마병들의 호위를 받으며 예루살렘으로
	귀환한다. 뿐만 아니라 성의 재건에 필요한 재료까지 공급받을 수 있
	는 아닥사스다 1세의 조서까지 받았다. 이처럼 하나님께서는 당신의
	일에 열심을 품은 일꾼에게 넘치는 은혜를 주신다.

행 12장	**야고보의 순교와 베드로의 출옥**
묵상	새 역사를 위한 요소와 기도와 말씀
key word	12:1 그 때에 12:2 야고보 12:3 무교절 12:11 헤롯의 손 12:15 그의 천사
	12:17 야고보 12:19 가이사랴 12:20 두로와 시돈
message	헤롯 왕의 박해로 사도 야고보가 순교를 당하고 베드로마저 투옥되
	고 하나님의 도우심으로 베드로가 감옥에서 나오는 장면이 소개된
	다. 세상의 어떤 권세라도 복음의 진보를 막을 수 없다는 사실을 웅
	변적으로 묘사해 주고 있다.

말씀 연결(느 2장; 행 12장)_새 역사를 향한 출발과 요소

▶**일러두기**

아브람과 조카 롯의 목자들 간에 심각한 다툼이 결국 분가로 이어졌다. 목초지와 물은 적은데 반해 아브람과 롯이 소유한 가축들이 너무 많기 때문이다. 과연 아브람은 어떤 방법을 사용하여 다툼을 멈추게 했을까? 그곳에는 다툼을 멈추게 한 아브람의 위대한 양보 정신이 나타나 있다. 대부분의 형제자매들은 이런저런 문제로 종종 다툰다.

하나님 나라의 특징

창세기 14장 | 마태복음 13장 | 느헤미야 3장 | 사도행전 13장

창 14장	**가나안 남북 전쟁**
묵상	침노하는 자에게 주어지는 축복
key word	14:7 엔미스밧 14:12 소돔, 롯 14:13 히브리 사람 14:14 길리고 14:17 사웨 골짜기
message	북쪽 메소보타미아 근간의 전쟁에서 아브람의 역할이 소개되며, 전쟁 결과 그는 더 이상 나그네가 아닌 가나안의 중심인물로 부상하게 된다. 살렘 왕 멜기세덱의 등장은 이 전쟁의 승리가 지닌 신앙적 측면을 확인시킨다.

마 13장	**하나님 나라의 비유**
묵상	하나님 나라의 비밀
key word	13:3 비유 13:4 새들 13:5 돌밭 13:22 세상의 염려와 재물의 유혹 13:23 깨닫는 13:25 가라지 13:42 풀무 불 13:44 밭에 감추인 보화 13:54 고향 13:55형제들
message	예수께서 선포한 메시지의 핵심 주제라 할 수 있는 일곱 가지 천국 비유가 소개되고, 이 천국 비유들을 통해 천국의 현재성, 역동성, 확장성, 은밀한 성격 등 천국을 다양한 각도로 조명해 주고 있다.

말씀 연결(창 14장; 마 13장)_하나님의 축복과 비밀

▶**말씀기도**

하나님 나라 백성으로서 하나님 나라를 위해 기도하며 살아가게 하시고 또한 천국을 바라보며 주님의 거룩한 백성이 되기를 원하옵고 기도합니다.

느 3장	**성벽 재건 사업의 시작**
묵상	합력하여 이루어 감
key word	3:1 대제사장 엘리아십 3:3 어문 3:4 므슬람 3:5 드고아 3:6 옛 문 3:11 화덕 망대 3:14 벧학게렘 3:15 셀라 못 3:16 벧술 3:26 오벨 3:27 드고아 사람들
message	귀환한 유다 민족의 숙원 사업이던 예루살렘 성벽 재건이 마침내 시작되는 장면이다. 재건 사업은 양문으로부터 시작되었는데 느헤미야의 탁월한 지도력과 38명 유지들의 적극적인 협조 그리고 백성들의 희생적인 봉사로 신속하게 진행될 수 있었다.

행 13장	**바울의 1차 선교 여행**
묵상	하나님의 나라를 이루어 가는 사람들
key word	13:1 니게르라 하는 시므온 13:7 총독 13:8 엘루마 13:19 일곱 족속 13:26 하나님을 경외하는 사람들 13:31 여러 날 13:36 다윗은 당시에
message	사도행전은 13장을 기준으로 양분된다. 즉 이전까지는 열두 사도와 일곱 집사의 사역을 중심으로 한 내용이고, 이후부터는 바울과 그 동역자들의 이방 선교 중심으로 한 내용이다.

말씀 연결(느 3장; 행 13장)_합력하여 하나님 나라를 이룩함

▶**일러두기**

겨자씨가 눈에 보이지 않을 만큼 작지만 다 자라면 키가 3m나 될 정도로 성장력이 대단한 일년생 식물이다. 이스라엘에는 여러 종류의 겨자씨가 있지만 검은 겨자가 대표적이다. 열매는 조미료로 사용된다. 겨자씨는 천국 비유에서 천국의 놀라운 확장과 성장 속도를 상징하고 있다.

14
Jan

믿음

창세기 15장 | 마태복음 14장 | 느헤미야 4장 | 사도행전 14장

창 15장 **횃불 언약**

묵상　　아브람이 여호와를 믿어 의로 여김

key word　15:2 다메섹 사람 엘리에셀　15:5 뭇별　15:13 사백 년 동안　15:17 타는 횃불

message　하나님께서 선언하시고 약속하셨던 후손과 기업에 대한 언약이 본
　　　　　장에 이르러 체결되고 있다. 이 언약을 횃불 언약이라고도 한다.

마 14장 **세례 요한의 죽음과 오병이어의 기적**

묵상　　믿음의 증거들

key word　14:1 분봉 왕　14:3 빌립　14:6 헤로디아의 딸　14:8 소반　14:25 밤 사경에
　　　　　14:27 나니　14:34 게네사렛

message　예수께서 나사렛에서 배척받을 즈음 세례 요한은 부도덕하고 교활한
　　　　　안디바의 옥에 갇혀 순교 당한다. 이어 예상되는 대대적 박해를 피해
　　　　　예수는 갈릴리 지방의 빈 들로 가시지만 무리들은 그곳까지 쫓아오
　　　　　고 여기서 오병이어의 놀라운 기적이 행해진다. 후반부에서는 물 위
　　　　　로 걸으신 이적과 질병 치유 사건이 계속되고 있다.

말씀 연결(창 15장; 마 14장)_ 믿음과 의(義)

▶**말씀기도**

오직 주님만을 믿고 주님만을 위해 믿음의 삶을 살게 하시고 주께서 베풀어 주신 언약과 기적
을 통해 만민에게 복음의 증인이 되게 하옵소서.

느 4장	**방해받는 성전 재건 사업**
묵상	믿음으로 이룬 성벽 건축
key word	4:1 산발랏 4:2 사마리아 군대 4:7 아스돗 4:14 민장 4:16 갑옷 4:22 종자
message	예루살렘 성벽 재건 사역이 대적들에 의해 방해받게 되어 재건하는 일과 파수하는 일을 병행하여 수행하는 어려움을 겪는다. 이처럼 하나님의 일에는 사탄의 도전이 따르게 마련이다.

행 14장	**제1차 선교 여행(2)**
묵상	믿음의 증거들(2)
key word	14:1 허다한 무리 14:4 두 사도 14:12 제우스, 헤르메스 14:13 대문 14:15 헛된 일
message	바울의 첫 번째 선교 여행이 계속되고 있다. 바울과 바나바의 이고니온 선교, 루스드라 선교 등 지금까지 선교했던 지역을 재차 방문하여 성도들을 격려하고 그 모든 활동 내용을 교회에 보고하는 내용으로 전개된다.

말씀 연결(느 4장; 행 14장)_믿음으로 이룬 증거들

▶**일러두기**

수 리(마 14:240 - 원어 '스다디온 폴뤼스'는 여러 '스다디온'이라는 뜻이다. '스다디온'은 길이 단위로 1스다디온은 약 185m이다. 아마 배가 돌아오기 어려울 만큼 멀리 향한 듯 하다. 갈릴리 호수는 지형이 낮고 계곡으로 둘러싸여 있어 기상 변화가 극심하였다고 한다.

믿음(2)

창세기 16장 | 마태복음 15장 | 느헤미야 5장 | 사도행전 15장

창 16장   **하갈과 이스마엘**

묵상   믿음으로 약속 뒤에 오는 부정의 환경을 인내해야 함.

key word   16:1 하갈   16:3 십 년 후   16:7 여호와의 사자   16:12 들나귀

message   아브람이 하갈을 통해 아들을 얻었으나 그로 인해 집안의 분란과 선 민 역사의 고통이 시작되었음을 소개하고 있다. 이 사건은 하나님의 약속이 하나님의 방법에 의해서 이뤄져야만 한다는 메시지이다.

마 15장   **장로들의 전통과 칠병이어**

묵상   믿음의 증거들(3)

key word   15:2 장로들의 전통   15:6 폐하는도다   15:22 가나안 여자   15:26 자녀 15:29 거기서   15:36 축사하시고   15:38 사천 명이었더라   15:39 마가단

message   예수께서 바리새인과 서기관들을 상대로 장로들의 전통에 대해 논쟁 하는 장면과 가나안 여인의 딸을 치유하신 사건 그리고 칠병이어의 기적이 소개된다. 논쟁이나 이적의 초점은 예수가 하나님이 보내신 메시야이심을 선포하는 데 있다.

말씀 연결(창 16장; 마 15장)_믿음의 증거들

──────────────────────────────────

──────────────────────────────────

──────────────────────────────────

▶**말씀기도**

믿음으로 약속 뒤에 오는 부정한 환경을 인내로 넘게 하시고, 믿음으로 자신에게 주어진 기득 권을 내려놓고 성장과 성숙을 이루게 하옵소서.

느 5장	**사회적 불의를 제거**
묵상	믿음으로 권력 사용을 포기함
key word	5:1 아내 5:3 저당 잡히고 5:4 세금 5:5 종으로 5:8 이방인의 손 5:11 백분의 일 5:14 총독의 녹 5:18 매일
message	외부의 도전을 일단락 지은 직후 유다 내에는 식량 고갈, 기근, 무거운 세금 등의 문제가 새롭게 제기되었다. 이에 대해 느헤미야는 자기의 청렴결백함을 내세워 연약한 백성을 억압한 자들을 책망하고 있다. 참된 지도자는 삶의 모범을 보여준다.

행 15장	**예루살렘 공회**
묵상	믿음의 여정에서 제거해야 할 장애물
key word	15:1 어떤 사람들 15:10 멍에 15:12 표적 15:14 시므온 15:18 예로부터 15:40 실라
message	이방인을 하나님의 백성으로 받아들이는 문제를 다룬 예루살렘 공회는 유대인들의 율법적 태도를 압축하는 결정을 내렸고, 안디옥 교회를 향해서는 더 이상의 갈등이 빚어지지 않도록 권면함으로써 이방인 성도 문제는 일단락되었다. 본 장에서는 바울이 2차 선교 여행에 앞서 바나바와 결별되는 일이 소개되고 있다.

말씀 연결(느 5장; 행 15장)_믿음의 권력과 장애물

▶**일러두기**

'실라'라는 의미는 '탄원하다'라는 뜻으로서 로마 시민권을 소유한 자요, 선지자로서 예루살렘 교회의 지도자 중의 한 사람이다. 바나바 대신 바울의 2차 선교 여행에 동행한 '실루아노'(로마식 명칭)와 동일인물인듯하다.

16 Jan 하나님 나라 씨의 승리

창세기 17장 | 마태복음 16장 | 느헤미야 6장 | 사도행전 16장

창 17장   **아브라함으로의 개명과 할례**

묵상   씨의 약속

key word   17:1 구십구 세 때에 17:2 내 언약 17:8 영원한 기업 17:10 할례 17:15 사래
에서 사라로 17:16 아들

message   갈대아 우르를 떠나온 지 24년, 그리고 이스마엘을 얻은 지 13년 후
하나님은 아브람에게 약속하신 언약을 구체화하셨다. 하나님은 아브
람을 아브라함(열국의 아버지)으로, 사래를 사라(열국의 어머니)로
개명하셨고, 이 언약의 표징으로 할례를 명하셨다.

마 16장   **베드로의 신앙고백**

묵상   씨들의 권세

key word   16:1 바리새인과 사두개인 16:6 누룩 16:13 빌립보 가이사랴 16:16 그리스
도 16:17 바요나 시몬 16:18 반석 16:19 매면, 풀면

message   예수께서는 이제 제자들에게 당신이 메시야이심을 선포하면서 고난
과 십자가 죽음을 처음으로 말씀하신다. 이와 아울러 본문에서는 예
수를 향한 베드로의 신앙고백과 올바른 제자의 도가 언급되고 있다.

말씀 연결(창 17장; 마 16장)_씨의 약속과 권세

▶**말씀기도**

우리는 하나님 나라의 씨이며 오직 예수 그리스도를 믿고 성령님의 인도하심을 따라 살아가는
천국 백성임을 고백하며 살기를 기도합니다.

36

느 6장	**대적으로부터 위협받는 느헤미야**
묵상	씨의 승리
key word	6:2 오노 평지 6:5 봉하지 않는 편지 6:11 외소 6:13 악한 말 6:15 엘룰 월
message	암살 기도와 유언비어 유포 등 율법을 어기게 하려는 시도 등 대적들의 음모가 강도를 더해갔지만 느헤미야와 백성들은 마침내 모든 난관을 극복하고 52일 만에 성벽 공사를 마친다.

행 16장	**바울의 제2차 선교 여행**
묵상	씨의 구원을 이루시는 하나님
key word	16:8 드로아 16:12 빌립보 16:13 기도할 곳 16:14 두아디라 16:16 점치는 귀신 16:19 장터 16:24 차꼬
message	안디옥에서 시작하여 예루살렘에서 끝나는 바울의 두 번째 선교 여행이다. 이 여행을 통해 복음이 아시아에서 유럽으로 진출하는 큰 변화를 맞는다.

말씀 연결(느 6장; 행 16장)_씨의 승리와 구원

▶일러두기

아브람에게 아브라함이라는 새로운 이름을 주시고 그와 할례의 언약을 세우신 하나님이 어느 날 두 천사를 대동하고 아브라함의 집을 방문하셨다. 낯설고 황막한 곳에서 목축을 하는 고대의 유목 사회에서 나그네를 대접하는 것은 의무임과 동시에 큰 미덕이었다. 아브라함은 이 아름다운 미덕을 실천하다가 부지중에 하나님과 천사를 대접하게 된다. 아브라함에게 융숭한 대접을 받은 하나님은 아브라함에게 두 가지 사실을 알려준다. 하나는 사라가 후손을 낳을 것이라는 이전의 약속을 확약한 것이다. 이 소식에 아브라함은 하나님을 붙들고 끈질긴 중보 기도를 드린다.

하나님 나라의 합한 자

창세기 18장 | 마태복음 17장 | 느헤미야 7장 | 사도행전 17장

창 18장	**하나님의 방문과 아브라함의 간구**
묵상	하나님 나라의 씨를 택함
key word	18:2 셋 18:6 고운 가루 세 스아 18:12 웃고 18:19 공도 18:20 부르짖음 18:25 세상을 심판하시는 이 18:32 십 명을 찾으시면
message	하나님은 격의 없는 모습으로 아브라함을 찾아와 기쁜 소식과 슬픈 소식을 전하셨다. 기쁜 소식은 자손의 일이며, 슬픈 소식은 소돔 고모라의 멸망이었다. 이에 아브라함은 끈질기게 기도로 그 멸망을 막아보려 했다.

마 17장	**변화산 사건과 수난 예고**
묵상	하나님 나라의 왕의 권세
key word	17:1 엿새 17:2 변형되사 17:3 모세와 엘리야 17:4 초막 셋 17:15 간질 17:20 믿음이 작은 17:24 반 세겔
message	가이사랴 빌립보의 수난 예고에 이어 예수가 영광스러운 광채를 입고 변모하는 사건이 나온다. 이어 후반부에는 산 아래로 내려온 예수가 간질병 걸린 아이를 고치고 갈릴리 지방으로 돌아온 뒤 가버나움에서 성전세를 납부하는 일화가 소개되고 있다.

말씀 연결(창 18장; 마 17장)_하나님 나라의 씨, 왕의 권세

▶말씀기도

하나님은 우리 각 사람을 택하시고 도를 행하사 의와 공의를 행하게 하시고 날마다 말씀 따라 살게 하시고 하나님을 경외하는 삶이되게 하옵소서.

느 7장	**제1차 포로 귀환자 명단**
묵상	성읍에 거주한 하나님 나라 씨
key word	7:3 해가 높이 뜨기 전에는 7:5 처음 돌아온 자 7:29 기럇여아림 7:43 칠십사 명 7:46 느디님 사람들 7:57, 60 솔로몬의 신하의 자손 7:65 우림과 둠밈 7:70 드라크마
message	비록 성벽 공사는 완공되었으나 대적의 위협이 여전했기 때문에 성문 경비를 두어야 했다. 그리고 제1차 포로 귀환자 명단과 그 수효가 소개되고 있는데 느헤미야는 귀환자 명단을 언급함으로써 유다 백성으로 하여금 자신들이 과거에 어떤 존재였다.

행 17장	**바울의 제2차 선교 여행(2)**
묵상	왕을 향한 사람들의 두 마음
key word	17:3 뜻을 풀어 17:5 야손의 집 17:9 보석금 17:11 베뢰아에 있는 사람들 17:15 아덴 17:18 에피쿠로스 17:19 아레오바고
message	계속 이어지는 선교 여행이다. 다양한 장소, 다양한 방법으로 복음을 전파한 바울의 두 번째 선교 여행이 소개되고 있다. 바울 일행은 빌립보를 떠나 암비볼리와 아볼로니아를 거쳐 데살로니가에 이른다. 그리고 아덴에서의 선교 장면이 소개되고 있다.

말씀 연결(느 7장; 행 17장)_ 하나님 나라의 씨와 두 마음

▶일러두기

바울과 실라는 옷이 벗겨진 채 매를 맞고 차꼬에 채워져 투옥된다. 이런 비참한 상황에서도 그들은 주의 이름을 드높였다. 우리가 처한 환경이 어떻든 간에 우리는 하나님을 찬양해야 한다. 그럴 때 하나님은 우리를 위하실 것이다.

하나님 나라의 합한 자(2)

창세기 19장 | 마태복음 18장 | 느헤미야 8장 | 사도행전 18장

창 19장	**소돔과 고모라의 멸망**
묵상	백성(씨)을 보호하심
key word	19:1 성문 19:2 거리에서 19:8 내 집에 들어왔은즉 19:11 눈을 어둡게 하니 19:13 우리가 멸하리라 19:16 지체하매 19:26 소금 기둥
message	소돔 고모라 성에 내려진 불 심판과 그 와중에도 구출된 롯의 가족들이 엮어내는 수치스러운 혈통 잇기가 소개되고 있다. 이 모든 사실들은 하나님 없는 사회, 하나님을 무시하는 인간과 문화가 빚어내는 죄악성과 또 그들이 맞게 될 처참한 최후를 웅변적으로 제시하고 있다.

마 18장	**천국에서 큰 자와 잃은 양 비유**
묵상	하나님의 뜻은 작은 자 하나도 잃지 않는 것
key word	18:6 작은 자 18:10 천사들 18:15 형제 18:16 두세 증인 18:24 만 달란트
message	수난 예고와 부활에 대한 말씀을 듣고도 제자들은 자리 다툼을 한다. 이에 예수께서는 어린아이를 통해 겸손을 가르치면서 교만하여 어린 소자를 실족하게 하는 것이 얼마나 큰 죄인지에 대해 언급하신다. 이어서 잃은 양을 찾으라는 권면과 죄지은 형제를 용서하라는 교훈을 주시고 있다.

말씀 연결(창 19장; 마 18장)_씨와 하나님의 뜻

▶**말씀기도**

하나님의 구원 계획은 은혜임을 깨닫습니다. 하나님의 구원의 역사는 일곱 번을 일흔 번까지 용서하시는 주님의 사랑을 깨달아 살기를 기도합니다.

느 8장	**율법을 낭독한 학사 에스라**
묵상	말씀에 대한 백성의 반응
key word	8:2 일곱째 달 초하루에 8:3 새벽부터 8:6 아멘 아멘 8:9 다 우는지라 8:10 살진 것 8:15 화석류나무 8:16 하나님의 전 뜰
message	율법에 능통한 학사 에스라와 지도자 느헤미야를 중심으로 귀환한 백성이 신앙을 회복하는 장면이 나온다. 곧 성전과 성벽의 재건 직후 에스라는 율법을 낭독, 해석함으로써 백성의 신앙을 일깨우고 있다. 이는 개혁과 회개 운동과 진리 되는 하나님의 말씀에 있음을 보여주고 있다.

행 18장	**제2차 선교 여행 마감과 안디옥 귀환**
묵상	성 중에 구원받을 자를 남겨 두심
key word	18:7 디도 유스도 18:9 환상 가운데 18:12 갈리오 18:17 소스데네 18:18 브리스길라와 아굴라 18:24 알렉산드리아 18:25 요한의 세례
message	2차 선교 여행이 끝나는 장면으로 바울은 헬라 세계의 사상적 중심지였던 아덴에 이어 상업 중심지 고린도에서 선교 활동을 전개한다. 이어 에베소를 거쳐 수리아의 안디옥 교회로 되돌아옴으로써 선교 여행을 일단락 짓고 다음 여행을 계획한다. 그리고 고린도 교회를 지도하게 될 아볼로에 관한 기사가 잠시 언급되고 있다.

말씀 연결(느 8장; 행 18장)_백성들의 반응과 구원받을 자

▶일러두기

초막절은 이스라엘의 기념절기이다. '초막'이라는 말은 텐트 또는 바깥 오두막이라는 의미이다. 바벨론에서 귀국한 이스라엘 사람들은 초막절을 기념하기 위하여 예루살렘에 모였다. 성경은 그 날을 기념해야 할 날이라고 강조하고 있다.

기도의 실제

창세기 20장 | 마태복음 19장 | 느헤미야 9장 | 사도행전 19장

창 20장 **아브라함과 아비멜렉**

묵상   선지자의 기도

key word   20:2 아비멜렉 20:3 현몽하시고 20:7 20:9 큰 죄 선지자 20:11 하나님을 두려워함 20:12 나의 이복 누이 20:16 은 천 개

message   아내 사라의 순결보다 자신의 안전을 더 소중히 여긴 아브라함의 비겁함이 지난날 애굽에서처럼 재현된다. 이는 언약 백성일지라도 하나님에 대한 믿음이 흔들릴 때 삶이 흔들리고, 영육 간에 방심할 때 죄는 언제나 반복, 재생된다는 것을 일깨워주고 있다.

마 19장 **이혼과 재물에 대한 교훈**

묵상   손을 얹고 기도

key word   19:3 어떤 이유가 있으면 19:6 한 몸 19:12 태로부터 고자 19:21 온전하고자

message   예수께서는 이제 예루살렘을 향해 발걸음을 옮긴다. 예루살렘으로 가는 도중에 발생한 사건들을 다루고 있다. 이혼과 독신 문제, 어린이를 축복하는 장면, 재물과 영생 문제, 제자들이 받을 상급 등이 언급되고 있다.

말씀 연결(창 20장; 마 19장)_기도

....

....

▶**말씀기도**

우리는 모든 일에 소홀함 없이 기도하기를 원합니다. 때로는 원수를 위해 금식하며 사명을 깨달아 알기를 위해 진실된 마음으로 기도합니다.

느 9장	**유다 백성의 회개 운동**
묵상	금식의 기도
key word	9:1 스무나흘 날 9:8 언약을 세우사 9:14 거룩한 안식일 9:16 목을 굳게 하여 9:25 판 우물 9:32 앗수르 왕들
message	학사 에스라가 낭독한 율법을 들은 유다 백성들은 식음을 전폐하고 참회하며 하나님의 초월한 권능을 찬양한다. 그리고 이스라엘을 구원하시고 은혜 가운데 인도하신 하나님의 위대한 사랑을 회상하며 언제나 변함없이 공의롭고 진실한 하나님 앞에서 충성을 다짐한다.

행 19장	**제2차 선교 여행 마감과 안디옥 귀환**
묵상	기도와 말씀
key word	19:1 윗지방 19:4 회개의 세례 19:8 석 달 19:9 두란노 서원 19:22 에라스도 19:24 은장색 19:25 풍족한 생활 19:27 아데미 신전 19:35 서기장 19:39 민회
message	3차 선교 여행에 대한 기록이다. 본 장은 에베소에서 일어난 일들로 바울은 에베소에 약 2년간 머물면서 성도들을 양육했고, 각종 이적을 행함으로써 많은 사람을 회심시켰으나 아데미 여신 숭배자의 방해 공작으로 에베소를 떠나게 되었다.

말씀 연결(느 9장; 행 19장)_기도

▶일러두기

두란노 서원(행 19:9) - 스승과 학생이 자유롭게 토론하며 공부하는 장소(강의실, 학교)인 이 서원은 두란노라는 사람의 개인 소유 또는 기증처로 생각된다.

하나님 나라 씨와 하나님의 뜻

창세기 21장 | 마태복음 20장 | 느헤미야 10장 | 사도행전 20장

창 21장	**언약 후손 이삭의 출생**
묵상	하나님 나라 씨 확정
key word	21:1 돌보셨고 21:7 노경 21:9 놀리는지라 21:11 그 일이 21:22 비골 21:27 양과 소 21:33 영원하신 여호와
message	이삭이 태어남으로써 후손에 대한 약속이 마침내 실현되기 시작했다. 한편 이삭과 이스마엘 간의 갈등은 향후 약속의 후손이 겪게 될 분쟁의 서곡이었으며, 옛 언약에 대한 새 언약의 탁월성을 시사하는 역할을 하고 있다.

마 20장	**포도원 품꾼 비유와 수난 예고**
묵상	하나님의 주권
key word	20:2 데나리온 20:8 청지기 20:15 내가 선하므로 20:20 세베데의 아들의 어머니 20:21 주의 나라 20:30 맹인 두 사람
message	본 장에서는 포도원 품꾼 비유를 통해 먼저와 나중의 의미에 대해 가르치신다. 그리고 수난에 대한 세 번째 예고와 세베데 아들들이 자리를 두고 서로 다투는 장면이 소개되고 있다.

말씀 연결(창 21장; 마 20장)_씨의 확정과 주권

▶**말씀기도**

우리는 하나님의 택한 백성으로서 하나님의 뜻에 순종하며, 그 뜻을 전하기에 부족함이 없는 삶이기를 기도합니다.

느 10장	**언약을 청종하기로 맹세**
묵상	하나님의 규례를 따르기로 한 씨들
key word	10:1 총독 느헤미야 10:6 다니엘 10:9 레위 사람 10:32 세겔의 삼분의 일 10:35 맏물 10:37 새 포도주
message	회개 운동의 결실로 유다 백성 전체가 하나님 앞에서 율법을 청종할 것을 확증하는 내용이다. 이 같은 유다 백성 전체의 경건한 맹세는 앞으로 전개될 사회 개혁과 회복된 땅에서의 정착 생활에 밑거름이 자 추진력이 된다.

행 20장	**바울의 3차 선교 여행(2)**
묵상	하나님의 뜻을 선포함
key word	20:3 석 달 20:5 드로아 20:7 그 주간의 첫날 20:13 앗소 20:15 기오 20:17 교회 장로들 20:19 눈물
message	에베소에서 우상 숭배자들의 소요로 물러났던 바울 일행이 마게도 냐와 헬라 지방을 순회한 후 밀레도에 이르는 여정을 보도하고 있다. 즉 마게도냐에서 드로아까지의 여정, 드로아에서 밀레도까지의 여정, 에베소 장로들을 밀레도로 초청하여 행한 고별 설교 등이 소개되고 있다.

말씀 연결(느 10장; 행 20장)_하나님의 규례와 주권

▶일러두기

3차 전도 여행은 대략 3년에 걸쳐 지중해 연안의 소아시아 지역을 중심으로 진행되는데 그 중 바울이 2년 가까이 머물면서 가장 심혈을 기울인 곳이 에베소이다. 에베소는 로마와 동양을 연결하는 항구로서 교통, 문화, 무역의 중심지가 된 곳으로서 각종 종교와 미신의 집산지였다.

21
Jan

비전과 믿음의 상관관계

창세기 22장 | 마태복음 21장 | 느헤미야 11장 | 사도행전 21장

창 22장   **이삭을 바친 아브라함**

묵상   씨(비전)의 포기

key word   22:2 모리아산   22:9 결박   22:11 아브라함아   22:13 대신하여   22:14 여호
와의 신   22:20 밀가

message   이삭을 바치라고 한 것은 하나님만을 사랑하고, 순종하라는 거룩한
명령이었다. 하나님은 실족시키시기 위해서가 아니라 성숙한 신앙
인격자로 삼기 위해 시험하신다. 뒤이은 나홀 기사는 아브라함 이후
언약 계승자인 이삭과 야곱 혈통이 과연 어떻게 엮여갈 것인지를 보
여주는 것이다.

마 21장   **예수의 예루살렘 입성**

묵상   비전을 위해 어떻게 기도해야 하는가?

key word   21:2 나귀   21:9 호산나   21:13 기도하는 집   21:17 베다니   21:32 의의 도
21:33 즙 짜는 틀   21:41 다른 농부들

message   예수께서는 마침내 예루살렘에 입성하신다. 예수께서 예루살렘에 입
성하시는 장면과 성전 정화, 무화과나무 저주, 성전에서의 논쟁, 두
아들 비유와 악한 농부가 차례로 소개되고 있다.

말씀 연결(창 22장; 마 21장)_비전(씨)과 기도

....

....

....

▶말씀기도

하나님 나라에 대한 비전을 가지고 그 믿음의 성취를 위해, 그 믿음을 포기하지 않고 달려가는
삶이기를 기도합니다.

46

느 11장	**예루살렘에 거주하는 백성들**
묵상	비전 성취 후의 모습
key word	11:8 구백이십팔 명 11:9 버금 11:11 전을 맡은 자 11:18 이백팔십사 명 11:27 브엘세바 11:29 야르못 11:30 사노아 11:35 장인들의 골짜기
message	유다의 영토에 비해 귀환한 백성의 숫자가 월등히 적었기 때문에 예 루살렘의 방어를 위해 백성들을 제비 뽑아 예루살렘에 거주하게 했 다. 그런데 예루살렘 거주를 지원한 자들에게 백성들이 복을 빈 것을 보면 당시 예루살렘에 거주하는 것이 얼마나 위험한 일이었는지를 암시하고 있다. 이는 하나님 나라 건설에는 희생적 헌신이 따르는 것 을 보여주고 있다.

행 21장	**예루살렘에서 체포된 바울**
묵상	비전 성취를 위해 고난도 함께해야 함
key word	21:1 고스 21:4 이레 21:7 돌레마이 21:8 가이사랴 21:10 아가보 21:18 야고보 21:24 결례 21:27 온 유대인들 21:29 드로비모 21:33 두 쇠사슬 21:37 영내 21:38 애굽인 21:40 히브리 말
message	바울은 예루살렘에서 고난이 기다리고 있음을 알았지만 일행과 함께 예루살렘 여정을 계속했고, 예루살렘에 도착해 성도들에게 지난 일 들을 보고한 후 결례를 행했으며, 마침내 유대인들에 의해 체포되고 말았다.

말씀 연결(느 11장; 행 21장)_비전의 성취

▶**일러두기**

당시 이스라엘 사회는 점령국인 로마의 화폐를 사용하고 있었다. 당시 성전세를 내기 위해 돈
바꾸는 사람들이 유대 화폐로 환전하는 습관이 있었다. 그러나 환전상들은 이런 종교적 관습을
악용하여 제사장들과 거래하고 환전 차액을 착복하였다.

땅의 확정과 그 땅의 주인이신 하나님

창세기 23장 | 마태복음 22장 | 느헤미야 12장 | 사도행전 22장

창 23장   **막벨라 굴에 안치된 사라**

묵상   하나님 나라 땅의 확정

key word   23:2 기럇아르바   23:3 헷 족속   23:6 하나님이 세우신 지도자   23:9 막벨라 굴   23:16 상인들이 통용하는

message   향년 127세 나이로 운명한 사라의 죽음과 묘지로 쓰기 위해 막벨라에 있는 밭과 딸린 굴을 구입해서 장례를 치르는 이야기가 소개되고 있다. 한편 아브라함이 가나안 땅을 합법적으로 소유하게 된 역사적 사건으로 평가되기도 한다.

마 22장   **정치, 종교 지도자들과의 논쟁**

묵상   하나님을 향한 사람의 태도

key word   22:16 헤롯 당원   22:23 사두개인   22:37 네 마음, 목숨, 뜻을 다하여

message   예루살렘 방문 셋째 날에 접어들면서 예수에 대한 각계 지도자들의 도전은 더욱 거세진다. 혼인 잔치 비유를 통해 유대인들에 대한 심판 선언이 있은 후 예수를 정치적으로 궁지에 몰아넣으려는 지도자들은 납세 문제에 대한 질문을 제기한다. 또 바리새인들은 가장 큰 계명에 대한 질문을 제기한다.

말씀 연결(창 23장; 마 22장)_땅의 확정과 사랑의 태도

▶**말씀기도**

창세기와 느헤미야를 통해 땅의 확장과 그 땅을 향한 열망을 보았습니다. 하나님께서 약속하시고 언약 백성으로 삼으신 주님의 사랑과 열망을 위해 더욱더 기도로 정진하는 삶이기를 기도합니다.

느 12장	**예루살렘 성벽 봉헌식**
묵상	약속한 땅의 성취와 그 땅에서의 축제
key word	12:1 예수아 12:9 직무 12:10 엘리아십 12:23 역대지략 12:28 느도바 사람 12:29 벧길갈 12:37 다윗의 궁 12:45 결례의 일 12:46 아삽
message	제사장들과 레위인들의 명단이 재건한 성벽 봉헌식과 함께 소개된다. 앞으로 이들 제사장들과 레위인들을 중심으로 유다의 사회 개혁이 전개된다. 이는 하나님 앞에서 바로 서는 일이 사회 개혁에 앞선 것임을 보여 준다.

행 22장	**유대인들 앞에서 변론하는 바울**
묵상	나타난 사명을 주시는 하나님의 모습
key word	22:3 다소 22:5 대제사장 22:24 채찍 22:25 매니
message	예루살렘에서 체포된 바울이 자신과 복음을 변론하는 장면이다. 즉 자신의 혈통적, 종교적 배경과 회심 과정 그리고 이방인의 사도로 부름 받은 사실을 변론한다. 또한 극렬히 분노한 유대인들의 살기등등한 위협을 피하기 위해 로마 시민권을 행사하여 천부장의 보호를 받게 된 일을 소개한다.

말씀 연결(느 12장; 행 22장)_성취와 사명

▶일러두기

당시 로마 시민권을 획득하는 방법에는 세 가지가 있었다. 첫째, 로마 시민권을 가진 가정에서 태어나는 것이며, 둘째, 상당한 금액을 주고 사는 것이고, 셋째, 전쟁 등에서 특별한 공로의 대가로 받는 것이다.

씨의 정결과 보호를 위한 조치

창세기 24장 | 마태복음 23장 | 느헤미야 13장 | 사도행전 23장

창 24장 | **리브가와 결혼한 이삭**

묵상 | 약속의 씨의 번성을 위한 선택

key word | 24:2 내 허벅지 24:10 메소보다미아 24:11 저녁 때 24:21 평탄한 길
24:25 짚과 사료 24:28 어머니 집 24:38 아버지의 집 24:44 낙타

message | 아브라함은 사라가 죽은 뒤 아들 이삭을 위해 정결한 신부를 예비한
다. 리브가와의 만남 등 혼인 준비 과정을 통해 하나님이야말로 모든
인생사의 주관자이심을 일깨워주고 있다.

마 23장 | **부패한 종교 지도자들의 위선에 대한 책망**

묵상 | 하나님 나라의 씨가 경계해야 할 이들

key word | 23:4 무거운 짐 23:5 경문 23:15 교인 23:23 박하와 회향과 근채 23:34
서기관

message | 서기관과 바리새인 등 유대 종교 지도자들의 일곱 가지 외식에 대한
책망으로 마감된다. 그리고 이로 인해 유대 지도자들과의 갈등은 극
에 달한다. 앞으로 제자들이 당할 박해와 예루살렘 멸망이 선포된다.

말씀 연결(창 24장; 마 23장)_씨의 번성과 씨의 경계

....

....

....

▶**말씀기도**

하나님께서는 우리를 거룩한 씨로 불러 주셨고 정결하지 못한 어떤 불의에도 굴하지 않는 삶을
살아가기를 위해 감사드리며 기도합니다.

느 13장	**유다 백성의 정화 운동**
묵상	공동체 안의 씨의 정결
key word	13:4 이전에 13:5 한 큰 방 13:6 바벨론 왕 아닥사스다 13:16 두로 사람
	13:20 장사꾼들 13:23 아스돗과 암몬과 모압 여인 13:25 머리털을 뽑고
	13:31 복을 주옵소서
message	유다 사회에서 대대적으로 전개된 정화 작업을 통하여 여호와 신앙
	을 회복하는 내용이다. 공동체에서 모든 이방인들을 추방하는 등의
	단호한 조치는 지나치게 극단적인 것으로 보이지만 하나님께 신실하
	게 드리는 예배의 방해 요소를 제거함으로써 하나님과의 관계를 회
	복하기 위해서는 반드시 필요한 조치였다.

행 23장	**공회 앞에 선 바울**
묵상	씨를 보호하시는 하나님
key word	23:2 아나니아 23:3 회칠한 담 23:6 사두개인 23:23 보병, 기병, 창병
	23:24 총독 벨릭스 23:26 글라우디오 루시아 23:31 안디바드리 23:35
	헤롯 궁
message	계속해서 사도 바울의 변론이 이어진다. 바울은 산헤드린 공회원들
	앞에서 복음 진리에 관해 변론한다. 반박할 증거를 찾지 못한 유대인
	들이 바울을 살해할 계획을 도모하나 하나님은 긴급히 그를 보호하
	셨고, 마침내 바울은 가이사랴 주재의 로마 총독 벨릭스에게로 비밀
	리에 호송된다.

말씀 연결(느 13장; 행 23장)_씨의 보호와 정결

▶일러두기

마태복음의 회칠한 무덤이란, 시체나 무덤에 접촉한 자는 부정한 자로 규정되었다. 하지만 평토
장한 유대인들의 무덤은 쉽게 식별되지 않아 자칫 부정을 입기 쉬웠다. 그래서 무덤에는 회를
칠해 부정을 입지 않도록 조치하였다.

24
Jan
종말

창세기 25장 | 마태복음 24장 | 에스더 1장 | 사도행전 24장

창 25장 **아브라함의 죽음 및 에서와 야곱**

묵상 개인의 종말

key word 25:1 그두라 25:6 사자 25:8 열조에게로 돌아가매 25:20 밧단 아람
25:26 야곱

message 하나님과의 언약 체결 당사자인 아브라함이 향년 175세의 나이로 생
을 마감하고, 언약 계보가 이삭 그리고 야곱에게로 전달되는 과정을
소개하고 있다.

마 24장 **종말에 관한 예언**

묵상 거시적 종말

key word 24:3 감람 산 24:15 다니엘이 말한 바 24:20 겨울에나 24:26 광야
24:30 인자의 징조 24:31 큰 나팔소리 24:41 맷돌

message 예수께서는 예루살렘 성전의 파괴와 종말에 일어날 환난 그리고 종
말을 예고하는 표징, 나아가서 종말을 대비할 자세에 대해 가르치시
며, 미래를 대비하라는 이 교훈이다.

말씀 연결(창 25장; 마 24장)_개인적, 거시적 종말

▶**말씀기도**

종말의 날은 반드시 있을 것이지만 그날의 부활의 소망을 바라며 이 땅에서의 어떠한 환난과
고통을 견디며 승리하는 삶이기를 기도합니다.

에 1장	**폐위되는 왕후 와스디**

묵상　　　개인의 종말을 통한 새로운 기회

key word　1:1 아하수에로 1:2 수산 궁 1:3 잔치 1:9 왕후 와스디 1:19 조서

message　에스더의 배경이 되는 내용으로 당시 근동의 맹주였던 통치자 아하
수에로가 베푼 대연회에서 일어난 사건이다. 미모가 출중했던 왕후
와스디를 손님들 앞에서 자랑하려 했던 아하수에로 왕은 왕후 와스
디가 이를 거절하자 권위의 손상을 입고 크게 진노하여 왕후를 폐위
하고 만다. 이로써 주인공 에스더가 바사 왕후로 등장하게 되는 계기
가 된 것이다.

행 24장	**벨릭스 앞에 선 바울**

묵상　　　종말에 대한 소망

key word　24:5 전염병 같은 자라 24:8 고발하는 이 모든 일 24:11 열흘 24:17 내
민족을 구할 것 24:24 드루실라

message　바울이 2년간 가이사랴 감옥에서 생활한 내용이다. 본 장에는 바울
이 비밀리에 가이사랴로 호송된 것을 알게 된 예루살렘 유대인들이
가이사랴까지 와서 변호사를 내세워 총독에게 바울을 고소하고 이에
총독이 판결을 2년간 유보한 사건이 소개되고 있다.

말씀 연결(에 1장; 행 24장)_종말의 기회와 소망

▶일러두기

아하수에로의 이름의 뜻은 '위대한 사람'으로 헬라어로 '크세르크세스'라고도 칭하고 있다. 그
는 다리오 1세의 뒤를 이어서 기원전 485-464년까지 바사 제국을 통치했다.

성경은 맏아들의 권리를 분명히 인정하고 있다. 장자는 다른 이들보다 두 배의 몫을 상속받을
수 있었으며, 하나님 앞에서 한 가정을 대표했다. 즉 한 가정의 최고 어른으로서 권위와 명예를
부여받았으며, 가정 제사에서 주도적인 역할을 할 수 있었다.

창 26장	**이삭의 피신과 번영**
묵상	충성됨의 태도
key word	26:1 아비멜렉 26:12 농사하여 26:14 시기하여 26:26 친구 아훗삿 26:34 유딧, 바스맛
message	이삭은 나약한 존재인 동시에 온유하고 인내심 있는 성격으로 많은 분쟁의 위기를 이겨냈다. 그의 인생 여정은 아브라함과 유사하다. 이삭은 부친 아브라함처럼 흉년을 당하게 되지만 부친과는 달리 애굽 땅으로 들어갈 수 없었다. 이삭은 그달에서 아브라함처럼 강성해져서 고향으로 돌아오게 되고, 아비멜렉과 브엘세바에서 조약을 맺기도 한다.

마 25장	**열 처녀, 달란트, 양과 염소의 비유**
묵상	충성된 자의 모습과 결과
key word	25:1 그 때에 25:3 기름 25:5 신랑이 더디 오므로 25:14 어떤 사람 25:15 달란트 25:27 취리하는 자 25:32 모든 민족
message	재림이 늦어질 경우 신앙의 경계가 느슨해질 수도 있음을 감안하여 예수는 재림의 확실성과 재림 시 있을 최후의 심판을 상기시키기 위해 열 처녀 비유와 달란트 비유, 그리고 양과 염소의 비유를 예를 들어 교훈하신다.

말씀 연결(창 26장; 마 25장)_충성

▶**말씀기도**

우리는 주어진 일에 충성을 다하고 당장의 보상이 없을지라도 하나님을 의지하고 충성하며 하루하루를 살아가게 하옵소서.

에 2장	**왕후로 간택된 에스더**
묵상	충성된 자를 준비시킴
key word	2:5 모르드개 2:7 하닷사 2:9 일용품 2:14 둘째 후궁 2:19 대궐 문 2:23 나무에 달고
message	왕후를 폐위한 아하수에르는 새 왕후를 간택하는데 전국에서 모여든 처녀들 가운데 에스더가 왕후로 간택되었다. 또 에스더의 일로 바사 왕국에서 벼슬에 오른 모르드개는 아하수에로 왕 암살 음모를 사전에 막아 내는 공을 세운다.

행 25장	**가이사에게 상소한 바울**
묵상	충성된 자에게 주어지는 보상
key word	25:1 베스도 25:6 재판 자리에 앉고 25:12 배석자들 25:13 아그립바 왕 25:19 종교 25:23 천부장들
message	총독 벨릭스의 애매한 처세로 가이사랴에서 2년을 지체한 바울은 신임 총독 베스도가 부임하자 유대인들에게 재차 고소당하고, 이에 강한 변론으로써 그들의 고소를 상대한다. 한편 총독 베스도는 로마 황제 가이사에게 직접 재판받고자 한 바울의 요구로 인해 자신을 환영하기 위해 찾아온 아그립바 왕에게 도움을 청한다.

말씀 연결(에 2장; 행 25장)_충성된 자

▶**일러두기**

에스더의 본명은 상록 관목을 가리키는 '화석류나무'라는 뜻의 '하닷사'이다. 에스더는 바사인들이 나중에 붙여준 이름으로 '별'을 의미한다. 바사 제국의 수도인 수산 성에 살다가 아하수에로의 새 왕비가 되어 모르드개와 함께 하만의 계략에서 민족을 구원하였다.

26
Jan

위기와 축복

창세기 27장 | 마태복음 26장 | 에스더 3장 | 사도행전 26장

창 27장 **에서의 복을 가로챈 야곱**

묵상   축복을 향한 갈망

key word   27:4 별미   27:6 리브가   27:9 좋은 염소 새끼   27:19 마음껏   27:20 아버지
의 하나님   27:44 몇 날 동안

message   장자권을 둘러싼 에서와 야곱 간의 갈등이 첨예화되는 장면이다. 장
자권의 문제는 앞에서도 제기된 것으로 본 장에서 마무리 되고 있다.
야곱의 축복을 가로챌 수 있었던 것은 에서가 장자권을 소홀히 여겼
기 때문이다.

마 26장 **최후의 만찬과 겟세마네 기도**

묵상   충성된 자의 모습과 결과

key word   26:7 옥합   26:15 은 삼십   26:17 무교절의 첫 날   26:20 저물 때   26:30
찬미하고   26:36 겟세마네   26:47 몽치   26:50 친구여   26:53 열두 군단
26:59 공회

message   본 장의 절정인 예수의 수난과 죽음, 부활에 이르는 일련의 기사들이
소개되고 있다. 여기서 예수를 죽이려는 종교 지도자들의 음모와 이
를 준비하는 주님의 최후의 만찬 그리고 계속되는 주님의 체포, 심문
등의 사건들이 전개되고 있다.

말씀 연결(창 27장; 마 26장)_축복

▶**말씀기도**

우리에게 어떤 위기가 닥쳐와도 주님의 은혜의 축복을 바라보며 천국 백성으로서의 주어진 삶
을 통해 주님만을 의지하고 삶아가기를 기도합니다.

에 3장	**유다 민족을 전멸시키려는 하만의 음모**
묵상	축복의 전조인 위기 상황
key word	3:1 아각 사람 3:7 부르 3:8 한 민족 3:9 왕의 일을 맡은 자 3:10 반지
message	바사 제국의 2인자인 하만이 유다 민족을 말살하려는 음모가 소개되고 있다. 자기 지위에 도취한 하만은 유독 모르드개만이 자신 앞에 무릎을 꿇지 않은 것을 빌미로 유다 민족 전체를 죽이려고 아하수에로에게 유다 민족을 말살할 법령을 얻어낸다.

행 26장	**아그리바 앞에서 변호한 바울**
묵상	역설적 축복의 모습
key word	26:1 아그립바가 26:14 가시채를 26:22 높고 낮은 사람 앞에서 26:24 네가 미쳤도다 26:28 적은 말로 나를 권하여
message	바울은 죄인 신분으로 예루살렘에서 마지막 변론을 하게 된다. 총독 베스도의 요청으로 재판에 끼어든 분봉왕 아그립바는 바울로부터 그의 생애와 회심 과정 그리고 선교 활동을 듣게 된다.

말씀 연결(에 3장; 행 26장)_축복

▶**일러두기**

아하수에로의 총리대신이 되었을 때 모르드개만 자기에게 존경을 표시하지 않는 것에 앙심을 품고 모든 유다인을 멸절시키려는 음모를 꾸민 인물이다. 하지만 그의 음모는 모르드개와 에스더의 헌신적인 신앙으로 무산되고 모르드개를 매달아 죽이려고 했던 장대에 자기가 대신 매달려 죽는 일이 생긴 것이다.

십자가의 길

창세기 28장 | 마태복음 27장 | 에스더 4장 | 사도행전 27장

창 28장	**야곱의 도피와 벧엘 서원**
묵상	하나님을 향한 서원을 통한 십자가 지심
key word	28:2 밧단 아람 28:3 전능하신 하나님 28:4 아브라함에게 허락하신 복 28:8 또 본즉 28:11 한 곳 28:12 사닥다리 28:18 기둥
message	비록 장자권은 탈취했지만 안전은 보장받을 수 없었던 야곱은 밧단 아람에서 약 20년간 도피 생활을 하게 된다. 한편 피신 중에 벧엘에서 있었던 신령한 경험은 야곱의 자의식 속에 자신이 언약의 후손이자 하나님의 보호와 인도를 받는 복된 존재임을 자각시켰다. 이를 통해 야곱은 자신에게 닥친 모든 역경을 감내할 수 있었다.

마 27장	**예수의 수난과 십자가 죽음**
묵상	예수님의 십자가 지심
key word	27:1 새벽에 27:5 성소 27:6 성전고 27:8 피밭 27:9 예레미야 27:16 유명한 죄수 27:27 관정 27:28 홍포 27:29 갈대 27:34 쓸개 탄 포도주 27:47 엘리야 27:51 휘장 27:57 아리마대 27:61 다른 마리아
message	예수님의 지상 공생애 사역의 절정을 이루는 장면이다. 빌라도 법정에서 재판을 받으신 예수는 유대인으로부터 온갖 조롱을 받고 골고다로 끌려가 십자가에 달리신다. 예수가 운명하자 성전 휘장이 찢어지고 땅이 진동하며, 잠자던 자들이 일어난다. 예수는 마침내 아리마대 요셉의 무덤에 장사되어 부활을 기다리게 된다.

말씀 연결(창 28장; 마 27장)_십자가

▶**말씀기도**

우리는 부정한 상황에서도 주님만을 신뢰하고 의지하며 죽으면 죽으리라는 신념과 믿음으로 주님만을 바라보는 삶이기를 기도합니다.

에 4장	**에스더에게 도움을 요청한 모르드개**
묵상	죽음을 각오함
key word	4:1 옷을 찢고 4:2 굵은 베옷을 입은 자 4:11 남녀를 막론하고 4:16 죽으면 죽으리라
message	하만의 음모에 맞서 위기를 극복하려는 모르드개와 에스더의 노력이 소개되고 있다. 하만의 음모로 인해 모르드개를 위시한 모든 유다인들은 슬퍼하였다. 그리고 민족적 위기를 해결하고자 모르드개와 에스더는 지혜를 모은다.

행 27장	**죄수 바울의 로마를 향한 항해**
묵상	구원의 여명도 없는 십자가의 길
key word	27:1 아구스도대 27:2 아리스다고 27:6 알렉산드리아 배 27:8 미항 27:14 유라굴로 27:16 거루 27:27 아드리아 바다 27:28 길
message	바울은 오랫동안 갈망해온 로마행이 상상을 초월한 방법으로 이루어지는 장면이 소개되고 있다. 로마로 항해하던 도중 유라굴로라는 광풍을 만나 고초를 당한 후에 멜리네 섬에 무사히 안착한다.

말씀 연결(에 4장; 행 27장)_죽음과 십자가의 길

▶**일러두기**

총독 빌라도는 기원후 26-36년까지 유대, 사마리아, 이두매 지방을 다스린 5대 로마 총독으로서 소아시아의 본토 출신 갈릴리 사람을 성전에서 죽였고 예수를 죽음에 넘겨주었으며, 그리심 산에서 사마리아 사람을 죽이는 등 폭정과 정치적 불안으로 인해 황제 디베료의 소환을 받았다.

창 29장 **도피자 야곱의 결혼**

묵상　　하나님을 향한 서원을 통한 십자가 지심

key word　29:2 큰 돌 29:13 입맞추며 29:14 내 혈육이로다 29:17 시력이 약하고
29:21 내 아내 29:31 태를 여셨으나

message　외삼촌 라반의 집에 온 야곱은 라반의 둘째 딸 레아와 라헬을 아내로
맞고 자식들을 얻었으면서 고된 20년의 객지 생활이 이어져 간다.

마 28장 **부활하신 예수님**

묵상　　씨가 번성하는 방식

key word　28:1 안식 후 첫날 28:2 큰 지진 28:16 갈릴리

message　예수께서 사망 권세를 깨뜨리고 부활하신 장면을 역동적으로 전개시
켜 나가고 있다. 이런 예수의 부활 사건은 장차 주님을 믿는 모든 성
도의 부활에 대한 예표요 언약이기도 하다. 한편 예수님의 부활과 이
를 은폐하려는 악의적인 사도들 그리고 부활하신 주님의 지상 명령
으로 구성되고 있다.

말씀 연결(창 29장; 마 28장)_서원과 십자가의 길

▶**말씀기도**

천지 만물을 창조하시고 생육하고 번성하라 하신 주님, 그리고 십자가에 달리셔서 죽기까지 우
리를 사랑하신 주님의 은혜와 사랑을 감사합니다.

에 5장　　**잔치를 배설한 왕후 에스더**

묵상　　　씨의 번성을 위한 지혜

key word　5:6 곧 허락하겠노라 5:11 자녀가 많은 것 5:14 오십 규빗

message　 적극적으로 민족 구원을 위해 힘쓰는 에스더와 교만에 빠져서 눈앞
　　　　　에 닥친 위험도 알아채지 못하는 하만의 어리석음이 대조되고 있다.
　　　　　죽음을 두려워하지 않고 담대히 왕에게 나아간 에스더는 왕에게 자
　　　　　신이 베푼 잔치에 하만과 함께 참석해 줄 것을 요청한다, 그런데 왕
　　　　　외에 자신만이 초대된 것을 안 하만은 매우 고무되어 그 연회를 통해
　　　　　모르드개를 처형시킬 꾀를 짜내고 있다.

행 28장　　**로마에 도착한 바울**

묵상　　　씨의 보존과 증인의 삶

key word　28:1 멜리데 28:2 원주민 28:8 열병과 이질 28:11 석 달 후에 28:15 압비
　　　　　오 광장 28:22 파 28:30 자기 셋집에 머물면서

message　 바울의 배후에서 역사하신 하나님의 선한 간섭이 마침내 바울을 로
　　　　　마까지 인도하여 그로 하여금 선교의 사명을 이루게 한 사실이 소개
　　　　　되고 있다.

말씀 연결(에 5장; 행 28장)_씨의 번성과 보존

▶**일러두기**

'죽으면 죽으리이다'라는 비장한 각오를 다짐한 에스더는 일사각오의 자세로 왕에게 나아간 그
녀는 왕의 총애를 받게 되고, 어리석은 하만은 모르드개가 처형당할 장대에서 하만 자신이 처
형을 당한다.

결혼 잔치는 추수가 끝난 농한기에 주로 베풀어졌다. 대개 신랑측이 주최하며 날이 저물 무렵
신랑은 친구들과 함께 처가를 향한다. 신랑이 신부를 데리고 처가를 나서면 사람들은 밀알을
뿌리며 번성의 복을 빌었다.

29
Jan

하나님 나라 씨의 번성(2)

창세기 30장 | 마가복음 1장 | 에스더 6장 | 로마서 1장

창 30장 | **많은 자녀와 재산을 얻은 야곱**

묵상 | 씨를 향한 열망

key word | 30:4 아내로 주매 30:14 합환채 30:20 후한 선물 30:21 디나 30:23 부
끄러움 30:36 사흘길 30:37 신풍나무 30:39 가지 앞에서

message | 야곱의 두 아내 레아와 라헬의 자녀 출산 경쟁은 겉으로 보기에는 고
통스런 다툼이었지만 하나님의 관점에서 보면, 하나님의 언약을 더
풍성히 이뤄가는 한 과정이요 하나님이 당신의 백성에게 주시는 위
로와 복의 한 방법이다.

막 1장 | **하나님의 아들 예수 그리스도의 복음의 시작**

묵상 | 씨를 번성하게 하는 수단들

key word | 1:10 하늘이 갈라짐 1:13 사십 일 1:15 하나님의 나라 1:17 사람을 낚는 어
부 1:21 가버나움 1:24 나사렛 예수여 1:30 열병 1:41 손을 내밀어

message | 다른 복음서들과 달리 마가복음은 처음부터 예수 그리스도의 공생애
에 초점을 맞추고 있다. 본 장에서는 그리스도의 길을 예비하는 세례
요한의 선포와 공생애 직전의 예수, 세례 요한의 잡힘과 예수 사역의
시작을 소개하고 있다.

말씀 연결(창 30장; 막 1장)_씨의 열망과 번성

....

....

....

▶**말씀기도**

복음의 씨를 번성하게 하는 사명으로 부르심을 받은 우리는 오직 하나님의 뜻을 따라 사명을
온전히 감당할 수 있기를 위해 기도합니다.

에 6장   **옛 공로로 명예를 얻은 모르드개**

묵상   씨의 보존을 위한 하나님의 섭리

key word   6:8 왕께서 입으시는 왕복   6:10 유다 사람 모르드개

message   모르드개의 숨은 공적이 밝혀지고 있다. 아하수에로 왕은 수산 궁 일기를 들추다가 모르드개의 빛나는 공적을 발견하였다. 그런데 그 같은 사실을 알지 못하는 하만은 어리석게도 모르드개를 영예롭게 하는 일에 힘쓴다. 이런 유쾌한 반전은 인간이 아무리 계획할지라도 일의 결말을 주장하시는 분은 하나님이심을 다시 한번 확인시켜주고 있다.

롬 1장   **복음의 능력**

묵상   씨의 번성을 위한 부르심

key word   1:1 사도   1:11 신령한 은사   1:14 야만인   1:17 믿음으로 믿음에   1:24 마음의 정욕   1:26 순리   1:31 배약하는 자

message   바울 서신 중 가장 긴 로마서는 로마에 있는 성도들에게 구원의 원리를 가르칠 목적으로 저술했다. 사도 바울은 본 장에서 문안 인사와 로마를 방문하려는 자신의 일정을 밝힌 뒤 구원의 원리를 소개한다.

말씀 연결(에 6장; 롬 1장)_씨의 보존과 번성

▶**일러두기**

합환채는 지중에 연안 지방에서 널리 자생하는 다년생 초본이다. 흰독말풀로 추정되는 것으로서 가지만한 크기의 향기로운 열매를 맺으며, 땅속으로는 인삼처럼 갈라진 뿌리가 있는데 고대인들은 이것을 수태 증진 또는 최음제로 믿었고, 때로는 마약으로 썼다.

63

하나님 나라 씨의 보존

창세기 31장 | 마가복음 2장 | 에스더 7장 | 로마서 2장

창 31장 | **야곱의 귀향과 미스바 계약**

묵상 | 씨의 보존을 위한 하나님의 함께 하심

key word | 31:2 안색 31:6 힘을 다하여 31:7 열 번 31:15 우리의 돈 31:21 길르앗 산 31:27 수금 31:35 생리가 있어 31:42 경외하는 이 31:46 먹고 31:53 그들의 조상의 하나님

message | 비록 도피자였지만 벧엘 언약을 굳게 믿고 생활했던 야곱은 하나님의 때가 찬 경륜에 따라 고향으로 다시 돌아오게 된다. 그러나 야곱은 약속의 땅 가나안으로 돌아오기 위해서 하란을 떠나는 결단을 해야 했다.

막 2장 | **죄를 사하는 권세자**

묵상 | 씨가 보존되는 방식

key word | 2:5 네 죄를 사함을 받았느니라 2:7 신성모독이로다 2:14 알패오의 아들 레위 2:15 죄인들

message | 중풍병자의 온전한 치유사역, 죄인과의 식탁 교제, 금식에 관한 교훈, 안식일의 주인이신 예수의 금식에 관한 교훈 등 진리를 가르치신 메시야 예수의 대표적인 개혁적 사역을 언급하고 있다.

말씀 연결(창 31장; 막 2장)_ 씨 보존과 방식

▶**말씀기도**

하나님 나라의 씨로 보존되기 위해 선택된 백성으로서의 삶을 살게 하시고, 오직 하나님의 말씀으로 살아가기를 소원합니다.

에 7장	**처형되는 하만**
묵상	씨의 보존을 위한 요구
key word	7:3 내 생명, 내 민족 7:4 팔려서 7:6 이 악한 하만 7:7 자리를 떠나 7:8 걸상 위에 엎드렸거늘
message	모르드개가 명예롭게 됨으로써 유다 민족의 운명은 새로운 희망을 가질 수 있게 되었고, 반대로 하만은 처형대에 오르게 된다. 잔치 석상에서 에스더는 그녀의 소원이면 무엇이든 들어주겠다고 약속한 계략 때문에 몰살당할 위기에 처해 있음을 소상히 밝혔다. 설상가상으로 에스더에게 구원을 요청했던 하만은 에스더를 강간하는 것으로 오해받아 마침내 교수형에 처해지고 만다.

롬 2장	**하나님의 준엄한 심판과 유대인의 죄**
묵상	씨로 보존되기 위해 버릴 것
key word	2:5 진노의 날 2:8 당을 지어 2:14 본성으로 2:18 분간하며 2:20 어린 아이 2:25 할례 2:29 이면적 유대인
message	동족이요 선민인 유대인들에게로 방향을 선회하여 하나님의 백성이라 자부하고 율법을 알면서도 법대로 행하지 않는 유대인들의 죄를 지적한다. 그러면서 유대인들 역시 결코 하나님의 준엄한 형벌을 피할 수 없다고 엄하게 경고한다.

말씀 연결(에 7장; 롬 2장)_씨의 보존

▶일러두기

드라빔은 가족 수호신의 일종이다. 은이나 나무로 만들어졌으며 휴대하기에 용이할 만큼 작은 것부터 사람처럼 큰 것까지 다양한 모양이다. 가정의 안정과 평안 그리고 다산과 풍요를 가져다준다고 믿어진 드라빔은 우상 숭배와 연관이 있었고, 점치는 도구나 거짓 신 등으로 받아들여졌기 때문에 정죄되었다.

하나님 나라 씨

창세기 32장 | 마가복음 3장 | 에스더 8장 | 로마서 3장

창 32장 **야곱에서 이스라엘로**

묵상   야곱을 향한 씨의 약속

key word   32:2 하나님의 군대   32:3 세일 땅 에돔   32:6 사백 명   32:22 얍복 나루
           32:24 어떤 사람   32:25 허벅지 관절   32:30 브니엘

message   형 에서를 만나 지난 과오의 용서를 빌어야 했던 야곱은 인간적인 노
           력으로써는 불안을 떨쳐버릴 수 없었기에 결국 하나님께 사력을 다
           해 매달릴 수밖에 없었다. 하나님은 야곱에게 영적인 승리와 언약 계
           승자라는 확인의 표시로 이스라엘이라는 새 이름을 지어주셨다.

막 3장 **사역의 확장과 새로운 가족**

묵상   왕께 나아오는 씨들

key word   3:6 헤롯당   3:14 열둘   3:17 보아너게   3:18 가나나인 시몬   3:22 바알세불
           3:29 성령을 모독하는 자

message   예수의 사역이 본격적으로 진행되면서 일어난 사건들이 등장한다.
           특히 당시 가장 첨예한 문제 중 하나였던 안식일 논쟁과 사역의 확장
           그리고 예수의 가족들의 배척 등이 소개되고 있다.

말씀 연결(창 32장; 막 3장)_야곱의 씨, 왕의 씨들

▶**말씀기도**

예수 그리스도를 믿음으로 의롭다함을 얻은 우리는 이 땅에서 하나님의 나라의 거룩한 씨로 보
존되고 살아가기를 소원하며 기도합니다.

에 8장	**조서를 철회한 아하수에로**

묵상   약속의 씨를 보존하기 위한 열망

key word   8:8 조서를 뜻대로 쓰고   8:9 시완월   8:15 푸르고 흰 조복

message   유다 민족에게 큰 위협을 준 아하수에로 왕의 조서가 철회됨으로 민족의 위기는 해결되었고, 하만을 대신하여 모르드개가 바사 재국의 제2인자로 등용되었다. 대제국의 군주가 자신의 명령을 철회한다는 것은 거의 있을 수 없는 일이지만 하나님께서는 그 마음을 붙잡으시고 당신의 계획하신 대로 그의 의지를 주장하셨다.

롬 3장	**죄 아래 있는 인간과 믿음으로 얻은 의**

묵상   믿음으로 의롭다함을 얻는 씨들

key word   3:10 의인은 없나니   3:13 열린 무덤   3:22 차별이 없느니라   3:25 화목제물 3:26 자기도 의로우시며

message   유대인들의 죄를 지적하고 경고한 바울은 이제 유대인들이 특권처럼 내세우는 율법과 할례에 대한 유대인들의 그릇된 생각을 여지없이 깨뜨리면서 모든 인간은 죄 아래 있다는 사실을 상기시킨다. 그런 뒤 바울은 자연스럽게 율법과 할례가 아니라면 어떻게 해야 구원을 얻을 수 있을까라는 구원론으로 논리를 전개하고 있다.

말씀 연결(에 8장; 롬 3장)_약속의 씨, 믿음의 씨

▶일러두기
디아트리베는 헬라어로 '가정'이라는 뜻으로 반박을 가정하고 그에 답하는 고대 헬라어의 수사 기법이다. 사도 바울은 유대인도 이방인과 다를 것이 없다는 2장의 주장에 대해 제기될 수 있는 반론을 예상하고 그 질문에 답변하는 3장에서 형식으로 논리를 전개하고 있는 것이다.

땅의 확정

창세기 33장 | 마가복음 4장 | 에스더 9-10장 | 로마서 4장

창 33장   **야곱과 에서의 화해**

묵상   땅의 확정

key word   33:2 라헬과 요셉   33:3 일곱 번 땅에   33:4 입맞추고   33:8 이 모든 떼
33:9 내 동생아   33:12 내가 너와 동행하리라   33:18 평안히

message   얍복 강가에서의 영적 씨름을 통해 은혜를 경험한 야곱은 마침내 20
년간 깨어졌던 형제간의 우애를 회복할 수 있었다.

막 4장   **하나님 나라의 비유**

묵상   땅의 확정을 위한 씨를 뿌림

key word   4:2 비유   4:3 들으라   4:11 비밀   4:19 재물의 유혹   4:21 말   4:29 추수 때
4:31 겨자씨   4:35 저편   4:37 큰 광풍

message   예수가 오심으로 시작된 하나님 나라와 그 나라의 발전 방식을 여러
비유를 통해 설명한 부분이다. 씨 뿌리는 자 비유, 말 아래 있는 등불
비유, 자라나는 씨 비유, 겨자씨 비유, 그리고 참 믿음을 주제로 한 바
다를 잠잠케 하신 이적 등이 소개되고 있다.

말씀 연결(창 33장; 막 4장)_씨 뿌림과 새 땅

▶**말씀기도**

주님께서 주신 땅을 생각하며 그 땅에서 하나님 나라의 확장을 위한 씨 뿌림으로 온전한 믿음
의 성취하며 살아가는 삶이기를 기도하옵소서.

에 9-10장 **처형된 원수와 존귀하게 된 모르드개**

묵상   하나님 나라 씨들의 새 땅

key word   9:3 두려워하므로 9:19 서로 예물을 주더라 9:20 모르드개가 이 일을 기
          록하고 9:24 부르 9:31 금식

message   유다 민족을 말살하려던 그날에 오히려 원수들이 도륙되는 놀라운
          사건과 그날을 기념하여 유다 민족의 승리의 기념일인 부림절로 재
          정되는 장면이다. 그리고 모르드개가 바사 제국의 제2인자에 오를 만
          큼 존귀하게 된 사실을 소개하고 있다.

롬 4장 **아브라함의 믿음과 그로 말미암은 언약**

묵상   믿음으로 의롭다 함을 얻는 씨들

key word   4:1 아브라함 4:10 할례시가 아니요 4:13 그 후손 4:19 사라의 태가

message   유대인들의 조상인 아브라함의 경우를 사례로 들어 교훈하고 있다.
          첫째, 아브라함이 의롭게 된 것은 율법의 행위가 아니라 믿음 때문이
          다. 둘째, 할례나 율법으로는 결코 의롭게 될 수 없다, 셋째, 모든 사람
          들 역시 믿음으로 의롭게 된다.

말씀 연결(에 9, 10장; 롬 4장)_하나님 나라의 씨와 의롭다함을 얻은 씨

▶**일러두기**

부림의 원뜻은 '깨뜨리다', '부스러뜨리다'로서 히브리어로 '몫', '제비'라는 뜻을 가진 '프로'의
복수형이다. 유다인들의 구원을 기념하는 부림절의 기원에 관한 내용으로서 하만이 유다인들
을 처형할 날을 제비뽑기로 결정한데서 비롯되었다.

씨의 순결

창세기 34장 | 마가복음 5장 | 욥기 1장 | 로마서 5장

창 34장   **겁탈당한 디나와 복수극**

묵상   씨의 순결에 대한 분노

key word   34:2 히위 족속 34:5 잠잠하였고 34:7 이스라엘 34:11 말하는 것 34:14
              할례 34:19 이 소년 34:20 성읍 문 34:30 브리스 족속

message   야곱 일가가 세겜 땅에 자리 잡은 뒤에 일어난 일이다. 디나를 연모
              한 세겜은 그녀를 강제로 욕보인 뒤 청혼하였다. 하지만 이 일을 치
              욕으로 여긴 디나의 오라비들은 혼약을 빙자하여 할례의 고통 속에
              있는 세겜 일족을 진멸하고 만다. 그러나 그 사건으로 야곱 일가는
              또다시 유랑을 떠날 수밖에 없게 되었다.

막 5장   **영육을 치유하시는 예수**

묵상   씨의 소중함과 정결하게 되는 법

key word   5:1 거라사 5:2 무덤 5:11 돼지 5:22 회당장 5:25 혈루증 5:39 잔다

message   예수의 메시야적 권위와 능력이 여러 면에서 확인되고 있는 부분이
              다. 거라사 귀신 들린 자를 고치신 이적, 혈루증 든 여인을 고치신 이
              적, 야이로의 딸을 살리신 이적 등을 소개하고 있다.

말씀 연결(창 34장; 막 5장)_씨의 순결과 정결

▶**말씀기도**

십자가의 흔적을 가지신 예수 그리스도와 함께 내 안에 잠재된 악들을 제거하여 주시고, 하나
님의 온전한 사랑으로 순종의 삶을 살게 하옵소서.

욥 1장	**욥에게 닥친 환난**
묵상	순결한 씨의 삶
key word	1:1 우스 땅 1:2 아들 일곱 1:8 내 종 1:15 스바 사람 1:16 하나님의 불 1:17 갈대아 사람 1:20 일어나
message	욥기는 죄 없는 의인이 당하는 고난 혹은 착한 사람들이 이유 없이 겪는 고통의 문제를 다룬 책이다. 저자는 이 문제를 욥이라는 사람의 고난을 통해 접근하고 있다. 신앙적으로 경건하며 큰 재물과 많은 자녀 등 무엇 하나 부족함이 없는 욥은 사탄의 간계로 하루아침에 온 가정이 산산조각 나는 감당할 수 없는 고난에 직면하게 된다. 이를 통해 욥기의 저자는 모든 고난이 반드시 죄 때문에 오는 것은 아님을 선언적으로 보여주려 한다.

롬 5장	**아담과 그리스도**
묵상	씨를 순결하게 하기 위한 죽음
key word	5:4 연단 5:6 연약 5:10 우리 5:12 한 사람으로 5:15 은사 5:16 많은 범죄 5:20 율법이 들어온 것
message	의롭게 된 자가 하나님과 더불어 화평을 누리고 복된 결과에 대해 설명하고 있다. 그리고 이렇게까지 복된 결과를 누리게 되는 이유를 아담과 그리스도의 대표 원리를 통해 가르친다. 바울은 아담의 범죄로 인류가 죄인이 되었듯이 그리스도의 구속 사역으로 성도들이 의와 생명을 부여받게 되었음을 강조한다.

말씀 연결(욥 1장; 롬 5장)_순결의 씨

▶일러두기

사탄의 원뜻은 '대적자'로서 사람들을 대적하고 하나님과 원수되게 하는 특성을 반영한 이름으로 타락한 악한 영들의 우두머리를 가리킨다. '바알세불', '밸리알', '세상 신'으로도 불린다.

3
Feb

하나님 나라 씨들의 삶

창세기 35-36장 | 마가복음 6장 | 욥기 2장 | 로마서 6장

창 35-36장 **벧엘에서 단을 쌓는 야곱과 에서의 족보**

묵상 　　　제단을 쌓는 씨의 모습

key word　35:1 벧엘　35:2 의복을 바꿔 입으라　35:4 귀에 있는 귀고리　35:8 드보
　　　　　라가 죽으매　35:11 허리　35:16 에브랏　35:18 베냐민　35:20 라헬의 묘
　　　　　36:12 아말렉　36:15 족장　36:31 다스리는 왕　36:32 도성

message　디나의 사건 이후에 하나님의 지시대로 야곱은 벧엘로 올라가기로
　　　　　결정한다. 그에 앞서 그동안 가지고 있던 신앙상의 잘못된 요소를 불
　　　　　식하는 자세를 취한다. 36장에서는 아브라함 일대기가 이스마엘 후
　　　　　손의 족보로 끝나듯이 야곱의 일대기는 에서 자손의 족보로 끝난다.

막 6장 **사역의 확장과 제자들의 무지**

묵상 　　　꿈의 성취를 위해 버려야 할 것

key word　6:3 마리아의 아들　6:8 배낭이나 전대　6:17 빌립　6:22 헤로디아의 딸
　　　　　6:30 사도　6:37 이백 데나리온　6:48 사경　6:56 옷 가

message　예수의 복음 전파 사역이 이스라엘의 경계를 넘어 이방까지 전파되
　　　　　는 데 비해 그에 못미치는 제자들의 영적인 어리석음이 소개된다.

말씀 연결(창 35-36장; 막 6장)_제단의 씨와 예수님의 삶

....

....

....

....

▶**말씀기도**

이 땅에 살면서 하나님의 씨로 어떤 삶을 살아가고 있는가를 생각하게 하시고 예수님의 사명을
따라 승리하는 삶을 살게 하옵소서.

욥 2장	**가중되는 욥의 고난**
묵상	인정받는 씨의 삶
key word	2:3 네가 나를 충동하여 2:6 그의 생명은 해하지 말지니라 2:11 데만 2:13 칠 일
message	사탄의 시험으로 재물과 심지어 자녀까지 잃어버린 처절한 상황에서도 하나님을 원망하지 않은 욥은 오히려 더 큰 고난에 직면한다. 이제는 몸에 종기가 나서 말할 수 없는 고통을 당한다. 여기다 그의 아내까지 하나님을 원망하고 죽으라고 저주를 한다. 그런 가운데 욥을 위로하려고 온 세 친구가 등장한다.

롬 6장	**그리스도와 연합된 성도**
묵상	죄를 대하는 삶
key word	6:12 몸의 사욕 6:13 불의의 무기 6:17 교훈의 본 6:22 거룩함에 이른 열매
message	바울은 그리스도가 십자가에서 죽은 것 같이 성도 역시 죄에 대하여 죽고, 그리스도가 십자가에서 부활한 것 같이 의에 대하여 살라는 성화의 원리를 교훈하고 있다.

말씀 연결(욥 2장; 롬 6장)_삶

▶일러두기

이방의 더러움을 성지에 감염시키지 않으려는 의도에서 유대인들은 일찍이 이방 땅에서 본국으로 돌아올 때 발의 먼지를 털어버렸다. 따라서 발의 먼지를 터는 행위는 상대방을 이방인으로 간주하는 것이요, 완전한 거절과 교제 단절을 의미하는 상징적 행동이라고 할 수 있다.

4 Feb 하나님이 주시는 꿈의 성취

창세기 37장 | 마가복음 7장 | 욥기 3장 | 로마서 7장

창 37장 **애굽으로 팔려간 요셉**

묵상 　꿈을 주심과 꿈으로 인한 고난

key word 　37:2 야곱의 족보 37:3 채색옷 37:9 다시 꿈을 꾸고 37:14 헤브론 골짜기
37:15 방황하는지라 37:17 도단 37:22 구덩이 37:28 은 이십 37:34 굵은
베 37:35 스올

message 　아브라함으로부터 시작된 언약 족장들의 행보를 마감하는 요셉의 일
대기가 이어지고 있다. 본 장에서는 꿈꾸는 사람 요셉이 부친의 편애
와 형제들의 질시, 그로 인하여 애굽으로 팔려가는 과정을 묘사하고
있다. 이 모든 이스라엘 민족을 보호하고 융성하게 하시려는 하나님
의 섭리가 있었다.

막 7장 **그릇된 전통과의 싸움**

묵상 　꿈의 성취를 위해 버려야 할 것

key word 　7:3 장로들의 전통 7:6 외식하는 자 7:11 고르반 7:26 수로보니게 7:34
에바다

message 　유대교의 형식주의에 대한 책망과 계명 및 전통에 관한 교훈 등이 소
개되고 있다.

말씀 연결(창 37장; 막 7장)_꿈으로 인한 고난과 성취를 위한 버림

▶말씀기도

우리가 마음에 두는 부정한 것들, 계명을 취하고 전통을 버리며 빛은 취하고 저주는 버리고, 선
을 취하고 죄를 버리는 삶을 살게 하옵소서.

욥 3장	**생일을 저주하는 욥**
묵상	꿈의 성취를 위해 취할 것과 버릴 것
key word	3:3 사내아이를 배었다 하던 그 밤 3:8 날을 저주하는 자들 3:13 누워서 자고 3:17 거기서는
message	재산과 자녀, 건강을 잃으면서도 신앙을 지키던 욥은 고통의 강도가 극심해지자 마침내 입을 열어 자신이 태어난 날을 원망하며 탄식한다. 그럼에도 불구하고 아직은 생명을 주신 하나님을 원망하거나 저주하는 불신앙으로까지는 나아가지 않는다. 극한 상황에서도 신앙의 최후 보루인 하나님에 대한 믿음만은 끝까지 견지하는 욥의 모습이 돋보인다.

롬 7장	**율법과 죄**
묵상	꿈의 성취를 위해 취할 것과 버릴 것(2)
key word	7:1 법 7:5 육신에 있을 때 7:6 영의 새로운 것 7:7 율법이냐 죄냐 7:8 기회를 타서 7:9 율법을 깨닫지 못했을 때 7:22 내 속 사람 7:23 한 다른 법
message	그리스도와의 연합에 대해 가르친 바울은 그 결과 성도들이 죄와 사망에서 자유롭게 되었다고 말한다. 하지만 바울은 자유함을 얻은 성도들이 자신은 이제 죄와 무관하기 때문에 더는 율법이 필요 없다고 주장할 위험이 있어 율법에는 죄를 깨닫게 하고 선악의 기준을 제시하는 기능이 있음을 상기시키고 있다.

말씀 연결(욥 3장; 롬 7장)_버릴 것과 취할 것

▶일러두기

식사에 앞선 축사, 유대인들의 공동 식사는 가장이 하나님께 축복과 감사의 기도를 드림으로 시작되고 끝을 맺는다. 시작 기도는 세상의 왕, 우리 하나님 여호와여, 찬미를 받으소서이며, 그때그때 음식에 따라 계속되었다.

하나님 나라 씨가 사는 법

창세기 38장 | 마가복음 8장 | 욥기 4장 | 로마서 8장

창 38장 **유다와 며느리 다말**

묵상 다말의 씨에 대한 열정

key word 38:1 그 후에 38:5 거실 38:10 그 일 38:12 딤나 38:13 양털을 깎으려고 38:27 쌍태 38:29 베레스

message 언약 족장들의 맥을 이을 중심인물인 유다 가문의 비극과 불륜, 그럼에도 하나님이 허물 많은 유다 가문을 통해 메시야 예수의 계보를 잇게 하시는 일련의 과정을 소개하고 있다.

막 8장 **바리새인들의 도전과 올바른 신앙고백**

묵상 예수님을 따르는 하나님 나라의 씨들

key word 8:10 달마누다 지방 8:15 바리새인들 8:22 벳새다 8:27 빌립보 가이사랴

message 예수의 공생애의 전환기를 이루는 부분으로 이제부터 예수를 향한 대적들의 핍박이 본격화 되고 있다.

말씀 연결(창 38장; 막 8장)_씨에 대한 열정과 하나님 나라 씨들

▶**말씀기도**

하나님 나라의 씨로서 육신을 따라 살지 않게 하시고 오직 성령님의 인도하심을 따라 하나님을 기쁘시게 하는 삶을 살게 하옵소서.

욥 4장	**엘리바스의 첫 번째 변론**
묵상	하나님 앞에서의 씨의 자세들
key word	4:1 데만 사람 엘리바스 4:3 손이 늘어진 자 4:9 콧김 4:19 흙 집 4:20 아침과 저녁
message	본격적으로 세 친구의 변론이 시작된다. 제일 먼저 엘리바스는 모든 인간은 우매하고 무지하기 때문에 욥도 고난을 당할 만한 원인이 있을 것이라고 하면서 인과응보의 원리로 공박한다.

롬 8장	**성령께서 주시는 참된 생명**
묵상	씨를 살게 하는 법
key word	8:2 생명의 성령의 법 8:5 육신을 따르는 자 8:15 무서워하는 종의 영 8:19 하나님의 아들들 8:38 권세자 8:39 높음이나 깊음
message	성령을 통해 죄와 사망의 법에서 완전히 자유롭게 된 성도의 특권이 강하게 선포된다. 바울은 또한 하나님의 자녀요 후사인 성도의 신분을 상기시키면서 그렇기 때문에 성도는 결코 하나님의 사랑에서 끊어질 수도 없고 따라서 성도의 구원은 영원하다는 절대적 확신을 심어준다.

말씀 연결(욥 4장; 롬 8장)_씨의 자세와 살게 하는 법

▶일러두기

우리가 하나님을 아빠 아버지라고 부르는 뜻은 아람어 '아버지'는 헬라어 '파테르'의 번역이다. 곧 하나님께서는 아람어로 대표되는 유대인이나 헬라어로 대표되는 모든 인류의 아버지이심을 보여줄 뿐 아니라 성도에게 아버지와 같이 인격적이고 친밀한 존재임을 말해준다.

형통

창세기 39장 | 마가복음 9장 | 욥기 5장 | 로마서 9장

창 39장	**누명을 쓰고 투옥된 요셉**
묵상	부정의 환경 속에서의 형통
key word	39:1 친위대장 39:4 가정 총무 39:7 눈짓하다가 39:16 그의 옷 39:23 그의 손에 맡긴 것
message	요셉은 노예로, 죄인으로 몰렸지만 그때마다 그 상황의 중심인물로 역할을 했다. 성경은 그것을 '여호와께서 함께하셨다'라고 설명한다.

막 9장	**영광스럽게 변모하는 예수**
묵상	믿음으로 형통함
key word	9:13 엘리야가 왔으되 9:19 믿음이 없는 세대여 9:28 조용히 묻자오되 9:31 넘겨져 9:34 누가 크냐 9:35 섬기는 자 9:43 지옥
message	변화산상에서의 변모와 엘리야에 대한 교훈, 벙어리 귀신 들린 아이를 고치신 일, 제2차 수난 예고와 제자들의 무지, 겸손과 관용에 대한 교훈 등이 소개되고 있다.

말씀 연결(창 39장; 막 9장)_부정과 믿음의 형통

▶말씀기도

하나님의 형통의 복을 따르고 진정한 하나님 안에서의 믿음의 구원을 이루어 가는 신실한 성도의 삶을 살게 하옵소서.

욥 5장	**계속되는 엘리바스의 변론**
묵상	형통하게 하시는 하나님
key word	5:3 미련한 자가 뿌리는 것 5:7 불꽃이 위로 날아 가는 것 5:27 네가 알리라
message	계속해서 엘리바스는 욥의 고난이 죄에서 비롯된 것이며, 그러기에 하나님의 징계를 흔쾌히 받아들이고 하나님 앞에서 지은 죄를 고백하여 용서를 받으라고 정중하면서도 단호하게 권면한다. 엘리바스의 편협된 신앙관을 엿볼 수 있다.

롬 9장	**선민 이스라엘의 불신앙**
묵상	혈통의 궁극, 씨의 구원
key word	9:3 골육의 친척 9:6 폐하여진 9:12 큰 자 9:18 완악 9:22 진노의 그릇 9:31 의의 법
message	바울은 구원 원리가 선민으로 자부하던 유대인과 어떤 관계에 있는지를 가르친다. 먼저 바울은 아브라함의 후손이란 혈통상의 자손이 아니라 믿음으로 결정된다는 사실을 말하면서 이에 대한 유대인들의 반론을 예상하여 토기장이 비유로 하나님의 절대 주권을 강조한다.

말씀 연결(욥 5장; 롬 9장)_형통의 씨

▶**일러두기**

욥기에서 엘리바스의 주장에 대해 주목할 필요가 있다. 사람을 상대로 자신의 의로움을 강력하게 주장하는 욥보다 눈길을 하나님께로 돌려 인생의 약함을 절규하는 욥에게서 소망의 빛을 발견할 수 있다는 점이다.

하나님만이 하시는 일

창세기 40장 | 마가복음 10장 | 욥기 6장 | 로마서 10장

창 40장	**감옥에서 꿈을 해석하는 요셉**

묵상　　　꿈의 해석

key word　　40:1 술 맡은 자와 떡 굽는 자　40:4 수종들게 하매　40:13 머리를 들고
40:15 옥에 갇힌 일　40:19 나무에 달리니

message　　억울한 옥살이를 하던 요셉에게 위기 국면을 벗어나게 하는 계기가
된 꿈 해석 사건을 다루고 있다. 이를 통해 요셉은 지난날 꿈을 꾸던
자에게 꿈을 해석하는 자로 즉 비전을 보던 자에서 하나님의 계시를
이해하고 전달하는 자로 영적인 발전을 경험하게 된다.

막 10장	**생명의 교훈을 가르치시는 예수**

묵상　　　영생을 주심

key word　　10:1 유대 지경　10:2 아내를 버리는 것이　10:9 하나님이 짝지어 주신
10:15 어린 아이와 같이　10:17 한 사람　10:21 하늘에서 보화　10:25 바늘
귀　10:46 여리고

message　　본 장에서는 제자도와 관련된 여러 가지 이야기들이 관련되어 있다.
이혼의 문제, 재혼에 대한 교훈, 어린이에 대한 이해, 부의 문제, 상급
의 문제, 그리고 거지 바디매오를 치유하신 일 등이 열거되고 있다.

말씀 연결(창 40장; 막 10장)_꿈과 영생

▶**말씀기도**

하나님께서 꿈을 주시고 이를 통해 우리의 모든 문제를 해결해 주시는 하나님께 간구하오며 궁
극적인 구원의 역사를 이루게 하시기를 기도합니다.

욥 6장	**엘리바스의 정죄에 대한 욥의 답변**
묵상	간구를 들으시는 하나님
key word	6:4 전능자의 화살 6:5 들나귀 6:7 꺼리는 음식 6:12 돌의 기력 6:19 데마의 떼들 6:27 고아를 제비 뽑으며
message	엘리바스의 정죄를 듣고 있던 욥은 이제 자신의 고난이 죄악 때문이 아니며, 자신은 무죄하고 의롭다고 항변한다. 나아가 욥은 무고한 자신을 정죄하는 친구들을 강한 어조로 비난한다.

롬 10장	**버림받은 이스라엘**
묵상	하나님의 구원
key word	10:4 율법의 마침 10:9 예수를 주로 10:18 그 소리가
message	유대인들이 율법의 행위로 자기 의를 내세우며 복음에 순종하지 않았기 때문에 하나님으로부터 버림받았다는 사실을 분명하게 지적하면서 구원은 예수 그리스도를 믿는 믿음으로서만 가능하다고 가르친다.

말씀 연결(욥 6장; 롬 10장)_간구와 구원

▶일러두기

욥이 말한 '데마들의 떼들…스바의 행인들'이라는 표현은 한 폭의 선명한 그림을 보여 주는 듯한 문장이다. '데마'는 북부 아라비아의 오아시스 지역이었다. 그리고 '스바'는 남부 아라비아의 오아시스 지역이었을 것이다. 무역을 위해 사막을 여행하는 대상들은 오아시스를 발견하고자 하는 희망을 품고 사막을 건넌다. 그러나 그들은 기대했던 장소에서 물을 발견하지 못하면 몹시 실망하며 고민에 빠진다. 이런 일이 광야 지역의 와디 현상 때문에 발생한다.

남은 자

창세기 41장 | 마가복음 11장 | 욥기 7장 | 로마서 11장

창 41장 · **꿈 해석으로 애굽 총리가 된 요셉**

묵상 · 위기 중에 드러나는 하나님의 사람

key word · 41:5 다시 41:9 내 죄 41:16 내가 아니라 41:17 바로가 요셉에게 이르되 41:25 꿈은 하나라 41:30 망하리니 41:33 명철하고 지혜 있는 사람 41:42 인장 반지 41:43 버금 수레 41:45 사브낫바네아 41:46 삼십 세 41:50 흉년이 들기 전에

message · 요셉이 어릴 적 꿈으로 보았던 비전이 마침내 성취되는 사건이 기록되어 있다. 요셉은 바로의 꿈을 해석하고 애굽의 국무총리가 되었다. 요셉이 꿈을 해석하고 대처법까지 제시하는 능력을 가졌던 것은 이스라엘 민족을 보호하시려는 하나님의 섭리의 결과였다.

막 11장 · **예루살렘 성전 숙정 작업**

묵상 · 왕이신 예수님의 권세와 믿음의 삶

key word · 11:7 겉옷을 11:9 호산나 11:11 베다니에 11:12 이튿날 11:13 잎사귀 있는 한 무화과나무 11:28 무슨 권위로 11:30 하늘로부터냐

message · 성전을 중심으로 한 치열한 영적 싸움을 소개한 부분으로 예수의 성전 입성, 무화과나무를 저주하신 일, 성전을 정결하게 하는 일, 믿음과 기도에 관한 교훈, 예수의 권위에 대한 논쟁 등이 언급되고 있다.

말씀 연결(창 41장; 막 11장)_하나님의 사람, 믿음의 삶

▶**말씀기도**

주께서 꿈을 주시고 이를 통해 우리의 모든 문제를 해결해 주시는 하나님께 간구하며 우리의 궁극적인 구원의 역사를 이루게 하시기를 기도합니다.

욥 7장	**삶을 탄식하고 절규하는 욥**
묵상	신자를 버리지 아니하시는 하나님
key word	7:3 고달픈 밤 7:6 베틀의 북보다 빠르니 7:11 내 입을 금하지 아니하고 7:12 바다니이까 7:17 주께서 그를 크게 만드사
message	엘리바스의 정죄에 항변하던 욥은 눈길을 자신에게 돌려 자기의 삶을 탄식하며 자신을 그런 불행한 처지에 이르게 하신 하나님을 향해 자신에게 죄가 발견된다면 용서해주실 수 없는지 절규한다.

롬 11장	**선민 이스라엘의 회복**
묵상	이스라엘의 구원 계획
key word	11:1 베냐민 지파라 11:5 남은 자 11:17 돌감람나무 11:25 이방인의 충만한 수 11:29 후회하심이 11:32 가두어 두심
message	버림받았음에도 불구하고 유대인 중에는 하나님의 은혜로 다시 하나님께 돌아올 자들이 있을 것이라는 희망을 제시한다. 그렇기 때문에 이방인 성도들은 겸손히 하나님의 지혜롭고 오묘한 섭리를 찬양해야 할 것이라고 권면한다.

말씀 연결(욥 7장; 롬 11장)_신자를 버리지 않으신 하나님의 구원 계획

▶일러두기

예수님은 기도의 원칙에 대해서 가르치신다. 기도는 믿음을 가지고 소망과 신념으로써 용서와 사랑을 기반으로 하여 인격적인 하나님과 친밀히 대화해야 한다는 것이다. 마가복음 11:27-33 부분은 예수님의 권위에 대한 도전을 다룬 사건으로 고난 주간의 셋째 날의 일이다. 성전 정화 작업은 성전의 기득권을 잡고 있던 종교 지도자들과 갈등을 빚게 되는데 당시의 종교 지도자들은 예수를 자가들의 권위로 판단하는 잘못을 범했다.

9
Feb

꿈의 성취

창세기 42장 | 마가복음 12장 | 욥기 8장 | 로마서 12장

창 42장 | **곡식을 위해 애굽에 온 요셉의 형들**

묵상 | 꿈의 성취와 걸림돌

key word | 42:3 내려갔으나 42:4 재난이 그에게 42:5 양식 사러 간 자 중에 42:6 요셉의 형들이 42:15 바로의 생명으로 42:18 하나님을 경외하노니 42:24 시므온을 42:25 길 양식 42:27 여관 42:34 무역하리라 42:38 흰 머리

message | 언약의 백성이 애굽 행을 택할 수밖에 없었던 계기가 된 대 기근과 식량 조달 사건을 소개하고 있다. 요셉의 형들과 가족들은 식량을 구하기 위해 애굽으로 오게 된다. 여기서 보듯 믿는 자는 환경을 초월하여 당신의 사람들을 이끄시는 거룩한 하나님의 손길을 이해하는 역사 인식이 필요하다.

막 12장 | **가장 큰 계명**

묵상 | 하나님 나라의 꿈을 도전함

key word | 12:13 바리새인과 헤롯당 12:25 천사들과 같으니라 12:28 서기관 12:29 이스라엘아 들으라 12:30 마음, 목숨, 뜻 12:42 렙돈

message | 신학적인 문제들을 중심으로 예수의 권위와 가르침이 변증되는 장면이다. 하나님을 도외시한 유대인들의 허물을 지적한 포도원 농부의 비유, 세금에 대한 교훈, 부활에 관한 논쟁, 가장 큰 계명, 메시야에 대한 경계, 그리고 가난한 과부의 헌금에 대한 칭찬 등이 언급되고 있다.

말씀 연결(창 42장; 막 12장)_걸림돌과 도전

▶**말씀기도**

하나님께서 우리에게 꿈을 주시고 그 꿈을 성취하는 능력과 힘을 주셔서 주신 꿈의 성취를 위해 달려가는 복된 삶이되게 하옵소서.

욥 8장	**빌닷의 첫 번째 변론**
묵상	꿈 성취를 위한 자세
key word	8:2 거센 바람 8:14 거미줄 8:17 그 뿌리가
message	두 번째 친구 빌닷의 변론이다. 빌닷은 욥의 고난이 하나님의 심판의 결과임을 상기시키면서 죄인은 하나님의 심판을 자초할 수밖에 없다는 원론적인 주제를 전개한다. 대신 순수한 신앙을 회복하면 은혜를 입어 명예를 회복하게 될 것이라고 하면서 간접적으로 욥에게 회개를 촉구하고 있다.

롬 12장	**그리스도인의 생활 윤리**
묵상	하나님 나라와 비전 성취와의 관계
key word	12:1 영적 예배 12:7 섬기는 일 12:9 거짓이 없나니 12:11 열심을 품고
message	구원은 성도의 올바른 생활 윤리에 대해 교훈한다. 그중 첫 부분인 본 장에서는 성도의 자세를 가르치고 있다.

말씀 연결(욥 8장; 롬 12장)_꿈과 비전의 성취

▶일러두기

로마서 12장에서 '숯불을 머리에 쌓다'라는 말은 원수를 갚는 일을 하나님께 맡기고 원수에게 적극적으로 선행을 베풂으로서 원수가 마치 머리에 숯불을 이고 있는 것과 같은 뜨거운 수치심과 심적 갈등을 느껴 회개할 수 있게 하라는 의미이다. 예수께서 가르치신 대로 적극적 자세로 원수를 사랑하라는 강도 높은 권면이다.

씨의 보존

창세기 43장 | 마가복음 13장 | 욥기 9장 | 로마서 13장

창 43장 **베냐민과 함께 애굽을 찾은 형제들**

묵상   씨의 보존을 위한 유다의 헌신

key word   43:2 가져온 곡식을 다 먹으매   43:3 엄히 경고하여   43:11 아름다운 소산   43:14 전능하신 하나님   43:24 발을 씻게 하여   43:25 예물을 정돈하고   43:29 소자여   43:31 그 정을 억제하고   43:34 베냐민에게는

message   야곱의 아들들이 아버지가 편애하는 베냐민까지 대동하여 또다시 애굽을 찾을 수밖에 없었던 일과 애굽에서 형제의 만남, 오찬 석상에서의 모습을 아주 자세히 소개하고 있다. 여기서 눈여겨 볼 것은 유다의 주도적인 역할을 야곱이 이스라엘로 소개되고 있다는 점이다. 이를 통해 언약적 입장에서의 역사 읽기가 은연중 강조되고 있다.

막 13장 **마지막 날에 대한 예언**

묵상   구원을 위한 삶의 자세

key word   13:9 공회   13:6 무화과나무   13:15 지붕 위   13:16 겉옷   13:21 누룩   13:22 거짓 그리스도   13:25 하늘에 있는 권능들

message   미래에 일어날 묵시적 사건들을 제시한 부분이다. 그리고 마지막 그 날과 그때는 아무도 모르고 오직 하나님만이 아신다는 교훈 등이 소개되고 있다.

말씀 연결(창 43장; 막 13장)_씨의 보존과 삶의 자세

▶**말씀기도**

이 땅에서 하나님 나라의 씨가 보존되는 것은 하나님의 전적인 섭리임을 깨닫고 주신 말씀을 따라 합당한 삶을 살게 하시고 감사하며 기도합니다.

욥 9장	**빌닷에 대한 욥의 답변**
묵상	씨를 보존하시는 주권자 하나님
key word	9:3 천 마디에 한 마디 9:15 대답하지 못하겠고 9:21 내 생명을 천히 여기는구나 9:25 날이 경주자보다 빨리 9:34 그의 막대기
message	빌닷의 정죄에 대해 욥은 먼저 공의로우신 하나님 앞에 설 수 있는 존재는 아무도 없음을 고백하면서 하나님의 위대하신 능력을 찬양한다. 그리고 자신은 하나님 앞에 무력한 존재이며 하나님의 세밀한 눈길을 피할 수 없음을 인정한다.

롬 13장	**세상 권세에 대한 의무**
묵상	권위에 순종함과 선을 행함
key word	13:5 양심을 따라 13:12 밤 13:14 예수 그리스도를 옷 입고
message	국가 권세자에 대한 올바른 생활 자세를 가르치면서 성도들이 하나님께서 세우신 국가의 위정자들에게 복종할 것을 가르칠 것을 권면한다. 이어 한 국가의 국민으로 살아가는 성도들을 향해서도 국가가 정한 질서를 지키며 훌륭한 시민으로서의 자격을 갖추라고 가르친다.

말씀 연결(욥 9장; 롬 13장)_주권자 하나님과 권위에 순종

▶**일러두기**
욥기 9장 13절의 라합의 원어는 '폭풍우', '교만'이라는 뜻이다. 바다 괴물, 애굽, 큰 악어, 용 등 하나님과 택한 백성을 대적하는 존재들을 가리킨다.

11
Feb

계보

창세기 44장 | 마가복음 14장 | 욥기 10장 | 로마서 14장

창 44장	**요셉의 시험으로 곤경에 처한 형제들**
묵상	메시야의 영광스런 계보의 시작인 유다의 모습
key word	44:2 내 잔 곧 은잔 44:5 점치는 데 44:18 바로와 같으심 44:20 우리가 주께 아뢰되 44:21 보게 하라 44:30 아버지의 생명
message	요셉이 자신의 실체를 드러내기 전 마지막으로 형제들의 우애를 시험하는 장면이다. 이 시험을 통해 형제들은 자신들의 지닌 과오를 직시할 수 있어도 또 유다의 희생적 노력에서 보듯이 자신의 목숨까지도 아끼지 않는 형제애를 되살릴 수 있었다.

막 14장	**배신당하고 체포되신 예수님**
묵상	기억될 이름 마리아와 수치스런 계보인 가룟 유다의 모습
key word	14:3 나드 14:5 삼벡 데나리온 14:12 준비하기를 14:15 다락방 14:22 이것은 내 몸이니라 14:24 나의 피 곧 언약의 피니라
message	예수의 생애 마지막 장면이다. 지도자들이 예수를 체포하려는 모의를 시작하고, 예수는 베다니에서 기름 부음 받고 유다에게 배반당하시고, 일련의 사건들이 전개되고 있다.

말씀 연결(창 44장; 막 14장)_영광스런 계보와 수치스런 계보

▶**말씀기도**

믿음의 계보를 이어가기 위해 비겁하게 도망하는 삶이 아니라 도전하고 돌파하는 온전한 믿음의 삶을 살아가는 삶이기를 기도합니다.

욥 10장	**고통으로 죽음을 갈망하는 욥**
묵상	내 영을 지키시는 하나님
key word	10:3 악인의 꾀 10:4 육신의 눈 10:10 엉긴 젖처럼 10:17 증거하는 자 10:21 어둡고 죽음의 그늘진 땅
message	자신의 억울함을 호소하며 중보자가 있으면 자신의 의로움이 밝혀질 것이라고 주장하던 욥이 자신이 당하는 고난 앞에서 절규하며 죽기 전에 일순간이라도 평안과 휴식을 얻고 싶다고 강한 소망을 말하고 있다.

롬 14장	**성도의 자유와 한계**
묵상	거룩한 계보를 이을 성도의 삶
key word	14:1 믿음이 연약한 자 14:10 어찌하여 14:13 거칠 것 14:14 스스로 속된 것 14:16 너희의 선한 것 14:19 서로 덕을 세우는 일 14:20 하나님의 사업
message	당시 성도들 가운데 첨예한 문제로 대두되었던 음식과 절기 문제에 대해 가르친다. 이방 성도들이 함께 섞여 있던 당시 교회에서는 음식과 절기 문제에 대해 자신과 신앙관이 다른 성도를 비판하는 사례들이 빈번하게 발생하였다. 이런 점에서 바울은 형제의 신앙을 비난하며 자유를 제한하지 말고 범사에 덕을 세우라고 권면하고 있다.

말씀 연결(욥 10장; 롬 14장)_영을 지키시는 하나님과 성도의 삶

▶일러두기

겟세마네의 지명의 뜻은 '기름을 짜는 곳'이다. 기드론 시내 건너편에 위치한 감람산 서쪽 기슭으로 예루살렘을 바라보며 있는 동산이다. 감람산에서 나는 감람나무의 기름을 이곳에서 짠 데서 이 지명이 유래되었다. 예수께서는 바로 이곳에서 마지막 십자가 사역을 앞두고 밤새도록 땀을 쏟아내시면서 하나님께 기도하셨다.

드러나는 하나님의 섭리

창세기 45장 | 마가복음 15장 | 욥기 11장 | 로마서 15장

창 45장 **형제들 앞에서 자신을 드러낸 요셉**

묵상 꿈을 성취하시는 하나님

key word 45:5 하나님이…보내셨나이다 45:8 바로에게 아버지로 45:9 속히 45:10 고센 45:12 내 입이라 45:16 바로와 그의 신하 45:18 나라의 기름진 것 45:19 수레를 가져다가 45:20 기구를 아끼지 말라

message 형들의 손에 노예로 팔렸던 요셉과 그로 인해 오랫동안 심적 고통과 깊은 죄의식을 지녀야 했던 형들 사이에 눈물의 화해를 이루는 장면 이다.

막 15장 **십자가에 못 박히신 예수**

묵상 하나님의 아들이신 예수님

key word 15:2 네가 유대인의 왕이냐 15:13 십자가에 못 박게 15:16 브라이도리온 15:22 골고다 15:23 몰약을 탄 포도주 15:25 제삼시 15:33 제육시 15:38 성소 휘장이 15:43 아리마대

message 예수 최후의 순간을 소개한 부분으로 빌라도 앞에 서신 예수, 사형 선고를 받으신 예수, 군인들에게 희롱을 당하신 예수, 그리고 부자 요 셉의 묘에 장사되신 예수 등이 소개되고 있다.

말씀 연결(창 45장; 막 15장)_하나님과 예수

▶말씀기도

하나님은 계획하시는 일을 이루시는 분이시며 모든 만물을 주관하시는 분이심을 믿고 의지하 며 나아가는 삶이기를 기도합니다.

욥 11장	**소발의 첫 번째 변론**
묵상	죄를 치리하시는 하나님
key word	11:1 소발이 대답하여 11:12 들나귀 새끼 11:13 주를 향하여 손을 들 때 11:15 얼굴을 들게 되고
message	차라리 하나님의 손에 놓여 편안히 죽음을 맞고 싶다는 욥의 절규에 그동안 침묵하던 친구 소발이 대꾸한다. 그는 죽음을 청하는 욥의 태도를 이론적인 교리에 근거하여 정죄한다. 그리고 모든 것을 다 아시는 전지하신 하나님을 찬양한 후 다시 욥을 향해 회개할 것을 권면하면서 회개하는 자가 누릴 축복을 이야기하고 있다.

롬 15장	**약한 자의 짐을 지라**
묵상	궁극적 열방 구원
key word	15:5 예수를 본받아 15:6 한마음과 한 입 15:8 할례의 주동자 15:14 모든 지식이 차서 15:16 이방인을 제물로 드리는 15:17 자랑하는 것 15:18 나를 통하여 15:19 알리루곤 15:23 서바나 15:26 마게도냐 15:31 유대에 순종하지 아니하는 자들
message	바울은 지금까지 가르친 생활 윤리의 대원칙을 제시한다. 즉 바울은 피차 덕을 세우되 특별히 약한 성도의 짐을 지라고 가르친다.

말씀 연결(욥 11장; 롬 15장)_죄의 치리와 구원

▶일러두기

십자가에 달리신 예수는 행인, 종교 지도자, 군인, 심지어 함께 못 박힌 강도에게까지 조롱과 미움을 당하셨다. 모든 사람에게 미움을 받으신 것이다. 이것은 우리가 그리스도를 온전히 따를 때 당한 조롱과 비난의 모델이다.

씨의 번성을 위한 하나님의 섭리

창세기 46장 | 마가복음 16장 | 욥기 12장 | 로마서 16장

창 46장 　**애굽으로 이주한 야곱의 일가**

묵상 　　애굽에 간 하나님 나라의 씨들

key word 　46:1 떠나　46:15 밧단아람　46:18 실바가　46:22 라헬이　46:25 빌하가
　　　　46:27 칠십 명　46:28 유다　46:29 울매

message 　야곱의 일가가 마침내 애굽으로 삶의 거처를 옮기게 된다. 하나님은
　　　　이스라엘을 애굽의 고센이라는 독립된 공간에 머물게 하시고 신앙
　　　　적, 혈통적으로 순수함을 유지 보존하셨고 또 큰 기근 속에서도 생존
　　　　번성할 수 있도록 배려해 주셨던 것이다.

막 16장 　**부활 승천하신 예수**

묵상 　　씨의 번성을 위한 명령

key word 　16:1 안식일이 지나매　16:2 매우 일찍이 해 돋을 때에　16:8 놀라 떨며
　　　　16:17 믿는 자들에게는　16:19 하늘로 올려지사

message 　이 책의 마지막 장으로서 십자가에서 돌아가신 예수의 부활, 막달라
　　　　마리아에게 보이신 일, 하늘로 올려지신 예수 등이 소개되고 있다.

말씀 연결(창 46장; 막 16장)_하나님의 씨의 번성의 명령

....

....

....

▶**말씀기도**

하나님의 씨의 번성을 위해 그 일을 이루어 가게 하시고 오직 믿음으로 하나님 나라 백성 삼는
일을 위해 전심을 다하는 삶이기를 기도합니다.

욥 12장	**소발에 대한 욥의 답변**
묵상	하나님의 권능
key word	12:2 너희만 참으로 백성이로구나 12:5 평안한 12:17 물어 보라 12:13 지혜와 권능이 하나님께 있고 12:18 왕들의 맨 것 12:21 띠를 푸시고
message	소발의 교리적 변론에 대해 욥은 친구들이 자신을 바르게 알고있지 못하다고 공박한다. 그리고 자신도 친구들 못지않게 하나님에 관하여 충분한 지식을 가지고 있다고 주장하면서 송가 형식으로 하나님의 지혜를 찬양하고 있다.

롬 16장	**로마 성도들을 향한 문안 인사**
묵상	바울을 통한 씨의 열매들
key word	16:1 겐그레아 16:3 브리스가와 아굴라 16:10 아리스도볼로 16:22 더디오 16:23 가이오 16:25 나의 복음
message	바울은 서신을 마감하면서 로마에 있는 성도들을 일일이 거명하며 문안하고 특별히 자신을 반대하며 교회를 분란하게 하는 자들의 분파주의에 휩싸이지 않도록 당부한다. 그리고 거명된 26명의 사람들이 전도자 바울의 배후에서 기도로 후원한 사실을 보면서 전도를 위한 성도의 자세를 새삼 깨닫는다.

말씀 연결(욥 12장; 롬 16장)_권능과 열매

▶일러두기

로마서에 나오는 대표적인 인물 중에서 아내 브리스가는 로마 출신으로 일명 브리스길라이고, 남편 아굴라는 소아시아 본도 출신의 천막을 제조하는 유대인으로서 로마에서 추방되어 고린도에 거주할 때 바울을 통해 복음을 듣고 바울과 에베소에서 사역한 부부이다. 에베소에서 아볼로에게 복음을 전하였으며 훗날 로마에서 이주하여 교회를 섬겼다.

창 47장　요셉의 지혜로운 기근 정책

묵상　　씨들이 임시로 거할 땅

key word　47:2 다섯 명을 택하여 47:13 기근이 더욱 심하여 47:15 주 앞에서 죽으리
　　　　까 47:26 애굽 토지법 47:28 그의 나이가 백사십칠 세라

message　야곱 일가가 바로를 알현함으로 애굽에 공식적으로 정착하게 된 일
　　　　이다. 그리고 기근 중에 더욱 빛났던 요셉의 대처와 가나안 땅에 묻
　　　　히기를 원한 야곱의 바람 등을 소개하고 있다.

눅 1:1-38　세례 요한의 출생

묵상　　씨들을 위한 왕의 준비

key word　1:5 유대왕 헤롯 때에 1:8 반열 1:11 향단 1:21 성전 안에서 지체함

message　누가복음 전체의 서론으로 기록과 목적 그리고 수신자 등을 언급하
　　　　고 있으며, 세례 요한과 그리스도의 출생 예고 등이 언급되고 있다.

말씀 연결(창 47장; 눅 1장 1-38절)_씨를 위한 준비

▶**말씀기도**

하나님은 하나님 나라의 씨를 보존하기 위해 이 땅을 주셨으며 그 씨가 그리스도의 날에 책망
할 것이 없는 자로 살아가기를 원하시며 주님의 온전한 씨로서의 사명을 감당할 수 있기를 위
해 기도합니다.

욥 13장	**절망에 빠진 욥의 간청**

묵상　　　씨의 보존을 위한 소원

key word　13:12 재 같은 속담　13:14 내 살을 내 이로 물고　13:21 주의 손을 내게 되지
　　　　　마시오며　13:25 낙엽, 검불　13:27 차꼬

message　욥은 친구들의 가르침으로는 결코 자신의 고난 문제를 해결할 수 없
　　　　　음을 간파하고 자신의 문제를 해결할 자는 오직 하나님이심을 확신
　　　　　한다. 그래서 이제 자신의 고난 문제를 하나님 앞에 직접 내어놓고
　　　　　자신의 외로움을 인정받으려고 하는 장면이다.

고전 1장	**유일한 구원의 지혜인 십자가의 도**

묵상　　　주께서 견고하게 하심

key word　1:1 소스데네　1:14 그리스보와 가이오　1:16 스데바나　1:17 말의 지혜로 하
　　　　　지 아니함　1:18 십자가의 도　1:26 능한 자　1:30 하나님으로부터 나서

message　바울의 문안 인사와 사도권에 대한 변호로 시작된다. 바울은 고린도
　　　　　교회에서 뼈아픈 분열상을 지적하고 분열의 직접적인 원인이 그리스
　　　　　도 십자가에 대한 그릇된 이해 때문이라고 진단한 뒤 구원을 이루는
　　　　　유일한 지혜인 십자가의 도를 가르친다.

말씀 연결(욥 13장; 고전 1장)_ 씨를 견고하게 함

▶일러두기

세례 요한의 이름의 뜻은 '여호와는 은혜로우심'이다. 제사장 사가랴와 아론가의 자손 엘리사
벳을 통해 유다의 한 성읍에서 태어났다. 예수 그리스도의 길을 예비한 광야의 선구자로 유다
광야에서 거주하면서 낙타 털옷을 입고 메뚜기와 석청을 먹으며 사역하였다. 제사장 가문에서
출생하여 율법을 잘 알았고, 광야에서 회개의 메시지를 선포하였으며, 요단 강에서 세례를 베풀
었다.

15
Feb

씨의 번성

창세기 48장 | 누가복음 1장 39-80절 | 욥기 14장 | 고린도전서 2장

창 48장   **요셉 집안에 대한 야곱의 축복**

묵상   씨의 번성을 약속하시는 하나님

key word   48:5 내 것이라 48:13 오른손 48:15 나를 기르신 하나님 48:16 사자

message   본 장부터 끝까지는 언약 족장 시대와 이스라엘 열두 지파 사이의 과도기적 상황을 다룬 내용이다. 그중에서 본 장은 야곱이 요셉의 두 아들 에브라임과 므낫세에게 축복함으로써 열두 지파의 한 부분을 담당하게 될 그들의 중요성을 확인시켜주고 있다.

눅 1:38-80   **마리아의 찬가와 사가랴의 예언**

묵상   약속한 씨의 성장

key word   1:48 비천함 1:59 할례 1:63 서판

message   마리아의 찬가가 나온다. 구약 성경의 '한나의 기도'와 유사한 이 노래는 두 가지 강조점이 있다. 그 첫째는 하나님이 가난하고 힘없는 사람을 사랑하시며, 부자와 권세 있는 사람을 대적하신다는 점이다. 둘째는 하나님이 아브라함에게 주신 언약에 대해 성실하시다는 점이다.

말씀 연결(창 48장; 눅 1장 39-80절)_씨의 번성과 성장

....

....

....

▶말씀기도

우리를 하나님의 씨로 하나님, 우리의 모든 삶을 주관하시고 영육간에 성장과 성숙을 이루게 하시고 씨의 번성과 복음 전파를 위해 성령 하나님과 동행하는 삶을 살게 하옵소서.

욥 14장   **인생의 무상을 탄식하는 욥**

묵상   씨의 주권자 하나님

key word   14:1 여인에게서 태어난 사람   14:4 누가…있으리이까   14:2 꽃…그림자

               14:17 내 허물을   14:20 얼굴 빛을 변하게 하시고

message   욥은 계속해서 어차피 죽을 수밖에 없는 연약한 인간의 운명에 대해 탄식한다. 그러면서 자신도 그런 약한 존재이기에 하나님께서 자비를 베풀어 고난을 거두시고 짧은 생애 동안이나마 쉼을 허락해 달라고 간구하고 있다.

고전 2장   **하나님의 지혜와 인간의 지혜**

묵상   성령과 함께하는 씨들

key word   2:6 지혜   2:9 눈으로   2:10 하나님의 깊은 것까지도

message   바울은 하나님의 지혜가 인간의 지혜와 근본적으로 다름을 증명한다. 바울이 처음 고린도에서 설교할 때 그의 말솜씨는 보잘것없었다. 하지만 성령은 고린도 사람들에게 바울이 전한 십자가의 도의 진실성을 확인시켜주었고, 복음을 믿게 했다. 이는 성령의 도우심으로써만 복음의 진리와 온전한 신앙이 가능함을 가르쳐주는 것이다.

말씀 연결(욥 14장; 고전 2장)_주권과 성령

▶일러두기

사가랴의 찬가는 '복이 있도다'라는 뜻의 라틴어 첫 단어를 따라 베네딕투스로 알려져 있다. 하나님께서 이스라엘을 해방시키기 위해 보내실 메시야의 오심을 선포한다. 다윗의 자손으로서 메시야는 왕이 될 것이고, 이스라엘의 원수들을 물리칠 것이다. 이로써 하나님의 백성은 오는 시대에 영원히 하나님을 자유롭게 섬길 것이다.

16 Feb ▶ 하나님 나라의 준비 완료

창세기 49장 | 누가복음 2장 | 욥기 15장 | 고린도전서 3장

창 49장	**야곱의 축복**
묵상	하나님 나라 씨와 땅의 준비 완료
key word	49:1 후일에 당할 일 49:8 원수의 목을 잡을 것 49:10 유다를…지팡이 49:14 건장한 나귀 49:17 독사 49:19 추격하리라 49:26 뛰어난 자 49:27 물어뜯는 이리
message	야곱은 자신의 열두 아들에게 각각의 장례와 관련된 복을 빌고 자신을 가나안 땅에 묻어줄 것을 유언하며 운명하게 된다. 야곱의 축복은 단지 인간적인 희망이 아니라 이스라엘의 장래와 인류 구원이라는 하나님의 초월적인 역사 전개 과정을 제시한 예언이었다.

눅 2장	**예수 그리스도의 탄생과 유년 시절**
묵상	왕에 대한 약속의 성취
key word	2:2 구레뇨 2:11 그리스도 주 2:22 정결예식 2:24 산비둘기 2:25 시므온 2:29 주재 2:36 선지자 2:41 유월절
message	예수 그리스도의 탄생과 유년 시절에 관한 내용이다. 특히 누가는 당시의 역사적 사실들을 언급함으로써 수신자들의 이해를 돕고자 했으며, 목자들의 경배를 언급함으로써 소외된 자들을 위해 오신 그리스도의 모습을 강조한다.

말씀 연결(창 49장; 눅 2장)_땅과 성취

▶말씀기도

땅의 주인이신 예수 그리스도께서 왕으로 좌정하시고 성령이 내주하시므로 성전을 성결하게 하시어 내주하시는 정결한 삶을 살기를 소원합니다.

욥 15장	**엘리바스의 두 번째 변론**
묵상	땅의 성결
key word	15:2 뜨거운 동풍 15:5 간사한 자의 혀 15:10 우리 중에는 15:12 눈을 번뜩거리며 15:15 거룩한 자들 15:26 목을 세우고 15:28 황폐한 성읍 15:30 하나님의 입김 15:31 허무한 것이
message	엘리바스가 두 번째로 욥을 정죄한다. 그러나 점잖고 예의 바른 이전의 태도와는 달리 엘리바스는 전통적 권위로써 격양되게 욥을 공박하고 욥의 허물을 책망한다. 이제 엘리바스는 더이상 욥의 위로자가 아니라 자신의 가치와 신앙관의 잣대로 욥을 판단하는 고발자가 되었다.

고전 3장	**하나님의 동역자**
묵상	씨의 성결
key word	3:2 젖으로 먹이고 3:4 너희가 육의 사람이 아니리요 3:5 아볼로 3:9 하나님의 동역자 3:12 금이나 은이나 보석이나
message	바울은 분쟁의 원인이 된 교회 지도자들에게 사람의 일과 하나님의 일을 비교하여 가르친다. 바울 자신을 비롯한 복음 사역자들을 '일꾼', '건축자' 등으로 비유하면서 지도자들에게는 각각 특별한 사명이 있으며, 그 모든 사역이 중요하다는 것을 일깨운다.

말씀 연결(욥 15장; 고전 3장)_성결

▶일러두기

유대에서 목자의 지위는 당시 하층민에 속했고, 양을 치는 직업 자체가 천대를 받았다. 하지만 가장 위대한 소식은 바로 이들에게 최초로 전해졌고 목자들이야말로 최초의 복음 전도자였다.

17 Feb 하나님 나라 씨와 땅의 준비 완료

창세기 50장 | 누가복음 3장 | 욥기 16-17장 | 고린도전서 4장

창 50장	**야곱의 장례와 요셉의 죽음**
묵상	하나님 나라 씨와 땅의 준비 완료(2)
key word	50:15 우리가 그에게 행한 50:16 당신의 아버지 50:20 백십 세를 살며 50:23 에브라임의 삼대 자손 50:24 나는 죽을 것이나 50:26 향 재료를 넣고
message	두 인물의 죽음은 봄을 예비하는 겨울처럼 이스라엘 국가 태동을 위한 족장 시대의 종말이요, 열두 지파를 중심하여 펼쳐질 새 시대의 서막을 알리는 사건이었다. 한편 이스라엘 민족에게 애굽 총리 요셉의 죽음은 현상적으로는 자신들의 보호막이 없어지는 슬픈 일이었으나 언약적 측면에서는 출애굽의 사건이 점차 다가오고 있음을 알리는 조용한 신호탄이다.

눅 3장	**세례 요한의 사역과 그리스도의 계보**
묵상	왕의 통치와 신약에서 하나님 나라 씨가 되는 길
key word	3:1 디베료 3:13 부과된 것 외에는 거두지 말라 3:14 강탈하지 3:17 키
message	메시야의 길을 예비하는 세례 요한과 그리스도의 족보에 대해 언급한다. 세례 요한이 백성들에게 그리스도에 대해 가르치고 예수에게 세례를 베풂으로써 세례 요한과 그리스도를 연결시키는 다리 역할을 한다.

말씀 연결(창 50장; 눅 3장)_하나님 나라 씨와 신약의 하나님 나라

▶**말씀기도**

하나님의 씨로 불러 주심을 감사드리며 세상의 시끄러움 속에서도 언약을 기억하고 고난 속에서도 즐거움으로 온전한 사명을 감당하게 하옵소서.

욥 16-17장 엘리바스의 두 번째 답변과 죽음을 애원하는 욥

묵상   씨의 고난의 노래

key word   16:2 재난을 주는 위로자 16:15 뿔을 티끌에 더럽혔구나 16:18 땅아 17:1 무덤이 나를 위하여 준비되었구나 17:9 의인

message   엘리바스의 두 번째 변론을 듣고 욥은 그의 잘못된 신앙관을 반박하면서 자신은 고난 받을 만한 죄를 짓지 않았다고 항변한다. 그리고 17절에서 욥은 세 친구들에게 아무런 위로를 받지 못하고, 뭇 백성에게조차 이야깃거리가 되고 만다. 그런 욥은 고통 속에서 살아가기보다는 차라리 하나님 앞에서 조용히 죽어 구더기의 밥이 되는 편이 낫다는 소망을 밝히고 있다.

고전 4장 그리스도의 사도들

묵상   씨의 확신

key word   4:1 맡은 자 4:4 내가 자책할 아무 것도 깨닫지 못하나 4:9 구경거리 4:11 정처가 없고 4:14 부끄럽게 하려고

message   고린도 교회에서 일어난 분열은 바울에 대한 개인적인 공격도 포함하고 있었다. 바울은 적극적으로 자신의 사도권을 변호해야 했다. 바울은 사도들의 겸손함을 제시하며 간절한 어조로 겸손할 것을 권면한다.

말씀 연결(욥 16-17장; 고전 4장)_ 씨의 고난과 확신

▶일러두기

미라 만들기는 시신의 뇌와 내장을 긁어내고 종려나무 즙으로 씻고 향 재료로 채운 다음 꿰맨다. 그리고 그 시신을 7일간 식염수나 탄산소다에 침수시킨 후에 고무 진액 또는 역청으로 온몸을 바르고 일정 기간이 지나면 시신을 씻고 고운 세마포 천으로 감싸 관에 넣는다.

18
Feb

씨의 번성

출애굽기 1장 | 누가복음 4장 | 욥기 18장 | 고린도전서 5장

출 1장 ## 애굽에서 학대받은 이스라엘

묵상 고난 중에 번성하는 씨와 학대

key word 1:7 생육하고 불어나 1:8 새 왕 1:11 바로 1:13 엄위하게 시켜

message 창세기 이후 400여 년의 긴 침묵을 깨고 이스라엘이 역사 전면에 재
등장한다. 하나님은 그 기간동안 70명에 불과했던 한 가문을 하나의
민족으로 양육하셨다. 그 증가 속도에 놀란 애굽 바로가 심한 노역과
민족 말살책이라는 극약 처방을 내려야 했을 정도로 이스라엘은 크
게 번성했다. 실로 어둠이 짙을수록 새벽이 가깝듯 고통이 심할수록
구원의 그날이 더욱 가까이 온 것이다.

눅 4장 ## 그리스도의 공생애 시작

묵상 씨를 향한 시험과 회복

key word 4:1 광야에서 4:2 마귀 4:4 사람이 떡으로만 살 것이 아니라 4:15 회당

message 예수께서 공생애를 시작하기에 앞서 마귀로부터 시험 당하신 사건이
언급된다. 예수께서는 광야 시험 후에 갈릴리에서 가르치기 시작하
고, 나사렛에서 배척당하지만 병자를 고치고 귀신을 쫓아내면서 하
나님 나라 복음을 전한다.

말씀 연결(출 1장; 눅 4장)_ 씨의 확대와 회복

▶**말씀기도**

하나님께서는 흔들리지 않는 주의 나라의 씨를 약속하셨고, 약속의 근거로 번성하게 하셨으며
하나님 나라를 위해 살아가는 삶이 되게 하옵소서.

욥 18장	**빌닷의 두 번째 변론**
묵상	번성의 장애
key word	18:4 자신을 찢는 사람 18:13 사망의 장자 18:14 의지하던 18:15 유황이
message	욥이 직접 친구들을 거론하여 비난하자 빌닷은 욥의 이런 태도를 참지 못하고 몹시 화를 내면서 욥의 이런 교만한 태도 때문에 욥이 고난을 당하고 있다는 말로 욥을 정죄한다. 그리하여 이제 친구들과 욥은 단순한 논쟁의 차원을 넘어 서로 적대 관계로까지 치닫게 된다.

고전 5장	**고린도 교회의 타락상**
묵상	씨의 구원
key word	5:1 음행이 있다 5:5 사탄에게 내주었으니 5:7 누룩 없는 자 5:9 내가 너희에게 쓴 편지
message	사도 바울은 고린도 교회가 안고 있는 윤리적, 도덕적 문제들을 지적한다. 이에 바울은 교회 내에서 발생한 근친상간과 패륜적 사건들을 지적하고, 엄중한 경계와 교회 내의 성결을 촉구한다. 당시 고린도는 타락과 범죄로 얼룩진 부패한 도시였다.

말씀 연결(욥 18장; 고전 5장)_번성과 구원

▶**일러두기**

누가복음 4장 19절의 '주의 은혜의 해'는 시온을 위한 은혜와 구원의 때를 말한다. 본래 히브리인들은 50년마다 희년을 지켰는데 희년이 바로 해방과 자유를 가져다주는 은혜의 해였다. 이때는 땅의 경작을 중단하고 모든 빚을 탕감하며 노예들을 해방하는 특별한 은혜의 해였다.

씨의 보존

출애굽기 2장 | 누가복음 5장 | 욥기 19장 | 고린도전서 6장

출 2장	**모세의 출생과 미디안으로의 도피**
묵상	언약을 기억하시고 씨를 돌보심
key word	2:3 갈대 상자 2:4 그의 누이 2:5 나일 강 2:11 장성한 후 2:16 미디안 제사장 2:23 여러 해 후에 2:24 그의 언약
message	애굽의 혹독한 노예 정책이 도를 더해갈수록 이스라엘의 신음소리는 커져갔다. 이러한 역사 속에서 하나님은 침묵하신 것 같았으나 구원을 위해 조용한 준비 작업을 펼쳐가셨다.

눅 5장	**병자를 고치시는 예수의 권능**
묵상	씨를 부르심과 치유하심
key word	5:1 게네사렛 5:11 모든 것을 버려두고 5:13 손을 내밀어 5:19 지붕 5:24 인자 5:31 건강한 자 5:34 금식 5:36 비유
message	예수께서 행하신 세 가지 치유 이적으로 구성되어 있다. 거라사 지방에서 귀신 들린 사람을 치유하고, 혈루증 앓는 여인을 고치시고, 야이로의 딸을 다시 살리신 권세에 이어 영계도 다스리시는 메시야적 권능을 드러낸다.

말씀 연결(출 2장; 눅 5장)_언약과 치유

▶**말씀기도**

하나님께서는 하나님 나라 씨가 된 우리를 언제나 보호하시고 사명의 자리로 불러 주심을 감사드리며 하나님 나라를 전파하게 하옵소서.

욥 19장	**빌닷에 대한 욥의 답변**

묵상　　　영원한 대속자

key word　19:7 부르짖으나　19:12 그 군대가　19:15 타국 사람이 되었구나　19:25 나의
　　　　　대속자　19:26 육체 밖에서

message　거의 저주에 가까운 빌닷의 변론에 대해 욥은 자신이 사람들과 심지
　　　　　어 어린아이들에게까지 조롱을 당할 만한 죄를 지은 바가 없으며, 자
　　　　　신의 고난은 순전히 하나님의 뜻에 의한 것임을 주장한다. 그리고 친
　　　　　구들을 향해 긍휼을 베풀어 달라고 간청하면서 자신을 구원할 자를
　　　　　대망한다.

고전 6장	**성도의 소송 문제**

묵상　　　성전 된 씨

key word　6:1 불의한 자들 앞　6:4 교회에서 경히 여김을 받는 자　6:7 허물　6:8 속이
　　　　　는구나　6:9 남색　6:10 유업　6:16 합하는

message　고린도 교회 일부 교인들이 다른 이들을 법정에 고발하는 사건이 발
　　　　　생했다. 바울은 성도가 믿지 않는 자들과 타락한 천사들을 심판할 것
　　　　　이기 때문에 성도 사이의 분쟁은 교회 안에서 스스로 해결해야 한다
　　　　　고 가르친다.

말씀 연결(욥 19장; 고전 6장)_영원한 씨

▶일러두기

하나님께서는 모세의 주의를 끌고 싶었기 때문에 가시덤불이 불타 없어지지 않도록 하셨다. 그
것은 역시 효과가 있었다. 모세는 계속 불타고 있는 가시덤불을 살펴보기 위해 가까이 다가왔
다. 그리고 이미 자신이 기적을 보았다는 사실을 알았기 때문에 하나님의 음성을 듣자마자 그
말씀에 귀를 기울였다. 하나님은 계속 불타는 가시덤불을 통해 당신은 어떤 일이든지 할 수 있
는 강한 능력을 소유한 분이라는 사실을 알려주셨다.

20
Feb

부르심과 사명
출애굽기 3장 | 누가복음 6장 | 욥기 20장 | 고린도전서 7장

출 3장	**모세의 소명과 출애굽의 조망**

묵상   모세를 부르심

key word   3:8 젖과 꿀이 흐르는 땅   3:13 그의 이름이 무엇이냐   3:14 나는 스스로 있는 자   3:16 장로   3:18 사흘길

message   출애굽이 임박했음을 시사하는 사건들이 소개되고 있다. 이를 통해 출애굽은 전적으로 하나님의 거룩한 역사임을 확인할 수 있다.

눅 6장   **열두 사도의 선택**

묵상   열두 제자를 부르심

key word   6:1 안식일   6:5 인자는 안식일의 주인이라   6:13 사도   6:20 하나님의 나라

message   율법의 진정한 의미를 일깨워주기 위한 예수의 가르침이 전개된다. 먼저 예수는 안식일 논쟁을 통해 율법의 근본 의미에 대하여 새롭게 정의하여 교훈하였다. 그리고 이제 복음의 효과적인 사역을 위해 열두 제자를 택하신 사건이 언급되고 있다.

말씀 연결(출 3장; 눅 6장)_부르심

....

....

....

▶**말씀기도**

하나님은 우리를 사명자로 부르셨으며 그 사명은 하나님 나라를 위한 삶이기도 하고 이 사명을 값없이 부르신 하나님의 뜻에 합당한 삶을 살기를 소원합니다.

106

욥 20장	**소발의 두 번째 변론**
묵상	죄에 대한 태도
key word	20:6 존귀함이 20:7 자기의 똥처럼 20:14 독사의 쓸개 20:17 꿀과 엉긴 젖이 흐르는 강 20:24 그가 철 병기를 20:26 사람이 피우지 않는 불
message	육체 밖에서라도 하나님을 볼 것이라는 욥의 강한 반론은 소발의 강한 반발을 불러왔고, 소발은 악한 자는 반드시 멸망한다는 논리를 내세운다. 그리고 논리를 합리화하기 위해 죄인이 필연적으로 받을 수밖에 없는 고난을 비유적으로 나열하고 있다.

고전 7장	**결혼과 독신 생활에 대한 권면**
묵상	삶을 통한 사명 감당
key word	7:6 허락 7:7 나와 같기를 7:15 갈리거든 7:20 부르심 7:27 매였느냐 7:31 외형은
message	결혼에 대한 바울의 원칙론적인 교훈과 독신 생활, 이혼, 처녀의 결혼, 과부의 재혼 등에 관한 교훈 등이 언급된다. 이는 고린도 교회의 패륜적 부정과 깊은 인연이 있는 교훈이다. 결혼은 하나님께서 제정하신 창조의 원리이나 이면에는 성적 타락을 방지하고 성결한 삶을 유지하기 위한 이유도 있음을 가르치고 있다.

말씀 연결(욥 20장; 고전 7장)_태도와 사명

▶일러두기

여호와라는 이름, 성경을 읽다가 하나님의 이름이 나오면 침묵하는 랍비들의 습관 때문에 원래 발음을 잃어버렸다. '여호와'라는 호칭은 '야웨'를 칭하는데 네 개의 히브리어 자음 'YHWH'(야훼)에 '주님'을 뜻하는 '아도나이'의 모음이 합성된 말이다.

21 Feb
부르심과 응답

출애굽기 4장 | 누가복음 7장 | 욥기 21장 | 고린도전서 8장

출 4장	**애굽으로 되돌아간 모세**
묵상	부르심에 대한 의심
key word	4:3 뱀 4:9 나일 강 4:10 입이 뻣뻣하고 4:16 네 입을 대신할 것이요 4:20 하나님의 지팡이 4:21 완악하게 4:22 내 장자 4:24 숙소 4:25 피 남편
message	출애굽에 대한 비전과 소명을 받은 모세였지만 나약한 본성으로 인해 주저할 수밖에 없었다. 이에 하나님은 초월자로서 당신의 능력을 보이시고 모세의 마음을 굳세게 하여 모세로 하여금 애굽으로 귀환하게 하신다.

눅 7장	**예수의 메시야적 권능**
묵상	믿음의 응답
key word	7:2 백부장 7:11 나인 7:14 손을 대시니 7:16 모든 사람이 두려워하며 7:19 오실 그이 7:21 고통 7:23 실족 7:29 세례 7:30 율법교사 7:37 향유
message	백부장의 종을 치유한 사건이나 나인 성 과부의 아들을 일으키신 사건은 예수의 메시야적 권능을 나타낸 것이다. 한편 예수는 요한의 제자들의 물음에 대한 답을 통해서 그리고 향유를 부은 여인의 이야기를 통해서 당신이 메시야이심을 밝히고 있다.

말씀 연결(출 4장; 눅 7장)_부르심의 응답

▶**말씀기도**

우리는 예수 그리스도를 위해 부름을 받은 성도로서 그리스도를 위한 삶과 믿음으로 순종하며 살아가게 하옵소서.

욥 21장	**소발에 대한 욥의 두 번째 답변**

묵상　　　　인생의 결국

key word　　21:3 내가 말한 후에　21:7 어찌하여 악인이 생존하고　21:13 잠깐 사이에 스
　　　　　　올에　21:17 등불　21:33 흙덩이를 달게　21:34 너희 대답

message　　소발의 변론에 대한 욥은 세 친구의 논리를 공박한다. 그리고 악인은
　　　　　　고통을 당하며 욥의 고난도 죄의 결과하는 논리에 대해 세상에는 고
　　　　　　통당하지 않고 오히려 잘되는 악인도 있음을 여러 사례들을 들어 밝
　　　　　　히고 있다.

고전 8장	**우상 제물에 관한 권면**

묵상　　　　예수 그리스도를 위한 존재

key word　　8:1 우상의 제물　8:9 너희의 자유　8:10 우상의 집에 앉아 먹는 것　8:12 상
　　　　　　하게 하는 것

message　　우상 제물과 성도의 자유에 관계된 교훈이다. 성숙한 신자는 우상 제
　　　　　　물을 먹어도 아무런 문제가 되지 않지만 미성숙한 신자에게는 걸림
　　　　　　돌이 될 수도 있다. 그러므로 성숙한 신자로서 자유롭지만 미약한 신
　　　　　　자를 포용하는 태도를 취해야 한다는 권면이다.

말씀 연결(욥 21장; 고전 8장)_인생의 결국과 존재

▶일러두기

유대인들의 '관'은 죽은 자의 유골이나 재를 넣어두는 항아리 혹은 시체를 넣어두는 함을 가리
켰다. 유대인들은 시신을 세마포로 싼 뒤 관에 넣고 얼굴을 수건으로 덮었다. 그리고 뚜껑을 사
용하지 않았다. 매장 시에는 시신만 꺼내 동굴 무덤에 넣는 풍습이다.

믿음의 삶

출애굽기 5장 | 누가복음 8장 | 욥기 22장 | 고린도전서 9장

출 5장	**출애굽에 대한 첫 번째 요구**
묵상	학대를 견딤
key word	5:1 절기를 지킬 것 5:2 칼 5:16 당신의 백성의 죄 5:18 수량대로 5:21 미운 것
message	출애굽의 소명을 갖고 애굽으로 귀환한 모세는 바로에게 하나님의 뜻을 전했고, 바로는 격노하며 전보다 더 모진 노역을 이스라엘에 부과한다.

눅 8장	**하나님 나라를 전파하심**
묵상	인생의 결국
key word	8:3 청지기 8:18 삼가라 8:23 광풍 8:26 거라사 8:30 군대 8:31 무저갱 8:33 돼지 8:35 옷을 입고 8:43 혈루증 8:52 통곡하매 8:54 일어나라
message	예수의 2차 갈릴리 전도 사역에 관한 내용이다. 예수는 씨 뿌리는 자와 등불 비유를 통해 복음의 내용을, 그리고 풍랑을 잠잠하게 하신 권능과 혈루증 여인을 고치시고 야이로의 딸을 소생시킨 사건을 통해서 복음의 능력을 보여 주신다.

말씀 연결(출 5장; 눅 8장)_학대를 믿음의 극복

▶**말씀기도**

믿음은 수많은 학대를 견디게 할 믿음을 주며, 그로 말미암아 하나님으로부터 응답이 있음을 믿으며 최선을 다해 달려가는 삶이기를 기도합니다.

욥 22장	**엘리바스의 세 번째 변론**
묵상	하나님의 응답
key word	22:15 악인이 밟던 옛적 길 22:24 오빌 22:30 건지심을 받으리라
message	엘리바스가 세 번째로 등장한다. 엘리바스는 지금까지 친구들의 논리를 종합하여 하나님은 죄인을 심판하는 의로우신 분이시기에 욥의 고난은 죄에 기인한다는 주장을 다시 펴면서 욥의 죄를 하나씩 지적한다. 동시에 욥에게 회개를 촉구하고 있다. 그는 욥을 정죄하기 위해 하나님의 공의로운 성품까지 동원하는 잘못을 서슴지 않았다.

고전 9장	**철저한 자기 부인과 복음을 위한 삶**
묵상	믿음과 달음질의 관계
key word	9:1 주 안에서 행한 나의 일 8:5 게바 9:7 자기 비용 9:12 권리 9:24 운동장에서 달음질
message	바울 사도는 자신이 지닌 고유한 권리를 소개하고 타인의 유익과 교회의 덕을 위해 어떻게 자신의 자유와 권리를 절제했는지를 고백한다. 바울은 복음의 증인된 자로서 복음을 위해, 영혼 구원을 위해 철저하게 종의 자세를 취했으며, 궁극적으로 영광된 미래를 위해 부단히 절제하고 헌신했음을 고백한다.

말씀 연결(욥 22장; 고전 9장)_응답과 관계

▶일러두기

벽돌 굽기는 고대 유대인들은 나일 강변의 점도 높은 진흙에 곡초 줄기를 2-5cm 정도로 잘게 잘라 섞은 뒤 1차로 강변의 뜨거운 햇빛과 바람에 말리고 2차로 가마에 구워 벽돌을 제조하였다. 이 벽돌은 내구성이 강해 피라미드나 신전 건축에 요긴하게 사용되었다.

23
Feb

부르심과 응답

출애굽기 6장 | 누가복음 9장 | 욥기 23장 | 고린도전서 10장

출 6장   **출애굽에 대한 확신을 주신 하나님**

묵상   모세를 리더로 세움

key word   6:3 전능의 하나님   6:6 애굽 사람의 무거운 짐   6:20 아론과 모세   6:23 나답

message   바로의 강력한 반발과 이스라엘의 동요로 낙담해 있던 모세에게 하나님은 위로와 언약에 근거한 확신을 주시고 당신의 명예를 걸고 출애굽을 반드시 이뤄내실 것을 천명한다. 후반부에서 아론과 모세의 족보를 제시한 것은 두 지도자의 역사성과 신적인 권위를 확인시키기 위한 것이다.

눅 9장   **열두 제자의 파송과 변화산 사건**

묵상   제자도의 모습

key word   9:2 내보내시며   9:10 벳새다   9:12 빈 들   9:14 남자가 한 오천 명   9:17 바구니   9:18 따로 기도하실 때에   9:23 십자가   9:31 별세   9:33 초막   9:38 돌보아   9:51 승천   9:52 사마리아인

message   갈릴리 전도사역의 말기에 일어난 사건들이 다뤄진다. 열두 사도의 파송과 오병이어의 기적, 베드로의 신앙고백, 예수의 신성이 증거된 변화산 사건 그리고 귀신 들린 아이를 고치신 사건과 제자의 길에 대한 가르침을 언급하고 있다.

말씀 연결(출 6장; 눅 9장)_리더와 제자도

▶**말씀기도**

하나님께서는 우리를 자녀 삼으시고 제자로 부르시어 자기의 유익을 구하지 않고 남의 유익을 구하는 자로서 주님의 영광을 위해 살게 하옵소서.

욥 23장	**엘리바스에 대한 욥의 세 번째 답변**
묵상	단련하심
key word	23:2 재앙이 탄식보다 23:7 정직한 자 23:10 단련하신 후에는
message	엘리바스의 세 차례에 걸친 변론을 들은 욥은 친구들과의 반론이 아무 소용이 없는 허탄한 변론에 지나지 않음을 깨닫는다. 여기까지 생각이 미치자 이제 욥은 오직 하나님만을 바라보며 직접 그분을 통해서만 고난의 문제를 해결하기로 결심한다.

고전 10장	**우상에 대한 경고**
묵상	하나님의 영광을 위하여 부르심
key word	10:1 다 구름 아래에 있고 10:7 백성이 앉아서 먹고 마시며 10:16 축복 10:18 제물을 먹는 자들 10:20 귀신과 교제하는 자
message	우상 제물에 대한 바울 사도의 결론적 교훈이다. 애굽의 압제에서 구원하신 하나님을 업신여기고 불순종함으로써 멸망했던 이스라엘 역사를 통해 바울은 우상 숭배의 심각성을 부각시키고, 우상과 우상 제물에 대한 태도를 가르치며, 결론적으로 타인의 유익과 하나님의 영광을 위해 절제할 것을 권면한다.

말씀 연결(욥 23장; 고전 10장)_단련하여 부르심

▶일러두기

출애굽기 6장 4절의 가나안은 좁게는 요단 서편의 땅을, 넓게는 유브라데 강에서 나일 강에 이르는 지역이다. 이스라엘 백성에게 약속된 것과 꿀이 흐르는 복락의 땅이며, 영적으로는 하늘의 가나안(천국)에 대비되기도 한다.

24
Feb

말씀에 대한 태도

▶ 출애굽기 7장 | 누가복음 10장 | 욥기 24장 | 고린도전서 11장

출 7장   **출애굽에 대한 두 번째 요구와 피 재앙**

묵상   말씀대로 행함과 듣지 않음

key word   7:1 바로에게   7:9 이적을 보이라   7:11 현인들   7:20 물이 다 피로 변함

message   점점 더 가중되는 바로의 억압 앞에 모세는 마침내 능력의 지팡이로 애굽의 젖줄인 나일 강을 피로 물들이게 한다. 그로써 하나님의 능력을 거부하는 자를 향해 하나님의 무서운 심판을 강하게 경고한다.

눅 10장   **70인의 제자 파송과 선한 사마리아인의 비유**

묵상   거절과 수용

key word   10:6 평안을 받을 사람   10:11 발에 묻은 먼지도   10:19 뱀과 전갈   10:21 지혜롭고 슬기있는 자들   10:23 조용히   10:25 영생   10:30 여리고   10:36 이 세 사람 중에

message   70명의 제자들에게 사명을 부여하여 파송하신 사건이 언급되고, 선한 사마리아인 비유를 통해서 참된 이웃의 도리를 가르치며, 마리아와 마르다의 비교를 통해서 성도가 무엇을 우선으로 여겨야 하는지를 가르치고 있다.

말씀 연결(출 7장; 눅 10장)_행함의 거절과 수용

▶**말씀기도**

하나님은 날마다 매 순간마다 우리에 말씀에 순종하며, 하나님의 말씀을 수용하고 염려와 근심을 버리고 오직 믿음으로 주님을 따르기를 원합니다.

욥 24장	**엘리바스에 대한 욥의 계속되는 답변**
묵상	하나님의 때를 기다림
key word	24:2 땅의 경계표 24:5 거친 광야의 들나귀 24:9 고아를 어머니의 품에서 24:13 광명을 배반하는 사람 24:16 집을 뚫는 24:17 아침을 죽음의 그늘 같이
message	욥은 고난이 죄의 결과라고 주장하는 엘리바스를 직접 겨냥하여 세상에는 악인들이 반드시 심판을 받지 않는 경우도 있고, 심지어 형통하게 살다 편히 죽는 경우도 있으며, 한편으로 심판이 이루어져도 은밀하게 이루어지기 때문에 세상 사람들이 모를 수도 있다는 사실을 지적하고 있다.

고전 11장	**교회의 질서와 성찬의 의의**
묵상	피로 세운 새 언약
key word	11:3 머리 11:10 천사들 11:11 주 안에는 11:21 자기의 만찬 11:24 축사하시고 11:27 합당하지 않게 11:33 먹으로 모일 때에
message	공예배에서 여자가 수건을 써야 하는 문제와 성찬을 바르게 행하지 않은 데 따른 문제를 다룬다. 이는 자유하게 하는 그리스도의 복음을 잘못 이해함으로써 발생할 수 있는 교회의 무질서와 혼란을 바로 잡고 교회가 지역사회에서 어떻게 교회의 순수성을 유지해갈 것인지를 가르치고 있다.

말씀 연결(욥 24장; 고전 11장)_때와 새 언약

▶일러두기

고린도 교회의 수건을 쓰는 행위는 당시 유대인들은 '탈릿'이라는 수건을 썼는데 고린도 여자들이 이런 관습을 무시하는 경우가 많았다. 한편 노예 출신이나 간음한 여자는 머리를 깎아야 했는데 수건을 안 쓰는 것은 머리를 깎는 것과 마찬가지로 간주되었다.

25
Feb

하나님의 능력
출애굽기 8장 | 누가복음 11장 | 욥기 25-26장 | 고린도전서 12장

출 8장	**개구리, 이, 파리 재앙**
묵상	이적을 통해 구별하심
key word	8:2 개구리 8:3 네 궁과 8:16 이 8:21 파리 떼 8:23 구별 8:24 황폐하였더라 8:26 미워하여
message	나일에 내려진 재앙에도 결코 뉘우치지 않는 바로를 향해 계속해서 두 번째 세 번째, 네 번째 재앙이 내려진다. 이렇게 애굽 전역이 재앙으로 초토화되는 상황에서도 이스라엘 백성의 거처는 여전히 평온을 유지한다.

눅 11장	**기도에 관한 교훈과 바알세불 논쟁**
묵상	기도 응답
key word	11:15 바알세불 11:20 하나님의 손 11:25 수리되었거늘 11:27 당신을 밴 태와 11:30 니느웨 사람들 11:31 남방 여왕 11:33 움
message	기도에 관해 가르치신 내용과 귀신을 쫓아내는 예수의 권세가 어디에 근거하고 있는지에 대한 논쟁 그리고 표적을 구하는 불의한 세대와 유대의 지도자들에 대한 책망이 언급된다. 이는 점점 깊어져 가는 유대 종교 지도자들과 예수 사이의 불화를 보여주고 있다.

말씀 연결(출 8장; 눅 11장)_이적과 응답

▶**말씀기도**
우리는 하나님의 능력을 믿습니다. 우리를 하나님의 백성으로서 구별하여 구원하시고 성도된 우리들에게 은사를 주심을 감사드리며 기도합니다.

116

욥 25-26장 **빌닷의 마지막 변론과 욥의 세 번째 변론**

묵상   자연을 통치하심

key word   25:3 그의 군대, 그가 비추는 영광 26:4 누구의 정신이

message   하나님 앞에서 자기 의를 주장하는 욥의 변론을 들은 빌닷은 지극히 전능하신 하나님과 소송을 벌여 이길 수 있는 존재는 세상 어느 누구도 없음을 상기시키면서 욥은 세 번째 변론에서 하나님의 절대 권능을 내세워 욥의 고난 문제를 해결하기는커녕 오히려 욥을 정죄하는 빌닷의 변론에 대해 욥은 하나님께서는 권능을 가잔 주권자이기 때문에 자신의 고난 문제를 해결해 주실 것이라고 확신한다.

고전 12장 **성령 은사의 다양한 통일성**

묵상   능력이신 성령

key word   12:8 지식의 말씀 12:23 아름답지 못한 12:25 돌보게 12:28 사도 12:30 통역하는

message   은사의 다양성과 통일성을 강조한다. 바울은 성령이 주시는 은사의 다양성과 통일성을 몸과 각 지체의 비유를 통해 가르치고 어떻게 서로 조화를 이룰 것인가를 교훈한다. 성령의 은사는 교회의 덕과 질서 유지를 위해 주어졌다.

말씀 연결(욥 26-26장; 고전 12장)_통치와 성령

▶**일러두기**

애굽 왕은 정기적으로 아침 시간에 신성한 나일 강가에 가서 수호신 '하피'에게 헌신례를 드리며, 애굽의 풍요와 번영을 기원하였다. 여기서 발견된 파피루스에는 "모든 신들이 아버지요 모든 물들의 주인이며 생명의 근원인 하피를 찬양한다."라는 내용이 들어 있다.

사람 앞에 섰을 때

▶ 출애굽기 9장 | 누가복음 12장 | 욥기 27장 | 고린도전서 13장

출 9장	**전염병과 피부병과 우박 재앙**
묵상	바로 앞에 선 모세
key word	9:9 악성 종기 9:10 재를 가지고 9:15 손을 펴서 9:16 내 이름이 온 천하에 9:17 교만하여 9:18 무거운 우박 9:22 하늘을 향해 손을 들어 9:27 내가 범죄하였노라
message	네 번째의 재앙에도 불구하고 뉘우치지 않는 바로를 향해 하나님은 애굽의 가축에 전염병을, 애굽인의 몸에 악성 종기를 또한 개국 아래 보지 못한 가공할 만한 우박 재앙을 내려 애굽인들의 전 재산을 송두리째 파기하셨다. 이렇게 하나님의 심판은 정도를 더해갔지만 한 번 비뚤어진 바로의 굽은 마음은 고쳐지지 않았다.

눅 12장	**하나님의 나라에 관한 교훈**
묵상	사람 앞에서 하나님을 시인함
key word	12:1 누룩 12:6 앗시리온 12:15 탐심 12:17 심중에 생각하여 12:24 까마귀를 생각하라 12:25 자 12:31 구하라 12:38 이경
message	바리새인들의 외식을 경계하고 하나님을 두려워하는 삶을 살라는 권면이 주어진다. 아울러 물질에 대한 탐욕을 버리고 오직 하나님 나라를 사모하며 종말이 가까울수록 깨어 근신하라는 가르침이다.

말씀 연결(출 9장; 눅 12장)_바로 앞, 사람 앞

▶**말씀기도**

사람 앞에서나 하나님 앞에서나 우리의 삶은 삶 그 자체이며, 그 삶이 곧 사랑임을 믿고 의지하며 살아갈 것을 기도합니다.

욥 27장	**자신의 의를 변론하는 욥**
묵상	하나님 앞에서 무익한 삶
key word	27:3 하나님의 숨결이 27:5 옳다 하지 아니하겠고 27:8 불경건한 27:11 하나님의 솜씨 27:18 좀의 집 27:21 동풍
message	욥은 친구들의 권면을 받아들일 수 없으며, 자신은 고난받을 만한 죄를 범하지 않았고, 하나님 앞에서 순전함을 호소한다. 동시에 지금까지와는 달리 악인도 세상에서 고난을 받는다는 사실을 인정하면서 그러나 의인의 고난과는 차이가 있음을 분명히 주장한다.

고전 13장	**사랑**
묵상	하나님 앞에서의 삶인 사랑의 삶
key word	13:1 사랑 13:2 모든 비밀과 모든 지식 13:3 내 몸을 불사르게 13:5 무례히 13:10 온전한 13:12 거울로 보는 것 같이
message	바울은 본 장에서 은사의 사용에 가장 기본이 되는 행동 원리요 최고의 은사라고 할 수 있는 '사랑'에 관해 가르친다. 그 사랑은 인간적인 사랑이 지니는 한계와 결함을 초월한 신적 사랑이고, 독생자를 주시기까지 사랑하신 하나님의 사랑이며, 결코 변하지 않는 영원한 사랑이다.

말씀 연결(욥 27장; 고전 13장)_하나님 앞에서

▶일러두기

고전 13장은 잘 알려진 사랑 장입니다. 바울은 은사 문제로 시끄러운 고린도 교회에 가장 큰 은사 문제를 소개한다. 즉 사랑의 필수성에 대해 사랑의 본질에 대해, 그리고 사랑의 필수성에 대해, 사랑의 본질에 대해, 사랑의 영원성에 대해 미려한 문장으로 소개한다.

회개와 지혜

출애굽기 10장 | 누가복음 13장 | 욥기 28장 | 고린도전서 14장

출 10장	**메뚜기 재앙과 흑암 재앙**
묵상	겸비하지 않은 바로
key word	10:1 표징 10:5 메뚜기 10:7 우리의 함정 10:13 동풍 10:19 서풍 10:23 빛 10:29 내가 다시는
message	회복될 수 없을 만큼 황폐해진 애굽 땅에 하나님은 메뚜기 떼를 보내 그나마 남은 산업을 초토화시켰다. 그리고 애굽 전역에 흑암 재앙을 보내 애굽인들의 심령마져 완전한 어둠의 절망 가운데 휩싸이게 하셨다. 하지만 하나님은 이스라엘의 거주지에는 찬란한 광명을 비춰 구원의 서광을 밝혀주셨다.

눅 13장	**하나님 나라의 비유**
묵상	회개하는 자에게 주어지는 기회
key word	13:3 회개 13:24 힘쓰러 13:31 헤롯
message	예수께서 회개를 촉구하는 내용과 안식일에 병자를 고치시는 이적을 통해 참된 구원과 안식은 그리스도 안에서만 얻어질 수 있다는 사실을 교훈하고, 특히 예수의 모습은 회개를 촉구하는 선지자로서 심판을 경고하는 심판주로서, 병자를 치유하는 영적 의사로서, 천국에 대해 가르치는 교사로서 다양하게 나타난다.

말씀 연결(출 10장; 눅 13장)_겸비와 회개

▶**말씀기도**

여호와를 경외함이 지혜임을 알고 지혜로운 자로서의 질서와 권리를 포기하고 하나님으로 말미암아 지혜의 복을 누리는 삶이기를 기도합니다.

욥 28장	**하나님의 지혜를 찬양하는 욥**
묵상	하나님으로부터의 지혜
key word	28:1 은, 금 28:2 철, 동 28:4 흔들리느니라 28:12 그러나…어디인고 28:28 주를 경외함이
message	욥과 세 친구의 변론 부분을 소개하고 있다. 중재자 엘리후의 권면 및 하나님의 직접 개입 부분을 다루고 있으며 비유를 통해 묘사하면서 지혜의 근원은 하나님을 경외하는 것임을 고백한다.

고전 14장	**교회의 덕과 질서를 세우는 은사**
묵상	지혜로운 은사 사용
key word	14:1 사랑을 추구하며 14:15 영으로 14:16 알지 못하는 14:17 감사를 잘 하였으나 14:20 지혜에는 아이가 되지 말고 14:26 찬송시 14:33 무질서 14:34 잠잠하라
message	바울은 고린도 교회에서 심각한 문제를 야기한 방언 문제를 심도 있게 다루면서 은사를 사용하되 교회의 덕과 질서를 세우는 일을 염두에 둘 것을 권면한다. 동시에 교회에서의 여자의 위치 문제를 다루고 있다.

말씀 연결(욥 28장; 고전 14장)_지혜

▶**일러두기**

출애굽기 10장 21절의 '흑암'은 손으로 더듬어야 다닐 정도로 짙은 어둠이다. 이 흑암 재앙은 애굽 최고의 신인 태양신과 태양의 아들로 불리는 바로에 대한 심판의 성격을 띠고 있었을 것이다. 또한 흑암 재앙은 마지막 재앙인 장자 죽음의 재앙이 임한 죽음의 밤을 예고하고 있다.

씨의 구원과 보호

출애굽기 11-12장 1-20절 | 누가복음 14장 | 욥기 29장 | 고린도전서 15장

출 11-12장 1-20절   **초태생의 죽음재앙 경고와 유월절**

묵상   씨의 구원

key word   11:2 은금 패물   11:3 은혜를 받게 하셨고   11:15 맷돌 뒤에 있는 모종 12:6 해 질 때 12:17 무교절 12:19 누룩

message   아홉 번의 재앙에도 완악함을 버리지 않았던 바로에게 하나님은 마지막으로 애굽에서 모든 처음 난 것의 죽음을 경고하신다. 하나님은 아무도 멸망하지 않기를 원하시며 오래 참으시지만 뉘우치지 않는 자에게는 준엄한 심판을 내리신다. 한편 12장 전반부에서 수백 년 만에 하나님의 구원 언약이 성취되는 출애굽 대역사의 서막이 시작되는 자이다. 하나님은 출애굽에 앞서 당신의 구원 언약을 대대에 걸쳐 기념하며 감사하게 하는 유월절 규례를 제정해 주셨다.

눅 14장   **천국 시민의 자격과 자세**

묵상   씨의 자격

key word   14:2 수종병   14:8 앉지   14:12 점심   14:17 잔치할 시각에   14:19 거리 14:23 산울타리

message   본 장은 두 단락으로 첫째, 바리새인의 식탁에서 베푸신 예수의 교훈으로 천국 시민의 자격에 관한 내용이고, 둘째는 바리새인 집에서 나오신 후 주신 예수의 교훈으로 천국 시민의 자세에 관한 내용이다.

말씀 연결(출 11-12장 1-20절; 눅 14장)_씨의 구원과 자격

▶**말씀기도**

이 세상을 살아가는 동안 씨로서의 보호하심과 제자로서의 삶을 통해 십자가를 지고 주님을 따르며 존귀한 삶을 살기를 위해 기도합니다.

욥 29장	**경건했던 과거를 회상하는 욥**

묵상　　　씨의 보호

key word　　29:3 등불　29:7 성문　29:9 말을 삼가고

message　　하나님을 경외함이 지혜의 근본임을 발견한 욥은 이제 친구들과의
　　　　　　변론을 접고 하나님과 신령한 교제를 나누며, 이웃에게 선행과 자비
　　　　　　를 베풀고, 이로 인해 이웃으로부터 존경받던 과거의 삶을 차분하게
　　　　　　회상한다.

고전 15장	**부활에 관한 교훈**

묵상　　　씨의 구원을 위한 부활

key word　　15:9 사도 중에 가장 작은 자　15:15 거짓 증언　15:20 첫 열매　15:24 통치
　　　　　　15:28 만물　15:39 육체　15:45 마지막 아담　15:55 쏘는 것

message　　교리적 문제로 죽은 자의 부활에 관해 교훈한다. 이를 위해 바울은
　　　　　　먼저 부활의 확실성을 증거하고 그리스도의 부활과 성도의 부활에
　　　　　　대해 설명하며, 부활한 육체의 본질적 특성과 그리스도의 재림으로
　　　　　　인한 성도의 부활 그리고 사망 권세에 대한 궁극적인 승리를 다루고
　　　　　　있다.

말씀 연결(욥 29장; 고전 15장)_보호와 구원

▶**일러두기**

봄비는 팔레스타인에서 곡물의 결실기인 3-4월경에 내리는 '늦은 비'로 하나님의 축복을 상징
한다. 파종기인 10-11월에 내리는 비는 '이른 비'로서 이 역시 하나님의 크신 은혜를 상징한다.

출 12장 21-51절 　**유월절과 출애굽**

묵상 　유월절 규례를 통한 구원의 모습

key word 　12:22 우슬초 12:29 옥에 갇힌 사람의 장자 12:30 큰 부르짖음 12:38 수
　　　　많은 잡족 12:42 여호와의 밤 15:48 할례를 받은 후에야

message 　하나님은 출애굽에 앞서 당신의 구원 언약을 대대에 걸쳐 기념하며
　　　　감사하게 하는 유월절 규례를 제정해주신다. 훗날 이 규례는 신약에
　　　　서 인류의 구원을 위해 죽으신 그리스도의 구속 사역을 기념하는 성
　　　　만찬의 예고이기도 하다.

눅 15장 　**잃어버린 영혼을 찾으시는 하나님**

묵상 　구원을 위한 수고

key word 　15:1 죄인 15:13 재물을 다 모아 가지고 15:15 돼지를 치게 15:16 쥐엄 열매
　　　　15:17 스스로 돌이켜

message 　당시 경멸의 대상이던 세리와 죄인들과 교제하시는 예수의 모습이
　　　　언급되고 있다. 나아가 예수는 잃은 양 비유와 잃어버린 드라크마 비
　　　　유 그리고 잃어버렸던 아들 곧 탕자 비유를 통해서 잃은 것을 다시
　　　　찾기 위해 애쓰시는 예수의 수고, 다시 찾았을 때의 예수의 기쁨 등
　　　　을 강조한다.

말씀 연결(출 12장 21-51절; 눅 15장)_구원

▶**말씀기도**

구원이 지나가 버린 것 같은 상황일지라도 좌절하지 않고 한 영혼의 구원을 위해 간절함으로
기도하기를 소원하며 기도합니다.

욥 30장	**현실을 탄식하는 욥**
묵상	구름같이 지나가 버린 구원
key word	30:3 마른 흙을 씹으며 30:4 짠 나물 30:23 모든 생물을 위하여 정한 집
	30:28 햇볕에 30:29 이리
message	부족함이 없었던 과거를 회상한 욥은 다시금 눈을 현실로 돌린다. 하
	지만 욥은 과거와 달리 육신의 질병을 앓고 사람들로부터 소외당하
	며 하나님으로부터 아무런 도움을 받지 못하는 현실 앞에 몸부림친
	다.

고전 16장	**예루살렘 성도를 위한 헌금**
묵상	구원받은 백성의 삶
key word	16:2 매주 첫날 16:8 오순절 16:12 뜻이 전혀 없으나 16:13 믿음에 굳게
	서서 16:15 아가야 16:18 이런 사람을 알아 주라 16:21 친필로
message	고린도전서의 결론부로서 지금까지 고린도 교회의 제반 문제에 대해
	답한 바울 사도는 고린도 교회를 향한 예루살렘 교회의 어려움을 호
	소하고 연보에 참여해 줄 것을 당부한다. 그리고 고린도 교회를 위한
	목회적 권면과 당부 및 문안 인사를 전함으로써 대미를 장식한다.

말씀 연결(욥 30장; 고전 16장)_구원과 삶

▶**일러두기**

누가복음 15장 8절에 나오는 결혼 기념의 증표로 주는 열 드라크마는 유대 사회에서는 남자가
여자를 아내로 맞이할 때 사랑의 증표로 드라크마 열 닢을 줄에 꿰어 주었는데 부인은 그것을
머리띠로 삼아 이마에 두르고 다녔다. 열 드라크마 중에서 하나라도 잃어버리면 남편에 대해
충실하지 못했음을 드러내는 것으로 열 드라크마는 화폐 가치 이상의 의미를 지니며 부부의 사
랑을 상징한다.

2
Mar

찾아오시는 하나님
출애굽기 13장 | 누가복음 16장 | 욥기 31장 | 고린도후서 1장

출 13장   **무교절 준수와 처음 난 것 규례**

묵상   유월절 규례를 통한 만남

key word   13:2 태어나 처음 난 모든 것 3:4 아빕월 13:9 손의 기호와 13:12 수컷은 여호와의 것 13:18 홍해의 광야 길 13:19 요셉의 유골

message   하나님께서는 출애굽을 통해 구원 은총을 체험한 이스라엘 백성들이 지켜야 할 무교절 규례를 상기시키면서 특별히 죽음에서 건짐을 받은 처음 난 것이 마땅히 지켜야 할 도리를 알려주신다.

눅 16장   **제물에 관한 교훈**

묵상   하나님을 대하는 태도

key word   16:2 셈하라 16:6 말 16:9 재물 16:17 획 16:19 자색 옷

message   불의의 청지기 비유와 바리새인의 외식에 대한 책망 그리고 어리석은 부자와 거지 나사로의 비유 등이 언급되고 있다. 여기서는 재물의 풍족함은 무조건 하나님의 복이라고 생각하거나 반대로 재물은 하나님의 백성들이 무조건 멀리해야 할 사악한 것이라고 생각하는 것을 모두 배격하고 있다. 결국 예수께서는 이타적인 삶을 실천하며 삶을 영위하는 수단으로서 재물의 교훈을 말씀하신다.

말씀 연결(출 13장; 눅 16장)_만남과 태도

▶**말씀기도**

하나님께서 우리의 삶에 찾아오셔서 세상을 바라보지 말고, 하나님만 바라보며 어떤 고난이 닥쳐올지라도 오직 주님만 의지하는 삶을 살게 하옵소서.

126

욥 31장   **정결을 주장하는 욥**

묵상   오직 하나님을 바라봄

key word   31:1 눈과 약속하였나니   31:6 공평한 저울   31:10 타인의 맷돌을 돌리며
               31:19 의복이 없이   31:27 손에 입을 맞춘다면

message   욥은 열여섯 번에 걸쳐 '언제~하였던가'라는 반의적 표현 기법을 사
               용하면서 자신의 도덕적 순결함을 주장한다. 이런 주장을 통해 욥은
               여전히 왜 자신이 고난을 당해야 하는지를 하나님 앞에서 반문한다.
               하지만 이런 주장 역시 하나님 앞에서는 무익한 항변에 지나지 않았
               다.

고후 1장   **인사와 여행 변경에 대한 변호**

묵상   하나님만 의지함

key word   1:8 아시아에서 당한 환난   1:10 큰 사망   1:12 육체의 지혜   1:16 마게도냐
               1:18 미쁘시니라   1:21 기름을 부으신   1:22 인치시고

message   바울 사도는 고난 가운데 위로하시는 하나님의 위로를 전하며 자신
               의 고린도 방문 계획이 변경된 까닭을 해명한다. 바울은 고린도 방문
               계획이 하나님의 섭리 안에서 이루어진 것이라고 밝힘으로써 하나님
               께서 '가라'하면 가고, '서라'하면 서는 사명자의 순종을 보여주다.

말씀 연결(욥 31장; 고후 1장)_바라봄과 의지함

▶**일러두기**

누가복음에서 불의한 청지기를 주인이 어떻게 칭찬할 수 있는가? 이 구절이 많은 논란을 불러
일으킨 것은 사실이다. 하지만 주인이 칭찬한 것은 청지기의 '불의'가 아니라 위기에 직면하여
민첩하게 대처했던 그의 '지혜'였다. 한편 여기서 이들의 '주인'을 '주님'으로 보고 청지기가 빚
에 시달리는 이들의 고통을 덜어준 것을 칭찬했다고 보기도 했다.

하나님의 능력과 믿음의 관계

출애굽기 14장 | 누가복음 17장 | 욥기 32장 | 고린도후서 2장

출 14장	**홍해에서 구원받은 이스라엘**

묵상 　하나님이 행하신 큰 능력

key word 　14:3 멀리 떠나 14:6 병거 14:21 홍해 14:24 새벽

message 　출애굽의 절정인 홍해 도하 사건을 기록하고 있는 본 장에서는 약속의 땅을 향해 나아가는 이스라엘 백성에게는 어떠한 장애물도 아무 문제가 되지 못함을 생생하게 보여주는 부인할 수 없는 산 역사가 된다. 동시에 이 사건은 신약에서 세례와 중생을 예표한다는 점에서 구속사적으로도 중요한 의미를 가지고 있다.

눅 17장	**제자들을 위한 교훈**

묵상 　능력을 가져오는 믿음

key word 　17:1 실족 17:2 연자맷돌 17:8 띠를 띠고 17:10 무익한 종 17:35 두 여자가 함께 맷돌을 갈고 있으매

message 　제자들 곧 오고 오는 세대의 성도들에게 주는 교훈으로 세 문단으로 구성되었다. 먼저 천국 시민의 생활에서 규범이 될 만한 윤리관 즉 용서와 겸손과 감사를 가르치고, 감사하는 생활의 실제적 교훈을 주며, 끝으로 세상의 마지막 날 주의 재림이 임할 때까지 경성할 것을 교훈하고 있다.

말씀 연결(출 14장; 눅 17장)_능력과 믿음

▶**말씀기도**

전능하신 하나님의 능력을 믿고 용서와 사랑, 위로의 능력이 믿음으로 행해지는 삶을 살기를 원합니다.

욥 32장	**중재자 엘리후의 등장**
묵상	하나님의 영광과 함께 함
key word	32:2 부스 32:3 능히 대답하지 못하면서 32:8 전능자의 숨결 32:13 추궁할 자는 32:18 내 영이 나를 압박함이라
message	욥의 세 친구의 변론에 이어 엘리후가 등장한다. 그는 편협된 신앙으로 욥을 무조건 정죄하는 친구들의 잘못을 지적하면서 동시에 끝까지 자신의 의를 주장하는 욥의 허물에 대해서도 지적한다. 하지만 엘리후 역시 하나님의 완전한 신적 지식을 설명하지 못함으로써 욥의 고난 문제를 구체적으로 해결하지 못한다.

고후 2장	**고린도 교회를 향한 바울의 사랑**
묵상	능력을 보는 믿음의 실제
key word	2:7 용서하고 2:17 혼잡하게 2:13 디도 2:14 냄새
message	사도 바울은 고린도 방문 계획을 변경함으로써 생긴 오해를 풀기 위해 이를 해명하면서 고린도 교회를 향한 자신의 사랑을 드러낸다. 물론 고린도 교회에는 책망받을 훼방자들이 있었지만 바울은 그들을 파멸시키기 위해서가 아니라 그 영혼을 구원하고 회복시키기 위해 애를 쓴다.

말씀 연결(욥 32장; 고후 2장)_영과 믿음

▶일러두기

출애굽 시에 건넜던 홍해에 관한 이야기다. 대부분의 학자들이 홍해의 위치를 수에즈만 북단으로 보는 데는 공통된 의견이 있다. 문제는 홍해를 가리키는 원어 '얌 숩'이 '갈대 바다'라는 의미를 갖고 있어, 이를 폭이 수십 킬로미터에 이르는 실제 바다로 보지 않고 갈대 숲(호수 부근의 습지)으로 보고 있는 데 있다. 그러나 전통적으로는 오늘날의 '비터 호수'(쓴물 호수)를 홍해로 본다.

하나님의 인도하심

출애굽기 15장 | 누가복음 18장 | 욥기 33장 | 고린도후서 3장

출 15장 **이스라엘 백성의 감사와 찬양**

묵상   하나님의 구원하심

key word   15:8 주의 콧김   15:10 납 같이   15:17 주의 기업의 산   15:20 미리암   15:22 수르 광야   15:25 시험하실새

message   하나님 이적의 역사로 홍해에서 구원받은 이스라엘 백성들은 찬양을 통해 하나님께 영광을 돌린다. 이런 극적인 구원 체험과 이스라엘의 찬양은 후대에까지 이스라엘 백성들의 신앙고백이 된다. 그러나 불행하게도 이런 구원의 감격은 오래가지 못하고 이스라엘 백성들은 다시 광야의 고된 여정 때문에 불평하고 원망한다.

눅 18장 **기도와 영생에 관한 교훈**

묵상   기도의 응답

key word   18:1 낙심하지   18:5 괴롭게 하리라   18:11 토색   18:13 세리   18:16 어린 아이   18:20 계명   18:32 예루살렘   18:37 나사렛

message   본 장은 크게 기도와 영서에 관한 두 교훈으로 이루어졌다. 인내와 열정으로 기도에 전념하라는 가르침, 기도의 진실성을 보여주는 바리새인과 세리의 비유, 어린아이와 같은 자가 하나님 나라에 들어갈 수 있다는 교훈과 부자 관원에 관한 기사 등이 소개 된다.

말씀 연결(출 15장; 눅 18장)_구원과 응답

▶**말씀기도**

매일의 삶에서 하나님의 인도함을 받는 것은 행복한 일이며, 우리를 구원하여 주심으로 진리의 말씀으로 복된 삶을 살아가기를 기도합니다.

욥 33장	**엘리후의 첫 번째 권면**

묵상   여러 모양으로 말씀하심

key word   33:7 내 손으로는 그대를 누르지 33:19 병상의 고통 33:23 중보자 33:24 대속물 33:25 청년 33:30 그들의 영혼

message   엘리후는 욥을 향해 자신의 변론이 진실되고 정직함을 전제하면서 도덕적 정결함을 주장한 욥의 말을 인용하고 하나님 앞에서 이런 주장은 결코 바람직하지 않음을 지적한다. 그리고 고난은 때로 하나님께서 은혜를 베푸시는 한 방편임을 상기시킴으로써 욥의 고난 문제를 해결하신다.

고후 3장	**새 언약의 일꾼**

묵상   주의 영으로 함께 하심

key word   3:7 율법 조문의 직분 3:8 영의 직분 3:9 정죄의 직분 3:13 모세가 수건으로

message   바울은 사도직의 본질에 대한 이해와 그 영광을 설명한다. 사도직은 사람이 아니라 하나님이 직접 위임한 특별한 것이며, 구속사적 맥락에서 볼 때 구약의 그 어떤 직분과도 비교할 수 없는 영광스런 직분임을 밝힌다.

말씀 연결(욥 33장; 고후 3장)_말씀과 영

▶일러두기

홍해를 건넌 이스라엘 백성들은 본격적인 출애굽 여정에 들어섰다. 홍해에서 시내 산에 이르는 과정에서 '마라'에서는 쓴물을 만났지만 하나님은 그것을 단물로 변화시키셨다. 특히 엘림과 시내 산 사이의 신 광야에서 일어난 만나와 메추라기 사간을 주목하면, 이것은 하나님께서 우리의 필요를 채워 주시는 분임을 교훈하고 있다.

5
Mar

시험

출애굽기 16장 | 누가복음 19장 | 욥기 34장 | 고린도후서 4장

출 16장 ## 하늘 양식 만나와 메추라기

묵상 하나님의 시험

key word 16:3 배불리 먹던 16:4 하늘에서 양식을 16:5 갑절 16:13 메추라기 16:18 많이 거둔 자 16:19 아침까지

message 물 문제가 해결되자 이제는 식량 문제로 이스라엘은 일대 홍역을 치른다. 연속되는 인생 문제 가운데서도 하나님은 만나와 메추라기를 보내 당신이 참 하나님이심을 다시 한번 보여주신다. 훗날 주님은 이 사건을 통해 정작 사모해야 할 참 양식이 무엇인지 교훈 하신다.

눅 19장 ## 예수의 예루살렘 입성

묵상 직분, 명령을 통한 시험

key word 19:8 속여 빼앗은 일 19:18 므나 19:23 은행 19:31 주가 쓰시겠다 하라

message 잃어버린 죄인을 찾는다는 누가복음의 중심 사상이 세리장 삭개오가 예수를 영접한 사건과 열 므나 비유를 통해서 확연하게 제시되고 있다. 그리고 예루살렘에 입성하시고 성전에서 가르치는 예수를 통해 공생애 최후의 한 주간이요, 궁극적으로 위대한 승리의 삶을 완수하신 하나님의 아들의 모습이 잘 나타나고 있다.

말씀 연결(출 16장; 눅 19장)_시험

▶**말씀기도**

삶 가운데 시험이 닥쳐올지라도 오직 예수 그리스도 안에서 낙심하지 말고 온전한 사명을 감당하게 하옵소서.

욥 34장	**엘리후의 두 번째 권면**
묵상	시험은 언제까지인가
key word	34:7 비방하기를 물마시듯 하며 34:13 누가 땅을 그에게 34:17 정의를 34:24 조사할 것이 34:29 누가 그를 정죄하며 34:37 손뼉을 치며
message	엘리후는 하나님께서 자신을 부당하게 취급하고 계신다는 욥의 불평을 지적하면서 하나님은 결코 사람을 부당하게 취급하지 않으시며 하나님을 향한 욥의 이런 태도는 매우 잘못되었다고 공박한다.

고후 4장	**질그릇에 담긴 보배**
묵상	시험을 이길 수 있는 이유
key word	4:7 질그릇에 4:8 욱여쌈 4:12 사망은 우리 안에서 4:18 주목하는
message	바울은 자신이 전하는 것은 그리스도 예수께서 주 되신 것임을 밝히고, 자신은 깨지기 쉽지만 자기 속에 거하는 예수는 보배롭고 빛된 존재라고 역설한다. 그리고 겉 사람의 현재적 고난과 그에 비할 수 없는 속사람의 영원한 영광을 대비하고 있다.

말씀 연결(욥 34장; 고후 4장)_시험

▶일러두기

출애굽기 16장에 나오는 깟씨와 만나는 지중해 연안에서 서식하는 키 50cm 정도의 미나리과에 속하는 일년생 초목이다. 지름 3mm의 회백색 열매는 조미료, 향료로 사용된다. 만나는 '무어'(이것이 무엇이냐)라는 뜻의 히브리어 '만'의 헬라식 번역 '만나'에서 유래된 표현이다. 광야 생활 40년간 이스라엘 백성들의 식량으로 사용된 음식이다.

주를 기쁘게 하는 삶

출애굽기 17장 | 누가복음 20장 | 욥기 35장 | 고린도후서 5장

출 17장	**므리바 물 사건과 아말렉 전투**

묵상   원망을 버리고 순종하는 삶

key word   17:8 아멜렉   17:10 홀   17:15 여호와 닛시

message   마라의 쓴물 사건에 이어 이스라엘 백성들은 또다시 물 부족 사태로 시험에 빠진다. 하지만 위기 때마다 참으시고 도우시는 하나님의 은혜를 체험하면서도 이스라엘은 여전히 인내하지 못하고 원망과 불평을 일삼는다.

눅 20장	**예수의 권위에 대한 도전**

묵상   가르치며 복음을 전하는 삶

key word   20:4 요한의 세례가 하늘로부터   20:10 때리고   20:17 건축자들의 버린 돌 20:22 가이사   20:24 데나리온

message   예루살렘에 입성한 예수에 대해 위협을 느낀 유대 종교 지도자들이 노골적으로 적대감을 드러내고 살해 음모를 꾸미고 있다. 하지만 유대 지도자들의 도전은 예수의 권위를 확증하고 드러내는 역할을 하고 있다. 말하자면 기세등등했던 유대 지도자들은 오히려 예수의 지혜로운 반대 질문과 준엄한 경고를 들어야 했던 것이다.

말씀 연결(출 17장; 눅 20장)_순종과 복음을 전하는 삶

▶**말씀기도**

하나님을 기쁘시게 하는 피조물 된 자로서의 사명을 깨달아 언제나 주님의 영광과 기쁘시게 하는 삶을 살기를 원합니다.

욥 35장	**엘리후의 세 번째 권면**
묵상	헛된 것을 따르지 않음
key word	35:7 의로운 것들 35:10 밤에 노래를 주시는 35:15 살피지 아니하셨으므로
message	엘리후는 욥이 자산의 옳음을 주장하는 행동이 매우 잘못되었음을 상기시키면서 욥의 간구가 상달되지 못하는 것은 하나님을 향한 믿음이 부족하고 잘못 기도했기 때문이라고 말한다. 중재자로 나선 엘리후조차 욥의 고난의 본질을 정확하게 파악하는 데는 실패한 것이다.

고후 5장	**내세와 부활에 대한 소망**
묵상	하나님과 화목함
key word	5:1 장막 집 5:11 알리어졌으니 5:12 외모로 자랑하는 자들 5:14 강권하시도다 5:17 새로운 피조물 5:18 화목하게 5:20 그리스도를 대신하여
message	땅의 장막과 하늘의 영원한 집 비유를 통해서 바울은 육체의 한시성과 무력함을 통과한 후 임하게 될 영원 세상을 설명한다. 바울은 내세와 부활에 대한 소망으로 이 땅의 시련과 아픔을 딛고 하나님을 위해 거룩한 사역을 감당할 수 있노라고 고백한다.

말씀 연결(욥 35장; 고후 5장)_헛된 것과 화목함

▶일러두기

누가복음 20장 27절에 나오는 사두개인은 솔로몬 당시 대제사장 사독 후손들로 추정되는 유대의 종교 집단이다. 장로들의 전통을 배격하며 부활을 부인하는 등 바리새파에 반대되는 개방적 종교 성향을 보였으며, 당시 제사장 계급을 중심으로 상당한 정치적 영향력을 행사하였다.

7	균형 잡힌 삶
Mar	출애굽기 18장 | 누가복음 21장 | 욥기 36장 | 고린도후서 6장

출 18장   이드로의 조언과 행정 조직 정비

묵상   권한 위임

key word   18:2 모세가 돌려보냈던 15:5 하나님의 산 18:7 문안하고 18:10 찬송하리로다 18:17 옳지 못하도다 18:21 천부장 18:26 때를 따라

message   모세를 불러 택한 백성 이스라엘을 구원하시고 시내 산으로 부르신 하나님은 이제 당신의 백성을 향해 율례와 법도를 베풀기에 앞서 먼저 몸과 마음을 성결하게 하도록 지시하신다. 이렇듯 성결함이 없이는 어느 누구도 하나님께 가까이 나아갈 수도 없으며 거룩하신 하나님과의 신령한 교제에 참여할 수 없다.

눅 21장   종말에 관한 교훈

묵상   인내로 영혼을 얻는 것

key word   21:1 헌금함 21:2 렙돈 21:9 난리와 소요의 소문 21:8 속량 21:34 둔하여지고 21:37 감람원

message   예수는 예루살렘 성전 파괴와 세상 종말에 대해 예언하고 메시야의 재림과 종말을 소망하는 성도의 올바른 자세에 대해 가르치신다. 십자가 고난을 앞둔 예수는 자신이 육신적으로 더 이상 동행할 수 없는 상황에서 종말적인 신앙과 재림에 대한 확신을 가지고 닥쳐올 고난과 핍박을 이겨내도록 훈련시키고자 교훈하신다.

말씀 연결(출 18장; 눅 21장)_권한과 얻는 것

▶**말씀기도**
주님의 은혜로 삶을 균형 잡고 모든 권한을 나눔으로 환난의 소식과 미혹 가운데서 인내함으로 은혜로 채워가는 삶을 살기를 소원합니다.

욥 36장	**엘리후의 마지막 권면**
묵상	하나님이 하시는 일의 균형
key word	36:4 온전한 지식 36:10 그들의 귀를 36:16 그대를 36:26 우리가 그를 알 수 없고 36:31 심판하시며
message	엘리후의 권면 마지막 부분으로 욥과 사람들의 변론이 끝나는 장면이다. 여기에서 전능하며 초월적인 성품을 묘사함으로써 욥의 고난은 사람들의 논쟁으로 해결될 수 없으며, 절대 주변을 가지신 하나님을 통해서만 해결될 수 있음을 암시한다.

고후 6장	**복음 사역자의 모범과 성도의 구별된 삶**
묵상	마음을 넓혀야 함
key word	6:1 은혜를 헛되이 받지 6:8 속이는 자 6:9 징계를 받는 자 6:15 벨리알
message	바울은 화해의 사도로서 자신의 경험을 피력한 뒤 화해의 복음 안에서 관용하며 성결한 삶을 살라고 권면한다. 특히 바울은 복음 사역자로서 자기 자신을 철저하게 복종시키고 절제함으로써 모범적인 신앙을 보여주고 있다.

말씀 연결(욥 36장; 고후 6장)_일의 균형과 마음

▶**일러두기**

욥기 36장에 나오는 '남창'의 원어 '카데쉬'는 '구별하다'라는 뜻이다. 이방 신전에서 사제로 구별된 남자를 가리킨다. 이들은 제사에서 음란한 의식도 서슴없이 자행하였다. '남색하는 자', '미동'으로도 언급된다.

<table>
<tr><td>8
Mar</td><td># 두려우신 하나님
출애굽기 19장 | 누가복음 22장 | 욥기 37장 | 고린도후서 7장</td></tr>
</table>

출 19장   시내 산에 강림하신 하나님

묵상
시내 산에 나타나심

key word
19:4 독수리 날개로 19:5 모든 민족 중에 내 소유 19:6 제사장 나라 19:13 손을 대지 말고

message
모세를 불러 택한 백성 이스라엘을 구원하시고 시내 산으로 부르신 하나님은 이제 당신의 백성을 향해 율례와 법도를 베풀기에 앞서 몸과 마음을 성결하게 하도록 지시하신다. 이렇듯 성결함이 없이는 어느 누구도 하나님께 가까이 나아갈 수도 없다.

눅 22장   최후 만찬과 잡히심

묵상
몸을 내어주신 하나님

key word
22:16 하나님의 나라에서 22:19 기념하라 22:20 저녁 먹은 후 22:21 나를 파는 자의 손이 22:25 주관하며 22:31 밀 까부르듯

message
예수를 죽이려는 대적자들의 계획이 구체적으로 실현되는 것과 대적의 음모에도 아랑곳하지 않고 메시야로서 사역을 완수하시는 예수의 모습이 극명하게 대조된다. 예수께서는 최후 만찬을 통해서 당신의 사역의 의미를 부각시키고 섬김의 도리를 가르치시며, 겟세마네 기도를 통해 수난을 준비하신다.

말씀 연결(출 19장; 눅 22장)_나타나신 하나님

▶**말씀기도**
하나님을 경외하고 매일의 삶 가운데서 주님을 두렵고 떨리는 마음으로 섬기기를 소원합니다.

욥 37장	**엘리후의 계속되는 권면**
묵상	경외해야 할 하나님
key word	37:5 우리가 헤아릴 수 없는 큰 일 37:6 적은 비와 큰 비 37:9 폭풍우 37:10 물의 너비를 37:13 징계 37:24 사람들은 그를 경외하고
message	엘리후의 권면 마지막 부분으로 욥과 사람들의 변론이 끝나는 장이다. 여기에서 엘리후는 하나님의 전능하며 초월적인 성품을 묘사함으로써 욥의 고난은 사람들의 논쟁으로 해결될 수 없으며, 절대 주권을 가지신 하나님을 통해서만 해결될 수 있음을 암시한다.

고후 7장	**성도간 화해로 인한 기쁨**
묵상	하나님을 두려워하는 가운데 행할 것
key word	7:1 거룩함을 온전히 이루어 7:8 편지로 7:15 심정 7:15 너희 모든 사람들이
message	바울은 고린도 교회 방문을 계획했으나 뜻을 이루지 못했고, 더구나 고린도 교회의 분쟁 소식을 듣고 낙담해 있었다. 이때 바울은 디도를 통해서 고린도 교회의 화해 소식을 듣고 기뻐한다. 본 장은 바울 자신이 설립하고 성장시킨 교회에 대해 그리스도의 뜨거운 사랑으로 권면하고 훈육하여 화해를 일구어내는 기쁨을 생생하게 보여주고 있다.

말씀 연결(욥 37장; 고후 7장)_경외와 두려움

▶일러두기

시내 산은 하나님께서 친히 강림하시어 이스라엘 백성과 언약을 맺으시고 계명과 율법을 수여하신 거룩한 산이다. 정확한 위치는 알 수 없으나 전통적으로는 시내 반도 남단의 '예벨 무사' 즉 모세의 산이라는 뜻을 지닌다. 해발 2,286m로 보는 견해가 일반적이다.

하나님 경외

출애굽기 20장 | 누가복음 23장 | 욥기 38장 | 고린도후서 8장

출 20장 **시내 산에서 계명을 주신 하나님**

묵상 　율법을 주신 이유

key word 　20:2 나는…여호와라 20:3 나 외에는 20:5 질투하는 하나님 20:7 망령되게 20:13 살인하지 말라 20:14 간음 20:16 거짓 증거 20:17 탐내지 말라

message 　이스라엘을 당신의 백성이요 제사장 나라로 삼으시기 원하시는 하나님은 이제 시내 산에서 모든 율법의 근간이며 최고의 법인 십계명과 그에 따른 제반 규례들을 제정해 주신다. 이스라엘은 하나님의 백성이 누리는 특권과 더불어 그에 상응하는 주의 백성으로서 마땅히 지켜야 할 의무도 동시에 부여받았던 것이다.

눅 23장 **십자가에 달리신 예수**

묵상 　경외하는 자의 태도

key word 　23:1 빌라도 23:2 백성을 미혹하고 23:12 전에는 원수였으나 23:22 빌라도가 세 번째 말하되 23:26 구레네 사람 23:28 예루살렘의 딸들 23:33 해골이라 하는 곳 23:35 관리 23:36 신 포도주 23:51 아리마대

message 　예수는 마침내 빌라도에게 사형을 언도받고 골고다 언덕을 향해 나아가신다. 누가는 예수께서 십자가에서 고통받고 운명하시는 모습과 장사되는 일련의 사건을 생생하게 기록한다. 특히 이방인들에 대한 관심이 남달랐던 누가는 유대인이 완악하고 배타적이었기 때문에 예수를 십자가에 못박는 비극이 일어났음을 강조하고 은연중 이방인들에게 예수를 영접할 것을 촉구한다.

말씀 연결(출 20장; 눅 23장)_율법, 경외

▶**말씀기도**
하나님을 경외하는 삶으로 주님을 유일한 왕으로 섬기고, 주님 안에서의 가장 귀한 삶을 살기를 소원합니다.

욥 38장	**폭풍 가운데 현현하신 하나님**
묵상	경외해야 할 이유
key word	38:3 허리를 묶고 38:14 진흙에 인친 것 같이 38:15 악인에게는 38:22 눈 곳간 38:24 광명이 38:30 물은…굳어지고 38:31 묘성
message	인간의 변론으로는 고난 문제를 해결할 수 없는 지경에 이르자 이제 하나님께서 직접 욥과 대면하신다. 하나님은 만물의 창조자요 운행자가 누구 인지를 물음으로써 욥의 지식과 변론이 얼마나 허탄한지를 지적한다.

고후 8장	**예루살렘 교회를 위한 연보**
묵상	경외함의 외적 표징들
key word	8:4 성도 섬기는 일 8:8 명령으로 하는 말이 아니요 8:9 부요하신 이로서 8:13 평안하게 8:14 균등하게 8:16 같은 간절함
message	예루살렘 교회의 궁핍함을 돕기 위해 흩어진 교회들이 모금한 헌금에 대해 다루고 있다. 바울은 고린도 교회에도 예루살렘 교회를 위한 연보를 당부하면서 마게도냐 교회의 뜨거운 헌금 열기를 언급한다. 이는 보편적 사랑을 실천하는 교회의 아름다운 교제를 보여 준다.

말씀 연결(욥 38장; 고후 8장)_경외해야 할 이유와 표징

▶**일러두기**

고린도후서 8장 2절의 연보는 헬라어 '로기아'로 '추렴한 것', '모집한 것'이라는 의미로 자선과 구제 및 교회의 경비 목적으로 성도들이 자발적으로 돈을 모으는 행위를 말한다.

법 안에서 행함

출애굽기 21장 | 누가복음 24장 | 욥기 39장 | 고린도후서 9장

출 21장	**노예, 살인 및 상해 보상법**

묵상 율법을 주심

key word 21:6 재판장 21:8 속인 것이 되었으니 21:10 음식과 의복과 동침하는 것 21:20 당장에 죽으면 21:29 임자도 죽일 것이며 21:32 은 삼십 세겔 21:34 죽은 것은 그가 차지

message 십계명에 이어 하나님께서는 이스라엘 백성이 선민으로서 마땅히 지켜야 할 각종 사회법을 제정해 주신다. 즉 노예법, 사형 관련법, 각종 피해 보상법이다.

눅 24장	**부활 승천하신 예수**

묵상 예수는 율법의 완성임

key word 24:13 이십오리 24:18 글로바 24:19 말과 일에 능하신 선지자 24:32 뜨겁지 24:36 평강 24:39 나를 만져 보라 24:48 증인 24:50 베다니

message 예수는 십자가 죽음 후 3일 만에 무덤에서 부활하셨다. 부활 후 엠마오로 가는 제자에게 나타나시고, 열한 제자들에게 나타나셔서 복음을 모든 족속들에게 전파하도록 명령하신 후에 영광 중에 승천하셨다. 예수께서는 친히 자신의 부활과 승천이 역사적인 사건임을 드러내시고, 제자들에게 나타나심으로써 주께서 언제나 동행하신다는 확신을 심어주셨다.

말씀 연결(출 21장; 눅 24장)_율법의 완성

▶**말씀기도**

하나님 말씀 안에서 행함으로 성경의 말씀과 지혜로서 주님을 의지하며 살아가게 하옵소서.

욥 39장	**무한히 지혜로우신 하나님**
묵상	하나님의 지혜에서 나오는 법
key word	39:1 산 염소 39:9 들소 39:16 고생한 39:19 말의 힘을 네가 주었느냐 39:22 칼을 대할지라도 39:26 남쪽으로 향하는 것이
message	하나님의 놀랍고 위대하신 능력과 다함 없는 무한하신 지혜를 소개하고 있다. 이런 하나님의 지혜와 능력을 바르게 깨닫는다면 인간은 참으로 연약한 존재임을 고백하지 않을 수 없게 된다.

고후 9장	**헌금과 구제에 대한 교훈**
묵상	헌금에 대한 법
key word	9:7 즐겨 내는 자를 9:8 모든 은혜 9:12 부족한 것을 9:15 그의 은사
message	바울은 예루살렘 교회를 위한 헌금 모금이 지연되고 있던 고린도 교회를 향해 헌금과 구제에 대한 원칙적인 교훈을 주고 있다. 헌금은 준비하였다가 하고, 자원하는 심정으로 하며, 인색함이 없이 후하게 하는 것이라고 가르친다.

말씀 연결(욥 39장; 고후 9장)_지혜와 헌금의 법

▶일러두기

출애굽기 21장 24절의 말씀 가운데 "눈에는 눈 이에는 이"라는 말씀이 있다. 흔히 동해보복법이라고 불리는 것이다. 이 법의 정신은 복수에 있는 것이 아니라 다른 이의 생명을 중시하고 나아가 범죄 이상의 가혹한 형벌을 방지하여 인권 침해를 막는 데 있었다. 하지만 예수님은 복수를 금하고 원수를 사랑하라 하심으로써 용서와 사랑의 법으로 승화시키셨다.

말씀

출애굽기 22장 | 요한복음 1장 | 욥기 40장 | 고린도후서 10장

출 22장 | **손해 배상과 순결 및 약자 보호법**

묵상 | 배상에 관한 말씀들

key word | 22:2 뚫고 들어오는 22:3 해 돋은 후에는 22:9 이것이 그것이라 22:13 찢었으면 22:19 짐승과 음행하는 자는 22:26 이웃의 옷

message | 절도나 과실에 대한 손해 배상과 거룩한 하나님의 백성이 갖추어야 할 육체와 영혼의 순결, 그리고 약자를 위한 사회 보장법 등이 소개된다. 이런 법의 제정을 통해 하나님은 이스라엘 백성이 당신을 향해서는 말할 것도 없고 이웃에 대해서도 사랑과 공의의 삶을 실천하기 원하신다.

요 1장 | **성육신하신 하나님의 아들**

묵상 | 말씀이신 예수

key word | 1:1 태초 1:4 생명 1:10 세상 1:15 나보다 앞선 것 1:28 요단 강 건너편 베다니 1:38 랍비 1:40 안드레 1:42 게바 1:45 나다니엘

message | 그리스도의 기원을 창세 이전의 영원하신 하나님께 두고 있는 본 장은 예수 그리스도의 신성을 입증하고 강조하기 위해 그리스도의 선재와 성육신을 언급한다. 그리고 세례 요한을 통해 예수 그리스도를 증거하게 된다.

말씀 연결(출 22장; 요 1장)_말씀과 예수

▶**말씀기도**

하나님께서 주신 말씀을 간직하고 그 말씀에 순종하며, 그 말씀대로 행하는 삶이기를 간절한 마음을 담아 기도합니다.

욥 40장	**하나님의 말씀에 대한 욥의 답변**
묵상	잠잠히 들어야 할 말씀
key word	40:6 폭풍 가운데서 40:13 진토에 묻고 40:15 베헤못
message	하나님의 말씀 앞에서 욥은 자신이 말도 할 수 없는 미천한 존재임을 고백한다. 이에 하나님은 욥을 향해 인간은 하나님께 도전할 만큼 의롭지 못하며 스스로를 구원할 수 없는 연약한 존재임을 상기시킨다. 그리고 피조물에 지나지 않는 인간의 한계를 깨우쳐주신다.

고후 10장	**자신의 사역을 변호하는 바울**
묵상	간직할 말씀
key word	10:1 유순하고 10:4 견고한 전 10:8 주께서 주신 권세 10:13 한계
message	바울은 아직 남아 있던 고린도 교회 내의 훼방꾼들을 향하여 자신의 인간성 및 사도성을 변호한다. 바울은 자기 자신과 자신의 사역에 대해 변호하며, 고린도 교회가 자신의 사도적 영향력 아래 있음을 강조한다.

말씀 연결(욥 40장; 고후 10장)_말씀

▶**일러두기**

예수의 공생애 중 첫 이적이라고 할 수 있는 가나 혼인잔치의 이적이 소개된다. 그리고 유월절을 지키기 위해 성전에 올라갔다가 성전을 정화한 사건이 소개되고 있다. 이는 모두 예수의 메시야적 권능과 권세를 공개적으로 드러낸 사건들이다.

말씀(2)

출애굽기 23장 | 요한복음 2장 | 욥기 41장 | 고린도후서 11장

출 23장	**소송법 및 안식일과 절기 관련법**
묵상	여호와를 섬김
key word	23:11 갈지 말고 23:14 매년 세 번 23:16 맥추절 23:19 처음 거둔 열매 23:20 내가 예비한 곳 23:23 끊으리니 23:26 날 수를 채우리라 23:27 위엄
message	지금까지 제반 규정들을 일러주신 하나님은 이제 마지막으로 각종 소송이나 안식일, 절기에 관련된 법규들을 제정 공포해주셨다. 그리고 결론적으로 약속의 땅에서 이 법을 준수하는 올바른 자세를 말씀하신다. 그 자세는 순종과 성결이다.

요 2장	**가나 혼인잔치에서의 이적**
묵상	언제 믿어야 하는가
key word	2:1 가나 2:4 여자여 2:11 표적 2:14 소와 양과 비둘기 2:20 사십육 년
message	예수의 공생애 중 첫 이적이라고 할 수 있는 가나 혼인잔치의 이적이다. 그리고 유월절을 지키기 위해 성전에 올라갔다가 성전을 정화한 사건과 이 모든 예수의 메시야적 권능과 권세를 공개적으로 드러낸 사건이다.

말씀 연결(출 23장; 요 2장)_말씀과 예수

....

....

▶**말씀기도**

하나님께서는 우리에게 믿음의 도전을 주시고, 그 어떤 믿음의 도전이든지 믿음으로 승리하며 나아가는 삶이기를 기도합니다.

욥 41장	**하나님의 위대함과 인간의 연약함**

묵상 　　　 하나님께 드림

key word 　 41:10 격동시킬　41:15-19 즐비한 비늘은　41:31 바다를 기름병 같이

message 　 베헤못 비유를 통해 하나님의 위대한 능력과 인간의 연약함을 대비
　　　　　 시켜 교훈하신 하나님은 이제 같은 방법으로 리워야단을 등장시켜
　　　　　 인간의 지극히 연약한 모습을 상기시킨다. 즉 리워야단은 인간이 상
　　　　　 상할 수 없을 만큼 강한 존재이기 때문에 포획하기가 쉽지 않음을 말
　　　　　 씀하시면서 이런 리워야단도 하나님의 섭리에 순종하는데 인간들은
　　　　　 그렇지 않다고 나무라신다.

고후 11장	**사도로서 바울의 고난**

묵상 　　　 광명한 천사로 가장한 사람

key word 　 11:4 다른 예수　11:8 비용　11:15 행위대로 되리라　11:17 기탄 없이　11:26 동
　　　　　 족의 위험

message 　 바울과 거짓 선지자들의 갈등 그리고 사도로서 바울이 받은 고난을
　　　　　 다룬다. 바울은 대적자들의 도전으로 인해 자신의 사도직을 변호할
　　　　　 수 없었다. 대적자들은 강함을 자랑한 데 반해 사도는 자신의 연약함
　　　　　 과 고난을 자랑하고 있다.

말씀 연결(욥 41장; 고후 11장)_하나님과 사탄

▶일러두기

성전에서 매매하는 자와 돈 바꾸는 자 - 유대인들은 예루살렘 성전으로 유월절 절기를 지키러
올 때 제물을 가지고 오기 어려운 경우 돈을 준비해서 재물을 살 수 있도록 허용하였다. 그리고
로마 지배 아래 있던 유대인들은 로마의 화폐를 사용했기 때문에 성전세를 내기 위해 화폐로
전환했다.

13
Mar
영생

출애굽기 24장 | 요한복음 3장 | 욥기 42장 | 고린도후서 12장

출 24장	**시내 산 언약**
묵상	언약서를 주심
key word	24:3 여호와의 모든 말씀 24:7 언약서 24:8 언약의 피니라 24:11 먹고 마셨더라
message	택한 백성 이스라엘과 더불어 언약을 체결하신다. 즉 하나님은 영원토록 이스라엘의 하나님으로서 그들의 보호자가 되겠다고 하시고 이스라엘은 하나님의 백성으로서 영원히 하나님께 순종하기로 다짐하는 것이다. 이런 시내 산 언약은 오늘날 그리스도의 보혈로 그분의 백성 된 우리 성도들에게 여전히 유효한 언약인 것이다.

요 3장	**거듭남과 구원에 관한 대화**
묵상	믿는 자에게 주어지는 영생
key word	3:1 니고데모 3:3 거듭나지 3:5 물과 성령으로 3:11 우리는 아는 것을 말하고 3:17 보내신 3:20 악을 행하는 3:25 정결예식
message	밤중에 찾아온 니고데모와 예수의 대화를 통해 중생과 구원에 관한 진리를 가르치고 있다. 예수께서는 영생에 관해서도 가르치심으로 중생과 영생의 도리가 하나임을 알려주셨다. 또한 예수에 대한 세례 요한의 마지막 증언이 기록되어 있다.

말씀 연결(출 24장; 요 3장)_언약과 영생

▶**말씀기도**

하나님의 약속의 말씀과 예수 그리스도를 통해 주시는 영생의 축복을 누리기 위해 하나님이 기뻐하시는 삶을 살기를 이루어 주시옵소서.

욥 42장	**욥의 회개와 회복**
묵상	하나님께서 받으심
key word	42:3 스스로 42:5 주를 뵈옵나이다 42:7 옳지 못함이니라 42:8 내 종 욥에게 42:13 아들 일곱과 딸 셋
message	욥은 하나님과의 만남을 통해 하나님의 절대 주권과 능력을 발견하고 자신의 잘못을 회개한다. 그리고 변론 과정에서 잘못을 범한 세 친구를 위해 속죄제사를 드린다. 하나님은 이런 욥에게 복을 주시어 고난 이전보다 더 복된 상태로 회복시켜주셨다.

고후 12장	**바울의 환상과 계시**
묵상	그리스도의 능력이 머무름
key word	12:1 계시 12:7 내 육체에 가시 12:8 세 번 주께 간구 12:10 내가 약한 그 때에
message	하나님께서는 인간의 본성적 약함을 아시기 때문에 바울에게 환상과 계시를 통해 특별한 은혜를 경험하게 했다. 하지만 바울은 교만해지지 않도록 육체의 가시도 주셨다고 고백한다. 하나님을 깊이 알수록 우리 심령은 더욱 겸손해지지 않을 수 없다.

말씀 연결(욥 42장; 고후 12장)_받으심과 머무름

▶**일러두기**

고린도후서 12장 2절에 나오는 '셋째 하늘'이란 '가장 높은 하늘'을 뜻한다. 유대 문학에서는 7층 하늘과 3층 하늘이 자주 언급된다. 하지만 이런 것은 문학적인 표현이고, 바울이 본 3층천은 7층천의 세 째 층이 아니라 '가장 높고 가장 완전하다'라는 의미에서 완전수 '3'으로 표현된 하늘을 가리킨다.

출 25장	**성막 건축 규례**
묵상	하나님을 만남
key word	25:6 등유와 관유 25:10 궤 25:17 속죄소 25:21 증거판 25:23 상 25:25 손바닥 넓이 25:30 진설병 25:31 등잔대 25:35 꽃받침 25:39 순금 한 달란트
message	하나님께서는 이제 이스라엘 백성을 위한 제사 제도를 제정해주신다. 이를 위해 하나님은 특별히 성막 건축에 관한 각종 성물들, 언약궤, 진설병 상, 등대 제조의 양식들을 소상하게 알려주신다.

요 4장	**수가 성 여인**
묵상	영과 진리로 예배함
key word	4:9 유대인이 사마리아인과 4:12 우리 조상 야곱 4:16 가서 네 남편을 불러오라 4:18 남편 다섯 4:20 이 산 4:24 영 4:29 이는 그리스도가 아니냐 4:34 온전히 4:42 네 말 4:45 명절 4:46 왕의 신하
message	당시 멸시받고 소외된 사마리아 수가 성에서 예수께서 한 여인과 대화함으로써 전도의 기회를 마련한 사건과 헤롯 안디바 궁정 관리의 아들을 고치신 사건을 소개하고 있다. 이는 예수께서 유대인뿐 아니라 사마리아와 이방인들까지 구원의 대상으로 삼으신다는 사실을 보여준다.

말씀 연결(출 25장; 요 4장)_하나님과 예배함

▶**말씀기도**

우리 안에 살아계신 하나님을 신령과 진정으로 온전히 예배하며 그분의 기쁨으로 거하시는 거룩한 성전 된 몸을 이루며 살아가게 하옵소서.

잠 1장	**지혜의 효율성과 가치**
묵상	여호와 경외함
key word	1:1 잠언 1:7 경외하는 것 1:8 법 1:10 악한 자 1:12 스올 1:20 지혜 1:21 시끄러운 골목 1:27 광풍
message	지혜의 글로 불리는 첫 부분으로서 잠언을 기록한 목적과 함께 지식의 근본을 밝혀주고, 지혜로운 삶을 통해 악을 멀리하며, 항상 지혜를 추구하는 삶을 살라는 권면으로 구성되어 있다. 특히 여기서는 우리가 추구해야 할 지식이 하나님과 어떤 관계에 있는지 주목해야 한다.

고후 13장	**바울의 마지막 권면과 인사**
묵상	우리 안에 계신 예수 그리스도
key word	13:2 그 남은 모든 사람들 13:5 버림 받은 자 13:9 약할 때에 13:11 마음을 같이하며 13:13 교통하심
message	바울은 고린도 교회를 방문하기로 예고한 뒤 고린도에 이르기 전 마지막으로 그들 각자의 신앙을 점검하라고 권면한다. 바울은 마지막까지 고린도 교회가 회개의 자리로 나가도록 권면하고 있으며, 늦기 전에 스스로 신앙을 점검할 것을 가르치고 있다.

말씀 연결(잠 1장; 고후 13장)_여호와와 예수 그리스도

▶일러두기

요한복음 4장 2절의 '구주'는 헬라어 '소테르'라는 단어의 의미는 '구원하다'는 말의 '소조'에서 온 말로서 '구원하는 자'라는 뜻이다. 이 말은 아버지이신 하나님께 사용되기도 하였지만 특별히 성자이신 예수 그리스도에게 사용되었다.

연결됨

출애굽기 26장 | 요한복음 5장 | 잠언 2장 | 갈라디아서 1장

출 26장   **성막의 휘장과 본체 및 휘장 규례**

묵상   성막의 연결

key word   26:4 청색 고   26:7 휘장을 염소털로   26:14 숫양의 가죽으로   26:26 띠
26:28 중간 띠   26:35 휘장 바깥 북쪽

message   성막을 이루는 네 개의 휘장과 성막의 뼈대를 이루는 본체, 그리고
성막의 출입구에 해당되는 휘장, 성막 내부를 둘로 구분 짓는 지성소
휘장 등에 대한 규례가 매우 상세하게 언급된다.

요 5장   **예루살렘에 올라가신 예수**

묵상   성부와 성자의 연결

key word   5:2 베데스다   5:16 박해하게   5:18 동등으로   5:27 심판하는 권한을   5:29
생명의 부활   5:35 등불   5:45 고발하는

message   예수께서 공생애 기간 동안 두 번째 유월절을 지키기 위해 예루살렘
에 올라가셔서 행한 이적과 교훈으로 구성되었다. 예수께서는 베데
스다 연못에서 38년 된 병자를 고치셨는데 이 일로 인해 격렬한 안식
일 논쟁이 일어났다. 이에 대해 예수께서는 스스로 하나님과 같은 일
을 하심을 주장하시고 그 증거를 제시한다.

말씀 연결(출 26장; 요 5장)_연결

▶**말씀기도**

하나님과 지체된 성도로서 주님의 사명을 온전히 감당함으로 주님이 주시는 지혜를 따라 하나
님께 영광을 돌리는 삶을 기억하게 하옵소서.

잠 2장	**지혜가 주는 유익**
묵상	하나님의 지혜와 우리의 행위
key word	2:2 네 귀를 2:5 하나님을 알게 되리니 2:7 행실이 온전한 자 2:16 음녀 2:21 완전한 자
message	음란한 여인의 유혹에 빠진 자의 비참한 파멸을 예로 들어 지혜가 인생에 얼마나 선한 영향과 유익한 결과를 가져다주는지를 교훈한다.

갈 1장	**사도로서 바울의 권위**
묵상	하나님께 영광 돌림
key word	1:2 갈라디아 1:14 조상의 전통 1:18 게바를 방문하려고 1:22 얼굴로는 알지 못하고
message	사도 바울은 하나님으로부터 친히 받은 자신의 사도권을 보호한다. 그리고 갈라디아서를 기록한 목적으로서 율법주의에 깊이 물든 거짓 교사들의 왜곡된 가르침으로부터 복음을 바로 세우고, 자신의 체험을 들어 믿음으로 구원 얻는 진리를 가르치고 있다.

말씀 연결(잠 2장; 갈 1장)_지혜와 영광

▶**일러두기**

갈라디아는 북쪽으로는 비두니아와 본도, 남쪽으로는 루가오니아, 동쪽으로는 갑바도기아, 서쪽으로는 아시아 주에 둘러싸인 소아시아의 한 주이다 본래 독립 국가를 이루고 있으나 로마가 점령한 후 소아시아의 남부 지역인 루가오니아와 브루기아, 비시디아 등을 포함시켜서 갈라디아도로 재편하였다. 이 지역에 속한 대표적 도시로는 디베, 루스드라, 이고니온 등이 있다.

16
Mar

생명의 길

출애굽기 27장 | 요한복음 6장 | 잠언 3장 | 갈라디아서 2장

출 27장 **번제단과 성막 뜰 제작 양식**

묵상 날과 시간을 통한 생명의 길

key word 27:1 제단 27:3 불 옮기는 그릇 27:9 백 규빗의 세마포 휘장 27:12 서쪽에
너비 쉰 규빗 27:16 뜰 문

message 하나님께서 성막 제사에서 가장 핵심 되는 성물, 즉 번제단의 제작
양식을 알려주신다. 이에 더하여 번제단이 놓일 성막 뜰의 울타리 규,
등대에 사용할 등유 제조법과 사용법을 말씀하신다.

요 6장 **생명의 떡이신 그리스도**

묵상 생명의 양식

key word 6:1 디베랴 6:7 데나리온 6:10 수가 오천 명쯤 6:19 십여 리 6:23 축사하
신 6:24 가버나움 6:27 썩을 양식 6:29 하나님의 일 6:31 만나 6:51 살
6:53 인자의 살, 인자의 피 6:59 회당에서 가르치실 6:70 마귀

message 본 장의 전반부는 오병이어의 기적에 관한 내용이고, 후반부는 자신
을 생명의 떡으로 드러내신 예수의 교훈이 언급되고 있다. 이는 예수
께서 자신이 하늘로부터 온 생명의 떡이며, 영생을 주시기 위해 장차
살과 피를 희생하게 될 대속의 제물임을 가르치신 것이다.

말씀 연결(출 27장; 요 6장)_생명의 길과 양식

▶**말씀기도**

주님은 이 땅의 유일한 생명이시며, 오직 그리스도로 말미암아 구원을 얻을 수 있으며 하나님
의 아들을 믿는 믿음으로 살아가기를 소원합니다.

154

잠 3장	**지혜가 주는 복**
묵상	마음을 다하여 하나님을 신뢰함
key word	3:3 네 목에 매며 3:24 네 잠이 달리로다 3:27 마땅히 받을 자 3:32 교통하심이 있으며 3:33 악인의 집 3:34 겸손한 자 3:35 영달함
message	저자는 '내 아들아'라는 자상한 호칭을 사용하여 지혜가 주는 정신적 보상과 물질적 축복을 상기시킨다. 반면 이런 복된 결과를 주는 지혜를 저버리는 자가 당하게 될 비극에 대해서도 가르친다.

갈 2장	**믿음으로 의롭게 되는 구원의 도리**
묵상	하나님께 영광 돌림
key word	2:1 십사 년 후에 2:8 야고보 2:11 책망하였노라 2:16 의롭게 되는 것 2:19 율법으로 말미암아
message	사도 바울은 모교회인 예루살렘 교회에서 자신을 사도로 인정한 사실과 자신이 베드로를 책망했던 사실을 언급함으로써 자신의 위상이 베드로의 위상과 결코 차이나지 않음을 밝힌다. 나아가 바울 사도는 이신칭의 교리를 설명함으로써 당시 거짓 교사들의 주장을 반박한다.

말씀 연결(잠 3장; 갈 2장)_마음을 다한 믿음

▶**일러두기**

갈라디아서 2장 3절의 할례는 문자적으로 '둘레를 자르다'라는 뜻으로 남성 성기의 포피를 자르는 종교 의식이다. 구속사가 구약의 선민에서 세계 만민으로 확정된 신약 시대에 할례는 시효가 종료된 이방인이 기독교로 개종하기 위한 필수 조건으로 간주되었다. 할례는 초대교회에서 많은 논란을 거듭하다가 예루살렘 공회에서 공식 폐지되었다.

17
Mar

영광을 위한 삶

출애굽기 28장 | 요한복음 7장 | 잠언 4장 | 갈라디아서 3장

출 28장 **대제사장의 의복 규례**

묵상 　거룩한 옷을 통한 영광

key word 　28:3 마음에 지혜 있는 모든 자　28:6 에봇　28:7 어깨받이　28:8 에봇 위
　　　　　에 매는 띠　28:9 이스라엘 아들들의 이름　28:15 판결 흉패　28:16 두 겹
　　　　　28:21 보석들은

message 　성막에서 직접 제사를 집행할 제사장의 복장에 대해 말씀하신다.

요 7장 **성전에서 가르치시는 예수**

묵상 　하나님의 영광을 구함

key word 　7:6 내 때　7:7 세상　7:12 미혹한다　7:19 율법　7:22 할례　7:35 헬라인

message 　친형제들까지 예수를 불신하는 내용이 나오고 계속되는 유대인들의
　　　　　배척과 음모 그리고 이에 대응하여 예수께서 자신을 하나님의 아들
　　　　　로 드러내시는 장면과 생수의 강에 대한 교훈으로 가르치신 내용이
　　　　　언급되어 있다.

말씀 연결(출 28장; 요 7장)_영광

▶**말씀기도**

우리는 세속적 옷을 벗고 예수 그리스도의 옷을 입고 하나님의 영광을 위한 삶과 지혜를 품은
믿음으로 살아가기를 기도합니다.

잠 4장   **바른 길과 그릇된 길**

묵상   빛나는 의인의 길

key word   4:17 불의의 떡   4:18 돋는 햇살   4:23 마음   4:25 네 눈꺼풀은

message   지혜의 중요성을 상기시키면서 지혜자와 악인의 길을 비교하여 지혜
가 주는 유익이 어떤 것인지를 분명히 깨닫게 한다.

갈 3장   **율법과 믿음**

묵상   믿음으로 말미암는 삶

key word   3:2 성령을 받을 것   3:10 저주 아래에 있는 자   3:11 의인은 믿음으로 살리
라   3:14 성령의 약속   3:19 범법하므로

message   바울은 갈라디아 교회의 무분별한 신앙을 질타하고 복음과 율법의
상관관계를 설명한다. 바울은 아브라함의 믿음을 통하여 이신칭의의
신앙을 가르치고, 율법의 저주적 기능과 복음의 축복적 기능을 대조
하며, 율법과 약속의 관계성 및 율법의 긍정적 역할에 관해 가르친다.
이는 초대교회에 만연된 율법주의를 타파하고 믿음으로 구원에 이르
는 복음을 온전히 세우기 위함이었다.

말씀 연결(잠 4장; 갈 3장)_의인의 길과 삶

▶**일러두기**

신약 시대의 유교적 분파(요 7:32)는 첫째, 바리새인으로서 그것은 '분리된 자'라는 뜻을 가지
고 있다. 당시 가장 큰 종교 및 사회 세력으로 율법 준수에 철저했다. 둘째, 사두개인은 대제사
장 사독의 이름에서 유래했다. 제사장 산헤드린 회원 등 종교, 정치적 귀족들과 그 추종 세력으
로 이루어진 폐쇄적인 집단이다. 하나님의 인격성을 무시하고 현실주의를 추구했다. 셋째, 열심
당은 선민사상에 투철하고 민족주의적 성향을 가진 일종의 비밀 당파, 마사다 전투에서 몰살할
때까지 유혈운동을 벌였다. 넷째, 에세네 파는 철저한 금욕 생활과 사회로부터 격리된 공동체
생활을 했다.

18 Mar 말씀 안에 거함

출애굽기 29장 | 요한복음 8장 | 잠언 5장 | 갈라디아서 4장

출 29장	**제사장 위임식과 일상의 직무**
묵상	제사장 위임식을 명하심
key word	29:2 무교병 29:7 관유 29:9 위임하여 29:14 속죄제니라 29:17 각을 뜨고 29:18 향기로운 냄새 29:22 위임식의 숫양 29:4 요제 28:28 거제물 28:29 아론의 성의 29:30 이레 동안 29:40 에바 29:41 소제
message	하나님은 이제 제사장의 위임식에 관한 법도를 제절해주신다. 의복만 입는다고 제사장이 아니라 절차와 법도에 따라 위임을 받아야 하는 것이다. 즉 제사장은 거룩한 예복을 입고 속죄제, 번제, 화목제의 절차를 거쳐 제사장으로서의 자격을 인정받는 것이다.

요 8장	**세상의 빛이신 예수**
묵상	진리인 말씀 안에서 자유함
key word	8:6 예수를 시험함이러라 8:7 죄 없는 8:15 판단하나 8:26 참되시네 8:32 진리 8:41 음란 8:48 사마리아 사람 8:49 공경함이거늘
message	간음 중에 잡힌 여인에 관한 기사가 언급되고, 바리새인과의 진리 논쟁, 자신의 부활 승천에 관한 예고, 하나님의 자녀와 마귀의 자녀에 대한 비교 등이 언급된다. 예수께서는 자신을 세상의 죄악을 밝히는 진리와 구원의 참 빛이시며 자신으로 말미암아 구원에 이르게 됨을 가르치셨다.

말씀 연결(출 29장; 요 8장)_위임식과 진리

▶**말씀기도**
말씀이신 예수 그리스도 안에 거하면 그 아들과 함께 그리스도를 말미암아 참된 자유를 주시고 주님 안에서 참 자유를 누리며 살아가게 하옵소서.

잠 5장	**음녀에게 마음을 쏟지 말라**
묵상	들어야 할 지혜의 말씀
key word	5:3 음녀의 입술 5:14 많은 무리들이 모인 중에서 5:15 네 우물에서 5:16 집 밖으로
message	본 장에서부터 실제 사례들을 들어가면서 지혜의 소중함을 가르친다. 특히 본장에서는 성(性) 문제와 관련하여 음행의 실체, 음행을 피할 것, 음행을 막는 비결을 알려준다.

갈 4장	**복음 안에서 상속자 된 성도**
묵상	그리스도의 형상을 이룸
key word	4:5 아들의 명분 4:13 육체의 약함 4:19 형상을 이루기까지 4:23 육체를 따라 났고 4:25 하갈 4:27 산고를 모르는 자
message	복음과 율법을 비교하고 율법주의로 돌아가려는 것이 얼마나 위험한지를 지적한다. 하나님의 구속사 안에서 율법과 복음은 서로 충돌하지 않는다. 복음의 요체인 예수를 증거하는 두 계시로서 율법은 후견인인 역할을, 복음은 상속자의 역할을 한다.

말씀 연결(잠 5장; 갈 4장)_말씀과 형상

▶**일러두기**

'예수의 은혜를 입은 여성들'(요 8:1-11)이란 예수님의 은혜를 입은 대표적인 여성들이 있다. 죽은 아들의 소생을 체험한 나인 성 과부, 값비싼 향유로 예수의 발을 씻긴 어떤 창녀, 죄사함을 입은 간음한 여인, 나사로의 자매들 곧 마리아와 마르다, 귀신들려 구부러진 허리를 고침 받은 18년 된 병자 등이다.

19
Mar

향기로운 향

출애굽기 30장 | 요한복음 9장 | 잠언 6장 | 갈라디아서 5장

출 30장	**분향단, 물두멍 양식과 관유 및 향 제조법**
묵상	거룩한 향
key word	30:2 길이, 너비, 높이 30:9 다른 향 30:12 생명의 속전 30:13 세겔 30:18 물두멍 30:32 사람의 몸에 붓지 말며 30:35 소금을 쳐서 30:38 맡으려고
message	분향단의 양식, 정결례에 사용되는 물두멍의 규례, 그리고 분향단에 사용되는 향 제조법 등이 소개된다. 하지만 이 모든 것은 이스라엘 백성이 감사함으로 드리는 생명의 속전으로 충당되어야 한다.

요 9장	**소경을 치유하신 예수**
묵상	하나님의 뜻대로 행함
key word	9:7 실로암 9:11 예수라 하는 그 사람 9:22 출교 9:38 절하는지라 9:39 심판하러
message	세상의 빛으로 오신 예수는 날 때부터 소경 된 사람을 고치신다. 하지만 여전히 영적인 소경 상태에 있는 바리새인들은 예수께로부터 병고침 받은 자를 심문하여 예수를 해칠 기회를 찾는다. 예수께서는 소경을 고치시는 이적을 통해 자신이 생명을 주는 빛이시며 세상의 구세주 되심을 증거 하신다.

말씀 연결(출 30장; 요 9장)_거룩과 행함

▶**말씀기도**

우리는 과연 어떤 향기를 내고 있는지, 우리는 그리스도의 향기이며 성령의 열매로 향기를 나타내는 성도이기를 위해 기도합니다.

잠 6장	**게으른 자에 대한 경고**
묵상	듣고 행할 말씀
key word	6:1 담보하며 6:11 군사 같이 6:12 불량하고 악한 자 6:23 등불 6:26 6:26 음녀 6:27-28 불, 숯불
message	실제 생활 가운데서 적용할 수 있는 지혜의 사례들을 소개하고 있다. 즉 재정 보증, 게으름, 하나님이 미워하시는 것들, 음행과 관련하여 지혜로운 자의 올바른 처신법을 가르친다.

갈 5장	**성령 안에서 새로워진 삶**
묵상	성령을 따라 행함
key word	5:2 할례를 받으면 5:6 사랑으로써 역사하는 5:17 소욕 5:22 양선
message	바울은 그리스도로 말미암아 얻은 자유를 지킬 것과 오직 믿음으로 자유를 얻고 사랑으로 그것을 지켜나가는 그리스도인의 실천 원리를 가르친다. 나아가 육체의 일과 영적인 일을 비교하여 참 자유를 얻은 자는 성령 안에서 거룩한 생활을 누리게 됨을 강조한다.

말씀 연결(잠 6장; 갈 5장)_말씀 따라

▶일러두기

하나님께서는 매일 아침과 저녁에 회막문에서 어린 양을 희생 제물로 드리라고 명하셨다. 왜일까? 구약 시대에는 하나님께서 회막에서 자신의 백성을 만나 그들의 경배를 받고 그들에게 말씀하셨기 때문이다. 그러므로 날마다 드리는 희생 제사는 이스라엘 백성을 하나님 앞으로 이끄는 역할을 하였다. 그 결과 이스라엘 백성들은 하나님께서 자신들의 하나님이 되시고, 또한 자신들 가운데 임재하고 계신다는 놀라운 사실을 체험할 수 있었다.

20
Mar

짐을 서로 짊어짐
출애굽기 31장 | 요한복음 10장 | 잠언 7장 | 갈라디아서 6장

출 31장 **회막 제작의 일꾼들**

묵상 　부르심과 지혜 주심

key word 　31:6 오홀리압 31:13 나의 안식일 31:15 큰 안식일 31:18 증거판 돌

message 　하나님께서는 지금까지 계시하신 회막과 각종 성물들을 제작할 정교
　　　　　한 일꾼들을 하나님께서 친히 선택하여 임명하신다. 하나님께서 브
　　　　　살렐과 오홀리압을 주역으로 삼고 지혜로운 자들을 선택하여 그들에
　　　　　게 회막 기물 제작에 필요한 지혜와 능력을 부여하셨다. 하나님의 거
　　　　　룩한 사업은 하나님의 주권적인 개입과 그분이 주시는 지혜와 능력
　　　　　으로 가능하다.

요 10장 **선한 목자 되신 예수**

묵상 　목숨을 버림

key word 　10:3 양의 이름을 각각 불러 10:7 나의 양의 문이라 10:12 삯꾼 10:16 다
　　　　　른 양들 10:19 유대인

message 　양과 목자의 관계를 비유로 설명하면서 자신을 선한 목자로 선포하
　　　　　신다. 그리고 수전절에 예루살렘에서도 자신이 양의 목자 됨과 하나
　　　　　님의 아들 됨을 말씀하신다. 하지만 완악한 무리들은 여전히 예수를
　　　　　배척하고, 예수도 또한 믿는 자들을 찾아 예루살렘을 떠나신다.

말씀 연결(출 31장; 요 10장)_지혜와 목숨

▶**말씀기도**

가정과 교회 주님 나라를 위해 어떤 짐을 지고 있는지를 반문하며 주신 계명에 따라 하나님께
서 부르심에 합당한 삶을 살기를 소원하며 기도합니다.

162

잠 7장	**음녀의 유혹을 경계하라**
묵상	계명을 간직하는 것
key word	7:3 손가락에 매며 7:6 살창 7:10 기생의 옷 7:11 완악하며 7:20 은 주머니
message	어리석고 충동적인 청년이 음녀의 유혹에 빠져 음행에 사로잡히는 모습을 사례로 들어 음녀에게 미혹된 자의 위험성을 실감 있게 교훈한다.

갈 6장	**주 안에서 서로 짐을 지라**
묵상	자기의 일을 살핌
key word	6:2 성취하라 6:7 업신여김 6:8 육체를 위하여 심는 자 6:11 큰 글자 6:17 흔적
message	바울 사도는 믿음으로 참 자유를 얻은 성도의 실천 강령으로서 성도의 나눔과 선행에 관해 가르친다. 율법의 노예에서 벗어난 성도는 주어진 자유를 누리며 자기 만족을 구하는 것에 그쳐서는 안 된다. 오히려 약한 자의 짐을 함께 지고, 하나님의 뜻을 따라 하나님께서 세우신 교회를 하나 되게 세워가는 일에 힘씀으로써 그리스도의 법을 이루어가야 한다.

말씀 연결(잠 7장; 갈 6장)_계명과 일

▶일러두기

요한복음 10장 22절에 나오는 수전절은 '봉헌'이라는 뜻이다. 기원전 164년 유대 마카베오가 수리아 왕 안티오쿠스 에피파네스 군대에 의해 더럽혀진 성전을 정결하게 하고 하나님께 봉헌한 날을 기념하는 절기이다. 유대력 9월 25일부터 8일간 지켜졌다. 수전절의 다른 이름은 '하누카'이다.

21 Mar 하나님의 영광

출애굽기 32장 | 요한복음 11장 | 잠언 8장 | 에베소서 1장

출 32장 **금송아지 숭배**

묵상　　　하나님의 영광을 훼손하는 예배의 변질

key word　32:1 더딤을 보고　32:5 여호와의 절일　32:7 네 백성　32:9 목이 **뻣뻣한** 32:20 마시게　32:25 방자하게　32:29 헌신하게　32:32 주께서 기록하신 책　32:34 보응

message　애굽의 압제와 홍해의 물에서 구원하실 뿐 아니라 언약 백성으로 율법을 주신 하나님을 배신하는 매우 추악한 범죄를 이스라엘 백성이 범하고 만다. 실로 금송아지 숭배는 죄악된 인간의 현주소를 적나라하게 보여준다.

요 11장 **죽은 나사로를 살리신 예수**

묵상　　　믿음으로 보는 하나님의 영광

key word　11:6 이틀을 더 유하시고　11:9 낮이 열두 시간이 아니냐　11:16 디두모 11:20 마르다　11:31 위로하던　11:33 비통히

message　생명의 이적 곧 예수가 죽은 나사로를 살리신 사건이 소개된다. 예수께서 나사로가 병들었다는 소식을 듣고 베다니로 가시는 도중 나사로가 숨을 거두고 말았다. 죽은 지 나흘이 되어서야 베다니에 도착한 예수는 나사로를 살리시고 이로써 부활이요 생명이신 그리스도의 모습을 드러내셨다.

말씀 연결(출 32장; 요 11장)_영광

▶**말씀기도**

가정과 교회 공동체 그리고 하나님 나라를 위해 어떤 짐을 지고 있는지를 생각하게 하시고 주신 계명에 합당한 삶을 살게 하옵소서.

잠 8장	**지혜 예찬**
묵상	여호와를 사랑함
key word	8:4 인자들 8:6 가장 선한 것 8:14 계략 8:22 조화의 시작 8: 27 궁창을 해면에 8:35 나를 얻는 자 8:36 나를 잃는 자
message	참된 생명으로 인도하는 지혜의 위대함을 노래한다. 이를 통해 저자는 생명을 얻는 유일함을 노래한다. 이를 통해 저자는 생명을 얻는 유일한 수단은 지혜를 얻는 것임을 강조한다.

엡 1장	**구속하시는 하나님을 향한 찬양과 감사**
묵상	그리스도 안에서 오는 영광
key word	1:1 에베소서에 있는 1:2 은혜와 평강 1:4 택하사 1:7 그의 피 1:10 통일되게 1:11 기업이 되었으니 1:20 오른편
message	인간의 구원을 위해 사역하시는 하나님을 향한 찬송과 구원의 은혜에 감격하는 바울의 감사 기도로 이루어져 있다.

말씀 연결(잠 8장; 엡 1장)_사랑과 영광

▶일러두기

에베소는 소아시아 서쪽 해안에 위치한 아시아 주 최대 도시이다. 이오니아인이 주류를 이루며 아데미를 숭배했다. 바울은 2차 선교 여행 때 이곳에 교회를 세웠고, 3차 선교 여행 때는 3년 정도 이 교회에서 사역했다. 기원후 431년 3차 종교회의가 개최되어 그리스도의 양성 교리가 확정된 곳이기도 하다.

22 Mar 하나님의 영광(2)

출애굽기 33장 | 요한복음 12장 | 잠언 9장 | 에베소서 2장

출 33장　**이스라엘 백성을 위한 모세의 기도**

묵상　하나님을 대면함

key word　33:9 구름 기둥　33:11 모세와 대면하여　33:12 이름으로도　33:13 주의 백
성으로　33:14 너를 쉬게 하리라　33:19 선한 것

message　금송아지 사건으로 비롯된 비극은 드디어 현실로 나타났다. 하나님
은 이스라엘과 계속해서 동행하기를 거부하신 것이다. 이에 모세는
택한 백성을 영원히 버리지 않으시는 하나님의 거룩한 성품을 의지
하여 하나님께 간절히 기도했다. 그 결과 모세는 하나님께서 동행하
여주실 것을 다시 약속받았을 뿐만 아니라 하나님의 영광까지 보는
응답도 받았다.

요 12장　**예루살렘에 입성하신 예수**

묵상　영광 받으시는 예수

key word　12:2 함께 앉은　12:3 나드　12:13 호산나　12:15 시온　12:16 예수께서 영광
을 얻으신 후　12:18 이 표적 행하심을　12:24 죽으면 많은 열매　12:31 세상
의 임금　12:32 땅에서 들리면　12:38 이사야

message　예수의 발에 향유를 부은 사건, 예루살렘 입성, 죽음에 대한 예고와
부은 사건, 예루살렘 입성, 죽음에 대한 예고와 유대인들의 불신 등은
모두 임박한 십자가 사역을 향해 나아가는 예수의 모습에 초점이 맞
추어져 있다.

말씀 연결(출 33장; 요 12장)_하나님의 영광

▶**말씀기도**

그리스도와 함께 하늘 영광에 참여하게 되며 오직 여호와를 경외함으로 하나님을 대면하고, 하
나님 나라 시민으로 합당한 삶을 살게 하옵소서.

잠 9장	**지혜로운 자와 어리석은 자**
묵상	여호와를 경외함
key word	9:1 일곱 기둥 9:5 와서 9:17 도둑질한 물 9:17 도둑질한
message	지혜와 어리석음을 의인화하여 지혜로운 자와 어리석은 자가 각각 잔치를 베풀고 사람들을 초대하는 비유를 통해 지혜를 따르는 자와 어리석음을 선택하는 자의 운명을 분명히 각인시켜준다.

엡 2장	**은혜를 얻은 구원과 교회의 일치**
묵상	그리스도와 함께한 영광
key word	2:2 세상 풍조 2:3 진노의 자녀 2:14 둘 2:17 오셔서
message	바울은 본격적으로 성도의 구원 문제를 다룬다. 먼저 바울은 구원받기 이전 인간의 타락한 상태를 상기시키면서 아무 자격도 없는 자가 구원을 받은 것은 하나님의 말할 수 없는 은혜 때문임을 가르친다. 후반부에서 바울은 그리스도의 교회 안에서 더는 이방인과 유대인의 구별이 있을 수 없으며 성도는 주 안에서 연합과 일치를 이루어야 한다고 권면한다.

말씀 연결(잠 9장; 엡 2장)_여호와의 영광

▶**일러두기**

사람에게 나타나신 하나님을 어떻게 이해해야 할 것인가? 하나님은 영이시기 때문에 사람이 볼 수 없다. 그러나 때로 하나님은 사람의 눈으로 볼 수 있는 형상으로 나타나셨는데 그것을 신학 용어로 '하나님의 현현'이라고 한다. 여기에 하나님이 직접 혹은 여호와의 천사 형태로 나타나신다.

23
Mar
하나님의 복

출애굽기 34장 | 요한복음 13장 | 잠언 10장 | 에베소서 3장

출 34장	**두 번째 십계명판 전수와 율법 갱신**
묵상	하나님의 이름을 선포하심
key word	34:2 내게 보이되 34:6 여호와라 34:14 질투 34:19 첫 태생은 다 내 것 34:20 나귀의 첫 새끼는 34:22 칠칠절 34:33 수건으로
message	이스라엘과의 관계를 회복하신 하나님은 후속조치로 십계명 돌판을 새롭게 주시고, 언약을 재확인시켜 주셨다. 물론 첫 번 것과 내용이 다른 것은 아니었다. 인간이 범죄함으로 하나님과의 언약을 깨뜨렸지만 하나님은 당신의 백성과 맺은 언약을 변하지 않으시고 여전히 그 언약을 주도해 가신다.

요 13장	**사랑의 새 계명**
묵상	사람이 되신 예수
key word	13:10 목욕 13:14 옳으니라 13:16 보냄을 받은 자가 13:18 발꿈치를 들었다 13:23 의지하여 13:33 작은 자 13:34 새 계명 13:35 사랑
message	예수께서는 제자들의 발을 씻기심으로써 겸손과 섬김의 도를 가르치시며 서로 사랑하라는 새 계명을 주신다. 그런데도 예수를 배반하려는 가룟 유다의 계획은 구체적인 행동으로 옮겨지고 있다. 이런 가운데 베드로가 예수를 부인하게 될 것이라는 예고가 주어진다.

말씀 연결(출 34장; 요 13장)_하나님과 사람

▶말씀기도

여호와를 하나님으로 섬기며 예수 그리스도의 복음을 받은 우리는 이미 복을 누리고 있음을 기억하고 사랑 안에 거하는 삶을 살기를 소원합니다.

168

잠 10장	**의인과 악인의 특성**
묵상	여호와의 복의 특징
key word	10:8 입이 미련한 자 10:10 눈짓하는 자 10:13 지혜 없는 10:18 미움을 감추는 자 10:26 이에 식초
message	의인과 악인의 마음 상태, 행동, 언어, 습관 등이 대구를 이루면서 대조된다는 것이 특징이다.

엡 3장	**교회의 신비와 교회를 위한 기도**
묵상	넘치도록 하시는 하나님의 복
key word	3:2 경륜 3:6 이는 이방인들이 3:8 지극히 3:16 속사람 3:18 지식에 넘치는 3:19 너비와
message	바울은 이방인과 유대인의 머리이신 그리스도 안에서 서로 한 몸을 이루는 교회의 놀라운 일치와 연합의 비밀에 대해 가르치면서 하나님의 섭리와 경륜이 드러난 교회가 하나님의 은혜 가운데 든든히 서가기를 간절히 기도한다.

말씀 연결(잠 10장; 엡 3장)_여호와의 복

▶**일러두기**

신약 시대 유월절에 모인 유대인들의 수에 대해 고대 요세푸스에 의하면 당시 유월절 절기를 지키기 위해 희생된 양의 수가 무려 25만 6,500마리였다고 한다. 양 한 마리에는 약 10명 정도가 한 그룹이 되어 예식을 치렀다고 한다. 이는 계산에 따르면 당시 유월절에 예루살렘에 올라온 유대인의 수는 상상을 초월할 정도로 많았음을 알 수 있다.

부르심

출애굽기 35장 | 요한복음 14장 | 잠언 11장 | 에베소서 4장

출 35장   **성막 건축에 필요한 재료와 기술자들**

묵상   성막 제작으로 부르심

key word   35:5 마음에 원하는 자   35:9 호마노   35:10 마음이 지혜로운 자   35:12 증거궤   35:26 마음에 감동을 받아   35:32 고안하게

message   본격적으로 성막 건축을 준비하는 내용이다. 성막 건축에 소용될 각종 재료는 백성들이 자원하여 바쳤고, 성막 건축에 동원되는 일꾼들은 하나님으로부터 지혜와 은사를 받았다. 이처럼 하나님의 거룩한 사역은 인간적인 열심히 이루어지는 것이 아니라 하나님의 후원과 인도하심으로 이루어진다.

요 14장   **제자들을 위로하시는 예수**

묵상   예수에게로 부르심

key word   14:2 거할 곳   14:6 내가 곧 길이요 진리요 생명이니   14:12 그보다 큰 일도 하리니   14:13 구하든지   14:16 보혜사   14:22 가룟인 아닌 유다   14:25 이 말   14:27 평안

message   예수께서는 임박한 십자가 죽음을 앞두고 전해주신 다락방 강화에서 근심하지 말라고 하신다. 그리고 자신이 길이요 진리요 생명임을 밝히시고 보혜사 성령을 보내주실 것과 하늘의 평안을 약속하신다.

말씀 연결(출 35장; 요 14장)_부르심

▶**말씀기도**

그리스도의 선물의 분량대로 부르셨음을 기억하고 그 부르심에 합당한 삶을 살기를 소원합니다.

잠 11장	**이웃에게 의를 베풀라**
묵상	정직으로 부르심
key word	11:1 속이는 저울 11:13 한담하는 자 11:14 지략 11:22 돼지 코에 금고리 11:29 소득은 바람이라
message	이웃에게 의를 행하며 선하게 살라는 교훈을 주고 있다. 동시에 이웃에게 의를 베푸는 자가 누릴 상급과 축복에 대해서도 언급함으로써 하나님이 인정하시는 아름다운 인생의 가치를 알게 한다.

엡 4장	**교회의 일치와 성도의 새 생활**
묵상	부르심에 합당한 삶
key word	4:4 몸이 하나 4:11 복음을 전하는 자 4:14 어린 아이 4:17 허망한 것 4:22 욕심 4:24 새 사람 4:27 마귀
message	바울은 성도의 연합과 일치, 그 이유에 대해 교훈하면서 구원받고 변화된 성도는 옛사람을 벗고 새사람으로서의 삶을 살아야 할 것을 권면한다.

말씀 연결(잠 11장; 엡 4장)_부르심

▶일러두기

잠언 11장 13절은 이웃에 대한 의무와 관련된 말씀이다. 첫째, 이웃을 속이지 말 것. 둘째, 이웃에게 신실하게 행할 것. 셋째, 이웃에게 자비와 긍휼을 베풀 것. 넷째, 이웃과 더불어 화평을 도모할 것. 다섯째, 이웃에게 좋은 친구가 될 것이다.

남음, 열매

출애굽기 36장 | 요한복음 15장 | 잠언 12장 | 에베소서 5장

출 36장	**성막 건축의 시작**

묵상　　　남음이 있는 헌신

key word　　36:1 여호와께서 명하신 대로　36:5 너무 많이 가져오므로　36:7 재료가…
넉넉하여

message　　마침내 시작된 성역은 하나님께서 모세에게 보이신 성막의 규례대로
일점일획도 틀림없이 실행되었다. 하나님의 일은 하나님이 명하신
바에 전적으로 순종하고 그분이 주시는 능력에 절대 의지할 때 가장
이상적으로 성취될 수 있다.

요 15장	**참포도나무 되신 예수**

묵상　　　예수 안에 거함으로 맺은 열매

key word　　15:1 참포도나무　15:24 아무도 못한 일　15:25 응하게 하려　15:26 아버지
께로부터

message　　예수와 성도 사이의 연합을 강조하는 포도나무 비유와 성도가 하나
되어야 한다는 교훈이 언급된다. 그리고 세상의 미움을 받게 될 때
성도는 상황에 낙심하지 말고 믿음을 잃지 말 것을 권면하고 있다.

말씀 연결(출 36장; 요 15장)_헌신과 열매

▶**말씀기도**

그리스도 예수 안에 있을 때 그의 부요함으로 우리의 것이 되며, 그리스도 안에서 남음이 있는
삶을 살기를 소원합니다.

잠 12장	**의인의 삶과 악인의 삶**
묵상	부지런함
key word	12:1 훈계 12:4 어진 여인 12:9 비천히 12:12 그 뿌리로 12:14 보록에 족하며 12:21 앙화 12:23 지식을 감추어도
message	의로운 자의 삶과 악인의 삶을 대조하면서 의로운 자의 아름다운 삶과 그 입으로 맺는 아름다운 열매를 소개한다. 특히 후반부에는 언어 생활의 중요성이 강조된다.

엡 5장	**빛의 자녀답게 살라**
묵상	사랑 가운데 행함
key word	5:2 향기로운 제물 5:12 은밀히 행하는 것들 5:14 잠자는 자여 5:16 세월을 아끼라 5:25 남편들아 5:26 물로 씻어 5:32 이 비밀
message	구습을 버리고 새 사람을 입으라고 권면한 바울은 빛이신 하나님의 자녀들을 향해 어둠에 속한 더러운 욕망을 버리고 참된 삶을 살라고 당부한다. 그리고 빛의 자녀답게 살기 위해 이 세상에서 지혜롭게 처신하라고 가르친 뒤 구체적 사례로 부부간의 도리에 대해 교훈한다.

말씀 연결(잠 12장; 엡 5장)_부지런함으로 행함

▶**일러두기**

요한복음 15장에서 "내가 세상을 이기었노라"라고 하신 말씀은 유월절 만찬 석상에서 행하신 예수의 다락방 강화이다. 예수님은 포도나무와 가지를 비유를 들어 자신과 제자들과의 관계를 일깨우신다. 즉 포도나무인 예수님 자신이 그 가지 된 제자들의 삶에 풍성한 열매를 맺게 하시는 생명의 원동력임을 교훈하고 있다.

안팎의 무장

출애굽기 37장 | 요한복음 16장 | 잠언 13장 | 에베소서 6장

출 37장 **성막의 기물들 제작**

묵상　순금으로 밖을 무장

key word　37:16 상 위의 기구　37:17 등잔대　37:23 불 집게와 불 똥 그릇　37:25 분향
할 제단

message　성막의 내부에 안치될 성물 제작에 관한 내용이다. 성막 기물 중 가
장 핵심적인 언약궤, 진설병상, 등대, 분향단 그리고 관유와 거룩한
향 등이 제작된다. 이러한 성막 내부의 기물들은 하나님의 임재와 예
수 그리스도를 예표하고 상징하는 기물들이다. 곧 구약 계시의 궁극
적인 지향점은 바로 오실 메시야에 있음을 보여 준다.

요 16장 **보혜사 성령의 사역**

묵상　성령으로 안을 무장

key word　16:8 책망하시리라　16:11 이 세상 임금이　16:13 그가 스스로 말하지 않고
16:20 곡하고　16:32 흩어지고　16:33 환난

message　임박한 십자가 수난을 앞두고 예수께서는 제자들을 위로하기 위해
보혜사 성령에 대해 다시 약속하시고, 십자가 사역이 해산의 고통과
같을 것이지만 십자가 죽음 이후에는 부활의 기쁨과 소망이 있을 것
이라고 가르치신다. 그리고 장차 올 박해에 담대한 신앙으로 이겨낼
것을 당부한다.

말씀 연결(출 37장; 요 16장)_순금과 성령으로 무장

▶**말씀기도**

정금같은 믿음으로 바깥을 그리고 성령으로 안을 무장함으로 오늘도 주님이 승리하신 세상에
서 승리를 쟁취하며 살아가기를 소원합니다.

잠 13장	**훈계에 귀 기울이라**
묵상	훈계를 들음
key word	13:7 스스로 부한 체하여도 13:17 충성된 사신은 13:20 지혜로운 자와 13:24 근실히
message	지혜로운 자의 말에 귀를 기울일 줄 아는 의로운 자의 또 다른 특징에 대해 교훈한다. 악인의 반대되는 특징도 함께 지적하고 있다.

엡 6장	**하나님의 전신갑주**
묵상	전신갑주의 무장
key word	6:11 전신갑주 6:20 쇠사슬에 매인 사신 6:21 두기고 6:22 위로하기 위하여
message	부모와 자녀 간, 주인과 종 사이에 지켜야 할 도리를 말한 뒤 영적 전쟁에서 빛의 자녀가 승리하는 비결을 제시하고, 마지막으로 믿음의 동역자들에게 두루 문안하면서 에베소서를 마감한다.

말씀 연결(잠 13장; 엡 6장)_들음과 무장

▶일러두기

출애굽기 37장 5절의 '채를 궤 양쪽 고리에 꿰어'는 법궤의 금고리에는 항상 채가 꿰어져 있어서 이동할 때마다 새로 채를 꿸 필요가 없었다. 이는 법궤를 이동하는 중에도 거룩한 성물에 손을 대지 않기 위함이었는데 성물에 손을 대는 자는 하나님의 진노로 죽임을 당했다. 진설병 상이나 분향단, 번제단 등의 다른 성물들도 고리에 채가 꿰어진 채 보관되었다.

그리스도의 복음에 합당한 삶

출애굽기 38장 | 요한복음 17장 | 잠언 14장 | 빌립보서 1장

출 38장 **성막 외부의 기물과 울타리**

묵상   명령대로 완수함

key word   38:1 번제단   38:8 회막 문에서 수종드는 여인들   38:9 뜰   38:24 세겔
38:25 계수된 회중   38:26 육십만 삼천오백오십 명   38:29 놋은 칠십 달란
트

message   성막 뜰에 안치될 성물들과 또 성소의 테두리를 결정할 울타리 제작
을 설명하고 있다. 번제단과 그에 딸린 기구들 그리고 물두멍 등이
제작되고 성소와 외부를 구분할 울타리가 제작되었다. 뿐만 아니라
성막 건축에 참여한 일꾼들의 수고에 대해 사소한 내용까지 소개하
고 있다. 이처럼 하나님은 순종과 헌신을 하나하나 영원히 기억하신
다.

요 17장 **대제사장 예수 그리스도의 기도**

묵상   예수님의 기도를 이룸

key word   17:1 영화롭게 하게 17:3 유일하신 17:5 창세전에 내가 17:6 그들은 아버지
의 17:12 멸망의 자식 17:23 온전함을 이루어 17:24 나 있는 곳에

message   예수께서 십자가 사역을 앞두고 마지막 대제사장으로서 백성들을 위
해 성부 하나님께 간곡히 기도하는 내용이다. 예수께서는 자신을 영
화롭게 해달라고 간구한 뒤 제자들이 하나 되고 세상에서 거룩함을
유지할 수 있게 해달라고 간구하신다. 또한 모든 성도들이 그리스도
안에서 연합을 이룰 수 있기를 간구하신다.

말씀 연결(출 38장; 요 17장)_명령과 기도

▶**말씀기도**

그리스도의 복음에 합당한 삶을 살기를 기도하며, 주님이 명령하신 것을 기억하며 주님의 뜻을
이루기에 힘쓰며 삶이기를 기도합니다.

잠 14장	**미련한 자와 지혜로운 자의 행실**
묵상	정직하게 행함
key word	14:4 소의 힘으로 14:5 신실한 증인 14:7 미련한 자 14:9 심상히 여겨도 14:21 이웃을 업신여기는 자 14:28 백성이 많은 것
message	의로운 자와 불의한 자의 개인적 삶과 특성에 대해 가르친 저자는 이를 공동체 차원에서 조명한다. 미련한 자와 지혜로운 자가 국가와 사회에 어떤 영향을 미치는지를 보여주며 동시에 국가의 운명은 사회 구성원이 어떤 존재인가에 따라 좌우됨을 교훈해 준다.

빌 1장	**바울의 감사와 옥중 간증**
묵상	그리스도를 존귀하게 하는 삶
key word	1:6 착한 일 1:8 심장 1:12 복음 전파에 진전 1:13 시위대 1:19 나를 구원에 1:22 육신으로 사는 1:23 떠나서 1:26 너의 자랑
message	바울은 옥중에 있는 자신에게 물심양면으로 후원을 아끼지 않는 빌립보 교인을 향해 감사의 말로 문안하고, 이들을 위해 하나님께 간구하면서 옥중에서도 주님만을 위해 살려는 자신의 거룩한 열정을 전한다.

말씀 연결(잠 14장; 빌 1장)_ 행함과 삶

▶**일러두기**

빌립보서 1장 1절의 빌립보는 마게도냐 주 동쪽에 있는 상업, 무역, 문화의 중심지이다. 알렉산더의 부왕 빌립 2세가 세웠다. 바울의 2차 선교 여행 때 복음을 들은 자색 옷감 장사 루디아의 후원으로 유럽 최초의 교회가 세워진 도시이다.

28
Mar

여호와께 성결

출애굽기 39장 | 요한복음 18장 | 잠언 15장 | 빌립보서 2장

출 39장	**대제사장의 의복 제작과 성막의 완성**
묵상	명령하신대로 함
key word	39:6 호마노 39:8 흉패 39:10 네 줄 보석 39:21 흉패로 39:25 방울 39:30 여호와께 성결 39:38 금 제단
message	성막에서 봉사할 때 대제사장이 착용할 복장이 만들어지고 성막이 완성되었다. 수고한 사람들의 보고에서 살필 수 있듯이 성막 건축은 사람의 생각과 계획이 아니라 온전히 여호와께서 모세에게 명하신 대로, 하나님의 말씀대로 완성되었다. 진정 하나님의 거룩한 일꾼 된 자의 삶의 기준은 하나님의 말씀이어야 한다.

요 18장	**체포된 예수 그리스도**
묵상	주신 잔을 마심
key word	18:1 기드론 18:11 잔 18:12 천부장 18:22 아랫사람 18:24 안나스 18:27 부인하니 18:28 더럽힘 18:30 행악자 18:38 죄
message	겟세마네 동산에서 기도하던 중 체포되신 예수께서 대제사장 산헤드린 공회, 빌라도 법정 등에서 심문 당하시고 십자가형을 언도받는 내용이다. 특히 예수께서는 당신을 모른다는 베드로의 부인과 십자가에 못 박으라고 외치는 유대인들로부터 배신당하는 아픔을 겪어야 했다.

말씀 연결(출 39장; 요 18장)_명령, 주신 잔

▶**말씀기도**

우리는 하나님의 명령대로 행하며, 주님 주신 사명을 온전히 감당하는 그리스도의 마음을 품음으로 여호와께 성결을 이루는 삶이기를 기도합니다.

잠 15장	**부드러운 말과 거친 말**

묵상　　　말에서의 성결

key word　15:4 온순한 혀　15:7 정함이 없는　15:11 스올과 아바돈　15:15 고난 받은 자
　　　　　15:19 게으른 자

message　의로운 자와 불의한 자의 언어생활을 반의대구법 형식으로 소개한
　　　　　다. 저자는 독자들을 향해 하나님이 인정하시는 삶이 무엇인지 생각
　　　　　할 수 있는 여지를 마련해 준다.

빌 2장	**그리스도의 겸손**

묵상　　　그리스도의 마음을 품음

key word　2:8 사람의 모양으로　2:15 흠이 없고　2:17 전제　2:20 너희 사정을 진실히

message　복음을 위해 어떤 고난도 기꺼이 감수했다는 옥중 간증에 이어 바울
　　　　　은 빌립보 교회에 나타나는 분열 조짐을 조심스레 진단하면서 성도
　　　　　의 하나 됨을 당부한다. 이를 위해 바울은 몸소 겸손의 본을 보이신
　　　　　예수 그리스도의 사례를 소개하면서 구원을 완성하기 위해 노력하라
　　　　　고 권면한다. 그리고 자신의 순교에 대비하여 세심하게 일꾼들을 천
　　　　　거한다.

말씀 연결(잠 15장; 빌 2장)_성결과 그리스도의 마음

▶일러두기

빌립보서 2장 25절의 '에바브로디도'는 빌립보 교인들이 옥에 갇힌 바울을 위해 모금한 돈을 바
울에게 전달한 자이다. 병이 들기까지 옥중에서 바울을 도왔고, 몸이 회복된 뒤에는 이 서신을
빌립보 교회에 전달하였다.

29
Mar

다 이룸

출애굽기 40장 | 요한복음 19장 | 잠언 16장 | 빌립보서 3장

출 40장 | **성막 봉헌식과 하나님의 임재**

묵상 | 여호와의 영광이 충만함

key word | 40:2 첫째 달 초하루 40:3 휘장으로 40:17 둘째 해 40:25 불을 켜니
40:36 나아갔고

message | 완성된 성막을 하나님께 봉헌하고 하나님으로부터 최종적으로 인정
받는 내용이다. 하나님의 임재 처소이자 하나님 통치의 상징적인 성
막의 완공과 거룩한 인준은 이스라엘이 명실공히 하나님의 나라요
하나님의 백성이 되었음을 공표하는 것이었다.

요 19장 | **십자가에 달리신 예수 그리스도**

묵상 | 십자가로 다 이루심

key word | 19:1 채찍질 19:12 가이사 19:13 가바다 19:14 유월절 준비일 19:17 골고
다 19:23 깃 19:29 신 포도주 19:38 아리마대 19:39 몰약

message | 예수께서 십자가에 달리시고 장사되는 내용이다. 총독 빌라도의 노
력에도 불구하고 사형선고를 받으신 예수는 골고다 언덕에서 십자가
에 못 박혀 죽으셨다. 이로써 구약성경의 모든 예언을 성취하며 인류
구원의 대사역을 감당하셨다. 이후 예수의 시신은 아리마대 요셉에
의해 무덤에 장사된다.

말씀 연결(출 40장; 요 19장)_충만과 다 이루심

▶**말씀기도**

하나님의 명령하신 대로 행하며, 하나님의 영광을 보며 주신 사명을 감당하며 주께서 부르신
부름의 상을 위해 달려가는 삶이기를 기도합니다.

잠 16장	**인생을 결정하시는 여호와**
묵상	여호와께서 이루심
key word	16:1 마음의 경영은 16:12 보좌가 16:21 입이 선한 자 16:26 고되게 일하는 자 16:27 불량한 자 16:31 백발은 영화의 면류관
message	인생을 좌우하고 결정하는 모든 것이 하나님의 절대 주권에 달려 있음을 교훈한다. 그래서 저자는 이런 절대 주권자이신 하나님께 모든 인생을 맡기도록 권면한다.

빌 3장	**푯대를 향하여 달려간 바울**
묵상	부르신 부름의 상을 향해 달려감
key word	3:3 할례파 3:8 배설물 3:14 푯대 3:20 시민권
message	할례와 율법 준수를 구원 조건으로 내세우는 유대 율법주의를 엄하게 질타하면서 구원은 오직 그리스도를 믿는 믿음으로 가능함을 강하게 훈계한다. 후반부에서는 구원은 율법과 무관하다며 방종하는 도덕 폐기론자들의 잘못된 주장을 지적하면서 바울 자신을 본받는 삶을 살 것을 촉구한다.

말씀 연결(잠 16장; 빌 3장)_이루심과 부르심

▶일러두기

요한복음(19:1) – '채찍질'은 로마 형벌 중 하나이다. 예수께서 빌라도 법정에서 당하신 태형은 로마 형벌 가운데 매우 고통스러운 형벌이었다. 보통 수형자를 기둥에 묶거나 나무에 매달아 놓고 옷을 벗긴 다음 채찍으로 등을 때리는데, 채찍에는 납덩어리나 뾰족한 뼈가 달려 있었다고 한다.

레 1장   **번제에 대한 규례**

묵상   평강을 위한 제사

key word   1:1 회막 1:2 예물 1:3 번제 1:6 가죽 1:14 산비둘기나 집비둘기 1:17 화제

message   희생 짐승을 불에 태워 드리는 번제에 대해 말하는데 이는 자신의 모든 삶을 완전하게 하나님께 드리는 자기희생과 전적인 헌신을 상징한다.

요 20장   **십자가에 달리신 예수 그리스도**

묵상   십자가로 다 이루심

key word   20:15 알고 20:16 랍오니 20:19 평강 20:25 도마

message   예고하신 대로 예수는 사흘 만에 무덤에서 부활하셨다. 그리고 예수께서는 막달라 마리아와 제자들과 도마에게 나타나셔서 자신의 부활을 증거하신다. 이처럼 부활하신 예수는 오늘 우리 성도들의 삶 속에서도 자신의 부활하심을 여전히 증거하고 계신다.

말씀 연결(레 1장; 요 20장)_평강을 위한 선포

▶**말씀기도**

예수께서는 우리에게 평강을 선포하셨으며, 우리는 온전한 예배로 하나님 안에서 평강을 누리며 하나님의 안에 거하는 삶이기를 소원합니다.

잠 17장	**서로 화목하고 정직하라**
묵상	마음의 평강
key word	17:1 마른 떡 17:3 연단 17:11 잔인한 사자 17:19 자기 문을 높이는 자 17:24 눈을 땅 끝에 두느니라
message	대인관계에서 중요한 요소인 화목과 정직에 대해 권면한다. 저자는 지혜로운 자는 정직과 화목을 위해 애쓰는 반면 어리석은 자는 반목과 질서로 분란을 일으키는 특성이 있음을 반의대구법 형식으로 교훈하고 있다.

빌 4장	**주 안에서 기뻐하라**
묵상	기도와 간구를 통한 평강
key word	4:2 유오디아 4:14 내 괴로움에 함께 4:15 마게도냐 4:17 유익하도록 4:21 문안하라 4:22 가이사의 집 사람들
message	빌립보 교회의 일치와 연합에 장애가 되는 두 사람을 지명하면서 부드러운 어조로 화평을 이루도록 노력하라고 당부한다. 그리고 옥중에 있는 자신을 위해 물신양면으로 후원한 데 대해 감사하고 축도와 문안으로 서신을 마감한다.

말씀 연결(잠 17장; 빌 4장)_마음과 기도의 평강

▶**일러두기**

'유대인의 장례식 풍습 및 절차'(요 20:5)는 팔레스타인에서는 시체가 빨리 부패되어서 시체를 당일에 안장하되 많은 향료와 향품을 넣어 값비싼 수의를 입혀 무덤에 안장한다.

31 Mar 사랑

레위기 2-3장 | 요한복음 21장 | 잠언 18장 | 골로새서 1장

레 2-3장　소제와 화목제에 대한 규례

묵상　하나님을 위한 사랑(향기로운 냄새 제사)

key word　2:1 소제　2:4 화덕　2:5 철판　2:11 누룩　2:13 소금　2:15 이는 소제니라　3:5 번제물 위　3:9 미골　3:13 아론의 자손　3:16 모든 기름

message　2장의 소제는 희생 짐승의 피 없이 드리는 제사로서 주로 곡물을 수확한 후 감사 제사로 드렸다. 따라서 소제는 반드시 피 제사와 함께 드려야 했다. 이런 사실은 피 흘림이 없이는 사함이 없다는 중요한 대속 원리를 일깨워준다. 3장에서 하나님께서는 이제 사죄의 은총을 입은 사람이 하나님의 은혜에 감사하며, 하나님과 신령한 교제를 나누는 화목제사의 규례를 일러주신다. 이 제사는 아무런 조건이 없이 자발적으로 드리는 제사인데, 이는 예수 그리스도를 통한 하나님과의 화해를 예시한다.

요 21장　부활을 증거하신 예수

묵상　예수님을 향한 사랑

key word　21:2 다른 제자 둘　21:8 오십 칸쯤　21:11 백쉰세 마리　21:15 내 어린 양을 먹이라　21:16 사랑하는　21:22 내가 올 때까지

message　예수께서는 제자들을 만나 친교를 나누시고 자신을 세 번이나 부인했던 베드로에게 찾아오셔서 사랑을 확인하고 사명감을 불어 넣어주셨다. 이런 모습에서 우리는 예수께서는 사랑의 끈을 결코 놓지 않으실 뿐더러 사랑하는 자들을 통해 끊임없이 사명을 감당하게 하신다는 사실을 알 수 있다.

말씀 연결(레 2-3장; 요 21장)_주님을 위한 사랑

▶말씀기도
하나님을 사랑하고 자신을 흠 없는 산제사로 드리며, 제자로서의 사명으로 교회에 덕을 세우는 삶이기를 기도합니다.

잠 18장	**화목을 이루라**
묵상	사랑으로 행하는 삶에서 취할 것과 버릴 것
key word	18:1 무리에게 스스로 갈라지는 자 18:9 가상칠언 18:12 겸손은 존귀의 앞 잡이니라 18:16 선물 18:17 상대자가 와서 18:19 노엽게
message	사회생활에서 추구해야 할 덕목 중 하나인 화목한 삶에 대해 가르친다. 저자는 올바른 인간관계를 유지하기 위한 지혜로운 행동 즉 친구와의 우정이나 친절을 권면하면서 이기주의나 분파주의를 경계하도록 가르친다.

골 1장	**만물의 으뜸이신 그리스도**
묵상	교회의, 교회를 향한 사랑
key word	1:1 형제 1:7 에바브라 1:15 모든 피조물보다 먼저 나신 이 1:18 근본 1:19 충만 1:25 직분
message	바울은 골로새 교회를 향해 감사와 간구를 하고, 곧장 그리스도의 신성과 구속 사역에 대해 교훈한 뒤 이 일을 위해 자신이 이방인의 사도로 부름 받았다는 사실을 밝힌다.

말씀 연결(잠 18장; 골 1장)_행함과 사랑

▶**일러두기**

가정과 관련된 잠언이다. 근면하게 생활하는 것(18:9), 부모는 자녀를 바르게 교육시킬 것 (22:6; 23:13), 자녀는 부모의 훈계에 귀 기울일 것(1:8; 15:5), 아내는 지혜롭고 현숙할 것(14:1; 31:10-31), 자녀들 앞에서 의로운 선조들이 되도록 노력할 것(20:7) 등이다.

죄 사함

레위기 4장 | 시편 1- 2편 | 잠언 19장 | 골로새서 2장

레 4장	**속죄제에 대한 규례**
묵상	제사장을 통한 속죄
key word	4:11 수송아지의 가죽 4:12 정결한 곳 4:14 회중은 수송아지를 4:21 첫 번 수송아지 4:25 번제단 뿔들에 바르고 4:28 흠 없는 암염소
message	하나님께 죄를 범한 사람은 예외없이 반드시 드려야 하는 속죄제 규례에 대해 신분에 따라 상세하게 소개하고 있다. 이는 죄 문제가 지위고하를 막론하고 반드시 해결되어야 할 절체절명의 인생 과제임을 깨닫게 하는 동시에 죄를 사할 수 있는 분은 율법을 완성하신 예수 그리스도밖에 없음을 보여준다.

시 1-2편	**복 있는 사람과 하나님이 세우신 왕**
묵상	복의 근원 예수님
key word	1:1 복 있는 사람은 1:3 시냇가에 심은 나무 2:2 기름 부은 자 2:6 시온 2:7 아들 2:8 유업 2:9 철장으로
message	1편은 시편 전체의 서론이자 인간이 행복하게 되는 길과 불행의 원인이 무엇인지 밝혀주는 시이다. 그리고 2편은 메시야 예언시로 궁극적인 대상은 영원히 쇠하지 않는 영원한 왕국의 주인 되시는 메시야이다.

말씀 연결(레 4장; 시 1-2편)_속죄와 복의 근원

▶**말씀기도**
흠 없는 영원한 제사장으로 우리의 죄를 사하시기 위해 십자가에서 죽으시고 부활하신 예수님만이 우리의 모든 죄를 사하시는 분이심을 믿습니다.

잠 19장	**온유하라**
묵상	허물을 용서함
key word	19:2 지식 없는 소원 19:9 거짓 증인은 19:11 허물을 용서하는 거 19:14 슬기로운 19:16 자기의 행실을 삼가지 아니하는 자 19:21 사람의 마음에는
message	원만한 인간관계를 위해 갖추어야 할 온유한 성품의 유익들을 교훈한다. 그리고 자녀 훈계 의무를 게을리하지 말라는 권면이 잇따른다.

골 2장	**그리스도 안에서 행하라**
묵상	하나님의 비밀인 그리스도를 통한 죄 사함
key word	2:1 라오디게아 2:11 그리스도의 할례 2:16 먹고 마시는 거 2:23 자의적 숭배
message	골로새 교인을 사랑하는 자신의 애타는 심정을 밝히면서 그리스도를 본받아 살도록 당부한다. 이어 골로새에 만연한 세상 철학, 율법주의, 천사 숭배 그리고 금욕주의 등의 허상을 신랄하게 비판하면서 헛된 사상에 빠지지 않도록 조심하라고 권면한다.

말씀 연결(잠 19장; 골 2장)_용서와 사함

▶**일러두기**

레위기 4-5장에서는 신분별 속죄제 제물 품목을 알려준다.

대제사장은 수송아지, 회중 전체는 수송아지, 족장은 숫염소, 평민은 암염소(어린양 암컷), 가난한 자는 산비둘기(집비둘기 새끼), 극빈자는 고운 가루 에바 10분의 1을 드렸다.

각종 부정에 대한 처리

레위기 5장 | 시편 3-4편 | 잠언 20장 | 골로새서 3장

레 5장 **속죄제의 부가적인 규칙과 속건제 규례**

묵상 각종 부정의 처리

key word 5:3 사람의 부정 5:6 속죄제 5:11 고운 가루 5:15 여호와 성물

message 속죄제를 드려야 할 다양한 경우를 제시한다. 아울러 속죄제와 성격은 유사하나 사람에게 죄를 지은 자를 위한 민사상 사죄의 성격을 지닌 속건제 규례가 나타난다. 그러나 속건제 역시 배상의 의무와 함께 반드시 하나님께 속죄가 요구된다는 사실을 통해 비록 사람에게 범한 잘못일지라도 궁극적으로는 그것이 하나님 앞에서 범한 죄가 된다는 사실을 보여준다.

시 3-4편 **고난 중에 부르짖는 간구와 신뢰와 기쁨**

묵상 구원은 여호와께 있음

key word 3:3 방패 3:4 성산 4:1 의 4:2 인생들 4:5 의의 제사

message 3편은 다윗이 압살롬의 반역을 피해 도주할 때 비탄한 심정을 담은 노래이다. 시인은 탄식 중에도 신앙이 더욱 확고해졌던 사실을 노래한다. 4편에서는 '저녁의 기도'라고 불리는 탄원시이다. 시인은 비록 고난을 만났지만 오히려 하나님이 주시는 신령한 기쁨과 평안을 누릴 수 있었음을 찬양한다.

말씀 연결(레 5장; 시 3-4편)_부정과 구원

▶**말씀기도**

각종 부정에 대한 해결을 위해 예수 그리스도의 죄 사함을 의지하며, 예수 그리스도 안에서 모든 죄 사함의 은총을 받아 누리는 삶이기를 소원합니다.

잠 20장	**하나님 앞에서 온전한 삶**

묵상　　　여호와를 기다림과 기다리는 자의 삶

key word　20:1 포도주　20:4 가을에　20:8 그의 눈으로　20:13 눈을 뜨라　20:21 처음에 속히 잡은 산업　20:24 사람의 걸음은　20:26 타작하는 바퀴

message　바른 삶을 살기 위해 요구되는 온유한 성품의 유익에 대해 가르친 저자는 하나님 앞에 온전한 삶이 무엇인지를 가르친다. 이를 위해 원수를 하나님께 맡기고, 그분의 절대 주권에 전적으로 복종하라는 등의 교훈이 언급된다.

골 3장	**옛 사람을 버리고 새 사람을 입으라**

묵상　　　구원받은 자의 삶

key word　3:5 땅에 있는 지체　3:11 야만인　3:14 온전하게 매는 띠　3:15 주장하게　3:16 시와 찬송과 신령한 노래　3:21 노엽게

message　바울은 그리스도 안에서 새사람이 된 성도의 올바른 생활 원리를 제시하면서 구체적 사례로 부부 간, 부자 간, 주종의 바른 생활 규범을 가르친다.

말씀 연결(잠 20장; 골 3장)_기다림과 구원의 삶

▶일러두기

속건제(레 5:15)는 하나님의 성물이나 하나님의 영광을 훼손했을 때 또는 이웃의 재산에 피해를 끼쳤을 때 드리는 제사이다. 하나님께 희생 제물로 숫양을 드리되 이웃에 대해서는 피해액에 5분의 1을 추가하여 지불했다.

3
Apr
꺼지지 않아야 할 것

레위기 6장 | 시편 5-6편 | 잠언 21장 | 골로새서 4장

레 6장 **속건제 규례와 각 제사의 부속 규례**

묵상 | 제단의 불
key word | 6:10 세마포 긴 옷 6:12 제단 위의 불 6:15 기념물 6:20 기름 부음을 받는
| 날 6:26 제사장이
message | 속건제의 세부 규례들이 계속되고 있다. 그리고 번제, 소제, 속건제의
| 세부 지침들이 소개된다. 주목할 만한 것은 이 규례들이 제사장들의
| 정결 문제, 드려진 제물의 올바른 처리법 등 하나같이 제사장과 관련
| 되어 있다는 점이다. 하나님 앞에서 제사장의 위치가 얼마나 중요한
| 지를 보여주는 대목이다.

시 5-6편 **악인에 대한 신판과 징계 받는 자의 호소**

묵상 | 예배와 기도를 통한 여호와를 경외함
key word | 5:3 아침에 5:4 악이 주와 함께 5:9 여린 무덤 5:10 그들을 쫓아내소서
| 6:1 분노 6:3 어느 때까지니이까
message | 5편에서 시인은 악인들에게 둘러싸여 있는 상황에서 하나님의 보호
| 와 악인들에 대한 준엄한 징벌을 요청하면서 하나님을 경외하는 자
| 가 누리는 행복을 노래한다. 그리고 6편에서는 회개에 초점이 맞춰
| 진 참회의 시이다. 시인은 고통과 탄식거리를 내리신 하나님께 긍휼
| 과 자비를 호소한다.

말씀 연결(레 6장; 시 5-6편)_불과 경외

▶**말씀기도**

하나님 앞에서 꺼뜨리지 말아야 할 불은 예배와 기도 그리고 부지런한 삶임을 깨닫고 오늘도
이를 위해 주님 앞으로 나아가는 삶이기를 기도합니다.

잠 21장	**심령을 감찰하시는 하나님**
묵상	부지런함
key word	21:1 봇물 21:6 불려 다니는 안개 21:9 움막 21:13 듣지아니하면 21:18 사악한 자는 21:20 미련한 자는 21:22 지혜로운 자는 21:31 싸울 날을 위하여
message	하나님의 감찰하시는 성품에 대해 가르치시면서 내면의 아름다움을 추구하도록 권면하고, 이렇게 살아가는 자가 누릴 복에 대해서도 상기시킨다.

골 4장	**항상 기도하고 바른말로 권면하라**
묵상	기도
key word	4:3 그리스도의 비밀 4:5 세월을 아끼라 4:14 누가 4:15 눔바 4:17 아킵보
message	먼저 바울은 개인 신앙과 관련하여 기도에 힘쓸 것을 당부하고 불신 세상에서 특별히 유념해야 할 언행에 대해 교훈한다. 마지막으로 서신을 전달할 두기고와 오네시모를 소개하고 여러 동역자들의 안부를 전한 뒤 피차 뜨거운 사랑의 교제를 나누도록 간절히 당부하면서 서신을 마감한다.

말씀 연결(잠 21장; 골 4장)_부지런한 기도

▶일러두기

레위기 6장에서 '제단 위의 불은 항상 피워 꺼지지 않게'라는 대목은 희생 제물 드리는 일을 결코 중단하지 말라는 명령이다. 한편으로 번제단의 최초 불은 제사장 취임식 때 하늘에서 떨어졌으며, 그 후 상번제를 통해 지속되었고, 광야 이동 시에는 불 담는 그릇에 불씨를 넣어 보관하였다.

4

하나님을 향한 믿음의 삶

레위기 7장 | 시편 7-8편 | 잠언 22장 | 데살로니가전서 1장

레 7장 **속건제와 화목제에 대한 규례**

묵상	거룩을 이루는 제사
key word	7:14 거제 7:15 그 날에 먹을 것이요 7:16 서원이나 자원하는 것 7:18 가증한 것 7:33 자기의 소득 7:34 영원한 소득
message	화목제물은 모든 사람이 함께 공동 식사함으로써 절정에 이르게 되는데, 중요한 것은 이것 역시 부정한 자는 참여하지 못하도록 금지되었다는 점이다.

시 7-8편 **매일 분노하신 하나님과 천지를 지으신 하나님**

묵상	영화와 존귀함을 입은 성도
key word	7:6 여호와여 진노로 일어나사 7:7 민족들의 모임 7:11 매일 분노하시는 하나님 8:1 주의 이름이 8:3 주의 손가락 8:4 돌아보시나이까 8:5 하나님보다 조금
message	7편은 다윗이 사울의 추격을 피해 도피 생활하던 때를 배경으로 한 시이다. 시인은 자신의 무죄를 주장하며 만민을 심판하시는 하나님의 공의에 호소한다.

말씀 연결(레 7장; 시 7-8편)_거룩과 영화

▶**말씀기도**

하나님 앞에서 바른 믿음과 거룩한 예배를 이루시고 영화와 존귀로 관을 씌움 받은 이들로서의 자존감과 겸손과 여호와를 경외하는 삶을 살아가기를 소원합니다.

잠 22장	**주의 백성들의 경건 생활**
묵상	재물과 영광과 생명의 삶
key word	22:23 신원 22:28 지계석 22:29 왕 앞에 설 것이요
message	하나님의 자녀들이 마땅히 지켜야 할 경건 생활과 그리고 마땅히 버려야 할 불의한 생활을 교훈하면서 주의 백성을 향해 지혜자의 가르침에 귀 기울이도록 당부한다.

살전 1장	**모범적 신앙을 가진 데살로니가 교회**
묵상	하나님을 향한 믿음의 소문
key word	1:1 데살로니가 1:6 많은 환난 1:7 마게도냐와 아가야 1:8 믿음의 소문 1:9 우상을 버리고
message	이 책은 신앙 연륜이 짧고 심한 박해 중에 있는 데살로니가 교회에 보낸 바울의 서신이다. 바울은 먼저 데살로니가 교인을 향해 문안 인사와 감사의 말을 전하고, 박해 중에도 인내와 믿음으로 좋은 평을 듣는 데살로니가 교인들을 칭찬한다.

말씀 연결(잠 22장; 살전 1장)_생명의 삶과 믿음의 소문

▶**일러두기**

구약의 4대 제사 방법은 첫째, 화제로서 불에 태워서 드리는 제사이며 곧 번제물, 소제물, 화목제물, 속죄제물, 속건제물이다. 둘째, 거제는 위로 높이 들어서 드리는 제사이다. 곧 화목제물의 우편 뒷다리, 처음 익은 소산물, 십일조이다. 셋째, 요제는 앞뒤로 흔들어 드리는 제사이다. 즉 화목제물의 가슴, 처음 익은 땅의 소산물이다. 넷째, 전제는 쏟아 부어서 드리는 제사 곧 포도주, 독주이다.

193

하나님을 기쁘시게 함

레위기 8장 | 시편 9편 | 잠언 23장 | 데살로니가전서 2장

레 8장 | **아론과 아들들의 제사장 위임식**

묵상 | 명령하신 일을 준행함

key word | 8:8 흉패 8:10 관유 8:13 속옷 8:29 모세의 몫 8:33 이레 동안

message | 1주간 동안 계속되는 제세장 위임식을 순서대로 소개한다. 이렇게 복잡하고 까다로운 절차들은 이미 사라져버린 구약 시대의 산물로 폐기된 것이 아니라 왕 같은 제사장인 주의 백성들이 하나님 앞에서 어떤 자세로 살아야 할지 생생한 교훈으로 오늘까지 주어지고 있다.

시 9편 | **공의로 심판하시는 하나님**

묵상 | 주의 모든 일을 전함

key word | 9:4 나의 의 9:11 시온에 계신 여호와 9:13 사망의 문에서 일으키시는 9:14 딸 시온 9:18 궁핍한 자, 가난한 자

message | 다윗의 암몬 족속 정복을 배경으로 한 시로서 악인을 심판하시는 하나님을 노래한다.

말씀 연결(레 8장; 시 9편)_준행과 전함

▶**말씀기도**

사사로운 지혜를 버리고 하나님이 명령하신 것을 순종하며, 하나님께서 하신 일을 전하고 선포하는 자로 살아가기를 소원합니다.

잠 23장	**지혜자가 조심해야 할 일들**
묵상	사사로운 지혜를 버림
key word	23:2 목에 칼을 둘 것이니라 23:5 허무한 것 23:11 구속자 23:12 훈계에 착심하여 23:27 깊은 구덩이 23:28 강도 같이 매복하여 23:29 붉은 눈 23:32 뱀, 독사 23:33 괴이한 것
message	지혜로운 자가 삼가야 할 일들을 다양하게 열거하며 교훈한다. 특별히 신분이 높아지려거나 부자가 되려는 자에 대한 경고와 함께 술, 음란을 금하고 하나님을 경외하며 부모를 공경하라는 교훈이 소개된다.

살전 2장	**데살로니가 사역을 회상하는 바울**
묵상	하나님을 기쁘시게 함
key word	2:2 먼저 빌립보에서 2:9 밤낮으로 일하면서 2:15 쫓아내고 2:16 죄를 항상 채우매 2:18 한번 두 번
message	바울은 자신이 데살로니가에서 복음을 전할 때의 순수한 열정을 회상한다. 그리고 당시에 복음 사역을 훼방했고 여전히 계속되는 유대인들의 악행을 지적하면서 데살로니가 교인을 향한 자신의 사랑을 변하지 않을 것을 고백한다.

말씀 연결(잠 23장; 살전 2장)_지혜를 버림과 기쁘시게 함

▶일러두기

레위기 8장에서 '제사장 위임식'은 원어 '밀루임'에서 '가득 채우다'라는 뜻의 '말루'에서 파생된 말이다.

하나님 앞에서 거룩하고 흠이 없음

레위기 9장 | 시편 10편 | 잠언 24장 | 데살로니가전서 3장

레 9장	**위임받은 제사장들의 첫 제사**

묵상	온전한 제사를 드림
key word	9:3-4 속죄제, 번제, 화목제, 소제물 9:5 온 회중 9:12 아론의 아들들이
	9:17 아침 번제물 9:21 요제로 흔드니
message	1주간 동안 위임식을 거행하고 정식으로 제사장이 된 아론과 구 아들
	들은 이제 공식 업무에 들어간다. 이를 위해 아론은 먼저 자신과 제
	사장들을 위한 속죄제와 번제를 드리고, 이어 백성들을 위한 제사를
	드린다. 직무를 수행하기에 앞서 자신이 먼저 하나님 앞에서 속죄하
	고 정결함을 갖는 것이 선행 조건이었다.

시 10편	**악인의 심판을 호소하는 간구**

묵상	하나님 앞에선 시인의 자아상
key word	10:3 마음의 욕심 10:4 모든 사상에 10:11 얼굴을 가리셨으니 10:12 가난
	한 자 10:17 겸손한 자
message	하나님의 공의가 불신자들에게 무시되는 안타까운 현실에 대한 호소
	와 침묵하시는 하나님께서 마침내 악인들을 심판하실 것이라는 강한
	확신을 노래한다.

말씀 연결(레 9장; 시 10편)_제사와 자아상

▶**말씀기도**

마지막 날 하나님 앞에서 흠 없는 삶을 살기 위해 하나님 앞에 영적 예배를 온전히 드리며, 하나님 앞에서 연약한 존재임을 고백하고, 일곱 번 넘어질지라도 다시 일어서서 주 안에서 굳게 살아갈 수 있기를 기도합니다.

잠 24장	**지혜자의 계속되는 권면**
묵상	다시 일어나는 삶
key word	24:2 강포를 품고 24:11 사망으로 끌려가는 자 24:12 마음을 저울질 하시는 이 24:13 꿀, 송이꿀 24:15 엿보지 말며 24:20 등불 24:26 적당한 말
message	저자는 계속해서 지혜로운 자의 올바른 삶과 경계해야 할 사안에 대해 권면한다. 전반부에는 악인의 형통을 부러워하지 말라는 권면이 나오며 후반부에는 또 다른 지혜자의 사회 정의를 위한 권면이 언급된다.

살전 3장	**바울의 기쁨과 감사**
묵상	주 안에서 굳게 섬
key word	3:1 아덴 3:5 시험하는 자 3:10 믿음이 부족한 것 3:13 성도
message	데살로니가 교회를 재방문하려는 계획이 여의치 않자 바울은 디모데를 데살로니가로 파송하고, 데살로니가에서 돌아온 디모데에게서 반가운 보고를 듣고, 큰 기쁨으로 감사한다. 본장에서는 데살로니가 교회를 향한 바울의 사랑과 애정, 기쁨과 감사가 구구절절 담겨 있다.

말씀 연결(잠 24장; 살전 3장)_일어나는 삶과 일어섬

▶**일러두기**

7일 동안에 걸친 제사장 위임 절차를 모두 마친 아론과 아들들이 최초의 제사 명령을 받고 자신들과 백성들을 위해 각각 제사를 드린다. 말하자면 모세 율법에 근거한 이스라엘 최초의 제사였다. 첫 번째 제사를 완료한 직후 하나님은 영광중에 나타나셔서 이스라엘은 이제 제사 종교를 중심으로 하나님과 실제적인 교제를 나누는 은혜를 누리게 되었다.

7 Apr	# 하나님의 뜻(거룩함)

레위기 10장 | 시편 11-12편 | 잠언 25장 | 데살로니가전서 4장

레 10장　　## 나답과 아비후의 죽음과 제사장 음식에 대한 규례

묵상　　　거룩하고 속된 것을 분별함

key word　10:6 머리를 풀거나 옷을　10:14 흔든 가슴　10:16 속죄제 드린 염소

message　제사장 위임식의 기쁨도 잠시뿐 제사장인 나답과 아비후는 잘못된 제사를 드려 제사 집례 도중에 여호와 앞에서 죽음을 맞게 되고 이로 인해 이스라엘은 큰 슬픔과 공포에 빠져든다. 이에 제사장들에게 금주 명령이 떨어지고, 제사장의 몫에 대한 규례에 따라 드리지 않는 예배는 결코 하나님께서 열납하지 않으시며, 자칫 진노를 자초하게 된다는 교훈을 배우게 된다.

시 11-12편　## 여호와를 의뢰하는 자의 행복과 경건한 자의 탄식과 간구

묵상　　　의로우신 하나님

key word　11:2 악인의 활을　12:1 충실한 자　12:2 아첨하는 입술　12:6 여호와의 말씀

message　11편에서는 악인에게 위협받는 위태한 인생의 탄식과 그에 대한 신앙적 답변으로 구성된 시이다. 그리고 12편에서 의인의 비탄하는 시로 시인은 악이 만연할 때 오직 하나님만이 도울 수 있음을 노래한다.

말씀 연결(레 10장; 시 11-12편)_거룩하시고 의로우신 하나님

▶**말씀기도**

하나님의 뜻인 거룩함을 이루기 위해 예배 가운데 거룩하지 못한 요소를 분별하고, 오직 주님만 바라보며 악한 것을 제하는 삶을 통해 거룩하신 하나님의 자녀로서의 참된 삶을 살기를 소원합니다.

잠 25장	**왕에게 주는 권면과 세상을 살아가는 지혜**
묵상	거룩함의 길(제하는 것)
key word	25:2 일을 숨기는 것 25:9 다투거든 25:20 소다 위에 식초 25:22 핀 숯을 그의 머리에 놓을 것 25:26 우물이 흐려짐
message	히스기야 왕의 신하들에 의해 수집된 솔로몬 왕의 잠언들이 소개된다. 전반부에는 통치자가 갖추어야 할 덕망과 함께 왕이 하나님의 대리자라는 사명감을 상기시키는 내용이 언급되고, 후반부에서는 하나님과 사람들이 갖추어야 할 덕목들이 소개된다.

살전 4장	**주의 재림을 대비하라**
묵상	하나님의 뜻(거룩함)
key word	4:6 신원 4:13 소망 없는 다른 이 4:14 예수 안에서 자는 자
message	데살로니가 교회가 안고 있는 그릇된 종말관에 대해 지적하면서 올바른 재림관을 심어준다. 전반부에서 바울은 주의 재림을 기다리는 성도의 올바른 생활 자세에 대해 교훈하고, 후반부에서는 재림과 죽은 자의 부활에 관한 교리를 가르친다.

말씀 연결(잠 25장; 살전 4장)_거룩함

▶**일러두기**

잠언 25장 14절의 '비 없는 구름'은 강수량이 매우 적은 팔레스타인에서 구름은 농부들에게 큰 소망과 기대를 준다. 하지만 구름만 보일 뿐 비를 내리지 않는 구름도 있어 실망감을 안겨주는 경우도 허다하다. 따라서 비 없는 구름이란 '기대를 저버리는 사람'을 일컫는다.

레 11-12장 **부정의 규정과 산모의 정결 규례**

묵상   부정함에서 거룩함으로

key word   11:3 쪽발 11:5 사반 11:8 주검도 만지지 말라 11:10 움직이는 11:24 저녁
            11:25 옷을 빨지니 11:29 땅에 기는 길짐승 11:34 먹을 만한 축축한 식물
            12:2 부정하리니 12:5 두 이레

message   11장에서 하나님은 이스라엘 백성들이 먹을 수 있는 짐승과 먹지 말
            아야 할 짐승에 대한 기준을 마련해 주신다. 이 기준은 단순히 식용
            의 기준이 아니라 부정한 생활에서 떠나 항상 정결한 삶을 살라는 하
            나님의 거룩한 당부요 규례이다. 그리고 12장에서는 산혈로 몸이 더
            렵혀진 산모의 정결 규례이다.

시 13-14편 **하나님의 도우심의 간구와 어리석은 자**

묵상   어리석음

key word   13:3 사망의 잠을 잘까 13:6 은덕을 베푸심 14:4 내 백성을 먹으면서 14:5
            거기서

message   13편에서는 역경 중에 처한 인간이 하나님께 간구함으로써 소망 중
            에 거하게 되는 신앙적 승리를 노래한 시이다. 그리고 14편에서는 시
            편 53편과 거의 유사하며, 시인은 무신론자들의 어리석음을 노래하
            고 있다.

말씀 연결(레 11-12장; 시 13-14편)_부정과 어리석음

▶**말씀기도**

우리의 삶에서 부정을 제거하고 하나님의 거룩하심으로 말씀과 같이 거룩한 삶을 살기를 소원
합니다.

잠 26장	**미련한 자를 경계하라**
묵상	삶의 부정한 태도
key word	26:1 미련한 자 26:2 참새가 떠도는 것과 제비가 날아가는 것 26:17 개의 귀를 잡는 26:25 일곱 가지 가증한 것
message	세상을 살아가는 지혜를 가르친다. 특별히 미련한 자의 특징 즉 게으름, 미움, 헐뜯음, 거짓, 다툼, 속임 등의 악한 행동을 경계하도록 권면한다.

살전 5장	**종말을 기다리는 성도의 삶**
묵상	부정의 태도에서 거룩한 삶으로의 전환
key word	5:1 때와 시기 5:5 빛의 아들 5:8 호심경을 붙이고 5:14 게으른 5:19 성령을 소멸하지 말며 5:23 영과 혼과 몸이 5:24 미쁘시니 5:26 거룩하게 입맞춤
message	재림이 갑작스럽게 이루어지기 때문에 성도는 세상과 하나님 앞에서 항상 깨어 경청하는 삶을 살아야 하는데 그러한 삶이 어떤 것인지를 세세하게 권면한다. 그리고 마지막으로 종말의 때를 살아가는 성도들을 위해 뜨거운 간구와 문안 인사로 서신을 마감한다.

말씀 연결(잠 26장; 살전 5장)_부정한 삶 거룩한 삶

▶일러두기

지혜로운 자가 세상에서 경계해야 할 자들에 관해 언급하고 있다. 먼저 미련한 자를 경계해야 한다. 미련한 자의 행위는 악한 영향을 주기 때문에 그의 어리석음을 책망하고 단호히 경계해야 한다. 특히 미련한 자는 하나님을 무시하고 자기 뜻대로 행하기 때문에 그에게 영예를 주는 것은 큰 잘못이다.

하나님 나라에 합당한 삶, 진찰(관찰하다, 살피다)

레위기 13장 | 시편 15-16편 | 잠언 27장 | 데살로니가후서 1장

레 13장   **나병과 의복 및 가죽에 발생한 나병 판별법**

묵상   정함과 부정함을 진단하는 규례

key word   13:2 나병 13:6 피부병 13:10 생살 13:18 종기 13:20 얕고 13:29 수염에
화부가 있으면 13:39 부유스름하면 13:51 악성 나병

message   하나님께서는 이제 나병 식별 기준을 상세하게 지시하신다. 이 규례
는 행여 부정함을 입은 자가 하나님의 거룩함을 훼손하고 거룩한 언
약 공동체를 부정하게 만들까 하여 그렇게 하지 못하도록 하려는 조
치였다. 죄의 오염성과 그 결과의 치명성을 놓고 볼 때 아주 작고 사
소한 부정이라도 결코 용납해서는 안 된다는 교훈을 발견한다.

시 15-16편   **주의 성산에 거할 자, 나의 유일한 복이신 여호와**

묵상   삶의 진찰

key word   15:1 주의 장막 15:2 정직하게 16:2 주는 나의 주님이시오니 16:4 피의 전
제

message   15편에는 예배하는 자의 노래로서 성소에 나아갈 자는 하나님을 사
랑하고 또 이웃을 사랑해야 함을 강조한다. 그리고 16편에서는 오직
여호와 하나님만이 자신의 유일한 복이요 의지가 되심을 노래한 신
앙 고백적 찬미이다.

말씀 연결(레 13장; 시 15-16편)_정함과 부정함의 진찰

▶**말씀기도**

우리의 삶은 어떻게 진찰할 수 있을까? 하나님이 주시는 영적 분별력으로 하나님 나라에 합당
한 자로 여김을 받는 삶을 살아가기를 기도합니다.

잠 27장	**사랑과 우정**

묵상　　　부지런히 살핌

key word　27:5 면책은 숨은 사랑보다 27:14 축복하면 27:17 사람이

message　저자는 대인 관계에서 특별히 중요한 요소 즉 사랑과 우정에 대해 가
　　　　르친다. 그중에서도 주목할 만한 것은 그릇된 행동에 대해서 우정 어
　　　　린 충고를 하되 잘못된 칭찬은 경계할 것을 권면하는 부분이다.

살후 1장	**박해와 하나님의 공의로운 심판**

묵상　　　하나님 나라에 합당한 자

key word　1:1 실루아노 디모데 1:3 믿음이 1:5 하나님의 공의로운 심판의 표요

message　바울은 이전에 자상한 부성애로 데살로니가 교회를 권면하였으나 잘
　　　　못된 재림관에 젖어 있던 데살로니가 교인들은 이런 바울의 권면을
　　　　이해하지 못하고 귀담아 듣지도 않았다. 그래서 바울은 엄격한 훈계
　　　　조로 다시 서신을 보낸다. 본 장은 바울의 문안 인사와 환난 중에도
　　　　믿음을 지키는 데살로니가 교인을 향한 칭찬, 종말에 데살로니가 교
　　　　인들이 받을 상급과 함께 교회를 박해하는 자들에게 임할 심판이 언
　　　　급된다.

말씀 연결(잠 27장; 살후 1장)_부지런과 합당한 자

▶일러두기

신체 부위별 나병 판별법을 보면, 첫째 증상으로 종처에 색점이 돋고, 둘째는 증상으로 화상 부
위가 붉고 색점이 우묵하고 부위의 털이 희며, 셋째는 증상으로 모발에 환부가 생기고, 환부가
우묵하고 털이 누렇고, 넷째는 증상으로 피부에 흰점이 발생하면 나병이 아닌 어루러기이다.

10 정결함

Apr

레위기 14장 | 시편 17편 | 잠언 28장 | 데살로니가후서 2장

레 14장	**나병자의 정결법과 가옥에 발생한 나병 규례**
묵상	정결함을 이루는 법
key word	14:4 정결한 새 14:5 흐르는 물 14:10 여덟째 날 14:12 속건제 14:23 결례 14:29 머리에 발라 14:32 힘이 미치지 못하는 자 14:34 어떤 집에 나병 색점 14:38 집을 이레 동안 14:46 그 집을 폐쇄한 날
message	나병에서 회복된 자는 반드시 제사장의 집례하에 정결례를 치러야 했다. 제사장이 1차로 진영 밖에 나가서 그리고 2차로 안의 성막에서 정결례를 행한 뒤에 비로소 나병환자는 정결함을 인정받을 수 있었다. 철저하고 까다로운 이 나병 정결 규례를 통해 죄악은 모양이라도 철저히 배격하시는 하나님의 준엄하신 성품을 발견하게 된다.

시 17편	**하나님의 보호를 구하는 기도**
묵상	흠 없는 삶
key word	17:2 주의 눈으로 공평함을 살피소서 17:8 눈동자 17:10 기름에 잠겼으며 17:15 깰 때
message	대적들의 도전에 맞서 있던 시인이 대적들로부터 벗어나고자 하나님께 간구하는 시이다.

말씀 연결(레 14장; 시 17편)_정결과 흠 없는 삶

▶**말씀기도**

우리의 삶이 어떤 정결을 이루고 있는가를 돌아보며, 공동체의 정결과 개인의 삶 그리고 무엇보다도 영혼의 정결을 유지하기 위해 기도합니다.

잠 28장	**통치자의 규범**
묵상	죄를 자복함
key word	28:2 죄 28:3 가난한 자 28:8 중한 변리 28:12 득의 하면 28:16 장수하리라 28:21 사람의 낯을 보아 주는 것 28:26 자기의 마음
message	본 장은 통치자의 책임을 강조하면서 동시에 의인과 악인의 대조적인 삶을 반의대구법 형식으로 비교하고 의로운 삶으로 초대하는 형식으로 이루어져 있다.

살후 2장	**재림의 징조와 재림에 대한 소망**
묵상	하나님의 택하심으로 거룩하게 하심
key word	2:4 하나님의 성전에 앉아 2:7 불법의 비밀 2:8 입의 기운 2:15 말
message	이제 바울은 데살로니가후서의 주제로 들어가 주의 재림 전에 나타날 징조들을 알려준다. 재림 전에는 적그리스도가 나타나지만 결국에는 이들이 최후의 심판을 맞게 될 것을 상기시킨다.

말씀 연결(잠 28장; 살후 2장)_자복과 거룩

▶**일러두기**

나병자는 첫째 상징물로서 정결한 새 두 마리 중 한 마리는 죽이고 한 마리는 들판으로 날려 보냈다. 죽임당한 새는 나병자의 부정함을 대속하기 위한 희생 제물의 의미이고, 들판으로 날려 보내진 새는 나병자가 병과 부정함에서 해방되어 자유롭게 된 것을 상징한다. 둘째 상징물로서 백향목은 죽음을 극복한 생명의 능력을 상징한다. 셋째 상징물인 홍색실은 회복된 혈색 혹은 활기찬 생명의 신선함을 상징한다. 넷째 상징물은 우슬초로서 나병자가 병의 악취로부터 고침 받았음을 상징한다.

부정의 처리

레위기 15장 | 시편 18편 | 잠언 29장 | 데살로니가후서 3장

레 15장	**각종 유출병과 정결법**
묵상	부정에서 떠남
key word	15:5 저녁 15:6 유출병 15:13 이레를 센 후 15:14 여덟째 날 15:30 속죄제로
message	하나님께서는 남자의 설정으로 인한 부정과 정결법, 여자의 월경으로 인한 부정과 정결법에 대해 지시하신다. 하나님께서는 이런 인간의 자연스러운 생리 현상까지도 의식적 부정으로 규정함으로써 택한 백성들이 새 생명의 근원이요 출발점인 성생활에서부터 정결을 유지하고, 나아가 하나님의 창조 섭리를 온전히 이루어나가기를 원하셨던 것이다.

시 18편	**나의 힘이 되신 여호와**
묵상	죄악에서 자신을 지킴
key word	18:1 나의 힘이신 여호와 18:4 사망의 줄이 18:7 산들의 터 18:15 콧김 18:19 넓은 곳 18:23 완전하여 18:29 담을 뛰어넘나이다 18:33 암사슴 발 같게 18:36 걸음을 넓게 하셨고 18:39 띠 띠우사
message	힘과 기쁨과 감격의 기운이 넘치는 이 시는 사무엘 22장 내용과 같이 하는 다윗의 승전가이다.

말씀 연결(레 15장; 시 18편)_부정과 죄악

▶**말씀기도**

하나님의 말씀에 순종하고, 자신을 지키며 모든 일에 믿음으로 부정을 처리하고 나아가는 삶이기를 기도합니다.

잠 29장	**통치자의 책무**
묵상	율법을 지킴으로 부정을 처리함
key word	29:1 목이 곧은 사람 29:9 지혜로운 자와 29:13 포악한 자 29:14 가난한 자를 성실히 신원함 29:26 주권자
message	본 장에서는 통치자의 책무를 상기시키면서 통치자가 하나님의 공의를 세울 때 나라가 안정되고 번영한다는 것을 가르친다. 이런 지혜자의 교훈은 시대와 민족을 초월하여 모든 세상 지도자들이 마땅히 명심해야 할 덕목이라고 하겠다.

살후 3장	**재림을 대망하는 자에 대한 권면**
묵상	믿음으로 함
key word	3:2 부당하고 3:8 음식을 값없이 3:9 권리 3:10 누구든지 3:14 부끄럽게 하라 3:17 편지마다 표시로서
message	적그리스도의 출현을 경고한 바울은 이제 하나님을 향해 데살로니가 교인들을 온전히 보존해달라고 간절하게 기도한다. 그리고 재림을 대망하는 데살로니가 교인들을 향해 무위도식하지 말고 규모 있고 성실하게 생활하며 이단을 경계하도록 당부한다. 이런 권면은 오늘날 현대의 성도들을 향한 당부이기도 하다.

말씀 연결(잠 29장; 살후 3장)_율법과 믿음

▶**일러두기**

시편 18편에 나오는 '그룹'은 천상의 존재로 볼 수 있다. 그룹은 하나님의 영광과 거룩을 수호하며 하나님을 호위하는 역할을 한다.

완전하신 여호와의 율법

레위기 16장 | 시편 19편 | 잠언 30장 | 디모데전서 1장

레 16장	**대속죄일 규례**
묵상	각종 명령을 주심
key word	16:2 속죄소 16:4 세마포 속옷 16:8 제비 16:12 향로 16:15 휘장 16:18 여호와 앞 제단 16:20 살아 있는 염소 16:21 안수하여 16:29 일곱째 달 곧 그 달 십일
message	이스라엘 백성들은 범죄하면 제사 규례에 따라 하나님께 나아가 제사를 드림으로 죄사함을 받았다. 하지만 기억하지 못한 채 넘어가는 죄도 있었다. 이를 위해 일 년에 한 차례 대속죄일을 제정하고 대제사장을 비롯한 모든 이스라엘 백성들이 국가적으로 속죄할 수 있는 길을 열어 놓았다. 그것이 대속죄일의 규례이다.

시 19편	**대자연속에 나타난 하나님의 영광**
묵상	하늘의 해와 같은 이 땅의 최고의 율법
key word	19:1 하늘, 궁창 19:3 언어도 19:4 소리 19:8 눈을 밝게
message	하나님의 초월한 영광과 계시 그리고 하나님의 특별 계시인 율법에 대한 찬양시이다.

말씀 연결(레 16장; 시 19편)_명령과 율법

▶**말씀기도**

우리의 삶이 어떤 위치에 있는가를 돌아보며, 모든 삶의 기준으로 주신 말씀은 완전하며 송이꿀보다 더 달고 순전하며 사랑으로 인도함을 믿고 감사를 드립니다.

잠 30장	**아굴의 잠언**
묵상	순전한 말씀
key word	30:1 아굴 30:2 짐승이라 30:9 여호와가 누구냐 30:13 눈꺼풀이 30:15 거머리 30:22 미련한 자가 30:26 사반
message	본 장은 아굴이라는 이름의 지혜자가 자신의 개인적 체험을 통해 깨달은 하나님에 관한 지식을 가르쳐주는 전반부와 일상생활에 유익을 주는 지혜를 교훈하는 후반부로 구분된다. 특히 후반부에서는 아굴은 인생에서 금해야 할 4대 범죄인 불효, 위선, 교만, 탐욕을 피하도록 권면한다.

딤전 1장	**거짓 교사를 경계하라**
묵상	교훈의 목적
key word	1:4 신화 1:6 헛된 말 1:15 죄인 중에 괴수 1:20 후메내오
message	이 서신은 연소한 에베소 교회의 목회자요, 바울의 제자이자 신실한 동역자인 디모데에게 올바른 목회관을 가르치기 위해 기록되었다. 그중 첫 장인 1장 전반부에서 바울은 그릇된 율법주의에서 비롯된 거짓 사상을 경계하고 율법을 바르게 사용하라고 권면한다. 후반부에서 바울은 죄인 중의 죄인인 자신을 부르시고 사도로 삼아주신 하나님의 은혜를 간증하며 찬양한다.

말씀 연결(잠 30장; 딤전 1장)_말씀과 목적

▶일러두기
디모데전서 1장 1절의 '디모데'는 바울의 1차 선교 여행 때 복음을 들은 루스드라 출신이다. 바울과 동행하며 전도사역을 수행한 신실한 동역자로 고린도, 에베소 교회를 돌보았다.

13

Apr

피가 죄를 속함

레위기 17장 | 시편 20-21편 | 잠언 31장 | 디모데전서 2장

레 17장	**희생제물 잡는 법과 피의 식용 금지**

묵상   피가 죄를 속함

key word   17:5 들에서 잡던   17:7 음란하게 섬기던 숫염소   17:9 끊어지리라   17:13 먹을 만한 짐승   17:15 스스로 죽은 것

message   희생제물을 도살하는 법, 피의 식용 금지와 관련된 제반 규례들이 세밀하게 언급되고 있다.

시 20-21편 **승리를 주시는 하나님께 감사**

묵상   하나님의 구원하심

key word   20:1 환난 날   20:3 소제, 번제   20:6 기름 부음 받은 자   21:2 입술의 요구를 거절   21:4 영원한 장수

message   20편은 전쟁에 임하기에 앞서 하나님께 승리를 간구하는 기원시로서 시문 전체에 긴장감이 넘친다. 21편에서는 전쟁에서 승리를 거둔 후 그 모든 영광을 하나님께 돌리는 개선가이다.

말씀 연결(레 17장; 시 20-21편)_죄, 구원

▶**말씀기도**

우리는 현숙한 삶을 위해 여호와께 예물을 드리며 성소에서 도우시는 하나님을 만나며 여호와를 경외함으로 섬기며 살아가기를 기도합니다.

잠 31장	**르무엘 왕이 받은 잠언**

묵상　　　현숙한 자(속죄함 받은 자의 삶)의 삶

key word　31:5 곤고한　31:8 말 못하는 자와 고독한 자　31:18 밤에 등불을 끄지 아니
　　　　　하며　31:19 솜뭉치　31:21 자색 옷　31:23 성문에 앉으며　31:31 손의 열매

message　르무엘 왕의 어머니의 훈계로서 통치자가 주의해야 할 덕목 즉 정욕,
　　　　　무절제를 경계하라는 내용의 전반부와 현숙한 아내의 특징을 열거하
　　　　　면서 칭송하는 답관체 형식의 후반부로 나누어진다. 특히 저자는 현
　　　　　숙한 아내의 첫 번째 특징인 '여호와 경외'를 언급함으로써 마지막
　　　　　잠언의 대주제를 다시 한번 상기시킨다.

딤전 2장	**거짓 교사를 경계하라**

묵상　　　교훈의 목적

key word　2:1 도고　2:8 거룩한 손　2:9 땋은 머리　2:15 해산함으로

message　바울은 본격적으로 목회 전반에 필요한 지침들을 하나씩 가르친다.
　　　　　또 바울은 공식 예배에서 대중 기도 순서를 맡은 자가 각계각층의 모
　　　　　든 사람을 위해 기도할 것과 여성도들은 절제된 생활로 창조주 하나
　　　　　님이 정하신 교회의 질서를 순종하라고 권면한다.

말씀 연결(잠 31장; 딤전 2장)_현숙과 소원

▶일러두기

잠언 31장 10절의 현숙한 아내는 첫째, 여호와를 경외하는 여자, 둘째, 남편에게 선을 행하고 악
을 행하지 않는 여자, 셋째, 집안일을 보살피며 게으르지 않은 여자를 가리킨다.

14 Apr 거룩하신 하나님과 그의 백성 된 자의 삶

레위기 18장 | 시편 22편 | 전도서 1장 | 디모데전서 3장

레 18장 ## 근친상간 금지와 성 윤리법

묵상   우리의 여호와 하나님

key word   18:6 살붙이 18:17 그 여인의 딸 18:21 몰렉 18:22 남자와 동침하지 말라 18:23 짐승과 교합하여

message   일상사에서 식욕과 함께 성욕은 매우 중요한 부분을 차지한다. 하나님께서는 본 장에서 이스라엘 공동체의 올바른 성생활에 대해 규례를 주신다. 특히 이방인의 악한 성 풍습에 둘러싸여 있던 이스라엘 백성에게 절실하게 요구되었던 이 법은 온갖 타락한 성 문화에 오염된 현대인들 역시도 귀 기울여야 할 중요한 규례라 하겠다.

시 22편 ## 메시야의 고난과 승리

묵상   여호와는 모든 나라의 주제이심

key word   22:1 내 하나님이여 22:6 나는 벌레요 22:7 입술을 비쭉거리고 22:8 구원하실 걸 22:12 바산의 힘센 소 22:17 모든 뼈를 셀 수 있나이다.

message   메시야 예언시로서 장차 이 땅에 임하실 메시야의 고난 당하심과 승리하심을 노래한다.

말씀 연결(레 18장; 시 22편)_우리의 주재이신 여호와

▶**말씀기도**

우리를 구원하신 분은 여호와이심을 믿으며 거룩하신 하나님의 자녀로서 해 아래 새것을 버리고 하나님의 법을 따라 거룩함을 이루는 삶기를 기도합니다.

212

전 1장	**헛되고 헛된 인생**

묵상 해 아래 새 것이 없음

key word 1:2 헛되고 1:8 만물이 피곤하다 1:13 괴로운 것 1:14 바람을 잡으려는 것
1:17 미친 것과 미련한 것들

message 1장은 전도서의 대주제이며 서론격인 '하나님을 떠난 인생의 허무함'
을 히브리어 최상급을 사용하여 강조하고 있다. 전도자는 자신의 인
생 경험을 토대로 하나님을 떠난 인생, 하나님과 무관한 지식과 지혜
의 허탄함을 고백한다.

딤전 3장	**감독과 집사의 자격**

묵상 선한 일을 사모함

key word 3:1 감독 3:8 집사 3:15 너로

message 바울은 교회를 섬기는 직분자들 특히 말씀을 선포하며 교회를 지도
하는 감독과 재정 및 행정을 맡은 집사의 자격을 설명한다. 교회 직
분자들이 세상 사람들로부터도 인정을 받아야 한다는 자격 조건은
오늘날 교회 직분자들도 귀담아 들어야 할 덕목이다.

말씀 연결(전 1장; 딤전 3장)_해 아래 일

▶**일러두기**

전도서 1장 2절의 전도자란 '코헬레트' 즉 '모으다'라는 의미로 회중들을 모으고 진리와 교훈을
베푸는 사람을 가리킨다.

15 Apr

거룩한 삶

레위기 19장 | 시편 23-24편 | 전도서 2장 | 디모데전서 4장

레 19장 **이스라엘 백성의 사회적 규범**

묵상　하나님의 명령임

key word　19:3 경외하고　19:9 다 거두지 말고　19:13 품꾼의 삯을　19:19 다른 종류　19:23 할례 받지 못한 것으로　19:31 신접한 자　19:32 센 머리 앞에서　19:33 거류민

message　이스라엘 백성들이 하나님의 선민으로서 지켜야 할 일상 규범을 지시하신다. 가난한 자를 위한 규범, 재판정에서 지켜야 할 규범, 종을 위한 규범, 농사 관련 규범, 부모에 대한 규범, 나그네나 타국인에 대한 규범 등이 그것이다. 이런 규범들은 '네 이웃을 내 몸같이 사랑하라'는 한마디 대명제로 요약한다.

시 23-24편 **여호와는 나의 목자시며 영광의 왕**

묵상　여호와의 산에 오를 자의 자격

key word　23:1 여호와는 나의 목자　23:2 푸른 풀밭　23:3 의인의 길　24:6 야곱의 하나님의 얼굴

message　23편은 시편 가운데 가장 목가적인 시로서 시인은 하나님의 사랑과 돌봄을 목자의 심경으로 노래한다. 그리고 24편에서는 언약궤를 시온으로 옮길 때 찬양한 영광의 노래이다. 하나님의 시온 입성은 하나님이 이스라엘의 영원한 왕이요, 이스라엘은 그분의 통치를 받는 신정 왕국의 백성이 되었음을 의미한다.

말씀 연결(레 19장; 시 23-24편)_하나님의 명령과 자격

▶**말씀기도**

하나님의 거룩을 이루기 위해 하나님의 명령을 기억하며, 성령께서 말씀하신 바를 귀 기울이고 나가기를 소원합니다.

전 2장 **세상 즐거움의 허무**

묵상 수고한 모든 것이 헛됨

key word 2:1 내가 시험삼아 2:3 내 마음을 지혜로 2:8 왕들이 2:9 창성하여 2:16 지혜자도 우매자와 2:21 어떤 사람은

message 해 아래 살아가는 인생의 허무함을 토로한 전도자는 이런 허탄함을 메우기 위해 육체적 쾌락을 추구하고 또 지혜도 추구해 보았지만 모두가 허망하던 자신의 과거를 고백한다. 그러던 중 전도자는 눈을 들어 하늘의 하나님을 발견하고 하나님께서만 인생의 소망이 있음을 깨닫게 된다.

딤전 4장 **거짓 교사와 예수의 선한 일꾼**

묵상 말씀과 기도로 거룩하여 짐

key word 4:2 양심이 화인을 맞아서 4:3 혼인을 금하고 4:7 망령되고 허탄한 신화 4:12 연소함

message 거짓 교사의 특징을 지적함으로써 이들 거짓 교사들을 경계하도록 가르친다. 후반부는 선한 교훈으로 양육을 받고 경건의 훈련을 쌓으며 언행에 모범적인 주님의 선한 일꾼은 어떤 특징을 갖는지 상기시킨다.

말씀 연결(전 2장; 딤전 4장)_수고와 거룩

▶**일러두기**

레위기 19장은 거룩한 선민 이스라엘이 준수해야 할 기본적인 규례와 사회 활동에 따른 여러 규범들을 제시한다. 진정 거룩하신 하나님을 사랑하고 옆으로는 이웃을 사랑하며 또한 사회에 대해서는 정의와 공평을 실현하게 된다.

여호와의 친밀함과 때를 따라 아름답게 하심

레위기 20장 | 시편 25편 | 전도서 3장 | 디모데전서 5장

레 20장   **우상 숭배 죄와 간음죄 처벌 규정**

묵상   구별하심

key word   20:9 그의 피가 20:19 그들의 죄 20:21 자식이 없으리라 20:22 땅이 너
             희를 토하지 20:24 젖과 꿀이 흐르는 땅

message   하나님께서는 계속해서 우상 숭배의 각종 유형과 그에 대한 처벌 규
             정, 간음 행위의 유형과 그에 대한 처벌 규정을 상세하게 지시하신다.
             그리고 결론으로 가증스런 죄악에서 떠나라고 명령하신다. 우상 숭
             배의 유혹과 음행의 유혹을 이기는 비결은 그 현장에서 즉시 떠나는
             것임을 명심해야 한다.

시 25편   **인도와 구원을 호소하는 노래**

묵상   경외하는 자들에게 함께하심

key word   25:1 영혼이 25:9 온유한 자 25:13 땅 25:15 그물에서 벗어나게 25:16 돌
             이키사

message   대적의 위협에 직면해 있던 시인이 구원은 오직 하나님께 있음을 알
             고 그분께 모든 상황을 의뢰하는 간구의 시이다.

말씀 연결(레 20장; 시 25편)_구별과 경외

▶**말씀기도**

여호와와 친밀한 삶을 위해 여호와의 규례를 지켜 행하며, 구별된 삶을 살고 하나님을 경외하
는 아름다운 삶이기를 소원하며 기도합니다.

전 3장   **천하 범사에 때와 기한이 있다**

묵상   범사에 기한이 있음

key word   3:5 돌을 던져 버릴 때 3:11 때를 따라 아름답게 3:17 의인과 악인을 3:21 인생들의 혼

message   하나님을 통해서만 기쁨이 있음을 발견한 전도자는 이런 하나님께 초점을 맞추어 하나님의 섭리와 경륜을 이해하기 위해 노력하다가 범사에 때와 기한은 하나님의 주권에 달려 있음을 발견하게 된다.

딤전 5장   **성도를 대하는 목회자의 바른 자세**

묵상   권면과 다스림의 자세

key word   5:11 젊은 과부 5:17 장로 5:18 성경에 일렀으되 5:20 범죄한 자들

message   목회자의 자질과 권위에 대해 가르친 바울은 이제 목회자가 각계각층의 다양한 성도들에 대해서 어떤 자세를 취해야 할지를 교훈한다. 남녀노소에 대한 목회자의 자세, 참 과부에 대한 목회 지침, 장로에 대한 목회자의 태도 등으로 구성된다.

말씀 연결(전 3장; 딤전 5장)_범사와 권면

▶**일러두기**

팔레스타인의 우상들을 살펴보면, 몰렉(암몬의 민족신), 바알(가나안의 곡물, 폭풍의 신), 아스다롯(가나안의 다산, 사랑의 신), 그모스(모압의 국가신, 전쟁신), 다곤(블레셋의 국가신, 곡물신), 하늘의 여왕(가나안의 아스다롯과 동일) 등이다.

거룩함과 완전함

17 Apr

레위기 21장 | 시편 26-27편 | 전도서 4장 | 디모데전서 6장

레 21장 | **제사장을 위한 규례**

묵상 | 거룩함을 명함

key word | 21:5 머리털 21:10 관유 21:12 성소에서 21:17 하나님의 음식 21:22 지성물이든지

message | 하나님은 이제 이스라엘 백성을 대표하는 제사장들의 성결한 삶에 대해 알려주신다. 즉 장례식 관련 규례, 자녀들의 결혼과 순결에 관한 규례, 제사장의 신체적 무흠에 관한 규례 등이 그것이다. 이런 세세한 규례들은 하나님 앞에 서는 지도자들이 얼마나 거룩과 성결에 각별한 주의를 기울여야 할지를 교훈하는 것이다.

시 26-27편 | **경건한 신앙인과 여호와로 인한 승리의 확신**

묵상 | 완전함에 행함

key word | 26:3 주의 인자하심 26:6 무죄하므로 손을 씻고 26:12 평탄한 데서 섰사오니 27:1 빛 27:2 내 살을 먹으려고 27:4 여호와의 아름다움 27:5 초막 27:13 산 자들의 땅

message | 26편에서는 오직 하나님 앞에서 완전하기를 힘쓰는 경건과 신앙인의 호소이다. 27편에서는 비탄조의 시로 분류되기도 하나 전체적인 흐름은 하나님으로 인한 구원과 승리의 확신이 넘쳐흐르는 승리의 찬가이다.

말씀 연결(레 21장; 시 26-27편)_명하고 행함

▶말씀기도

여호와 앞에서 완전한 삶을 살기 위해 어떤 상황에도 흔들리지 않고 오직 여호와를 의뢰하며 인내와 온유를 따르는 삶이기를 위해 기도합니다.

전 4장	**인생의 불평등과 권력의 허무함**
묵상	함께함
key word	4:2 복되다 하였으나 4:4 모든 수고와 재주 4:6 두 손에 가득하고 4:12 세 겹 줄은 4:16 후에 오는 자들
message	개인적 차원에서 인생의 허무를 통해 하나님의 절대 주권과 섭리를 발견한 전도자는 이제 눈을 사회로 돌려 세상 권력자의 압제에서 고생하는 사람들과 그 아래에서 이루어지는 모든 불평등, 권세자의 무상한 최후를 보면서 세상 모순에서 오는 허망함을 지적한다.

딤전 6장	**성도들을 위한 여러 권면**
묵상	경건
key word	6:5 경건을 이익의 방도로 생각하는 6:9 멸망 6:11 너 하나님의 사람아 6:12 믿음의 선한 싸움 6:13 선한 증언을 6:19 장래에 6:20 헛된 말
message	바울은 성도들을 향해 믿음 생활에 유익이 되는 교훈들을 권면한다. 바울은 노예 출신 성도를 향해 상전을 더 잘 섬기도록 권고하고, 이단을 경계하고 절제할 것, 믿음의 선한 싸움을 싸울 것, 올바른 물질관을 가질 것을 권면한다.

말씀 연결(전 4장; 딤전 6장)_ 함께함과 경건

▶**일러두기**

디모데전서의 '성경적 물질관'에서 바울은 돈을 사랑하는 것이 모든 악의 뿌리라고 말한다. 이 말은 돈 자체가 악하다는 의미가 아니라 재물에 강한 애착을 가지고 인생의 전부로 삼을 때 물질은 악의 근원이 된다는 말이다.

18 Apr 거룩한 성호

레위기 22장 | 시편 28-29편 | 전도서 5장 | 디모데후서 1장

레 22장   **제물을 먹을 수 있는 자의 자격과 제물**

묵상   거룩한 성호

key word   22:6 저녁까지 부정하니   22:11 제사장이 그의 돈으로   22:12 거제의 성물
22:18 서원제물   22:27 이레 동안   22:28 어미와 새끼

message   하나님께서는 제사장의 몫으로 주어진 성물을 먹을 수 있는 자와 그
렇지 못한 자의 기준을 마련해 주신다. 또 희생제물로 합당하지 못
한 것을 분명하게 일러주심으로써 행여 사람에게조차 필요없는 짐승
을 하나님께 드리는 불경죄를 짓지 않도록 주지시킨다. 만물의 주인
이신 하나님께 가장 좋은 것을 드리는 것이 주를 섬기는 자의 마땅한
자세이다.

시 28-29편   **여호와를 의지하는 자, 대자연을 다스리는 여호와**

묵상   거룩한 성호를 찬양함

key word   28:5 여호와께서 행하신 일   28:7 도움을 얻었도다   28:9 구원하시며   29:1
권능 있는 자   29:3 여호와의 소리   29:6 시론

message   28편은 다윗이 압살롬의 반역을 피해 도주했던 상황을 배경으로 한
시로 어떤 어려움 속에서도 흔들리지 않는 신앙을 보여준다. 29편은
여호와의 위엄과 권능을 찬양한 경배시로서 특히 대자연을 통치하시
는 하나님의 권능을 노래했다는 점에서 시편 19편과 짝을 이룬다.

말씀 연결(레 22장; 시 28-29편)_성호를 찬양

▶**말씀기도**

하나님께서 우리에게 주신 거룩한 성호를 찬양하며, 능력과 사랑과 절제하는 마음으로 살아가
며 주신 사명을 잘 감당할 수 있기를 위해 기도합니다.

전 5장	**형식적인 신앙 자세에 대한 경고**
묵상	선물을 주심
key word	5:1 발을 삼갈지어다 5:8 이상히 여기지 말라 5:12 부자는 그 부요함 때문에 5:13 해가 되도록 5:17 어두운 데에서 먹으며
message	전도자는 이제 관심을 돌려 하나님을 알지만 그릇되게 신앙 생활하는 일련의 자세 즉 잘못된 예배나 기도, 서원에 대해 지적하고 훈계한다. 그리고 후반부에 이르러서는 재물에 탐닉하지 말고 바른 재물관을 갖도록 가르친다.

딤후 1장	**복음과 함께 고난을 받으라**
묵상	은혜와 사명
key word	1:4 네 눈물을 생각하여 1:5 외조모 로이스 1:6 나의 안수함 1:10 예수의 나타나심 1:15 버린 이 일 1:16 오네시보로
message	순교를 앞둔 시점에서 마지막으로 보내진 디모데후서는 목회자 디모데를 사랑하는 노 사도의 애잔한 정이 잘 담겨 있다. 바울은 목회자로서의 성실한 자세를 잃지 않는 디모데를 칭찬하면서 에베소에 만연한 거짓 사상에 대항하여 고난을 각오하고 담대히 맞서도록 격려한 뒤 신변 소식을 전한다.

말씀 연결(전 5장; 딤후 1장)_선물과 은혜와 사명

▶**일러두기**

디모데후서는 서신서 중에서 제일 마지막에 기록된 서신으로서 바울이 2차로 투옥되어 죽음을 눈앞에 둔 상황을 배경으로 기록된 것이다. 바울의 선교 여정에 대한 회고담과 함께 목회자 디모데를 향한 따뜻한 마음이 잘 드러나 있다.

하나님 나라 백성의 즐거움

레위기 23장 | 시편 30편 | 전도서 6장 | 디모데후서 2장

레 23장	**자손대대로 지켜야 할 거룩한 절기**
묵상	성회를 통한 즐거움
key word	23:6 무교절 23:10 곡물의 첫 이삭 한 단 23:13 향기로운 냄새 23:16 오십 일을 계수하여 23:17 누룩을 넣어서 23:24 일곱째 달 23:32 쉴 안식일
message	하나님은 이스라엘 백성들을 향해 대대로 지켜야 할 거룩한 절기를 지시하신다. 안식일, 유월절과 무교절, 초실절, 칠칠절, 초막절 등이 그것이다. 하나님 앞에서 선별된 삶을 살기 위해 제정된 이 규례는 형식은 사라졌지만 오늘날까지도 그 정신은 대대로 이어져야 한다.

시 30편	**슬픔을 기쁨으로 바꾸시는 하나님**
묵상	즐거움을 주시는 하나님
key word	30:1 나를 끌어내사 30:3 스올 30:5 노염은 잠깐 30:7 주의 얼굴을 가리시매 30:11 베옷을 벗기고
message	다윗이 말년에 자신의 지나온 생을 돌아보면서 온갖 고난과 질곡의 현상에서 구원하여 주신 하나님의 은혜를 높이 찬양하는 간증시이다.

말씀 연결(레 23장; 시 30편)_즐거움

▶**말씀기도**

하나님께서 부르시는 일에 즐거이 헌신하며, 하나님이 주실 것들을 즐거움으로 누리는 삶이기를 위해 기도합니다.

전 6장	**하나님을 떠난 인생의 근원적인 허무함**
묵상	누리게 하시는 하나님
key word	6:3 그가 안장되지 못하면 6:8 살아 있는 자들 앞에서 6:9 눈으로 보는 것
message	전도자는 하나님의 은혜를 입지 못하는 인생이 얼마나 허무한가를 다시 한번 강조한다. 이런 인생은 재물도, 자손도, 모든 수고도, 장수도 결국 허무하게 된다는 것이다. 전도자는 그 이유가 바로 하나님을 떠났기 때문이라는 허무의 근원적 원인을 다시 지적한다.

딤후 2장	**그리스도 예수의 좋은 군사**
묵상	하나님 앞에 드려진 일꾼
key word	2:5 승리자의 관 2:7 내가 말하는 것 2:15 옳게 분별하며 2:17 후메내오와 빌레도 2:20 금 그릇과 은 그릇
message	바울은 전도자를 군사, 운동선수, 농부에 비유하면서 전도자가 갖추어야 할 올바른 자세를 교훈한다. 고난의 필연성을 알리면서 승리하는 자가 얻게 될 영광의 면류관을 상기시킨다. 그리고 이단 사설이 난무하는 에베소에서 예수 그리스도의 선한 일꾼이 되도록 당부한다.

말씀 연결(전 6장; 딤후 2장)_누리며 드려진 일꾼

▶**일러두기**

레위기 24장 20절의 '동해보복법은 하나님의 사랑의 법에 배치되는가?' 그렇지 않다. 동해보복법의 근본정신은 지나친 복수를 금지하는데 있으며, 실수로 범죄한 자에게 미칠 가혹한 피해를 막기 위한 자비의 법이다. 훗날 주님은 한 걸음 더 나아가 원수를 갚지 말고 원수를 사랑하며, 원수를 하나님께 맡기라고 가르침으로써 동해보복법을 사랑의 법으로 승화시켰다.

하나님을 바라보는 삶

20 Apr

레위기 24장 | 시편 31편 | 전도서 7장 | 디모데후서 3장

레 24장	**등잔과 진설병 관리법 및 동해보복법**
묵상	등불을 밝히는 삶
key word	24:2 가람을 24:4 순결한 등잔대 24:5 떡 열두 개 24:6 순결한 삶 24:11 모독하며 24:20 상처에는
message	성소의 성물을 바르게 관리하는 규정이 소개된다. 특별히 등잔과 진설병의 바른 관리법이 나타나고 있는데 이 성물들은 다른 성물에 비해 특별한 관리가 요구되었기 때문이다. 뿐만 아니라 하나님은 신성을 훼손한 자에 대한 준엄한 형벌과 함께 대인 관계에서 지나친 보복을 통제하는 동해보복법 규정도 언급된다.

시 31편	**구원의 산성이신 여호와**
묵상	강하고 담대해야 함
key word	31:2 견고한 바위 31:6 허탄한 거짓 31:8 내 발을 넓은 곳에 31:17 부끄럽게 31:19 쌓아 두신 은혜
message	광야 같은 세상에서 승리하고 구원 얻는 유일한 방법은 피난처와 산성 되신 하나님을 절대 의지하고 그분의 보호 아래 머무는 것이라고 노래한다.

말씀 연결(레 24장; 시 31편)_밝히는 삶과 담대함

▶**말씀기도**

주어진 시간 속에서 하나님만 바라며 강하고 담대한 믿음으로 하나님을 찬양하고 사랑으로 살아가는 삶이기를 위해 기도합니다.

전 7장	**지혜로운 인생**
묵상	모든 일에서 벗어남
key word	7:1 좋은 이름 7:5 우매한 자들의 노래 7:6 솥 밑에서 7:7 탐욕 7:16 의인
	7:22 네 마음도 알고 있느니라
message	지금까지 인생의 허무함을 주제로 교훈했던 전도자는 이제 반대로 복된 인생에 대해 가르친다. 복된 인생의 핵심은 지혜에 달려 있는데 이런 점에서 먼저 전도자는 지혜로운 인생의 특징을 논하면서 지혜로운 생활의 다양한 사례들을 제시한다.

딤후 3장	**말세에 나타날 죄악상**
묵상	박해를 받음
key word	3:1 말세 3:6 어리석은 자 3:8 얀네와 얌브레 3:11 안디옥과 이고니온과
	루스드라 3:16 모든 성경
message	복음과 더불어 바울은 디모데를 향해 수많은 죄악이 범람할 말세의 위기 상황을 예고하면서 말씀을 붙들고 말씀으로 무장해야 악한 세상에서 승리한다고 교훈하고 있다.

말씀 연결(전 7장; 딤후 3장)_벗어남과 박해

▶**일러두기**

디모데후서 3장 6절에 나오는 '어리석은 여자'는 영지주의자들의 그릇된 교훈을 듣고 그것을 진리인줄 알고 동조하는 여자를 말한다. '유인하는'이라는 구절은 성적으로 유혹하는 행위로 해석할 수 있다. 영지주의자들 중에는 구원은 율법의 행위가 아니라 믿음으로 받는다는 사실을 악용하여 도덕(율법)폐기론을 주장하고 방종하는 삶을 사는 자들도 있었다고 한다.

왕의 명령

레위기 25장 | 시편 32편 | 전도서 8장 | 디모데후서 4장

레 25장 **안식년과 희년에 관한 규례**

묵상 희년을 통한 자유의 명령

key word 25:15 소출을 얻은 연수 25:23 토지는 다 내 것임이라 25:24 토지 무르기를 25:27 그 남은 값 25:29 성벽 있는 성 내의 가옥 25:32 레위 족속의 성읍 25:46 엄하게 25:48 속량

message 안식년 관리법과 희년 관리법을 소개한다. 이 두 법의 기본 정신은 모든 소유의 원래 주인은 하나님이시며, 하나님의 자비와 긍휼하심을 본받아 이웃에게 사랑을 실천하는 데 있다. 아울러 구약의 안식년과 희년은 신약에서 죄와 사망의 올무에서 자유와 해방의 은총을 베푸사 영원한 하늘 안식을 약속하신 주님의 구원 사역을 예시한다 할 수 있다.

시 32편 **용서받은 자의 행복**

묵상 죄의 자복을 명함

key word 32:1 사함을 받고 32:6 만날 기회 32:9 말, 노새

message 시편 51편과 같이 다윗과 밧세바의 불륜을 배경으로 하는 회개의 시이다. 비록 죄를 범할지라도 진심으로 참회하는 영혼을 용서하시는 하나님을 보여준다.

말씀 연결(레 25장; 시 32편)_자유와 죄의 자복

▶**말씀기도**

우리에게 명하신 자유를 온전히 이루며, 모든 죄를 자복할 뿐만 아니라 주님의 지상 명령인 말씀을 전파하는 삶이기를 소원합니다.

전 8장	**권세에 복종하라**

묵상　　　명령에 대한 태도

key word　8:1 그의 얼굴에 광채가 나게 하시니　8:3 물러가기를 급하게 하지 말며
　　　　　8:9 사람이 사람을 주장하여　8:12-13 경외하는 자　8:17 능히 알아낼 수 없
　　　　　도다

message　지혜를 추구하는 복된 삶과 지혜로운 생활을 교훈한 전도자는 이제
　　　　　본 장에서 세상 통치자에게 복종하고 하나님의 절대 주권을 인정하
　　　　　라고 권면한다.

딤후 4장	**전도자의 사명을 다하라**

묵상　　　엄한 명령

key word　4:10 데마　4:11 마가　4:13 드로아　4:16 처음 변명할 때　4:20 에라스도

message　성도가 당할 고난의 필연성과 고난을 이기는 비결에 대해 가르친 바
　　　　　울은 본 장에 이르러 디모데에게 최선을 다해 복음 전도자로서의 사
　　　　　명을 다하도록 당부하고 평생 일관되게 전도자의 길을 간 자신의 인
　　　　　생을 회상한다. 그리고 마치 죽음을 감지하고 신변을 정리하듯이 주
　　　　　변 인물들을 소개하며, 사적인 당부를 마감한다.

말씀 연결(전 8장; 딤후 4장)_명령

▶**일러두기**

레위기 25장에 나오는 '희년'은 원어 '요벨' 즉 '숫양의 뿔'인데 숫양의 뿔나팔을 불어 희년을 선
포한 데서 유래된 표현이다. 일곱 안식년 다음 해 즉 50년째 되는 해에 지켜졌는데 구체적으로
는 일곱 안식년이 있는 해의 7월 10일 대속죄일부터 1년간 지속 되었다. 희년에는 경작을 멈추
고 토지는 원래 주인에게 환원하였으며, 채무자의 빚은 탕감하고 노예는 해방시켜 주었다.

언약과 계획

레위기 26장 | 시편 33편 | 전도서 9장 | 디도서 1장

레 26장　순종하는 자의 축복과 불순종하는 자의 저주

묵상　　　언약을 기억하시는 하나님

key word　26:8 다섯 이 백　26:10 새 곡식으로　26:13 멍에의 빗장　26:26 열 여인이
　　　　　한 화덕에서　26:33 여러 민족 중에 흩을 것이요　26:34 원수의 땅에 살 동
　　　　　안　26:46 시내 산

message　하나님의 규례에 순종하는 자가 받을 축복과 순종하지 않는 자에게
　　　　　임할 저주의 형벌이 언급된다. 그러나 이 형벌마저도 궁극적으로는
　　　　　불순종하는 자를 징계하사 죄악에서 돌이키기를 원하시는 하나님의
　　　　　사랑의 채찍임을 잊지 말아야 한다.

시 33편　창조주 여호와를 찬양하라

묵상　　　영원한 하나님의 계획

key word　33:2 수금, 비파　33:3 새 노래　33:7 무더기 같이　33:15 마음을 지으시며
　　　　　33:17 구원하는 데에 군마는 헛되며

message　세상을 창조하시고 다스리시는 하나님을 경배하는 찬양시이다. 시인
　　　　　은 창조주 하나님이 위로자요 구원자이시며 인도자가 되심을 노래한
　　　　　다.

말씀 연결(레 26장; 시 33편)_언약과 하나님의 계획

....

....

▶**말씀기도**

하나님은 우리에게 하신 언약에 대해 신실하게 행하시고, 우리는 그분의 변하지 않는 계획을
이루어 드리는 삶을 살기를 원합니다.

전 9장   주 안에서 누리는 행복한 삶

묵상   모두가 하나님의 손 안에 있음

key word 9:2 그 모든 것이 9:7 음식물 9:11 빠른 경주자들이라고 9:13 크게 여긴
          것이 이러하니 9:14 흉벽

message   전도자는 전반부에서 어떤 인생도 비껴갈 수 없는 죽음의 문제를 거
          론하면서 그러나 죽음이 이르기 전까지 세상에서 하나님이 주신 복
          된 삶을 아름답고 즐겁게 살도록 권면한다. 그리고 그 비결은 인생의
          주관자이신 주님을 의지함으로써 가능하다고 가르친다.

딛 1장   장로의 자격과 이단자에 대한 경고

묵상   사람을 세움

key word 1:1 하나님의 종 1:3 자기 때에 1:4 같은 믿음 1:5 그레데 1:7 감독 1:15 아
          무것도 깨끗한 것이 없고

message   디도서는 젊은 목회자 디도에게 목회 지침을 가르칠 목적으로 기록
          되었다. 바울은 교회를 다스리고 지도할 장로의 자격 요건을 말하면
          서 그레데에 만연한 거짓 교사들의 실체를 알려주고 이들 이단을 경
          계하도록 당부한다.

말씀 연결(전 9장; 딛 1장)_하나님 손과 세움

▶일러두기

디도서 1장에 나오는 '디도'는 바울의 복음 사역 초기에 회심한 헬라인이다. 안디옥 교회의 대
표로 예루살렘 총회에 참석하였다. 바울 서신을 고린도 교회에 전달하고 교회 문제를 해결하며,
그레데 교회를 담임하였다. 나중에 달마디아에서 복음 사역에 헌신하였다.

23
Apr

신중함

레위기 27장 | 시편 34편 | 전도서 10장 | 디도서 2장

레 27장   서원 규례와 십일조 규례

묵상
: 값을 정하는 데 있어서 신중함

key word
: 27:2 사람의 값   27:3 성소의 세겔   27:9 예물로   27:16 마지기 수대로
27:25 게라   27:26 가축 중의 처음 난 것   27:32 지팡이 아래로

message
: 하나님께 드리는 각종 헌물의 서원에 대한 규례를 아주 상세하게 기록하고 있다. 어떤 경우에 서원한 것을 드릴 수 있는지를 규정하고 있다. 동시에 십일조 규례도 언급되는데 이는 행여 십일조까지 분별 없이 서원 예물로 드리는 실수를 방지하기 위함이다. 하나님께 드리기로 작정된 십일조는 서원 예물과 구별되어야 하는데 이는 오늘날 헌금 생활에 대한 분명한 잣대가 된다.

시 34편   여호와를 경외하는 자의 권유

묵상
: 여호와를 찾음에서 신중함

key word
: 34:6 곤고한 자   34:8 맛보아 알지어다   34:11 자녀들아 와서   34:13 악에서 금하며   34:20 모든 뼈

message
: 다윗이 사울의 추격을 피해 블레셋인의 땅으로 망명했을 때를 배경으로 한다. 하나님은 모든 인생이 의지할 분이시요, 지금도 당신의 백성을 다정한 사랑과 지극한 관심으로 돌아보고 계신 분이심을 보여 준다.

말씀 연결(레 27장; 시 34편)_값과 찾음에 신중함

▶**말씀기도**

하나님은 우리를 모든 불법에서 속량하시고 우리를 깨끗하게 하심으로 선한 일을 열심히 하는 자기 백성이 되게 하심을 믿고 감사합니다.

전 10장   지혜자와 우매자

묵상   주권자에 대한 신중함

key word   10:1 적은 우매자   10:2 오른쪽, 왼쪽   10:6 부자   10:12 말들   10:15 우매한
자들의 수고   10:16 왕은 어리석고   10:19 돈은 범사에 이용되느니라

message   우매자와 지혜자의 특징을 비교하고 우매자가 잠깐은 번성하는 것
같지만 궁극적으로는 지혜자가 하나님께 인정을 받게 된다는 사실을
상기시킨다. 그러나 이 제반 내용들이 상당 부분이 통치자를 겨냥하
고 있음은 의미심장하다.

딛 2장   성도 양육을 위한 목회자 지침

묵상   선한 일을 하는 하나님의 백성으로서의 신중함

key word   2:9 상전들   2:13 복스러운 소망   2:14 자신을 주심

message   게르데 사람들의 게으르고 악한 특성을 상기시킨 바울은 본격적으로
이들을 어떻게 양육시킬 것인지를 고민하면서 각 계층별로 지침을
제시한다. 그리고 양육의 비법은 교육 등 인간적인 기술이 아니라 오
직 하나님의 충만한 사랑과 은혜를 덧입는 것임을 상기시킨다.

말씀 연결(전 10장; 딛 2장)_주권자와 백성으로서의 신중함

▶**일러두기**

레위기의 희년으로부터 드릴 경우, 보리 한 호멜지기에 은 50세겔, 희년 후부터 드릴 경우, 다음
희년까지 남은 연수를 계산하여 정가에서 감산하고, 토지를 무를 경우, 토지 금액의 5분의 1을
가산되며, 토지를 타인에게 판 경우는, 희년에 제사장 기업이 되며, 토지를 사서 서원한 경우, 해
당 금액을 일시불로 드리고 토지는 희년에 원주인에게 귀속된다.

24
Apr

하나님의 구원하심의 섭리

민수기 1장 | 시편 35편 | 전도서 11장 | 디도서 3장

민 1장   첫 번째 인구조사

묵상	군대의 계수
key word	1:1 둘째 해 둘째 달 첫째 날 1:2 남자의 수 1:3 이십 세 이상 1:4 우두머리 1:19 시내 광야에서 1:20 장자 르우벤 1:50 증거의 장막
message	출애굽한 이스라엘이 약 1년간 머물던 시내 산을 출발하기 전 하나님의 명령으로 인구 조사를 실시하는 장면이다. 이 조사는 광야 여행을 효율적으로 진행하고 군대 체제로 개편해 가나안 정복 전쟁을 효과적으로 수행하기 위해 실시되었다.

시 35편   원수로부터의 구원을 호소

묵상	하나님의 도우심
key word	35:5 바람 앞에 겨 35:8 그물에 자기가 잡히게 하시며 35:13 내 기도가 내 품으로 35:16 이를 갈도다 35:18 내가 대회 중에서 주께 감사하며 35:28 나의 혀가 주의 의를 말하며
message	다윗의 피난 시절을 배경으로 한다. 시인은 원수들에 대한 하나님의 궁극적인 심판을 기원함으로써 자신이 원수를 직접 처단하지 않고 심판주이신 하나님께 맡기고 있다.

말씀 연결(민 1장; 시 35편)_계수와 도우심

▶**말씀기도**

우리는 하나님의 군사로서 자신을 위한 정욕의 싸움을 피하고 의의 기도와 온유함으로 주께 가까이 나아가는 삶이기를 위해 기도합니다.

전 11장	주의 백성에게 요구되는 삶의 지혜

묵상　　　하나님의 섭리

key word　11:1 떡을 던져라　11:2 일곱에게나 여덟에게　11:4 풍세를　11:6 손을 놓지 말라　11:8 캄캄한 날들이　11:9 청년의 날들을

message　전도자는 하나님의 백성이 세상을 사는 동안 지켜야 할 삶의 지혜를 가르친다. 그것은 베푸는 지혜, 기회를 아는 지혜, 인간의 한계를 깨닫는 지혜, 청년들이 마땅히 배워야할 지혜이다.

딛 3장	세상에 대한 성도의 바른 자세

묵상　　　중생의 씻음과 성령의 새롭게 하심으로 인한 구원

key word　3:5 중생의 씻음　3:7 은혜를 힘입어 의롭다 하심　3:8 이 말이 미쁘다　3:9 어리석은 변론　3:10 이단　3:11 스스로 정죄한 자　3:13 율법교사 세나와 및 아볼로

message　각계각층의 성도들을 어떻게 양육해야 할지 목회 지침을 제사한 바울은 이제 불신 세상을 살아가는 성도들을 향해 그리스도인으로서 모범적인 삶을 살도록 권면하면서 불신자에 대해, 이단에 대해 어떤 태도를 취해야 할지 교훈한다.

말씀 연결(전 11장; 딛 3장)_섭리와 구원

▶일러두기

민수기의 인구조사에서 각각 지파별 남자들의 숫자를 보면, 르우벤 지파 46,500명, 시므온 지파 59,300명, 갓 지파 45,650명, 유다 지파 74,600명, 잇사갈 지파 54,400명, 스불론 지파, 57,400명, 에브라임 지파 40,500명, 므낫세 지파 32,200명, 베냐민 지파 35,400명, 단 지파 63,700명, 아셀 지파 41,500명, 납달리 지파 53,400명 등이다. 순위로는 유다 지파가 가장 많은 숫자를 나타낸다.

25
Apr

사람의 본

민수기 2장 | 시편 36편 | 전도서 12장 | 빌레몬서 1장

민 2장 **진영 편성과 행진 순서**

묵상   계수된 군대의 배치

key word   2:17 모든 진영의 중앙에 2:17 레위인 2:18 서쪽 2:25 북쪽

message   인구조사 후 이스라엘은 성막을 중심으로 한 열두 지파의 진영 편성과 광야 행진 시의 행군 순서를 지정한다. 성막이란 하나님의 임재 처소이다. 성막을 중심으로 진영을 배치한다는 것은 하나님 중심의 인생만이 가나안에 입성할 수 있다는 진리를 깨우쳐준다.

시 36편 **사악한 인간과 대별되는 하나님**

묵상   주의 인자하심

key word   36:5 하늘에 있고 36:9 빛

message   여호와 하나님을 온전히 신앙하는 시인은 이 땅에 존재하는 악인들의 불의한 실상을 바라보며 당신을 온전히 의지하는 자에게 안전과 풍족함을 허락하시는 하나님을 찬양한다.

말씀 연결(민 2장; 시 36편)_군대 배치와 주의 인자

▶**말씀기도**

우리는 사람들 앞에서 어떤 유익을 끼치고 살았는지 하나님의 군사로서 주어진 자리에서 언제나 주의 인자하심과 하나님의 명령을 지키며 모든 사람 앞에서 사랑받는 삶을 살기를 소원합니다.

전 12장 창조자를 기억하라

묵상 사랑의 본분

key word 12:1 아무 낙이 없다 12:11 찌르는 채찍 12:13 일의 결국

message 다양한 경험을 통해 인생의 허무함을 상기시킨 전도자는 결론적으로 창조자를 기억하고 하나님을 경외하는 것이 인생의 본분이요 행복의 비결임을 단언하며 전도서를 끝맺는다.

몬 1장 오네시모를 위해 청원하는 바울

묵상 유익한 사랑받는 자

key word 1:2 압비아 1:10 갇힌 중에서 낳은 아들 1:15 잠시 떠나가게 된 것 1:17 영접하기를 1:20 너로 말미암아 1:21 내가 말한 것보다 더 행할 줄 1:24 아리스다고

message 바울 서신 중 가장 짧으면서도 개인 편지의 성격이 강한 빌레몬서는 주인 빌레몬의 것을 훔쳐 로마로 도주했다가 바울을 통해 회심한 오네시모를 다시 주인에게 돌려보내면서 선처를 부탁하기 위해 기록되었다. 바울은 먼저 빌레몬에게 문안하면서 그의 믿음을 칭찬한 후 사도의 권위가 아닌 신뢰를 바탕으로 한 개인 차원에서 오네시모를 위해 간절히 청원한다.

말씀 연결(전 12장; 몬 1장)_본분과 사랑

▶일러두기

빌레몬서는 이 서신의 수신자이다. 골로새 출신의 부자로 오네시모의 주인이었다. 바울이 3차 선교 여행 때 에베소에서 복음을 듣고 회심한 자로 추정된다. 후에 자기 집을 골로새 성도에게 예배 처소로 제공하였던 자이다.

26
Apr

뛰어난 예수님

민수기 3장 | 시편 37편 | 아가 1장 | 히브리서 1장

민 3장　레위 지파의 사역과 인구수

묵상　　　구별된 자들

key word　3:7 아론의 직무　3:12 태를 열어 태어난 모든 자　3:15 일 개월 이상된 남자
　　　　　3:26 뜰의 휘장　3:32 지휘관들의 어른　3:38 성막 앞 동쪽　3:39 이만 이천
　　　　　명　3:47 성소의 세겔　3:48 속전

message　병역이 면제된 레위 자손이 이스라엘을 대표하여 제사장이나 일반
　　　　　성막 봉사자로 일하게 된 사실과 레위 지파 내 각 가문의 직무와 인
　　　　　구수 점검 및 레위인보다 273명 많은 이스라엘 장자들의 속건에 관
　　　　　한 내용이 소개된다. 한편 이스라엘 장자들을 속한 레위인의 역할은
　　　　　궁극적으로 메시야의 대속 사역을 예표한다.

시 37편　의인의 형통함과 악인의 멸망

묵상　　　여호와를 바라보는 씨들의 자세와 그들에게 주시는 열매

key word　37:2 풀, 푸른 채소　37:5 길　37:9 끊어질 것이니　37:11 풍성한 화평　37:18
　　　　　온전한 자의 날　37:20 어린 양의 기름 같이　37:23 정하시고　37:27 영원
　　　　　히 살리니　37:33 재판 때에는　37:35 나무 잎이 무성함

message　세상에서 잠시 악인이 형통하고 번성하는 것에 대한 답을 주는 일종
　　　　　의 지혜시이다.

말씀 연결(민 3장; 시 37편)_ 구별된 자와 여호와를 바라는 씨들

▶**말씀기도**

모든 피조물보다 뛰어나신 예수 그리스도를 온전히 사랑함으로 그의 사랑 안에 거하는 성도로
서 모든 길을 맡기고 살아가는 삶이기를 기도합니다.

236

아 1장　사랑을 간구하는 신부의 노래와 신랑의 화답

묵상　　사랑함

key word　1:1 아가　1:2 포도주　1:5 검으나 아름다우니　1:12 나도 기름　1:14 고벨화
　　　　1:15 비둘기

message　신부가 사랑하는 자에 대한 사모의 정을 독백으로 노래하고 신부의
　　　　지극한 사랑 고백에 신랑이 기쁨으로 화답한다. 하나님이 허락하신
　　　　가장 아름답고 지순한 사랑을 오감에 호소하는 풍부한 비유적 표현
　　　　들이 넘치고 있다.

히 1장　하나님의 아들 예수 그리스도의 탁월하심

묵상　　아들이신 예수를 통해 말씀하심

key word　1:2 이 모든 날 마지막　1:4 천사보다 뛰어남　1:14 섬기는 영

message　히브리서는 다시 유대교로 회귀하려는 유대인 성도들을 위해 복음을
　　　　변증할 목적으로 기록된 듯하다. 이런 맥락에서 서론격인 1장에서는
　　　　무엇보다 복음의 중심인 예수 그리스도의 초월적이고 탁월하신 성품
　　　　이 잘 나타난다.

말씀 연결(아 1장; 히 1장)_사랑함과 말씀

▶일러두기

민수기의 인구조사에는 왜 남자만 계수되었나? 고대 이스라엘에서 인구조사를 한 데는 크게
두 가지 이유가 있다. 한 가지 이유는 전쟁시에 나라를 지킬 수 있는 남자들의 수가 얼마나 되는
지 알아보기 위함이었다. 이것이 바로 모든 남자들이 다 집계되지 않고 싸울 수 있는 남자들만
이 집계되었던 이유이다.

27 Apr 계수된 자

민수기 4장 | 시편 38편 | 아가 2장 | 히브리서 2장

민 4장   레위 각 가문의 직무

묵상
계수하심

key word
4:4 지성물 4:15 만지지 말라 4:20 잠시라도 4:23 복무하고 4:33 직무
4:37 명령하신 대로

message
레위 지파 내 세 가문(고핫, 게르손, 므라리) 사람들이 담당할 직무를
구체적으로 명시하는 장면과 성막 봉사에 임할 30-50세의 남자 레위
인들을 계수하는 장면이다. 한편 하나님의 일에 있어서 직무의 다양
성은 인격과 신분의 차이를 뜻하는 것이 아니라 재능과 사명의 차이
를 뜻할 뿐이다.

시 38편   육체의 고난 중에 행한 참회

묵상
회개함

key word
38:4 죄악이 내 머리에 넘쳐서 38:7 허리에 열기가 가득하고 38:13 못 듣
는 자 같이 38:16 스스로 교만할까 38:20 나를 대적하나이다

message
시편에 소개된 일곱 편의 회개시(6, 32, 38, 51, 102, 130, 143편) 가운
데 하나이다. 특히 시인은 자신의 죄악으로 인해 직면한 심각한 육체
적 고통에 대해 하나님의 구원을 호소하고 있다.

말씀 연결(민 4장; 시 38편)_계수와 회개

▶**말씀기도**

하나님의 백성으로 계수된 성도로서 회개의 삶을 살며 포도원을 허는 작은 여우를 잡으며 주님
만을 바라보고 살아가는 삶이기를 기도합니다.

아 2장   화사한 신부의 간절한 노래

묵상   여우를 잡음

key word   2:1 사론의 수선화   2:3 수풀, 사과나무   2:15 포도원을 허는 작은 여우

message   신랑과 신부의 사랑이 결혼으로 승화되기 전 신랑을 향한 신부의 밝
고 화사한 사랑의 노래가 불려진다. 한편 신랑 신부의 봄 같은 사랑
이 피어오르는 것과 동시에 그 사랑을 방해하는 작은 여우의 활동도
시작된다.

히 2장   구원을 소중히 여기라

묵상   시험 가운데 도움을 받음

key word   2:1 들은 것   2:2 천사들을 통하여   2:4 성령이 나누어 주신 것   2:9 영광과
존귀로 관을 쓰신 예수   2:10 창시자   2:17 대제사장

message   예수 그리스도께서 천사보다 탁월한 분임을 설명한 1장에 이어 저자
는 천사를 통해 수여한 율법이 소중히 여김을 받던 과거를 회상하면
서 그리스도를 통해 받은 구원이 얼마나 소중한지를 상기시킨다. 그
리고 예수 그리스도께서 낮아지신 것은 바로 우리의 구원 때문이지
천사보다 못하기 때문이 아님을 다시 한번 강조한다.

말씀 연결(아 2장; 히 2장)_잡음과 받음

▶ **일러두기**

아가 2장 17절에 나오는 '베데르'는 원어 '바타르', '둘로 자르다'에서 유래한 단어이다. 이 단어
는 베리트, 언약, 맹세, 협정'과도 그 뿌리가 같다. 그러므로 베데르 산은 언약의 산이라고 유추
할 수 있다. 술람미 여인은 지금 언약 신앙을 고백하고 있다. 언약의 주인은 노루와 사슴으로 묘
사된 우리 신랑 예수 그리스도이다.

죄의 유혹

민수기 5장 | 시편 39편 | 아가 3장 | 히브리서 3장

민 5장 　정결과 거룩의 법

묵상	죄악을 기억나게 하는 소제
key word	5:2 유출병　5:3 남녀를 막론하고　5:6 사람들이 범죄하는　5:10 구별한 물건　5:14 아내를 의심하였는데　5:15 보리 가루　5:17 거룩한 물
message	광야 여정을 본격적으로 시작하기 전 이스라엘 진영 내의 의식적 부정을 일소하라는 명령과 함께 이웃에게 행한 죄를 해소하는 방법 및 남편에게 의심받는 아내를 판결하고 그 문제를 해결하는 방법 등이 제시되고 있다. 이를 통해 아무리 거칠고 열악한 환경(광야)이라고 할지라도 하나님께서 백성으로서의 거룩은 절대적으로 요구됨을 깨우치고 있다.

시 39편 　허망한 인생이 드리는 탄원

묵상	주의 용서를 구함
key word	39:2 선한 말도 하지 아니하니　39:4 종말　39:5 한 뼘 길이만큼　39:6 그림자　39:8 우매한 자　39:12 나그네
message	일종의 탄원시로 생의 마지막에 이른 시인은 인생의 무상함을 노래하고 지난날의 허망한 삶을 참회하며 하나님께 구원을 호소한다.

말씀 연결(민 5장; 시 39편)_죄악과 용서

▶말씀기도

우리의 죄는 오직 대제사장이신 예수 그리스도만이 우리의 죄를 해결할 수 있는 유일한 길이며 그리스도의 값없는 은혜에 감사하며 기도합니다.

아 3장　　사랑으로 연합된 신랑과 신부

묵상　　　여우를 잡음

key word　3:1 밤에　3:3 성 안을 순찰하는 자들　3:6 거친 들에서 오는 자　3:10 기둥은 은이요

message　사랑의 포도원을 침입한 작은 여우의 방해에도 불구하고 사랑의 열기가 식지 않았던 신랑과 신부가 마침내 결혼에 성공하는 내용이다.

히 3장　　모세보다 뛰어나신 그리스도

묵상　　　대제사장이신 예수

key word　3:1 믿는 도리　3:3 집 지은자　3:5 장래에 말할 것　3:9 시험하여 증험하고　3:11 내 안식　3:13 오늘이라 일컫는 동안에

message　천사보다 월등히 뛰어나신 예수 그리스도의 신성에 대해 가르친 2장에 이어 저자는 율법 수여자인 모세를 예수 그리스도에 비교함으로써 예수 그리스도의 탁월성을 입증한다. 또한 모세 시대에 이스라엘 백성들이 실패한 역사를 사례로 들어 예수 그리스도의 우월성을 다시 한번 강조한다.

말씀 연결(아 3장; 히 3장)_사랑하는 자 예수

▶**일러두기**

시편 39편은 시편에서 나오는 애가들 중 '가장 아름다운 시'라고 부른 참회의 애가이다. 처음에는 말로 할 수 없을 정도의 슬픔에 싸여 그저 심령의 통절함만을 표현한다. 감정을 언제까지나 억누르고 있을 수는 없었기 때문에 결국 시인은 자신의 마음을 하나님께 쏟아 놓는다. 이 시에서는 오직 한 줄기의 빛만이 발견되는데, 그것은 곧 "나의 소망은 주께 있나이다."(7절)라는 신앙고백이다.

29
Apr
결산 앞에 선 자의 선택

민수기 6장 | 시편 40-41편 | 아가 4장 | 히브리서 4장

민 6장   나실인 제도와 제사장의 축복 선언

묵상   여호와의 복을 구함

key word   6:2 나실인의 서원 6:5 삭도를 6:6 시체를 가까이 하지 말 것 6:8 자기의
           몸을 구별하는 6:13 구별한 날이 차면 6:18 머리털을 밀고 6:26 평강

message   거룩하게 구별된 선민의 전형적인 존재인 나실인 제도에 관해 상세
           히 계시되고, 이어서 하나님의 권위로써 백성에게 전하도록 한 제사
           장의 축복 선언이 소개된다. 여기서 백성들의 전적인 헌신과 성결에
           대해 넘치는 복과 사랑으로 응답하시겠다는 하나님의 묵시적 메시지
           를 발견할 수 있다.

시 40-41편 나의 도움을 구원하신 여호와, 병상에서 드리는 기도

묵상   여호와의 은혜를 구함

key word   40:2 기가 막힐 웅덩이와 수렁 40:5 주의 생각 40:7 나를 가리켜 기록한
           40:11 거주지 마시고 40:13 은총을 베푸사 41:1 가난한 자 41:2 살게 하시
           리니 41:4 내가 주께 범죄하였사오니

message   41편에서는 고난 중에 구원을 베푸신 하나님의 은혜를 노래한 감사
           와 찬양의 시이다. 시인은 이미 체험한 구원에 대해 벅찬 감격으로
           찬양하며 장차 닥쳐올 고난 가운데서의 구원을 간구한다. 그리고 시
           편 1편을 마무리 짓는 시로서 영원한 사랑으로 돌보시는 여호와 하나
           님만이 우리의 구원이시요 의지할 분이심을 노래한다.

말씀 연결(민 6장; 시 40-41편)_복과 은혜를 구함

▶**말씀기도**

주님께 먼저 결단을 앞에 두고 여호와의 은혜와 복을 구하며, 사랑하는 자의 아름다움을 노래
하며 은혜의 보좌로 나아감을 감사드리며 기도합니다.

아 4장　신부를 사랑하는 신랑의 노래

묵상　　사랑하는 자의 아름다운 노래

key word　4:2 쌍태를 낳은　4:9 내 누이　4:13-14 석류나무

message　결혼을 통해 완전한 사랑을 확인한 신랑이 신부를 기리며 아름다운
　　　　　사랑의 송가를 부르는 내용이다.

히 4장　하나님이 약속하신 안식

묵상　　은혜의 보좌 앞에 나아감

key word　4:1 안식　4:6 복음 전함을 먼저 받은 자들　4:8 만일 여호수아가　4:10 이미
　　　　　그의 안식에 들어간 자　4:12 혼과 영과

message　안식에 대한 하나님의 약속이 여전히 유효함을 상기시키면서 이 안
　　　　　식에 들어가기를 힘쓰라고 권면한다. 그리고 안식에 들어갈 수 있는
　　　　　비결은 영원한 대제사장이신 예수 그리스도를 절대적으로 의지하는
　　　　　것이라고 가르친다.

말씀 연결(아 4장; 히 4장)_노래와 은혜의 보좌

▶일러두기

아가 4장에 나오는 신부의 아름다움에 대한 비유로서 신체를 '눈'(비둘기), '머리털'(길르앗 산
염소), '이'(쌍태 낳은 양), '입술'(홍색 실), '뺨'(석류), '목'(다윗의 망대), '유방'(쌍태의 어린 사
슴)으로 표현한다.

30 Apr 도우시는 하나님

민수기 7장 | 시편 42-43편 | 아가 5장 | 히브리서 5장

민 7장　성막 봉헌에 따른 예물

묵상　제단(직임, 드림, 하나님의 도우심)

key word　7:3 덮개 있는 수레 7:9 어깨로 메는 일 7:10 제단의 봉헌 7:13 은반 7:34 속죄제물 7:41 화목제물 7:43 소제물 7:51 번제물 7:89 회막

message　성막이 완공된 후 한달 여 만에 성막 봉헌식이 거행되었다. 7장에서는 성막 운반을 맡은 레위 각 가문의 역할과 12일간 열 두 지파 족장이 동일한 예물을 바친 기사가 소개된다. 이로써 이스라엘은 자신들의 왕이신 하나님을 중심에 모신 언약 백성의 모습을 갖추게 되었다.

시 42-43편 하나님을 바라보는 영혼의 간구와 하나님만 바라봄

묵상　여호와를 찾음

key word　42:4 이 일을 42:5 여전히 찬송하리로다 42:6 요단 땅과 43:1 경건하지 아니한 나라 43:3 주의 거룩한 산과 43:4 제단에 나아가

message　42편은 성전에서 봉사한 고라 자손이 맡아 보관하던 교훈시이며 다윗이 압살롬의 반역을 피해 도피한 역사를 배경으로 한다. 43편에서 시인은 당연한 고난에 대한 호소에 머물지 않고 구원의 하나님을 바라보며 영광을 돌리고 있다.

말씀 연결(민 7장; 시 42-43편)_도우심과 찾음

▶말씀기도

우리가 살면서 마음이 상하고 낙심될 때, 눈물이 주야로 음식이 될 때 하나님의 제단에 나아가는 삶이기를 간구하옵고 감사드리며 기도합니다.

아 5장   신랑과 신부 사이에 빚어진 갈등

묵상   사랑하는 자를 연모함

key word 5:1 몰약과 향 재료 5:4 문으로 손을 들이밀매 5:6 벌써 물러갔네 5:7 성
          벽을 파수하는 자 5:10 희고도 붉어 5:14 황옥, 청옥

message   지극한 사랑으로 결혼에 이르게 되었지만 두 사람 사이에 사랑의 갈
          등이 일어난다. 아주 작은 일로 갈등하게 된 신랑과 신부의 간절한
          노래가 소개되고 있다.

히 5장   위대한 대제사장이신 그리스도

묵상   사랑하는 자의 순종하심

key word 5:6 멜기세덱의 반차 5:7 육체에 계실 때 5:14 단단한 음식

message   저자는 예수 그리스도가 위대한 대제사장이 되실 자격을 갖추신 분
          임을 소개한다. 그리고 성도는 무엇보다 영적인 성장을 이룰 때에만
          이러한 신령한 지식을 가질 수 있다고 가르친다.

말씀 연결(아 5장; 히 5장)_연모와 순종

▶일러두기

히브리서 5장 1절에 대제사장의 임무의 내용을 두 가지로 요약하고 있다. 첫째는 사람을 하나님
께로 데려가는 자이고, 둘째는 그의 백성을 대표하는 자이다. 따라서 그리스도는 두 가지 본성,
즉 신성과 인성을 가지고 계시기 때문에 아론과 비교할 수 없는 참 대제사장이시다. 그러면 대
제사장의 사역인 주님의 제사는 어떤 제사인가? 히브리서에는 "더 나은 제사"라고 하였다. 히
브리서에는 더 나은 제사를 네 가지 용어로 표현하고 있다. "속죄하다", "정결하다", "거룩하다",
"온전하다"라는 단어이다.

245

하나님을 자랑함

민수기 8장 | 시편 44편 | 아가 6장 | 히브리서 6장

민 8장   레위인의 성별 의식

묵상   여호와께 봉사

key word   8:2 등잔대   8:7 속죄의 물   8:10 안수하게   8:11 레위인을 흔들어 바치는 제물   8:24 이십오 세 이상   8:26 돕는 직무

message   성막 봉헌식에 이어 성막 내부를 밝힐 등대 제도 그리고 제사장을 도와서 일할 레위인의 위임식 및 그들의 정년에 관해 소개하고 있다. 여기서 보듯 하나님 앞에 나아가는 자는 신분이나 활동을 막론하고 항상 거룩함이 요구된다.

시 44편   절망의 심연에서 외치는 기도

묵상   여호와를 자랑함

key word   44:2 주의 손으로   44:8 셀라   44:9 욕을 당하게 하시고   44:12 헐값으로 파심이여   44:19 승냥이의 처소   44:24 주의 얼굴을 가리시고

message   시인은 이방인에게 패배하고 치욕 당한 때에도 택한 백성을 기필코 구원하시는 하나님께 구원을 호소한다. 도무지 이해할 수 없는 고난을 당할 때에 가장 지혜로운 대처법은 하나님께 전적으로 의탁하는 것이다.

말씀 연결(민 8장; 시 44편)_봉사와 자랑

▶말씀기도

우리의 자랑은 오직 예수 그리스도만이며, 그 사랑으로 주신 직분에 감사하고 오래 참음으로 주신 약속의 말씀과 주실 은혜를 사모하며 나아가는 삶이기를 소원합니다.

아 6장　　떠나간 신랑을 찾는 신부의 노래

묵상　　　　사랑하는 자는 하나뿐임

key word　6:2 백합화를 꺾는구나　6:4 디르사 같이　6:8 왕비, 후궁, 시녀　6:12 내 귀
　　　　　한 백성의 수레　6:13 술람미 여자

message　떠나 가버린 신랑을 다시 찾아 사랑을 회복하려는 신부의 애타는 심
　　　　　정과 신랑과 다시 화합한 신부의 기쁜 심정을 노래하고 있다. 특히
　　　　　사랑의 갈등은 신부의 적극적인 참회와 신랑의 무조건적인 용서로
　　　　　완전히 해결된다.

히 6장　　신앙의 진보를 이루라

묵상　　　　완전한 데로 나아감

key word　6:1 그리스도의 도의 초보　6:7 채소를 내면　6:10 잊어버리지 아니하시느니
　　　　　라　6:13 맹세하여　6:19 영혼의 닻　6:20 영원한 대제사장

message　저자는 적극적인 자세로 신앙의 성숙을 이루기 위해 노력하며 영적
　　　　　으로 퇴보하지 않게 주의하도록 경각심을 고취시킨다. 그러면서 부
　　　　　드러운 어조로 구원의 때가 가까웠으니 변치 않는 그리스도의 약속
　　　　　을 굳게 붙잡고 끝까지 인내하도록 권면한다.

말씀 연결(아 6장; 히 6장)_사랑하는 자와 나아감

▶일러두기
민수기 8장의 등대는 등잔을 올려놓는 일곱 개의 가지 모양 촛대이다. 각 가지 끝의 등잔에는
불이 항상 켜져서 성소 안을 환하게 비추었다. 등대는 대략 75파운드(1파운드는 0.45kg)의 순금
으로 만들어 졌고, 성소 안쪽에 위치하고 있다. 메노라(Menorah)라고 불리는 일곱 가지 등대는
전통적으로 유대인들이 신앙과 희망의 상징으로 종종 회당의 벽이나 분묘 등에 새겨져 있다.
오늘날 이스라엘 공화국의 국장도 일곱 가지 등대이다.

민 9장　유월절 규례와 불과 구름 기둥

묵상　　　말씀을 기다림

key word　9:3 이 달 열넷째 날 해 질 때　9:12 모든 율례대로　9:14 타국인　9:15 구름
　　　　　9:23 여호와의 명령을 따라

message　본 장은 시간 순으로 민수기의 가장 앞선 때 즉 시내 산에서 성막 완
　　　　　공 후 가나안으로 출발하기 직전의 내용으로 유월절 준수 명령과 불
　　　　　과 구름 기둥의 인도를 따라 가나안으로 행진을 시작하는 장면이다.
　　　　　한편 유월절은 장차 인류 구원을 위해 속죄 제물로 이 땅에 오신 그
　　　　　리스도의 대속 사역을 예표하는 구속사의 핵심적 사건이다.

시 45편　왕의 결혼 축가

묵상　　　여호와를 경배함

key word　45:2 사람들보다 아름다워　45:5 화살은 날카로워　45:6 공평한 규　45:12
　　　　　두로의 딸　45:13 왕의 딸　45:16 왕의 아들

message　왕의 결혼식에서 부르던 축가이다. 이는 궁극적으로 메시야의 결혼
　　　　　곧 신랑되신 메시야와 그의 신부 된 순결한 교회와의 온전한 연합을
　　　　　예시한 것이라는 점에서 메시야 예언시라고 보기도 한다.

말씀 연결(민 9장; 시 45편)_말씀과 경배

▶말씀기도

예수께서는 우리를 구원하시기 위해 자신을 단번에 드리셨고, 이 완전한 구원으로 말미암아 우
리는 죄 사함을 받을 수 있음을 감사드립니다.

아 7장   신부의 아름다움을 칭송하는 노래

묵상   사랑하는 자에게 속함

key word 7:2 배꼽은 둥근 잔 같고 7:6 즐겁게 하는구나 7:7 종려나무 7:10 나는 내
          사랑하는 자 7:13 합환채

message   한순간 갈등을 겪었지만 신랑과 신부는 더욱 성숙한 사랑을 노래한
          다. 신부를 적극적으로 보여주는 신랑, 신부의 아름다움을 노래하는
          신랑 친구들, 그리고 행복한 신랑의 노래와 신부의 화답이 사랑의 하
          모니를 이룬다.

히 7장   멜기세덱의 반차를 좇은 대제사장 그리스도

묵상   단번에 드림

key word 7:8 산다고 증거를 얻은 자 7:16 육신에 속한 한 계명 7:19 더 좋은 소망
          7:25 자기를 힘입어

message   그리스도의 모형인 멜기세덱의 제사장 직분이 혈통을 따른 레위 계
          통의 제사장 직분보다 우월함을 지적함으로써 예수 그리스도의 제사
          장 직분의 우월성을 가르친다. 이어 아론 계열의 제사장 직분의 한계
          를 언급하며 영원불변하는 제사장이 요구될 수밖에 없음을 가르친
          다.

말씀 연결(아 7장; 히 7장) _속함과 드리심

▶ **일러두기**

히브리서 7장에서 멜기세덱과의 관계 속에서 그리스도의 대제사장직의 우월성을 입증한다. 먼
저 저자는 멜기세덱이 그리스도의 모형인 점을 증거하고 있다. 또한 저자는 멜기세덱이 아브라
함보다 우월하다는 점을 그의 축복권과 십일조 수납 사실을 들어 밝히고, 멜기세덱은 장차 오
실 그리스도에 대한 모형임을 밝힌다.

이김

민수기 10장 | 시편 46-47편 | 아가 8장 | 히브리서 8장

민 10장   시내 광야를 떠나는 이스라엘

묵상   승리를 위해 나팔 준비와 행진

key word   10:2 은 나팔 10:8 제사장들이 불지니 10:10 희락의 날 10:29 르우벤의
             아들 호밥 10:33 삼 일 길

message   시내 광야에서 1년여 체류 끝에 마침내 그곳을 떠나 바란 광야까지
             행진하는 장면이다. 행진에 앞서 하나님은 은 나팔 규례를 통해 질서
             를 세우셨고 이스라엘의 광야 행진이 순조롭도록 길 안내자를 붙이
             시는 등의 배려를 주셨다.

시 46-47편 피난처요 힘이신 지존하신 여호와

묵상   하나님은 우리의 피난처임

key word   46:1 환난 중에 만난 큰 도움 47:1 손바닥을 치고 47:7 지혜의 시 47:9 방
             패

message   46편은 유다 왕 히스기야가 앗수르 왕 산헤립의 침공으로 위기에 처
             했을 때 하나님의 도움으로 구원 받은 사건을 배경으로 한 찬양시이
             다. 종교 개혁자 루터의 '내 주는 강한 성이요'라는 찬양의 기초가 된
             시이기도 하다. 47편은 이스라엘 신년절에 공식적으로 사용되던 찬
             양시이자 그리스도의 영광스러운 승리를 예시하는 메시야 예언시로
             보기도 한다.

말씀 연결(민 10장; 시 46-47편)_승리와 피난처

▶**말씀기도**

하나님은 우리에게 이김을 주셨으며 이 승리를 위해 나팔을 불고, 하나님만이 피난처이심을 믿
고 그 하나님 안에 거하며 우리의 모든 죄가 사하여 짐을 믿고 감사드립니다.

아 8장   친정을 방문한 신랑 신부의 노래

묵상   사랑으로 이김

key word   8:4 예루살렘 딸들아 8:5 거친 들에서 올라오는 여자 8:8 유방이 없구나
           8:9 백향목 판자 8:11 바알하몬 8:14 너는 빨리 달리라

message   신랑과 신부는 사랑의 성숙함이 최고조에 이르렀음을 나타내는 증거
           로서 신부의 고향인 친정을 방문하게 된다.

히 8장   새 언약의 중보자이신 그리스도

묵상   더 좋은 언약의 중보자

key word   8:2 참 장막 8:7 첫 언약 8:8 그들의 잘못을 지적하여

message   대제사장이신 예수 그리스도의 우월성에 대해 말한 저자는 8장에서
           예수 그리스도의 사역의 우월성을 가르친다. 즉 구약의 제사장은 장
           막에서 제사를 드린 반면에 기초하여 사역을 수행하기 때문에 그분
           의 사역이 우월하다는 것이다.

말씀 연결(아 8장; 히 8장)_사랑의 중보자

▶일러두기

아가 1-8장은 '죽음 같은 강한 사랑'이다. 그 무엇으로도 이런 사랑을 방해할 수는 없다. 인간의
사랑도 이러할진대 성도를 향한 그리스도의 사랑이야말로 얼마나 크고 강하겠는가? 아가를 통
해 예수 그리스도의 사랑을 새삼 생각하게 된다.

4
May
진노에서 구원

민수기 11장 | 시편 48편 | 이사야 1장 | 히브리서 9장

민 11장 불평하는 이스라엘과 메추라기

묵상
진노의 원인

key word
11:5 값없이 11:7 만나는 갓씨와 같고 11:8 맷돌에 갈기도 11:17 네게 임한 영 11:18 너희 몸을 거룩히 11:21 보행자가 육십만 명 11:23 손이 짧으냐 11:25 예언을 하다가 11:31 메추라기 11:32 호멜

message
광야 여정이 본격적으로 진행되자 백성들 중에서 원망과 불평이 생겨나기 시작했는데 이에 대해 하나님은 메추라기를 보내심으로 원망을 잠재우셨다. 한편 지도자 모세를 보좌할 70명 장로가 선택되는 데 이 제도는 훗날 유대 최고 의결기관인 산헤드린의 기원이 된다.

시 48편 하나님의 성 거룩한 산 시온

묵상
구원의 하나님 찬양

key word
48:1 하나님의 성. 거룩한 산 48:4 왕들이 모여서 48:11 유다의 딸들

message
하나님의 성소가 있는 예루살렘 성의 아름다움과 견고함을 노래한 시이다. 진정 시온이 거룩한 것은 하나님이 함께 계신 곳이기 때문이다.

말씀 연결(민 11장; 시 48편)_진노와 구원의 찬양

....

....

....

▶**말씀기도**

하나님은 우리에게 진노하시지만 궁극의 구원을 주시며, 하나님으로부터 멀어졌던 삶에서 구원함을 입었으니 하나님의 구원에 감사드립니다.

사 1장   타락한 유다를 질타하시는 하나님

묵상   죄와 진노

key word   1:2 하늘이여, 땅이여 1:4 만홀히 1:8 딸 시온 1:12 내 마당만 밟을 뿐 1:15
           손을 펼 때에 1:17 신원하여 1:21 창기 1:29 상수리나무

message   이사야가 활동하던 북왕국 이스라엘이 앗수르에 패망하고 남왕국 유
           다 역시 앗수르의 위협에 놓였던 때이다. 이런 상황에서도 유다는 지
           도자로부터 온 백성이 죄에 오염되어 있었다. 1장은 이런 유다의 현
           실을 개탄하여 위선적인 신앙 행태를 지적하고 스스로는 자신을 구
           원할 수 없는 유다를 하나님께서 불러 사죄의 기회를 허락하시며, 죄
           를 깨끗하게 하려고 심판하신다는 사실을 천명한다.

히 9장   그리스도의 완전한 대속 사역

묵상   영원한 속죄

key word   9:6 제사장들이 9:9 양심상 9:10 육체의 예법 9:12 영원한 속죄 9:24 그
           하늘에 들어가서 9:28 죄와 상관없이

message   예수 그리스도의 사역이 완전한 이유를 보여준다. 즉 구약의 장막이
           제한적이고 제물이 불완전한 반면, 예수 그리스도는 자신의 몸을 대
           속 제물로 드려 단번에 영원히 죄를 용서하고 구원을 이루셨기 때문
           에 그분의 대속 사역은 완전하다고 말하는 것이다.

말씀 연결(사 1장; 히 9장)_죄와 속죄

▶일러두기

이사야서의 시대 배경은 북왕국 이스라엘의 멸망 이후, 남왕국 유다의 히스기야 왕 통치 중간
시대이다. 당시 유다는 국력이 쇠퇴기에 들어섰으며 종교적, 사회적 부패가 만연했다. 설상가상
으로 주변 강대국들의 급속한 부상은 유다에게 큰 위협이 되었다. 이러한 시기에 활동했던 이
사야는 먼저 유다의 비참한 상태와 죄악상을 일깨워 준다.

하나님 나의 땅

민수기 12-13장 | 시편 49편 | 이사야 2장 | 히브리서 10장

민 12-13장 미리암과 아론의 도전과 가나안 땅 탐지

묵상	약속된 땅의 정탐
key word	12:8 대면하여 12:11 슬프도다 내 주여 14:14 그의 아버지가 13:2 정탐하게 13:16 호세아 13:26 가데스 13:32 거주민을 삼키는 땅 13:33 네피림
message	12장에서 모세가 이방 여자인 구스 여인을 아내로 취하자, 여선지자인 미리암과 대제사장인 아론이 모세를 비난하였다. 그러나 하나님께서는 모세를 변호하시고 미리암에게 문둥병의 형벌을 내리셨다. 그리고 13장에서는 가나안 정복에 앞서 그 땅의 형편을 살피기 위해 열두 명의 정탐꾼이 40일간 실사 끝에 상반된 보고를 전하는 장면이 나온다.

시 49편   제물을 의지하는 자의 어리석음

묵상	어리석은 자의 선택
key word	49:3 명철 49:7 속전 49:8 너무 엄청나서 49:11 그들의 토지를 49:18 자기를 축하하며
message	일종의 지혜시, 교훈시로서 재물을 자기 신으로 삼고 살아가는 자의 어리석음을 노래한다. 내생을 준비하지 않고 이 땅에 국한된 소망을 가지고 사는 자들처럼 허무하고 어리석은 존재는 없다.

말씀 연결(민 12-13장; 시 49편)_약속과 선택

▶**말씀기도**

하나님은 우리에게 영원한 나라의 땅과 이 세상의 땅을 약속하시며, 이 세상 가치에 마음을 두지 않고 날마다 하나님께 나아가기를 소원합니다.

사 2장　다가올 여호와의 날

묵상　　　전쟁 없는 땅의 약속

key word　2:2 말일에　2:4 칼을 쳐서 보습을 만들고　2:6 동방 풍속　2:10 바위 틈에
　　　　　들어가며　2:20 우상

message　남왕국의 죄악상을 고발했던 이사야는 곧 닥쳐올 여호와의 날(심판
　　　　　의 날)에 대한 이상을 제시한다. 2장에서는 끝 날에 임할 평화와 당시
　　　　　유다 전역에 성행했던 우상 숭배자들에게 임하게 될 준엄한 심판을
　　　　　다시 예언하고 있다.

히 10장　완전하고 영원한 새 언약

묵상　　　하나님께 나아갈 길

key word　10:4 못함이라　10:16 내 법을　10:20 휘장 가운데로　10:22 마음에 뿌림을
　　　　　받아　10:32 빛을 받은 후　10:36 10:37 잠시 잠깐 후면

message　단번에 영원히 구원을 이루신 예수 그리스도의 대속 사역에 대해 가
　　　　　르친 저자는 그림자에 불과한 구약 제사, 예수 그리스도 제사의 완전
　　　　　성, 예수 그리스도가 세우신 새 언약의 우월성 등으로 구성된다.

말씀 연결(사 2장; 히 10장)_땅의 약속과 길

▶일러두기

이사야 선지자는, 암담한 시대에 이사야는 메시야의 날과 그의 통치에 대한 비전을 제시한다.
그때는 칼과 창 같은 무기가 아닌 하나님의 말씀이 세상을 지배하는 시대가 될 것이라고 예언
한다, 이사야는 여호와의 날에 임할 하나님의 심판을 선포했는데, 곧 우상 숭배에 대한 엄중한
경고와 종말에 임할 우상 숭배자들에 대한 심판을 예언한다.

생존과 죽음

민수기 14장 | 시편 50편 | 이사야 3-4장 | 히브리서 11장

민 14장　원망으로 인한 40년 광야 생활

묵상　죽음과 생존의 모습

key word　14:1 밤새도록 통곡　14:8 젖과 꿀이 흐르는 땅　14:18 인자가 많아　14:22 열 번이나　14:24 그 마음이 달라　14:37 악평한 자들　14:39 크게 슬퍼하여 14:45 호르마

message　10명의 불신앙적인 보고 앞에 백성들의 원망은 극에 달했고 이로 인 해 하나님은 이스라엘의 가나안 입성을 40년간 유보하시게 된다. 하 나님은 당신의 약속을 믿지 않은 인생, 더욱이 원망과 불평하며 당신 의 영광을 훼손하는 무리의 허물을 결코 간과하지 않으신다.

시 50편　감사로 제사를 드리는 자의 행복

묵상　죽음과 생존의 모습(2)

key word　50:1 해 돋는 데서부터 지는 데까지　50:8 제사로 나와 언약한 이들　50:8 제물 때문에　50:16 네가 어찌하여

message　예루살렘 성전 시대의 지도자이던 아삽의 시로 신령과 진정으로 예 배드려야만 한다는 지혜와 교훈적 시이다.

말씀 연결(민 14장; 시 50편)_죽음

▶**말씀기도**

우리는 매일 같이 생명의 길과 사망의 길을 동시에 걷고 있음을 고백합니다. 우리 안에 원망과 불평을 내려놓고 믿음으로 예수 그리스도를 바라보고 사는 삶이기를 소원합니다.

사 3-4장　예루살렘에 임할 멸망과 회복에 대한 소망

묵상　죽음과 생존의 모습(3)

key word　3:2 복술자　3:12 아이　3:14 포도원을 삼킨 자　3:15 가난한 자의 얼굴에 맷돌질　3:20 호신부　4:5 구름, 화염

message　죄로 얼룩진 남왕국 유다가 받게 될 심판을 경고한 데 이어 3장에서는 좀 더 구체적인 하나님의 징벌이 소개된다. 그리고 죄악에 대한 하나님의 존엄한 심판 선언에 이어 4장에서는 그 심판과 더불어 시행될 예루살렘의 회복에 대한 소망에 찬 메시지가 소개된다. 하나님은 당신의 백성을 향해 멸망을 목적으로 한 것이 아니라 범죄한 그들을 돌이켜 바로 세우는 것이 심판의 궁극적인 목적임을 내비치셨다.

히 11장　믿음의 선진들

묵상　믿음으로 사는 것이 생명임

key word　11:1 바라는 것들의 실상　11:13 약속을 받지 못하였으되　11:15 나온 바 본향　11:17 약속들을 받은 자　11:22 이스라엘 자손들이 떠날 것　11:28 유월절과 피 뿌리는 예식　11:37 톱으로 켜는 것

message　고난 중에 있는 성도들을 향해 끝까지 믿음을 지킬 것을 당부한 데 이어서 11장에서는 믿음의 본질을 정의한 후 환난 중에도 믿을 지킨 신앙 선열들의 용기 있는 삶을 사례로 들어 성도들을 격려한다,

말씀 연결(사 3-4장; 히 11장)_죽음과 생명

▶**일러두기**

성경에서 '40'이라는 숫자는, 다양한 상징성을 함축하고 있다. 연단과 시험, 고통과 수난, 형벌, 기다림과 순종, 성숙과 지각, 참회와 회복 등을 상징한다.

7
May
하나님이 받으시는 제사와 제물

민수기 15장 | 시편 51편 | 이사야 5장 | 히브리서 12장

민 15장　제사의 속죄 규례

묵상　　　향기롭게 드리는 제사와 제물

key word　15:3 서원을 갚는 제사, 낙헌제　15:16 같은 법도　15:20 타작마당의 거제
　　　　　15:25 속죄하면　15:38 옷단 귀

message　15장에서 19장까지는 출애굽 38년간 광야생활 동안에 전해진 말씀이
　　　　　다. 특히 본 장은 레위기 제사 규례의 보충적 내용으로 장차 들어갈
　　　　　가나안 땅에서 출애굽 제2세대가 준수해야 할 각종 규례가 소개된다.
　　　　　한편 이방인까지 참여할 수 있게 하는 제사법 제도를 통해 신앙의 보
　　　　　편성과 구원의 개방성이 암시되고 있다.

시 51편　다윗의 참회시

묵상　　　하나님께서 구하시는 제사

key word　51:4 주께만 범죄하여　5:16 중심이 진실함　51:10 정한 마음　51:14 피 흘린
　　　　　죄　51:17 상한 심령　5:19 의로운 제사

message　다윗의 일상에서 가장 큰 오점이 된 우리아의 아내 밧세바와의 불륜
　　　　　과 우리아 살해 사건을 배경으로 하는 참회의 시이다.

말씀 연결(민 15장; 시 51편)_드리는 제사, 구하는 제사

▶ **말씀기도**

오직 유일한 예배의 대상이신 하나님이 받으시기에 기쁜 예배를 드리며 상한 심령과 아름다운
열매로 나아가며 더불어 화평과 거룩을 따르는 삶이기를 소원합니다.

사 5장　포도원 노래

묵상　하나님이 기뻐하시는 사람

key word　5:2 들포도　5:10 열흘같이　5:14 스올　5:17 유리하는 자　5:19 이스라엘의
거룩한 이　5:20 흑암으로 광명을　5:26 기치를 세우시고

message　하나님께서 유다를 그처럼 혹독하게 다루실 수밖에 없는 이유를 밝
히고 있다. 포도원 농부로서 포도원을 애지중지하시는 하나님의 모
습을 그리고 당신의 기대에 미치지 못한 백성의 패역상 및 백성이 저
지른 각종 죄악상을 고발한다. 그러한 죄로 인해 포도원에 하나님의
심판이 임하게 됨을 소개하고 있다.

히 12장　믿음의 주를 바라보자

묵상　예배의 대상과 예배자의 삶

key word　12:10 그의 거룩하심에　12:12 피곤한 손과 연약한 무릎　12:17 눈물을 흘리
며　12:23 하늘에…모임과

message　수신자를 향해 인내하면서 믿음의 경주를 하라고 권면한다. 그리고
시련이 닥치더라도 그것을 주님이 주시는 연단으로 생각하고 물러서
지 말라고 당부한다. 그러나 혹시 시련을 이기지 못할 자가 생길 수
있음을 우려하여 배교자가 당할 하나님의 심판을 상기시키며 경고하
고 있다.

말씀 연결(사 5장; 히 12장)_하나님의 예배자의 삶

▶일러두기

시편 5편에서 정결례에 사용된 '우슬초'는 박하과의 작고 털이 무성한 식물로 향기가 좋은 풀,
유월절 나병자 정결례, 어린 암송아지 제사 등에서 사용된 우슬초는 육신의 정결을 위한 수단
으로 생각한다.

포악한 씨와 거룩한 씨

민수기 16장 | 시편 52-54편 | 이사야 6장 | 히브리서 13장

민 16장　고라 일당의 반역

묵상　당을 짓는 포악한 씨들

key word　16:1 고라　16:6 향로　16:14 눈을 빼려느냐　16:17 이백오십 개　16:19 여호와의 영광이　16:30 새 일을 행하사　16:35 불이 나와서　16:42 회중이　16:48 죽은 자와 산 자

message　광야 생활 말기에 발생한 사건으로 40년간의 광야 생활에 지친 백성을 충동질하여 하나님이 세운 질서를 무너뜨리려한 고라 일당의 반란과 그에 대한 하나님의 준엄한 심판 및 거듭되는 백성의 원망 등이 소개된다. 이처럼 교만과 원망은 자기 스스로를 망하게 할 뿐 아니라 신앙 공동체 전체를 뒤흔드는 심각한 죄악이 된다.

시 52-54편 악인의 비극과 어리석은 무신론자의 구원의 요청

묵상　악한 계획을 자랑하는 포악한 씨들과 거룩한 씨들을 도우시는 하나님

key word　52:2 삭도　52:4 해치는　53:1 어리석은 자　53:3 각기 물러가　54:1 주의 이름　54:3 낯선 자들　54:6 낙헌제

message　52편은 원수를 강하게 비난하는 탄원시이다. 불의한 욕심으로 무고한 생명을 빼앗는 악행은 비록 성공하는 것 같지만 하나님의 심판을 면할 수 없다. 53편은 무신론자의 어리석음을 깨우치는 일종의 지혜시로 인간의 가장 큰 불행은 생명과 복의 근원이신 하나님을 떠난 데 있음을 보여준다. 그리고 54편에서는 다윗이 사울을 피해 다니는 절박한 상황에서 구원을 요청한 개인 탄원시이다.

말씀 연결(민 16장; 시 52-4편)_포악한 씨와 거룩한 씨

▶**말씀기도**

우리 안에 모든 포악한 일을 버리고 하나님의 부르심에 응답하며, 거룩한 삶으로 항상 찬송의 제사를 하나님께 드리며 살아갈 수 있기를 소원합니다.

사 6장   이사야를 부르신 하나님

묵상   하나님이 찾으시는 거룩한 씨

key word   6:1 높이 들린 보좌 6:2 스랍 6:6 핀 숯 6:13 거룩한 씨

message   백성의 죄악과 그로 인한 심판을 다급한 음성으로 전한 이사야는 6장에 이르러 자신이 성전에서 소명받은 사실을 자세히 소개한다. 이소명은 하나님의 대변자로서의 권위를 뒷받침해주기에 충분했다.

히 13장   하나님을 기쁘시게 하는 성도들의 삶

묵상   거룩한 씨의 삶

key word   13:2 부지중에 천사들을 대접한 이들 13:5 돈을 사랑하지 말고 13:7 그들의 행실의 결말 13:10 장막에서 섬기는 자들 13:12 성문 밖에서 13:19 내가 더 속히 13:20 양들의 큰 목자이신 예수

message   저자는 결론적으로 이 책을 마감하면서 수신자들을 향해 형제 사랑, 남녀 문제 등 사회생활에 관한 교훈과 교회생활에 필요한 교훈을 제시한 뒤 자신을 위한 기도를 당부한다.

말씀 연결(사 6장; 히 13장)_거룩한 씨의 삶

▶일러두기

고라와 그 무리들은 왜 모세와 아론을 비난했는가? 고라는 모세와 아론의 지도적 위치를 시기하였다. 고라와 다른 대적자들, 곧 다단, 아비람, 온 등은 모세와 아론이 그들의 지도자적인 권위를 남용한다고 비난하였다. 하나님의 모든 백성들은 거룩하기 때문에 모세와 아론만이 이스라엘을 지도할 특별한 권위를 가진 것은 아니라는 것이 고라와 그 무리들의 논리였다.

9 May 의인의 삶

민수기 17-18장 | 시편 55편 | 이사야 7장 | 야고보서 1장

민 17-18장 아론의 싹난 지팡이와 제사장과 레위인의 직무와 분깃

묵상 직무를 다함

key word 17:4 증거궤 앞에 두라 17:8 살구 열매 17:10 증거궤 앞으로 18:3 성소의 기구 18:6 내게 돌리고 18:8 내 거제물 18:12 첫 소산 18:18 흔든 가슴 18:19 소금 언약 18:26 십일조의 십일조 18:29 아름다운 것

message 고라 반란의 원인이 되었던 아론의 대제사장직이 범접할 수 없는 권위를 지닌 것임을 확인시키셨다. 그리고 18장 역시 고라 사건의 연장 선상으로 이해되어야 한다. 즉 하나님은 성역에 참여하는 제사장과 레위인 각각의 직분 간의 우열로서가 아닌 조화와 협조를 통한 동역의 아름다움과 성역의 다양성을 가르치고자 하셨다.

시 55편 배신당한 자로서의 탄식

묵상 모든 짐을 여호와께 맡김

key word 55:4 내 마음이 55:11 그 거리 55:14 하나님의 집 안에서 55:17 저녁과 아침과 정오

message 다윗이 아들 압살롬의 반란으로 도피해야만 했던 참으로 수치스럽고 고통스러운 사건을 배경으로 하는 일종의 비탄시이다.

말씀 연결(민 17-18장; 시 55편)_직무와 짐을 맡김

▶말씀기도

우리에게 주신 직무를 귀히 여기며, 모든 두려움을 버리고 끝까지 인내하며 모든 시험을 참는 삶을 살아갈 수 있기를 기도합니다.

사 7장   아하스에게 전해진 임마누엘 징조

묵상   낙심하지 않음

key word   7:2 다윗의 집 7:3 스알야숩 7:11 징조 7:14 처녀 7:20 머리 털과 발 털

message   북이스라엘 왕 베가와 아람 왕 르신은 자신들의 독립을 위협하던 앗
수르에 대항하고자 모의하며 유다 왕 아하스에게 동참을 요청하게
된다. 겁에 질린 아하스에게 하나님은 선지자를 보내어 임마누엘 예
언을 통해 위로했지만, 아하스는 끝내 앗수르에 의지함으로써 아하
스와 그 나라는 심판을 면할 수 없게 된다. 하나님 없는 승리는 있을
수 없는 것이다.

약 1장   시련을 극복하는 성숙한 신앙

묵상   시험을 참음

key word   1:1 흩어져 있는 열두 지파 1:9 낮은 형제 1:11 뜨거운 바람 1:12 생명의 면
류관   1:17 회전하는 그림자 1:21 모든 더러운 것 1:26 재갈 물리지

message   야고보서는 성도의 실천적 측면을 강조한 책으로 율법주의와 이방인
의 박해로 인해 시련을 겪고 있는 유대 출신 성도들을 위해 기록되었
다. 야고보는 고난의 의미를 밝히고 고난을 극복하는 방법과 고난의
원인을 말한 뒤 고난 중에서도 진리를 행하라고 권면한다.

말씀 연결(사 7장; 약 1장)_낙심과 시험

▶일러두기

'임마누엘'이란 '하나님이 우리와 함께 계신다'라는 뜻으로서 처녀가 낳은 아들을 가리킨다. 이
이름은 국가적 위기를 맞아 떨고 있던 야하스에게 주어진 격려성 징조로서 하나님이 다윗의 집
안을 보존해 주실 것이라는 믿음의 상징적 표현이다.

하나님의 열심히 이루심

민수기 19장 | 시편 56-57편 | 이사야 8-9장 1-7절 | 야고보서 2장

민 19장 정결례를 위한 법령

묵상 　　 자신을 정결하게 함

key word 　 19:2 법의 율례　19:6 백향목과 우슬초와 홍색 실　19:12 셋째 날과 일곱째
　　　　　　날　19:13 여호와의 성막　19:15 덮지 아니한 그릇

message 　 주검에 접촉한 자를 위한 정결의 물 만드는 법과 그 사용법이다. 가
　　　　　　데스와 고라 사건 이후 이스라엘 안에 많은 주검이 발생했고 그것을
　　　　　　접촉함으로써 부정이 다반사로 일어났기 때문에 이 법이 마련된 것
　　　　　　으로 보인다. 이 법은 결국 선민의 전인적인 성결의 중요성을 깨우치
　　　　　　고 있다.

시 56-57편 하나님을 의지하는 자의 담대함과 노래

묵상 　　 하나님의 은혜를 간구함

key word 　 56:1 종일 치고　56:2 삼키려 하며　56:6 내 생명을 엿보았던　56:8 나의 유
　　　　　　리함을 주께서 56:12 감사제　57:1 날개 그늘　57:6 억울하도다　57:8 내 영
　　　　　　광아

message 　 56편은 다윗이 지은 시 가운데서 황금시에 해당하는 특별한 시로 절
　　　　　　망적인 순간에도 하나님께 온전한 보호와 구원을 호소하는 신앙을
　　　　　　보여준다. 그리고 57편에서 시인은 원수들의 핍박 가운데서 하나님
　　　　　　의 공의로운 행사에 대한 의인들의 기쁨을 노래한다.

말씀 연결(민 19장; 시 56-57편)_정결과 간구함

▶**말씀기도**

우리를 정결하게 하심도, 은혜를 베푸심도, 주의 구원하심과 우리의 행하는 모든 행위의 결과인
것을 기억하고 감사하는 삶이기를 기도합니다.

사 8-9:7   백성을 위한 표징과 경계 그리고 이스라엘의 심판

묵상   만군의 여호와의 열심

key word   8:1 큰 서판 8:4 내 아빠 8:6 천천히 흐르는 실로아 물 8:7 흉용하고 창일한 큰 하수 8:17 얼굴을 가리시는 9:1 스불론 땅과 납달리 땅

message   임마누엘 징조에도 여전히 불안해하며 세상을 의지하려는 아하스와 유다 백성에게 하나님은 가까운 장래에 임할 대망과 위기 그리고 역사를 주관하시며 예언을 이루시는 당신의 공의롭고 탁월한 경륜을 소개하고 유다의 배교에 대해 경고하신다. 9장 1-7절에서는 인생의 한계를 극복하고 근본적인 인생문제를 다루실 미래의 왕 메시야의 탄생을 예고하고 있다.

약 2장   행함이 있는 믿음

묵상   행함으로 온전하게 되는 믿음

key word   2:6 억압하며 법정으로 끌고 가지 2:7 아름다운 이름 2:17 행함이 없는 2:22 함께 일하고 2:25 라합

message   야고보는 지위나 신분에 따라 차별하는 악한 습관을 배격하고 사람을 외모로 취하지 말라고 권면하면서 믿음은 행함으로 입증된다고 주장하여 이신칭의 교리와 더불어 쌍벽을 이루는 유명한 행함 있는 믿음의 도를 가르친다.

말씀 연결(사 8-9장 1-7절; 약 2장)_열심과 믿음

▶일러두기

야고보서의 '자유와 율법'은 성도를 죄와 사망의 법에서 자유롭게 한 복음이다. 구약의 율법이 강제성을 띤 반면, 신약의 복음은 자율성을 띤다. 따라서 신약의 성도는 하나님의 말씀을 자발적으로 실천하고 또 그에 대한 책임도 져야 한다.

11
May

하나님의 거룩함을 드러내는 수단

민수기 20장 | 시편 58-59편 | 이사야 9장 8절-10장 4절 | 야고보서 3ㅈ

민 20장　므리바 물 사건과 아론의 죽음

묵상　　　　순종을 통해 거룩함을 나타내야 함

key word　　20:1 미리암　20:11 반석을 두 번 치니　20:12 내 거룩함　20:16 천사
　　　　　　20:17 왕의 큰길　20:26 아론의 옷을　20:29 삼십 일

message　　출애굽 제 40년, 모세의 가나안 입성을 불가하게 만들었던 므리바 물
　　　　　　사건, 에돔 족속의 방해로 이스라엘이 먼 길을 돌아 가나안으로 나아
　　　　　　가야 했던 일, 대제사장 아론의 죽음과 그 아들 엘르아살이 대를 이
　　　　　　는 내용이 소개된다. 이 모든 사건은 약속의 땅 가나안이 겸손과 인
　　　　　　내와 자아의 죽음으로 들어가는 곳임을 증명해 준다.

시 58-59편　악인의 패망을 소원하는 기도와 피난처 되신 하나님

묵상　　　　찬양의 말

key word　　58:3 모태에서부터　58:4 귀머거리 독사　58:7 급히 흐르는 물　58:8 소멸
　　　　　　하여 가는 달팽이　59:5 모든 나라들　59:8 비웃으시며

message　　58편에서 시인은 원수들의 핍박 가운데서 하나님의 공의로운 행사
　　　　　　에 대한 의인들의 기쁨을 노래한다. 곧 불의가 기승을 부릴지라도 하
　　　　　　나님은 역사의 주관자이시오, 심판주가 되심을 보여준다.

말씀 연결(민 20장; 시 58-59편)_거룩함과 찬양

▶말씀기도

우리의 말은 하나님의 거룩함을 드러내는 일에 사용하며, 모든 불순종과 완악한 말을 버리고
하나님을 찬양하는 삶을 살아가기를 기도합니다.

사 9:8-10:4 표징과 경계와 메시야의 예언

묵상   완악하고 망령된 말

key word   9:10 벽돌 9:11 르신의 대적 9:14 머리와 꼬리 9:18 악행은 불 타오르는
것 9:21 그의 손이 10:1 불의 한 법령 10:2 토색하고

message   하나님을 버린 북왕국 이스라엘에 대한 심판이 선언된다. 그리고 10
장 1-4절까지는 메시야 왕국의 비전을 통해 백성의 마음을 위로하셨
던 하나님은 그 비전의 한 과정으로서 앗수르의 패망을 소개하고 있
다.

약 3장 말을 절제하라

묵상   말의 힘

key word   3:8 쉬지 아니하는 3:15 위로부터 내려온 것

message   지도자에게 특별히 요구되는 덕목 중 언어생활에 대해 교훈한다. 즉
야고보는 말이 주는 피해가 얼마나 대단한지를 상기시키면서 말을
절제하도록 권면한다. 후반부에서는 다툼과 거짓을 가져오는 세상
지혜를 버리고 하늘의 신령한 지혜를 힘입어 열매 맺는 삶을 살도록
당부한다.

말씀 연결(사 9장 8절-10장 4절; 약 3장)_말

▶**일러두기**

'나신 한 아기'이신 메시야는 완전한 인간으로서 처녀의 몸에서 나실 것이다. 거룩한 신성과 권
한을 지니셨다. 능력과 지혜를 지니셨다. 영존하시며 생명의 근원이시다. 분쟁과 고통을 없애시
는 평화의 왕이시다. 하나님의 약속대로 다윗의 자손으로 오실 것이다. 하나님 나라에서 공평과
정의로 영원히 다스릴 것이다.

하나님을 의지함

민수기 21장 | 시편 60-61편 | 이사야 10장 5-34절 | 야고보서 4장

민 21장   불뱀과 놋뱀 그리고 광야 여정

묵상   하나님께 기도함

key word   21:6 불뱀 21:14 여호와의 전쟁기 21:20 비스가 산 21:21 아모리 21:29 그모스 21:33 바산

message   가나안을 눈앞에 둔 이스라엘은 출애굽 40년 만에 첫 승리를 거두지만 그들 내부의 적인 원망과 불순종으로 인해 또 한 번 하나님의 심판 즉 불뱀과 놋뱀을 통해 구원을 경험하게 된다. 이어서 계속되는 광야 여정과 또 한 번의 승전이 소개 된다.

시 60-61편 전쟁의 승리를 위한 기도와 하나님

묵상   구원과 기업을 주심

key word   60:1 버려 흩으셨고 60:3 어려움 60:4 깃발을 주시고 60:8 나의 목욕통이라 61:2 나보다 높은 바위

message   60편은 에돔 족속과의 치열한 전쟁을 배경으로 한다. 시인은 전황이 이스라엘에게 불리한 상태에서 승리를 위한 기도를 드리고 있다. 그리고 61편은 간결하면서 애절한 어조를 특징으로 하는 탄원시이다. 시인은 예루살렘 성전으로 돌아가 예배드리기를 소원하며 하나님의 보호를 간구한다.

말씀 연결(민 21장; 시 60-61편)_기도와 구원

....

....

▶**말씀기도**

우리는 하나님만 의지하고 우리에게 구원과 기업을 주신 하나님께 구하며, 더욱 큰 은혜를 사모하는 삶이기를 기도합니다.

사 10:5-34 이스라엘의 심판과 앗수르의 멸망과 남은 자

묵상   진실하게 의지함

key word   10:9 다메섹 10:15 도끼 10:18 전부 소멸되리니

message   하나님은 이 땅을 심판하시지만 당신의 관심은 언제나 영적 각성을 통한 이스라엘의 회복에 있음을 다시 한 번 확인시켜준다.

약 4장 세상과 벗하지 말며 비방하지 말라

묵상   더 큰 은혜를 사모함

key word   4:1 정욕 4:4 간음하는 4:8 손을 깨끗이 하라 4:11 비방 4:14 안개

message   교회 교사를 대상으로 지도자로서의 개인 윤리에 대해 가르친 야고보는 이제 교회 공동체를 대상으로 공동체 윤리에 대해 권면한다. 즉 야고보는 허탄하고 세속적인 삶을 버리고 겸손하고 순결한 신앙으로 살도록 교훈한다. 교만에서 오는 탐욕과 비방을 버리고 헛된 자랑을 삼가라고 당부한다.

말씀 연결(사 10장 5-34절; 약 4장)_의지와 사모함

▶**일러두기**

이사야 10장 21절의 '남은 자'란 하나님의 선하신 성품으로 인해 절망적인 상황에서도 구원을 얻은 생존자들을 말한다. 즉 죄인들을 향한 하나님의 심판으로부터 생존하여 하나님의 새 백성의 기원이 되는 자를 가리킨다. 이들이 남은 것은 스스로의 종교적 우월함 때문이 아니라 진노 중에서도 긍휼을 잊지 않으시는 하나님의 인내와 은총 때문에 가능했다.

하나님의 말씀을 들음

민수기 22장 | 시편 62-63편 | 이사야 11-12장 | 야고보서 5장

민 22장   발락이 발람을 초대하다

묵상   주신 말씀을 말함

key word   22:5 발람 22:7 복채 22:12 복을 받은 자들 22:17 크게 존귀하게 22:20 일어나 함께 가라 22:22 감으로 22:28 나귀 입을 여시니 22:30 버릇 22:32 사악하므로

message   22장에서 민수기 마지막까지는 40년 광야 여정 중 최종 숙영지인 모압 평지에서의 사건들이다. 그중 22-24장은 이스라엘의 진격을 두려워한 모압 왕 발락이 술사 발람을 초대해 이스라엘을 멸하려 했던 사건이다.

시 62-63편 하나님만 바라고 주를 앙망하는 자의 노래

묵상   하신 말씀을 들음

key word   62:1 나의 영혼이 잠잠히 62:4 높은 자리에서 62:8 그의 앞에 마음을 토하라 63:5 골수 63:11 주께 맹세한 자마다

message   62편은 모든 도움이 사라진 애절한 상황에서 항변을 포기하고 다만 하나님의 구원을 잠잠히 바라는 전적 의뢰의 찬송이다. 그리고 63편에서는 오직 유일한 소망이요 만족이 되시는 하나님을 우러러 구원을 호소하는 비탄의 시이다. 시인은 단지 슬픔과 좌절에 머물지 않고 하나님과 더 긴밀하게 연합되기를 바라며 기도한다.

말씀 연결(민 22장; 시 62-63편)_말함과 들음

▶**말씀기도**

우리의 삶의 구원과 궁극의 구원을 말씀하시는 하나님의 약속의 말씀을 듣고, 세상 소리에 요동하지 아니하는 삶을 살기를 기도합니다.

사 11-12장 메시야 왕국에 대한 비전과 감사 찬송

묵상	심판을 말씀하심
key word	11:4 입의 막대기 11:15 애굽 해만 12:1 그 날에
message	11장에서는 메시야의 오심과 그분의 의로운 통치 그리고 그로 인한 복음의 확산에 대한 비전이 소개된다. 이러한 메시야 왕국에 대한 소망은 불안하고 위협적인 이 땅에서 살아가는 하나님의 백성에게 크나큰 위로가 아닐 수 없다. 그리고 12장은 선민의 죄로 인한 심판과 그와 동시에 펼쳐질 구원에 대한 메시지가 12장을 분수령으로 끝이 난다.

약 5장 인내하고 기도하라

묵상	들어야 할 권면의 말씀들
key word	5:7 이른 비와 늦은 비 5:12 맹세하지 말지니 5:14 기름을 바르며 5:17 엘리야 5:19 미혹되어
message	세상의 허탄한 것을 추구하는 자의 허망함을 지적한 후 야고보는 먼저 가난한 자를 외면하고 품꾼을 정당하게 대우하지 않는 자를 악한 부자에게 임할 멸망을 경고하며, 세상에서 핍박당하며 살아가는 성도들을 향해 재림의 임박성을 상기시키며 미혹에 빠진 형제를 구하라고 당부하면서 이 책을 마친다.

말씀 연결(사 11-12장; 약 5장)_들어야 할 말씀들

▶**일러두기**

이사야 11장 1절에서 '이새의 줄기에서 나온 싹'은 다윗의 후손으로 오실 메시야를 '이새의 줄기'라고 칭한 것은 다윗이 이새의 아들이요 미천한 존재였음을 강조하기 위함이다. 이미 죽은 것 같은 다윗 왕조에서 새롭게 돋아났기 때문이요, 매우 보잘것없고 연약하게 보이기 때문이다.

14
May
말씀하시고 이루심

민수기 23장 | 시편 64-65편 | 이사야 13장 | 베드로전서 1장

민 23장　이스라엘을 축복한 발람

묵상　　말씀하신 바를 행하시는 하나님

key word　23:1 제단 일곱　23:3 언덕길　23:8 내가 어찌 저주하며　23:10 야곱의 티끌
　　　　　23:13 달리 볼 곳으로 가자　23:22-24 들소, 암사자, 수사자

message　뜻이 맞는 사악한 두 세력 발람과 발락이 만나 이스라엘을 멸망시키
　　　　　려 했으나 하나님의 주권적인 개입으로 오히려 이스라엘을 축복하게
　　　　　된 사건이다. 하나님은 탐심에 눈이 먼 발람의 전 인격을 주장하셔서
　　　　　이스라엘을 보호하시고 인도하시는 당신의 거룩한 뜻을 드러내셨다.

시 64-65편　악인에 대한 심판과 하나님의 권능을 노래

묵상　　약속하신 말씀들

key word　64:2 악을 행하는 자들의 소동　64:4 온전한 자　65:2 모든 육체　65:5 엄위
　　　　　하신 일　65:9 하나님의 강

message　64편은 원수에게 위협받는 상황에서 도움을 요청하는 탄원시이다.
　　　　　시인은 하나님의 절대적인 보호를 호소하고 하나님의 심판을 노래한
　　　　　다. 그리고 65편은 온 세상의 창조주요 모든 질서를 홀로 주관하시는
　　　　　하나님께 대한 찬양과 감사의 시이다.

말씀 연결(민 23장; 시 64-65편)_행하시는 말씀들

▶**말씀기도**

하나님은 말씀하시고 그 말씀하신 바를 행하시며, 구원받은 하나님의 백성으로서 들은 바 말씀
대로 행하는 믿음의 삶을 살기를 소원합니다.

사 13장   바벨론에 대한 경고

묵상   심판을 말씀하심

key word   13:5 먼 나라 13:6 여호와의 날 13:18 애석하게 보지 아니하리라 13:22 승냥이

message   바벨론에 임할 멸망이 예언된다. 한편 바벨론은 기원전 612년 앗수르의 수도 니느웨를 파괴함으로써 앗수르를 물리치고 세계적 강국이 된 신바벨론을 일컫는다.

벧전 1장   산 소망을 주신 하나님

묵상   거듭난 자가 따라야 할 말씀

key word   1:2 미리 아심 1:3 긍휼대로 1:6 여러 가지 시험 1:7 연단 1:12 살펴보기를 1:19 흠 없고 점 없는 1:20 너희를 위하여

message   베드로는 로마 황제 네로의 핍박에 직면해 있고 또 장차 환난당할 성도들에게 위로와 권면의 말을 전하고자 이 서신을 썼다. 1장에서는 수신자에 대한 문안, 하나님의 긍휼의 결과로 이미 주어진 구원, 시련과 연단을 통해 장차 주어질 구원이 소개된다. 베드로는 성도들에게 근신과 성결의 삶을 권하고, 구원받은 성도 상호 간에 어떤 삶을 살아야 할지를 가르친다.

말씀 연결(사 13장; 벧전 1장)_심판과 거듭남

▶일러두기

이스라엘 대한 두 차례에 걸친 저주의 시도가 실패로 돌아가자, 모압 왕 발락은 세 번째로 저주를 시도하기 위해 술사 발람을 광야가 보이는 브올 산 꼭대기로 인도한다. 이번에 발람은 1, 2차 예언 때처럼 제단을 쌓고 제사를 드리거나 사술을 쓰는 방식대로 사태난 산에는 가지 않는다. 그러나 하나님은 발람의 방법과는 전혀 상관없이 자신의 주권대로 이번에도 역시 발람에게 말씀을 주심으로써 이스라엘을 축복하게 하신다.

15
May

하나님의 경영

민수기 24장 | 시편 66-67편 | 이사야 14장 | 베드로전서 2장

민 24장 **브올 산에서의 발람의 예언**

묵상　　　열방을 향해 말씀하심

key word　24:1 선히 여기심　24:6 그 벌어짐이 골짜기 같고　24:8 뼈를 꺽으며　24:10
　　　　　손뼉을 치며　24:17 셋의 자식들

message　이스라엘을 멸망시키려던 발락의 악한 계획과시도가 최종적으로 실
　　　　　패하게 되는 장면이다. 하나님은 악인들의 입술을 통해 인생과 역사
　　　　　의 참 주인이요 특히 주님의 백성을 지극히 사랑하시는 분임을 알리
　　　　　셨다.

시 66-67편 만민들아 주를 찬송하게 하소서

묵상　　　경영을 반드시 이루심

key word　66:1 온 땅이여　66:12 머리를 타고 가게　66:14 내 입술이 낸 것　67:1 그의
　　　　　얼굴 빛을 우리에게 비추사　67:6 땅이

message　66편은 구원받고 하나님의 전에서 제사 드리는 자의 감사시이다. 시
　　　　　인은 민족적인 차원에서 만민들에게 하나님께 찬양할 것을 권면하고
　　　　　개인적인 차원에서 자신의 기도가 응답된 사실을 기뻐하며 서원한
　　　　　바를 갚는 감사를 노래한다. 67편은 전통적으로 추수의 기쁨을 가지
　　　　　고 임하던 장막에 부른 감사의 노래이다.

말씀 연결(민 24장; 시 66-67편)_말씀과 살피심

▶**말씀기도**

왕 같은 제사장이요 그의 소유된 백성으로서 하나님의 말씀에 따른 경영을 기대하되 하신 말씀
을 반드시 이루심을 믿습니다.

사 14장 바벨론, 앗수르, 블레셋의 멸망

묵상 나라들을 살피심

key word 14:4 노래 14:5 몽둥이 14:9 아래의 스올 14:23 고슴도치 14:29 날아다
니는 불뱀

message 잔인하고 교만했던 바벨론의 멸망, 당시 최강국이던 앗수르의 파멸
그리고 선민의 오랜 적대국이던 블레셋의 멸망 등이 연대기적 서술
을 취하지 않은 채 집대성되어 그려지고 있다.

벧전 2장 거듭난 성도의 영적 성장과 올바른 삶

묵상 입의 경영

key word 2:9 택하신 족속 2:11 거류민과 나그네 2:12 오시는 날 2:13 주를 위하여
2:15 선행으로 2:19 하나님을 생각함으로 2:24 죄에 대하여 죽고

message 환난과 구원의 소망을 대비시킨 인내의 필요성을 역설했던 앞장에
이어 본 장에서는 성도들이 옛 죄악을 버리고 예수의 말씀으로 계속
자라나야 하며, 삶의 모든 영역에서 거룩을 추구하되 특히 이방인 앞
에서, 권세자 앞에서, 고난을 제공하는 자 앞에서 그리스도께서 보이
신 모범을 따라 온전한 삶을 추구해야 한다고 가르친다.

말씀 연결(사 14장; 벧전 2장)_경영

▶일러두기

민수기 24장 17절의 '한 별 한 규가 일어나서'라는 말은 성경 문학적으로 '별'은 왕(지도자)을,
'규'는 권위와 통치를 상징한다. 이 예언은 위대한 통치자 이스라엘에서 일어날 것이라는 내용
으로 일차적으로는 다윗 때에 궁극적으로는 메시야 예수에게서 성취된다. 예수는 절대 왕권을
가지고 구원자요 심판자로서 이 땅에 임하신다.

진노와 구원

민수기 25장 | 시편 68편 | 이사야 15장 | 베드로전서 3장

민 25장 바알브올을 섬긴 이스라엘

묵상   음행한 이스라엘을 심판하심

key word   25:3 바알브올 25:4 태양을 향하여 25:6 회막 문에서 25:11 내 질투심
25:12 평화의 언약

message   발람의 시도가 실패로 돌아갔지만 이스라엘은 더 큰 위기에 직면하
게 된다. 즉 이스라엘은 요단 강 바로 앞 싯딤에서 모압 여인들과 음
행함으로써 거룩을 훼손했고, 그로 인해 죽음을 맞게 된다.

시 68편 전능하신 하나님의 승리

묵상   원수를 심판하심과 하나님을 찬송함

key word   68:1 일어나시니 68:2 영기 68:4 광애에서 행하시던 이 68:11 소식을 공
포하는 여자들 68:13 양 우리 68:15 바산의 산 68:26 이스라엘의 근원
68:33 하늘들의 하늘

message   개선가요 하나님의 위대하심을 노래한 찬양시이다. 시인은 당신을
대적하는 원수를 멸하시는 하나님의 권능을 찬양하고 과거 이스라엘
을 적극적으로 후원하여 주시던 하나님의 은혜를 드높이고 장래에
이뤄질 승리를 미리 노래하여 하나님께 영광을 돌리고 있다.

말씀 연결(민 25장; 시 68편)_심판과 찬송

▶**말씀기도**

사랑의 하나님께서 진노하심을 기억하며, 그 진노 중에서라도 긍휼을 잊지 않으시는 하나님을
믿으며 우리에게 구원을 이루신 기쁨으로 받아 누리는 삶이기를 기도합니다.

사 15장　모압에 관한 경고

묵상　　　모압에 진노하심

key word　15:2 머리카락　15:6 니므림 물이 마르고

message　담백한 역사 서술체가 아니라 애가 형식으로 멸망이 예언된 것은 모
　　　　　압이 이스라엘의 형제국이었기 때문이다.

벧전 3장　성도의 바른 생활과 의를 위한 고난

묵상　　　구원받은 백성의 삶

key word　3:4 마음에 숨은 사람　3:7 더 연약한 그릇　3:13 열심히 선을 행하면　3:18
　　　　　영으로는 살리심

message　성도의 올바른 인간관계와 환난 중의 올바른 자세를 가르치고 있다.
　　　　　즉 베드로는 최소 단위의 사회라고 할 수 있는 가정 내에서 아내와
　　　　　남편의 올바른 관계 정립과 고난에 직면한 성도의 자세, 끝까지 선을
　　　　　추구하며 온유한 삶을 살 것, 그리고 그리스도께서 보여주신 모범 등
　　　　　을 소개하고 있다.

말씀 연결(사 15장; 벧전 3장)_진노와 구원

▶일러두기

시편 68편의 그리스도의 승천은 '주께서 높은 곳으로 오르시며'라는 표현이며, 일차적으로 하
나님의 임재의 상징인 법궤가 시온 산으로 옮겨진 것을 나타낸다. 궁극적으로 장차 오실 그리
스도의 승리와 승천을 예표하는 것으로 보기도 한다.

17
May

우리의 기업이신 하나님과 그의 백성 된 자의 삶

민수기 26장 | 시편 69편 | 이사야 16장 | 베드로전서 4장

민 26장   두 번째 인구조사

묵상
군대 계수와 기업분배

key word
26:12 시므온 자손 26:15 갓 자손 26:19 유다의 아들들 26:28 요셉의 아들들 26:38 베냐민 자손 26:57 레위인의 계수

message
첫 번째 인구조사가 광야 여정 중에서의 효율적 진행을 위한 것이라면 두 번째는 가나안 땅을 효율적으로 정복하고, 정복한 땅을 합리적으로 분배하기 위한 조사였다.

시 69편   고통당하는 자의 탄식과 소망

묵상
노래로 하나님을 찬송함

key word
69:1 물들이 내 영혼까지 69:7 비방 69:9 주의 집을 위하는 열성 69:10 내가 곡하면 69:21 초 69:28 생명책 69:33 갇힌 자

message
일종의 탄원시로서 시인은 처절하고 절박한 상황에서 오직 유일한 소망이신 여호와께 구원을 호소하고 있다. 특히 이 시는 장차 도래할 메시야의 수난에 관한 예언적 내용으로 인하여 신약에 자주 인용되곤 한다. 따라서 이 시를 통해 시인이 직면해야 했던 고난을 이해할 뿐 아니라 메시야의 수난을 깊이 묵상할 수 있어야 한다.

말씀 연결(민 26장; 시 69편)_기업분배와 찬송

▶**말씀기도**

왕이신 예수 그리스도로 구원받은 하나님 나라 백성으로서 하나님이 주신 기업을 바라보며 하나님을 찬송하는 삶을 살아가기를 소원합니다.

사 16장	통곡하고 근심하게 될 모압
묵상	행위를 굳게 세우심
key word	16:2 모압의 딸들 16:3 밤 같이 그늘을 지으며 16:7 건포도 떡 16:11 수금 같이 소리를 발하며
message	15장에 이어서 본 장에서도 모압의 멸망에 관해 예언하고 있다. 한편 이 예언은 바벨론 왕 느브갓네살에 의해 일부 성취되고, 그 후 로마 나 나바테야 구역에 흡수 통합됨으로써 완전히 성취된다. 이후 모압 은 역사 속에서 영영히 사라지고 만다.

벧전 4장	성도들이 받을 고난과 사명
묵상	구원받은 백성의 삶
key word	4:5 사실대로 4:6 육체로는 4:18 죄인은 어디에 서리요
message	3장의 연장선상에서 성도의 삶은 죄와 단절되어야 함을 역설하고 또 고난 중에서도 종말을 고대하는 성도답게 기도와 사랑으로 하나님과 이웃을 대할 것을 가르치며, 고난 중에 인내할 수 있는 원동력과 고 난에 직면한 성도들이 갖추어야 할 자세에 대해 언급한다.

말씀 연결(사 16장; 벧전 4장)_세우심과 삶

▶일러두기

2차 인구조사 때에 각 지파별 증감을 보면 다음과 같다.

르우벤 지파 43,730명(-2,770명), 시므온 지파 22,200명(-37,100명), 유다 지파 76,500명(+1,900 명), 잇사갈 지파 64,300명(+3,100명), 스불론 지파 60,500명(+9,900명), 에브라임 지파 32,500명(-8,000명), 므낫세 지파 45,600명(+10,200명), 베냐민 지파 45,600명(+10,200명), 단 지파 64,400명(+1,700명), 아셀 지파 53,400명(+11,900명), 갓 지파 40,500명(-5,150명), 납달 리 지파 45,400명(-8,000명) 등이다.

민수기 27장 | 시편 70-71편 | 이사야 17-18장 | 베드로전서 5장

민 27장　모세의 후계자로 선임된 여호수아

묵상	기업에 대한 요구
key word	27:1 요셉의 아들　27:3 자기 죄로 죽었고　27:8 기업을 그의 딸에게　27:9 딸도 없으면　27:21 각종 제사 규례
message	앞서 상세히 언급된 가나안 땅 분배에 있어서 예외 조항이 마련되고 출애굽의 지도자 모세의 뒤를 이을 새 인물로 여호수아가 지명되는 장면이다. 이처럼 율법으로 대표되는 모세에게 가나안 입성이 불허된 것은 하나님 나라는 율법으로써가 아니라 은혜의 복음으로써 들어갈 수 있음을 시사한다.

시 70-71편　속히 내게 임하시고 늙을 때 버리지 마소서

묵상	도움과 소망되신 하나님
key word	70:2 나의 영혼을 찾는 자　70:3 아하 하는 자　70:4 주를 찾는 모든 자 71:1 주께 피하오니　71:5 나의 소망　71:9 늙을 때　71:15 측량할
message	70편은 절망적인 고통 중에서 하나님과 구원의 은혜를 호소하는 탄원시이다. 시인이 자주 사용하는 '속히'라는 말 속에서 시인은 절박한 상황을 알 수 있다. 그리고 71편에서 시인은 황혼의 때에 지나간 날들을 회고하며 조용히 하나님을 찬양한다.

말씀 연결(민 27장; 시 70-71편)_요구와 도움

▶**말씀기도**

기업되시는 하나님의 도우심과 소망을 믿으며, 우리의 삶에 온전히 모시고 하나님을 찬양하며 뜻을 따르는 삶이기를 소원하며 기도합니다.

사 17-18장 다메섹과 사마리아와 구스를 위한 예언과 경고

묵상   기업되신 하나님께 예물을 드림

key word   17:1 다메섹 17:4 야곱의 영광이 쇠하고 17:5 르바임 골짜기 17:10 이방인
           의 나뭇가지 18:1 날개 치는 소리

message   17장은 기원전 734년경 연합하여 유다를 침공한 아람(다메섹)과 북
           이스라엘(사마리아)의 멸망에 관한 예언과 그들을 멸망시킨 앗수르
           군대가 지리멸렬하게 될 것에 관한 예언이다. 그리고 18장에는 구스
           가 유다를 침공하고자 계획하지만 유다는 하나님이 친히 돌보시는
           나라임을 확인하게 된 구스가 오히려 유다에 조공을 바치게 되리라
           는 예언이 소개된다.

벧전 5장   장로와 일반 성도에게 주는 교훈

묵상   하나님의 뜻을 따름

key word   5:2 치되 5:4 목자장 5:7 염려를 5:9 대적하라 5:13 바벨론에 있는 교회

message   베드로는 신앙 공동체를 이끌어갈 지도자와 환난을 이겨나가야 할
           일반 성도들에게 경건한 교훈을 주는 동시에 교회 각 구성원들이 영
           적 전투를 감당해나갈 때 어떤 자세를 취해야 할 것인지를 가르친 후
           문안과 축도로 끝을 맺는다.

말씀 연결(사 17-18장; 벧전 5장)_기업되신 하나님의 뜻을 따름

▶일러두기

베드로전서 5장 1절의 장로들에 대한 권면은 베드로전서가 쓰여질 당시에 장로들이 소아시아
에 있는 교회들을 운영했다는 사실에 전제를 두고 있다. 그리고 베드로는 장로들이 직무를 수
행하는 것에 대한 올바른 자세를 지시한다.

예배 받으심

민수기 28장 | 시편 72편 | 이사야 19-20장 | 베드로후서 1장

민 28장 각종 제사 규례

묵상 　 정한 시기

key word 　 28:3 상번제　28:10 안식일의 번제　28:18 성회　28:19 흠 없는 것으로
　　　　 28:26 칠칠절

message 　 이스라엘이 가나안 땅에 들어가 엄수해야 할 각종 제사와 관련된 내
　　　　 용이 조목조목 소개된다. 그리고 상번제, 안식일 제사, 월삭, 유월절
　　　　 과 칠칠절 제사 등의 규례가 나온다.

시 72편 평강과 번영의 나라

묵상 　 영원히 찬송함

key word 　 72:1 주의 판단력　72:3 산　72:7 달이 다할 때까지　72:12 궁핍한 자, 가난
　　　　 한 자　72:16 산 꼭대기의 땅

message 　 왕의 즉위식이나 즉위를 기념하는 경축식에 불려진 제왕시이다. 이
　　　　 스라엘 나라의 평안과 번성함을 노래할 뿐만 아니라 장차 도래할 메
　　　　 시야 왕국의 영광스러움을 찬미한다.

말씀 연결(민 28장; 시 72편)_시기와 찬송

▶**말씀기도**

영원히 예배를 받으시기에 합당하신 하나님은 정한 시기를 주시고, 열방 가운데서도 우리의 삶
자리에서 믿음의 삶으로 예배하기를 기도합니다.

사 19-20장 애굽의 멸망과 구스에 대한 예언

묵상   애굽에서 경배를 받으심

key word   19:5 없어지겠고 19:10 그의 기둥이 부서지고 19:15 머리, 갈대 19:16 흔드는 손 19:17 유다의 땅은 20:6 해변 주민

message   19장은 애굽의 쇠퇴에 관한 예언과 애굽에 미칠 은혜에 관해 소개된다. 즉 애굽이 내란과 경제적 파탄, 무능한 지도자들 그리고 유다를 통해 애굽까지 미칠 하나님의 복과 은혜가 각각 소개된다. 그리고 20장에는 앗수르에 의해 애굽과 구스가 멸망되리라는 예언이 소개된다. 한편 이사야는 다가올 일에 대한 징조로서 자신이 직접 포로 복장을 하고 예언을 전하게 된다. 이런 예언 행동은 사르곤 2세의 군대장관이 블레셋 도시 아스돗을 치던 해에 실시되었고, 실제로 그 일은 수십 년 후 앗수르 왕 에살핫돈 혹은 앗수르 바니팔 때에 성취된다.

벧후 1장   주 안에서의 성장과 신앙의 근거

묵상   영원한 나라에 들어가는 삶의 예배

key word   1:3 신기한 능력 1:13 장막에 있을 동안에 1:14 그리스도께서 1:16 그의 크신 위엄 1:19 날이 새어

message   베드로후서는 주로 교회 내적인 문제점들을 다루고 있다. 그중 1장에서는 성도가 하나님께 받은 특권과 거짓 선생을 물리치기 위해 성결한 삶이 요구됨을 역설하고, 그리스도의 재림의 권위와 역할 및 그 말씀을 대할 때 주의할 점을 가르친다.

말씀 연결(사 19-20장; 벧후 1장)_경배와 삶의 예배

▶일러두기

이사야 19장 18절의 '멸망의 성읍'은 여호와에게 충성을 맹세하는 애굽의 다섯 성읍 가운데 한 곳으로 위치는 불명하며, 이곳이 '태양의 성읍'이라고 불리는 것으로 보아 태양 숭배의 중심지로 널리 알려진 '헬리오폴리스'를 가리키는 것으로 보인다.

20 May 경건한 자와 불의한 자

민수기 29장 | 시편 73편 | 이사야 21장 | 베드로후서 2장

민 29장   신년 제사

묵상   경건한 자가 지킬 성회

key word   29:1 나팔을 불 날   29:7 일곱째 달 열흘 날   29:17 수송아지 열두 마리
29:18 규례대로 할 것   29:35 여덟째 날

message   종교력으로 매년 7월 곧 일반 월력으로 신년에 해당하는 달에 드릴
제사들이 소개된다. 이처럼 신년 정월에 제사들이 집중되어있는 것
은 한 해의 시작을 하나님께 드리고 하나님께서 그 한 해를 인도해주
시기를 바라는 경건한 의미가 담겨 있다고 본다.

시 73편   악인의 형통함에서 얻는 교훈

묵상   하나님께 가까이 함

key word   73:9 혀는 땅에 두루   73:20 주께서 계신 후에는   73:22 주 앞에 짐승
73:27 음녀

message   아삽의 시로 세상에 대한 하나님의 거룩한 통치와 주권을 중심으로
한 노래이다. 시인은 세상에서 누리는 악인의 번영과 세속적 가치관
으로 인한 시인의 갈등을 호소하지만 보다 성숙해진 신앙으로 하나
님의 공의를 바라본다.

말씀 연결(민 29장; 시 73편)_지킬 성회와 가까이 함

▶말씀기도

하나님께 드리는 예배를 통해 하나님께 더 가까이 나아가며, 경건을 훈련하는 삶이기를 간구하
옵고 감사드리며 기도합니다.

사 21장   바벨론, 에돔, 아라비아에 관한 예언

묵상   불의한 자의 멸망

key word   21:1 해변 광야   21:3 요통이 심하여   21:11 두마

message   유다와 우호 관계를 이뤘던 나라들의 멸망을 예언하고 있다. 즉 하나
           님이 선민 유다를 징벌하는 채찍으로 사용하신 바벨론이 스스로의
           죄악으로 멸망할 것, 에돔 족속의 패망, 애돔과 바벨론 중간 위치에
           있던 아라비아의 멸망이 소개된다.

벧후 2장   거짓 선생들의 출현에 대한 경고

묵상   거짓 선생들의 결국

key word   2:7 무법한 자   2:10 주관하는 이   2:14 굳세지 못한 영혼   2:15 발람의 길
           2:17 물 없는 샘

message   유다서 1장 4-16절에서와 동일한 주제가 언급된다. 즉 거짓 선생들의
           출현과 그들에게 내려진 심판에 대한 교훈, 거짓 선생들의 특징과 죄
           악상 그리고 이단에 의한 배교의 어리석음을 경고하고 있다.

말씀 연결(사 21장; 벧후 2장)_멸망과 결국

▶일러두기

민수기의 '규례대로 할 것이며'는 이스라엘이 선민의 자긍심을 갖는 것은 자신들이 아브라함의
후손이자 하나님의 말씀을 맡은 민족이기 때문이다. 하지만 하나님은 당신의 말씀을 제대로 따
르는 자를 가까이 하셨으며, 그 규례대로 행하는 자의 삶에 복을 내리셨다. 말씀을 도외시한 이
념적 신앙, 행함이 없는 신앙인을 하나님은 정녕 싫어하신다.

21 May 심판

민수기 30장 | 시편 74편 | 이사야 22장 | 베드로후서 3장

민 30장 여성의 서원에 관련된 규례

묵상 개인의 서원(서약의 심판)

key word 30:4 아무 말이 없으면 30:7 남편이 30:15 얼마 후

message 가나안 입성을 전제한 규례 특히 여자의 서원에 관련된 다양한 실례와 그 시행령이 소개된다. 서원이란 강제나 의무 조항이 아닌 하나님 앞에서의 자발적인 맹세이다. 서원하지 않아도 죄가 없으나 일단 서원하면 해로워도 반드시 실천해야 한다.

시 74편 민족의 구원을 위한 기도

묵상 대적과 모든 피조물을 심판하심

key word 74:1 어찌하여 74:2 옛적부터 얻으시고 74:13 용들의 머리 74:19 멧비둘기 74:20 언약을 눈여겨 보소서 74:22 우매한 자가

message 민족적인 탄원시로 시인은 하나님의 소유된 이스라엘을 침탈한 원수들에게서 속히 구원해달라고 온 우주를 다스리시는 하나님께 호소하고 있다. 창조주시오, 역사의 주인이신 하나님을 구주로 모신 성도에게 절망과 탄식이란 있을 수 없다.

말씀 연결(민 30장; 시 74편)_서원과 심판하심

▶**말씀기도**

심판을 통해 하나님은 구원의 백성들을 회복시키시기를 원하시며 작은 서약이라도 지키며 평강 가운데서 나타나기를 힘쓰는 삶이기를 소원합니다.

사 22장　예루살렘을 향한 심판 선언

묵상　　　환난의 날

key word　22:1 환상의 골짜기　22:8 유다에게 덮였던 것을 벗기매　22:11 앙망하지 아
　　　　　니하였고　22:15 셉나　22:22 열쇠를 그의 어깨에　22:25 못이 삭으리니

message　하나님의 경고를 무시하고 죄악에 빠진 유다가 이방에 의해 수치와
　　　　　모욕을 당할 것과 탐욕과 부패로 물든 유다의 지도자들에게 미칠 하
　　　　　나님의 심판이 소개된다. 이처럼 하나님의 경고를 무시하고 회개를
　　　　　거부하는 인생은 끝내 멸망하고 만다.

벧후 3장　그리스도의 재림에 대한 약속

묵상　　　심판의 본심

key word　3:1 이 두 편지로　3:3 조롱하는 자　3:5 일부러 잊으려　3:10 주의 날이 도둑
　　　　　같이　3:14 점도 없고 흠도 없이　3:16 다른 성경

message　거짓 선생들의 가르침이 지닌 오류와 허구성을 고발한다. 즉 거짓 선
　　　　　생들이 그리스도의 재림에 대한 그릇된 교리를 유포하는 것에 대해
　　　　　경고하고, 그리스도의 재림의 확실성을 일깨움으로써 성도들의 영적
　　　　　각성을 촉구하며, 그리스도의 재림을 소망하는 성도들에게 요구되는
　　　　　영적인 준비와 성장에 관해 언급하고 있다.

말씀 연결(사 22장; 벧후 3장)_환난과 심판

▶**일러두기**

시편 74편 14절에 나로는 '리워야단'은 '용'처럼 혼돈과 악의 힘을 나타내는 상징적, 신화적
인 괴물이다. 성경에서 리워야단은 용(사 27:1), 뱀(창 3:1), 바다 괴물인 악어(욥 41:1), 고래(시
104:26) 등으로 나타난다.

22 May 심판과 구원

민수기 31장 | 시편 75-76편 | 이사야 23장 | 요한일서 1장

민 31장　미디안 정복 전쟁

묵상　정결함

key word　31:3 여호와의 원수　31:8 발람을 죽였더라　31:14 군대의 지휘관　31:17 사내를 아는 여자　31:19 이레 동안 진영 밖에　31:23 불을 지나게　31:24 옷을 빨아서　31:27 절반은　31:37 공물　31:50 생명을 위하여

message　가나안 정복 전쟁의 전초전에 해당하는 미디안 족속과의 전쟁과 승전 후의 정결례 및 전리품 분배 장면이다. 이번 승리는 지난날 미디안으로 인해 이스라엘이 당한 비극을 만회한 사건이자 향후 가나안 정복 전쟁시 우상 숭배자들을 괴멸시킬 것에 대한 예표적 사건이라고 할 수 있다.

시 75-76편　재판장이시며 승리자이신 하나님

묵상　섞은 잔을 쏟아내시는 심판

key word　75:2 내가 정한 기약이　75:3 땅의 기둥　75:7 재판장이신 하나님　76:2 살렘　76:4 약탈한 산　76:5 잠에 빠질 것이며

message　75편은 이 세상을 공의로 통치하시며 재판하시는 하나님께 찬송을 드린 감사시이다. 그리고 76편은 대적을 이기신 하나님의 능력과 승리에 대한 찬양시이다. 하나님을 신앙하는 자는 하나님의 의롭고 공평한 통치를 힘입어 왜곡된 현실을 이겨낼 수 있다.

말씀 연결(민 31장; 시 75-76편)_정결과 심판

▶**말씀기도**

하나님은 심판과 구원을 행하시는 주권자이시고 주권에 순종하는 삶을 살며, 심판의 구원을 기억하며 빛 가운데로 행하시는 주님을 믿습니다.

사 23장 　 두로와 시돈을 향한 심판 선언

묵상 　 열방의 통치자

key word 　 23:7 희락의 성　23:8 면류관을 씌우던 자　23:12 학대 받은 처녀 딸 시돈 23:15 칠십 년

message 　 페니키아의 중요 항구 도시인 두로와 시돈에 대한 하나님의 질타와 경고를 언급하는데 특히 멸망한 두로가 70년 후 다시 복구될 것과 죄악에서 돌이키게 될 것이라는 회복의 메시지가 소개됨으로써 하나님 앞에서 참회하는 일이 얼마나 중요한 일인가를 웅변적으로 말해주고 있다.

요일 1장 　 빛이신 하나님과의 교제

묵상 　 하나님의 구원

key word 　 1:1 태초부터 있는　1:3 사귐　1:4 우리의 기쁨이 충만하게　1:5 하나님은 빛이시라

message 　 요한복음과 밀접한 관계를 지닌 이 책은 성육신하시어 이 땅에 사랑과 진리의 원형을 제시하신 예수 그리스도의 삶과 인격과 가르침에 초점이 맞춰져 있다. 1장에서는 생명의 말씀이신 그리스도를 소개하고, 빛 가운데 행할 것을 권면한 후, 죄의 고백을 통해 하나님과 바른 교제를 나눌 것을 권면한다.

말씀 연결(사 23장; 요일 1장)_열방의 구원

▶일러두기

민수기 22장에서 하나님은 미디안 족속을 정복할 것을 명령하셨는데 그 이유는 이전에 미디안 족속이 이스라엘을 꾀어 음행을 저지르게 했기 때문이다. 여기서 우리는 하나님 백성을 실족하게 한 이방 족속에 대해서 하나님께서 공의로 심판하시는 것을 본다.

23 May 하나님의 뜻을 행하는 자

민수기 32장 | 시편 77편 | 이사야 24장 | 요한일서 2장

민 32장 요단 동쪽 땅의 분배

묵상   갈렙과 여호수아

key word   32:1 야셀, 길르앗 땅 32:6 여기 앉아 있고자 하느냐 32:9 에스골 골짜기
32:12 그나스 사람 32:18 받기까지 32:20 여호와 앞에서 32:23 너희 죄
가 32:28 엘르아살 32:33 므낫세 반지파

message   가나안 전쟁이라는 긴박한 상황을 눈앞에 두고 두 지파(르우벤, 갓)
의 전쟁 불참과 요단 동쪽 땅을 달라는 요구로 자칫 내분에 휩싸일
수 있으나 모세의 권위 있는 대안 제시로 분란을 막고 요단 동쪽 땅
을 분배해주는 장면이다. 건강한 공동체를 이루기 위해서는 무엇보
다 자신만을 생각하고 주장하는 이기심을 버리는 일이 최우선되어야
한다.

시 77편 하나님의 도우심을 간구하는 노래

묵상   모세와 아론

key word   77:6 노래 77:10 지존자의 오른손의 해 77:11 기이한 일 77:15 주의 팔
77:16 물들이 주를 보았나이다

message   오랜 고통과 절망적인 현실로 인해 곤핍해진 시인이 오직 하나님께
만 구원이 있음을 확신하고 하나님께 온 힘을 다해 도움을 호소하는
일종의 간구시이다.

말씀 연결(민 32장; 시 77편)_갈렙, 여호수아, 모세, 아론

▶**말씀기도**

하나님께서는 그의 뜻대로 행하는 자를 기뻐하시며, 모세와 아론과 갈렙과 여호수아처럼 하나
님을 영화롭게 하는 삶을 살기를 소원합니다.

사 24장　온 땅에 임할 하나님의 심판

묵상　　　 하나님의 이름을 영화롭게 할 자

key word　 24:7 새 포도즙이 슬퍼하고　24:12 감람나무　24:21 높은 군대

message　 온 세상의 주인이신 하나님이 뭇 민족들을 심판하시고 당신의 백성
　　　　　은 구원하신다는 종말론적 메시지가 소개된다. 그리고 하나님의 심
　　　　　판으로 온 땅이 황폐하게 될 것과 살아남은 자 외에 모든 자들이 기
　　　　　쁨을 알게 될 것 그리고 좀 더 강력한 심판 선언이 언급되고 있다.

요일 2장　새 계명 그리고 적그리스도에 대한 경계

묵상　　　 대언자 예수 그리스도

key word　 2:1 나의 자녀들아　2:6 그가 행하시는 대로　2:12-13 자녀들아, 아비들아,
　　　　　청년들아

message　 하나님과 신령한 교재를 나누는 삶에 대한 지침과 세상을 사랑하지
　　　　　말 것에 대한 권면 그리고 적그리스도에 대한 경고의 메시지가 소개
　　　　　되고 있다.

말씀 연결(사 24장; 요일 2장)_영화롭게 할 자, 대언자

▶일러두기

요한일서 2장 8절에서 '적그리스도'는 '적그리스도를 대적하는 자', '그리스도의 자리에 자신을
대신 세우는 자'라는 뜻이다. 사도 요한의 시각에서 적그리스도는 하나님과 그의 아들 예수와
예수의 몸 된 교회를 대적하는 각종 불법자와 이단의 무리를 지칭한다. 특히 그리스도의 인성
을 부인하고 복음을 변절시키는 영지주의자들이 이에 속한다. 또 종말의 때에 사탄으로부터 큰
능력과 권세를 받고 교회를 궤멸시키고자 핍박과 미혹을 행하는 무리를 뜻하기도 한다.

24 May 도전(배반)과 구원

민수기 33장 | 시편 78편 1-37절 | 이사야 25장 | 요한일서 3장

민 33장　애굽에서 모압까지의 여정

묵상　거할 땅에서의 도전

key word　33:1 대오를 갖추어　33:4 신들에게도 벌을　33:8 바다 가운데를 지나 33:37 호르 산　33:49 아벨싯딤　33:50 여리고　33:55 눈에 가시

message　출애굽 이후 가나안 입성 직전까지의 전 과정을 상세히 소개하고 있 는 압축판 광야 여행 기록과 함께 가나안 땅에 진입한 후 지켜야 할 일들을 소개하고 있다. 이로써 이스라엘의 광야 여정은 실질적으로 끝이 나게 된다.

시 78:1-37　이스라엘의 범죄

묵상　백성의 배반과 하나님의 구원

key word　78:5 증거, 법도　78:8 완고하고 패역하여　78:12 소안　78:13 물을 무더기 같이 서게　78:14 구름으로　78:20 떡, 고기　78:25 힘센 자의 떡

message　'미스갈' 곧 교훈시로서 이스라엘의 역사를 소재로 하여 하나님의 백 성에게 필요한 영적 교훈을 제공해 준다.

말씀 연결(민 33장; 시 78편 1-37절)_도전과 하나님의 구원

▶말씀기도

하나님의 말씀대로 살지 못하는 우리의 배반에도 하나님께서 우리를 구원하여 주신 그 사랑을 날마다 찬양하며, 주의 구원을 기뻐하는 삶을 살게 하옵소서.

사 25장　　시온에서 부르는 찬양

묵상　　　구원자 하나님을 찬양함

key word　25:1 기사　25:5 포학한 자의 노래　25:6 이 산　25:7 가리개

message　구원받은 주의 백성이 드리는 힘찬 찬양이 소개된다. 즉 구원받은 자들의 찬양과 이방 모든 민족들이 회개하고 돌이키리라는 예언 그리고 모압으로 대표되는 죄인들이 하나님의 심판으로 멸망하게 될 것이라는 예언이 선포된다.

요일 3장　　하나님의 자녀와 사랑의 실천

묵상　　　계명을 지켜야 함

key word　3:1 세상　3:9 하나님의 씨　3:11 처음부터 들은 소식　3:15 미워하는　3:18 행함과 진실함으로　3:22 계명을 지키고

message　하나님의 자녀가 추구해야 할 적극적인 면들을 소개하고 있다. 우선 하나님의 자녀의 영광된 신분을 밝힌 뒤, 죄를 멀리하고 거룩함을 추구할 것과 하나님께로 난 자의 특징을 소개한다. 이어서 사랑의 교제를 권면한 후 사랑의 실천에 대해 가르친다.

말씀 연결(사 25장; 요일 3장)_찬양과 계명

▶**일러두기**

민수기 33장에서 이스라엘은 역사 내내 가나안 족속들로부터 곤욕을 치르고 생명의 위협을 느껴야 했다. 그 이유는 하나님의 말씀을 따르지 않고 자행자지했기 때문이다. 순종은 복과 평안을 누리는 결정적인 열쇠임을 알아야 한다.

하나님의 선택

민수기 34장 | 시편 78편 38-72절 | 이사야 26장 | 요한일서 4장

민 34장   가나안 땅 분배와 분배할 자들

묵상   약속의 땅

key word   34:2 너희의 기업 34:11 긴네렛 34:13 제비 뽑아 받을 땅

message   가나안 정복 전쟁 때 앞서 차지할 땅의 동서남북 경계가 지정되고 가
              나안 땅을 공정히 분배할 일꾼들로 각 지파의 대표자들이 선출된다.
              한편 하나님께서는 아브라함에게 계시하셨던 넓이보다 협소한 땅을
              허락하셨는데 이는 당시 이스라엘이 관리할 수 있는 분량만큼 허락
              하셨기 때문이다.

시 78:38-72 하나님의 구원

묵상   성소의 영역

key word   78:42 대적에게 78:46 황충 78:48 우박에 78:51 함의 장막 78:54 성소
              의 영역 78:57 속이는 활 78:65 포도주를

message   시인은 이스라엘 백성이 하나님의 사랑을 버리고 여전히 범죄하며
              하나님을 불신하는 자리에 머물렀다는 사실을 강조한다.

말씀 연결(민 34장; 시 78편 38-72절) _땅, 영역

▶**말씀기도**

하나님께서 우리를 구원의 백성으로 선택하셨으며, 주어진 영역에서 사랑하며 살아가고 평강
을 누리는 삶이기를 기도합니다.

사 26장　새 예루살렘에서 부를 노래

묵상　　　 나라와 백성들

key word　 26:5 솟은 성　26:9 밤　26:11 주의 손이 높이 들릴지라도　26:13 주 외에 다른 주들　26:18 바람을 낳은 것 같아서

message　 승리의 날에 부를 찬양이 소개된다. 특히 2개 이상의 독립된 찬양으로 구성되었는데 그중 1-6절은 유다의 승리가 하나님으로부터 왔다는 사실을 소재로 한 찬양이며, 7-49절은 하나님을 신뢰하면서 대적들로부터 구원해 달라는 간구의 찬양이다.

요일 4장　사랑이신 하나님

묵상　　　 독생자를 보내심과 구원의 백성

key word　 4:6 미혹의 영　4:7 서로 사랑하자　4:11 마땅하도다　4:13 성령을　4:16 하나님은 사랑이시라

message　 가장 명쾌한 '사랑'의 가르침이다. 사랑은 권하기에 앞서 영의 분별을 권함으로써 참사랑은 진리에 근거할 때 가능하다는 것과 독생자를 주신 하나님의 사랑을 소개한다. 그리고 참사랑의 특징을 가르친 후 사랑의 실천을 권면하고 있다.

말씀 연결(사 26장; 요일 4장)_나라와 구원의 백성

▶일러두기

이사야 26장의 '평강'을 뜻하는 히브리말은 '샬롬'이다. 이 말의 바탕에 깔린 기본 의미는 '전체적인 조화로움'이다. 즉 삶의 모든 영역에서 모난 데 없이 마음과 생활의 평안함을 누리는 것을 뜻하는 말이다. 우리는 샬롬을 어디서 얻을 수 있을지는 하나님께서 자신을 믿는 자들에게 주시는 유산으로 묘사하고 있다.

땅의 정결과 예배 회복

민수기 35장 | 시편 79편 | 이사야 27장 | 요한일서 5장

민 35장	레위인의 성읍과 도피성
묵상	땅을 더럽히지 말아야 함
key word	35:1 모압 평지 35:12 복수할 35:15 거류하는 자 35:16 살인자 35:25 피를 보복하는 자 35:30 한 증인의 증거 35:31 생명의 속전
message	성막 봉사를 책임진 레위인들에게 가나안 전역의 48개 성읍을 분배하고 그 중 6개의 성읍을 구별하여 도피성을 마련한 내용이다. 하나님의 사람들은 세상으로 넓게 펴져 그곳에서 자기의 소임을 다함으로써 하나님께 영광을 도려야 한다.

시 79편	갇힌 자의 탄식
묵상	이방 나라가 주의 기업을 더럽힘
key word	79:1 주의 기업 79:6 주를 알지 아니하는 79:11 갇힌 자 79:12 칠 배나 갚으소서
message	바벨론의 침공으로 예루살렘이 함락된 때를 배경으로 한 탄원시이다. 시인은 예루살렘이 파괴되고 성전이 더럽혀진 것을 슬퍼하고 있다.

말씀 연결(민 35장; 시 79편)_더럽힘

▶**말씀기도**

하나님이 기업으로 주신 땅을 정결하게 하기에 힘쓰며, 예배의 회복과 우상을 멀리하며 온전히 하나님께만 예배하는 삶이되기를 기도합니다.

사 27장 　이스라엘을 향한 선지자의 노래

묵상 　돌아와서 예배함

key word 　27:1 리워야단　27:2 아름다운 포도원　27:4 찔레와 가시　27:12 창일하는 하수

message 　27장에는 4편의 짧은 예언을 통해 이스라엘의 궁극적인 회복이 언급되고 있다. 대적자 리워야단의 멸망, 포도원에 대한 하나님의 관심과 사랑, 하나님의 백성의 범죄에 대한 은혜로운 연단 그리고 당신의 백성을 거룩한 나라로 인도해 맞이하실 것에 대한 하나님의 약속이 소개된다.

요일 5장 　세상을 이기는 믿음과 영원한 생명

묵상 　자신을 지켜 우상에게서 멀리함

key word 　5:6 물과 피　5:7 증언하는 이가　5:21 우상

message 　사랑을 주제로 한 이 책의 결론부로서 형제 사랑은 곧 하나님의 모든 계명을 순종하는 일과 절대 관계에 있음을 밝히고, 믿음의 주제이신 예수께서 하나님의 아들이심과 그 아들 안에 참 생명이 있음을 소개한 후 이 세상을 살아가는 성도들에게 기도와 성결의 필요성을 일깨우고 있다.

말씀 연결(사 27장; 요일 5장)_돌아와 자신을 지킴

▶일러두기

민수기 35:6-15의 '도피성'은 '보호소, 은신처, 피할 곳'이라는 뜻이다. 과실로 살인한 자를 보호하기 위해 특별히 마련된 성읍으로 레위지파의 감독 아래 있었다. 요단 강 동서편에 각각 세 곳씩 도합 여섯 곳이 지정되었고, 가나안 땅 어디에서나 하룻길이면 도달할 수 있었다. 피고들은 공정한 재판을 받기 전까지 이곳에서 보호를 받을 수 있었다.

27
May
기업의 보존

민수기 36장 | 시편 80편 | 이사야 28장 | 요한이서 1장

민 36장   여성의 재산 상속법

묵상   기업의 요구와 지키는 원리

key word   36:3 떨어져 나가고 36:4 희년 36:5 여호와의 말씀으로 36:13 규례

message   상속권을 지닌 여자는 반드시 지파 내 남자와 결혼하여 지파의 땅이
             다른 지파의 땅이 되지 않게 하는 특별법을 제정하셨다.

시 80편   하나님이 심으신 한 포도나무

묵상   주의 능력으로 보존되는 기업

key word   80:1 그룹 사이 80:3 우리를 돌이키시고 80:8 포도나무를 80:17 주의
             오른쪽에 있는 자

message   북이스라엘을 멸망시킨 앗수르의 침공이 배경인 것으로 추정되는 탄
             원시이다. 시인은 이스라엘 민족이 맞은 위기 상황에서 능력의 하나
             님께 진심으로 구원을 호소하고 있다.

말씀 연결(민 36장; 시 80편)_기업

▶**말씀기도**

하나님은 우리의 기업이 되시며 매일 그의 계명을 따라 행하는 삶, 그리고 적그리스도를 멀리
하고 주님의 얼굴의 광채를 비추어 주시어 은혜와 평강 가운데 살아가는 삶이기를 기도합니다.

사 28장 남북 왕국에 대한 책망

묵상 기업이 되시는 하나님

key word 28:1 에브라임의 면류관 28:4 여름 전 28:10 경계에 경계를 28:15 스올
과 맹약하였은즉 28:16 한 돌을 시온에 28:17 정의를 측량줄로 28:21 브
리심 산

message 교만한 에브라임(북왕국)에 대한 심판과 타락의 책임이 있는 지도자
에 대한 경고, 예루살렘 지도자에 대한 경고, 택한 백성을 위해 일하
시는 하나님의 경륜을 차례로 소개한다.

요이 1장 사랑의 권면과 이단에 대한 경고

묵상 기업을 유지하는 법(계명 가운데 행함, 미혹하는 자를 멀리함)

key word 1:1 장로 1:7 미혹하는 자요 1:9 지나쳐 1:11 악한 일

message 한 편의 편지 형식으로 이뤄진 1장은 송신자와 수신자에 대한 언급과
인사말로 구성된 서언부, 온 교회가 계명을 따라 진리와 사랑 안에
거하며 교회를 어지럽히는 이단에 대해 경계하라는 내용의 본론부에
이어 방문 계획을 피력하고 인사를 전하는 등의 결론부로 구성되어
있다.

말씀 연결(사 28장; 요이 1장)_기업되신 하나님과 유지하는 법

▶일러두기

요한이서 1장 3절의 '은혜와 긍휼과 평강'은 헬라적 요소(은혜)와 히브리적 요소(긍휼, 평강)를
결합한 인사말이다. '은혜'란 사랑받을 만한 가치가 없는 죄인에게 값없이 내려주시는 하나님
의 사랑을 상징하고, '긍휼'은 죄인을 불쌍히 여기시고 고난 중에 있는 자로 위로하시는 하나님
의 자비를 상징하며, '평강'은 영적 평안을 포함한 모든 차원의 안녕을 상징한다.

하나님의 주권

신명기 1장 | 시편 81-82편 | 이사야 29장 | 요한삼서 1장

신 1장 이스라엘의 광야 생활 회고

묵상 싸워주시고 인도하심

key word 1:1 요단 저쪽 1:2 호렙 산 1:8 너희 앞에 있으니 1:19 크고 두려운 광야
1:28 장대하며 1:34 맹세하여 1:35 이 악한 세대

message 가나안 입성을 앞두고 신세대에게 준 모세의 설교이다. 모세는 출애
굽과 광야 생활을 회고하면서 이스라엘의 무능과 연약함을 고백하고
그럼에도 불구하고 자신을 구원해주실 뿐 아니라 축복을 허락하신
하나님의 은혜를 찬양하며 시내 산에서 받은 하나님의 율법들을 상
기시킨다.

시 81-82편 절기에 부르는 찬양과 세상을 판단하시는 하나님

묵상 짐을 벗기시고 건지심

key word 81:6 광주리를 놓게 82:2 악인의 낯 보기를 82:4 가난한 자와 궁핍한 자
82:7 사람처럼 죽으며

message 81편은 '깃닷' 곧 '기쁜 곡조'로 부르는 이 시는 유월절이나 초막절 같
은 민족적으로 큰 절기에 부르도록 지은 시이다. 특히 이 시가 추구
하는 기쁨의 구원은 이스라엘 역사 속에 나타났던 하나님의 구원과
축복의 약속에 기초하고 있다. 그리고 82편은 하나님 찬양시로 이스
라엘의 절기 때에 공의로우신 하나님을 찬양하는 시이다.

말씀 연결(신 1장; 시 81-82편)_인도와 건지심

▶말씀기도

하나님은 모든 것의 주권자이시며 그 하나님에게 순종하는 삶과 그 주권 앞에 모든 짐을 내려
놓고 영혼과 범사가 잘되는 삶이 되기를 기도합니다.

사 29장   예루살렘의 위기와 하나님의 구원

묵상   마음을 주관하심

key word   29:1 아리엘 29:9 놀라라 29:10 깊이 잠들게 하는 영 29:16 패역함
           29:17 레바논이 기름진 밭으로

message   유다의 친애굽 정책에 분노한 앗수르가 유다를 침공할 때에 하나님
           의 강권적인 역사로 위기를 모면한 사실과 이런 구원에도 여전히 죄
           악을 행한 예루살렘에 대한 심판 선언, 그럼에도 여전히 당신의 백성
           에 대한 신실한 사랑을 잃어버리지 않는 하나님의 인내하심을 소개
           하고 있다.

요삼 1장   진리를 행하는 자와 거스르는 자

묵상   영혼과 범사가 잘되게 하심

key word   1:3 진리 1:7 이방인에게 아무 것도 1:8 함께 일하는 자 1:9 두어 자 1:14
           대면하여

message   장로로 일컬어지는 글쓴이의 서신에 해당하는 편지글이다. 그 내용
           은 인사말과 온전한 신앙을 소유했고, 또 사랑을 실천했던 가이오에
           게 대한 칭찬, 교회를 대항하던 디오드레베의 악행과 그에 비교되는
           신실한 믿음의 사람 데메드리오의 신앙을 소개하고 문안과 방문 약
           속으로 끝을 맺는다.

말씀 연결(사 29장; 요삼 1장)_마음과 영혼과 범사

▶**일러두기**

신명기 1장 2절의 호렙산에서 가데스 바네아까지 거리를 언급한 이유는 그 길이 열하룻길에 불
과한 거리를 40년이나 방황하였음을 강조하기 위해서이다. 호렙산에서 가데스 바네아까지는
11일 정도 걸어가면 다다를 수 있는 대략 300km 정도의 거리이다.

29
May

복이 있는 자

신명기 2장 | 시편 83-84편 | 이사야 30장 | 유다서 1장

신 2장   공존해야 할 나라와 진멸해야 할 족속

묵상   땅을 차지함

key word   2:3 돌이켜 북으로   2:8 아라바   2:11 르바임   2:14 세렛 시내   2:23 갑돌
           2:24 아르논 골짜기   2:26 그데못 광야   2:27 큰길   2:29 주시는

message   가나안 정복 시 에돔과 모압, 암몬 등 세 나라와는 평화를 유지하고
         아모리 족속은 반드시 진멸하라는 명령이다. 하나님은 이스라엘의
         하나님이실 뿐 아니라 온 세계 모든 민족의 하나님이시기도 하다.

시 83-84편   전능하신 하나님의 개입 촉구와
여호와의 장막을 사모하는 노래

묵상   마음에 시온의 대로가 있는 자, 주께 의지하는 자

key word   83:1 침묵   83:3 주께서 숨기신 자   83:8 롯 자손   83:12 하나님의 목장
           84:3 참새도 제 집을 얻고   84:5 그 마음에 시온의 대로

message   83편은 공동체의 탄식시로 여호사밧 왕 재위 시 이방의 많은 나라들
         이 힘을 합쳐 남유다 왕국을 침공해 들어왔을 때를 배경으로 한다.
         그리고 84편은 하나님의 거룩한 임재 처소인 성소를 열렬히 사모하
         는 성전 찬양시이다.

말씀 연결(신 2장 시 83-84편)_차지함과 의지함

▶**말씀기도**

여호와의 명령을 따라 마음에 시온의 대로를 두고 주를 의지하며, 여호와를 기다리는 믿음의
도를 위해 힘써 싸우는 삶이기를 기도합니다.

302

사 30장   애굽을 의지한 어리석은 유다

묵상   여호와를 기다리는 자

key word   30:6 네겝 짐승   30:7 라합   30:10 선견지 말라   30:16 빠른 짐승
30:20 환난의 떡과 고생의 물   30:21 네 뒤에서 말소리가   30:24 맛있게
한 먹이

message   유다가 하나님보다 애굽을 더 의지했기 때문에 받은 심판과 그 심판
후에 주어질 회복의 약속을 소개하고 있다.

유 1장   거짓 교사와 이단에 대한 경계

묵상   믿음의 도를 위하여 힘써 싸움

key word   1:3 일반으로 받은 구원   1:4 가만히 들어온   1:6 자기 처소를   1:7 다른 육체
를 따라   1:9 천사장 미가엘   1:12 애찬   1:13 유리하는 별들   1:17 미리 한 말
1:22 의심하는 자들

message   유다서는 그 강조하는 바를 매우 강한 필체로 기록한다. 특히 이 서
신은 교회를 어지럽히는 자들을 거짓 교사요, 불신자로 간주하고, 이
서신을 읽는 독자들에게 믿음의 도를 굳건히 지킬 것을 권면하고 있
다. 이 서신의 처음과 나중은 형식으로나 내용으로나 일반서신서의
서언과 결론부에 해당한다.

말씀 연결(사 30장; 유 1장)_기다리는 자와 믿음의 도

▶**일러두기**

이사야 30장 33절의 '도벳'이라는 지명의 뜻은 '불사르는 곳'이다. 산 사람을 불태워 제사한 힌
놈 골짜기에 있던 몰렉 숭배지이다. 하나님은 앗수르 왕을 위해 이곳을 예비하셨다. 예레미야는
'살육의 골짜기'로 이름이 변할 것을 예언했다.

기업으로 주신 땅과 도우심이신 하나님

신명기 3장 | 시편 85편 | 이사야 31장 | 요한계시록 1장

신 3장 요단 동쪽 지역의 정복과 분배

묵상 　　땅을 차지하기 위한 자세

key word 　3:1 바산 3:6 멸망 3:8 헤르몬 산 3:11 규빗 3:14 하봇야일 3:17 비스가
　　　　　산기슭 3:20 요단 저쪽 3:24 천지간에 어떤 신

message 　가나안 정복 전쟁에 앞서 요단 동쪽 땅을 정복하던 때의 사건들을 열
　　　　　거하고 있다. 이러한 일련의 승전보에 관한 기사는 곧이어 전개될 가
　　　　　나안 정복 전쟁의 승리를 확신하게 하고, 전쟁의 승패가 인간의 힘이
　　　　　아닌 역사의 주관자이신 하나님께 달려 있음을 명확하게 보여준다.

시 85편 포로 귀환자들의 간구

묵상 　　주의 땅에 은혜를 베푸심

key word 　85:1 야곱의 포로된 자 85:7 인자 85:8 성도

message 　바벨론 포로 귀환을 배경으로 한 시인은 하나님께서 포로에서 귀환
　　　　　하게 해주신 은혜를 감사하는 동시에 거칠고 황량해진 이스라엘의
　　　　　심령을 회복시켜 달라고 간구한다.

말씀 연결(신 3장; 시 85편)_땅

▶**말씀기도**

하나님이 친히 싸워주심으로 주신 기업이며, 은혜를 베푸신 곳이고 모든 삶에 왕이신 하나님을
모시고 그분께로 돌아가는 삶이기를 기도합니다.

사 31장	예루살렘을 보호하시는 하나님

묵상   여호와께로 돌아가야 함

key word   31:1 말, 병거, 마병   31:8 칼에 엎드러질   31:9 그의 반석

message   애굽을 의지하지 말라는 경고와 세상을 의지하지 않고 오직 하나님을 바라는 자들에게 주어질 평안에 대한 약속이 소개된다. 과연 인간이 무엇을 의지해야 구원을 얻을 수 있는지를 분명히 제시해주고 있다.

계 1장	일곱 교회를 향한 인사와 그리스도의 환상

묵상   땅의 임금들의 머리되신 그리스도

key word   1:1 계시   1:3 예언   1:8 알파와 오메가   1:11 두루마리

message   요한계시록은 로마의 칼날 같은 핍박에 직면해 배교의 위기를 맞고 있던 소아시아 일곱 교회에 전해진 위로와 소망과 승리의 메시지이자 후세 독자에게 전하는 주의 계시이다. 1장은 계시의 출처와 진정성을 밝히고, 일곱 교회를 향한 문안 인사 후 요한이 목격한 환상의 배경과 그리스도의 명령, 교회의 중심이 되는 그리스도에 대한 상징적 환상 등이 소개된다.

말씀 연결(사 31장; 계 1장)_여호와와 머리되신 그리스도

▶**일러두기**

요한계시록 1장 8절의 '알파와 오메가'는 헬라어 처음과 마지막 철자이다. 문자적으로 '처음과 나중, 시작과 끝'을 의미하며, 성경 문학적으로는 '예수 그리스도의 영존성'을 의미한다. 창조주요 심판자이시며, 또 인류 역사를 시작하셨고 섭리하시며 마침내 완성하실 하나님에 대한 거룩한 칭호로 이해되기도 한다.

31
May

땅을 차지하는 법

신명기 4장 | 시편 86-87편 | 이사야 32장 | 요한계시록 2장

신 4장　규례와 법도를 준행하라

묵상　규례와 법도를 행함

key word　4:3 바알브올의 일　4:10 경외　4:11 불길　4:13 반포하시고　4:20 쇠 풀무불
　　　　4:24 소멸하는 불　4:38 너보다 강대한 여러 민족

message　이스라엘의 번영과 행복의 관건이 하나님의 명령과 규례와 법도를
　　　　준행하는 데 달려 있음을 강조한다. 하나님이 주신 율법은 하나님 백
　　　　성의 영혼과 육체와 삶을 생기 있고 윤택하게 만들어주는 생명의 메
　　　　시지이다. 따라서 하나님의 백성은 하나님의 말씀인 율법을 항상 마
　　　　음에 두고 그 말씀에 귀를 기울이며 준행해야 한다.

시 86-87편 신앙인의 기도와 하나님 나라에 대한 찬양

묵상　주의 도를 가르침 받고, 주의 진리에 행함

key word　86:8 신들　86:9 주께서 지으신 모든 민족　86:11 내가 주의 진리에 행하오
　　　　리니　86:16 주의 여종의 아들　87:2 야곱의 모든 거처　87:4 라합

message　86편은 원수들의 집요한 추격으로 인해 바람 앞의 등불 같은 절망적
　　　　인 상황에 처해 있을 때 시인은 유일한 구원이 되신 하나님만을 바라
　　　　보며 구원을 호소한다. 그리고 87편은 예루살렘 찬양시로 장차 완성
　　　　될 하나님 나라의 영광과 그 나라의 넘치는 기쁨을 노래한다.

말씀 연결(신 4장; 시 86-87편)_법도와 진리를 행함

▶**말씀기도**

하나님의 말씀을 따라 살아가게 하시고 주께서 주신 규례와 법도를 따라 영원하신 왕이신 그분
의 통치 아래 삶을 살아가게 하심을 감사합니다.

사 32장   의로운 왕의 출현과 통치

묵상
공의의 통치

key word
32:1 한 왕이 공의로 통치할 것 32:5 우둔한 자 32:14 들나귀가 즐기는 곳

message
외세의 도움으로 나라의 안정을 추구하려 한 유다의 통치자들과는 완전히 다른 의로써 이스라엘을 다스릴 왕의 출현, 위기에도 불구하고 여전히 타락과 부패에 심취한 유다의 멸망 예언 그리고 성령의 역사로 복과 평화가 넘치는 메시야 왕국이 도래할 것에 대한 소망 찬 메시지가 소개된다.

계 2장   에베소, 서머나, 버가모, 두아디라 교회에 보내는 말씀

묵상
인내함과 처음 행위를 가짐

key word
2:4 처음 사랑 2:6 니골라 당 2:8 서머나 2:11 둘째 사망 2:12 버가모
2:17 감추었던 만나 2:18 두아디라 2:20 이세벨

message
2-3장은 소아시아의 일곱 교회에 전해진 그리스도의 친서이다. 이 서신들은 그 메시지가 그리스도에게서 전해졌다는 사실을 밝히고, 각 교회의 현재 행위에 대한 평가, 교회 내외부에 존재하는 악한 세력이 심판받을 것이라는 경고, 신실한 자에 대한 약속 등으로 이루어져 있다.

말씀 연결(사 32장; 계 2장)_공의와 행위

▶**일러두기**

신명기 4장 42절의 도피성 제도와 이방의 성역 제도의 '성역'이란 신성불가침 지역으로 죄지은 자가 이곳으로 피하여 숨으면 다른 사람들이 들어가서 잡을 수가 없었다. 성역 제도는 성역 자체를 신성시하지만 도피성 제도는 공정한 재판을 통해 무모한 살인을 방지하려는 사회적 중재 제도였다.

행위

신 5장   시내 산 계약과 십계명

묵상   주의 명령을 지킴

key word   5:3 오늘 5:9 그것들에게 절하지 말며 5:23 산이 불에 타며 5:24 영광과
             위엄 5:29 다만 그들이 항상 이 같은 5:33 그리하면

message   출애굽 원년에 시내 산에서 이스라엘에게 주신 십계명에 관한 소개
             이다. 십계명은 하나님의 백성이 생명처럼 여기며 준행해야 할 법이
             요 규례이다. 동시에 십계명은 하나님의 거룩한 의지와 품성이 담겨
             있는 하나님의 영원불변한 언약이다. 따라서 하나님의 백성은 율법
             을 준행함으로 하나님과 생명적인 관계를 유지할 수 있다.

시 88편   처절한 고통에 처한 성도의 소망

묵상   주 앞에 부르짖음

key word   88:4 힘없는 용사와 같으며 88:5 주의 손에서 끊어짐 88:10 유령 88:12
             잊음의 땅

message   시편 가운데 가장 애조 띤 비탄시로 알려진 이 시는 육체적으로나 정
             신적으로 무너지는 듯한 극한 슬픔 중에 있는 자가 하나님께 구원을
             열망하며 부르는 노래이다.

말씀 연결(신 5장; 시 88편)_지킴과 부르짖음

▶말씀기도

주님의 명령이 기준이 되며 여호와를 경외하고 주님께 간구하여 주님 앞에 온전한 행위와 기도
로 나아갈 수 있는 믿음을 주시기를 간구합니다.

사 33장	앗수르에 임할 재앙과 시온의 회복

묵상 여호와를 경외함

key word 33:3 민족들 33:7 평화의 사신들 33:8 조약을 파하고 33:9 레바논, 사론, 바산, 갈멜 33:18 공세를 계량하던 자

message 앗수르의 위협과 침략이 좀 더 구체화되고 또 그 결말이 어떠한가를 보여주고 있다. 즉 하나님의 심판의 도구로 사용되었으나 오히려 스스로 교만함으로써 하나님의 심판을 자초하게 된 앗수르의 운명을 소개하고, 그와 함께 회복된 시온의 모습을 묘사함으로써 평화로운 메시야 왕국의 실현을 예언하고 있다.

계 3장	사데, 빌라델비아, 라오디게아 교회에 보내는 말씀

묵상 행위를 아심

key word 3:4 옷을 더럽히지 아니한 3:7 빌라델비아 3:8 작은 능력 3:12 하나님 성전에 기둥 3:14 라오디게아 3:18 연단한 금 3:20 문을 열면

message 나머지 세 교회에 보내진 그리스도의 친서가 소개된다. 이 서신들에서 보듯 예수께서는 각 교회의 실상을 꿰뚫어보고 계시며, 더욱이 각 교회의 문제점을 치유하실 방법까지도 알고 계신다. 또한 그런 맥락에서 믿음의 승리를 독려하고 계신다.

말씀 연결(사 33장; 계 3장)_경외와 아심

▶**일러두기**

신명기 5장 12-15절의 '안식일의 영적 의미'는 안식일은 '천지 창조'와 '구속'에 근거한다. 창조 질서 속에서 나타난 '안식'은 구원받은 인간에게 주는 하나님의 영원한 안식으로 확대된다. 곧 안식년과 희년 제도를 통하여 '안식'의 근본 의미가 반복 확대되고 있으며, 안식일의 주인이신 예수를 통해 모든 성도들에게 이 안식이 주어졌다.

들어야 할 하나님의 말씀

신명기 6장 | 시편 89편 | 이사야 34장 | 요한계시록 4장

신 6장   여호와의 사랑하고 계명을 준수

묵상   사랑과 계명 준수

key word   6:2 경외하며   6:4 오직 유일한 여호와이시니   6:5 마음 뜻, 힘을 다하여 6:10 네가 건축하지 아니한   6:25 그것이 곧 우리의 의로움이니라

message   이스라엘 종교 교육의 중심 주제요 영원한 삶의 고백이라 할 수 있는 '쉐마'를 중심으로 하나님 사랑의 중요성이 강조되고 있다. 쉐마는 하나님의 언약의 현재성 곧 조상들과 맺으신 것이 아니라 오늘 살아 있는 우리와 맺으신 것임을 강조한다.

시 89편   영원히 견고한 하나님의 나라

묵상   기름부음을 받은 자

key word   89:2 견고히   89:3 택한 자와 언약을 맺으며   89:12 다볼과 헤르몬   89:17 주는 그들의 힘의 영광   89:29 그의 왕위를 하늘의 날과 같게   89:33 다 거두지는 아니하며   89:39 관을 땅에 던져   89:45 짧게 하시고

message   다윗 언약에 기초하여 다윗의 왕국으로 대표되는 하나님 나라가 영원히 존속할 것이라는 희망의 메시지를 담고 있다.

말씀 연결(신 6장; 시 89편)_계명 준수와 기름 부음

▶말씀기도

하나님을 경외함의 출발은 그의 말씀을 듣는 것이며, 하나님께서는 그를 경외하는 자를 찾고 계시고 온전히 주의 말씀에 귀를 기울이며 주께 찬송과 영광을 돌리는 삶이되기를 기도합니다.

사 34장   대적을 징벌하시는 여호와

묵상   열국이 들을 말씀

key word   34:8 보복하시는 날 34:9-10 역청, 유황, 연기 34:11 부엉이

message   에돔으로 대표되는 죄악된 영혼들이 멸망당한 상황과 예언을 친히
            이루실 하나님에 의해 그 같은 예언이 주어졌음을 소개한다. 여기서
            하나님은 역사의 주관자로서 당신에게 도전하는 모든 세력을 응징하
            시는 심판자로 소개된다.

계 4장   천상에서의 예배

묵상   영광을 받으시기에 합당하신 하나님

key word   4:4 이십사 보좌 4:6 유리 바다가 있고 4:9 보좌에 앉으사

message   지금까지 시간적으로는 이제 있는 일에, 장소적으로는 지상 교회에
            초점이 맞춰졌다면 4장에서 22장까지는 시간적으로는 장차 될 일에,
            장소적으로는 우주적인 것으로 초점이 확대된다. 그중 4-5장은 예배
            와 관련된 내용이며, 특히 4장에서는 성부 하나님께 대한 천상에서
            의 예배 장면이 소개되고 있다.

말씀 연결(사 34장; 계 4장)_들을 말씀과 합당하신 하나님

▶**일러두기**

시편 89편 1절의 '라합'은 하나님을 대적하는 교만하고 사악한 자를 뜻한다. 괴물을 무찌르듯
홍해에서 애굽 군대를 쳐부순 사건에서 라합은 애굽 군대 곧 애굽을 상징하게 되었다. 이스라
엘 정탐꾼을 숨겨준 기생과는 다른 인물이다. 그래서 '기생 라합'은 '기생'이라는 수식어를 앞에
붙이고 있다.

하나님과 그의 성민

신명기 7장 | 시편 90편 | 이사야 35장 | 요한계시록 5장

신 7장   가나안 정복 시의 준수사항

묵상   신실한 하나님과 그의 성민

key word   7:2 진멸할 것 7:7 모든 민족 중에 가장 적으니라 7:8 속량 7:9 인애 7:13 곡식과 포도주와 기름 7:15 애굽의 악질

message   이스라엘의 가나안 정복 전쟁은 단순한 약탈이나 땅을 빼앗는 차원에서가 아니라 하나님의 나라를 건설하는 거룩한 사업이었다. 따라서 가나안 정복에서는 그 무엇보다 죄악과 부패를 완전히 제거하는 것이 우선되어야 했다. 왜냐하면 하나님은 절대 거룩하신 분이요 그 백성 역시 거룩하게 구별된 백성이기 때문이다.

시 90편   영원자 앞에 선 연약한 인간의 호소

묵상   영원하신 하나님과 돌아갈 인생

key word   90:2 산이 생기기 전 90:3 티끌 90:8 은밀한 죄 90:10 그 연수의 자랑은 수고와 슬픔 90:12 우리 날 계수함을 가르치사 90:14 아침

message   출애굽 이후 이스라엘 백성이 약속의 땅 가나안에 들어가지 못하고 광야에서 40년간 방황하며 큰 위기를 맞이해야 했던 때를 배경으로 하여 모세가 민족의 구원을 호소하며 기록한 것이다.

말씀 연결(신 7장; 시 90편)_신실한 하나님과 돌아갈 인생

▶**말씀기도**

영원하신 우리의 구속자이신 하나님과 동행하는 삶이 되며, 우리의 돌아갈 인생들을 성민의 백성으로 부르시고 거룩한 길을 걸을 수 있는 은혜를 주심을 감사드립니다.

사 35장   메시야의 왕국의 영광과 환희

묵상   여호와께 속량 받은 자들

key word   35:1 광야와 메마른 땅 35:5 맹인 35:8 거기에 대로가 있어

message   장차 임할 메시야 왕국의 생명력과 기쁨을 소개한다. 이처럼 기쁨이
           충만한 시적 감흥은 이사야 후반부의 밝은 분위기와 바벨론에 포로
           로 잡혀갔던 유다인들이 예루살렘으로 귀환하는 감격적인 사건을 연
           상하게 된다.

계 5장   두루마리의 어린 양

묵상   영광과 찬송을 받으시기에 합당하신 어린 양

key word   5:1 두루마리 5:5 유대 지파의 사자 5:9 사람들을 피로 사서 5:11 만민

message   그리스도께 대한 예배 장면이라고 할 수 있다. 또 종말의 비밀을 담
           고 있는 두루마리를 개봉하실 어린 양(그리스도)이 출현하여 그 두
           루마리를 취하시는 장면, 네 생물과 24장로들의 예배, 모든 천사들과
           만물의 찬양 등이 소개된다.

말씀 연결(사 35장; 계 5장)_속량 받은 자 어린 양

▶일러두기

신명기 7장에서 이스라엘 백성들이 가나안 땅에 들어간 후에 그곳 가나안 땅의 백성들 곧 우상
숭배자들과 교류하지 말라는 하나님의 명령이 언급되었다. 그 이유는, 언약 백성을 구원하신 하
나님은 거룩하신 분인바, 언약 백성도 그분처럼 거룩하게 살아가야 하기 때문이다.

언약의 신실하심과 성도의 인내

신명기 8장 | 시편 91편 | 이사야 36장 | 요한계시록 6장

신 8장   하나님의 계명을 지켜 행함

묵상
언약을 이루시기 위한 하나님의 신실하심

key word
8:2 너를 낮추시며 8:7 아름다운 땅 8:13 풍부하게 될 때에 8:14 교만하여 8:15 불뱀과 전갈

message
여호와의 계명을 지키고 그분의 은혜를 결코 잊지 말라는 명령이 주어지고 있다. 하나님의 백성에게 있어서 가장 중요한 덕목 가운데 하나는 하나님의 은혜를 항상 감사하고 원하는 바를 좇아 순종하는 것이다.

시 91편   전능하신 자의 그늘

묵상
구원을 보여주시는 하나님

key word
91:1 은밀한 곳 91:6 밝을 때 닥쳐오는 재앙 91:7 천 명이 91:13 밟으며

message
시인은 구원을 베푸시는 전능하신 하나님의 보호의 확실성과 그분 안에 거하는 자의 안전함을 기쁨으로 노래하고 있다.

말씀 연결(신 8장; 시 91편)_언약과 구원의 하나님

▶**말씀기도**

언약을 이루시는 하나님은 우리를 고난의 길을 통과하게 하시고 그 길에서 온전히 하나님만 바라고 신실하신 삶과 인내로 살아감을 믿습니다.

사 36장　　예루살렘을 협박한 앗수르

묵상　　　하나님의 구원을 바라는 성도의 자세

key word　36:2 윗못 수도 곁　36:7 산당　36:11 아람 방언　36:12 대변을 먹으며
　　　　　36:16 자기의 포도　36:20 어떤 신이

message　앗수르 왕 산헤립이 침공하여 예루살렘을 상대로 협상하며 위협하는
　　　　　장면과 이 내용을 히스기야가 보고받는 장면이 소개된다.

계 6장　　일곱 봉인 중 여섯 개 봉인과 그에 따른 재앙

묵상　　　수가 차기까지 쉼

key word　6:4 붉은 말　6:5 검은 말　6:8 청황색 말

message　그리스도께서 그 두루마리를 첫째부터 여섯째까지 떼시는 장면을 소
　　　　　개한다. 이것은 결국 종말의 때가 멀지 않았음을 알리는 일종의 예표
　　　　　요 경고라고 할 수 있다.

말씀 연결(사 36장; 계 6장)_구원과 성도의 자세

▶**일러두기**

이사야 36장에서 히스기야 왕 14년, 앗수르 왕 산헤립은 대군을 이끌고 유다를 침공했다. 유다
가 앗수르에 조공을 바치기를 거부했기 때문이다. 앗수르 군대는 니느웨 서쪽의 반역적인 나
라들을 진압한 후 신속히 지중해 연안을 거쳐 예루살렘으로 향했다. 마침내 예루살렘 남서쪽
45km 지점의 라기스에 본진을 친 산헤립은 사신을 보내어 히스기야 왕에게 항복할 것을 독촉
하였다. 그러나 이사야는 히스기야 왕에게 두려워 말고 하나님만 의지하라고 권면했다.

여호와의 열심

신명기 9장 | 시편 92-93편 | 이사야 37장 | 요한계시록 7장

신 9장　범죄하고 불순종했던 이스라엘

묵상　　언약의 땅에 들어가서 차지하게 하심

key word　9:1 들으라　9:5 고의, 정직함　9:6 목이 곧은 백성　9:16 송아지　9:20 아론
에게 진노하사　9:21 불살라 찧고　9:23 가데스 바네아　9:26 인도하여 내
신 주의 백성

message　약속의 땅에 들어간 이스라엘이 혹시 범하게 될지도 모를 교만과 죄
에 대해 경고하기 위해 과거 이스라엘의 악행을 회상한다. 모세는 이
스라엘의 범죄에도 불구하고 그들이 가나안에 입성할 수 있었던 이
유는 전적으로 하나님의 사랑과 긍휼에 있었다고 회고한다.

시 92-93편 신실하신 하나님의 행사와 하나님의 주권 통치

묵상　　큰 일을 행하심

key word　92:1-3 십현금　92:6 어리석은 자　92:7 풀 같이 자라고　93:2 주는 영원부
터　93:3-4 큰 물, 많은 물 소리, 큰 파도

message　92편은 바벨론 포로 이후부터 이스라엘에서 안식일 예배 때에 부름
으로써 하나님의 성실하심을 노래한 찬양시이다. 그리고 93편은 세
상을 다스리시는 하나님을 노래한 군왕시이다. 시인은 하나님의 왕
권의 영원성과 초월성을 노래한다.

말씀 연결(신 9장; 시 92-93편)_언약을 해하심

▶말씀기도

오늘도 하나님은 우리를 구원하시기 위해 열심을 내시고 계시며 그 열심히 이루시는 하나님과
함께 열심 있는 삶을 살기를 기도합니다.

사 37장　　히스기야의 신앙과 앗수르의 패퇴

묵상　　　기도에 응답하심

key word　37:3 해산할 힘이 없음 같도다　37:4 남아 있는 자　37:7 소문　37:22 머리를 흔들었느니라　37:27 지붕의 풀 같이　37:32 여호와의 열심이

message　히스기야의 대응책이 소개된다. 히스기야는 위기 앞에서 하나님의 사람 이사야에게 기도를 부탁함으로써 앗수르 군대를 물리치는 대역사를 이루게 된다.

계 7장　　인침 받은 십사만 사천 명과 흰 옷 입은 큰 무리

묵상　　　어린 양의 구원하심

key word　7:9 각 나라와 방언에서　7:13 흰 옷　7:14 어린 양의 피

message　여섯째 인과 일곱째 사이에 등장하는 평화와 예배에 관련된 계시자에 대한 답변으로 14만 4,000명의 하나님의 백성과 흰 옷 입은 큰 무리에 관한 내용이다.

말씀 연결(사 37장; 계 7장)_응답과 구원

▶일러두기

이사야 37장 9절의 '디르하가'는 애굽의 제25왕조 곧 에티오피아 왕조의 제3대 왕이자 마지막 왕으로 팔레스타인의 지배를 놓고 앗수르 왕들과 겨루던 인물이다. 그는 히스기야가 앗수르의 산헤립에게 공격을 받자 유다를 도우려고 왔었다. 산헤립이 승리했지만 큰 손실을 입어 앗수르로 귀국할 수밖에 없게 된다. 이후 한동안 앗수르의 위협에서 벗어나기는 했지만 산헤립의 아들 에살핫돈에 의해 1차 패배하여 누비아로 도피했다.

하나님의 심판

신명기 10장 | 시편 94편 | 이사야 38장 | 요한계시록 8장

신 10장   두 번째 돌판에 새겨진 십계명

묵상   진노와 회복

key word 10:9 여호와가 그의 기업 10:11 일어나서 10:13 행복을 위하여 10:14 모든 하늘의 하늘 10:16 마음에 할례를 행하고

message   금송아지 숭배 사건으로 훼손되었던 하나님과 이스라엘 간의 언약 관계가 회복되는 장면이다. 금송아지를 섬겼던 이스라엘 백성과 마찬가지로 우리 인간은 연약하여 날마다 실수하고 범죄할 수밖에 없다. 그럼에도 불구하고 하나님께서 그러한 인간을 사랑하시고 품어 주신다.

시 94편   세상을 의로 심판하시는 하나님

묵상   의로 돌아가는 심판

key word 94:9 귀를, 눈을 만드신 이 94:18 주의 인자하심이 94:20 율례를 빙자하고

message   민족적으로 큰 위기를 맞은 암울한 때를 무대로 하는 탄원시이다. 시인은 고난 가운데서 악인들에게 내려진 하나님의 징벌을 노래함으로 세상을 공의로 판단해주실 것을 호소한다.

말씀 연결(신 10장; 시 94편)_회복과 심판

....

....

▶**말씀기도**

하나님은 심판하시지만 회복시켜주시고 주로부터 징벌을 받음이 복이 있음을 기억하며, 마지막 심판을 기대하는 삶이기를 기도합니다.

사 38장　히스기야 왕의 발병과 회복

묵상　병을 주시고 치료하심

key word　38:8 아하스의 해시계　38:9 기록한 글　38:17 죄를 주의 등 뒤에　38:21 종처

message　히스기야가 죽음의 운명 앞에서 하나님께 간구하여 15년간 생명을 연장받고 치유 받은 사건이 소개된다. 한편 치유의 은총을 받은 히스기야가 드린 찬양은 시편 6편과 그 내용이 흡사하다.

계 8장　일곱째 인 개봉과 일곱 나팔 재앙

묵상　일곱 인과 일곱 나팔 심판

key word　8:3 금 향로　8:7 피 섞인 우박과 불　8:11 쑥　8:13 화, 화, 화

message　일곱 봉인 중 마지막 봉인이 개봉되자 곧이어 두 번째 종류의 재앙인 일곱 나팔 재앙이 시작된다. 다시 말해 일곱째 인을 떼고 또 일곱 나팔 재앙이 준비되는 장면이다. 뒤이어 첫 번째에서 네 번째 나팔 재앙이 급속히 전개되며, 마지막으로 계속해서 나타날 다섯 번째, 여섯 번째 재앙에서 일곱 번째 나팔 재앙에 대한 경고가 제시되고 있다.

말씀 연결(사 38장; 계 8장)_치료와 심판

▶**일러두기**

신명기 10장 1-5절의 십계명의 돌판, 왜 두 개인가?

이것은 그 당시에 조약을 맺을 때 흔히 이행하던 절차였다. 십계명은 두 개의 돌판에 나누어져 기록된 것이 아니라 각각의 돌판에 똑같이 기록되었을 것이다. 말하자면 두 개의 돌판은 똑같은 내용을 적은 사본과도 같다. 하나는 외국의 지배자(이 경우에는 하나님)를 위한 것이었고, 나머지 하나는 복종할 의무가 있는 속국(이 경우는 이스라엘)을 위한 것이었다. 성경 시대의 관습에 따르면, 체결된 조약의 기록은 그 조약을 맺은 당사자들 각자가 섬기는 신의 신전에 보관해야 했다.

7 Jun 지켜야 할 것과 경배할 이

신명기 11장 | 시편 95-96편 | 이사야 39장 | 요한계시록 9장

신 11장　순종 여부에 따른 축복과 저주

묵상　말씀과 약속의 땅

key word　11:2 교훈　11:3 애굽에서　11:6 다단과 아비람에게 하신 일　11:10 발로 물 대기　11:12 연초부터 연말까지　11:14 이른 비, 늦은 비　11:20 문설주　11:21 하늘이 땅을 덮는 날

message　축복과 저주, 번영과 실패가 하나님의 말씀에 대한 순종 여부에 달려 있다는 메시지이다. 하나님의 말씀에 대한 순종은 하나님의 백성에게 당연한 의무이지만 이는 단순한 의무로 그치지 않고 영혼의 미래와 현재의 복과 저주를 결정짓는 중요한 선택임을 보여준다.

시 95-96편　예배자의 찬양의 바른 자세와 새 노래

묵상　창조주 하나님만 찬양함

key word　95:1 구원의 반석　95:3 크신 하나님　95:8 므리바　96:1 새 노래　96:5 만국의 모든 신들은 우상　96:7 영광과 권능

message　95편은 성전 예배 시에 즐겨 불리던 감사와 경배의 시이다. 시인은 모든 신들 위에 뛰어나신 하나님의 주권을 찬양하라고 권고한다. 그리고 96편은 하나님의 거룩한 통치를 경배하는 찬양시이다. 시인은 창조주의 위대하심을 찬양하고 영광을 돌린다.

말씀 연결(신 11장; 시 95-96편)_약속과 찬양

▶**말씀기도**

천지의 창조주이신 하나님만 찬양하며, 자신의 모든 악함을 회개하고 하나님의 말씀에 순종하며 살아가기를 소원합니다.

사 39장   히스기야의 허탄한 자랑

묵상   지켜야 할 것(기쁨)

key word   39:1 므로닥발라단   39:2 보물, 은금   39:6 모두 바벨론으로 옮긴 바 되고
           39:7 환관

message   15년간 생명을 연장받고 하나님을 찬양하던 히스기야였지만 순간적
           인 방심으로 인해 국가의 기밀들을 바벨론의 사신에게 공개하는 실
           수를 범하고 만다. 이로 인해 히스기야와 그 나라의 멸망이 선포된다.

계 9장   다섯째와 여섯째 나팔 재앙

묵상   인침 받지 않은 자들

key word   9:11 아바돈   9:14-16 유브라데, 마병대   9:16 이만 만   9:17 사자 머리 같고
           9:20 회개하지 아니하고

message   인간에게 임할 대재난으로서 다섯 번째와 여섯 번째 나팔 재앙이 소
           개된다. 나팔은 전쟁이나 제사 혹은 하나님의 임재와 관련된 악기인
           데 이 책에서는 주의 날과 관련하여 등장하며, 그날에는 악인들은 심
           판을, 의인들은 하나님의 나라를 선물로 받게 될 것이다.

말씀 연결(사 39장; 계 9장)_지켜야 할 것과 인침 받음

▶일러두기

이사야 39장 1절에 나오는 '므로닥발라단'의 의미는 '므로닥(바벨론의 신)이 한 아들을 주었다.'
그는 앗수르의 사르곤이나 산헤립 왕과 동시대 인물로 두 번 바벨론의 왕위에 오른다. 한편 본
문의 방문은 기원전 703년에서 701년 사이에 이뤄진 것으로 앗수르에 대항하여 유다와 동맹을
맺기 위해서였다.

<table>
<tr><td>**8**
Jun</td><td colspan="2"># 여호와를 앙망함
신명기 12장 | 시편 97-98편 | 이사야 40장 | 요한계시록 10장</td></tr>
</table>

신 12장   가나안 땅에서의 성결 규례

묵상   평생에 지켜 행할 규례와 법도

key word   12:5 태하신 곳 12:6 십일조 12:17 거제물 12:20 허락하신 대로 12:30 탐구하여 12:31 가증히 여기시는

message   이스라엘이 가나안 땅에 정착하여 지켜야 할 각종 성결에 대한 규례이다. 하나님 나라는 하나님이 가증히 여기는 죄악과 부정을 제거하는 것으로부터 시작된다. 따라서 하나님의 백성에게 무엇보다 요구되는 것은 생활과 인격에 있어 부정과 죄악을 제거하는 성결한 삶이다.

시 97-98편 지존하신 여호와, 기이한 일을 행하시는 하나님

묵상   온 땅 위에 지존하신 하나님만 찬양함

key word   97:2 구름과 흑암 97:7 허무한 것 98:1 거룩한 팔 98:8 큰 물은 98:9 의로 공평으로

message   97편은 여호와의 통치에 대한 찬양시이다. 시인은 온 세상을 심판하시는 엄위하신 하나님을 향한 경건한 두려움이 가득 찬 분위기를 그리고 있다. 그리고 98편은 하나님의 의로운 통치와 세상을 공평히 심판하신 일에 대한 찬양시이다. 시인은 하나님의 구원 역사가 이방까지 확장될 것을 노래한다.

말씀 연결(신 12장; 시 97-98편)_규례와 법도, 하나님을 찬양

▶**말씀기도**

평생 주의 말씀을 지키며, 온 땅 위에 지존하신 하나님만 찬양하고 여호와를 앙망하는 자에게 주시는 새 힘을 공급받고 오직 하나님만을 전하는 삶이기를 기도합니다.

사 40장   회복에 대한 약속과 위로의 말씀

묵상   새 힘을 얻음

key word   40:1 위로하라 40:4 골짜기 40:9 아름다운 소식 40:10 강한 자 40:11
            목자 40:19 장인 40:27 내 길은 40:31 여호와를 앙망하는 자

message   바벨론 포로에서 구원해주실 것이라는 하나님의 약속과 하나님의 구
            원의 능력을 확인시켜주는 내용 및 어떤 상황에서도 여호와만을 바
            라보라는 권면이 소개된다.

계 10장   천사와 작은 두루마리

묵상   많은 백성과 나라와 방언과 임금에게 다시 예언함

key word   10:1 힘 센 다른 천사 10:4 인봉하고 10:9 갖다 먹어 버리라

message   5장에서 언급된 봉인된 작은 책을 가장 힘센 천사가 가지고 등장하
            는 장면과 지금껏 환상을 지켜보던 요한이 그 책을 받아먹는 장면이
            소개된다. 이 부분은 다니엘의 마지막 환상 곧 3년 반 동안의 박해를
            예고하는 환상을 상기시킨다.

말씀 연결(사 40장; 계 10장)_새 힘과 방언

▶일러두기

신명기 12장 16절에서 피를 먹지 못하도록 금지한 이유는 무엇인가?

첫째는 육체의 생명이 피에 있기 때문, 둘째는 하나님이 주신 생명은 누구도 손댈 수 없기 때문,
셋째로 생명의 근원인 피로써 죄를 대속할 수 있기 때문, 넷째로 피를 마시는 행위는 이교도의
가증한 풍습이기 때문이다.

9 Jun 하나님의 통치

신명기 13-14장 | 시편 99-101편 | 이사야 41장 | 요한계시록 11장

신 13-14장 거짓 선지자를 멀리하고, 거룩한 백성의 구별된 삶

묵상   여호와의 말씀을 들음

key word   13:1 꿈 꾸는 자가 일어나서 13:7 땅 이 끝에서 저 끝까지 13:13 불량배 13:17 진멸할 물건 14:1 죽은 자를 위하여 14:4 먹을 만한 짐승 14:7 먹지 못할 것 14:23 곡식과 포도주와 기름

message   13장에서 모세는 보다 강한 어조로 거짓 선지자들을 멀리하고 우상을 철저하게 배격함으로 여호와 신앙의 순수성을 유지하라고 명령한다. 성도는 아무리 하찮은 우상 숭배나 우상 문화도 용납해서는 안된다. 그리고 14장에서 거룩한 백성 이스라엘은 구별된 삶을 살아야 하는데 슬픔과 기쁨의 감정에 있어서도 타락한 이방 우상의 악행을 버려야 한다.

시 99-101편 크고 부드러운 이름 여호와, 영원한 통치자로서의 경건

묵상   하나님을 높이고 예배함

key word   99:1 그룹 사이 99:5 발등상 99:6 모세와 아론 100:4 그의 문 101:1 인자와 정의 101:8 아침마다

message   99편은 하나님의 위엄찬 역사를 노래한 찬양시이다. 시인은 시공을 초월한 하나님의 광대하심과 엄위하심, 의로우심과 인자하심을 노래한다. 100편은 하나님의 거룩한 통치에 대한 찬양과 경배의 대미를 이루는 찬양시이다. 시인은 매우 간결하고도 정선된 언어로 하나님을 찬양한다. 101편은 지도자로서 의로운 통치 철학을 피력한 일종의 군왕시이자 장차 이 땅을 인자와 공의로 다스리실 메시야의 의로운 통치를 예시해주는 시이다.

말씀 연결(신 13-14장; 시 99-101편)_말씀을 들음과 예배함

▶**말씀기도**

오직 하나님의 말씀을 듣고 예배하고, 하나님과 함께하심으로 세세토록 왕 노릇하시는 우리 주 예수 그리스를 왕으로 모시는 삶이기를 기도합니다.

324

사 41장   이스라엘의 회복에 대한 약속

묵상   함께 하심

key word   41:1 섬들 41:2 동방에서 사람을 41:5 함께 모여 와서 41:8 나의 종 41:10 나의 의로운 오른손 41:18 헐벗은 산에 강을 내며

message   법정을 배경으로 하여 하나님께서 직접 재판장이 되어 열방들을 소환하고 심문하시는 장면이다. 특히 고레스에 대한 심문에 이어 허탄한 우상들과 이스라엘을 회복시키신 하나님을 친히 대조시켜 당신의 참된 도움이 되심을 일깨운다.

계 11장   두 증인과 일곱 번째 나팔 재앙

묵상   우리 주와 그의 그리스도의 나라

key word   11:3 굵은 베옷 11:4 두 감람나무와 두 촛대 11:7 짐승 11:8 소돔 11:13 죽은 사람이 칠천이라 11:15 세상 나라

message   요한에게 주어진 성전 측량 명령, 두 증인의 역동적 활약상, 무저갱에서 올라온 짐승에 의한 두 증인의 죽음, 두 증인의 부활과 그에 따른 제현상, 마지막 재앙에 관한 예언과 일곱 번째 나팔이 울리고, 24장로들이 경배와 찬양을 드리는 장면, 끝으로 하나님의 언약궤 환상이 소개된다.

말씀 연결(사 41장; 계 11장)_함께 하심과 그리스도의 나라

▶**일러두기**

신명기 14장에서 모세는 이스라엘 백성들에게 하나님께 선택된 거룩한 백성으로서 구별된 삶의 중요성을 강조한다. 먼저 이스라엘 백성들로 하여금 이방인들처럼 몸을 자해하거나 이마 위에 털을 밀지 말 것을 권고한다.

10
Jun

빈궁한 자를 대적하는 자세

신명기 15장 | 시편 102편 | 이사야 42장 | 요한계시록 12장

신 15장   **안식년 규례와 초태생 규례**

묵상
가난한 형제에게 넉넉히 해야 함

key word
15:2 채주 15:4-5 너희 중에 가난한 자가 15:7 네 손을 움켜쥐지 말고
15:15 애굽 땅에서 종 15:19 처음 난 수컷

message
가나안 땅에서 이스라엘이 이웃과 하나님께 대해 반드시 지켜야 할
거룩한 책무에 관한 규례이다. 하나님의 은혜로 구원받은 자는 반드
시 그 은혜에 합당한 삶을 살아야 한다. 성도는 먼저 하나님의 구원
의 능력을 높이 찬양하고 영원히 기념하며 주위의 가난하고 연약한
이웃을 사랑하며 은혜를 베풀어야 한다.

시 102편   **예루살렘의 회복을 기원하는 노래**

묵상
빈궁한 자의 기도를 들으시는 하나님

key word
102:5 나의 살이 뼈에 102:9 재를 102:11 그림자 102:13 정한 기한
102:18 창조함을 받을 백성

message
민족의 아픈 현실을 놓고 하나님께 회복을 간구하는 비탄시이다. 시
인은 개인의 고통을 통해 민족 전체의 슬픔을 노래하고 있다.

말씀 연결(신 15장; 시 102편)_가난함과 빈궁함

▶**말씀기도**

주변의 빈궁한 자들에게 하나님은 그들에 대해 "네 손을 펼지니라."라고 하시며, 끝까지 생명을
아끼지 아니하시고 사탄의 권세와 맞서 싸울 때 승리를 주시는 주님을 찬양하며 기도합니다.

사 42장　여호와의 종 메시야

묵상　　　이방에 공의를 베푸실 자

key word　42:3 상한 갈대　42:6 이방의 빛이 되게　42:9 전에 예언한 일　42:16 맹인
　　　　　42:19 내가 보내는 사자　42:21 교훈　42:24 약탈자

message　여호와의 종의 노래와 그 종의 사명이 소개된다. 이어서 새 일을 이
　　　　　루신 하나님이 새 노래로 찬양 받으시는 장면과 당신의 백성을 도우
　　　　　시는 하나님의 신실함이 소개된다. 그럼에도 불구하고 여전히 죄악
　　　　　된 모습으로 살아가는 당신의 백성을 향한 하나님의 피 맺힌 호소가
　　　　　언급된다.

계 12장　여자와 용의 환상

묵상　　　죽기까지 생명을 아끼지 아니함

key word　12:5 아들　12:7 미가엘　12:9 옛 뱀　12:10 참소하던 자　12:14 큰 독수리의
　　　　　두 날개

message　일곱 대접 재앙이 전개되기 전에 삽입된 계시로 7년 대환난의 전반
　　　　　기인 3년 반의 환난 때 지상 교회의 운명에 대한 예언이다. 즉 여자로
　　　　　상정된 교회가 해산하는 환상, 용으로 상징된 사탄이 타락할 것에 대
　　　　　한 예고, 교회가 용에게 맹렬히 핍박당하는 환상이 소개된다.

말씀 연결(사 42장; 계 12장)_공의와 생명

▶일러두기

이사야 42장 1절의 '나의 종'은 곧 '여호와의 종'을 노래한 4대 시가 있다. 그런데 '나의 종'이 누
구냐에 대해서는 여러 의견이 있다. 그 첫째가 집단적 이스라엘로 보는 견해, 둘째는 한 개인으
로 보는 견해, 그리고 종은 근본적으로 메시야를 가리키되 그 메시야는 이스라엘의 대표자요
동시에 이스라엘의 응결체로 보는 견해 등이다.

11 Jun 택하심과 경배함

신명기 16장 | 시편 103편 | 이사야 43장 | 요한계시록 13장

신 16장 히브리인의 3대 절기

묵상   그 이름을 두시려고 택하신 곳

key word 16:1 아빕월 16:3 유교병 16:10 칠칠절 16:13 초막절 16:16 일 년에 세 번

message   거룩한 백성이 언약을 지속시키시며 또 거룩성을 유지하기 위한 규
          례들이다. 이스라엘은 하나님이 명하신 절기를 준수하고 그 절기에
          담긴 하나님의 은혜와 거룩한 뜻을 기억하고 기념해야 했다.

시 103편 자비롭고 은혜로우신 여호와

묵상   여호와를 송축함

key word 103:1 영혼 103:4 관을 씌우시며 103:5 독수리 같이 새롭게 103:7 그의
          행위를 103:8 더디 하시고 103:14 우리의 체질

message   시인을 비롯한 모든 인류를 향한 하나님의 연민과 사랑을 찬양한 노
          래이다. 시인은 예술적인 소양과 신앙적인 열정을 그대로 분출해놓
          은 작품이며 이 시의 전체적인 관심은 하나님께 대한 감사와 찬양에
          있다.

말씀 연결(신 16장; 시 103편)_그 이름을 송축함

▶ **말씀기도**

하나님께 택함을 받은 하나님의 자녀임을 믿으며, 오직 살아계신 하나님만 경배하고 악을 버리
고 살아가는 삶이기를 위해 기도합니다.

사 43장　이스라엘을 회복하실 구원자

묵상　하나님의 것으로 택하심

key word　43:2 물, 강, 불　43:7 내가 내 영광을 위하여　43:11 나 곧 나는 여호와라
43:13 내가 행하리니　43:16 바다 가운데에　43:18 기억하지 말며　43:23
제물로　43:25 네 허물을 도말하는 자

message　이스라엘을 포기하지 않으시는 하나님의 거룩한 집념과 구원의 의지
가 소개된다. 이스라엘이 구원받을 수 있는 것은 바로 하나님의 무조
건적인 선택과 끝없는 사랑 때문이다.

계 13장　두 마리 짐승에 대한 환상

묵상　짐승 경배를 물리침

key word　13:1 바다　13:5 마흔두 달　13:7 각 족속　13:8 생명책　13:16 표　13:17 매매
를 못하게

message　7년 대환난 중 전반기 환난을 언급한 12장에 이어 13장에서는 환난의
강도가 강력해지는 후반기 3년 반 환난이 언급된다. 즉 바다에서 나
온 짐승의 환상, 땅에서 올라온 짐승이 소개된다.

말씀 연결(사 43장; 계 13장)_하나님의 경배

▶일러두기

요한계시록 13장 18절의 '666'은 상징적인 숫자로서 기독교 박해자 네로와 로마 제국을 상징한
다.

12 Jun · 하나님과 어린 양에게 속한 자

신명기 17장 | 시편 104편 | 이사야 44장 | 요한계시록 14장

신 17장 · 종교, 사회, 정치에 관한 규례

묵상 여호와께 가증한 것을 멀리함

key word 17:1 흠이나 악질이 있는 소와 양 17:2 악 17:3 일월성신 17:7 증인이 먼저 17:8 네 하나님 여호와께 17:9 레위 사람 제사장

message 이스라엘의 바른 종교 생활과 공동체의 공의를 위해 주어진 규례이다. 하나님의 직접 통치를 받는 이스라엘은 거룩과 공의가 완전히 실현되어야 한다. 특히 재판장이나 왕 등 이스라엘을 이끌어갈 지도자들은 교만하게 행하지 말고 하나님 앞에 선 자로서 겸손하고 정직해야 한다.

시 104편 · 만물의 창조주요 통치자이신 하나님

묵상 주의 하신 일에 대한 찬양

key word 104:2 빛을 입으시며 104:3 들보 104:4 바람을 불꽃으로 104:14 풀 채소 104:18 높은 산들은 104:19 달로 절기를 104:26 리워야단

message 창세기를 방불케 하는 화려하고 벅찬 감흥을 지닌 찬양시로서 온 우주 만물을 친히 조성하시고 그 하나를 직접 다스리는 하나님의 탁월한 섭리를 잘 묘사해주고 있다. 시인은 하나님의 위용과 천지 창조, 모든 생명을 다스리시는 하나님의 섭리를 노래한다.

말씀 연결(신 17장; 시 104편)_가증한 것과 찬양

▶**말씀기도**

하나님 어린 양에 속한 우리는 가증한 것을 버리고 하나님의 하시는 일을 찬양하며, 우리를 도우시는 하나님을 바라보며 하나님의 계명을 믿음으로 나아가는 삶이기를 기도합니다.

사 44장　여호와는 유일하신 하나님

묵상　도와줄 여호와

key word　44:3 마른 땅에 시내가　44:6 나는 처음이요　44:8 반석은 없나니　44:9 허망하도다　44:14 백향목　44:15 땔감을 삼는　44:22 안개 같이　44:24 모태에서　44:26 중건, 복구　44:28 고레스

message　절망할 수밖에 없는 당신의 백성을 향한 하나님의 위로와 약속에 이어, 우상의 허망함을 고발하고, 오직 하나님만이 유일한 경배의 대상이 됨을 강조한다. 진정 우리 인생은 이 땅에서 무엇을 믿고 의지하느냐에 따라 미래가 결정될 것이다.

계 14장　어린 양 십사만 사천 명

묵상　하나님과 어린 양에게 속한 자

key word　14:8 바벨론　14:13 주 안에서 죽는 자들　14:14 예리한 낫　14:15 구름 위에 앉은 이

message　환난의 때에도 지상 교회가 결코 절망할 수 없는 이유를 밝힌다. 즉 어린 양과 14만 4,000명 환상을 통해 하나님의 백성이 종말에 누리게 될 행복을 예견하고, 세 천사가 전한 심판과 축복 사이의 균형에 대해 소개하며, 포도송이로 비유된 불신자들의 심판과 멸망이 언급된다.

말씀 연결(사 44장; 계 14장)_여호와 하나님

▶일러두기

요한계시록 4장 20절의 '스다디온'은 고대 그리스의 달리기 경주 코스이다. 1스다디온은 약 196.9m로 본문의 1,600스다디온은 약 300km이며, 이는 팔레스타인의 남북 길이에 해당하고 또한 이 세상 전체를 암시한다.

13
Jun

하나님이 세우신 자

신명기 18장 | 시편 105편 | 이사야 45장 | 요한계시록 15장

신 18장　이스라엘 종교 지도자들에 관한 규례

묵상　선지자를 세우심

key word　18:4 처음 깍은 양털　18:8 조상의 것을 판 것　18:9 가증한 행위　18:16 총회의 날　18:21 우리가 어떻게 알리요

message　성막 중심의 봉사와 이스라엘 백성의 건전한 종교 생활을 지도할 레위인과 제사장에 관련된 규례이다. 종교 지도자들은 거룩한 생활을 위해 불의하고 타락한 헛된 우상과 사슬을 배격하고 나아가 하나님과 바른 관계를 유지하며 힘써서 경건하고 거룩하게 살아야 한다.

시 105편　이스라엘을 돌보시는 하나님

묵상　기름 부은 자와 선지자

key word　105:5-6 그의 입의 판단　105:15 선지자　105:36 기력의 시작　105:39 구름을

message　역사 시 가운데 하나로 이스라엘 역사에 행하신 하나님의 구원 사역을 노래한 찬양시이다. 시인은 하나님께서 이스라엘의 족장들과 맺은 언약, 이스라엘의 출애굽 및 죽음의 땅 광야에서 인도하시는 하나님 등 역사 속에서 보여주신 하나님의 돌보심을 노래한다.

말씀 연결(신 18장; 시 105편)_선지자

▶**말씀기도**

하나님은 사람을 세우시고 그를 통해 일하시는 분이시며, 우리는 그의 말씀을 분별하고 그의 기이한 일들을 말하며 어린 양의 노래를 부름으로 주께 더 가까이 갈 수 있는 믿음을 주시기를 간구합니다.

사 45장	하나님의 도구인 고레스

묵상 　지명하여 부르심

key word 　45:5 나는 네 띠를 동일 것이요　45:9 질그릇 조각 중 한 조각　45:13 값이
나 갚음이 없이　45:15 스스로 숨어 계시는 하나님　45:19 감추어진 곳과 캄
캄한 땅

message 　고레스를 택하여 사용하신 하나님의 의지와 고레스를 통한 구원을
의심하는 당신의 백성에 대한 격려 및 이스라엘뿐 아니라 온 세상을
구원하시려는 당신의 사랑 그리고 그러한 하나님의 마음에서 확인할
수 있는 하나님의 절대성과 유일성이 소개된다.

계 15장	마지막 재앙을 가지고 온 천사

묵상 　짐승과 그의 우상과 그의 이름의 수를 이기고 벗어난 자들

key word 　15:2 이름의 수를 이기고　15:3 모세의 노래　15:6 금 띠

message 　일곱 나팔 재앙과 일곱 대접 재앙 사이의 중간 계시에는 일곱 대접
재앙이 본격 실현된다. 그중 15장에는 일곱 대접을 가진 일곱 천사에
대한 설명, 승리한 성도들의 찬양 및 일곱 대접을 가진 일곱 천사가
나온다.

말씀 연결(사 45장; 계 15장)_부르심과 이기고 벗어 난 자

▶**일러두기**

신명기 18장 15절의 '선지자 하나'는 일차적으로 하나님의 뜻을 이스라엘 백성에게 밝히 계시해
줄 구약의 선지자를 궁극적으로는 온 인류의 대속자로 오셔서 십자가 죽음으로 하나님의 구원
섭리를 이루신 그리스도를 가리킨다(행 3:22). 구원의 복음을 주신 그리스도야말로 선지자 가운
데 참 선지자다.

신 19장　도피성과 증인 제도

묵상　　　도피성 규례를 통한 약속과 명령

key word　19:2 세 성읍을　19:3 길을 닦고　19:4 살인자가　19:11 기다리다가　19:14 네
　　　　　이웃의 경계표　19:21 눈에는 눈

message　무고한 생명과 개인의 재산을 보호하기 위한 특별 규례들로 도피성
　　　　　제도와 경계표 및 재판 제도 등이 소개된다. 이는 여호와 신앙이 단
　　　　　지 종교적인 의무만으로 그치지 않고 하나님께서 관심을 가지는 이
　　　　　웃을 사랑하며 그들의 인격과 권익을 보호하는 것까지 포괄하는 것
　　　　　임을 보여준다.

시 106편　하나님을 거듭 배신한 이스라엘

묵상　　　약속을 이루시는 선하심과 인자하심

key word　106:1 할렐루야　106:5 주의 유산　106:7 홍해에서　106:14 광야에서
　　　　　106:28 브올의 바알과 연합　106:32 므리바 물　106:45 뜻을 돌이키사

message　이스라엘의 역사를 소재로 하여 하나님의 구원 역사를 찬양하는 시
　　　　　이다. 시인은 이스라엘 역사 속에서 백성의 패역함을 돌아보며 회개
　　　　　하고 이스라엘의 범죄에도 긍휼을 잊지 않으신 하나님의 사랑을 찬
　　　　　양한다.

말씀 연결(신 19장; 시 106편)_약속을 이루심

▶말씀기도

하나님은 그분의 주권으로 선인과 악인을 향해 약속하시고 명령하시며 그 약속을 이루어가시
며, 우리는 그분의 신실하신 약속을 기억하며 오늘도 승리하며 살아가는 삶이기를 기도합니다.

사 46장　　바벨론 우상의 파멸

묵상　　　하나님의 주권

key word　46:1 벨　46:8 장부가 되라　46:11 동쪽에서 사나운 날짐승

message　바벨론의 대표적인 우상들의 파괴와 이스라엘을 구하시려는 하나님의 거룩한 섭리가 소개된다. 하나님의 심판에는 파멸과 구원의 이중적인 의미가 담겨 있다.

계 16장　　하나님의 진노의 대접

묵상　　　진노의 일곱 대접

key word　16:2 악하고 독한 종기　16:6 피를 마시게 하신 것　16:12 유브라데 강물이
　　　　　16:16 아마겟돈　16:21 한 달란트나 되는 큰 우박

message　땅과 바다, 강과 해 위에 내려질 대접 재앙들 그리고 바벨론의 멸망과 연관된 일곱 번째 대접 재앙이 소개된다.

말씀 연결(사 46장; 계 16장)_주권과 일곱 대접

▶일러두기

요한계시록 16장 16절의 '아마겟돈'은 히브리어 메깃도(므깃도산)의 헬라식 표현(하르마게돈)이다. 묵시 문학적으로 이 세상 끝날 모든 악의 세력이 대격전을 치를 인류 최후의 전장으로서 악의 세력이 처참하게 멸망을 당할 장소이다.

15 Jun 전쟁과 하나님 찬양

신명기 20장 | 시편 107편 | 이사야 47장 | 요한계시록 17장

신 20장   전쟁에 관한 규례

묵상　　　적군과 싸우는 자의 자세

key word　20:4 여호와는 적군과 20:7 여자와 약혼하고 20:8 두려워서 20:10 먼저
　　　　　화평을 선언하라 20:11 너를 향하여

message　장차 이스라엘이 필연적으로 직면하게 될 전쟁에 관한 규례이다. 하
　　　　　나님 나라를 건설하기 위한 거룩한 전쟁은 무엇보다 하나님 중심의
　　　　　전쟁이어야 했다. 전쟁 중에도 사랑과 긍휼과 평화의 정신을 잊어서
　　　　　는 안 되었고 무엇보다도 가증한 것에 대해서는 단호히 대처해야 했
　　　　　다.

시 107편   구속함을 받은 자의 감격스러운 찬양

묵상　　　위험한 지경에서 건지시는 하나님을 찬양함

key word　107:2 대적의 손에서 107:3 동서남북 각 지방에서부터 107:5 그들의 영혼
　　　　　이 107:15 행하신 기적 107:17 미련한 자 107:22 감사제 107:30 바라는
　　　　　항구 107:34 염전 107:43 지켜보고

message　구원받을 만한 자격이 없음에도 불구하고 하나님의 큰 은혜를 받은
　　　　　감격을 노래하는 찬양시이다. 시인처럼 자신의 죄악된 실상을 분명
　　　　　하게 깨닫고 깊은 은혜를 의식할 때 성도는 하나님께 감사와 찬양을
　　　　　돌리지 않을 수 없다.

말씀 연결(신 20장; 시 107편)_싸움과 찬양

▶말씀기도

구원자 하나님이 함께하심을 기억하고 최후 심판의 때에도 어린 양의 승리가 우리에게 있음을
기억하고 우리가 할 것은 오직 우리를 건지시고 구원하신 하나님을 찬양하며 그 은혜에 감사드
립니다.

336

사 47장 　 바벨론을 향한 하나님의 심판

묵상 　 악인에게 평강이 없음

key word 　 47:1 처녀 딸 바벨론　47:8 나뿐이라

message 　 바벨론을 향한 하나님의 분노와 심판 의지가 마치 장례 행렬 같은 시적 운율로 묘사되어 있다. 즉 바벨론을 향한 심판 선언, 심판받을 수밖에 없는 이유, 허망한 종교를 신봉하는 교만한 바벨론에 대한 하나님의 비웃음이 각각 소개된다. 특히 멸망한 바벨론이 노예로 또한 능욕당하는 젊은 여인으로 묘사됨으로써 그 멸망의 강도를 짐작하게 해준다.

계 17장 　 큰 음녀 바벨론과 짐승의 환상

묵상 　 어린 양의 승리

key word 　 17:1 큰 음녀　17:3 붉은 빛 짐승　17:5 비밀이라　17:8 전에 있었다가

message 　 바벨론의 우상 숭배와 그로 인한 멸망 그리고 바벨론을 멸망시키신 하나님께 대한 성도들의 찬양으로 이루어졌다. 한편 바벨론의 멸망 원인을 다루고 있는 본 장에는 붉은 짐승을 탄 음녀, 음녀와 그녀가 탄 짐승, 음녀의 정체와 멸망이 소개되고 있다.

말씀 연결(사 47장; 계 17장)_구원자 어린 양

▶ **일러두기**

요한계시록 17장 10절의 '일곱 왕'은 로마 제국의 일곱 황제를 일컫는다. 이미 망한 다섯은 아우구스투스, 티베리우스, 킬리굴라, 클라우다우스, 네로이며 당시 현존하는 자는 베스파시안, 아직 이르지 않은 자는 디도라 할 수 있다.

16
Jun
악인
신명기 21장 | 시편 108-109편 | 이사야 48장 | 요한계시록 18장

신 21장 가정의 질서와 공동체의 평화를 위한 규례

묵상   악을 제함

key word   21:4 골짜기로   21:6 암송아지 위에 손을 씻으며   21:13 포로의 의복을 벗고
            21:16 기업으로   21:21 성읍의 모든 사람들이

message   이스라엘 공동체의 성결과 가정의 질서와 평화 정착을 위한 규례들
            이다. 하나님은 죄악과 부패에 오염되는 것을 막고 오염된 자를 구제
            하며 백성의 삶에 평화와 질서가 유지되기를 원하신다. 따라서 성도
            들은 거룩과 경건에 힘써야 하며 공동체의 평화와 안녕을 위해 노력
            해야 한다.

시 108-109편 주를 의지한 자와 대적을 보복해주시기를 열망하는 탄원

묵상   대적자로 인한 기도

key word   108:2 비파   108:7 세겜   109:18 저주가 물 같이   109:23 석양 그림자
            109:27 주의 손이 하신 일   109:29 욕을 옷 입듯

message   108편은 하나님의 위대하심과 권능을 의지하며 노래하는 찬양시이
            다. 시인은 구원과 승리를 이미 받은 것으로 확신하며 찬양하고, 구체
            적으로 이 역사 속에서 반드시 실현되어야 할 대적자들에 대한 승리
            를 노래하고 있다. 109편은 생명을 노략하려는 대적의 위협을 받고
            있던 때에 쓴 비탄시이다.

말씀 연결(신 21장; 시 108-109편)_악과 대적자

▶말씀기도

하나님이 우리에게 주신 기업을 더럽히지 않기 위해 우리 안에 모든 악을 제거하신 심판 주이
신 하나님을 믿고 나아가는 삶이기를 위해 기도합니다.

사 48장   죄악 된 이스라엘을 향한 경고

묵상
악인에게 평강이 없음

key word
48:1 유다의 허리에서 48:4 쇠, 놋 48:6 새 일 48:8 정녕 배신하여
48:10 연단하였으나 48:12 처음이요 또 나는 마지막 48:17 유익하도록 가
르치고

message
역사를 주관하시는 하나님은 불신하는 백성에게 오래전부터 장래의
일을 예고하셨다. 이제 하나님은 단지 주님 자신을 위해 패역한 이스
라엘을 구원하기를 원하신다. 특히 하나님은 이방인의 구원을 위한
도구로 이스라엘을 택하셨음을 상기시키고, 출애굽의 역사를 환기시
킴으로써 구원해내시겠다는 주님의 의지를 확인시키셨다.

계 18장   큰 음녀의 성 바벨론의 패망

묵상
악에 대한 심판

key word
18:1 영광으로 땅이 18:8 하루 동안에 18:11 상인 18:12 구리 18:13 사람
의 영혼들 18:14 맛있는 것들과 18:20 하늘 18:21 큰 맷돌

message
바벨론의 멸망의 원인을 다루는데 이어 그 성의 멸망에 관해 소개한
다. 바벨론에 대한 멸망 선언, 바벨론 멸망에 대한 애가, 멸망 상황이
언급되어 있다.

말씀 연결(사 48장; 계 18장)_평강과 심판

▶**일러두기**

시편 109편 8절의 '배신자의 운명'은 '그 직분을 타인에게 빼앗게'라는 표현으로 생명을 누릴
가치도 없는 배신자에게서 영광과 존귀를 박탈하고 권세와 권위의 자리에서 끌어내리는 것을
가리킨다. 이 표현은 베드로가 후일 예수를 판 가룟 유다에 대해 적용시켰다.

17
Jun

배려
신명기 22장 | 시편 110-111편 | 이사야 49장 | 요한계시록 19장

신 22장   이웃 사랑과 순결한 삶을 위한 규례

묵상   실생활에서의 배려

key word   22:6 어미 새와 22:8 난간을 만들어 22:10 겨리하여 22:12 겉옷의 네 귀에 22:15 처녀의 부모가 22:25 들에서 만나서 22:26 사람이 22:28 약혼하지 아니한 처녀를

message   이스라엘 사회를 건전하고 순결하게 유지하기 위한 규례들이다. 하나님의 백성은 하나님 앞에서 영육간의 순결과 거룩을 유지해야 하며, 이웃과 관계에서는 사랑과 관용과 희생으로 대해야 하고, 자연 만물까지 자비와 긍휼의 정신으로 대해야 한다.

시 110-111편 메시야의 영광스러운 통치와 지존하신 여호와

묵상   주의 권능을 알리심

key word   110:1 발판이 되게 하기까지 111:1 정직한 자들의 모임과 회중 111:10 여호와를 경외함

message   110편은 하나님 나라를 권능으로 다스리실 메시야의 의로운 통치와 심판에 관한 예언시이다. 111편은 이스라엘의 중요 절기들에 불리던 송축시이다. 시인은 택한 백성에게 은혜를 베푸신 하나님의 기이한 행사를 밝고 힘찬 분위기로 노래한다.

말씀 연결(신 22장; 시 110-111편)_배려와 권능

▶**말씀기도**

죄와 허물로 죽은 우리를 살아 있는 자로 살게 하시는 하나님의 배려에 감사하며 하나님을 찬양하는 삶이기를 기도합니다.

사 49장   여호와의 종의 사역

묵상 　　　여호와의 영광을 나타냄

key word 　49:1 섬들 49:6 보존된 자 49:8 은혜의 때에 49:12 시님 49:15 여인이
　　　　　49:16 내 손바닥에 새겼고 49:18 나의 삶으로 49:22 품에 안고 49:26 자
　　　　　기의 살을 먹게 하며

message 　회복된 이스라엘과 장차 도래할 메시야와 관련된 메시지들이 집중적
　　　　　으로 드러나고 있다. 여기에는 두 번째 종의 노래와 이스라엘의 회복,
　　　　　거룩한 시온의 재건 및 이에 앞서 실행될 바벨론 멸망에 대해 또 한
　　　　　번의 확인이 소개된다.

계 19장   어린 양의 혼인 잔치와 짐승의 멸망

묵상 　　　전능하신 이의 통치와 찬양

key word 　19:3 연기가 세세토록 19:4 아멘 19:7 어린 양의 혼인 19:10 예언의 영
　　　　　19:11 충신과 진실 19:13 피 뿌린 옷 19:17 태양 안에 서서

message 　바벨론 멸망으로 지상에 임할 7년 대환난이 종결되었고 그 환난기에
　　　　　재난과 혼란을 야기하던 악의 실체들에 대한 심판이 넘겨지게 되었
　　　　　다. 그런 맥락에서 하나님의 의로운 심판에 대한 찬양, 어린 양의 혼
　　　　　인 잔치, 그리스도의 재림, 아마겟돈 전쟁 등이 소개된다.

말씀 연결(사 49장; 계 19장)_영광과 찬양

▶일러두기

신명기에서 모세는 설교의 형식을 빌려 이스라엘 백성들이 가정생활과 사회생활에서 하나님의
백성답게 거룩함과 순결함을 유지해 나가도록 하기 위한 여러 규례들을 언급하고 있다.

18 Jun 하나님을 경외함과 최후 왕 노릇함

신명기 23장 | 시편 112-113편 | 이사야 50장 | 요한계시록 20장

신 23장   거룩한 공동체인 이스라엘

묵상
총회에 들어오지 못하는 자

key word
23:7 에돔 사람 23:11 해 질 때에 23:12 진영 밖에 변소를 마련하고 23:14 불길한 것 23:21 서원 23:25 낫을 대지는 말지니라

message
이스라엘 공동체의 거룩한 삶을 육성하고 사랑과 긍휼의 정신을 실현시키기 위한 규례이다. 하나님의 백성은 그 무엇보다 온전한 신앙과 순결한 삶으로 하나님께 영광을 돌려야 하며 동시에 자기가 속한 공동체 내에 불법과 타락을 추방하고 공의와 사랑을 정착시켜야 한다.

시 112-113편 여호와를 경외하는 자의 행복과 그의 이름을 찬양

묵상
여호와를 경외하는 자

key word
112:4 흑암 112:10 욕망 113:3 해 돋는 데서부터 해 지는 데에까지

message
112편은 '할렐루야'로 시작하는 할렐루야 찬양시이다. 시인은 하나님을 경외하는 자가 누리게 될 은총과 복에 초점을 맞추어 노래한다. 113편은 시의 처음과 마지막을 '할렐루야'로 장식한다. 특히 이스라엘의 큰 절기 때마다 불리다가 신약 시대에 이르러 부활의 날을 기념할 때 주로 불렀다.

말씀 연결(신 23장; 시 112-113편)_들어오지 못하는 자와 경외하는 자

▶말씀기도
모든 죄로부터 우리를 구원하셔서 우리를 의롭다 하신 이는 하나님이시며, 우리의 행위에 있어서 부끄럽지 않는 성도의 삶이기를 기도합니다.

사 50장   여호와의 종 희생과 순종

묵상   여호와의 이름을 의뢰함

key word   50:4 학자들의 혀   50:7 얼굴을 부싯돌 같이   50:11 불을 피우고

message   최악의 노예로 전락한 이스라엘의 현실을 지적하고, 이스라엘의 구원을 가져올 여호와의 종의 세 번째 노래를 소개한다. 한편 고난 중에도 끝까지 여호와의 말씀에 순종하며, 자신의 결백을 보이기 위해 여호와를 의지한 종의 행적은 현실에 쉽게 타협해버리는 현실이다.

계 20장   천 년 왕국의 최후의 심판

묵상   전능하신 이의 통치와 찬양

key word   20:2 천 년   20:4 살아서   20:6 복이 있고   20:6 둘째 사망   20:13 음부

message   바벨론에 대한 심판에 이어 하나님의 통치와 심판의 실현에 관한 비전이 소개된다. 즉 사탄이 무저갱에 결박될 것이며, 그 사이에 천 년 왕국이 실현되고, 천 년 왕국이 다 찬 때에 사탄이 잠시 풀려나서 곡과 마곡의 전쟁을 주도하나 결국 유황 불못에 던져지게 될 것을 보여주고, 흰 보좌에 앉으신 하나님이 최후의 심판을 하시는 장면 등을 소개하고 있다.

말씀 연결(사 50장; 계 20장)_그리스도와 더불어 왕 노릇함

▶**일러두기**

요한계시록 20장 8절의 '곡과 마곡'은 묵시문학에서 하나님의 백성과 사탄이 최후로 접전하는 전투지로 묘사되고 있다. '곡'은 메섹과 두발의 왕으로서 이스라엘을 침공한 자를 말하며 '마곡'은 이스라엘 북방에 위치하고 있는 강력한 적대 국가를 가리킨다.

하나님의 백성

신명기 24장 | 시편 114-115편 | 이사야 51장 | 요한계시록 21장

신 24장　약자 보호법

묵상　　하나님의 백성의 책임

key word　24:1 이혼 증서　24:6 맷돌이나　24:12 전당물을　24:15 품삯을　24:17 객, 과부, 고아

message　거룩한 공동체 내에 이기적인 개인주의를 몰아내고 더불어 사는 아름다운 공동체를 만들라는 권고이다. 하나님께서는 사회적으로나 경제적으로 소외된 자들에게 깊은 관심과 사랑을 가지고 그들을 위해 법적인 보호를 마련하셨다. 이러한 하나님의 뜻을 따라 사는 것이 하나님을 사랑하고 하나님께 헌신하는 또 하나의 방법인 것이다.

시 114-115편 자연 만물을 다스리시는 하나님과 홀로 높으신 여호와

묵상　　부르심과 복 주심

key word　114:3 바다가　114:8 반석을 쳐서　115:1 주의 이름에만　115:17 적막한 데

message　114편은 우주에 가득찬 하나님의 권능이라는 대주제를 다루고 있으면서도 탁월한 서정성과 전체적인 조화가 돋보이는 매우 안정된 시이다. 115편은 이스라엘의 3대 절기에 불렀던 할렐시 가운데 하나이다.

말씀 연결(신 24장; 시 114-115편)_책임과 복

▶말씀기도

하나님은 우리를 백성 삼아 주시고 필요한 복을 주시며, 그 복은 또 다른 책임의 삶을 위한 것이며 하나님만을 찬양하고 이웃에게 그 책임을 다하는 성도의 삶을 살기를 소원합니다.

사 51장   예루살렘을 향한 위로의 말씀

묵상   부르심과 복 주심

key word   51:1 떠낸 반석   51:3 위로하여   51:9 팔이여 깨소서   51:17 분노의 잔   51:19 두 가지 일

message   여전히 고통스럽고 절망적인 현실에서 하나님은 아브라함과 사라에게 약속을 지킨 사실을 환기시키며, 만민을 심판하는 대신 자기 백성을 구원하시며 힘을 주시리라는 약속이 반드시 실현될 것을 거듭 언급하셨다.

계 21장   새 하늘과 새 땅, 새 예루살렘

묵상   하나님이 함께 하심

key word   21:2 하나님께로부터   21:12 열두 지파   21:15 성곽을 측량하려고   21:16 네 모가   21:17 규빗   21:18 정금인데   21:23 하나님의 영광

message   하늘에서의 최종적인 승리와 그에 따른 지상에서의 간절한 소망이 언급된다. 특히 현재의 질서와 천지가 사라지고 새 하늘과 새 땅이 실현될 것과 그곳에서 이뤄질 복된 삶(3-8절), 또 하나님의 도성인 새 예루살렘에 대한 상세한 묘사가 설명되어 있다.

말씀 연결(사 51장; 계 21장)_부르심과 함께

▶일러두기

시편 115편에서 '우상의 특징'은 첫째, 인간의 손으로 만들었으며, 둘째, 인간과 유사한 기관들이 있으나 실제로는 아무 구실도 하지 못하며, 셋째, 무가치하고 상실하고 우상과 똑같이 망령된 존재로 전락한다.

하나님의 선물

신명기 25장 | 시편 116편 | 이사야 52장 | 요한계시록 22장

신 25장   사회와 가정을 위한 규례

묵상   배려

key word 25:3 사십까지는 25:5 형제들이 함께 25:13 두 종류의 저울추 25:17 아말렉이 네게 행할 일

message 이스라엘 내의 공평이 실현되게 하고 건전한 가정을 육성하기 위한 규례들이다. 하나님을 왕으로 모신 이스라엘은 하나님의 통치 원리와 그분의 거룩한 품성에 맞는 삶을 살아가야 한다. 따라서 하나님의 백성은 자신과 자신이 속한 공동체에 공의가 실현되도록 힘써야 하며 동시에 사랑과 긍휼의 정신을 잊지 말아야 한다.

시 116편   성도를 돌아보시는 여호와 찬양

묵상   기도를 들으심

key word 116:1 들으시므로 116:3 사망의 줄 116:14 서원

message 시인은 백성의 부르짖음에 응답하시는 하나님의 자상하심을 찬양하고 하나님이 베푸신 은혜로 인해 서원을 온전히 갚겠다는 다짐을 하고 있다.

말씀 연결(신 25장; 시 116편)_배려와 들으심

▶**말씀기도**

하나님께서 주신 선물인 우리의 생명을 보존하시기 위해 베푸시는 하나님의 배려와 기도의 응답과 구원하심과 생명수를 통해 하나님의 사랑을 늘 기억하는 삶이기를 기도합니다.

사 52장　하나님의 넘치는 위로와 찬양

묵상　　여호와의 위로

key word　52:2 목의 줄을　52:7 좋은 소식　52:8 파수꾼들　52:11 떠날지어다

message　영적인 무기력에 빠진 이스라엘을 향한 하나님의 위로와 회복의 약
속 그리고 당신에 의해 주도될 포로 귀환의 비전이 언급되고 있다.
특히 후반부에는 네 번째 여호와의 종의 노래가 언급된다.

계 22장　생명 넘치는 새 예루살렘과 지상에서의 간절한 소망

묵상　　생명수

key word　22:9 그리하지 말고　22:12 상　22:15 성 밖에 있으리라　22:16 광명한 새벽
별　22:20 아멘 주 예수여 오시옵소서

message　장차 이뤄질 새 하늘과 새 땅, 그중에서도 특히 하나님의 도상인 새
예루살렘에서의 생명력 넘치는 장면과 그곳에서 구속받은 성도들의
신분 그리고 지금까지의 계시의 진정성과 재림의 확실성 등이 강조
되고, 주 예수의 재림이 속히 이뤄지기를 소망하는 장면이 언급되고
있다.

말씀 연결(사 52장; 계 22장)_위로와 생명수

▶일러두기

신명기 25장 5-6절의 '형제들이 함께'라는 의미의 말씀은 '형사수취제'라는 것이다. 가족 중 형
제가 대를 잇지 못하고 죽은 경우 다른 형제가 형수와 결혼하여 대를 잇게 하는 제도를 말한다.
지파 내에서 가문을 보존하고 재산이 타지파에게 넘어가는 것을 막으며, 과부의 결혼 생활과
생계를 보장하기 위한 제도이다.

하나님의 선물(2)

신명기 26장 | 시편 117-118편 | 이사야 53장 | 마태복음 1장

신 26장　사회와 가정을 위한 규례

묵상	보배로운 백성
key word	26:3 맹세하신 땅에　26:5 방랑하는 아람 사람　26:6 중노동　26:8 강한 손과 편 팔　26:11 거류하는 객　26:15 거룩한 처소
message	최후를 앞둔 모세가 가나안의 주역이 될 이스라엘 신세대에게 준 두 번째 설교의 마무리 부분이다. 모세는 하나님의 백성에게 있어 행동의 2대 지침이라고 할 수 있는 하나님 사랑과 이웃 사랑을 다시 한번 강조한다.

시 117-118편　능력과 구원이신 여호와 찬양

묵상	죽지 않고 살아서 올리는 찬양
key word	117:1 모든 나라들　118:2 이스라엘　118:12 가시덤불의 불 같이　118:18 경책하셨어도　118:19 의의 문　118:22 머릿돌　118:25 형통하게
message	117편은 할렐루야시로서 시편 중 가장 짧은 시이다. 시인은 하나님께 찬양을 권유하고 찬양해야 할 이유를 노래한다. 118편은 지금까지 지켜주신 하나님의 구원의 은총과 탁월한 능력을 찬미하는 시이다. 시인은 하나님께 감사 찬양할 것을 권유하며 지난날 역경 중에서 체험한 은혜를 노래한다.

말씀 연결(신 26장; 시 117-118편)_보배로운 찬양

▶**말씀기도**

하나님의 보배로운 백성으로서 찬송과 영광과 명예와 영광으로서 택함을 받은 성도로서 여호와께서 하신 일들을 선포하고 우리의 죄를 사하심으로 우리는 영생을 얻는 성도가 됨을 감사하며 기도합니다.

사 53장　고난받은 종의 노래

묵상　고난받은 왕

key word　53:2 주 앞에서 자라나기를　53:3 간고, 질고　53:8 곤욕과 심문　53:10 속
　　　　건제물

message　좀 더 심화되어 종의 고난과 그 고난을 묵묵히 지고 가는 종의 희생
　　　　과 사랑 그리고 종의 죽음이 가져다주는 복된 결과들이 언급된다. 한
　　　　편 신약에서는 53장의 노래를 예수의 생애와 사역 및 십자가 죽음과
　　　　연관시켜 소개하고 있다.

마 1장　예수의 계보와 탄생

묵상　다윗의 자손 예수

key word　1:1 아브라함　1:17 열네 대　1:21 예수　1:23 임마누엘

message　예수의 족보에 등장하는 네 여인들을 보면 다음과 같다.
　　　　① 다말(3절; 창 38:6-30), 유다의 셋째 며느리 ② 라합(5절; 수 2:1),
　　　　여리고의 기생 ③ 룻(5절; 룻 1:4), 모압 여자 ④ 밧세바(6절; 삼하
　　　　12:24), 우리아의 아내

말씀 연결(사 53장; 마 1장) _고난받은 왕과 예수

▶일러두기

신명기 26장 14절의 "십일조를 죽은 자를 위해 사용하지 않았다."라는 말의 의미는 곧 '죽은 자'
는 죽었다가 다시 살아나는 신으로 여겨진 바알을 가리키는 말로 가나안인들은 매 추수 때마다
바알에게 곡식을 바쳤다. 따라서 이스라엘은 자신들이 바알 신앙과 무관하다는 것을 하나님께
십일조를 바침으로써 천명했던 것이다.

신 27-28:19 그리심 산과 에발 산

묵상	말씀의 청종함과 행함
key word	27:2 돌들을 27:4 에발 산 27:5 돌단을 27:18 맹인에게 27:25 무죄한 자 28:1 삼가 28:6 들어와도 28:13 머리가 되고 28:14 다른 신을
message	27장은 신명기의 결론이자 구약 율법서의 전체적인 결론이라 할 수 있는 마지막 세 번째 설교이다. 그중 우선적으로 행할 규례들을 다룬 다, 곧 매사에 하나님의 주권을 인정하고 그분의 명령에 절대 순복 하는 것이 참 생명에 이르는 길이라는 것이다. 신앙 세계에서는 중간 회색지대가 결코 용납될 수 없다. 그리고 28장 전반부는 모세는 축복 의 산인 그리심 산과 저주의 산인 에발 산에서 선포하는 내용을 생활 에 규범적으로 적용하고 있다.

시 119:1-24 위대한 여호와의 말씀(1)

묵상	행함의 태도
key word	119:8 나를 아주 버리지 마옵소서 119:12 율례들을 내게 가르치소서 119:14 재물을 즐거워함 같이 119:17 후대하게 살게 하소서 119:20 내 마 음이 상하나이다
message	119편은 성경 전체에서 가장 긴 구절을 담고 있으며, 매 8절씩 22연 으로 짜인 매우 치밀하고 정돈된 지혜의 시이다. 22연의 매 첫 글자 는 히브리어 알파벳 순서대로 질서 정연하게 연결되어 있어 답관체 의 진수를 보여주고 있다.

말씀 연결(신 27-28:1-19; 시 119:1-24)_행함

▶말씀기도
왕께 온전한 기도를 드리며 그의 명령과 규례를 행함으로 약속을 기억함으로 온전한 경배를 드리기를 소원하며 기도합니다.

사 54장   회복과 번영의 약속

묵상   경배하는 자에게 주어지는 약속

key word 54:1 잉태하지 못하여 54:7 잠시 너를 버렸으나 54:10 산들이 54:11 화려
          한 채색 54:13 모든 자녀 54:16 숯불을 불어서

message   하나님의 열심이 이뤄내실 구원의 대업을 맡을 종의 노래가 언급된
          데 이어 54장에는 예루살렘의 회복과 번영, 하나님의 이스라엘을 향
          한 깊은 사랑 그리고 예루살렘의 재건에 대한 비전이 소개된다.

마 2장   동방박사의 경배와 예수의 피신

묵상   왕께 경배

key word 2:1 헤롯 왕 2:2 동방 2:16 두 살 2:22 아켈라오

message   동방 박사가 드린 예물의 상징적 의미(루터의 경우)
          황금:예수의 왕 되심(믿음-경건한 마음)
          유향:예수의 신성(소망-진실된 기도)
          몰약:예수의 죽음(사랑-육체의 소욕을 죽임)

말씀 연결(사 54장; 마 2장)_ 행함과 경배

▶**일러두기**

신명기 28장 6절의 "들어와도 복을 받고 나가도 복을 받을 것이니라."라고 한 구절의 의미는 제
사 드리는 일이나 재판하는 일 그리고 전쟁에 나가는 일 등과 관련하여 사용되는 표현으로 일
상생활을 가리킨다.

말씀에 청종

신 28:20-68 순종 여부에 따른 축복과 저주

묵상　　　말씀에 청종하지 않음과 그 결과

key word　28:20 혼란　28:23 하늘의 놋　28:26 네 시체가　28:30 네가 여자와
　　　　　28:35 심한 종기　28:40 모든 경내　28:43 우거하는 이방인　28:46 표징
　　　　　과 훈계　28:48 철 멍에　28:55 자녀의 살　28:64 목석 우상

message　하나님의 명령에 따른 순종과 불순종은 한 개인의 불행 그리고 한 나
　　　　　라의 운명을 결정짓는 중요한 관건이 된다. 하나님께 대한 순종은 생
　　　　　명과 평안과 풍요에 이르는 지름길이요 불순종은 멸망에 이르는 지
　　　　　름길이다.

시 119:25-48 위대한 여호와의 말씀(2)

묵상　　　전심으로 지킴

key word　119:28 영혼이　119:29 거짓 행위　119:30 성실한 길　119:35 계명들의 길
　　　　　로　119:36 탐욕　119:48 내 손을 들고

message　25-48절은 히브리어 알파벳 글자 '달렛'으로 시작하여 '와우'로 마친
　　　　　다. 이곳에서는 영적 상태가 때에 따라서 성장하고 때를 따라서 쇠퇴
　　　　　하는 것을 보여준다.

말씀 연결(신 28:20-68; 시 119:25-48)_말씀의 청종과 전심

▶말씀기도

하나님의 말씀을 지켜 청종하고 주의 법도를 지키겠다는 결단으로 하나님께 나아가는 신자의
삶이기를 기도합니다.

사 55장 　하나님께서 베푸시는 긍휼

묵상 　　　귀를 기울여 들음

key word 　55:1 너희 모든 목마른 자

message 　죄인을 부르시는 하나님의 초대장이다. 죄로 인하여 영적인 굶주림
　　　　　을 당하고 있는 자에게 거룩한 초청에 즉각 응하라는 권면이며, 하나
　　　　　님의 말씀의 권능과 임박한 새로운 출애굽의 확실성을 깨닫고 회개
　　　　　할 것을 촉구한다.

마 3장 　동방박사의 경배와 예수의 피신

묵상 　　　선지자와 하나님께 청종

key word 　3:2 회개하라　3:4 메뚜기와 석청　3:7 바리새인　3:9 아브라함이　3:15 모
　　　　　든 의

message 　30세에 이른 예수의 공생애 사역 준비가 소개된다. 먼저 예수의 선구
　　　　　자인 세례 요한이 광야에 등장하여 백성들에게 회개를 외치는 장면
　　　　　이 나오고, 공생애 시작 전의 예수께서 요한에게 세례를 받으시는 장
　　　　　면이 언급되고 있다.

말씀 연결(사 55장; 마 3장)_들음과 청종

▶일러두기

신명기 28장 30절의 말씀은 약혼한 자, 새집을 지은 자, 포도원을 만든 자 등은 1년간 병역을 면
제 받았다. 이는 여호와께서 보호하시고 승리를 주셨기 때문에 가능했던 것이다. 하지만 본문처
럼 하나님의 계명을 지키지 않으므로 인해서 이스라엘이 패배할 경우 원수들이 아내와 집과 포
도원을 약탈해 갈 것이다.

24
Jun

소유

신명기 29장 | 시편 119편 49-72절 | 이사야 56장 | 마태복음 4장

신 29장   모압 땅에서 세운 언약

묵상   언약의 말씀을 지켜 행함

key word   29:3 큰 시험 29:13 네 하나님 29:17 목석과 은금의 우상 29:18 독초와
             쑥의 뿌리 29:29 감추어진 일

message   하나님께서 가나안 땅의 주역이 될 신세대와 모압 평지에서 맺은 언
             약이다. 이는 호렙산 언약에 대한 기억이 분명하지 않은 신세대들에
             게 하나님과 맺은 언약을 일깨우기 위함이다. 곧 모세는 신세대들에
             게 언약을 새롭게 각인시키고 새로운 생활을 확인하게 된다.

시 119:49-72 위대한 여호와의 말씀(3)

묵상   법도를 지킴

key word   119:50 고난 중의 위로라 119:52 주의 옛 구례 119:54 나그네 된 집에서
             119:61 악인들의 줄 119:72 주의 입의 법

message   49-72절의 내용은 히브리어 '자인'에서 '테드'까지 해당된다. 성도가
             고난 중에 새 힘을 얻고 더 큰 은혜의 길로 나아가며 하나님의 말씀
             이 고난 가운데 버려두지 않고 구원하심을 노래한다. 또한 예부터 전
             해오는 여호와의 율법, 환난 가운데서도 택한 백성을 끝까지 돌보고
             지키시는 주의 신실한 은혜를 가리킨다.

말씀 연결(신 29장; 시 119편 49-72절)_ 언약과 법도

▶**말씀기도**

하나님의 언약의 말씀을 따라 행하기를 힘쓰고, 정의를 지키며 의를 행함으로 하나님의 입에서
나오는 모든 말씀을 따라 살아가기를 소원합니다.

사 56장　　모든 민족을 영접하시는 하나님

묵상　　정의를 지키며 의를 행함

key word　56:3 여호와께 연합한 이방인　56:4 언약을　56:7 만민의 기도하는 집

message　선민의 영역 밖에 있는 이방인들을 하나님께서 부르시는 장면과 이
　　　　　와 대조적으로 이스라엘 지도자들의 허물을 규탄하는 장면이 언급되
　　　　　어 있다.

마 4장　　시험에 승리하고 공생애를 시작하신 예수

묵상　　하나님의 말씀대로 살아감과 예수를 따름

key word　4:8 영광을 보여　4:13 가버나움　4:15 스불론, 납달리, 갈릴리　4:21 야고보,
　　　　　요한

message　본격적인 공생애를 시작하시기 전 예수께서 사탄에게 시험을 받는
　　　　　장면이 소개된다. 이 사건은 예수야말로 사탄의 권세를 깨뜨릴 일찍
　　　　　이 예언된 '여인의 후손'임을 분명히 입증한다. 공생애 사역의 준비
　　　　　를 마친 예수가 잠시 유대에 머무신 후에 갈릴리에서 본격적으로 공
　　　　　생애를 시작하신 기사이다.

말씀 연결(사 56장; 마 4장)_정의와 예수를 따름

▶일러두기

마태복음 4장에 나오는 '시험'이라는 단어이다. 이 단어는 정확하게 말하면 시험이 아니라 '유
혹'이라고 봐야 한다. 사탄은 시험하지 않는다. 성도를 유혹한다. 하나님은 유혹하지 않으신다.
하나님은 시험하신다. 시험이라는 단어는 하나님께 사용하는 것이 옳고, 사탄은 유혹이라는 단
어를 사용하는 것이 맞다.

다시 찾아온 사랑

신명기 30장 | 시편 119편 73-96절 | 이사야 57장 | 마태복음 5장

신 30장 　이스라엘의 회복에 대한 소망

묵상　　　하나님이 마음을 돌이키심

key word　30:1 기억이 나거든　30:3 마음을 돌이키시고　30:8 너는 돌아와　30:11 네
　　　　　게 어려운 것도　30:14 네 입에 있으며　30:19 하늘과 땅을 불러

message　심판과 저주 선포로 두려워하는 이스라엘에 전해진 소망과 위로의
　　　　　메시지이다. 곧 자기 백성의 멸망을 원하지 않으시는 하나님은 회개
　　　　　하는 자를 회복시켜주신다. 고난은 바른 길로 인도하시려는 하나님
　　　　　의 사랑의 연단인 것이다.

시 119:73-96 위대한 여호와의 말씀(4)

묵상　　　법도들을 영원히 잊지 않음

key word　119:78 그들이 수치를 당하게　119:83 영기 속의 가죽 부대 같이　119:89 하
　　　　　늘에 굳게　119:90 주의 성실하심　119:96 심히 넓으니이다.

message　인간의 필요성과 그것을 충족시키는 하나님의 풍성함에 대하여 언급
　　　　　하고 있다. 이곳에서 피조물인 인간이 하나님의 풍성한 은혜 안에서
　　　　　어떻게 살아야 하는가를 보여준다. 하나님의 은혜가 풍성할수록 성
　　　　　도들의 의무도 많다. 이곳은 히브리어 알파벳 '요드'에서 '라메드'까
　　　　　지 나온다.

말씀 연결(신 30장; 시 119편 73-96절)_마음과 법도

▶**말씀기도**

택하심을 받은 백성에게 계명을 주심으로 살 길을 제시하시고, 넘어져도 다시 기회를 주시는
사랑의 하나님이심을 고백하며 그 사랑이 새 계명으로 은혜 안에서 계명을 따라 살아가는 삶이
기를 기도합니다.

사 57장　이스라엘의 타락과 구원 약속

묵상　　고쳐주심

key word　57:6 골짜기 57:8 기념표 57:12 네 공의를 57:16 내가 영원히 57:17 탐심
　　　　의 죄악 57:19 입술의 열매를

message　우상 숭배의 죄악에 심취해 있는 온 이스라엘의 악함을 고발하고, 회
　　　　개하여 돌이키는 자들에 대한 하나님의 구원의 책임과 징벌은 범죄
　　　　한 당신의 백성을 새롭게 회복시키려는 하나님의 의로운 행동이었음
　　　　을 확인할 수 있다.

마 5장　복이 있는 사람

묵상　　천국 계명

key word　5:5 온유함 5:6 의에 주리고 목마른 자 5:13 그 맛을 잃으면 5:14 세상의
　　　　빛 5:15 등불 5:17 율법 5:18 일획 5:22 라가

message　율법과 예언자들의 말의 성취자인 예수가 오늘 본문에서 제자들 및
　　　　그를 따르는 이들을 위해 율법을 새롭게 해석해서 전한다. 이 구절들
　　　　속에서 예수는 당시 중요하게 여겨지던 주제들에 좀 더 집중한다. 그
　　　　주제들은 분노, 간음, 이혼, 맹세에 관한 것들이다.

말씀 연결(사 57장; 마 5장)_고침과 계명

▶**일러두기**

마태복음 5장 18절에서 '일점일획'의 '일점'은 헬라어의 가장 작은 글자 '이오타'를, '일획'은 히
브리어에서 혼동되기 쉬운 철자를 구분하는 작은 '획'이다. 즉 '일점일획'은 단어를 구성하는 지
극히 사소한 요소를 일컫는 문학적 표현이다.

26 Jun · 말씀에 대한 태도

신명기 31장 | 시편 119편 97-120절 | 이사야 58장 | 마태복음 6장

신 31장 하나님의 일꾼으로서 모세의 생애

묵상 듣고 배우고 지켜 행함

key word 31:2 백이십 세 31:3 여호수아는 네 앞에서 31:9 이 율법을 써서 31:14 회막 31:17 내 얼굴을 숨겨 31:20 배부르고 살찌면 31:26 율법책을

message 모세는 자신의 공적인 임무를 다시 한번 되새김으로써 자신의 생이 다하는 순간까지 하나님의 일꾼으로서 주어진 사역에 최선을 다하여 일하는 모습을 보여준다. 더구나 모세는 마지막 순간까지 자신이 아니라 하나님이야말로 이스라엘의 진정한 주인이요 왕이심을 일깨우고 있다.

시 119:97-120 위대한 여호와의 말씀(5)

묵상 사랑하고 송이 꿀처럼 달게 먹음

key word 119:98 원수 119:100 노인 119:103 말씀 119:109 나의 생명이 119:113 두 마음 119:119 찌꺼기 같이 버리시니

message 하나님의 율례와 법도 그리고 그것을 실천하려는 성도의 자세, 이와 같은 관계에서 드러난 기쁨과 즐거움에 대하여 노래하고 있다. 이 시는 히브리어 알파벳 '멤'에서 '사멕'까지 해당한다.

말씀 연결(신 31장; 시 119편 97-120절)_행함과 사랑

▶**말씀기도**

말씀을 듣고, 배우고, 지켜 행하며 말씀을 사랑하고 그 말씀이신 하나님과 가까이하며, 말씀대로 구제와 기도와 금식의 삶을 살아가기를 기도합니다.

사 58장　하나님께서 기뻐하시는 경건

묵상　　　하나님과 가까이 함

key word　58:2 그들이 날마다 나를 찾아　58:6 내가 기뻐하는 금식　58:7 주린 자에게　58:8 여호와의 영광　58:13 네 발을 금하여

message　바벨론 이후 이스라엘 사람들 중에는 하나님과의 바른 관계와 바른 신앙에 혼동하는 이들이 많았던 것으로 보인다. 이에 선지자는 참된 신앙이 단지 형식에 얽매이는 겉치레가 아니라 온전한 마음과 삶을 통해 나타나는 실천적인 경건이어야 함을 일깨워준다.

마 6장　구제함을 은밀하게

묵상　　　말씀대로 살아감

key word　6:2 외식하는 자　6:6 골방　6:7 중언부언　6:19 좀과 동록　6:22 눈이 성하면　6:23 눈이 나쁘면　6:28 백합화　6:30 들풀　6:33 그의 의

message　6장에서도 구제, 기도, 금식 등 하나님과의 올바른 신앙생활에 필요한 교훈을 준다. 예수께서는 사람에게 보이려고 사람 앞에 자신의 의를 행하지 않도록 주의하라고 제자들에게 당부한다. 즉 오른손이 하는 구제를 왼손이 모르게 행하고, 기도할 때 사람이 보는 곳이 아닌 골방에 들어가서 은밀한 중에 보시는 하늘 아버지께 기도하라고 말씀하신다.

말씀 연결(사 58장; 마 6장)_하나님과 가까이 살아감

▶일러두기

마태복음 6장 16절에서 유대인의 금식 풍습은 1년에 네 차례에 걸쳐 금식하였다. 첫 번째는 바벨론이 예루살렘 포위를 시작한 10월 10일, 두 번째는 예루살렘이 함락된 4월 9일, 세 번째는 성전이 파괴된 5월 7일, 그리고 네 번째는 그달랴가 살해된 7월 2일이다. 한편 바리새인은 모세가 율법을 받으러 시내 산으로 올라간 목요일과 하산한 월요일에도 금식하였다.

27
Jun

천국에 들어가는 자

신명기 32장 | 시편 119편 121-144절 | 이사야 59장 | 마태복음 7장

신 32장   모세의 최후의 노래

묵상　　　여호와의 보호와 지키심

key word　32:1 하늘 32:5 삐뚤어진 세대 32:7 옛날을 기억하라 32:10 눈동자 같이
　　　　　32:15 여수룬 32:16 가증한 것 32:22 내 분노의 불 32:44 호세아 32:49
　　　　　아비람 산 32:50 호르 산

message　모세는 장래에 대한 예언으로 이스라엘의 배신과 하나님의 심판을
　　　　　노래한다. 이는 범죄할 수밖에 없는 연약한 인간의 실상을 밝혀 겸손
　　　　　을 촉구하고 나아가 범죄할지라도 하나님께 돌아오면 하나님의 은혜
　　　　　로 구원받을 수 있음을 일깨워준다.

시 119:121-144 위대한 여호와의 말씀(6)

묵상　　　하나님의 보증하심

key word　119:122 보증하사 119:126 폐하였사오니 119:131 사모하므로 119:135 주
　　　　　의 얼굴을 119:139 내 열정이

message　성도가 하나님의 뜻을 사모하면서 진지하게 기도하는 모습을 볼 수
　　　　　있다. 하나님을 앙망하는 뜨거운 자세는 기도에서 시작된다.

말씀 연결(신 32장; 시 119편 121-144절)_보호와 보증

▶**말씀기도**

하나님의 택한 백성으로서 하나님의 보호하심으로 인하여 모든 죄악을 떠나게 하시고 아버지
의 뜻 안에 거하게 하심을 감사합니다.

360

사 59장   죄의 고백과 하나님의 구원

묵상   죄과를 떠남

key word   59:5 독사의 알을 품으며 59:6 그 짠 것으로는 59:10 낮에도 59:15 악을 떠나는 자 59:18 섬들 59:21 나의 영, 나의 말

message   이스라엘의 죄를 고발하라는 하나님의 지시에 따라 계속해서 그들의 죄악상을 고발하는 장면과 백성들 스스로 자신의 허물을 돌이켜 볼 수 있게 하는 장면 그리고 능동적인 하나님의 구원 섭리가 각각 소개되고 있다. 하나님은 죄악에서 돌이키는 자에게 회복과 위로의 은총을 베풀어 주신다.

마 7장   천국 백성의 사회적인 의무

묵상   죄과를 떠남

key word   7:1 비판 7:3 눈 속에 있는 티 7:6 거룩 7:8 구하는, 찾는, 두드리는 7:15 거짓 선지자들 7:21 뜻대로 7:22 그 날 7:24 반석 7:25 비 7:29 권위

message   예수께서는 천국 백성의 사회적 의무에 대해 말씀하신다. 예수님은 산상에서 설교하실 때 무리들에게 말씀하시기를, 비판을 받지 아니하려거든 타인을 자신의 잣대와 기준으로 비판하지 말 것을 명령한다. 왜 이런 말씀을 예수께서는 하셨는가? 그 이유는 자신의 죄가 타인의 죄보다 먼저 주님 앞에서 처리 받아야 하기 때문이다.

말씀 연결(사 59장; 마 7장)_죄과를 행함

▶일러두기

신명기 32장 17절의 '귀신'의 원어의 뜻은 '수호신' 혹은 '악령'이다. 악귀를 부리는 자를 비롯하여 요사스럽고 못된 잡귀의 총칭이다. 때로 인격시되는 악의 세력들을 가리키며 사탄은 귀신의 왕으로 불린다. 하나님은 백성을 파멸시키는 이방우상에 대해 사용되기도 했다.

빛이신 하나님 안에서 사는 자

신명기 33-34장 | **시편 119편 145-176절** | **이사야 60장** | **마태복음 8장**

신 33-34장 이스라엘 지파에 대한 축복과 모세의 죽음

묵상 　행복한 사람

key word 　33:2 일만 성도　33:4 야곱의 총회의 기업　33:8 둠밈과 우림　33:11 허리를 꺾으사　33:17 들소의 뿔　33:21 입법자의 분깃　33:25 문빗장　33:28 야곱의 샘　34:6 그의 묻힌 곳　34:8 삼십 일을 애곡

message 　33장에서 이스라엘이 거룩한 백성이요 구별된 민족이 될 수 있었던 것은 그들의 탁월한 능력이나 기질 때문이 아니라 순전히 하나님의 절대적인 사랑과 은혜 때문이었음을 보여준다. 34장은 하나님이 인정하시는 삶을 산 자의 죽음이 복되다는 사실과 하나님 나라와 하나님의 거룩한 계획이 어떻게 계속되어 가는지를 보여준다.

시 119:145-176 위대한 여호와의 말씀(7)

묵상 　영원한 빛이신 여호와

key word 　119:147 날이 밝기 전에　119:150 악을 따르는 자　119:156 긍휼　119:160 강령　119:164 하루 일곱 번씩　119:173 택하였사오니

message 　145-176절에서는 '전심으로'(145절)라는 특이한 표현이 나온다. 이 표현은 하나님을 섬기는 성도의 자세를 잘 보여준다. 그러나 진실한 신자는 '전심으로' 하나님을 섬긴다. 이곳에서는 이와 같은 뜨거운 신앙인의 자세가 진지하게 나온다.

말씀 연결(신 33-34장; 시 119편 145-176절)_행복한 길

▶**말씀기도**

하나님은 우리의 생명의 빛이 되심을 믿으며 생명의 빛 안에 사는 성도는 주님의 말씀에 따라 살며 믿음으로 살아가는 삶이기를 기도합니다.

사 60장　회복된 예루살렘의 영광

묵상　영원한 빛이신 여호와

key word　60:5 네 마음이 놀라고　60:7 느보욧　60:10 성벽을 쌓을 것이요　60:11 네 성문이 항상 열려　60:13 나의 발 둘 곳

message　온 세상의 죄를 몰아낼 영광의 빛이 시온에 빛나게 될 것과 풍요한 삶이 이뤄질 시온의 모습 그리고 회복될 시온의 영원함, 고통스러운 지금까지의 삶과는 비교할 수 없이 복되고 영광스러운 회복된 시온의 영광이 언급된다.

마 8장　나병자를 깨끗하게 하심

묵상　믿은 대로 됨

key word　8:2 나병　8:4 아무에게도　8:5 가버나움　8:10 놀랍게 여겨　8:11 천국에　8:12 울며 이를 갈게　8:20 인자　8:22 죽은 자들　8:28 가다라

message　예수님의 신유 사역이 처음 집중적으로 부각된 부분이다. 나병자, 백부장의 하인, 베드로의 장모, 거라사 지방의 귀신들린 자 등 다양한 부류의 사람에 대한 치유 사역이 소개되고 있다.

말씀 연결(사 60장; 마 8장)_빛과 믿음

▶일러두기

신명기 33장 28절의 '야곱의 샘'은 야곱의 후손 이스라엘의 별칭이다. 구약의 표현들을 살펴보면 여수룬(32:15), 여호와의 성민(7:6), 하나님의 백성(출 6:7), 택함 받은 자(사 41:8), 여호와의 총회(23:1-2), 하나님의 자녀(32: 5) 등이 있다.

29
Jun

함께하심

여호수아 1장 | 시편 120-122편 | 이사야 61장 | 마태복음 9장

수 1장   가나안 진군을 명령받은 여호수아

묵상   강하고 담대해야 함

key word   1:1 여호와의 종   1:3 발바닥으로 밟는 곳   1:4 광야   1:6 강하고 담대하라
           1:10 관리들   1:13 기억하라   1:14 무장하고   1:15 해 돋는 곳

message   모세가 죽은 후 가나안 정복을 수행할 새 지도자 여호수아를 향한 하
           나님의 독려와 함께 명령을 받은 여호수아와 백성들의 다짐이 소개
           된다.

시 120-122편 화평을 위한 간구와 이스라엘을 지키시는 여호와와 평안의 성읍 예루살렘

묵상   도우시는 하나님

key word   120:2 거짓된 입술   120:4 로뎀나무   120:5 메섹   121:1 산   122:2 우리 발
           이   122:6 사랑하는 자는   122:9 하나님의 집

message   120편은 성전에 올라가는 노래라는 부제를 가진 찬양시이다. 시인은
           환난 중에 구원을 베푸시는 하나님을 소망하며, 악인의 심판을 갈망
           하고 있다. 121편은 성전을 순례하던 시인은 순례의 전 과정 동안 아
           무런 어려움 없이 무사히 순례길을 마칠 수 있었던 사실을 감사하며
           영광을 돌리고 있다. 122편은 예루살렘 성전으로 올라가는 순례자의
           시로 예루살렘의 장엄함과 그 풍요로움을 한껏 강조하고 있는 것이
           특징이다.

말씀 연결(수 1장; 시 120-122편)_강하고 도우시는 하나님

▶**말씀기도**

하나님은 우리의 도우심이 되시며 하나님으로 말미암아 기뻐하고 즐거워하는 삶이되기를 소원
합니다.

사 61장　시온에 전해질 구원의 복된 소식

묵상　　　크게 기뻐함

key word　61:2 여호와의 은혜의 해　61:4 오래 황폐하였던 곳　61:8 불의의 강탈
　　　　　61:10 사모

message　회복과 영광 그리고 그 구원을 이루실 자 곧 하나님께로부터 보냄 받
　　　　　은 자에 대한 예언이 소개된다. 한편 예수께서는 1-3절의 말씀을 친
　　　　　히 당신에게 적용시킴으로써 당신이야말로 온 인류를 구원할 메시야
　　　　　임을 천명하셨다.

마 9장　중풍병자를 고치심

묵상　　　가르치시며 전파하시며 고치심

key word　9:9 세관　9:11 바리새인　9:15 혼인집 손님들　9:16 생베 조각　9:17 새 포도
　　　　　주는 새 부대에　9:20 혈루증　9:27 다윗의 자손　9:35 복음　9:36 불쌍히

message　중풍병자, 혈루증 환자 및 죽은 야이로의 딸, 소경과 벙어리 등을 고
　　　　　치신 사실이 기록되어 있다. 이곳의 치유 사역이 8장과 다른 점은 그
　　　　　것이 죄를 사하는 주님의 권세와 연관되어 있다는 점이다. 결국 주님
　　　　　의 치유의 목적은 죄사함을 통한 전 인류의 구원임이 여기서 드러난
　　　　　셈이다.

말씀 연결(사 61장; 마 9장)_빛과 믿음

▶일러두기

마태복음 9장 11절의 '바리새인'은 원어적으로 '분리된 자'라는 뜻이다. 마케베오 당시 헬라화에
반대하고 선민으로서의 성결을 주장하던 경건주의자를 가리키는 말에서 유래했다. 예수 당시
가장 큰 세력을 형성한 종교 집단이다.

하나님

여호수아 2장 | 시편 123-125편 | 이사야 62장 | 마태복음 10장

수 2장　여리고 정탐과 기생 라합

묵상　　이방인의 고백

key word　2:1 싯딤　2:6 삼대　2:12 여호와로　2:15 성벽 위에　2:18 붉은 줄　2:19 그의 피가　2:24 우리 손에

message　가나안 진격에 앞서 첫 성읍인 여리고를 사전 탐색한다. 이 과정에서 이스라엘 정탐꾼을 도운 기생 라합의 빛나는 신앙적 행동을 보여준다.

시 123-125편 긍휼을 구하는 기도, 도우시는 하나님, 주를 의뢰하는 자의 안전

묵상　　은혜를 베푸시는 하나님

key word　123:4 안일한 자　124:2 우리를 치러　125:1 시온 산이

message　123편에서 시인은 힘든 현실의 아픔을 딛고 오직 구원과 소망되신 하나님께로 눈을 돌려 긍휼을 호소한다, 124편은 지난날 도무지 이겨낼 수 없는 대적을 하나님께서 이기게 해주신 사실을 회상하며, 하나님의 구원의 은총을 노래한 시이다. 125편은 성도의 승전가로 시인은 하나님의 특별한 보호와 선인과 악인의 대조적인 운명 등을 노래한다.

말씀 연결(수 2장; 시 123-125편)_고백과 은혜

▶**말씀기도**

우리의 도움이 되시는 하나님의 은혜 베푸심을 감사하며, 그 이름을 찬양하고 고백하는 아름다운 삶이기를 위해 기도합니다.

사 62장　시온의 영광과 복된 미래

묵상　　　다시 찬송 받으심

key word　62:4 헵시바　62:6 파수꾼　62:9 나의 성소 뜰　62:12 여호와께서 구속하신 자

message　시온의 약속이 금방 성취되지 않고 지연되면서 점차 낙담하게 된 자들을 위로하면서 시온에 임할 최종적인 승리가 선포된다. 시온을 사모하는 자는 현실의 고난에 집착하지 않고 장차 임할 영광된 미래를 더욱 소망하게 된다.

마 10장　열두 제자를 부르심

묵상　　　주의 이름으로 받는 미움

key word　10:2 사도　10:6 이스라엘　10:9 전대　10:14 발의 먼지　10:29 앗시리온　10:34 검　10:42 작은 자

message　예수님께서 따르던 제자들 중에서 열두 명을 선택하시고 그들에게 복음 전도자로 훈련시키시기 전에 말씀해 주신 말씀이라고 할 수 있다.

말씀 연결(사 62장; 마 10장)_찬송과 주의 이름

▶일러두기

이사야 62장 4절의 '헵시바'는 문자적으로는 '나의 기쁨이 그녀에게 있다.'라는 뜻이다. 즉 이스라엘의 회복과 궁극적인 성도의 구원이 모두 다 하나님의 거룩하신 뜻 안에서 이루어진다는 의미이다. 한편 '헵시바'라는 이름은 히스기야의 왕비이자 므낫세의 어머니 이름으로 나타나기도 한다(왕하 21:1).

1
July

하나님이 행하신 일들

여호수아 3장 | 시편 126-128편 | 이사야 63장 | 마태복음 11장

수 3장   요단 강을 건넌 이스라엘

묵상   여호와께서 행하시는 기이한 일

key word 3:3 언약궤 3:4 이천 규빗쯤 3:9 이리 와서 3:13 쌓여 서리라 3:15 곡식
거두는 시기

message   여리고 정탐을 성공적으로 끝낸 직후 이스라엘은 언약궤를 앞세우고
요단을 건너 야속의 땅에 첫발을 내딛게 된다.

시 126-128편 자유를 얻은 자, 복과 평안의 근원과 정의 행복이신 하나님

묵상   여호와께서 행하신 큰 일

key word 126:3 큰 일을 행하셨으니 127:2 사랑하시는 자에게는 잠을 128:3 아내는
결실한 포도나무

message   126편은 바벨론 포로생활을 청산하고 언약의 땅 가나안으로 다시 돌
아온 자의 감격을 노래하는 시이다. 127편은 교훈시오, 지혜의 시이
다. 가장 유복하던 왕 솔로몬을 통해 복의 근원이 과연 누구이며 성
공과 실패의 관건이 과연 무엇인지를 일깨워준다.

말씀 연결(수 3장; 시 126-128편)_기이한 큰 일

▶**말씀기도**

하나님이 우리에게 행하신 일들은 기이하며 큰일들이며, 우리를 죄로부터 구원하셔서 영화롭
게 하시고 영원한 쉼을 주신을 감사합니다.

사 63장   열방과 선민을 향한 계획

묵상   영화롭게 하심

key word   63:1 에돔에서 오는 63:2 포도즙 틀을 밟는 자 63:10 반역하여 63:18 유
린

message   시온의 회복에 앞서 거쳐야 할 열방에 대한 하나님의 심판과 지난날
이스라엘을 향하셨던 하나님의 선하심 그리고 이스라엘을 위한 중보
기도가 소개되고 있다. 진실로 하나님의 나라는 죄와 악이 도말된 곳
에서 시작되고 완성된다.

마 11장   메시야 선포와 복음으로의 초청하는 예수

묵상   쉼을 주심

key word   11:5 맹인이 11:9 선지자보다 더 나은 자 11:11 작은 자라도 11:21 화 있을
진저 11:25 천지의 주재이신

message   예수와 세례 요한에 관한 기록이다. 세례 요한은 구약 최후의 선지자
로서 구약적인 메시야관에 사로잡혀 예수의 교훈들에 관해 여러 오
해를 하고 있었다. 즉 그는 예수를 메시야로 인정했지만 메시야의 나
라와 메시야의 본질을 잘못 알고 있었다. 그래서 예수는 요한의 선구
자적 위치와 그 한계성을 밝힌 후 요한의 선포한 천국의 실체가 곧
자신임을 명확하게 밝혔다. 이로써 명실상부하게 구약 시대는 마감
되고, 예수로 비롯된 메시야 시대 곧 신약 시대가 도래하게 된다.

말씀 연결(사 63장; 마 11장)_새 성전의 시작과 성령과 기도와 증인으로 교회를 시작

▶일러두기

가나안 진격에 앞서 첫 성읍인 여리고를 사전 탐색한다. 이 과정에서 이스라엘 정탐꾼을 도운
기생 라합의 빛나는 신앙적 행동을 보여준다(히 11:31). 여기서 '기생 라합'과 시편 89편 1절의
'라합'과의 혼돈을 막기 위해 앞에 수식어를 붙여 '기생'이라고 한다.

2
July

하나님의 백성

여호수아 4장 | 시편 129-131편 | 이사야 64장 | 마태복음 12장

수 4장　요단을 건넌 후 세운 기념비

묵상	요단을 건너는 하나님의 백성
key word	4:3 돌 들　4:6 표징　4:9 오늘까지　4:13 여리고 평지　4:14 크게 하시매 4:19 첫째 달 십일
message	모든 백성이 요단강을 건넌 다음 이스라엘은 그 은혜를 기념하기 위해 강바닥에서 12개의 돌을 취한 후 길갈 땅 위에 기념비를 세우게 된다. 베푸신 은혜를 기념하는 것은 그 은혜를 단지 과거에 묶어두지 않고 현재화하고 영속하는 일이다.

시 129-131편 이스라엘의 고통, 기다람, 젖 뗀 아이 같은 심령

묵상	여호와를 바라보는 하나님의 백성
key word	129:3 밭 가는　130:4 사유하심　130:5 내 영혼은　131:3 바랄지어다
message	129편은 바벨론 포로에서 돌아온 후 과거를 회상하며 하나님의 은혜를 노래한 시이다. 130편은 시편에 언급된 일곱 편의 회개시 가운데 하나이다. 시인은 현실을 앞에 놓고 사유하시는 하나님을 향하여 인자와 구속을 간구한다. 131편은 하나님을 순전한 마음으로 바라고 그분 안에서 참 평안을 얻었음을 고백하는 시이다.

말씀 연결(수 4장; 시 129-131편)_하나님의 백성

▶**말씀기도**

하나님의 손으로 지으신 바 귀한 주의 백성으로서 하나님만 바라는 존귀한 삶을 살게 하시기를 위해 감사함으로 기도하옵나이다.

사 64장　긍휼과 자비를 구하는 기도

묵상　　　주의 손으로 지으신 바 된 하나님의 백성

key word　64:1 하늘을 가르고　64:5 선대하시거늘　64:10 거룩한 성읍　64:11 아름다운 성전

message　63장에 이어 계속해서 이스라엘을 위한 자비의 도우심의 기도를 드리고 있다. 특히 하나님께서 함께하시기를 간구하며, 그러기에 속히 구원하여 달라는 기도를 드리는 장면이다.

마 12장　주님과 바리새인의 안식일 논쟁

묵상　　　양보다 귀한 하나님의 백성

key word　12:3 다윗이　12:4 진설병　12:5 안식일에　12:11 양　12:27 너희의 아들들　12:29 강한 자　12:31 성령을 모독하는 것　12:32 인자를 거역하면　12:34 독사의 자식들아　12:36 무익한 말　12:41 니느웨　12:42 남방 여왕　12:43 물 없는 곳

message　안식일 논쟁에 관한 기록이다. 형식적인 종교의식으로 백성들의 영혼을 피폐시킨 유대 종교 지도자들과 참 진리와 생명되신 예수와의 갈등이 심화되고 있다. 형식적인 안식일 준수를 고집하는 유대 종교 지도자들을 향하여 예수는 다음과 같은 진리를 증거하심으로써 그들을 침묵시키셨다.

말씀 연결(사 64장; 마 12장)_하나님의 백성

▶일러두기

여리고 평지는 싯딤 맞은편 저지대 곧 요단 서쪽의 초원 지대로 비스듬히 경사를 이룬다. 이스라엘의 선두부대가 여기에 진을 침으로써 가나안 정복의 교두보를 확보하게 되었다.

하나님의 나라

여호수아 5-6장 1-5절 | 시편 132-134편 | 이사야 65장 | 마태복음 13장

수 5-6:5 요단을 건너 행할 할례와 유월절

묵상 | 약속의 땅을 향한 걸음

key word | 5:2 부싯돌 5:3 할례 산 5:11 그 땅의 소산물 5:12 만나가 5:15 여호와의 군대 대장 6:3 둘러 6:4 일곱

message | 가나안 땅에 들어선 이스라엘은 칼을 빼들기 전에 먼저 언약 백성의 증표인 할례를 행했고 구속 역사의 모형적 사건인 유월절을 기념하였다.

시 132-134편 형제간의 교제와 성전 봉사자, 여호와의 집에 거하는 자의 찬양

묵상 | 하나님 나라의 모형인 시온

key word | 132:1 그의 모든 겸손 132:6 나무 밭 132:7 발등상 133:1 연합하여 동거함이 133:2 머리에 133:3 헐몬의 이슬

message | 132편은 성전을 순례하는 신앙인들이 즐겨 부르던 시이다. 시인은 다윗의 성전에 대한 열망과 서원, 성전 완공과 새 성전에 법궤 안치, 다윗의 집에 베푸신 하나님의 약속 등을 노래한다. 133편은 형제 사이에 이뤄지는 교제의 아름다움과 선함을 노래하는 찬양시이다. 134편은 두 개의 합창 형식으로 이루어진 찬양시이다.

말씀 연결(수 5- 6장 1-5절; 시 132-134편)_약속의 모형

▶**말씀기도**

하나님께서는 하나님 나라를 약속해 주셨고, 예수 그리스도로 인해 이미 성취하셨음으로 인해 평강을 누릴 수 있음을 감사드립니다.

사 65장   하나님의 징벌과 새 창조

묵상   약속된 하나님 나라

key word 65:1 나를 구하지 아니하던 자 65:4 무덤 사이에 65:6 그들의 품에 65:7
          너희의 죄악과 65:9 나의 종들 65:11 성산을 잊고 65:16 진리의 하나님
          65:17 새 하늘과 새 땅 65:18 창조하여

message   앞부분에 나오는 기도에 대한 응답으로 주어진 것이다. 그 내용은 타
          락과 범죄로 인해 이스라엘이 심판을 받을 수 없는 현실과 심판 중에
          도 하나님을 소망하는 자에게 구원이 주어질 것을 확인시키고, 모든
          심판이 종결된 후에 남은 하나님의 사람들을 중심으로 하여 이뤄질
          새로운 질서 속에서의 하나님 나라에 대한 비전이 소개된다.

마 13장   예수께서 비유로 말씀하심

묵상   비유된 하나님 나라

key word 13:1 바닷가 13:3 비유 13:4 뿌릴새 더러는 13:5 흙이 얕은 13:25 사람들
          이 잘 때에 13:33 서 말 13:47 그물

message   예수의 천국 비유집이다. 모두 일곱 가지의 비유가 언급되었는데 예
          수께서 비유로 천국을 가르치신 데에는 이중의 목적을 가진다. 첫째
          는, 천국 곧 하나님의 나라를 쉽게 가르치기 위함이다. 둘째는, 천국
          의 오묘한 진리를 원수들의 공격으로부터 보호하기 위함이다.

말씀 연결(사 65장; 마 13장)_하나님 나라

▶**일러두기**

'운수의 신 갓과 운명의 신 므니'(사 65:11) - 갓은 길운을 가져온다는 아람의 신이며, 므니는 역
시 행운을 가져온다는 아라비아의 신이다. 므니는 '수를 세다'라는 뜻으로 사람의 수명을 좌우
하는 운명의 신으로 숭배되었다.

돌보심

4 July

여호수아 6장 6-27절 | 시편 135-136편 | 이사야 66장 | 마태복음 14장

수 6:6-27 여리고 성 함락

묵상	성을 주심
key word	6:6 언약궤를 메고 6:10 외치지 말며 6:17 여호와께 온전히 바치되 6:19 여호와의 곳간
message	이스라엘은 하나님의 지혜와 방법으로 철옹성 여리고를 격파하게 된다. 그리고 약속한 대로 라합과 그 가족을 모두 보존한다. 굳게 닫힌 문을 연 것은 칼과 주먹이 아니라 기다림과 순복과 믿음이었다.

시 135-136편 여호와의 집과 인자하심이 영원하신 하나님께 감사

묵상	특별한 소유로 삼으심
key word	136:1 감사하라 136:3 주들 중에 뛰어난 이름 136:4 홀로 큰 기이한 136:5 지혜로 하늘을 136:10 애굽의 장자를 치신 이 136:18 유명한 왕들
message	135편은 하나님의 택한 백성들에게 찬양을 권유하고 백성을 돕고 후원해 오신 하나님의 지고한 사랑을 노래하는 찬양시이다. 136편은 이스라엘 민족이 유월절과 신년절기같이 큰 절기에 거국적으로 부르던 찬양시로서 교창 형식으로 불린 것으로 보인다.

말씀 연결(수 6장 6-27절; 시 135-136편)_주시고 삼으심

▶**말씀기도**

주어진 삶의 영역에서 최선을 다하고 하나님의 영광을 보게 하시며, 주의 긍휼하심을 입게 하심을 감사합니다.

사 66장　심판과 위로와 구원의 약속

묵상　　하나님의 영광을 봄

key word　66:2 마음이 가난하고　66:4 유혹　66:8 민족　66:11 젖을 넉넉히 빨
　　　　 66:14 풀의 무성함　66:15 불　66:18 행위와 사상　66:19 뿔

message　이사야의 마지막을 장식하는 것으로 성전이 다시 지어지고 있는 상
　　　　 황을 배경으로 한 것으로 보인다. 위선과 거짓으로 점철된 이스라엘
　　　　 에 대한 심판과 남은 자들을 중심으로 한 이스라엘의 회복, 타락한
　　　　 무리에게 내려지는 심판 선언과 완성된 하나님 나라에 대한 비전이
　　　　 언급된다.

마 14장　세례 요한의 죽음과 오병이어의 기적

묵상　　긍휼히 여겨주심과 배불리 먹게 하심

key word　14:1 분봉 왕　14:3 헤로디아의 일　14:17 떡 다섯 개와 물고기 두 마리
　　　　 14:20 바구니　14:24 수 리　14:25 밤 사경

message　세례 요한의 죽음에 대한 기사이다. 세례 요한은 헤롯의 근친상간 죄
　　　　 를 지적했다가 죽임을 당한다. 그리고 떡 다섯 덩이와 물고기 두 마
　　　　 리로 오천 명을 먹이신 '오병이어의 기적'과 물 위로 걸으신 예수의
　　　　 이적을 묘사하고 있다.

말씀 연결(사 66장; 마 14장)_영광과 긍휼

▶일러두기

여호수아 6장 21절에서 "젖먹이조차도 죽어야 했는가?"라는 구절에서 남녀노소를 막론하고 모
두 죽이라는 명령은 자비로운 하나님의 성품과 조화될 수 없어 보인다. 하지만 인류를 진정으
로 멸망하게 하는 죄와 부패에 있어서만은 달랐다. 하나님은 사랑이신 동시에 거룩하시고 의로
우시다. 여기서 여리고는 부패한 성읍이요 타락한 백성의 전형으로 보인다.

온전한 경배

수 7장　아간의 범죄와 아이 성 패배

묵상　죄를 제거함

key word　7:1 아간　7:2 아이　7:5 마음이　7:7 아모리 사람　7:15 망령된 일　7:19 내 아들아　7:21 시날 산

message　여리고 성 함락으로 한껏 고무되었던 이스라엘은 아간의 범죄로 작은 성 아이에서 대패하게 된다.

시 137-138편 바벨론의 포로와 만유 위에 거하시는 여호와

묵상　이방 땅에서의 노래

key word　137:1 바벨론의 여러 강변　137:2 수금을 걸었나니　138:1 신들 앞에서　138:5 여호와의 도　138:6 굽어 살피시며

message　137편은 비참하고 고통스러웠던 바벨론 포로생활을 마치고 돌아온 후 옛날을 회상하며 지은 애가이다. 138편은 주변 나라를 정복한 후 그 은혜에 감사하여 지은 찬양시이다. 시인은 하나님께 감사하며 온 땅에 주의 말씀이 편만하게 될 것을 노래한다.

말씀 연결(수 7장; 시 137-138편)_죄와 이방 땅

▶**말씀기도**

우리는 온전히 하나님을 경배하고 마음의 모든 죄를 회개하고 어디에 있든지 세움을 받은 자로서의 사명을 감당하며 입술로만이 아니라 마음으로 공경하는 삶을 살기를 기도합니다.

렘 1장   예레미야의 소명

묵상   세움 받음

key word   1:9 그의 손을   1:11 살구나무   1:13 끓는 가마   1:17 허리를 동이고

message   예레미야의 가문과 예언 활동을 시작한 시기 등을 소개함으로써 그의 사역의 역사성을 부여하고 있다. 그리고 하나님의 초월적인 선택과 절대적인 후원 약속을 소개함으로써 소명의 신적 기원을 보여준다. 동족을 향해 하나님의 심판을 선언해야 했던 예레미야는 동족을 향한 고뇌와 조악에 대한 의분으로 매순간 눈물로 사명을 감당해야 했다. 때문에 예레미야를 '눈물의 선지자'라고 부르고 있다.

마 15장   장로들의 전통과 칠병이어

묵상   마음으로 공경함

key word   15:2 전통   15:11 입에서 나오는   15:22 가나안 여자   15:26 개   15:34 작은 생선   15:37 광주리

message   장로들의 유전에 관한 예수의 가르침으로 하나님의 참뜻이 무엇인지를 교훈하고 있다. 그리고 민족적, 문화적 굴레를 초월하여 예수께서 가나안 여인의 딸을 치유하신 사건이다. 또 예수께서는 병든 자들을 치료하신 것과 칠병이어의 이적을 베푸신 것을 소개하고 있다.

말씀 연결(렘 1장; 마 15장)_세움과 공경

▶일러두기

선지자 '예레미야'의 이름의 뜻은 '여호와께서 높이셨다.'이다. 유다가 하나님보다 우상과 이방의 군사력을 더 의지하는 심각한 위기에 선지자로 부름을 받았다. 대략 요시야 왕 통치 13년 때부터 시작하여 예루살렘이 패망하던 히스기야 왕 11년까지 예루살렘을 중심으로 활동하였다.

하나님의 생각

여호수아 8장 | 시편 139편 | 예레미야 2장 | 마태복음 16장

수 8장   아이 성을 점령한 이스라엘

묵상   약속한 성읍을 주심

key word   8:2 여리고 8:5 처음과 같이 8:9 벧엘과 아이 사이 8:10 점호하고 8:13
           골짜기 8:14 아리바 8:17 성문을 열어 놓고 8:18 단창 8:30 에발 산
           8:33 그리심 산

message   아간으로 인한 죄와 허물을 없앤 이스라엘은 하나님의 도움으로 아
           이 성을 단숨에 멸하고 에발 산에서 다시 한번 하나님께 제시하며 말
           씀을 듣는 시간을 갖게 된다.

시 139편   하나님의 전지전능하심을 찬양

묵상   보배로우심

key word   139:2 내가 앉고 일어섬 139:6 이 지식 139:7 주의 영 139:9 새벽 날개를
           치며 139:15 은밀한 데 139:24 영원한 길

message   자신의 삶을 통해 하나님의 전지전능하신 체험한 시인이 그 하나님
           에 대한 신앙고백적 찬양을 돌린 시이다.

말씀 연결(수 8장; 시 139편)_약속과 보배로움

▶말씀기도

하나님께서는 약속한 것을 이루시는 분이시며, 하나님께서는 모든 행한 대로 갚으신 분임을 믿
습니다.

렘 2장	배역한 유다에 대한 공의로운 심판

묵상 귀한 포도나무로 심으심

key word 2:3 성물 2:5 헛된 것 2:7 기름진 땅 2:9 싸우고 2:10 게달 2:14 씨종
2:16 놉과 다바네스 2:18 시홀 2:20 높은 산 2:21 참 종자

message 예레미야는 하나님과의 언약을 저버리고 대신 우상숭배와 각종 타락
에 빠져들고 만 유다가 맞게 된 열악한 상황과 백성의 죄악상을 열두
번의 설교를 통해 엄중히 지적하고 있다. 그중 첫 번째 설교로서 유
다 백성의 죄악과 허물이 순전히 자기 스스로 결행한 것임을 지적하
고 있다.

마 16장	베드로의 신앙고백

묵상 행한 대로 갚으심

key word 16:6 누룩 16:8 믿음이 작은 자들아 16:16 그리스도 16:17 바요나 16:18
베드로 16:28 왕권을 가지고

message 바리새인과 사두개인들의 누룩에 관한 교훈이다. 성경에서 '누룩'은
죄악과 부패를 상징하는데 여기서는 백성들의 영육을 쇠잔하게 하는
여러 가지 악영향을 일컫는다. 그리고 베드로의 신앙고백이 나온다.
그것은 십자가 수난의 신호탄으로 이를 계기로 예수께서는 지금껏
비밀에 부치셨던 자신의 메시야 신분을 공개하시기에 이른다.

말씀 연결(렘 2장; 마 16장)_심은 대로 갚으심

▶일러두기

일러두기
예레미야 2장 16절의 '놉과 디바네스'의 '놉'은 현재 이집트 카이로 근처의 맴피스 성읍을 가리
키고 '디바네스'는 나일 강 삼각주 동쪽 변경에 위치한 팔레스타인 접경 지역을 가리킨다. 이 두
성읍은 일반적으로 애굽을 대표하는 명칭으로 사용된다.

7
July

여호수아 9장 | 시편 140-141편 | 예레미야 3장 | 마태복음 17장

여호와께 물음

수 9장   기브온과의 화친 조약

묵상
좋게 여기는 일도 물어야 함

key word
9:1 평지 9:3 기브온 9:4 사신 9:16 사흘이 지나서야 9:25 당신의 손에
있으니 9:27 여호와께서 택하신 곳

message
가나안 정복 전쟁을 본격 수행하게 된 이스라엘은 원주민 동맹군과
의 전투에 앞서 반드시 진멸해야 할 일곱 족속 중 하나인 기브온 거
주민의 속임수에 넘어가 그들과 화친 조약을 맺게 된다.

시 140-141편 구원의 능력과 악에서 구원을 위한 간구

묵상
기도를 통해 물음

key word
140:3 뱀 같이 140:5 올무와 줄 140:8 악인의 소원 140:10 뜨거운 숯불
141:4 그들의 진수성찬 141:5 머리의 기름 141:7 스올

message
140편은 도피 유랑생활을 하던 때의 위경(危境)에서 구원해주시기를
간구하며 지은 탄식시이다. 141편은 열렬한 소망의 마음을 하나님께
아뢰고 있는 간구 형식의 탄원시이다. 시인은 자신의 언행심사에 악
을 범하지 않기를 바라는 간구와 집요하고 사악한 대적들의 횡포에
서 벗어나게 해달라는 간구를 하나님께 드리고 있다.

말씀 연결(수 9장; 시 140-141편)_물음

▶말씀기도
주께서 내 생각에 좋다하는 것까지 주님께 묻고, 기도를 통하여 주께서 허락하신 영적 지도자
를 통해 주님의 말씀을 듣는 삶이기를 기도합니다.

렘 3장   유다를 향한 회개 촉구

묵상   주님 마음에 합한 목자

key word   3:3 단비, 늦은 비   3:12 복을 향하여   3:14 남편임이라   3:16 언약궤   3:18
북에서부터

message   예레미야는 패역한 유다에 내려질 심판의 필연성을 선포하고, 이미
패망한 북이스라엘의 과거 역사를 답습하는 남유다 백성의 어리석음
을 고발하며, 하나님께서 더 이상 지난날의 죄를 묻지 않고 복을 내
리실 것임을 감격적인 어조로 선포하고 있다.

마 17장   변화산 사건과 수난 예고

묵상   주님의 말씀을 들음으로

key word   17:1 엿새 후   17:3 모세와 엘리야   17:5 내 사랑하는 아들   17:15 간질   17:17
패역한   17:24 반 세겔   17:25 관세

message   예수의 5대 사건(성육신, 십자가 죽음, 부활, 승천, 변화산 사건) 중 하
나인 '변화산 사건'이 언급된다. 이 사건은 내제되었던 메시야의 본
질이 표출된 것인 동시에 수난 뒤에 얻게 될 장차 영광을 예시한 것
이다. 또한 귀신들린 아이를 고치신 사건인데 이를 통해 예수는 믿음
없는 세대를 향해서 믿음을 요구하셨다.

말씀 연결(렘 3장; 마 17장)_주심과 들으심

▶일러두기

예레미야 3장 1절의 이혼은 율법에 따르면 아내에게 수치스러운 일이 발견되었을 때 이혼 증서
를 써주고 내보내는 것이 마땅하며, 이때 남편은 자신과 이혼한 아내를 되받는 것이 금지되었
다. 그 아내가 둘째 남편과 이혼했거나 사별했을지라도 본 남편과의 재결합은 불가하였다. 그럼
에도 불구하고 하나님께서는 회개한 이스라엘을 받아주신다.

수 10장   가나안 남부를 정복한 이스라엘

묵상 두려움 없는 선포

key word 10:1 예루살렘 10:2 왕도 10:9 밤새도록 올라가 10:12 태양아 10:13 야살의 책 10:16 막게다 10:29 립나 10:31 라기스 10:34 에글론 10:36 헤브론

message 이스라엘은 이제 기브온 전투를 통해 아모리 다섯 동맹군을 꺾은 후 그 여세를 몰아 가나안 남부를 차례로 점령하게 된다. 특히 적을 물리치기까지 태양이 아얄론 골짜기 위에 머문 이적은 가나안 전쟁의 승리가 전적으로 하나님에 의한 것임을 일깨워준다.

시 142-143편 피난처이신 여호와와 심령의 간구

묵상 주를 의뢰함

key word 142:2 원통함을 143:1 주의 진실과 의 143:6 마른 땅 같이 143:8 아침에 143:10 공평한 땅

message 142편은 대적의 추격을 피해 있을 때 하나님께 안타까운 현실을 아뢰며 구원을 호소하는 탄원시이다. 143편은 탄식조로 이뤄진 다윗의 간구로서 시편에 나오는 일곱 편의 회개시 가운데 하나이다.

말씀 연결(수 10장; 시 142-143편)_선포와 의뢰

▶**말씀기도**

주의 인자한 말씀을 듣고 주를 의뢰하며, 묵은 땅을 갈고 마음의 악을 씻고 온전히 천국에 들어가기를 힘쓰는 삶이기를 기도합니다.

렘 4장	유다의 파멸 예언과 예레미야의 슬픈 탄식
묵상	묵은 땅을 갈고 여호와께 속함
key word	4:2 여호와의 삶을 두고 맹세 4:4 마음 가죽 4:7 사자 4:11 뜨거운 바람 4:14 씻어버리라 4:20 나의 장막
message	예레미야는 타락한 유다 백성에게 임박한 심판을 경고하고 그 같은 심판을 선언해야 하는 안타까운 심정을 토로하고 있다. 하나님의 묵시를 통해 유다에 임할 엄청난 파멸을 미리 목격한 바 있는 선지자 예레미야는 동족에 대한 애틋한 사랑과 그 죄로 인해 멸망의 길로 치닫는 동족의 아픈 현실을 바라보며 탄식한다.

마 18장	천국에서 큰 자와 잃어버린 양 비유
묵상	천국에 들어감
key word	18:6 작은 자 18:15 권고하라 18:16 두세 증인 18:22 일곱 번을 일흔 번
message	어린아이를 통한 교훈이다. 순진성, 절대 의뢰성, 겸손함 등으로 대변할 수 있는 어린아이 같은 심령을 가진 자라야 천국에 들어갈 수 있다. 이어 형제 사랑의 분란을 조정하는 법이 제시되고 있다. 그리고 예수는 끝없는 용서의 교훈을 베푼다.

말씀 연결(렘 4장; 마 18장)_묵은 땅과 천국

▶**일러두기**

마태복음 18장 24, 28절의 '만 달란트와 백 데나리온'은 만 달란트는 6,000만 데나리온에 해당되는 금화이다. 1데나리온이 당시 노동자 하루 품삯임을 감안하면 평생 벌어도 벌지 못할 금액이다. 반면 100데나리온은 100일 품삯에 해당되는 은화이다. 참고로 당시 헤롯 대왕이 로마 황제로부터 받은 연봉은 800달란트였다.

수 11장   가나안 북부를 점령한 이스라엘

묵상   여호와의 명령

key word   11:1 하솔 11:2 긴네롯 남쪽 아라바 11:14 모든 재물 11:17 할락 11:21 아낙
            사람

message   이스라엘은 가나안 남부 동맹군을 섬멸한 후 북부 지역마저 정복함
            으로써 마침내 가나안 전역을 차지하게 된다. 특히 등장하는 메롬 물
            가의 전투는 이스라엘의 가나안 정복을 결정짓는 최대의 격전이었
            다.

시 144편   여호와를 하나님으로 삼는 자의 행복과 찬송 받으심

묵상   버리지 말아야 할 것

key word   144:3 생각 144:4 사람은 헛것 144:5 하늘을 144:11 거짓의 오른손
            145:1 왕이신 나의 하나님 145:9 모든 것 145:14 비굴한 자 145:15 모든
            사람의 눈

message   144편은 하나님께서 허락하신 왕권의 영원성을 강조하고 있는 찬양
            시이다. 145편은 답관체 형식을 띤 찬양시이다. 시인은 하나님의 성
            호를 칭송하고 송축할 것을 다짐하고, 만유에게 은혜로우시고 자비
            로우신 하나님을 만방 앞에 찬양할 것을 다짐하며, 당신을 소망하고
            당신께 간구하는 심령을 돌아보시는 하나님의 성호를 찬양할 것을
            맹세한다.

말씀 연결(수 11장; 시 144편)_취할 것 버리지 말아야 할 것

▶**말씀기도**

하나님과 하나님의 계명을 취하고 시험하는 태도와 꾸짖음, 소유와 집 형제 등 취할 것과 버릴
것을 분별하는 삶을 살 수 있기를 기도합니다.

렘 5장　하나님의 심판의 당위성

묵상　취할 것들

key word　5:3 얼굴을 바위보다　5:10 여호와의 것이 아님　5:13 선지자들은 바람이라
5:16 화살통은 열린 무덤　5:31 자기 권력으로

message　예레미야는 하나님의 심판이 돌이킬 수 없는 사실임을 엄중히 경고
한다. 유다가 멸망할 수밖에 없는 객관적인 이유를 자세하게 지적하
고, 유다가 경험하게 될 심판이 어떠한 것인지를 설명하며, 하나님의
은혜와 사랑을 받으면서도 하나님을 경외하지 않고 하나님의 요구를
실천하지 않는 유다 백성의 타락한 사실을 명확하게 지적함으로써
하나님의 심판이 필연적일 수밖에 없음을 다시 한번 확인시킨다.

마 19장　이혼과 재물에 대한 교훈

묵상　버려야 할 것들

key word　19:3 아내를 버리는 것이　19:6 한 몸　19:16 무슨 선한 일을　19:21 온전하
고자　19:26 하나님으로서는

message　천국 시민의 결혼관과 재물관을 다룬다. 앞부분은 먼저 이혼에 관한
교훈인데 당시 유대 사회는 이혼의 편의를 주장하는 개방적인 힐렐
학파와 간음 외에는 이혼할 수 없다고 주장하는 보수적인 샴마이 학
파로 나누어져 있었다.

말씀 연결(렘 5장; 마 19장)_취할 것과 버릴 것

▶일러두기

예레미야 5장 24절에서 '이른 비'와 '늦은 비'로 언급되는 가을비와 봄비는 팔레스타인에서 여
름 건기를 지나 10-11월경 파종기에 내리는 비와 3-4월경 곡식이 영글어 갈 때 내리는 비를 가
리킨다.

10
July

영원한 나라

여호수아 12-13장 | 시편 145편 | 예레미야 6장 | 마태복음 20장

수 12-13장 가나안 정복 일지와 미정복지와 요단 동쪽 땅 분배

묵상 　　　기업으로 주심

key word 　12:1 요단 저편 12:3 비스가 산기슭 12:7 레바논 골짜기 12:8 헷, 여부스
　　　　　13:2 블레셋 13:3 시홀 시내 13:14 화제물 13:22 발람 13:27 긴네렛 바다

message 　12장은 가나안 정복 과정을 모세가 주도한 요단 동쪽 땅 정복과 여호
　　　　　수아가 주도한 요단 서쪽 땅 정복으로 나누어 소개한다. 인간의 영웅
　　　　　적 업적을 드러내려는 것이 아니라 약속하신 대로 가나안 땅을 얻게
　　　　　하신 하나님의 신실하심을 높이기 위한 정복 약시이다. 13장은 정복
　　　　　한 땅의 분배와 관련된 기사가 소개된다.

시 145편 영원히 찬송 받으실 여호와 하나님

묵상 　　　선한 길이 예비됨

key word 　145:1 왕이신 나의 하나님 145:9 모든 것 145:14 비굴한 자 145:15 모든
　　　　　사람의 눈

message 　답관체 형식을 띤 찬양시이다. 시인은 하나님의 성호를 칭송하고 송
　　　　　축할 것을 다짐하고, 만유에게 은혜로우시고 자비로우신 하나님을
　　　　　당신께 간구하는 심령을 돌아보시는 하나님의 성호를 찬양할 것을
　　　　　맹세한다.

말씀 연결(수 12-13장; 시 145편)_기업과 통치

▶**말씀기도**

영원한 하나님 나라, 그 소망 안에서 그 나라의 왕이신 하나님을 높이고 영원히 주를 송축하며,
선한 길로 행하며 섬기는 삶이기를 소원합니다.

렘 6장　벌 받은 성 예루살렘

묵상　유다에 임할 심판의 확실성

key word　6:7 샘이　6:8 너는 훈계를 받으라　6:10 경책하여　6:12 내 손을 펼 것인즉
6:16 옛적 길　6:17 파수꾼　6:21 장애물　6:26 재에서 구르며

message　하나님의 심판 도구인 바벨론의 유다 침공 예언, 하나님의 심판 경고
를 무시한 유다의 실상, 유다의 죄악에 대한 하나님의 추궁, 바벨론의
침공으로 인한 심판의 날의 참상 등이 구체적으로 묘사되고 있다.

마 20장　포도원 품꾼 비유와 수난 예고

묵상　왕의 뜻과 섬김의 왕

key word　20:5 제육시　20:8 청지기　20:18 결의하고　20:20 세베대의 아들　20:21
주의 나라　20:25 임의로 주관하고

message　전반부는 포도원의 비유인데 이 비유는 하나님이 판단하시는 상급의
기준은 오직 그분의 기쁘신 뜻에 따른다는 사실을 보여준다. 이어서
수난의 세 번째 예고가 나타나고, 세베대의 두 아들 곧 야고보와 요
한의 세상적인 욕망이 언급되고 있다.

말씀 연결(렘 6장; 마 20장)_선한 길 섬김의 왕

▶일러두기

마태복음 20장 6절에서 오후 5시인 '제십 일시'는 마지막 품꾼이 포도원을 들어간 시각으로 포
도 수확 시간이 1시간밖에 남지 않은 시간을 가리킨다.

11
July
하나님 나라의 확장

여호수아 14-15장 | 시편 146-147편 | 예레미야 7장 | 마태복음 21장

수 14-15장 땅 분배 원칙과 유다 지파의 할당된 땅

묵상   기업의 요구

key word   14:1 엘르아살 14:2 제비 뽑아 14:12 이 산지 14:15 기럇 아르바 15:2 해만 15:3 아그랍빔 15:6 보한의 돌 15:8 힌놈의 아들의 골짜기 15:10 세일 산 15:12 대해 15:33 평지 15:48 산지

message   요단 서쪽 땅 분배에 관한 내용이다. 특히 14장에서는 공정한 분배를 위한 사역자 소개와 분배 원칙에 따른 땅 분배 및 가나안 정탐 시의 공로를 인정받아 헤브론을 갈렙에게 주기로 했던 약속의 성취 등이 소개된다. 15장은 가장 넓은 땅을 분배받게 된 유다 지파의 경계가 소개되고 있다.

시 146-147편 만물의 창조주 이스라엘을 회복시키실 여호와

묵상   문빗장을 견고히 하시는 하나님

key word   146:2 나의 생전에 146:5 야곱의 하나님 146:8 비굴한 자 147:2 예루살렘을 세우시며 147:6 겸손한 자 147:10 말의 힘

message   146편은 처음과 마지막 구절에 할렐루야가 언급되어 있다. 147편은 택한 백성을 회복시키시며 자연 만물을 다스리시는 하나님의 위엄을 찬양하고, 하나님의 은혜로우신 통치로 인해 당신의 백성과 모든 만물이 즐거워하는 모습과 온 땅에 가득한 하나님의 계시 등을 노래하는 할렐시이다.

말씀 연결(수 14-15장; 시 146-147편)_요구와 문빗장

▶**말씀기도**

약속으로 주신 기업을 당당히 구하고 오직 믿음으로 기도하며, 하나님께서 문빗장을 견고히 해주실 것을 믿으며 기도합니다.

렘 7장　유다의 위선에 대한 책망

묵상　　　길과 행위를 바르게 함

key word　7:3 너희 길과 행위를 바르게 7:12 처음으로 내 이름을 7:21 너희 희생제물
　　　　　7:29 머리털을 베어 7:32 힌놈의 골짜기

message　유다에 임할 심판의 당위성과 필연성에 관한 두 번째 설교에 이어 유
　　　　　다의 위선을 고발하는 세 번째 설교이다. 당시 유다는 하나님보다 애
　　　　　굽을 더 의지했고, 각종 사회악의 만연으로 소망이 거의 사라져버린
　　　　　상태였다. 성전에서 하나님을 섬기는 동시에 추악한 우상을 숭배하
　　　　　는 모습은 유다의 위선과 죄악을 여실히 보여준다.

마 21장　예수의 예루살렘 입성

묵상　　　믿고 기도한 것은 다 받음

key word　21:9 호산나 21:19 잎사귀 21:21 이 산더러 21:23 무슨 권위로 21:28 맏
　　　　　아들 21:30 둘째 아들 21:33 포도원 21:35 종 21:43 열매 맺는 백성

message　예수는 마침내 예루살렘에 입성한다. 고난 주간의 첫 3일에 관한 내
　　　　　용이다. 먼저 고난 주간의 첫째 날에 일어난 부분은 예수의 예루살렘
　　　　　입성 사건으로 이는 스가랴 9:9에 언급된 메시야 예언의 성취이다.

말씀 연결(렘 7장; 마 21장)_선한 길 섬김의 왕

▶일러두기

예레미야 7장 18절의 '하늘의 여왕'은 출산에 관여한다는 바벨론의 여신 이스타르 혹은 하늘에
빛나는 계명성이나 당시 가나안인들이 섬기던 일월성신을 지칭한다. 하나님의 백성들이 쉽게
우상에 빠져든 이유는 이들 우상이 풍요로운 삶을 가져다준다고 믿었기 때문이다.

12
July
스스로 개척함

여호수아 16-17장 | 시편 148편 | 예레미야 8장 | 마태복음 22장

수 16-17장 요셉의 후손, 므낫세 반 지파에게 할당할 땅

묵상 　　　스스로 개척함

key word 　16:2 벧엘　16:3 벧호론　16:8 가나 시내　16:9 므낫세　17:2 므낫세의 남은
　　　　　자손　17:15 스스로 개척하라

message 　16장은 요셉의 후손 곧 므낫세 지파와 에브라임 지파에게 분배된 땅
　　　　　의 경계가 소개된다. 특히 이들은 가나안 땅의 허리 부분을 차지함으
　　　　　로써 지난날 야곱이 예언한 축복이 부분적으로 성취되고 있음을 보
　　　　　여준다. 17절은 요단 동쪽을 이미 분배받은 므낫세 반지파 외의 나머
　　　　　지 지파에게 요단 서쪽 분량밖에 얻지 못한 므낫세와 에브라임 지파
　　　　　의 불평과 그 해결책이 소개된다.

시 148편　우주 만물의 대찬양

묵상 　　　여호와의 이름을 찬양함

key word 　148:2 모든 천사여　148:4 하늘의 하늘　148:14 백성의 뿔

message 　온 우주에 있는 모든 만물을 창조하시고 친히 다스리고 계신 여호와
　　　　　하나님께 모든 피조물이 찬양할 것을 권유하고 있는 대찬양시이다.

말씀 연결(수 16-17장; 시 148편)_개척과 찬양

▶**말씀기도**

하나님의 백성으로서 여호와의 이름을 찬양하고 거짓을 버리며, 하나님을 사랑하고 이웃을 사
랑하는 삶이기를 소원합니다.

렘 8장　유다가 받은 형벌과 예레미야의 탄식

묵상　하나님께로 돌아옴

key word　8:3 남아 있는 자　8:6 전쟁터　8:7 학, 산비둘기, 제비, 두루미　8:8 서기관의 거짓의 붓

message　하나님을 반역하고 돌아서지 않는 백성을 향해 예레미야의 야타는 심정이 잘 그려져 있다. 특히 임박한 예루살렘의 함락 사건을 과거형으로 표현함으로써 심판의 필연성을 강조하고 있다.그리고 유다 백성을 향한 애가를 통해 돌이킬 수 없는 하나님의 심판을 선포한다.

마 22장　정치, 종교 지도자들과의 논쟁

묵상　하나님 사랑과 이웃 사랑

key word　22:16 헤롯 당원　22:33 사두개인

message　예수님의 고난 주간 일주일 중에서 셋째 날에 일어난 사건을 다루고 있다. 결론은 메시야를 거부하는 유대인들의 어리석은 모습과 예수를 함정에 빠뜨리려는 유대 종교 지도자들의 음모에 찬 모습이다.

말씀 연결(렘 8장; 마 22장)_돌아옴과 이웃 사랑

▶**일러두기**

마태복음 22장 17절의 '세금 논쟁의 배경'은 기원후 6년 유대 통치자 아켈라오가 폐위되고 로마 총독의 지배를 받으면서 이스라엘은 로마에 인두세를 납부해야 했다. 그러나 이는 로마 황제의 주권을 인정하는 것이기에 유대인들은 신앙적으로 큰 거부감을 가지고 있었다. 이런 상황에서 바리새인은 헤롯 당원을 대동하고 예수에게 나타나 납세 문제로 논쟁을 벌였던 것이다.

13
July

끝까지 이룰 일

여호수아 18-19장 | 시편 149-150편 | 예레미야 9장 | 마태복음 23장

수 18-19장 베냐민 지파와 여섯 지파에게 할당된 땅

묵상	땅 나누는 일을 마침
key word	18:1 시로 18:11 베냐민 18:12 벧아웬 18:13 루스는 곧 벧엘 19:2 브엘세바 19:10 스불론 자손 19:26 갈멜 19:26 악십 19:33 상수리
message	18장은 이스라엘의 가나안 정복을 공식화하는 작업을 보여준다. 하나님의 임재 처소인 회막을 길갈에서 가나안 중심부인 실로로 옮긴 후 일곱 지파의 기업될 땅을 사전 답사하게 하는 장면이다. 19장 나머지 여섯 지파(시므온, 그불론, 잇사갈, 아셀, 납달리, 단)에게 돌아갈 땅 및 최종적으로 여호수아가 얻게 될 척박한 땅에 관한 내용이 소개된다.

시 149-150편 성도들과 호흡이 있는 자가 드리는 찬양

묵상	여호와를 찬양함
key word	149:1 새 노래 149:6 두 날 가진 칼 149:7 보수 149:9 기록한 판결대로 150:3 나팔
message	149편은 죄인을 구원하신 하나님께 드리는 찬양시로 3절 3연으로 이뤄진 정교한 할렐시이다. 150편은 시편의 결론적 시로 시인은 찬양의 장소, 이유, 방법, 찬양자의 보편성과 찬양 대상의 유일성 등을 노래한다.

말씀 연결(수 18-19장; 시 149-150편)_나눌 일을 마침과 찬양

▶**말씀기도**

주어진 사명을 감당하게 하시고 여호와를 찬양하며, 정의와 긍휼과 믿음을 이루게 하옵소서.

렘 9장	배교한 유다에 내려질 심판

묵상   성도의 자랑

key word   9:6 나를 알기 9:10 광야 목장 9:11 승냥이 굴 9:15 쑥, 독한 물 9:17 곡하는 부녀

message   예레미야 선지자는 하나님을 배반하고 끝까지 하나님께로 돌아오지 않는 유다 백성을 향해 내려질 준엄한 심판이 과연 어떠한지를 선포한다. 그러나 예레미야 선지자는 거기에 멈추지 않고 심판의 선포와 함께한 영혼이라도 자신의 죄를 깨닫고 돌아오게 하시려는 것이다.

마 23장	그러므로 깨어 있어라

묵상   정의와 긍휼과 믿음

key word   23:4 무거운 짐 23:5 경문 23:15 교인 23:26 먼저 안을 23:34 서기관

message   고난 주간의 셋째 날에 일어난 사건이다. 전반부는 서기관과 바리새인들을 향한 책망이다. 유대 종교 지도자들의 결점은 이것이다. 곧 표리부동함, 하나님보다 사람을 의식함, 명예욕, 그리고 무책임 등이다. 그리고 후반부는 예루살렘 멸망에 대해 예언으로 주후 70년 로마의 디도 장군에 의해 예루살렘이 훼파됨으로써 성취된다.

말씀 연결(렘 9장; 마 23장)_자랑과 믿음

▶**일러두기**

여호수아 19장 18절의 '이스르엘'의 이름의 뜻은 '하나님은 파종하신다,' 수리아와 애굽 사이에 놓인 큰 길에 위치한 전략적으로 중요한 성읍이다. 이곳은 길보아 산에서 멀리 떨어져 있지 않고 갈멜 산 북쪽에서 요단 강을 향하여 내려간 깊은 골짜기에 위치해 있는데 1년 내내 물이 풍부하고 비옥한 벌판이 널려 있다.

시작과 끝

여호수아 20-21장 | 사도행전 1장 | 예레미야 10장 | 마태복음 24장

수 20-21장 도피성 규례와 레위 지파가 얻은 기업

묵상   안식을 주심

key word   20:2 우리에게 주라 21:4 그핫 가족 21:아론 자손 21:12 갈렙 21:19 아론 자손의 성읍 21:27 비산 골란

message   20장은 요단 동쪽과 서쪽 등 가나안 전역에 걸친 각 지파의 땅 분배에 이어 자신도 모르게 살인한 자의 생명을 보존하기 위한 여섯 곳의 도피성이 지정되는 장면이다. 한편 여섯 곳은 이미 하나님이 지시하신 대로 레위 지파가 얻은 영토 내에 들어 있었다. 21장은 영토 분배 시 기업을 할당받지 못한 레위 지파에게 48개 성읍과 그 주변 들이 주어진다. 특히 레위 지파는 가나안 전역에 흩어져 살게 된다.

행 1장 성령을 기다리며 기도에 힘쓴 제자들

묵상   오르지 기도에 힘씀

key word   1:1 데오비로 1:2 성령 1:4 약속하신 것 1:5 성령으로 세례를 1:8 증인 1:14 예수의 아우들 1:19 아겔다마

message   누가의 첫 책인 누가복음과 연결성을 확인시켜주고 예수가 친히 명한 선교 명령과 약속한 성령을 기다리며 기도에 힘쓴 초대교회 성도들의 모습, 가룟 유다를 대신할 사도를 택한 내용이 소개된다.

말씀 연결(수 20-21장; 행 1장)_안식과 기도

▶**말씀기도**

하나님은 시작이며 끝이시니 주님 오시는 날까지 주를 바라보며, 오직 기도에 힘쓰며 깨어 기도하는 삶이기를 소원합니다.

렘 10장　허탄한 우상 숭배와 참 예배

묵상　　　영원한 왕

key word　10:2 여러 나라의 길　10:7 이방 사람들의 왕　10:8 우상의 가르침　10:10 참 하나님

message　유다 백성이 의지하는 우상 숭배가 헛된 것임을 일깨우고 있다. 예레미야는 유다 패망의 가장 큰 원인인 우상 숭배의 무익함과 어리석음을 고발하고, 유다의 멸망에 따른 고통을 선언한다. 그리고 피할 수 없는 심판에 처한 유다 백성을 긍휼히 여겨달라고 하나님께 기도한다.

마 24장　종말에 관한 예언

묵상　　　끝까지 견딤

key word　24:2 돌 하나도　24:3 감람 산　24:15 다니엘이 말한 바　24:20 겨울에나　24:30 인자의 징조　24:31 큰 나팔소리　24:41 맷돌

message　종말적 사건들과 대환난에 대한 경고이다. 또 세상 끝날에 대한 여러 표징과 환난들이다. 종말을 맞이하는 성도의 자세가 어떠해야 함을 다섯 가지 비유로 설명한 것 중에서 도적의 비유와 충성된 종의 비유가 소개된다.

말씀 연결(렘 10장; 마 24장)_영원히 끝까지

▶일러두기

여호수아 21-22장에서 '여호와께서 아시니'라는 것은 어디에서 위로를 받고 또 누구에게서 인정받기를 원하는가? 사람들은 가장 먼저 세상 사람들에게 인정받고, 위로받기를 원한다. 그러나 세상에서 인정받고자 한다면 매번 실패하고 말 것이다. 나의 중심을 지켜보시며 나의 사정을 꿰뚫어 알고 계신 하나님께 눈길을 돌리자.

15
July
책임

여호수아 22장 | 사도행전 2장 | 예레미야 11장 | 마태복음 25장

수 22장   요단 동쪽 지파들의 귀향

묵상   하나님 여호와를 사랑함

key word   22:3 날이 오래도록 22:4 요단 저쪽 22:7 므낫세 반지파 22:11 맨 앞쪽
            22:16 범죄하여 22:18 배역하면 22:21 수령 22:27 증거 22:31 여호와의
            손

message   가나안 정복 전쟁을 통해 임무를 완수한 요단 동쪽의 두 지파 반 사
            람들이 귀향하는 도중 요단 강가에서 쌓은 감사의 제단이 말썽이 되
            나 그에 대한 두 지파 반의 신앙적 답변으로 일이 종결되어 동서가
            화해하는 장면이다.

행 2장   오순절 성령 강림과 교회의 시작

묵상   증인의 삶

key word   2:3 불의 혀 2:7 이 말하는 2:17 모든 육체에 2:23 법 없는 자들 2:30 맹
            세하사 2:35 발등상 2:42 가르침, 교제, 기도

message   예수께서 약속하셨던 성령이 마침내 강림하신 사건, 성령을 체험한
            제자들의 신령한 반응을 보고 놀란 오순절 순례자들에게 베드로가
            설교하여 일어난 대회개 사건, 성령의 충만함을 입은 초대교회의 나
            눔과 교제 등이 소개되고 있다.

말씀 연결(수 22장; 행 2장)_여호와의 증인

▶**말씀기도**

하나님은 우리에게 언약을 이루신 주님이시며 그 여호와를 마음을 다하며 성품을 다하여 증인
된 삶을 살기를 소원합니다.

렘 11장   언약을 파기한 유다

묵상   언약을 이루심

key word   11:2 이 언약의 말 11:4 쇠풀무 11:13 수치스러운 물건 11:23 그들을 벌할
           해

message   예레미야 선지자의 네 번째 설교로 유다의 배교와 악행, 그에 따른
           하나님의 심판 등 보다 심화된 내용으로 구성되어 있다. 예레미야는
           하나님께서 선민에게 주셨던 언약을 상기시킴으로써 유다의 죄악이
           얼마나 엄청난 것인지를 일깨우고 그에 따른 심판이 필연성을 선포
           한다.

마 25장   열 처녀, 달란트, 양과 염소의 비유

묵상   충성

key word   25:5 더디 오므로 25:14 어떤 사람 25:15 달란트 25:19 주인이 들어와
           25:27 취리하는 자 25:32 모든 민족 25:40 지극히 작은 자

message   고난 주간의 셋째 날에 있었던 일로 23장과 마찬가지로 종말과 재림
           에 관한 내용이다. 여기서 예수는 종말에 관한 세 가지 비유를 통해
           서 말세를 살아가는 성도들에게 하나님께서 원하시는 삶의 방식과
           자세가 무엇인지를 분명히 보여주고 있다.

말씀 연결(렘 11장; 마 25장)_언약과 충성

▶**일러두기**

사도행전 2장 5절의 '디아스포라'는 '흩어진 사람들'이라는 뜻으로 팔레스타인 밖에 살고 있으
면서 이방인들 사이에서 여호와 신앙을 지키던 유대인들을 말한다. 구약의 헬라어 역본인 70인
역, 아람어 번역 성경 탈굼 등은 디아스포라의 공헌이었다.

16
July

좋은 일

여호수아 23장 | 사도행전 3장 | 예레미야 12장 | 마태복음 26장

수 23장　여호수아의 마지막 권면

묵상　하나님께 가까이함

key word　23:1 오랜 후　23:4 요단에서부터　23:11 스스로 조심하여　23:15 불길한 말씀

message　모세의 후계자로서 가나안 정복 전쟁과 영토 분배를 마무리한 여호수아가 마지막 유언과도 같은 고별 설교를 하게 된다. 설교의 요지는 하나님만 신앙하고 사랑하며, 부패한 세력과 연합해서는 안 되고 하나님의 법을 절대 순종하라는 것이었다.

행 3장　성령 강림 후 첫 번째 이적

묵상　예수의 이름으로 말미암아 난 믿음

key word　3:2 미문　3:11 솔로몬의 행각　3:16 그 이름　3:25 너의 씨

message　베드로와 요한이 앉은뱅이를 고친 이적과 생명의 주 예수를 증거하면서 회개하고 죄사함을 받으라는 베드로의 설교를 소개하고 있다.

말씀 연결(수 23장; 행 3장)_믿음으로 인도하심

▶말씀기도

하나님은 우리를 위해 싸워주시는 분이시며 우리를 돌이켜 약속의 땅으로 인도하시는 분이심을 믿으며 예수님으로 말미암아 주님을 위해 믿음으로 살아가는 삶이기를 기도합니다.

렘 12장　예레미야의 부르짖음과 하나님의 답변

묵상　　　돌이켜 다시 인도하심

key word　12:5 평안한 땅　12:10 많은 목자　12:14 나의 모든 악한 이웃

message　하나님의 거룩한 뜻을 전하면서도 고향 사람에게 환영이 아니라 살해 위협을 받은 예레미야는 절망감으로 하나님께 부르짖는다. 이에 대해 하나님은 예레미야가 받는 고난의 의미와 예레미야가 받은 선지자로서의 사명을 다시 한번 일깨움으로 답을 대신한다.

마 26장　최후의 만찬과 겟세마네 기도

묵상　　　주께서 행함

key word　26:7 옥합　26:15 은 삼십　26:17 무교절의 첫날　26:20 저물 때　26:30 찬미하고　26:36 겟세마네　26:47 몽치　26:50 친구여　26:53 열두 군단　26:59 공회

message　26장은 크게 두 부분으로 나눈다. 즉 십자가 수난을 준비하는 예수님의 모습에 관한 전반부와 본격적으로 수난을 당하시는 예수님의 모습을 다룬 후반부가 그것이다. 그중 본문은 전반부 상황에 대한 언급이다. 먼저 십자가에 대한 예수님의 네 번째 에고가 언급된다.

말씀 연결(렘 12장; 마 26장)_인도하심과 행함

▶**일러두기**

예레미야 12장 5절의 '평안한 땅'은 예레미야의 고향 '아나돗'을 가리킨다. 비록 예레미야가 그곳에서 핍박을 받았지만 앞으로 받을 고난에 비하면 오히려 그곳은 평안한 곳에 속하는 땅이라는 뜻이다.

17

오직 하나님

여호수아 24장 | 사도행전 4장 | 예레미야 13장 | 마태복음 27장

수 24장　언약 환기 및 여호수아의 죽음

묵상　　　오직 여호와만 섬김

key word　24:1 세겜　24:2 강 저쪽　24:3 이끌어 내어　24:6 바다　24:12 왕벌　24:25 율례와 법도　24:29 여호와의 종　24:30 딤낫 세라

message　죽음을 목전에 둔 여호수아가 조상 아브라함이 하나님과 맺었던 복된 언약과 출애굽을 전후한 구속 역사를 환기시키며, 백성들에게 이 언약을 따라 거룩한 주의 백성으로 살아갈 것을 권면하는 장면이다.

행 4장　교회를 향한 유대주의자들의 핍박

묵상　　　구원은 오직 예수 그리스도임

key word　4:1 성전 맡은 자　4:6 안나스　4:15 공회　4:24 대주제　4:27 헤롯

message　성령 강림 후 사도들의 복음 전파 사역이 본격화되는 것과 동시에 기존 종교 세력의 적대감이 고조된다. 그러한 상황에서 베드로와 요한의 투옥, 베드로와 요한이 산헤드린의 침묵 명령을 거부한 일, 교회가 합심하여 기도에 힘쓴 일 등이 소개된다.

말씀 연결(수 24장; 행 4장)_오직 하나님

▶말씀기도

온전함과 진실함으로 오직 하나님만 섬기며 구원의 예수 그리스도를 진정한 왕으로 섬기는 존귀한 삶을 살기를 소원합니다.

렘 13장	**썩은 베띠와 포도주 병 비유**
묵상	하나님께 영광
key word	13:1 베띠 13:9 유다의 교만 13:12 모든 가죽부대 13:19 유다가 다 잡혀가되
message	우매한 유다의 죄악상을 깨우쳐주고 그 깨우침을 통해 죄악에서 돌이키게 하시려는 하나님의 초월한 사랑의 심정이 드러나고 있다. 예레미야는 두 가지 비유와 세 가지 경고를 통해 하나님의 말씀을 선포하고 있다.

마 27장	**예수의 수난과 십자가 죽음**
묵상	진정한 왕이신 예수
key word	27:6 성전고 27:7 토기장이의 밭 27:8 피밭 27:26 채찍질 27:27 관정 27:33 골고다 27:51 성소 휘장
message	예수의 십자가 수난과 죽음에 관한 내용이다. 예수를 팔아넘긴 가룟 유다는 양심의 가책을 느끼고 자살을 하게 된다. 로마 총독 빌라도는 자신의 정치적 생명에 연연해 진리를 외면한 채 바라바를 대신 풀어주고 예수에게는 사형을 언도한다. 한편 예수의 부활을 염려한 유대의 종교 지도자들은 파수꾼을 두어 예수의 무덤을 굳게 지킨다.

말씀 연결(렘 13장; 마 27장)_영광과 예수

▶**일러두기**

사도행전 4장 36절의 '바나바'는 구브로 출신의 레위인이며, 마가 요한의 숙부이다. 그는 재산을 하나님께 바치고 바울을 사도들에게 인도하며, 바울을 안디옥으로 불러 일꾼으로 키워낸다. 제1차 선교 여행과 예루살렘 회의 때 바울과 동행했고 2차 선교 여행 때 마가를 데려가지 않으려는 바울과 의견 대립이 있어 바울을 떠나게 된다.

18
July

함께 하시는 하나님

사사기 1장 | 사도행전 5장 | 예레미야 14장 | 마태복음 28장

삿 1장 **사사 시대의 시대적 상황**

묵상   여호와께서 함께하심

key word   1:1 여호수아가 죽은 후 1:2 유다가 올라갈지니라 1:5 아도니 베섹 1:16 겐 사람 1:19 철 병거 1:23 루스 1:26 사람들의 땅 1:33 벧아낫

message   사사 시대가 시작될 즈음 가나안 땅에는 아직 원주민들과의 정복 전쟁이 끝나지 않은 상태였다. 그런 가운데 유다와 시므온 지파의 성공 그리고 다른 지파들의 실패가 언급되고 있다. 곧 하나님의 말씀과 약속을 신뢰하고 믿음으로 전진한 지파들의 승리와 그렇지 못한 지파들에게 주어진 실패와 좌절을 보여준다.

행 5장 **아나니아와 삽비라 부부 사건**

묵상   능욕 받음도 기뻐함

key word   5:5 혼이 떠나니 5:9 함께 꾀하여 5:13 실종하는 5:17 대제사장 5:19 주의 사자 5:21 원로 5:32 증인 5:34 가말리엘 5:37 호적할 때에

message   성령을 속이려 한 아나니아와 삽비라 부부의 부정직한 행위, 더욱 능력 있게 전파되는 복음, 거듭된 투옥과 구원, 사도들이 가말리엘의 도움으로 풀려난 일 등이 소개된다.

말씀 연결(삿 1장; 행 5장)_함께 기뻐함

▶**말씀기도**

하나님은 우리 죄악의 상황과 상관없이 그분의 주권에 따라 일하심을 믿으며, 세상 끝날까지 하나님을 신뢰하며 살아가는 삶이기를 기도합니다.

렘 14장　재난에 직면한 유다를 위한 기도

묵상　　우리의 죄에도 불구하고 일하시는 하나님

key word　14:1 가뭄　14:8 거류하는 자　14:10 어그러진 길　14:12 칼과 기근과 전염병
　　　　　14:16 예언을 받은 백성　14:22 이방인의 우상

message　유다에 엄습한 대기근으로 인해 예레미야 선지자는 하나님께 기도한
　　　　　다. 하지만 하나님의 응답은 냉엄했고 바라던 응답을 얻지 못한 예레
　　　　　미야는 거듭해서 세 번에 걸쳐 기도하였다. 그러나 하나님의 응답은
　　　　　여전히 차가웠다. 하나님께서는 회개하지 않는 자와 결코 교제하지
　　　　　않으신다는 사실을 보여주고 있다.

마 28장　부활하신 예수

묵상　　세상 끝날까지 함께하시는 하나님

key word　28:1 안식 후 첫날　28:2 큰 지진　28:16 갈릴리　28:18 모든 권세를　28:19
　　　　　모든 민족을 제자로 삼아

message　예수께서 사망 권세를 깨뜨리고 부활하신 장면을 역동적으로 전개시
　　　　　켜 나가고 있다. 이런 예수의 부활 사건은 장차 주님을 믿는 모든 성
　　　　　도의 부활에 대한 예표요 언약이기도 하다. 그리고 예수의 부활과 이
　　　　　를 은폐하려는 악의적인 시도들, 부활하신 주님의 지상 명령으로 구
　　　　　성된다.

말씀 연결(렘 14장; 마 28장)_죄에도 불구하고 일하시는 하나님

▶일러두기

사사기 1장 12절의 '갈렙'은 여분네의 아들로 열두 정탐꾼 중의 한 사람이다. 여호수아와 함께
가나안에 쳐들어갈 것을 주장하였다. 이 일로 여호수아와 함께 가나안에 들어갈 특권을 얻었으
며 정복 전쟁에서 충성을 다했다.

하나님 나라를 열어가는 하나님 나라 백성들

사사기 2장 | 사도행전 6장 | 예레미야 15장 | 마가복음 1장

삿 2장   **사사 시대의 종교적 상황**

묵상   사사들

key word   2:2 언약을 맺지 2:5 보김 2:10 알지 2:13 아스다롯

message   사사 시대를 시작할 즈음에 이스라엘이 맞고 있던 종교적, 영적 상황
에 관한 내용이다. 사사 시대의 역사를 한마디로 요약한다면 불순종
과 징계의 악순환이다. 이스라엘은 하나님의 명령을 거역함으로써
징벌을 받고, 뒤늦게 참회함으로써 하나님의 구원을 받았다가 다시
시간이 흐름에 따라 범죄하는 처참한 악순환을 거듭했다.

행 6장   **일곱 봉사자 선택**

묵상   제자들과 집사들

key word   6:1 제자 6:5 스데반, 니골라 6:14 규례

message   구제와 관련하여 교회 내부적으로 문제가 일어났으나 그로 인해 일
곱 일꾼이 선택되고 그들의 사역을 통해 교회가 좀 더 체계화된 사건
이 언급된다. 이어서 은혜와 권능이 충만한 스데반의 활동과 유대인
들에게 고소당한 사건이 소개되고 있다.

말씀 연결(삿 2장; 행 6장)_사사와 집사들

▶**말씀기도**

하나님의 나라를 열어가는 하나님 나라 백성으로 부름 받은 사사로, 제자로, 주의 이름으로 일
컬음을 받는 자로 살아가기를 위해 기도합니다.

렘 15장	예레미야의 탄식과 하나님의 위로

묵상 　　　주의 이름으로 일컬음을 받은 자

key word 　15:4 므낫세가 15:9 대낮에 그의 해가 15:12 북방의 철과 놋 15:17 기뻐하
　　　　　는 자의 모임

message 　여러 번에 걸친 기도에도 불구하고 응답받지 못한 예레미야는 탄식
　　　　　할 수밖에 없었다. 더구나 백성들이 낙담해 있는 예레미야를 더욱 힘
　　　　　들게 했다. 이에 하나님께서는 두 번째 걸쳐 예레미야를 위로하시고
　　　　　격려해주신다. 이처럼 하나님은 낙심해 있는 일꾼을 돌아보시고 반
　　　　　드시 새 힘을 공급해 주신다.

막 1장	하나님의 아들 예수 그리스도의 복음의 시작

묵상 　　　사람을 낚는 어부

key word 　1:10 하늘이 갈라짐 1:13 사십 일 1:15 하나님의 나라 1:17 사람을 낚는 어
　　　　　부 1:21 가버나움 1:24 나사렛 예수여 1:30 열병 1:41 손을 내밀어

message 　다른 복음서들과 달리 마가복음은 처음부터 예수 그리스도의 공생애
　　　　　에 초점을 맞추고 있다. 그중 1장은 그리스도의 길을 예비하는 세례
　　　　　요한의 선포와 공생애 직전의 예수, 세례 요한의 잡힘과 예수 사역의
　　　　　시작이 빠른 필치로 소개되고 있다.

말씀 연결(렘 15장; 막 1장)_주의 이름과 어부

▶**일러두기**
마가복음 1장 1절의 '복음'은 헬라어 '유앙겔리온'은 '기쁜 소식'을 뜻하며 여기서는 '그리스도
를 통한 구원의 복된 소식'을 말한다. 구약에서는 항상 동사형으로 쓰였고 기원전 5세기부터 기
원후 3세기의 헬라 사회에서는 승리나 축제를 가리켰다. 바울은 복음을 예수의 생애와 죽음, 부
활을 통해 나타난 하나님의 메시지나 그 메시지를 전하는 행위를 뜻한다.

삿 3장   사사 옷니엘, 사사 애훗의 시대

묵상   약속을 버린 백성, 그들을 구원하신 하나님

key word   3:6 딸들을 맞아 3:7 여호와를 잊어버리고 3:8 구산 리사다임 3:15 베냐민 사람 3:19 돌 뜨는 곳 3:31 소 모는 막대기

message   이스라엘을 절망 가운데서 구원했던 사사들의 활약상이 본격적으로 소개된다. 그중 3장에서는 갈렙의 조카 옷니엘과 에훗의 활약상이 소개되고 있다. 하나님은 때로 약한 군주를 들어 당신이 택한 백성의 죄악을 징벌하는데 사용하시지만 또한 구원자를 보내어 택한 백성을 구원하신다. 이는 어떻게든 바른 길로 인도하시려는 하나님의 거룩한 열심의 발로이다.

행 7장   스데반의 설교와 순교

묵상   땅과 씨를 향한 약속

key word   7:1 대제사장 7:14 일흔다섯 사람 7:16 세겜 7:29 미디안 7:30 시내 7:33 신을 벗으라 7:38 광야 교회 7:43 몰록

message   스데반의 설교를 요약하면 이스라엘 역사는 하나님의 활동의 역사이며, 하나님은 사람의 손으로 지은 성전을 필요로 하지 않으시고, 예수의 죽음은 곧 하나님께 대한 이스라엘의 또 다른 반역이라고 할 수 있다. 이 설교로 인해 스데반은 순교의 피를 쏟게 된다.

말씀 연결(삿 3장; 행 7장)_땅으로 인도함

▶**말씀기도**

하나님의 약속은 변함이 없으며 약속을 이루시는 하나님께서는 새 약속의 말씀으로 예수 그리스도를 온전히 따름으로 살아가는 삶이기를 기도합니다.

렘 16장　임박한 재앙에 대한 경고

묵상　약속의 땅으로 인도하여 들으심

key word　16:6 몸을 베거나　16:7 슬퍼하는 자　16:14 날이 이르리니　16:15 북방 땅과 16:20 신 아닌 것을

message　예레미야는 세 가지 상징적인 행위를 통해 임박한 재앙을 보여주고 재앙의 원인이 우상 숭배에 있음을 지적하며, 하나님께서 재앙을 통하여 심판하실 것이지만 동시에 당신의 백성을 구원하실 계획을 가지고 계심을 선포한다. 하나님은 선민으로 하여금 성숙한 신앙생활을 하도록 채찍을 드시고 징계하시는 것이다.

막 2장　죄를 사하는 권세자

묵상　새 포도주, 새 약속

key word　2:5 네 죄 사함을　2:7 신성모독　2:14 알패오의 아들 레위　2:15 죄인들 2:24 안식일에 하지 못한 일

message　중풍병자의 온전한 치유, 죄인과의 식탁 교제, 금식에 관한 교훈, 안식일의 주인이신 예수의 안식일에 대한 올바른 정의 등이 소개된다. 이는 기존의 종교적인 진리를 가르치신 메시야 예수의 대표적인 개혁적 사역을 언급한 부분이다.

말씀 연결(렘 16장; 막 2장)_약속의 땅의 약속

▶일러두기

마가복음 2장 15절의 '세리'는 로마의 세금 징수 사무를 하청 맡은 유대인들로 억압과 착취로 부를 축적했다. 유대 사회에서의 매국노요 창기처럼 죄인인 대명사로 여겨졌다. 그래서 회당에서 출교당하고, 재판관도 증인도 될 수 없었다.

삿 4장　　여사사 드보라 시대

묵상　　대적을 굴복하게 하심

key word　　4:14 다볼 산　4:18 나의 주여　4:21 야엘이　4:23 굴복하게

message　　여사사 드보라와 헤벨의 아내 야엘의 활약상이 소개된다. 당시 남성
이 절대 우위를 차지하던 사회에서 여성이 활약상은 매우 이채로운
것이었다. 그러나 하나님은 여성을 들어 당신의 구원의 역사를 이루
어 가심으로써 당신의 나라에서는 남녀 구분없이 모두 귀한 존재요
당신의 영광의 도고가 될 수 있다는 사실을 일깨워준다.

행 8장　　예루살렘 교회의 고난과 사마리아 선교

묵상　　박해(전도의 계기)

key word　　8:9 시몬　8:10 하나님의 능력　8:14 사도들이　8:26 가사　8:27 간다게
8:28 이사야의 글　8:36 물 있는 곳　8:40 아소도

message　　스데반의 순교로 예루살렘 성도들이 흩어진 사실, 빌립의 사마리아
전도, 사도들의 사마리아 방문, 에티오피아 내시에게 복음을 전한 빌
립 등이 소개된다.

말씀 연결(삿 4장; 행 8장)_굴복과 계기

....

....

....

▶**말씀기도**

대적을 우리 앞에 굴복하시며 핍박을 주지지만 이를 통해 하나님 나라를 확장시켜 나가는 것이
하나님께서 행하시는 옳은 일이며, 여호와를 의지하고 신뢰하며 살아가기를 위해 기도합니다.

렘 17장	죄로 인한 심판과 예레미야의 탄원
묵상	여호와를 의지해야 함
key word	17:1 금강석 17:11 자고새가 17:19 평민의 문 17:22 안식일에
message	유다 백성이 그 죄로 인해 하나님의 심판을 받게 된 사실을 다시 한 번 지적하면서 백성들의 완악한 실상을 깨우쳐주고 있다. 그리고 하나님과의 언약 관계를 회복하기 위한 한 방안으로 안식일을 거룩하게 지킬 것을 촉구한다. 하나님과 깨어진 관계를 회복하는 방법중의 하나는 그분을 향한 온전한 예배를 회복하는 것이다.

막 3장	사역의 확장과 새로운 가족
묵상	하나님의 뜻대로 행함
key word	3:6 헤롯당 3:14 열둘 3:17 보아너게 3:22 바알세불 3:29 성령을 모독하는 자
message	예수께서는 안식일에 손 마른 자를 치유하심으로써 안식일에 선을 행하는 것이 하나님의 뜻임을 일깨워 주셨다. 권세 있는 새로운 가르침에 많은 무리가 예수를 따르고 예수는 12제자를 세운다. 그리고 바알세불 논쟁으로 일컬어지는 성령 훼방 죄에 대한 교훈인데 누구든지 성령의 역사를 거부하고 불인정한다면 구원을 얻을 수 없다는 교훈을 준다.

말씀 연결(렘 17장; 막 3장)_여호와를 의지하고 행함

▶일러두기

사사기 4장 4절의 '여선지자 드보라'는 여성으로서는 특이하게 하나님의 뜻을 전하는 선지자요 사사의 중임을 맡은 인물이다. 재판은 물론 군사적 작전에도 조예가 깊었다. 야빈의 군대장관 시스라가 이스라엘을 학대하고 침략했을 때 드보라는 바락을 군대 지휘관으로 세워 시스라의 군대를 물리쳤다.

택하심과 헌신

사사기 5장 | 사도행전 9장 | 예레미야 18장 | 마가복음 4장

삿 5장   여사사 드보라와 바락의 노래

묵상   즐거이 헌신함

key word   5:6 삼갈, 야엘의 날 5:11 성문 5:15 큰 결심 5:17 배에 머무름 5:21 기손 강 5:25 엉긴 우유 5:28 창살을 통하여

message   시스라와 야빈을 물리친 것을 기념하는 승리의 개가이다. 특히 드보라는 승리의 노래를 통해서 비록 인간의 전공이 제아무리 두드러진다 할지라도 그 배후에 하나님의 역사가 없다면 모든 것이 허사임을 고백한다.

행 9장   사울의 회개와 베드로의 활동

묵상   택하심

key word   9:3 하늘로부터 9:10 아나니아 9:11 직가 9:15 나의 그릇 9:25 광주리 9:32 룻다 9:36 욥바 9:43 무두장이

message   사울이 열성적인 유대교도에서 회심한 사건과 예루살렘과 유대와 사마리아 전도사역을 주도한 베드로의 활동상이 언급된다.

말씀 연결(삿 5장; 행 9장)_헌신과 택함

▶**말씀기도**

하나님의 부르심에 온전히 헌신하며 오직 믿음으로 하나님 나라를 이루어가는 삶이기를 기도합니다.

렘 18장　토기장이의 비유

묵상　　　하나님의 손 안에 있음

key word　18:2 토기장이의 집　18:3 녹로　18:14 레바논의 눈　18:15 옛길

message　예레미야는 개인과 나라와 온 세상을 주관하시는 하나님의 절대 주
　　　　　권을 토기장이 비유를 통해 밝히고 하나님으로부터 전해진 참회의
　　　　　메시지를 거부하며 자기 죄를 계속 고집하는 유다 백성에게 심판을
　　　　　선언한다. 회개의 기회를 버린 사람에게 하나님의 준엄한 심판이 내
　　　　　려질 것을 선포한다.

막 4장　하나님 나라의 비유

묵상　　　하나님 나라의 믿음

key word　4:2 비유　4:11 비밀　4:21 말　4:29 추수 때　4:31 겨자씨

message　4장은 주로 예수께서 가르치신 천국 비유들로 구성되어 있다. 예수
　　　　　로 인해 도래한 천국은 현재적인 동시에 미래적인 이중성을 띤다. 먼
　　　　　저 씨뿌리는 자의 비유이다. 그 외에 등불 비유, 겨자씨 비유 등이 소
　　　　　개되고 있다.

말씀 연결(렘 18장; 막 4장)_주권과 믿음

▶일러두기

마가복음 4장 2절의 '비유'(파라볼레)란 '파라'와 '볼레'의 합성어로서 '겉으로 던져진 것' 즉 두
가지 사실을 나란히 두고 비교함으로써 그 뜻을 밝히는 것이다. 특히 일상생활에서 일어나는
일들을 가지고 알기 쉽게 진리를 설명하는 문학의 한 형태로, 그 내면의 의미를 좀 더 쉽고 명확
하게 전하고자 하는 메시지 전달 방식이다.

우리 힘과 하나님의 함께 하심

삿 6장   사사 기드온의 시대

묵상   즐거이 헌신함

key word   6:1 미디안 6:3 파종할 때 6:10 아모리 사람 6:24 여호와의 샬롬 6:25 바
알의 제단 6:32 여룹바알 6:39 시험하게 하소서

message   사사 시대 가운데 가장 두드러진 업적을 쌓았던 기드온이 소명받는
장면이다. 하나님께서는 기드온에게 하신 것처럼 일꾼을 친히 부르
실 뿐 아니라 그로 하여금 맡은 바 사명을 완수할 수 있도록 지혜와
능력과 비전을 제시한다.

행 10장   베드로와 고넬료

묵상   기도와 구제

key word   10:1 고넬료 10:16 세 번 10:23 유숙하게 10:26 나도 사람이라 10:30 빛
난 옷을 입고 10:36 만유의 주

message   로마군 장교 고넬료의 환상, 베드로의 환상, 고넬료를 방문하여 그 집
에서 설교한 베드로, 고넬료의 집에 성령이 임한 사건 등이 소개된다.

말씀 연결(삿 6장; 행 10장)_기도와 구제, 말씀

....

....

....

▶말씀기도

하나님의 말씀에 순종하는 것과 하나님을 경외하며 기도하며 구제하는 것은 오직 하나님의 말
씀을 듣고 행하는 믿음을 기억하게 하옵소서.

렘 19장   깨진 옹기의 비유

묵상   말씀을 듣는 것과 말하는 것

key word 19:6 도벳 19:10 옹기를 깨뜨리고

message   토기장이의 비유와 유사한 깨진 옹기 비유를 들고 있다. 예레미야는
          이를 통해 하나님의 권위와 권면과 인내를 번번이 무시한 유다의 멸
          망이 필연적이라는 사실을 선포한다.

막 5장   영육을 치유하시는 예수

묵상   전파하는 것과 믿음

key word 5:1 거라사 5:2 무덤 5:11 돼지 5:25 혈루증 5:39 잔다

message   예수의 메시야적 권위와 능력이 여러 면에서 확인되고 있는 부분이
          다. 거라사 귀신 들린 자를 고치신 이적, 혈루증 든 여인을 고치신 이
          적, 야이로의 딸을 살리신 이적 등을 소개하고 있다.

말씀 연결(렘 19장; 막 5장)_말씀을 전파와 믿음

▶**일러두기**

마가복음 5장 25절의 '혈루증'은 피의 비정상적 유출을 특징으로 하는 일종의 만성자궁 출혈병
이다. 이 병은 부정하게 여겨졌고, 따라서 타인과의 접촉이 금지되었다(레 15:15-30). 이로 인해
남편에게 버림받기도 했다.

두려움과 의심을 극복

사사기 7장 | 사도행전 11장 | 예레미야 20장 | 마가복음 6장

삿 7장　기드온과 삼백 용사

묵상　두려워 떠는 자를 전쟁에서 제함

key word　7:1 하룻 샘 7:9 그 밤에 7:13 보리떡 7:19 이경 초

message　미디안 족속을 중심으로 한 동맹군의 침략이 임박한 시점에서 하나님께서는 기드온으로 하여금 군대를 일으켜 침략군을 무찌르게 하셨다. 그런데 하나님께서는 기드온에게 단지 300명의 군사만을 허락하셨다. 이는 당신의 영광과 뜻을 드러내기 위해 싸우는 거룩한 군병들에게는 물리적인 힘보다는 승리와 구원의 주인이신 하나님을 절대 신앙하는 참 믿음이 가장 필요함을 가르치기 위해서였다.

행 11장　이방 선교의 인정과 안디옥 교회 설립

묵상　성령의 말씀을 들음

key word　11:3 무할례자 11:4 이 일 11:18 생명을 얻는 회개 11:19 환난

message　고넬료와 그 가족의 구원 사건에 대한 베드로의 변론과 예루살렘 교회의 공식적인 추인 장면, 수리아 지방에서 안디옥 교회가 설립되어 이방 선교가 본격적으로 추진되는 내용이 소개되고 있다.

말씀 연결(삿 7장; 행 11장)_두려움과 들음

....

....

....

▶**말씀기도**

어떤 두려움이나 의심을 버리고 성령의 인도하심을 따라 열정을 가지고 예수님과 함께 하심을 기억하며 나아가는 삶이기를 기도합니다.

렘 20장   박해받는 예레미야의 탄식

묵상   말씀으로 인해 마음이 불붙음

key word   20:1 총감독   20:2 선지자   20:4 친구

message   예레미야는 대적들로부터 목에 씌우는 나무 고랑에 채이는 등 박해
를 당하게 된다. 그는 영적, 육체적 아픔을 탄원하며 악인의 수치와
악인의 승리에 대한 확신을 피력한다. 예레미야는 이를 통해 하나님
의 뜻을 따라 사는 자들에게 임하는 필연적인 고난을 볼 수 있다.

막 6장   사역의 확장과 제자들의 무지

묵상   안심함

key word   6:3 마리아의 아들   6:8 배낭이나 전대   6:17 빌립   6:22 헤로디아의 딸
6:30 사도   6:37 이백 데나리온   6:48 사경   6:56 옷 가

message   고향 나사렛에서 배척당하신 사건으로 예수의 2차 갈릴리 사역이 마
감되고 3차 갈릴리 사역이 개시되는데 예수님은 먼저 12제자를 각
고을로 파송하신다.

말씀 연결(렘 20장; 막 6장)_말씀과 안심

▶일러두기

마가복음 6장 41절의 '식사에 앞선 축사'는 유대인들의 공동 식사는 가장이 하나님께 축복과 감
사의 기도를 드림으로 시작되고 끝을 맺는다. 시작 기도는 세상의 왕, 우리 하나님 여호와여, 찬
미를 받으소서이며, 그때마다 음식에 따라 계속되었다. 떡에 대해서는 '주께서 떡을 땅에서 생
겨나게 하셨나이다.'하고 고백한 뒤 떡을 떼어 식구들에게 나누어 주고 가장이 맨 먼저 떡을 먹
었다.

25
July

버릴 것과 지킬 것

사사기 8장 | 사도행전 12장 | 예레미야 21장 | 마가복음 7장

삿 8장　미디안 잔당을 섬멸한 기드온

묵상　우상 섬김을 버림

key word　8:2 끝물 포도　8:5 숙곳　8:7 들가시와 찔레　8:15 희롱하여　8:25 겉옷
8:27 에봇　8:33 바알브릿

message　300명의 군사로 미디안 동맹군을 기습 공격하여 승리한 기드온이
미디안 동맹군의 잔당을 섬멸하는 장면과 기드온 말년의 행적을 소
개한다. 기드온의 말년은 아무리 혁혁한 전공을 쌓았다 하더라도 그
모든 영광을 하나님께 돌리지 않을 때 반드시 타락하고 만다는 사실
을 분명히 일깨워준다.

행 12장　야고보의 순교와 베드로의 출옥

묵상　기도와 영광을 하나님께 돌림

key word　12:3 무교절　12:11 헤롯의 손　12:12 마가라 하는 요한　12:15 그의 천사라
12:20 두로와 시돈　12:21 왕복을 입고

message　헤롯 왕의 박해로 사도 야고보가 순교 당하고 베드로마저 투옥되는
장면과 베드로가 하나님의 도우심으로 감옥에서 나오는 장면, 박해
자 헤롯의 죽음 등이 소개된다. 이 장은 세상의 어떤 권세라도 복음
의 진보를 막을 수 없다는 사실을 웅변적으로 묘사해주고 있다.

말씀 연결(삿 8장; 행 12장)_우상 섬김과 영광

▶말씀기도

우상을 버리고 오직 기도에만 힘쓰고 생명의 길을 지키고 사망의 길을 버리며, 인간의 전통보
다 하나님을 따르는 삶이기를 기도합니다.

렘 21장	**바벨론에 투항하라는 예레미야의 권유**

묵상 생명의 길과 사망의 길

key word 21:2 시드기야 왕 21:8 생명의 길과 사망의 길 21:13 골짜기와 평원

message 느부갓네살의 침공을 받은 유다의 마지막 왕 시드기야는 도움을 얻기 위해 선지자 예레미야를 부른다. 하나님께서는 예레미야를 통해 유다가 바벨론에 계속 대항할 때 비극적인 결말을 맞게 될 것이므로 항복하라고 하신다. 물론 시드기야나 당시 지도자들의 생각은 이와 달랐다. 참으로 하나님의 생각은 인간의 생각과 다르다.

막 7장	**그릇된 전통과의 싸움**

묵상 계명과 전통

key word 7:3 전통 7:6 외식하는 자 7:26 수로보니게 7:34 에바다

message 예수와 유대 종교 지도자들 사이에 갈등이 다시 형성된다. 예수는 장로들의 유전을 하나님의 뜻보다 더 중히 여기는 자들에 대해서 책망하신다. 영적 정결에서 무관심한 채 외형적 정결에만 치중하는 자는 필연적으로 생명력을 상심한 허식과 위선의 종교인이 될 수밖에 없다.

말씀 연결(렘 21장; 막 7장)_생명과 계명

▶**일러두기**

마가복음 7장 11절의 '고르반'이란 '드림' 곧 '하나님께 드리기 위해 구별하여 떼어둔 헌물'을 뜻하는 히브리어 '코르반'에서 유래하였다. 고르반은 유대인들이 하나님께 무엇을 드릴 때 쓰는 일종의 맹세로서 '고르반'이라고 일단 선포된 것은 하나님 외에 누구도 취할 수 없었다. 그런데 유대인들은 이 전통을 교묘히 악용하여 인간에 대한 의무를 기피하고 했다.

하나님의 일하심

사사기 9장 | 사도행전 13장 | 예레미야 22장 | 마가복음 8장

삿 9장 아비멜렉의 학정과 요담의 경고

묵상   갚으심

key word   9:1 아비멜렉   9:4 바알브릿 신전   9:5 자기 형제 칠십   9:7 요담이   9:10 무화과나무   9:26 야벳의 아들 가알   9:36 산 그림자   9:37 므오느님 상수리나무   9:50 데베스

message   말년에 타락상을 보였던 기드온이 죽은 후 이스라엘 내에서 일어난 혼란을 소개하고 있다. 스스로 교만하여 높아진 자, 무죄한 피를 수없이 흘린 자는 반드시 망할 수밖에 없으며 또 죄악에 동참한 자는 죄악을 선도한 자와 함께 망할 수밖에 없다는 진리를 가르쳐 준다.

행 13장 바울의 제1차 선교 여행(1)

묵상   세우심

key word   13:12 총독이   13:14 비시디아 안디옥   13:20 사무엘 때까지   13:25 발의 신발끈을 풀기도   13:34 미쁜 은사

message   13장을 기점으로 양분된다. 즉 이전까지는 열두 사도와 일곱 지도자의 사역을 중심으로 한 내용이고, 이후부터는 바울과 그 동역자들의 이방 선교를 중심으로 한 내용이다.

말씀 연결(삿 9장; 행 13장)_갚으심과 세우심

▶**말씀기도**

모든 악을 버리고 하나님이 세우신 그 일을 성실히 행하며 주께서 말씀하신 바를 들으며, 주의 긍휼을 구하는 삶이기를 기도합니다.

렘 22장　유다 말기 왕들의 패역상

묵상　선지자를 통해 말씀하심

key word　22:1 유다 왕의 집 22:11 살룸 22:19 나귀 같이 22:23 백향목에 깃들이는 자 22:30 자식이 없겠고

message　예레미야는 유다의 패망을 더욱 촉진시킨 유다 말기의 왕들의 죄악상을 고발한다. 요시아의 넷째 아들 여호아하스 왕, 애굽의 바로느고에 의해 여호아하스가 폐위되고 대신 세워진 요시야의 둘째 아들 여호야김 왕, 여호야김의 뒤를 이어 그의 아들 여호야긴 등이 저지른 범죄와 심판 등을 소개한다.

막 8장　바리새인들의 도전과 올바른 신앙고백

묵상　불쌍히 여기심

key word　8:10 달미누다 지방 8:15 바리새인들 8:22 벳세다 8:27 빌립보 가이사랴 8:29 그리스도

message　예수께서는 또다시 칠병이어의 이적을 베푸셨다. 이로써 예수께서는 자신의 생명의 양식되심을 거듭 강조하셨다. 또 바리새인과 헤롯의 누룩에 관해 교훈하신다. 그리고 벳세다의 소경을 치유하신 사건을 기록하고 있다.

말씀 연결(렘 22장; 막 8장)_말씀과 여기심

▶일러두기

사도행전 13장 9절의 '바울이라 하는 사울'은 로마 지배하에 있던 당시 유대인들은 대개 유대식 이름과 로마식 이름 등 두 개의 이름을 가졌다. 이방인을 위한 선교사로서 이방인을 상대해야 한다면 생소한 유대식 이름보다 보편적인 로마식 이름이 더욱 선호되었을 것이다. 즉 이름의 변화는 선교적 전략에 따른 것이다.

건지심

사사기 10-11장 1-11절 | 사도행전 14장 | 예레미야 23장 | 마가복음 9장

삿 10-11:11   이스라엘의 타락과 회개, 길르앗 사람 입다

묵상   간구함과 하나님의 근심

key word   10:1 돌라 10:4 어린 나귀 10:18 주민의 머리 11:1 기생 11:3 돕 땅 11:4
         암몬 자손 11:6 장관

message   아비멜렉 정변 이후 이스라엘의 범죄에 진노하신 하나님께서는 이스
         라엘을 블레셋과 암몬 사람의 손에 맡기셨다. 극심한 고난 가운데서
         이스라엘은 하나님께 회개하였고, 11장 전반부에서는 우상 숭배를
         함으로 하나님의 징계의 채찍을 맞아 위기에 처한 이스라엘을 구출
         할 사사 입다를 소개한다.

행 14장   바울의 제1차 선교 여행(2)

묵상   도망하여 복음을 전함

key word   14:1 이고니온 14:5 돌로 치려고 14:6 루가오니아 14:12 제우스 14:14 옷
         을 찢고 14:24 밤빌리아

message   바울의 첫 번째 선교 여행이 계속되는데 바울과 바나바의 이고니온
         선교, 루스드라 선교, 지금까지 선교했던 지역을 재차 방문하여 성도
         들을 격려하고 그 모든 활동 내용을 교회에 보고하는 장면 등이 펼쳐
         진다.

말씀 연결(삿 10-11장 1-11절; 행 14장)_근심과 복음

▶**말씀기도**
하나님은 모든 상황에서 우리를 건져주시고 도우시는 분이심을 믿고 믿음으로 간구합니다.

렘 23장   회복될 장래와 거짓 선지자

묵상   다시 돌아오게 함

key word   23:5 때가 이르니 23:9 선지자들에 대한 말씀 23:10 간음한 자 23:13 사
            마리아 선지자들 23:14 예루살렘 선지자들 23:30 도둑질하는 선지자들

message   비록 유다가 멸망할지라도 영원히 멸망하지는 않을 것이라는 메시지
            가 전달된다. 유다가 죄로 인해 패망할 것이지만 정한 시간이 지나면
            회복될 것이라고 예언한다. 하지만 이어 거짓 선지자들의 부패상과
            심판을 선포함으로써 하나님의 경고와 교훈을 무시하는 자는 영원히
            수치를 당하리라고 경고한다.

막 9장   영광스럽게 변모하는 예수

묵상   능히 하지 못할 일이 없음

key word   9:13 엘리야가 9:18 거꾸러져 9:28 조용히 묻자오되 9:31 넘겨져 9:35
            섬기는 자 9:43 지옥

message   예수님의 모습이 영광스럽게 변모한 변화산 사건이다. 이 사건은 예
            수께서 바로 메시야요 하나님의 아들이심을 입증하고 있다. 그리고
            십자가 이후 장차 얻을 영광을 예시하는 것이다.

말씀 연결(렘 23장; 막 9장)_돌아옴과 못할 일

▶일러두기

예레미야 23장 33절에서 '엄중한 말씀'의 '엄중'의 히브리어 '맛사'는 '무거운 짐'이라는 뜻이다.
즉 앞일에 대한 준엄한 명령이나 무서운 심판에 대한 경고를 가리키고 있다. 유다 왕국이 멸망
하기 직전에 거짓 평안을 외치는 자들이 난무한 상황에서 예레미야는 유다 왕국의 멸망이 임박
을 선포한다.

28
July

돌보심

사사기 11장 12-40절 | 사도행전 15장 | 예레미야 24장 | 마가복음 10장

삿 11:12-40 사사 입다의 시대

묵상   판결하시는 하나님

key word   11:17 사자 11:19 우리의 곳 11:24 그모스 11:29 길르앗의 미스베 11:33 아벨 그라밈

message   입다는 원래 기생이 낳은 자요, 서자로서 사람들의 멸시를 받던 인물이었다. 하지만 하나님은 그같이 멸시받는 자를 통해 이스라엘을 구원하시는 위대한 일을 이루셨다.

행 15장 예루살렘 공회

묵상   교회를 견고히 함

key word   15:10 능히 메지 못하던 멍에 15:12 표적 15:14 시므온 15:20 우상의 더러운 것

message   이방인을 하나님의 백성으로 받아들이는 문제를 다룬 예루살렘 공회는 유대인들의 율법적 태도를 일축하는 결정을 내렸고, 안디옥 교회를 향해서는 더 이상의 갈등이 빚어지지 않도록 권면함으로써 이방인 성도 문제는 일단락된다.

말씀 연결(삿 11장 12-40절; 행 15장)_판결과 견고히 세움

▶**말씀기도**

하나님께서는 다양한 방법으로 돌보고 계시며 교회를 든든히 하시고 생명의 말씀을 가르치시며 좋은 무화과같이 우리를 돌보심에 감사를 드립니다.

렘 24장 　 두 광주리의 무화과 비유

묵상 　 　 유다 포로를 돌보시는 하나님

key word 　 24:1 목공들과 철공들　24:8 시드기야

message 　 예레미야에게 보여준 두 광주리에 담긴 무화과 비유가 등장한다. 바벨론에 포로로 끌려간 자들을 무화과에, 시드기야를 비롯하여 유다에 남아있는 자들을 나쁜 무화과에 비유하였다. 곧 하나님의 약속에 따라 사로잡혀간 자들은 약속의 땅으로 회복될 것이지만 예루살렘에 남아 있는 자들은 파멸할 것이라는 뜻이다.

막 10장 　 생명의 교훈을 가르치신 예수

묵상 　 　 예수님의 가르치심

key word 　 10:20 어려서부터　10:28 버리고　10:37 주의 영광에서

message 　 예수께서 갈릴리 사역을 마무리 짓고 예루살렘으로 올라가시는 도중에 일어난 사건들을 다루고 있다. 이때 예수를 죽이기로 계획하고 그 구실과 기회만 찾고 있던 유대 종교자들이 음모에 찬 질문을 하던 시기이다.

말씀 연결(렘 24장; 막 10장)_유다 포로와 가르치심

▶일러두기

사도행전 15장 22절의 '실라'는 '탄원하다'라는 뜻이다. 로마 시민권 소유자요 선지자로서 예루살렘 교회의 지도자 중 한 사람이다. 바나바를 대신 바울과 2차 선교 여행에 동참한 실루아노와 동일인인 듯하다.

권위

사사기 12장 | 사도행전 16장 | 예레미야 25장 | 마가복음 11장

삿 12장 에브라임 지파의 도전과 내전

묵상　사사의 권위

key word　12:4 에브라임에서 12:6 쉽볼렛 12:14 어린 나귀

message　기드온 때에도 참전 문제를 가장하여 사사의 권위에 도전한 에브라임 지파가 입다에게 다시 도전하는 장면이 소개된다. 기드온과 달리 분개한 입다는 군사를 일으켜 에브라임 사람들을 살육하고 말았다. 이 사건은 훗날 분열 왕국의 중요한 원인을 제공하게 된다.

행 16장 바울의 2차 선교 여행(1)

묵상　사도의 권위

key word　16:1 디모데 16:6 아시아 16:9 마게도냐 사람 하나 16:10 우리 16:12 빌립보 16:19 장터 16:24 차꼬

message　안디옥에서 시작하여 예루살렘에서 끝나는 바울의 두 번째 선교 여행이다. 이 여행을 통해 복음이 아시아에서 유럽으로 진출하는 큰 변화를 맞는다. 바울이 디모데를 동역자로 택한 일, 유럽 선교의 첫걸음, 투옥된 바울과 실라, 빌립보 간수의 회개 그리고 바울과 실라의 석방 장면이 소개된다.

말씀 연결(삿 12장; 행 16장)_권위

▶**말씀기도**

하나님께서 우리에게 주신 권위를 가지고 복음을 선포하고 모든 땅을 향해 하나님의 말씀을 선언하는 자로서 살아가게 하옵소서.

렘 25장	바벨론 포로에 대한 예언
묵상	선지자의 권위
key word	25:4 모든 종 선지자 25:10 맷돌 소리 25:13 이 책에 기록한 25:14 여러 민족과 큰 왕들 25:30 포도 밟는 자 25:33 그 날에
message	때는 바벨론이 앗수르를 무찌르고, 갈그미스 전투에서 애굽을 물리침으로 명실상부한 당시의 패권 국가가 되었던 시기이다. 이런 국제적 흐름에서 예레미야는 유다 역시 바벨론의 침공을 받아 70년 간 포로가 될 것을 선언하고 있다. 그리고 하나님의 심판의 도구였던 바벨론이 멸망하고 유다 주변 열국들이 파멸할 것을 선포하고 있다.

막 11장	예루살렘 성전 숙정 작업
묵상	예수님의 권위
key word	11:9 호산나 11:13 잎사귀 있는 무화과나무 11:28 무슨 권위로 11:30 하늘로부터냐
message	고난 주간의 첫날에서 셋째 날 사이의 일들에 대한 언급이다. 전반부는 예루살렘 입성 사건으로 고난 주간의 첫날에 행하신 일이다. 그리고 후반부는 열매 없는 무화과나무를 저주하신 일을 소개하고 있다.

말씀 연결(렘 25장; 막 11장)_권위

▶**일러두기**

예레미야 25장 26절의 '새싹'은 바벨론을 가리키는 암호 문자이다. 당시 히브리어의 대칭되는 철자를 거꾸로 사용하는 아트바쉬 암호 문자에 의하면 첫 글자 알레프를 마지막 글자 타우로, 둘째 철자를 마지막에서 두 번째 철자로 표기하였다. 이런 비밀스러운 철자 표기는 당시 중근동의 패권 국가로 등장한 바벨론의 멸망을 드러내놓고 선포할 수 없었던 국내외 정세를 반영한다.

삿 13장   사사 삼손의 출생

묵상   약속을 말씀하시는 하나님

key word   13:2 소라 땅 13:13 다 삼가서 13:14 마시지 말며 13:18 기묘

message   범죄한 이스라엘이 40년간 블레셋의 압제를 받고 있을 때 사사 삼손
            이 새롭게 등장한다. 13장의 중심을 이루는 삼손의 출생에 관한 내용
            은 세례 요한이나 그리스도 예수의 출생 이야기와 함께 하나님의 구
            속 역사의 단면을 장식하고 있다.

행 17장   바울의 2차 선교 여행(2)

묵상   사도를 통해 말씀하시는 하나님

key word   17:1 데살로니가 17:15 아덴 17:19 아레오바고 17:23 알지 못하는 신

message   계속해서 다양한 장소, 다양한 방법으로 복음을 전파한 바울의 두 번
            째 선교 여행이 소개된다. 특히 빌립보를 떠난 바울 일행이 암비볼리
            와 나볼로니아를 거쳐 데살로니가에 이르고, 베뢰아에서 선교한 장
            면 그리고 아덴에서의 선교 장면이 소개되고 있다.

말씀 연결(삿 13장; 행 17장)_약속의 말씀

▶말씀기도

하나님께서는 때로는 직접 말씀하시고, 선지자를 통해, 사도를 통해 오늘도 우리들에게 말씀하
시는 그 말씀을 귀 기울이며 살아가기를 소원합니다.

렘 26장   재판받는 선지자 예레미야

묵상   선지자를 통해 말씀하시는 하나님

key word   26:1 여호야김 26:6 실로 같이 되게 26:11 고관들 26:21 우리아 26:24
            아히감

message   예레미야가 마침내 유다 백성에게 고소당하여 재판을 받게 되는 사
            실을 소개하고 있다. 특히 유다의 종교 지도자들의 고소와 그에 따른
            예레미야의 변론 및 재판 결과 등이 상세히 소개된다. 이처럼 하나님
            의 뜻을 추구하며 경건한 삶을 살려는 자들에게 핍박과 고난은 따르
            게 마련이지만 그 고난은 영광스러운 면류관을 위한 통과의례라고
            생각할 수 있다.

막 12장   가장 큰 계명

묵상   예수님이 들려주시는 말씀

key word   2:13 바리새인과 헤롯당 12:28 서기관 12:30 마음, 목숨, 뜻, 힘 12:42 렙
            돈, 고드란트

message   예수님과 유대 종교 지도자들 사이에 갈등이 한층 심화되는 내용을
            다루고 있다. 예수님은 포도원 농부의 비유를 통해서 그릇된 종교 지
            도자들을 질타하시고 심판하신다. 이에 유대 종교 지도자들은 납세
            문제를 들고나와 예수를 올무에 빠뜨리려고 하지만 예수님은 "가아
            사의 것은 가이사에게 하나님의 것은 하나님에게"라는 명쾌한 답변
            으로 그들의 음모를 무산시킨다.

말씀 연결(렘 26장; 막 12장)_선지자와 예수를 통해

▶**일러두기**

사사기 13장 5절의 '나실인'은 세 가지 규칙을 지켜야 했는데 첫째, 신앙의 경건을 위해 포도주
와 독주를 가까이하지 말 것, 둘째, 하나님께 절대 복종한다는 의미에서 머리에 삭도를 대지 말
것, 셋째, 죄악된 생활을 벗어버린다는 의미에서 시체를 가까이하지 말 것 등이다.

부정적 환경에서의 하나님의 섭리

사사기 14장 | 사도행전 18장 | 예레미야 27장 | 마가복음 13장

삿 14장　이방 여인과 결혼한 삼손

묵상	삼손이 들릴라를 사랑하는 상황
key word	14:12 잔치하는 이레　14:15 불사르리라　14:18 해 지기 전에　14:19 아스글론
message	위기의 이스라엘을 구원하고 나실인으로 하나님을 위해 살아야 할 삼손은 이방 여인과 결혼하려 하고 죽은 사자 사체에 접촉하는 등 겉보기에 나실인으로서 맞지 않는 행동을 취하였다. 그러나 이방 여인과의 결혼 과정 중에 블레셋 사람들을 물리친 일련의 사건에서 인간의 생각을 초월한 하나님을 보게 된다.

행 18장　제2차 선교 여행 마감과 안디옥 귀환

묵상	부정의 환경들과 교차하는 섭리들
key word	18:1 고린도　18:6 옷을 털면서　18:12 갈리오　18:24 아볼로
message	2차 선교 여행이 끝나는 장면으로 바울은 헬라 세계의 사상적 중심지였던 아덴에 이어 상업 중심지 고린도에서 선교 활동을 전개한다. 이어 에베소를 거쳐 수리아의 안디옥 교회로 되돌아옴으로써 선교 여행을 일단락 짓고 다음 여행을 계획한다. 끝부분에서는 고린도 교회를 지도하게 될 아볼로에 관한 기사가 잠시 언급된다.

말씀 연결(삿 14장; 행 18장)_상황과 섭리

▶말씀기도

부정의 상황에서도 하나님은 섭리하심으로 일하시고 어떤 부정의 상황에서도 하나님의 섭리를 생각하며 살아가는 삶이기를 소원합니다.

렘 27장　예레미야와 거짓 선지자의 충돌

묵상　심판 가운데서 보이는 섭리

key word　27:6 들짐승들　27:12 시드기야에게 전하여　27:16 여호와의 성전의 기구
27:20 여고니야와

message　당시 유다의 시드기야 왕은 바벨론의 침공에 대비하여 애굽 등과 반
바벨론 동맹을 체결했다. 이때에 예레미야는 유다와 주변국들의 멸
망을 예언하며, 하나님의 심판의 도구인 바벨론에게 항복하여 그 멍
에를 기꺼이 메라고 권한다.

막 13장　마지막 날에 대한 예언

묵상　예수님 구원에서의 상황

key word　13:9 공회　13:14 멸망의 가증한 것　13:15 지붕 위　13:16 겉옷　13:22 거짓
그리스도　13:25 하늘에 있는 권능들

message　고난 주간의 셋째 날에 하신 감람산 강화의 내용으로써 마태복음 24
장의 내용과 병행된다. 여기서 예수님은 세상 종말에 있을 징조와 사
건들에 대해서 예언하시고 교훈하신다. 먼저 종말에 임할 징조들에
관한 교훈이다. 이 예언은 일차적으로는 주후 70년에 로마의 디도 장
군에 의해 실현될 종말을 예언하는 이중 구조로 되어 있다.

말씀 연결(렘 27장; 막 13장)_심판과 구원

▶일러두기

'삼손'의 뜻은 '태양의 사람'이다. 단 지파 마노아의 아들로 블레셋에게서 동족을 구원한 이스라
엘의 사사로, 나실인으로 성령의 감동을 받아 힘이 장사인 삼손은 20년 동안 블레셋을 상대로
사역했다. 말년이 아름답지는 못했지만 히브리서는 그의 신앙을 칭찬했다(히 11:32).

삿 15장   나귀 턱뼈로 블레셋을 물리친 삼손

묵상   약속의 말씀의 성취

key word   15:1 밀 거둘 때 15:5 홰 15:9 레히 15:11 바위 틈 15:14 불탄 삼 15:17 라맛 레히

message   삼손은 이스라엘을 괴롭히는 블레셋 사람들을 물리치는 일에 앞장선다. 삼손은 나귀 턱뼈 하나로 블레셋 군사 1,000명을 죽이는 대승을 거둔다. 이 같은 삼손의 대승은 인간 삼손의 위대함이 아니라 그에게 힘과 능력을 주시고 대적을 무찌르게 하신 하나님의 절대적인 후원 때문에 가능한 일이었다.

행 19장   바울의 3차 선교 여행(1)

묵상   힘이 있어 흥왕하는 말씀

key word   19:1 윗지방 19:13 마술하는 19:24 은장색 19:27 아데미의 신전 19:31 아시아 관리 19:35 서기장 19:39 민회

message   3차 선교 여행에 관한 기록이다. 그중 19장은 에베소에서 일어난 일들로 바울은 에베소에 약 2년간 머물면서 성도들을 양육했고, 각종 이적을 행함으로써 많은 사람을 회심시켰으나 아데미 여신 숭배자의 방해 공작으로 에베소를 떠나게 된다.

말씀 연결(삿 15장; 행 19장)_약속의 말씀과 흥왕

▶**말씀기도**

하나님의 말씀은 쇠하지도 않고 능력으로 역사하심을 믿으며, 육신을 입고 이 땅에 오신 능력의 하나님을 믿고 의지하는 삶이기를 기도합니다.

렘 28장　예레미야와 하나냐

묵상　　　　말씀대로 되어짐

key word　28:1 시드기야가　28:3 이 년 안에　28:13 쇠 멍에를

message　　70년 뒤의 유다 회복이라는 소망을 간직하고 있던 예레미야가 이미 바벨론에 포로로 잡혀 있던 자들에게 위로와 격려의 메시지를 전한 내용이다. 반면에 선지자 하나냐는 유다가 2년 이내에 회복될 것이라고 예언하였다. 하나님께서는 하나냐의 예언이 거짓됨을 증명하기 위해 그의 죽음을 예고했는데 그 예언은 그대로 이루어졌다.

막 14장　배신당하고 체포되신 예수

묵상　　　　예수님의 말씀들

key word　14:3 나드　15:5 삼백 데나리온　14:12 준비하기를　14:15 다락방　14:24 나의 피 곧 언약의 피니라　14:36 아빠　14:43 몽치　14:54 멀찍이　14:63 옷을 찢으며

message　　이제 예수는 자신의 공생애를 마감해야 할 때가 임박했음을 바라보신다. 예수를 죽이려는 유대 종교 지도자들의 음모가 구체화되고 있는 와중에, 한 여인이 옥합을 깨뜨려 예수의 머리에 붓는 장면이 소개된다. 이 행위에 대해 예수께서는 자신의 장례와 연관시켜 칭찬하신다.

말씀 연결(렘 28장; 막 14장)_말씀대로

▶일러두기

'겟세마네'라는 지명의 뜻은 '기름짜는 곳(틀)'이다. 기드론 시내 건너편에 위치한 감람산 서쪽 기슭으로 예루살렘을 바라보며 있는 동산이다. 감람산에서 나는 감람나무의 기름을 이곳에서 짠 데서 이 지방이 유래되었다.

끝까지 지킬 것

사사기 16장 | 사도행전 20장 | 예레미야 29장 | 마가복음 15장

삿 16장　삼손과 들릴라

묵상　　　하나님과의 언약

key word　16:1 가사 16:5 각각 은 천백 개 16:13 머리털 일곱 가닥을 16:14 바디 16:23 다곤

message　삼손은 들릴라의 유혹에 빠져 머리에 삭도를 대지 말라는 나실인의 규례를 깨뜨렸다. 그 결과 두 눈이 뽑히고 조롱거리가 되었으나 마지막으로 자기 몸을 던져 대적을 멸하는 길을 택했다. 삼손의 비극은 하나님의 규례와 멀어지는 이스라엘의 모습을 보여준다.

행 20장　바울의 3차 선교 여행(2)

묵상　　　주 예수께 받은 사명

key word　20:7 그 주간의 첫날 20:8 등불을 많이 켰는데 20:19 겸손과 눈물 20:24 내가 달려갈 길 20:28 감독자 20:36 무릎을 꿇고

message　에베소에서 우상 숭배자들의 소요로 물러났던 바울 일행이 마게도냐와 헬라 지방을 순회한 후 밀레도에 이르는 여정을 보도한다. 즉 마게도냐에서 드로아까지의 여정, 드로아에서 유두고를 되살린 일, 드로아에서 밀레도까지의 여정, 에베소 장로들을 밀레도로 초청하여 행한 고별 설교 등이다.

말씀 연결(삿 16장; 행 20장)_언약과 사명

▶**말씀기도**

하나님의 언약의 말씀을 끝까지 믿고 따르며 하나님께서 주신 사명을 온전히 지키고 행하는 삶이기를 소원합니다.

렘 29장　포로들에게 보낸 편지

묵상　하나님의 약속

key word　29:1 선지자 예레미야　29:2 예루살렘에서　29:11 평안이요　29:24 스마야
　　　　　29:26 미친자

message　예레미야 선지자는 바벨론에 포로로 끌려간 유다 백성들에게 하나님
　　　　　의 약속이 변하지 않으며, 따라서 거짓 선지자들의 유혹을 경계하라
　　　　　는 편지를 썼다. 그런데 포로된 자들 가운데 스마야가 이 편지에 반
　　　　　발하여 예레미야를 옥에 가두도록 하는 답장을 보내왔다.

막 15장　십자가에 못 박힌 예수

묵상　십자가

key word　15:2 네가 유대인의 왕이냐　15:16 브라이도리온　15:22 골고다　15:23 몰약
　　　　　을 탄 포도주　15:25 제삼시　15:33 제육시　15:43 아리마대

message　예수님의 십자가 죽음과 장례에 관한 내용이다. 당시 사형 집행권을
　　　　　가지고 있던 로마 총독 빌라도가 예수를 심문한 후에 십자가형을 언
　　　　　도하는 장면이다. 주목할 것은 예수의 운명과 함께 성소의 휘장이 찢
　　　　　긴 일이다. 이는 영원한 대제사장이신 예수의 몸이 찢김으로써 죄인
　　　　　이 하나님께 직접 나아갈 수 있는 새롭고 산 길이 마련되었음을 상징
　　　　　한다.

말씀 연결(렘 29장; 막 15장)_약속과 십자가

▶일러두기

마가복음 15장 1절의 '빌라도'의 이름의 뜻은 '창을 가진 자'이다. 로마의 5대 총독으로 주둔지
는 가이사랴였으나 절기 때에는 치안을 위해 예루살렘에 상주하였다. 필로는 빌라도를 뇌물을
좋아하고 난폭하여 강탈을 일삼고 재판도 없이 사람을 처형하는 매우 잔인한 인물로 묘사하고
있다.

3

Aug

회복과 마지막 사명

사사기 17장 | 사도행전 21장 | 예레미야 30-31장 | 마가복음 16장

삿 17장　미가의 우상 숭배

묵상　왕이 없음의 혼란

key word　17:2 은 천백　17:5 에봇과 드라빔　17:13 복 주실 줄을 아노라

message　이스라엘의 사회적 부패와 무질서 그리고 종교적인 암울함을 소개한다. 미가라는 한 인물의 신상 제작과 그 신상을 통하여 백성들의 종교 생활을 주도해간 사실을 언급함으로써 이스라엘 내에 만연된 극도의 비윤리성, 도덕적 타락과 영적, 종교적인 무지, 여호와 종교와 우상 숭배의 혼합과 같은 타락상을 엄중히 지적하고 있다.

행 21장　예루살렘에서 체포된 바울

묵상　죽을 것도 각오하는 복음 전파

key word　21:1 고스　21:8 가이사랴　21:9 처녀로 예언하는 자　21:16 오랜 제자　21:18 야고보　21:23 서원　21:24 결례　21:29 드로비모　21:31 천부장　21:40 히브리 말

message　바울은 예루살렘에서 고난이 기다리고 있음을 알았지만 일행과 함께 예루살렘 여정을 계속했고, 예루살렘에 도착해 성도들에게 지난 일들을 보고한 후 결례를 행했으며 마침내 유대인들에 의해 체포되고 만다.

말씀 연결(삿 17장; 행 21장)_혼란과 복음 전파

▶말씀기도

왕이신 하나님을 온전히 믿음으로 말미암아 생명의 복음을 전파하는 일에 힘쓰는 삶이기를 기도합니다.

434

렘 30-31장   유다에 임할 회복과 이스라엘 전체적인 회복

묵상   야곱이 돌아옴

key word   30:17 쫓겨난 자 30:23 악인 31:8 땅 끝 31:9 에브라임 31:12 물 댄 동산
            31:21 이정표 31:31 새 언약 31:40 시체와

message   30장은 백성의 회복에 대한 메시지와 장차 임할 회복의 날에 누릴
            기쁨과 자유함에 대한 비전, 시온의 상처가 하나님의 은혜로 치료될
            것에 대한 약속 그리고 반대로 하나님의 은혜를 끝까지 거부하는 자
            에게 내려질 심판 등을 선포한다. 31장에서 예레미야는 남북 왕국을
            통틀어 이스라엘 백성 전체의 회복에 대한 메시지를 선포한다. 예레
            미야는 우선적으로 북이스라엘의 회복에 대한 하나님의 생생한 약속
            을 선포하고 백성들의 회개를 촉구한다.

막 16장   예수의 부활과 승천

묵상   믿음 없음과 복음 전파

key word   16:1 안식일이 지나매 16:2 매우 일찍 해 돋을 때에 16:19 하늘로 올려지사

message   십자가 죽음의 어두운 장막이 걷히고, 찬연한 새 역사의 아침이 밝았
            다. 무덤은 생명의 주를 더 이상 가두어 둘 수 없었다. 그리하여 예수
            께서는 예언하신 대로 사흘 만에 다시 부활하셨다.

말씀 연결(렘 30-31장; 막 16장)_돌아옴과 전파

▶일러두기

성경에는 해산하는 여인의 고통에 관한 기사가 자주 등장한다. 모두 심한 고통을 비유하는 표
현에 사용되는데 이는 단순히 극심한 고통을 나타내기 위함만이 아니다. 성경에서 해산하는 여
인의 고통에 비유된 환난은 연단을 받은 뒤에 얻게 될 영광을 암시하고 있다(요 16:21).

4
Aug

하나님의 사람들

사사기 18장 | 사도행전 22장 | 예레미야 32장 | 시편 1-2편

삿 18장　단 지파의 우상 숭배

묵상	약속의 땅을 정복함
key word	18:3 음성을 알아듣고 18:7 라이스 18:11 육백 명 18:12 기랏여림 18:19 네 손을 입에 대라
message	아직 거할 기업을 확보하지 못한 단 지파 사람들은 가나안 북부 지역에 정착하게 된다. 그런데 이 과정에서 단 지파는 미가의 신상을 무력으로 취하여 자기 처소에 보존하고 그것을 섬김으로써 극악한 우상 숭배의 죄악에 빠져든다. 여호와 신앙에 기초하지 않은 자는 성을 얻을지라도 반드시 패망하고 만다.

행 22장　유대인들 앞에서 변론하는 바울

묵상	하나님에 대하여 열심 있는 자
key word	22:3 다소 22:5 대제사장 22:25 매니 22:28 돈을 많이 들여
message	예루살렘에서 체포된 바울이 자신과 복음을 변론하는 장면이다. 즉 자신이 혈통적, 종교적 배경, 회심 과정, 이방인의 사도로 부름받은 사실 그리고 극렬히 분노한 유대인들의 살기등등한 위협을 피하기 위해 로마 시민권을 행사하여 천부장의 보호를 받게 된 일을 소개 한다.

말씀 연결(삿 18장; 행 22장)_정복과 열심

▶**말씀기도**

하나님께 대하여 열심을 가지고 하나님의 백성으로서의 자랑과 복 있는 자의 삶으로 여호와를 경외하는 삶이기를 기도합니다.

436

렘 32장	예루살렘 재건에 대한 약속
묵상	하나님의 백성이 됨
key word	32:7 아나돗 32:14 봉인하고 32:15 사람이 이 땅에서 32:24 갈대아인 32:27 모든 육체의 하나님이라 32:39 한 마음과 한 길 32:40 영원한 언약
message	하나님께서는 예레미야에게 고향에 있는 밭을 사라고 하셨다. 이 상징적인 행위는 유다가 바벨론에 포로로 끌려갔지만 장차 하나님께서 택한 백성과 맺은 언약을 성취하심으로써 약속의 땅에서 평안하게 살게 해주시겠다는 것을 의미한다. 이처럼 하나님의 징계는 죄악을 청산하고 당신께 돌아와 아름다운 관계를 회복하게 하기 위한 것이다.

시 1-2편	복 있는 사람과 하나님이 세우신 왕
묵상	복 있는 사람
key word	1:2 그의 율법을 1:4 바람에 나는 겨와 같도다 1:6 길 2:7 아들 2:8 유업
message	시편은 말 그대로 하나님을 찬양하는 노래 시들의 모음집이다. 그 중 1권의 첫 시는 시편 전체의 서론격으로서 인간사의 가장 중요한 주제를 다룬 시라고 할 수 있다. 2편은 다윗의 언약의 내용을 담고 있는 왕의 시인데 심층적으로는 영원한 왕 즉 메시야에 대한 예언시이다.

말씀 연결(렘 32장; 시 1-2편)_백성과 복

▶일러두기

예레미야 32장 12절의 '바룩'은 '축복받은 자'라는 뜻이다. 네리야의 아들이며, 스가랴의 형제로서 선지자 예레미야의 서기관이었다. 학식이 뛰어난 자로서 높은 지위를 보장받을 수 있었지만 마지막 순간까지 예레미야를 돕다 예레미야와 함께 애굽에서 순교한 것으로 전해진다.

5

왕

사사기 19장 | 사도행전 23장 | 예레미야 33장 | 시편 3-4편

삿 19장　기브아 사람들의 악행

묵상　왕이 없는 혼란

key word　19:1 레위 사람이　19:8 다섯째 날　19:14 베냐민에 속한 기브아　19:15 성읍 넓은 거리　19:20 내가 담당할 것　19:21 발을 씻고　19:23 망령된 일

message　소돔과 고모라를 방불케 하는 추악한 범죄가 소개된다. 그리고 이 문제를 해결하는 레위인의 방법도 잔혹하기 그지없다. 하나님 없이 인간이 주인이 되어버린 곳에는 인간의 영육을 좀먹는 죄악과 타락의 독버섯이 자라나게 마련이다.

행 23장　공회 앞에선 바울

묵상　참된 왕과 함께 가는 길

key word　23:2 아나니아　23:6 사두개인　23:12 당을 지어　23:24 벨릭스　23:31 안디바드르

message　사도 바울의 변론이 이어진다. 바울은 산헤드린 공회원들 앞에서 복음 진리에 관해 변론한다. 반박할 증거를 찾지 못한 유대인들이 바울을 살해할 계획을 도모하나 하나님은 긴급히 그를 보호하셨고, 마침내 바울은 가이사랴 주재의 로마 총독 벨릭스에게로 비밀리에 호송된다.

말씀 연결(삿 19장; 행 23장)_혼란과 길

▶**말씀기도**

왕과 함께하는 삶에는 고난이 문제가 되지 않음을 믿으며, 평안과 진실과 안전히 살게 하시는 왕을 바라보는 삶이기를 기도합니다.

렘 33장	유다의 회복에 대한 재약속

묵상   공의로운 가지의 약속

key word   33:5 싸우려 하였으나   33:6 고쳐 낫게 하고   33:8 정하게 하여   33:17 영원히 끊어지지 아니할 것이며

message   바벨론이 예루살렘을 포위하고 마지막 공격을 개시하기 직전에 주어진 유다 백성을 향한 위로와 소망의 메시지이다. 비록 유다는 멸망하고 백성들은 바벨론으로 끌려가지만 그곳에서도 본토 회복에 관한 희망을 잃지 않고 끝까지 인내하며 주의 구원을 대망하라는 것이 중심 메시지이다.

시 3-4편	고난 중에 부르짖는 간구와 신뢰와 기쁨

묵상   안전하게 살게 하시는 여호와

key word   3:3 방패   3:4 성산   4:1 의   4:2 인생들   4:5 의의 제사

message   3편은 아들 압살롬의 반역 때문에 다윗이 도피할 때 자신의 비탄스런 심정을 읊은 다윗의 비탄시이다. 4편 역시 3편과 동일한 역사적 배경을 지닌 시로서 일명 '저녁의 기도'라고 불리기도 한다. 시의 주제는 하나님을 의지하는 자가 환난 중에서 맛보는 신령한 기쁨과 평안이다.

말씀 연결(렘 33장; 시 1-2편)_약속과 안전

▶일러두기

예레미야 33장 15절의 '다윗에게서 한 공의로운 가지가 나게 하리니'라는 것은 메시야의 오심에 관한 예언으로 본다. 성경에서 메시야를 의미하는 말은 '싹', '순', '뜨인돌' 등이 있다. 특히 본문에서는 메시야의 정의와 공평을 강조한다. 곧 메시야는 경건한 자들을 보호하시고 구원하시지만 사악한 자들을 처벌하시는 분이다.

6
Aug
들음
사사기 20장 | 사도행전 24장 | 예레미야 34장 | 시편 5-6편

삿 20장   베냐민 지파의 몰락

묵상   하나님의 말씀을 들음

key word   20:1 단에서부터   20:9 제비   20:16 왼손잡이   20:18 벧엘에 올라가서
20:28 비느하스   20:33 초장   20:42 광야 길   20:45 림몬 바위

message   기브아에서 발생한 사건으로 이스라엘은 또 한 번의 동족상잔의 비극을 맞아야 했고, 이 과정에서 이스라엘 열두 지파 중 베냐민 지파가 몰락한다. 지파 간의 불화와 반목으로 인해 이스라엘 공동체는 공동체의 붕괴 위기뿐만 아니라 공동체 의식이 사라지는 도덕적 붕괴와 위기를 처했다.

행 24장   벨릭스 앞에 선 바울

묵상   예수 믿는 도를 들음

key word   24:5 나사렛 이단   24:8 고발하는 이 모든 일   24:10 머리로 표시하여
24:12 무리를 소동하게   24:17 내 민족을 구제할 것   24:24 드루실라

message   바울이 비밀리에 가이사랴로 호송된 것을 알게 된 예루살렘 유대인들이 가이사랴까지 와서 변호사를 내세워 총독에게 바울을 고소하고, 이에 맞서 바울은 총독 앞에서 자신의 무죄를 변호한 사실과 이에 전전긍긍한 총독이 판결을 2년간 유보한 사건이 소개된다.

말씀 연결(삿 20장; 행 24장)_말씀과 도

....

....

▶말씀기도

세상이 예수 그리스도에 관한 도를 들을 수 있도록 말씀을 들려주시고, 여호와는 우리의 소리를 들으시며 응답하시는 주님을 믿고 감사합니다.

440

렘 34장　시드기야 왕과 백성을 향한 경고

묵상　　환난 중에 여호와의 말씀을 들음

key word　34:1 모든 나라　34:3 네 눈은 바벨론 왕의　34:14 히브리 사람이　34:22 다시 오게 하리니

message　유다의 마지막 왕 시드기야 당시의 역사적 사건을 중심으로 한 예언이다. 예레미야는 바벨론의 침공을 받으면서도 여전히 하나님의 뜻을 거부하고 반바벨론 정책을 고집하던 시드기야 왕을 향해 유다의 함락과 왕 자신의 비참한 최후에 관해 예언한다. 나아가 예레미야는 유다의 지도자들과 일반 백성을 향해 하나님의 엄중한 심판을 선포한다.

시 5-6편　악에 대한 심판과 징계받는 자의 호소

묵상　　나의 말에 귀를 기울이시기를 간구함

key word　5:3 아침에　5:9 열린 무덤　6:1 분노, 진노

message　5편은 악인으로부터의 보호 및 악인에 대한 징벌을 간구하는 시로서 요점은 하나님을 경외하는 의인들이 누리게 되는 행복이다. 6편은 일곱 편의 회개시 가운데 하나로, 환난과 위기에 처한 다윗이 눈을 안으로 돌려 위기의 근본 원인을 자신의 범죄에서 찾아내고 회개하는 시이다.

말씀 연결(렘 34장; 시 5-6편)_환난 중에 간구

▶일러두기

예레미야 34장 6-7절의 '라기스 서신'은 라기스에서 발견된 편지이다. 라기스는 예루살렘 남서 45km 지점의 전략 요충지로 시드기야 말년에 한 경계병이 라기스 수비대장에게 보낸 편지가 발견된 곳이다. 이 편지에는 바벨론 군대의 공포에 찬 공격 분위기가 잘 나타나 있다. 거기에서는 예루살렘 남서 30km 지점의 성읍 아세가도 함락된 상태임을 말해주고 있다.

상소와 하나님의 심판

사사기 21장 | 사도행전 25장 | 예레미야 35장 | 시편 7-8편

삿 21장   베냐민 지파 회복을 위한 노력

묵상   베냐민 사람을 위한 조처

key word   21:8 야베스 길르앗 21:12 젊은 처녀 사백 명 21:21 실로의 여자들 21:22
           시비하면 21:23 자기들의 숫자

message   멸절 위기에 처한 베냐민 지파를 다시 살리기 위한 이스라엘의 노력
           이 소개된다. 이스라엘은 열두 지파 공동체의 공동 책임에 관해 일말
           의 의식을 가지고 있었던 것이다. 나아가 그들은 혼란의 원인을 왕의
           부재에 둠으로써 왕정 시대가 임박했음을 암시해주고 있다.

행 25장   가이사에게 상소한 바울

묵상   황제에게 상소함

key word   25:1 베스도 25:2 대제사장들과 25:23 위엄을 갖추고

message   총독 벨릭스의 애매한 처세로 가이사랴에서 2년여를 지체한 바울은
           신임 총독 베스도가 부임하자 유대인들에게 재차 고소당하고, 이에
           강한 반론으로써 그들의 고소를 상대한다. 한편 총독 베스도는 로마
           황제 가이사에게 직접 재판받고자 한 바울의 요구로 인해 자신을 환
           영하기 위해 찾아온 아그립바 왕에게 도움을 청한다.

말씀 연결(삿 21장; 행 25장)_조치와 상소

▶**말씀기도**

자기의 소견을 버리고 하나님의 명령에 순종하며, 악한자의 꾀에 빠지지 않으며, 오직 창조주
하나님의 말씀에 순종하는 삶이기를 기도합니다.

렘 35장　레갑 족속의 순종

묵상　조상의 명령을 따른 레갑

key word　35:5 포도주가　25:6 우리 선조 요나답　35:7 평생 동안　35:16 레갑의 아들

message　예레미야는 선민의 반열에 들지도 않았으면서 하나님 앞에 신실했던 레갑 족속으로도 불리는 레갑 족속은 팔레스타인에서 유목 생활을 하던 소수 민족인데, 선조 요나답의 가르침에 따라 금주와 장막 생활을 했다. 예레미야는 그러한 레갑 족속을 시험하였으나 레갑 족속은 예레미야의 유혹을 단호히 물리쳤다.

시 7-8편　매일 분노하시는 하나님과 천지를 지으신 여호와

묵상　회개하지 않는 자에 대한 심판

key word　7:5 나의 영혼　7:6 여호와여 진노로 일어나사　7:7 민족들의 모임　7:11 매일 분노하시는 하나님　8:1 주의 이름이　8:3 주의 손가락

message　7편은 다윗이 사울의 추격을 피해 도피 생활을 하던 때를 배경으로 한 것으로 자신의 문제를 참 재판장이신 하나님 앞에 가져가 자신의 억울함을 호소하고 하나님의 공의로운 판단을 간구한다. 8편은 창조 시로 불리는데 위대한 창조자에 대한 찬양의 시로서 창세기 1장에 대한 인간측의 답사라고 말할 수 있다.

말씀 연결(렘 35장; 시 7-8편)_명령과 심판

▶일러두기

사도행전 25장 13절의 '아그립바'는 헤롯 대왕의 손자 헤롯 아그립바 2세이다. 갈릴리와 뵈레아 지방 분봉왕으로 헤롯 가문의 마지막 왕이었다. 그는 유대 폭동이 발발하고 예루살렘이 멸망했을 때 철저히 로마 제국의 편에서 폭동을 잔인하게 진압했다.

8
Aug

선택

롯기 1장 | 사도행전 26장 | 예레미야 36-37장 | 시편 9편

롯 1장　나오미를 따라 귀향한 롯

묵상　　　롯의 선택

key word　1:1 사사들이 치리하던 때　1:2 엘리멜렉　1:6 돌아보사　1:8 선대　1:20 마라

message　다윗 왕가의 혈통을 잇고 나아가 예수 그리스도의 조상이 되는 영광
　　　　　을 입은 여인 롯이 모압 출신이면서도 유다에 와서 살게 된 배경을
　　　　　소개한다. 롯은 여호와에 대한 신앙 하나만으로 하나님의 구원을 체
　　　　　험하고 구속사에 기여한 인물이다.

행 26장　아그립바 앞에서 변호한 바울

묵상　　　사울을 선택하심

key word　26:11 강제로 모독하는 말　26:14 가시채를　26:22 높고 낮은 사람 앞에서
　　　　　26:24 네가 미쳤도다　26:28 적은 말로

message　바울은 죄인 신분으로 예루살렘에서 마지막 변론을 하게 된다. 총독
　　　　　베스도의 요청으로 재판에 끼어든 분봉왕 아그립바는 바울로부터 그
　　　　　의 생애와 회심 과정 그리고 선교 활동을 듣게 된다. 아그립바는 바
　　　　　울의 무죄를 확인하지만 바울이 이미 가이사에게 호소한 일이 있어
　　　　　그의 석방은 불가능하게 된다.

말씀 연결(롯 1장; 행 26장)_선택하심

▶**말씀기도**

우리의 선택의 기준은 언제 어디서나 하나님의 나라와 말씀을 선포하는 일에 쓰임 받는 삶이기
를 기도합니다.

렘 36-37장   심판 선언과 시드기야에 대한 예레미야

묵상　　　금식일에 낭독됨

key word　36:4 네리야의 아들 바룩 36:10 새 문 36:14 여후디 36:16 듣고 놀라
　　　　　36:24 옷을 찢지 36:30 그의 시체는 37:11 갈대아인의 군대 37:13 베냐
　　　　　민 문 37:21 떡 만드는 자의 거리

message　36장은 여호야김 당시 바벨론이 길그미스 전투에서 애굽을 대파하
　　　　　던 때 일어난 사건을 말한다. 예레미야는 하나님의 계시를 기록한 두
　　　　　루마리를 바룩을 시켜 백성과 방백 여호야김 왕 앞에서 읽게 했는데
　　　　　왕이 그 두루마리를 불태워버리고 예레미야와 바룩을 죽이도록 명령
　　　　　하였다. 하지만 하나님께서는 그 두 사람을 살리시고 새롭게 두루마
　　　　　리를 기록하라고 명하셨다. 37장에서 시드기야는 자신의 통치 마지
　　　　　막 시기를 바벨론의 위협 속에 지내야 했다.

시 9편   공의로 심판하시는 하나님

묵상　　　전파함과 선포

key word　9:4 나의 의 9:11 시온에 계신 하나님 9:13 사망의 문에서 9:14 딸 시온
　　　　　9:18 궁핍한 자, 가난한 자

message　다윗의 암몬 족속 정복을 배경으로 한 시로서 악인을 심판하시는 하
　　　　　나님을 노래한다.

말씀 연결(렘 36-37장; 시 9편)_금식 선포

▶**일러두기**

롯은 모압 여인으로 히브리인 엘리멜렉과 결혼했다가 과부가 된 후 시어머니 나오미를 봉양하
던 중 보아스와 결혼하여 이방인이었지만 메시야의 족보에 오르는 여인이 되었다.

생명의 보존

롯기 2장 | 사도행전 27장 | 예레미야 38장 | 시편 10편

롯 2장   롯과 보아스의 만남

묵상   여호와의 보답과 상을 통한 보존

key word   2:1 보아스 2:6 이삭을 2:6 베는 자를 거느린 사환 2:12 날개 2:15 곡식
              단 사이 2:23 밀 추수를 마치기까지

message   보리 추수기에 베들레헴에 도착한 롯은 생계를 위해 이삭을 주우러
              나갔다가 결코 우연하지만은 않은 보아스와의 만남이 이루어진다.

행 27장   죄수 바울의 로마를 향한 항해

묵상   풍랑 중에 구원

key word   27:1 아구스도대 27:2 아리스다고 27:6 알렉산드리아 배 27:8 미항
              27:14 유라굴로 27:16 거루 27:27 아드리아 바다 27:28 길 27:30 이물

message   가이사에게 재판받기 위해 로마행 배를 탄 사실, 항해 도중 유라굴로
              풍랑을 만난 사실, 온갖 고초를 당한 후에 멜레데 섬에 무사히 안착
              한 장면 등이 드라마틱하게 묘사되고 있다.

말씀 연결(롯 2장; 행 27장)_보존과 구원

▶**말씀기도**

죄와 허물로 죽은 가운데서 예수 그리스도를 믿음으로 영생을 얻고, 고난 가운데서도 끝까지
인내하는 삶이기를 소원합니다.

렘 38장	구덩이에서 구출된 예레미야

묵상　　여호와의 목소리에 순종함으로 오는 생명 보존

key word　38:2 갈대아인에게 항복　38:9 성 중에 떡이 떨어졌거늘　38:17 바벨론의
　　　　　왕의 고관들　38:19 조롱할까　38:28 함락되는 날

message　방백들의 고소로 옥에 갇힌 예레미야를 시드기야가 불러내어 하나님
　　　　　의 뜻을 묻지만 갈대아인에게 항복하라는 예레미야의 변함없는 권고
　　　　　를 듣고 시드기야는 어쩔 줄 몰라한다. 오히려 자신이 예레미야를 만
　　　　　난 사실로 인해 체면에 손상을 입을까 전전긍긍하는 시드기야의 모
　　　　　습에서 하나님을 두려워하지 않고 사람의 체면만 중시하는 어리석은
　　　　　인생의 단면을 보게 된다.

시 10편	악인의 심판을 호소하는 간구

묵상　　하나님을 의지함

key word　10:3 마음의 욕심　10:4 모든 사상에　10:12 가난한 자　10:17 겸손한 자

message　하나님의 공의가 불신자들에게 무시되는 안타까운 현실에 대한 호소
　　　　　와 침묵하시는 하나님께서 마침내 악인들을 심판하실 것이라는 강한
　　　　　확신을 노래한다.

말씀 연결(렘 38장; 시 10편)_생명을 보존하는 하나님

▶일러두기

'마음의 욕심'(시 10:3)은 '죄에 대한 열망' 곧 정욕을 말한다. 악인은 타락한 정욕을 제어하기는
커녕 오히려 자랑하고 찬양하기 때문에 탐욕과 교만의 노예가 된다는 표현이다.

10 Aug 하나님 나라 씨

룻기 3-4장 | **사도행전 28장** | **예레미야 39장** | **시편 11-12편**

룻 3-4장   룻과 혼인하기로 결정한 보아스

묵상 기업 무를 자(그리스도의 계보)

key word 3:3 타작 마당 3:4 그가 누울 때에 3:16 어떻게 되었느냐

message 나오미의 주선으로 마침내 보아스는 룻을 아내로 맞이하기로 결정한다. 보아스는 룻의 선행과 현숙함을 보고 아내로 맞아들이기로 했다. 그러나 이 모든 과정에서 세심하게 간섭하신 하나님의 섭리를 보아야 한다. 나오미의 계획이나 보아스의 결정은 결국 하나님의 섭리 안에 있다.

행 28장   로마에 도착한 바울

묵상 하나님 나라를 전파함

key word 28:1 멜리데 28:2 원주민 28:8 열병과 이질 28:15 압비오 광장 28:22 파

message 바울의 배후에서 역사하시는 하나님의 선한 간섭이 마침내 사명을 이뤄가게 한 사실이 소개된다. 즉 간신히 도착한 멜리데 섬에서 3개월간 머물면서 바울이 행한 이적들과 마침내 로마에 도착한 사실, 바울의 로마에서의 생활과 선교 활동이 소개된다.

말씀 연결(룻 3-4장; 행 28장)_계보와 하나님 나라

▶**말씀기도**

예수 그리스도의 십자가로 말미암아 구원을 이루고 하나님 나라의 백성으로서 의로운 삶을 살게 하시며 천국 복음을 전파하는 삶을 살아가기를 기도합니다.

렘 39장　예루살렘의 함락

묵상　　　이방 사람 구스

key word　39:4 왕의 동산 길　39:7 눈을 빼게 하고　39:8 갈대아인들

message　예루살렘이 함락되고 시드가야와 백성이 포로가 되었으며, 시드기야
　　　　의 자손이 끔찍하게 살해되었다. 또 느부갓네살의 호의로 시위대 뜰
　　　　에 갇혀 있던 예레미야가 석방되고 예레미야를 위해 힘쓴 이방인 출
　　　　신 환관 에벳멜렉이 하나님의 구원 약속을 받았다. 하나님의 말씀은
　　　　한치의 오차도 없이 성취되었다.

시 11-12편　행복과 탄식과 간구

묵상　　　정직한 자

key word　11:2 악인의 활을　12:2 아첨하는 입술

message　11편은 문답의 형식으로 구성된 시로서 여기서 다윗은 모든 절박한
　　　　상황에서도 하나님만이 든든하고 유일한 피난처 되심을 노래한다.
　　　　12편은 패역한 세태 속에서 타락한 현실을 개탄하며, 오직 하나님의
　　　　도우심을 간구하는 다윗의 애절한 탄원시이다.

말씀 연결(렘 39장; 시 11-12편)_여호와의 구원과 정직한 자

▶일러두기

사도행전 28장 30절에서 '자기 셋집에 머물면서'는 바울이 셋집에 소용되는 돈은 빌립보 교인
들의 헌금에 의존했던 것으로 추정된다. 바울은 가택연금 상태이었지만 옥중서신을 기록하는
가 하면 신앙의 형제들을 만나기도 하고, 온 로마 시위대안에 복음을 전했으며, 로마의 성도들
과 교제하는 일을 잊지 않았다.

11
Aug

소망

사무엘상 1장 | 로마서 1장 | 예레미야 40장 | 시편 13-14편

삼상 1장　한나의 서원 기도와 사무엘의 출생

묵상　　　　씨에 대한 소망

key word　1:3 매년 1:4 제물의 분깃 1:5 임신하지 못하게 1:9 여호와의 문설주 1:11 주의 여종 1:15 내 심정을 통한 1:21 매년제 1:24 에바

message　사사 시대에서 왕정 시대로 넘어가는 과도기적 상황에서 하나님의 사역을 감당할 일꾼인 사무엘의 출생 과정을 보여주고 있다. 특히 불임에도 불구하고 한나가 은혜를 입어 사무엘을 잉태하는 과정은 이스라엘의 새 역사를 이루시기 위해 하나님께서 일꾼을 준비해주셨음을 암시한다.

롬 1장　복음의 능력

묵상　　　　복음 전파에 대한 소망

key word　1:1 사도 1:11 신령한 은사 1:17 믿음으로 믿음에 1:24 마음의 정욕 1:26 순리 1:31 배약하는 자

message　바울 서신 중 가장 긴 로마서는 로마에 있는 성도들에게 구원의 원리를 가르칠 목적으로 저술되었다. 사도 바울은 1장에서 문안 인사와 로마를 방문하려는 자신의 일정을 밝힌 뒤 로마서 전체의 핵심 주제인 구원의 원리를 소개한다. 타락으로 점철된 모든 인간은 죄 아래 놓여 영원히 죽을 수밖에 없는 존재라는 사실을 상기시킨다.

말씀 연결(삼상 1장; 롬 1장)_소망과 복음 전파

▶**말씀기도**

하나님의 씨와 땅에 대한 소망과 복음 전파에 소망을 가지고, 하나님의 구원에 대한 믿음으로 살아가는 삶이기를 기도합니다.

렘 40장   유다에 남은 예레미야

묵상   거주할 곳에 대한 소망

key word   40:1 라마 40:7 들에 있는 40:10 포도주와 40:15 네게 모인 모든 유다 사
          람을

message   예루살렘 함락 직후 바벨론으로 끌려가던 예레미야가 풀려나 유다에
          남게 된 장면과 총독 그다랴의 친바벨론 정책과 유다의 안정책으로
          인해 유다가 점차 평온을 되찾게 된 장면 및 총독 그다랴를 살해하려
          는 이스마엘의 음모가 그다랴에게 보고되는 장면 등이 소개되고 있
          다.

시 13-14편   하나님의 도우심의 간구와 어리석은 자

묵상   여호와의 구원을 향한 소망

key word   13:3 사망의 잠을 잘까 13:6 은덕을 베푸심 14:2 하늘에서 14:4 내 백성
          을 먹으면서 14:5 거기서

message   13편 역시 다윗의 개인적인 탄원시로서 시인은 감내하기 어려운 긴
          고통 속에서 절규하면서도 진리에 입각한 믿음의 눈으로 훗날 구원
          의 환희를 확신하고 있다. 14편은 전형적인 지혜시로서 하나님이 없
          다고 주장하는 무신론자들의 어리석음을 노래하고 있다.

말씀 연결(렘 40장; 시 13-14편)_거주할 곳을 향한 소망

▶일러두기

사무엘상 1장 20절의 '사무엘'은 레위 사람 엘가나와 한나 사이에서 태어난 이스라엘의 마지막
사사이자 최초의 선지자이다. 어린 시절 하나님의 부름을 받아 이스라엘의 지도자가 되어 미스
바 신앙 부흥운동을 일으켰다. 훗날 사울에게 기름을 부어 왕으로 세웠다.

여호와의 제사에 대한 태도

사무엘상 2장 | 로마서 2장 | 예레미야 41장 | 시편 15-16편

삼상 2장　번성하는 한나 가정과 몰락하는 엘리 가문

묵상	제사를 멸시함
key word	2:8 땅의 기둥들은　2:12 행실이 나빠　2:14 제사장이　2:18 세마포 에봇 2:19 작은 겉옷　2:36 은 한 조각과 떡 한 덩이
message	사무엘을 얻은 한나는 하나님과의 서원을 지키며 하나님을 찬양한 다. 이에 하나님은 한나에게 더 많은 자녀의 복을 베푸신다. 반면 엘 리의 자녀들은 갈수록 행실이 악하여 가문의 몰락을 재촉한다. 하나 님께 불충하는 가정의 패망과 하나님을 의지하는 집안의 부흥이 교 차되는 장면을 볼 수 있다.

롬 2장　하나님의 준엄한 심판과 유대인의 죄

묵상	여호와의 이름이 모독을 받음
key word	2:8 당을 지어　2:12 율법 없이 범죄한 자　2:14 본성으로　2:17 하나님을 자 랑하며　2:18 분간하며　2:20 어린 아이　2:29 이면적 유대인
message	동족이요 선민인 유대인들에게로 방향을 선회하여 하나님의 백성이 라 자부하고 율법을 알면서도 법대로 행하지 않는 유대인들의 죄를 지적한다. 그러면서 유대인들 역시 결코 하나님의 준엄한 형벌을 피 할 수 없다고 엄하게 경고한다.

말씀 연결(삼상 2장; 롬 2장)_제사와 모독

▶**말씀기도**

모든 멸시하는 마음을 버리고 예배하는 자들을 방해하지 말고 정직하게 공의를 실천하며 마음 에 진실을 담아 말하는 성도의 삶이기를 소원합니다.

렘 41장   그다랴의 암살과 요하난의 의거

묵상   제사드리는 자를 죽임

key word   41:1 함께 떡을 먹다가   41:3 갈대아 군사   41:5 팔십 명   41:10 왕의 딸들
             41:12 기브온 큰 물 가

message   왕족인 느다냐의 아들 이스마엘은 총독 그다랴와 무고한 70명을 죽
             이고 암몬 족속에게 가려다가 가레아의 아들 요하난에게 지적당하
             였다. 하지만 요하난 역시 바벨론에 복종하지 않고 애굽을 통해 자기
             몸을 보존하려다가 유다에 다시 혼란을 초래하게 했다.

시 15-16편   주의 성산에 거할 자와 유일한 복이신 여호와

묵상   여호와의 장막에 머무를 자

key word   15:1 주의 장막   15:2 정직하게   16:2 주는 나의 주님이시니   16:4 피의 전체
             16:5 잔

message   15편은 예배에 임하는 자의 노래로 하나님의 성소에 나아갈 경배자
             의 자격을 읊고 있다. 16편은 주로 무거운 분위기의 비탄과 호소의
             시가 많은 1권에서 보기 드물게 밝은 분위기를 띤 시이다. 여기서 다
             윗은 자신의 삶을 통해 체험한 사실을 노래하고 있다. 곧 오직 여호
             와 하나님만이 유일한 복이요 의지가 됨을 고백하고 있다.

말씀 연결(렘 41장; 시 15-16편)_제사 드리는 자, 머무는 자

▶일러두기

예레미야 41장 8절의 '곡물을 저장하는 구덩이'는 곡물이나 귀중품을 구덩이에 숨겨두는 것은
고대 근동의 오랜 풍습이다. 대게 자연적인 구덩이를 이용하였지만 때로 구덩이를 파고 석고로
뚜껑을 만들어 덮기도 했다.

13
Aug

참되신 하나님

사무엘상 3장 | 로마서 3장 | 예레미야 42장 | 시편 17편

삼상 3장 사무엘의 소명

묵상   말씀하심

key word   3:1 이상이 3:2 눈이 점점 어두워 가서 3:3 아직 꺼지지 3:10 말씀하옵소서 3:17 벌을 내리시고 3:19 그의 말이 3:20 단에서부터 브엘세바까지

message   사무엘은 부모의 헌신으로 성소에서 어린 시절을 보낸다. 말씀이 희귀하고 드물던 시절 대제사장들에게도 말씀하지 않던 하나님은 사무엘을 부르시고 그에게 당신의 뜻을 드러내시며 지도자로서의 사명을 부여하신다.

롬 3장 죄 아래 있는 인간과 믿음으로 얻는 의

묵상   사람의 거짓됨과 하나님의 참되심

key word   3:10 의인은 없나니 3:13 열린 무덤 3:15 피 흘리는 데 3:22 차별이 없느니라 3:25 화목제물 3:26 자기도 의로우시며

message   유대인의 죄를 지적하고 경고한 바울은 이제 유대인들이 특권처럼 내세우는 율법과 할례에 대한 유대인들의 그릇된 생각을 여지없이 깨뜨리면서 모든 인간은 죄 아래 있다는 사실을 상기시킨다.

말씀 연결(삼상 3장; 롬 3장)_말씀과 참됨

▶**말씀기도**

모든 거짓을 버리고 참되신 하나님 앞에 서서 마음을 속이지 말고 순종하며, 거짓되지 아니한 입술로 고백하는 삶이 되기를 기도합니다.

454

렘 42장   애굽 이주를 고집한 유다 백성

묵상   마땅히 갈 길과 할 일을 보이심

key word   42:3 당신의 하나님 42:4 너희 하나님 42:14 나팔소리 42:17 칼과 기근
           과 전염병 42:20 너희 마음을 속였느니라

message   유다를 버리고 애굽으로 이주하길 고집하는 백성과 백성의 요구에
           대한 하나님의 응답이 소개된다. 이스마엘의 손아귀에서 벗어난 요
           하난과 그 일행은 베들레헴 근처 게롯김함에 머물면서 예레미야에게
           자신들이 애굽으로 갈 수 있도록 기도를 부탁했다. 그리고 하나님께
           서는 백성의 요구에 응하셔서 그들이 애굽으로 나아갈 수 있도록 두
           차례에 걸쳐 응답하셨다.

시 17편   하나님의 보호를 구하는 기도

묵상   거짓되지 아니한 입술에서 나오는 기도

key word   17:2 주의 눈으로 공평함을 살피소서 17:8 눈동자 17:10 기름에 잠겼으며
           17:15 깰 때

message   자신을 둘러싼 악한 대적들로부터 벗어나게 해 달라고 다윗이 하나
           님께 간구하는 찬양시이다. 시로 악인들이 기승을 부리는 이 세상에
           서 성도가 호소하고 의지할 데는 오직 하나님 한 분뿐이다.

말씀 연결(렘 42장; 시 17편)_가야할 길과 기도를 들으심

▶일러두기

로마서 3장 1절의 '디아트리베'는 헬라어로 '가정'이라는 뜻이다. 반박을 가정하고 그에 답하는
고대 헬라의 수사기법이다. 사도 바울은 유대인도 이방인과 다를 것이 없다는 2장의 주장에 대
해 제기될 수 있는 반론을 예상하고 그 질문에 답변하는 형식으로 3장에서 논리를 전개한다.

14
Aug

약함
사무엘상 4장 | 로마서 4장 | 예레미야 43장 | 시편 18편

삼상 4장　블레셋과의 전투와 엘리 가문의 몰락

묵상　　　여호와의 영광이 떠남

key word　4:1 블레셋　4:4 그룹, 언약궤　4:12 진영에서 달려나와　4:13 길 옆 자기의 의자　4:18 문

message　블레셋의 침공을 받은 이스라엘은 전쟁의 원인이 하나님의 이름을 더럽힌 자신들에게 있는 줄 모르고 오히려 언약궤의 힘을 빌려 전쟁을 수행하려고 한다. 그러나 뜻과는 달리 이스라엘은 언약궤마저 빼앗기고, 지도자로서의 사명을 다하지 못한 엘리 가문은 완전히 몰락한다.

롬 4장　믿음으로 의롭게 된 아브라함

묵상　　　믿음의 약함을 극복함

key word　4:1 아브라함　4:10 할례시가 아니요　4:13 그 후손　4:19 사라의 태가 죽은 것 같음

message　유대인의 조상인 아브라함의 경우를 사례로 들어 교훈한다. 아브라함이 의롭게 된 것은 율법의 행위가 아니라 믿음 때문이다. 그리고 할례나 율법으로는 결코 의롭게 될 수 없다. 모든 사람들 역시 믿음으로 의롭게 된다.

말씀 연결(삼상 4장; 롬 4장)_영광이 떠남과 약함

▶**말씀기도**

여호와의 영광이 떠나지 않도록 주를 의뢰하며 믿음이 약해지지 않도록 늘 여호와의 목소리에 순종하며 살아가는 삶이기를 기도합니다.

렘 43장	애굽으로 끌려간 예레미야

묵상　　　여호와의 목소리를 순종하지 않음

key word　43:5 유다의 남은 자　43:9 큰 돌 여러 개를 가져다가　43:13 석상들

message　요하난이 예레미야 선지자를 애굽으로 끌고 가게 된 사실을 소개하고 있다. 예레미야를 통하여 하나님의 뜻을 전달받은 요하난 이하 백성들은 유다에 남으려는 하나님의 거룩한 명령에 순종하지 않고 결국 예레미야를 이끌고 애굽으로 내려간다. 그런데 예레미야는 애굽에서 상징적 행동을 통해 바벨론의 군대에 의해 애굽이 초토화되리라는 예언을 선포하기도 한다.

시 18편	나의 힘이 되신 여호와

묵상　　　힘이 되신 여호와를 사랑함

key word　18:1 힘이 되신 여호와　18:4 사망의 줄이　18:7 산들의 터　18:8 코에서 18:15 콧김　18:19 넓은 곳　18:33 암사슴 발 같게

message　18편은 삼하 22장의 내용을 배경으로 한 일종의 승리의 찬양시이다 여기서 다윗은 하나님께서 자신의 구원자가 되셨음을 또한 다윗 자신이 자신에게 구원을 베푸시는 하나님 앞에서 경건하고 신실하기 위해 노력했음을 그리고 하나님께서 자신을 원수를 이기는 정복자로 삼아주셨음을 노래한다.

말씀 연결(렘 43장; 시 18편)_순종하지 않음과 사랑함

▶일러두기

로마서 4장 9절의 '할례와 칭의'는 바울이 유대인들의 할례 문제를 제기하는 것은 할례가 유대 세계에서 갖는 특별한 배경 때문이다. 예를 들면 랍비 므나헴은 "할례를 받은 자는 절대로 지옥에 가지 않는다."라고 하였다.

15 Aug 하나님의 은혜와 진리의 말씀

사무엘상 5-6장 | 로마서 5장 | 예레미야 44장 | 시편 19편

삼상 5-6장 블레셋 신당에 안치된 언약궤가 이스라엘로 반환됨

묵상 언약궤와 함께한 여호와의 영광

key word 5:2 하나님의 궤 5:8 블레셋 사람들의 모든 방백 6:7 젖 나는 소 두 마리 6:12 울고 좌우로 6:13 밀을 베다가 6:15 레위인 6:19 궤를 들여다 본 까닭에

message 5장에서 이스라엘은 치욕적인 패배와 함께 블레셋에게 언약궤까지 빼앗긴다. 반면 승전보와 함께 언약궤까지 차지한 블레셋에게는 언약궤가 다곤 신당에 안치되면서부터 재앙이 계속된다. 급기야 블레셋은 언약궤를 다시 이스라엘로 돌려보내기로 결심한다. 6장은 언약궤가 머무는 곳마다 죽음의 도시로 변하자 블레셋 사람들은 언약궤를 다시 이스라엘로 반환한다. 전쟁의 승리가 오히려 재앙의 서곡이 되었던 것이다.

롬 5장 아담과 그리스도

묵상 예수 그리스도와 함께한 은혜

key word 5:1 화평 5:4 연단 5:6 연약 5:10 우리 5:14 아담은 5:15 은사 5:20 죄가 더한 곳에

message 의롭게 된 자가 하나님과 더불어 화평을 누리는 놀랍고 복된 결과에 대해 설명한다. 그리고 이렇게까지 복된 결과를 누리게 되는 이유를 아담과 그리스도의 대표 원리를 통해 가르친다. 바울은 아담의 범죄로 인류가 죄인이 되었듯이 그리스도의 구속 사역으로 성도들이 의와 생명을 부여받게 되었음을 강조한다.

말씀 연결(삼상 5-6장; 롬 5장)_영광과 은혜

▶말씀기도
하나님의 능력의 말씀이 진리라는 사실을 확신하고 하나님께서 말씀하신대로 그 말씀을 따라 순종하며 살아가는 삶이기를 기도합니다.

렘 44장	**애굽에서 우상에 빠진 백성**
묵상	누구의 말이 진리인지
key word	44:1 믹돌 44:4 끊임없이 보내어 44:7 자기 영혼을 해하며 44:9 너희 악행과 44:14 도망치는 자들 44:17 하늘의 여왕 44:18 폐한 후부터 44:22 가증한 행위 44:24 모든 여인에게 44:27 깨어 있어
message	애굽의 우상 문화에 깊이 빠진 유다 백성에게 임할 하나님의 심판이 선언된다. 애굽에 정착한 유다 백성이 애굽 각지로 흩어져 살면서 생활에 안정을 찾는 것과 동시에 애굽 우상 문화에 깊이 빠져들게 된 사실을 전한다. 이에 예레미야는 예루살렘이 멸망한 원인을 회상시키면서 애굽 우상을 숭배하는 백성의 패망이 필연적임을 거듭 선포한다.

시 19편	**대자연 속에 나타난 하나님의 영광**
묵상	완전하고 확실한 여호와의 말씀
key word	19:1 하늘 19:3 언어도 19:4 소리 19:8 눈을 밝게 하시도다
message	하나님의 은혜로운 계시를 찬양하는 시이다. 이 시에서 다윗은 자연 속에 나타난 일반 계시를 통하여 그리고 성문화된 율법 속에 계시된 특별 계시를 통하여 하나님의 지혜와 영광과 위엄을 노래하고 있다.

말씀 연결(렘 44장; 시 19편)_진리와 여호와의 말씀

▶**일러두기**

사무엘상 5장 2절의 '다곤'은 왕관을 쓰고 수염이 긴 사람 형상의 상반신과 물고기 모양의 하반신이 결합된 반인반어 형상의 수호신이며, 블레셋 민족신이다. 상반신은 가나안 바알의 영향을 받았다.

구원

사무엘상 7-8장 | 로마서 6장 | 예레미야 45장 | 시편 20-21편

삼상 7-8장 에벤에셀 전투와 왕정을 요구하는 이스라엘

묵상   여호와의 도우심

key word   7:5 미스바 7:7 블레셋 사람들이 7:10 큰 우레를 발하여 7:12 에벤에셀
8:9 왕의 제도 8:11 어거하게 8:12 천부장과 오십부장

message   7장에서는 빼앗겼던 법궤의 반환과 함께 이스라엘에서는 사무엘의
주도하에 영적 대각성 운동이 전개된다. 하지만 때를 맞춰 블레셋은
다시 침략의 야욕을 드러내고 이스라엘은 다시 한번 국가적 위기를
맞이한다. 하나님 앞에 가까이 나아가기 위해서는 대적자들의 도전
을 각오해야 하는 것이 신앙 세계의 원리이다. 8장은 미스바 성전의
기쁨도 잠시뿐 사무엘 아들들의 권력 남용은 이스라엘 백성의 원성
을 산다.

롬 6장 그리스도와 연합된 성도

묵상   그리스도와 함께 죽고 살아남

key word   6:12 몸의 사욕 6:13 의의 무기 6:17 교훈의 본 6:22 거룩함에 이르는 열
매

message   바울은 그리스도가 십자가에서 죽은 것 같이 성도 역시 죄에 대하여
죽고, 그리스도가 십자가에서 부활한 것 같이 의에 대하여 살라는 성
화의 원리를 교훈한다.

말씀 연결(삼상 7-8장; 롬 6장)_도우심과 살아남

▶**말씀기도**

우리 안에 우상을 제거하고 모든 전쟁으로부터 우리를 도우시는 예수 그리스도의 죽으심과 살
아나심으로 모든 죄에서 구원을 받으며 살아갈 수 있는 은혜를 감사드립니다.

렘 45장   바룩에 관한 예언

묵상   헐기도 하시며 뽑기도 하심

key word   45:1 여호야김 넷째 해 45:4 온 땅에 그리하겠거늘 45:5 큰 일

message   바룩은 예레미야를 대신하여 하나님의 뜻을 백성에게 전한 일로 인
            해 개인적인 상당한 곤란을 당하였다. 이 때문에 바룩은 심적으로 상
            당히 위축되어 있었다. 이에 예레미야는 하나님의 절대 주권을 선언
            하고 하나님의 절대적인 보호를 선언함으로써 바룩에게 큰 용기와
            위로를 전한다.

시 20-21편 승리를 주시는 하나님께 감사

묵상   기름부음 받은 자를 구원하심

key word   20:1 환난 날 20:3 소제, 번제 20:6 기름 부음 받은 자 21:2 입술의 요구
            를 21:4 영원한 장수

message   20편은 전쟁의 출전을 앞두고 왕이 군대와 백성들 앞에서 하나님께
            승리를 간구하는 기원시이다. 시문 전체에 전쟁을 앞둔 긴장감이 흘
            러넘치고 있다. 21편은 앞선 20편과 짝을 이루는 시로 전쟁에서 승
            리를 거둔 후에 그 모든 영광을 하나님께 돌리는 일종의 개선가이다.
            그러므로 이 시는 국가적인 축제나 절기 때에 불러졌다.

말씀 연결(렘 45장; 시 20-21편)_헐기도 하시며 구원하심

▶**일러두기**

로마서 6장 2절의 '죄'는 원어로는 '핫타아'는 '과녁을 벗어나다', '페솨'는 '기억하다'이며, 종합
하면 '죄'란 하나님이 정한 법에서 벗어나 기준에 미달되는 제반 행위를 말한다. 흔히 금기사항
을 행동으로 옮기는 것만을 죄로 생각하나 지시 사항을 이행하지 않는 것 역시 죄의 범주에 속
한다.

돌보심

사무엘상 9장 | **로마서 7장** | **예레미야 46장** | **시편 22편**

삼상 9장 왕으로 선발된 사울

묵상   백성의 지도자를 세우심

key word   9:3 암나귀 9:8 은 한 세겔의 사분의 일 9:9 선견자 9:12 산당 9:16 기름을 부어 9:21 가장 작은 지파 9:25 지붕

message   이스라엘이 왕을 요구하며 나라가 들끓을 즈음 사무엘은 나귀를 잃고 나귀의 향방을 알기 위해 찾아온 사울과 우연히 조우하게 된다. 하지만 이면에는 사울을 이스라엘의 통치자로 삼으려는 하나님의 오묘한 섭리가 있었음을 알 수 있다.

롬 7장 율법과 죄

묵상   율법에서 벗어남

key word   7:5 육신에 있을 때 7:6 영의 새로운 것 7:8 기회를 타서 7:9 율법을 깨닫지 못했을 때 7:10 사망에 이르게 7:22 내 속사람

message   그리스도와의 연합에 대해 가르친 바울은 그 결과 성도들이 죄와 사망에서 자유롭게 되었다고 말한다. 하지만 바울은 자유함을 얻은 성도들이 자신은 이제 죄와 무관하기 때문에 더는 율법이 필요 없다고 주장할 위험이 있어 율법에는 죄를 깨닫게 하고 선악의 기준을 제시하는 내적 갈등과 그리스도를 통한 궁극적인 승리를 선언한다.

말씀 연결(삼상 9장; 롬 7장)_지도자와 율법

▶**말씀기도**

이스라엘 공동체를 위해 지도자를 세우심과 사망의 그늘에 앉은 자들을 구원하시기 위해 예수 그리스도를 보내심으로 말미암아 모든 열방이 주께로 돌아와 예배할 수 있음은 하나님의 전적인 은혜임을 고백합니다.

렘 46장　애굽의 멸망에 관한 예언

묵상　　　포로된 땅에서 구원

key word　46:3 작은 방패와 큰 방패　46:9 구스 사람　46:11 처녀의 딸 애굽　46:13
　　　　　애굽 땅을 칠 일　46:18 그가 과연　46:22 애굽의 소리가 뱀의 소리 같으리
　　　　　니

message　성경에서 주로 타락한 세상으로 상징되는 애굽의 멸망에 대한 하나
　　　　　님의 예언이 소개된다.

시 22편　메시야의 고난과 승리

묵상　　　건지심(모든 족속이 주의 앞에 예배함)

key word　22:1 내 하나님이여　22:6 나는 벌레요　22:7 입술울 비쭉거리고　22:8 구
　　　　　원하실 걸　22:12 바산의 힘쎈 소　22:29 풍성한 자

message　22편은 일차적으로는 다윗 자신이 겪은 고난과 승리의 체험을 읊은
　　　　　시이지만 성령의 깊은 감화를 받은 이 시는 궁극적으로 메시야의 수
　　　　　난과 승리를 예견한 위대한 메시야 에언시가 되었다. 예수보다 대략
　　　　　1,000년 전의 인물인 다윗의 이 예언시가 후일 예수 그리스도에 의
　　　　　해서 다 성취된 것은 성경이 성령의 영감으로 기록된 사실을 강력히
　　　　　반증한다.

말씀 연결(렘 46장; 시 22편)_포로에서 건지심

▶일러두기

'사울'(삼상 9:2)은 훌륭한 외모와 뛰어난 도덕성, 정치적 덕망을 두루 갖춘 이스라엘의 초대 왕
으로 베냐민 지파 기스의 아들이다. 초기의 신실하고 성실한 면모와는 달리 통치 후반에는 교
만함으로 제사장의 영역을 침범하고 말년에는 신접한 여인을 찾는 등 하나님의 뜻을 저버렸다.

18
Aug

함께하심

사무엘상 10장 | 로마서 8장 | 예레미야 47장 | 시편 23-24편

삼상 10장 왕으로 기름 부음 받는 사울

묵상　기름 부으심과 여호와의 영으로 함께하심

key word　10:1 기름을 부으사　10:5 하나님의 산　10:7 이 징조　10:14 사울의 숙부
10:20 사무엘이

message　왕을 요구하는 이스라엘 백성들의 강한 열망 가운데 사무엘은 하나
님의 지시에 따라 사울에게 기름을 부어 이스라엘의 왕으로 세운다.
이어 사무엘은 이스라엘 백성들을 미스바에 모으고 사울이 이스라엘
의 왕이 되었음을 공표한다.

롬 8장　성령께서 주시는 참된 생명

묵상　하나님의 영으로 인도함을 받음

key word　8:2 생명의 성령의 법　8:5 육신을 따르는 자　8:13 영으로써 몸의 행실을
죽이면　8:15 무서워하는 종의 영　8:19 하나님의 아들들 8:30 미리 정하신
8:35 환난이나 곤고　8:38 권세자

message　성령을 통해 죄와 사망의 법에서 완전히 자유롭게 된 성도의 특권이
강하게 선포된다. 바울은 또한 하나님의 자녀요 후사인 성도의 신분
을 상기시키면서 그렇기 때문에 성도는 결코 하나님의 사랑에서 끊
어질 수도 없고 따라서 성도의 구원은 영원하다는 절대적인 확신을
심어준다.

말씀 연결(삼상 10장; 롬 8장)_기름 부으심과 인도함

▶**말씀기도**

성령 하나님과 함께 하심으로 우리의 연약함을 도우시고, 사망의 음침한 골짜기 가운데서도 함
께하심을 감사드립니다.

렘 47장　블레셋의 멸망에 관한 예언

묵상　　　대적들의 심판

key word　47:1 바로　47:3 군마　47:4 갑돌　47:5 평지　47:7 아스글론

message　다윗 시대 블레셋은 이스라엘의 지배를 받았으나 분열 이후 유다를
　　　　　위협하는 존재로 성장했다. 하지만 유다의 위협적이던 블레셋이 북
　　　　　방에서 밀려온 바벨론 군대에 의해 갑자기 쇠락하게 되리라는 예언
　　　　　이다.

시 23-24편　여호와는 나의 목자, 왕의 입성

묵상　　　원수의 목전에서 상을 차려주심

key word　23:1 여호와는 나의 목자　23:2 푸른 풀밭　23:3 의의 길　23:5 상, 기름, 잔
　　　　　24:6 야곱의 하나님　24:8 영광의 왕　24:9 문들아 머리를 들지어다

message　23편은 시편 가운데 가장 평안하고 목가적인 분위기를 자아내는 목
　　　　　자의 시로서 모든 시대를 통하여 믿는 자들에 의해 널리 애송되었던
　　　　　시이다. 아마도 저자인 다윗은 목동으로서 지냈던 자신의 어린 시절
　　　　　을 회상하고, 선한 목자이신 여호와 하나님을 회상하면서 이 시를 지
　　　　　었을 것이다. 24편은 시온 산의 왕의 노래로 불리는 시로서 왕위에
　　　　　오른 후 다윗이 새로운 도읍지로 정한 예루살렘에 법궤를 메어올린
　　　　　것을 기념한 시이다.

말씀 연결(렘 47장; 시 23-24편)_심판과 상

▶일러두기

로마서 8장 15절의 '아바 아버지'의 '아빠'는 '아버지'를 뜻하는 아람어이다. '아버지'는 헬라어
'파테르'의 번역이다. 곧 하나님께서는 아람어로 대표되는 모든 인류의 아버지이심을 보여줄
뿐 아니라 성도에게 아버지와 같이 인격적이고 친밀한 존재임을 말한다.

세우심

사무엘상 11장 | 로마서 9장 | 예레미야 48장 | 시편 25편

삼상 11장 암몬을 격퇴시킨 사울

묵상　　　왕으로 세우심

key word　11:4 전령들이　11:5 밭에서　11:9 해가 더울 때에　11:10 나아가리니　11:11 새벽에

message　왕위에 오른 사울은 암몬의 공격에 직면하여 일전을 치르고 대승을 거두면서 모든 백성들로부터 명실상부한 왕으로 추앙받는다. 그러나 우리는 이 사건에서 사울의 뛰어난 전쟁 수행 능력보다 이스라엘의 배후에서 주의 선한 뜻대로 역사를 이끌어 가시는 하나님의 섭리를 보아야 한다.

롬 9장　　선민 이스라엘의 불신앙

묵상　　　복음을 위해 세움 받음

key word　9:3 골육의 친척　9:6 폐하여진　9:12 큰 자　9:18 완악　9:21 토기장이가　9:22 진노의 그릇　9:25 호세아의 글에도　9:31 의의 법

message　바울은 구원 원리가 선민으로 자부하던 유대인과 어떤 관계에 있는지를 가르친다. 먼저 바울은 아브라함의 후손이란 혈통상의 자손이 아니라 믿음으로 결정된다는 사실을 말하면서 이에 대한 유대인들의 반론을 예상하여 토기장이 비유로 하나님의 절대 주권을 강조한다.

말씀 연결(삼상 11장; 롬 9장)_세우심과 세움 받음

▶**말씀기도**

오직 하나님과 하나님 나라를 위하여 세움을 받은 우리는 모든 교만과 죄를 물리치고 하나님 마음에 합당한 자의 삶을 살기를 기도합니다.

렘 48장	모압의 멸망에 관한 예언
묵상	교만을 물리침
key word	48:3 호로나임 48:12 기울여서 48:17 강한 막대기 48:28 바위 사이에
	48:32 십마의 포도나무 48:36 피리 같이
message	모압은 아브라함의 조카 롯이 자신의 큰딸의 몸을 빌려 낳은 아들의 후손들로서 이스라엘 후손들과는 친척 관계에 있는 민족이다. 그들은 주로 사해 동쪽 지대를 무대로 목축과 과수 산업을 근간으로 힘을 키웠으나 가나안 우상 문화에 깊이 동화됨으로써 멸망의 대상이 되고 말았다.

시 25편	인도와 구원을 호소하는 노래
묵상	죄를 사하심
key word	25:1 영혼이 25:9 온유한 자 25:13 땅 25:15 그물에서 25:16 돌이키사
message	25편은 몇 절을 제외하고는 히브리어 알파벳의 글자 순에 따라 작시된 기도시로서 원수들의 핍박 때문에 고난에 빠진 외로운 영혼이 호소하는 전형적인 호소시이다.

말씀 연결(렘 48장; 시 25편)_교만과 죄

▶일러두기

예레미야 48장 11절에서 '술을 옮겨 붓는 까닭은' 술의 질을 향상시키기 위해서는 이 그릇에서 저 그릇으로 옮겨 부어야 한다고 한다. 그렇지 않을 경우 술은 금방 쉬어서 마실 수 없게 되는데 본문은 모압이 외침을 받지 않은 것을 옮겨 담지 않은 술에 비유하고 있다. 곧 모압은 외침을 받지 않은 것을 자랑으로 여겼으나 이는 오히려 모압 사회를 병들게 했다는 것이다.

반역과 회복

사무엘상 12장 | 로마서 10장 | 예레미야 49장 | 시편 26-27편

삼상 12장 사무엘의 고별 설교

묵상   여호와를 잊어버림

key word 12:2 왕이 12:7 담론하리라 12:9 하솔 군사령관 12:11 여룹바알과 베단
          12:17 밀 베는 때 12:20 여호와를 섬기라

message   오랜 세월 이스라엘을 지도한 사무엘은 길갈에서 고별 설교를 한다.
          자신의 평생 사역을 회고하면서 왕을 요구한 이스라엘의 죄를 지적
          하고 경건하게 살 때 하나님의 은혜를 입게 된다고 강조한다.

롬 10장   버림받은 이스라엘

묵상   주의 이름을 부르는 자에게 주시는 구원

key word 10:4 율법의 마침 10:6 그리스도를 10:19 백성이 아닌 자

message   유대인들이 율법의 행위로 자기 의를 내세우며 복음에 순종하지 않
          았기 때문에 하나님께로부터 버림받았다는 사실을 분명하게 지적하
          면서 구원은 예수 그리스도를 믿는 믿음으로써만 가능하다고 가르친
          다.

말씀 연결(삼상 12장; 롬 10장)_여호와를 잊어버림과 구원

....

....

....

▶**말씀기도**

삶의 분주함 가운데 혹은 세상의 즐거움 속에서 하나님을 잊어버리지 않았는지를 되돌아보며
오직 구원은 하나님께 감사 기도드립니다.

렘 49장	암몬, 에돔, 다메섹 등의 멸망에 관한 예언
묵상	열방을 심판하심
key word	49:1 말감 49:8 드단 주민 49:11 고아들을 49:19 택한 자 49:23 하맛 49:25 찬송의 성읍 49:27 벤하닷의 궁전 49:28 게달 49:39 엘람의 포로를
message	암몬 족속을 비롯하여 에돔 족속, 앗수르에게 패망했다가 다시 일어난 다메섹, 이스마엘의 후손인 게달과 하솔 및 유다의 북부 지방에 위치해 있으면서 앗수르와 결탁하여 호시탐탐 예루살렘을 침공한 엘람 등의 운명에 관한 예언이다. 이들 역시 모압과 마찬가지로 심히 교만했고 우상 숭배에 탐닉했을 뿐 아니라 직간접으로 선민을 괴롭혔다.

시 26-27편 신앙의 호소와 여호와로 인한 승리의 확신

묵상	구원이신 하나님
key word	26:12 평탄한 데에 27:2 내 살을 먹으려고 27:4 여호와의 아름다움 27:5 초막 27:6 머리가 27:8 주의 얼굴을 27:13 산 자들의 땅
message	26편은 이 세상에서 누가 하나님 앞에서 결백하겠는가? 그러나 여기 시인은 하나님 앞에서 온전하기를 힘쓰며 불의한 세상과 짝하지 않겠다는 결의를 다지며 하나님께 호소하고 있다. 그리하여 그 마음의 동기를 보시는 하나님께 자신을 기억해 주실 것을 간구하고 있다. 27편은 다윗의 개인적인 삶의 체험에서 우러나온 신앙 고백의 시로서 보통 비탄시로 분류된다. 하지만 시의 전체적인 흐름은 하나님으로 인한 승리의 확신이 담겨 있는 승리의 찬가라고 할 수 있다.

말씀 연결(렘 49장; 시 26-27편)_심판과 찬양

▶일러두기

시편 26편 6절의 '성경에서 손을 씻는 이유'는 첫째, 번제단에 희생제사를 드리기 전에 무죄와 성결의 표식으로 제사장이 물두멍에서 손 씻음(출 30:17-21), 둘째, 기도하기 전에(딤전 2:8), 셋째, 자신의 무죄를 나타내는 의미(신 21:6-7; 마 27:24)에서 이다.

남은 자와 구원

사무엘상 13장 | 로마서 11장 | 예레미야 50장 | 시편 28-29편

삼상 13장 블레셋과의 전투와 사울의 범죄

묵상   기다림

key word   13:2 믹마스 13:3 게바 13:6 굴과 웅덩이 13:21 쇠채찍

message   암몬과의 전투에서 자신감을 회복한 이스라엘은 가시 같은 존재인
              블레셋을 선제공격하나 오히려 블레셋 대군의 위협에 직면한다. 다
              급해진 사울은 하나님께 범죄하여 더 큰 위기에 빠진다.

롬 11장 선민 이스라엘의 회복

묵상   은혜로 택하심을 따라 남은 자가 있음

key word   11:1 베냐민 지파라 11:5 남은 자 11:9 밥상이 11:14 시기하게 하여 11:16
              처음 익은 곡식 가루 11:17 돌감람나무 11:25 이방인의 충만한 수 11:32 가
              두어 두심

message   버림받았음에도 불구하고 유대인 중에는 하나님의 은혜로 다시 하나
              님께 돌아올 자들이 있을 것이라는 희망을 제시한다. 그렇기 때문에
              이방인 성도들은 겸손히 하나님의 지혜롭고 오묘한 섭리를 찬양해야
              할 것이라고 권면한다.

말씀 연결(삼상 13장; 롬 11장)_기다림과 남은 자

▶**말씀기도**

하나님의 은혜로 구원받았고, 그 은혜 아래 살아가고 있음을 고백하며, 하나님의 명령을 끝까지
준행하며 살아가는 삶이기를 기도합니다.

렘 50장	바벨론의 멸망과 이스라엘의 회복
묵상	남긴 자에 대한 용서
key word	50:4 유다 자손도 50:7 우리는 무죄하다 50:8 양 떼에 앞서가는 숫염소 50:11 나의 소유를 50:13 황무지가 될 것이라
message	바벨론은 하나님께서 유다 백성을 질책하시기 위해 들어 스신 심판의 도구였다. 하지만 바벨론이 하나님의 거룩한 뜻을 받드는 일에 힘을 쓰기보다 사욕을 채우는 데 열심을 내었고, 강력한 힘으로 인해 심히 교만해져서 하나님의 심판을 피할 수 없게 되었다. 그런데 놀랍게도 바벨론의 심판은 곧 이스라엘의 회복을 뜻하는 것이었다. 예레미야는 흩어졌다가 돌아오는 양 떼의 비유를 통해 이스라엘의 회복을 도살장으로 끌려가는 황소 비유를 통해 바벨론의 멸망을 선포하고 있다.

시 28-29편 의지하는 자의 기쁨과 대자연을 다스리는 여호와

묵상	구원이신 하나님을 찬양
key word	28:7 도움 29:1 권능 있는 자들 29:3 여호와의 소리 29:6 시룐
message	28편은 다윗이 압살롬의 반역을 피해 도주했던 상황을 배경으로 한 시로 어떤 어려움 속에서도 흔들리지 않는 신앙을 보여준다. 29편은 여호와의 위엄과 권능을 찬양한 경배시로서 특히 대자연을 통치하시는 하나님의 권능을 노래했다는 점에서 시편 19편과 짝을 이룬다.

말씀 연결(렘 50장; 시 28-29편)_용서와 찬양

▶일러두기

예레미야 50장 20절의 '남긴 자'는 예루살렘 함락 이후 본토에 남아 있는 사람을 가리켰고, 나중에는 포로에서 귀환한 이스라엘을 가리키게 되었다. 여기에서 남은 자는 하나님께서 불러 모으고 구원하시는 하나님의 백성을 의미한다. 남긴 자의 특징은 오직 하나님만을 의지하며 의를 행하는 자들이다. 또 악을 행하지 않으며 거짓을 말하지 않는 사람들이다.

삼상 14장 막미스 전투의 승리와 사울의 계보

묵상	전쟁을 통한 동역
key word	14:1 자기의 무기 14:11 숨었던 구멍 14:14 반나절 갈이 땅 14:17 점호하여 14:23 벧아웬 14:25 땅에 꿀이 있더라 14:32 피째 먹었더니 14:45 머리 털 하나도 14:47 소바
message	궁지에 몰린 이스라엘이 믹마스 전투에서 극적 승리를 거두는데 그 이면에는 하나님의 능력을 믿는 요나단의 목숨을 건 헌신이 있었다. 이런 요나단의 자기희생적 믿음 때문에 이스라엘은 믹마스 전투에서 크게 이길 수 있었던 것이다. 아버지 사울의 불신앙이 나라를 위기로 몰아넣었다면 아들의 헌신적 믿음이 나라를 위기에서 건져내었다.

롬 12장 그리스도의 생활 윤리

묵상	우리 몸을 거룩한 산 제물로 드림으로 동역함
key word	12:1 영적 예배 12:7 섬기는 일 12:11 열심을 품고
message	구원받은 올바른 성도의 올바른 생활 윤리에 대해 교훈한다. 그중 첫 부분인 12장은 자신, 교회, 형제, 불신자에 대한 성도의 자세를 가르치고 있다.

말씀 연결(삼상 14장; 롬 12장)_동역함

▶**말씀기도**

삶의 제사를 통해 동역하는 삶으로 그리고 진노를 피하여 찬양과 감사로 동역하며 나가는 삶이 기를 기도합니다.

472

렘 51장　　바벨론의 멸망에 대한 거듭된 예언

묵상　　　진노를 피함

key word　51:3 갑옷　51:13 재물의 한계　51:17 금장색　51:19 야곱의 분깃　51:20 나
　　　　　의 철퇴　51:25 멸망의 산　51:44 벨　51:45 피하라　51:58 바벨론의 성벽
　　　　　51:60 한 책　51:64 나의 재난

message　당시 바벨론이 멸망한다는 것은 상상할 수도 없는 일이었다. 그러나
　　　　　예레미야는 바벨론 멸망과 이스라엘의 회복을 선포한다. 특히 교만
　　　　　한 바벨론이 궁극적으로 멸망하리라는 마지막 예언과 동시에 바벨론
　　　　　멸망 예언을 기록한 책을 유브라데 강물에 빠뜨리는 상징적 행동을
　　　　　통해 그 멸망이 돌이킬 수 없는 사실임을 깨우친다.

시 30편　　슬픔을 기쁨으로 바꾸시는 하나님

묵상　　　찬양과 감사로 동역함

key word　30:1 나를 끌어내사　30:5 노염은 잠깐　30:7 주의 얼굴을　30:11 베옷을 벗
　　　　　기고

message　30편은 전날의 구원을 호소하는 많은 시를 썼었을 뿐 아니라 이처럼
　　　　　구원을 받은 후에도 이를 잊지 않고 감사하는 찬양의 시를 썼다.

말씀 연결(렘 51장; 시 30편)_피함과 동역

▶일러두기

로마서 12장 20절의 '숯불을 머리에 쌓다'는 원수를 갚는 일을 하나님께 맡기고 원수에게 적극적으로 선행을 베풂으로서 원수가 마치 머리에 숯을 이고 있는 것과 같은 뜨거운 수치심과 심적 갈등을 느껴 회개할 수 있게 하라는 의미이다. 예수께서 가르치신 대로 적극적 자세로 원수를 사랑하라는 강도 높은 권면이다.

죄의 처리와 순종

사무엘상 15장 | 로마서 13장 | 예레미야 52장 | 시편 31편

삼상 15장 아말렉과의 전투와 사울의 불순종

묵상   죄에 대한 진멸

key word   15:2 아말렉이 15:6 겐 사람 15:12 기념비 15:15 제사하여 15:17 스스로
           작게 여길 그 때 15:22 순종이 제사보다 낫고

message   블레셋을 격퇴시킨 사울은 아말렉과의 전투에 돌입한다. 하지만 불
           순종과 헌신의 시험적 성격을 띤 이 전쟁에서조차 사울은 하나님의
           명령에 불복함으로 하나님께 버림받게 되리라는 경고를 받는다. 게
           다가 뒤늦은 회개조차 진실하지 않고 후회와 변명으로 일관해 사울
           은 용서의 기회마저 놓치고 만다.

롬 13장 세상 권세에 대한 의무

묵상   어둠의 일을 벗고 빛의 갑옷을 입음

key word   13:5 양심을 따라 13:12 밤 13:14 예수 그리스도의 옷 입고

message   국가 권세자에 대한 올바른 생활 자세를 가르치면서 성도들이 하나
           님께서 세우신 국가의 위정자들에게 복종할 것을 권면한다. 한 국가
           의 국민으로 살아가는 성도들을 향해서도 국가가 정한 질서를 지키
           며 훌륭한 시민으로서의 자격을 갖추라고 가르친다.

말씀 연결(삼상 15장; 롬 13장)_죄와 빛의 갑옷

▶**말씀기도**

악의 모양을 버리고 오직 예수 그리스도로 옷 입고 고난 중에 있을지라도 여호와를 의지하고
그분만을 사랑하며 살아가기를 소원합니다.

렘 52장	**예루살렘의 함락**
묵상	악을 행함과 하나님의 진노
key word	52:4 시드기야 제구년 52:5 시드기야 왕 52:14 예루살렘 사면 성벽 52:16 가난한 백성 52:24 대제사장 스라야 52:30 총수가 사천육백 명 52:34 쓸 것
message	지금까지 선포된 예언의 역사적 성취를 보여준다. 곧 예루살렘 성이 함락될 당시의 비극적인 상황, 바벨론 군대에 의해 예루살렘 성전이 파괴되는 장면, 성전의 거룩한 성물의 파괴와 탈취, 최후까지 항거하다가 살해된 자들과 포로로 잡혀간 자들의 숫자 및 경고해온 여러 예언이 마침내 성취되었음을 보여준다.

시 31편	**구원의 산성이신 여호와**
묵상	여호와를 사랑함
key word	31:2 견고한 바위 31:6 허탄한 거짓 31:8 내 발을 넓은 곳에 31:17 부끄럽게 31:19 쌓아 두신 은혜
message	다윗의 일생은 목숨을 노리는 원수들로부터 피해 다니거나 아니면 자신이 그들을 추격하는 험난한 생애였다. 31편도 그러한 시들 중 하나인데 긴박한 호소와 구원의 확신 및 찬양으로 구성되어 있다.

말씀 연결(렘 52장; 시 31편)_진노와 사랑

▶일러두기

'하나님이 싫어하는 자'(삼상 15:26)는 어떤 모습일까? 사울이 하나님께 버림받는 모습에서 하나님이 싫어하는 자의 공통되는 특성들을 살펴볼 수 있다. 첫째는 하나님의 말씀보다 물질에 더 큰 관심을 갖는다. 둘째는 하나님의 영광보다는 자기 영광을 더 추구한다. 셋째는 하나님의 명령을 가볍게 여기고 불순종한다. 넷째는 진실되게 회개하지 않고 남에게 책임을 전가한다.

하나님 나라와 죄

사무엘상 16장 | 로마서 14장 | 예레미야애가 1장 | 시편 32편

삼상 16장 왕으로 기름 부음 받은 다윗

묵상   기름 부어 왕으로 세우심

key word   16:1 뿔 16:12 빛이 붉고 16:14 여호와께서

message   사울이 하나님의 마음에 맞지 않았다면 하나님의 마음에 드는 자는
누구인가? 사무엘은 하나님의 지시대로 이새 집안의 다윗을 찾아가
그에게 기름을 부어 왕으로 세운다. 한편 다윗은 악신에게 고통받는
사울을 찾아가 수금으로 위로한다.

롬 14장 성도의 자유의 한계

묵상   의와 평강과 희락

key word   14:10 어찌하여 14:14 스스로 속된 것 14:16 너희의 선한 것

message   당시 성도들 가운데 첨예한 문제로 대두되었던 음식과 절기 문제에
대해 가르친다. 이방 성도들이 함께 섞여 있던 당시 교회에서는 음식
과 절기 문제에 대해 자신과 신앙관이 다른 성도를 비판하는 사례들
이 빈번하게 발생하였다. 이런 점에서 바울은 형제의 신앙을 비난하
며 자유를 제한하지 말고 범사에 덕을 세우라고 권면한다.

말씀 연결(삼상 16장; 롬 14장)_왕의 세우심과 의와 평강과 희락

▶**말씀기도**

하나님은 우리의 왕으로서 이 땅에서 주의 나라를 위해 사람에게 기름 부으시고 하나님 나라를
이루지 못하게 하는 모든 죄를 자복하게 하시고 영원한 왕이시며 우리의 죄를 사해주시는 예수
님을 찬양하며 나아갑니다.

애 1장   예루살렘을 위한 애가

묵상   죄의 결과(위로가 없음)

key word   1:4 시온의 도로들이 슬퍼함이여 1:5 그들의 대적들이 1:6 지도자들 1:7
             유리 1:8 조소거리 1:21 주께서 그 선포하신 날

message   시인은 바벨론 왕 느부갓네살의 침공으로 마침내 예루살렘이 파괴된
             사건을 직접 목격하고 그 기막힌 슬픔을 노래한다. 특히 시인은 예루
             살렘의 패망이 그들을 사랑하는 하나님의 은혜로운 징계에서 비롯된
             것임을 깨닫고 하나님을 향하여 구원을 호소하고 있다.

시 32편   용서받은 자의 행복

묵상   허물을 여호와께 자복함

key word   32:1 사함을 받고 32:5 아뢰고 23:6 만날 기회 32:9 말 노새

message   다윗의 개인적 체험에서 우러나온 회개와 그를 통해 용서의 체험에
             서 우러난 기쁨의 고백, 그리고 청중을 향한 공개적인 간증 교훈으로
             구성되어 있다. 아마도 본 시의 배경은 밧세바와의 불륜 사건일 것이
             다.

말씀 연결(애 1장; 시 32편)_죄와 자복

▶**일러두기**

예레미야애가 1장 1절의 '돌보시옵소서'는 히브리어인 '하비타'로서 깊은 관심과 보호를 기대하
며 '살펴주소서'라는 뜻이다. '배려하소서. 마음을 써주소서'라는 뜻으로 본다. 폐허가 된 예루살
렘을 바라보며 시인은 처참한 상황에서도 낙심하지 않고 하나님의 도우심과 구원을 대망하고
있다.

하나님의 사람

사무엘상 17장 | 로마서 15장 | 예레미야애가 2장 | 시편 33편

삼상 17장 골리앗을 무찌른 다윗

묵상   하나님의 이름으로 나아감

key word   17:4 싸움을 돋우는 자 17:5 비늘 갑옷 17:6 놋 각반 17:7 철 육백 세겔
17:12 베들레헴 17:17 볶은 곡식 17:40 목자의 제구 17:47 전쟁은 여호와
께 속한 것인즉

message   하나님의 영이 떠난 사울은 국가적으로 위기를 맞는다. 잠잠하던 블
레셋이 거인 골리앗을 앞세우고 전쟁을 일으켰던 것이다. 풍전등화
와 같은 국가적 위기를 구할 수 있는 사람이 아무도 없을 때 다윗은
만군의 여호와의 이름으로 골리앗을 물리치고 하나님의 이름을 드높
인다.

롬 15장 약한 자의 짐을 지라

묵상   하나님의 복음의 제사장 직분을 감당함

key word   15:5 예수를 본받아 15:6 한마음과 한 입 15:14 모든 지식이 차서 15:17 자
랑하는 것 15:19 일루리곤 15:23 서바나 15:26 마게도냐

message   바울은 지금까지 가르친 생활 윤리의 대원칙을 제시한다. 즉 바울은
피차 덕을 세우되 특별히 약한 성도의 짐을 지라고 가르친다. 이어
바울은 개인적으로 자신의 사도직을 변론한 뒤 1장 초두에서 밝힌 로
마 방문 계획을 다시 언급함으로써 로마 선교의 열정을 불태운다.

말씀 연결(삼상 17장; 롬 15장)_하나님의 이름으로 직분을 감당함

▶**말씀기도**

예수 그리스도의 일꾼이 되어 하나님의 복음의 제사장 직분을 감당하며, 하나님 나라를 위해
살아가는 삶을 살아가기를 소원하며 기도합니다.

애 2장　하나님의 진노와 예루살렘을 향한 탄식

묵상　　눈이 눈물에 상함

key word　2:1 구름으로　2:2 야곱의 모든 거처　2:3 모든 뿔　2:12 기절하여　2:15 지나가는 자　2:19 네 마음을

message　바벨론 군대의 잔악무도한 침탈 장면이 소개된다. 시인은 성전 파괴와 공적인 예배를 중지시키는 아픔을 감수하면서까지 예루살렘을 심판하신 하나님의 거룩한 섭리를 소개하면서 수치와 처참한 현실을 맞이하게 된 예루살렘을 위시한 온 유다 백성을 향하여 회개할 것을 호소한다.

시 33편　창조주 여호와를 찬양

묵상　　여호와를 즐거워함

key word　33:2 수금, 비파　33:3 새 노래　33:7 무더기 같이　33:17 구원하는 데에 군마는 헛되며

message　작시자가 알려져 있지 않은 시인데 하나님에 대한 경배와 찬양의 초대 시이다. 시인은 온 우주를 창조하시고 다스리시는 하나님을 경배 찬송하고 있다.

말씀 연결(애 2장; 시 33편)_상함과 즐거움

▶일러두기

예레미야애가 2장 8절의 '건물을 헐 때 줄을 띠는 이유'는 줄은 본래 집 짓는 자가 땅을 측정하거나 건물 벽의 수직 여부를 살피기 위해 사용하는 것이다. 특별히 여기서 줄은 상징적인 의미로 건축자가 정확한 치수를 재듯 하나님께서 심판에 앞서 백성의 죄를 정확히 물으실 것을 암시한다. 건물을 헐기 전에 줄을 띠는 것은 곧 심판의 엄격성과 확실성을 강조하기 위한 상징적인 행위인 것이다.

26
Aug

함께함

사무엘상 18장 | 로마서 16장 | 예레미야애가 3장 | 시편 34편

삼상 18장 존경받는 다윗과 질투하는 사울

묵상　　　　다윗과 함께하신 하나님

key word　　18:1 하나가 되어 18:6 소고 18:7 천천, 만만 18:16 출입하기 18:19 메랍
　　　　　　을 18:25 블레셋 사람들의 표피

message　　골리앗을 물리친 다윗은 백성들로부터 존경을 받고 요나단은 다윗과
　　　　　　우정을 약속한다. 반면 사울은 다윗을 견제하며 사위 자리를 내세워
　　　　　　전쟁터로 내몬다. 그러나 사울의 음모는 무력하게 되고 다윗은 오히
　　　　　　려 부마 자리에까지 오르게 된다.

롬 16장 로마 성도를 향한 문안 인사

묵상　　　　바울과 함께한 동역자들

key word　　16:21 디모데 16:23 가이오 16:27 지혜로우신

message　　바울은 서신을 마치면서 로마에 있는 성도들을 일일이 거명하며 문
　　　　　　안하고 특별히 자신을 반대하며 교회를 분란하게 하는 자들의 분파
　　　　　　주의에 휩싸이지 않도록 당부한다. 그리고 송영과 축도로 로마서를
　　　　　　마감한다. 16장에 거명된 26명의 사람들이 전도자 바울의 배후에서
　　　　　　기도로 후원한 사실을 볼 수 있다.

말씀 연결(삼상 18장; 롬 16장)_함께하신 하나님

▶**말씀기도**

하나님께서 친히 함께하시되 고난 중에도 함께하시고 곤고한 중에도 함께하시며, 믿음의 사람
들을 통해 형통의 길을 허락하심을 감사드립니다.

애 3장 예루살렘을 향한 비탄의 소망

묵상
: 고초와 재난 중에 함께하심

key word
: 3:4 쇠하게 하시며 3:6 죽은 지 오랜 자 같게 3:8 내 기도를 물리치시며 3:9 다듬은 돌 3:16 조약돌로 3:41 마음과 손 3:44 구름 3:64 행한 대로

message
: 시인은 하나님의 진노로 인해 파괴되어버린 예루살렘을 바라보면서 한편으로는 비탄에 젖었으나 또 한편으로는 소망을 갖게 된 사실을 소개한다. 그리고 하나님의 심판을 받아 슬픈 현실을 맞이하게 된 유다 백성의 참상, 하나님의 자비와 은총을 토대로 절망적인 현실에서도 구원을 소망하게 된 시인의 신앙, 절망을 소망으로 바꾸기 위한 전제 조건으로서 회개를 요청하는 시인의 애타는 심정 등이 소개되고 있다.

시 34편 여호와를 경외하는 자의 권유

묵상
: 곤고한 자와 함께 하심

key word
: 34:6 곤고한 자 34:8 맛보아 알지어다 34:20 모든 뼈

message
: 다윗이 사울 왕에게 쫓겨 다니던 환난의 시절에 쓴 8편의 시들 중 하나로 사울의 추격을 피해 블레셋 땅으로 도망쳤다가 그곳의 왕 앞에서 미친 체하여 겨우 목숨을 건진 후 그 구원의 기쁨을 신앙 간증적으로 읊은 시이다.

말씀 연결(애 3장; 시 34편)_고초와 곤고함

▶일러두기

사무엘상 17장 50절의 '다윗'은 유다 지파 이새의 막내아들이다. 돌과 물매로 골리앗을 이긴 믿음의 용사이다. 오랜 도피 생활에도 변함없이 하나님만을 의지한 인내의 사람이며, 사울의 뒤를 이은 이스라엘의 2대 왕이다.

27 Aug 죽음에서 구원함

사무엘상 19장 | 고린도전서 1장 | 예레미야애가 4장 | 시편 35편

삼상 19장 사울의 살해 음모를 피해 왕궁을 탈출하는 다윗

묵상   다윗의 생명을 보존함

key word   19:3 무엇을 보면 19:12 다윗을 창에서 달아 내리매 19:13 우상 19:15 침
상째 19:20 선지자 무리 19:22 세구

message   블레셋 사람의 손에 다윗을 죽이려던 두 차례 계획이 실패하자 사울
은 이제 공공연하게 다윗을 살해하려고 한다. 이 음모를 알아챈 요나
단은 다윗에게 정보를 제공하고 다윗은 아내 미갈의 기지로 왕궁 탈
출에 성공하여 사무엘이 있는 라마 나욧으로 도주한다.

고전 1장 유일한 구원의 지혜자인 십자가의 도

묵상   십자가의 도

key word   1:1 소스데네 1:14 그리보와 가이오 1:16 스데바나 1:18 십자가의 도 1:26
능한 자

message   서론격인 1장은 바울의 문안 인사와 사도권에 대한 변호로 시작된다.
바울은 문안 인사와 사도권에 대한 변호로 시작된다. 바울은 고린도
교회의 뼈아픈 분열상을 지적하고 분열의 직접적인 원인이 그리스도
십자가에 대한 그릇된 이해 때문이라고 진단한 뒤 구원을 이루는 유
일한 지혜인 십자가의 도를 가르친다.

말씀 연결(삼상 19장; 고전 1장)_생명의 보존과 십자가의 도

▶말씀기도

하나님은 어떠한 상황에서도 믿음의 사람을 구원하시며, 우리는 죽음에서 부활하신 생명의 주
를 전하는 성도로서 삶이기를 소원하며 기도합니다.

애 4장	함락된 이후의 예루살렘

묵상   여호와의 노하심

key word 4:3 광야의 타조 4:15 부정하다 4:20 우리의 콧김

message 시인은 예루살렘 전역에 펼쳐진 기근으로 인한 참상을 구체적으로
소개하고 그러한 참상의 책임자라 할 수 있는 종교 지도자들을 책망
한다. 그리고 시인은 애굽이 유다의 구원자가 될 수 없음을 밝히고
환난 가운데서도 긍휼을 잊지 않으시는 하나님께서 승리를 확인시켜
주고 있다.

시 35편	원수로부터의 구원을 호소

묵상   일어나 도우심

key word 35:2 방패와 손 방패 35;5 바람 앞에 겨 35:13 금식 35:15 넘어지매

message 다윗이 사울에게 추격당하던 환난과 고통 가운데 쓰여진 체험적인
간증의 시이다. 시 전체에는 불의한 원수들을 향한 다윗의 격렬한 감
정이 흐르고 있는데 여기서 원수는 사울에게 자신을 모함하여 사울
의 판단을 흐려 놓았던 사울의 측근들을 가리킨다. 그리고 그들에 대
한 다윗의 격렬한 감정은 개인적인 감정의 차원이 아닌 하나님의 공
의를 세우기 위한 거룩한 의분이다.

말씀 연결(애 4장; 시 35편)_노하심과 도우심

▶**일러두기**

고린도전서 1장 2절의 '고린도와 아크로고린도'는 아가야 주의 수도이자 항구로서 해상 교통
및 무역의 중심지이다. 따라서 고린도에는 지중해 연안의 여러 지역에 헬라인, 가나안인, 애굽
인, 아시아인, 시리아인 등이 세운 신전들이 많았고, 우상 숭배도 극심하였다.

모든 것의 원천인 하나님의 인자하심

사무엘상 20장 | 고린도전서 2장 | 예레미야애가 5장 | 시편 36편

삼상 20장 다윗과 요나단의 우정과 이별

묵상 　　　다윗과 요나단의 언약

key word 　20:5 초하루 20:6 매년제 20:19 에셀 바위 20:20 화살 셋을 20:26 부정한가보다 20:27 그 달의 둘째 날 20:33 요나단에게 단창을

message 　살해하겠다는 뜻을 굽히지 않는 사울의 칼날을 피하기 어렵자 다윗은 요나단에게 간절히 도움을 청하고 요나단은 자신의 우정을 확인시키며 다윗과 언약하고 위로한다. 그러나 사울의 의지가 확고하자 요나단은 다윗에게 도피를 종용하고 두 사람은 크게 슬퍼하며 작별한다. 사울의 변하지 않는 살해 의지와 요나단의 변하지 않는 우정으로 친구를 위로하는 모습이 대조를 이룬다.

고전 2장 하나님의 지혜자와 인간의 지혜

묵상 　　　분별

key word 　2:6 지혜 2:9 눈으로 2:10 하나님의 깊은 것까지도

message 　바울 사도는 하나님의 지혜가 인간의 지혜와 근본적으로 다름을 증명한다. 바울이 처음 고린도에서 설교할 때 그의 말솜씨는 보잘것없었다. 하지만 성령은 고린도 사람들에게 바울이 전한 십자가의 도의 진실성을 확인시켜주었고, 복음을 믿게 했다.

말씀 연결(삼상 20장; 고전 2장)_언약과 분별

▶말씀기도

하나님의 인자하심으로 모든 것의 원천이시며, 언약을 맺을 때, 분별할 때, 새롭게 할 때도 하나님께서 간섭하셔서 승리를 주심을 믿습니다.

애 5장   유다의 회복을 간구하는 기도

묵상   다시 새롭게 하심에 대한 기대

key word   5:4 은을 주고 물을   5:6 애굽   5:10 굶주림의 열기   5:11 대적들이   5:13 청년들이 맷돌을

message   시인은 하나님을 향하여 유다의 회복을 간구하는 기도를 드린다. 시인은 바벨론의 창탈로 인해 영과 육이 처참하게 된 유다 백성을 대표하여 부르짖으며, 영원한 통치자로서 절대 주권을 행사하시는 하나님 곧 유다의 구원이요 소망이신 하나님께 구원해 주시고 회복해주실 것을 간절히 호소한다. 하나님은 당신께 마음과 뜻을 바쳐 진실로 참회하는 인생을 결단코 외면하지 않으신다.

시 36편   사악한 인간과 대별되는 하나님

묵상   보배로우신 주의 인자하심

key word   36:5 하늘에 있고   36:7 날개 그늘   36:9 빛

message   어떤 특별한 사건을 배경으로 하고있는 것은 아니고 일반적인 관점에서 악인의 사특하고 불의한 실상에 대해 읊은 시이다. 다윗은 악인의 불의하고 사특한 특성과 하나님의 인자하심과 공의로운 속성을 대조하여 묘사한다. 나아가 다윗은 하나님의 공의로써 악인을 심판해줄 것을 간구한다.

말씀 연결(애 5장; 시 36편)_새롭게 하심과 주의 인자하심

▶일러두기

사무엘상 20장 17절의 '다윗과 요나단의 우정'은 성경뿐만 아니라 동서고금을 막론하고 가장 절친한 친구 사이로 알려지고 있다. 그들은 '막역한 친구, 허물없는 사이'라는 대명사로도 알려진다.

소유

사무엘상 21-22장 | 고린도전서 3장 | 에스겔 1장 | 시편 37편

삼상 21-22장 사울을 피해 유랑 길에 오른 다윗과 놉의 제사장들을 학살

묵상   함께한 자들

key word   21:1 놉 21:4 보통 떡 21:5 그릇 21:6 더운 떡을 드리는 날 21:11 그 땅의
            왕 다윗 22:1 아둘람 굴 22:5 선지자 갓 22:7 이새의 아들 22:20 아비아달

message   21장은 생명이 위급함을 감지한 다윗은 놉 땅의 제사장 아히멜렉을
            찾아가 도움을 청하지만 이스라엘에서 사울의 공격을 피할 데가 없
            음을 알고 이스라엘의 원수국 블레셋을 찾는 실수를 범한다. 22장은
            블레셋에서조차 생명의 위협을 느낀 다윗은 다시 가나안으로 돌아온
            다. 하지만 부모의 신변까지 위협을 받자 다윗은 부모를 혈연관계가
            있는 모압으로 도피시킨다. 한편 다윗이 놉을 다녀갔다는 도엑의 밀
            고로 놉 땅의 제사장 집안 85명은 사울에게 무참하게 학살당한다.

고전 3장 하나님의 동역자

묵상   우리는 그리스도의 것임

key word   3:2 젖으로 먹이고 3:4 너희가 육의 사람이 아니리요 3:5 아볼로 3:9 하
            나님의 동역자들 3:12 금이나 은이나

message   바울은 분쟁의 원인이 된 교회 지도자들에게 사람의 일과 하나님의
            일을 비교하여 가르친다. 바울 자신을 비롯한 복음 사역자들을 '일
            꾼', '건축자' 등으로 비유하면서 지도자들에게는 각각 특별한 사명
            이 있으며, 그 모든 사역이 중요하다는 것을 일깨우고 있다.

말씀 연결(삼상 21-22장; 고전 3장)_함께한 자들과 그리스도

▶**말씀기도**

우리의 소유는 주위에 주신 사람들을 소중히 여기고 여호와를 소유로 삼으며, 여호와를 기뻐하
고 소망함으로 땅을 차지하는 삶이기를 소원합니다.

겔 1장	에스겔이 본 네 가지 환상

묵상　　　여호와의 말씀

key word　1:1 서른째 해　1:3 에스겔　1:15 바퀴　1:16 바퀴 안에 바퀴　1:22 궁창　1:26 남보석

message　에스겔은 유다의 패망과 예루살렘 회복에 대한 소망을 중심 주제로 한 예언서이다. 그 가운데서도 1장은 에스겔 선지자가 바벨론의 그발 강가에서 하나님의 부름을 받고 네 환상을 묵도한 후 하나님이 절대 주권과 영광에 대한 확신을 갖는 장면을 소개한다.

시 37편	의인의 형통과 악인의 멸망

묵상　　　여호와의 성실

key word　37:5 길　37:11 풍성한 화평　37:18 온전한 자의 날　37:20 어린 양의 기름 37:23 정하시고　37:27 영원히 살리니　37:33 재판 때에도

message　유사 이래 계속된 이 물음에 대한 해답일 수 있다. 본 시는 결국 종말 론적 관점에서 악인의 일시적인 번영을 보고 불평하거나 낙담하지 말고, 성도는 오히려 더욱더 최후 심판을 의식하면서 하나님을 신뢰 하고 그분의 공의의 손길을 바라보아야 한다고 교훈한다.

말씀 연결(겔 1장; 시 37편)_말씀과 성실

▶일러두기

에스겔 1장의 환상은 네 생물의 환상(하나님의 호위 천사, 4-14절), 네 바퀴의 환상(하나님의 절대 주권, 15-21절), 궁창의 환상(하나님의 보좌, 22-25절), 하나님의 보좌 환상(하나님의 영광, 26-28절)이다.

30
Aug

충성

사무엘상 23장 | 고린도전서 4장 | 에스겔 2장 | 시편 38편

삼상 23장 그일라, 십, 마온 광야를 두루 유랑하는 다윗

묵상	여호와께 물음
key word	23:1 그일라 23:4 네 손에 넘기리라 23:6 에봇 23:7 문과 문 빗장이 있는 성읍 23:14 십 광야 23:24 마온 광야 23:29 엔게디
message	피난 생활 중 다윗은 블레셋의 침략을 받은 그일라 주민을 구출한다. 하지만 그일라 주민의 고발로 다윗은 다시 십 황무지로 또 그곳 주민들의 고발로 사울의 추격을 피해 마온 황무지로 도피한다. 다윗은 어려움 중에도 은혜를 베풀었지만 주민들은 그 은혜를 원수로 갚았다.

고전 4장 그리스도의 사도

묵상	맡은 자의 자세임
key word	4:1 맡은 자 4:9 구경거리 4:11 정처가 없고 4:14 부끄럽게 하려고
message	고린도 교회에서 일어난 분열은 바울에 대한 개인적인 공격도 포함하고 있었다. 때문에 바울은 적극적으로 자신의 사도권을 변호해야 했다. 바울은 사도들의 겸손함을 제시하며 간절한 어조로 겸손할 것을 권면하였다.

말씀 연결(삼상 23장; 고전 4장)_물음과 자세

▶**말씀기도**

하나님께 충성하며, 매사에 하나님께 물으며 특히 복음을 전함에 있어서 듣든지 아니 듣든지 모든 사람이 떠나도 주님만을 바라보는 충성심으로 살아가는 삶이기를 기도합니다.

겔 2장	**에스겔 선지자의 소명**
묵상	듣든지 아니 듣든지 여호와의 말씀을 고함
key word	2:6 가시와 찔레 2:10 안팎에 글이 있는데
message	환상을 통해 하나님의 절대 주권과 위대한 능력, 하나님의 영화로움을 묵도한 에스겔 선지자는 이제 하나님으로부터 선지자로 부름을 받고 하나님의 뜻을 거스르는 패역한 유다 백성을 향해 하나님의 준엄한 명령을 선포하라는 지시를 받는다.

시 38편	**육체의 고난 중에 행한 참회**
묵상	사랑하는 자가 떠나도 하나님을 바람
key word	38:4 죄악이 내 머리에 38:7 허리에 열기가 38:13 못 듣는 자 같이 38:16 스스로 교만할까
message	시편 전체에 소개된 일곱 편의 회개시 가운데 하나로 시편 전체를 통해서 이처럼 처절한 고통의 호소와 회개로 일관한 시도 드물다. 여기서 다윗은 자신의 죄로 인해 직면한 심각한 육체적 고통에 대해서 회개하는 심령으로 하나님의 구원을 호소하고 있다.

말씀 연결(겔 2장; 시 38편)_말씀을 고함과 바람

▶**일러두기**

사무엘상 23장 29절의 엔게디는 헤브론 동남쪽 29km 지점으로 사해 서안의 해발 200km에 위치한 성읍이다. 오아시스와 온천이 잘 발달한 곳으로 유명하다.

말(言)

사무엘상 24장 | 고린도전서 5장 | 에스겔 3장 | 시편 39편

삼상 24장　엔게디 동굴에서 사울의 목숨을 살려준 다윗

묵상	권위를 세우는 말
key word	24:2 들염소 바위　24:5 다윗의 마음　24:11 내 아버지여　24:14 죽은 개나 벼룩
message	집요하게 다윗을 추격하던 사울은 다윗이 숨은 엔게디 동굴에서 잠을 청한다. 하지만 원수 갚을 절호의 기회가 왔음에도 불구하고 다윗은 사울을 내버려두고 가만히 동굴을 나온다. 다윗은 모든 원수 갚는 일을 하나님께 맡겼다.

고전 5장　고린도 교회의 타락상

묵상	판단의 말
key word	5:1 음행이 있다　5:5 사탄에게　5:7 누룩 없는 자　5:12 교회
message	사도 바울은 고린도 교회가 안고 있는 윤리적, 도덕적 문제들을 지적한다. 이에 바울은 교회 내에서 발생한 근친상간과 패륜적 사건을 지적하고, 엄중한 경계와 교회 내의 성결을 촉구한다. 당시 고린도는 타락과 죄로 얼룩진 부패한 도시였다.

말씀 연결(삼상 24장; 고전 5장)_권위 판단의 말

▶**말씀기도**

우리의 입에서 권위를 세우는 말을 하며, 판단의 말을 버리고 하나님이 주신 말씀만을 하고 범죄하지 않게 결단하는 시간이 되기를 소원합니다.

겔 3장 사역을 위한 준비

묵상   여호와의 말씀

key word 3:8 네 얼굴을 굳게 3:12 주의 영이 3:18 피 값을 네 손에서 3:20 거치는
          것 3:26 말 못하는 자가 되어

message   하나님의 선지자로 부름받은 에스겔은 하나님의 말씀을 선포하기에
          앞서 하나님의 말씀을 선포하기에 앞서 하나님의 말씀을 받아먹고
          강한 심령을 가지며 사명의 중요성을 자각하는 과정을 거쳐야 했다.

시 39편 허망한 인생이 드리는 탄원

묵상   혀로 범죄하지 않음을 결단함

key word 39:4 종말 39:5 한 뼘 길이만큼 39:6 그림자 39:12 나그네

message   시의 주제는 인생의 허망함인데 시인은 이 주제하에 인간 존재의 근
          본 문제를 피력한다. 즉 한 번뿐인 인생은 짧고 허망하므로 그것을
          극복하는 길은 오르지 영원하신 하나님을 소망하는 것이다. 그러기
          위해서는 먼저 장애가 되는 죄 문제를 회개하고 용서받아야 한다.

말씀 연결(겔 3장; 시 39편)_말씀과 결단

▶일러두기

에스겔 3장 15절의 '델아빕'은 '홍수의 언덕'이라는 뜻이다. 아카드어이며 유대인 포로민들의
집단 수용시설이 있던 그발 강가의 한 도시이다. 유대인들은 이곳에서 관개수로 공사에 동원되
었을 것이다. 히브리어로는 '이삭의 언덕'이라는 뜻을 갖는다.

성전(집)

사무엘상 25장 | 고린도전서 6장 | 에스겔 4장 | 시편 40-41편

삼상 25장　사무엘의 죽음 그리고 다윗과 아비가일의 만남

묵상　　다윗의 집을 세움에 대한 말씀

key word　25:2 갈멜　25:8 좋은 날　25:11 떡, 물, 고기　25:17 불량한 사람이라　25:18 세아　25:28 든든한 집　25:29 생명의 싸개

message　마지막 사사요 최초의 선지자 사무엘이 죽자 이스라엘 백성은 더욱 영적 공항에 빠지게 된다. 이 와중에 패역한 인물의 대명사 나발과 슬기로운 그의 아내 아비가일 사이에서 다윗이 겪었던 에피소드를 소개한다.

고전 6장　성도의 소송 문제

묵상　　성전 된 몸

key word　6:1 불의한 자들 앞　6:7 허물　6:8 속이는구나　6:9 남색　6:10 유업　6:16 합하는

message　고린도 교회 일부 교인들이 다른 이들을 법정에 고발하는 사건이 발생했다. 바울은 성도가 믿지 않는 자들과 타락한 천사들을 심판할 것이기 때문에 성도 사이의 분쟁은 교회 안에서 스스로 해결해야 한다고 가르친다.

말씀 연결(삼상 25장; 고전 6장)_말씀과 성전

▶**말씀기도**

하나님께서 당신의 성전을 세워 가시며, 우리의 죄를 담당하시고 기가 막힐 웅덩이에서도 건져 주시고 당신의 하나님의 성령이 거하시는 성전으로 세워 가심을 감사드립니다.

겔 4장　예루살렘 포위를 예언함

묵상　죄악을 담당함

key word　4:10 세겔　4:11 힌　4:12 인분 불을 피워　4:17 쇠패하리라

message　에스겔은 이제 본격적으로 하나님의 말씀을 선포한다. 4장에서는 예루살렘이 대적에게 포위되고 큰 기근으로 고통당하게 되리라는 예언이다.

시 40-41편　도움과 병상에서 여호와께 드리는 기도

묵상　기가 막힐 웅덩이에서 끌어 올리심

key word　40:2 기가 막힐 웅덩이와 수렁　40:5 주의 생각　40:13 은총을 베푸사　41:1 가난한 자　4:12 살게 하시리니　41:4 내가 주께 범죄하였사오니

message　40편의 시의 배경은 다윗이 아들 압살롬의 반란 위기를 극복한 후 추정되는데 이 시를 통해서 다윗은 고난 중에서도 구원을 베풀어주신 하나님의 은혜에 감사하며 찬양하고 있다. 41편은 시편의 1권을 마무리 짓는 시로서 쇠약한 병상에서 드리는 다윗의 기도시이다. 여기서 시인은 연약한 자를 돌보셔서 질병 가운데 은혜를 베푸시는 하나님께 감사하며 찬양하고 있다.

말씀 연결(겔 4장; 시 40-41편)_죄악, 끌어 올림

▶일러두기

사무엘상 25장 41절의 '발 씻길 종'은 모래나 흙이 많고 바람이 많이 부는 건조한 팔레스타인에 사는 사람들에게는 외출 후에는 항시 손발을 깨끗이 씻었다. 또한 손님에게는 제일 먼저 발 씻을 물을 제공하는 것이 예의였다. 이 일은 대개 그 집의 종 가운데서도 가장 하급 종의 몫이었다. 이런 배경에서 '발 씻길 종'이란 가장 하찮은 존재를 뜻하는 은유적 의미를 갖는다.

2 Sep 생명을 유지하는 법

사무엘상 26장 | 고린도전서 7장 | 에스겔 5장 | 시편 42-43편

삼상 26장 다시 사울을 살려주는 다윗

묵상　　　 생명을 중히 여김

key word　26:5 아브넬 26:11 창과 물병 26:20 여호와 앞에서 먼 이곳 26:25 큰 일

message　 다윗은 또 십 사람의 밀고로 사울의 추격을 받게 되고 또 한 번 사울
을 죽일 기회를 얻게 된다. 그러나 다윗은 하나님의 기름 부음 받은
사울의 목숨을 또 살려준다. 이렇게 세상에는 기회 있을 때마다 선행
을 은혜를 베푸는 사람이 있는가 하면, 틈만 나면 이를 범죄의 기회
로 악용하는 사람도 있다.

고전 7장 결혼과 독신 생활에 대한 권면

묵상　　　 흐트러짐이 없이 주를 섬기는 삶

key word　7:6 허락 7:7 나와 같기를 7:15 갈리거든 7:20 부르심 7:27 매였느냐
7:31 외형은 지나감이니라

message　 결혼과 독신 생활에 관한 바울의 개인적인 권고이다. 바울은 교인들
에게 결혼의 필요성과 그에 따른 주의점을 가르친다. 결혼은 하나님
께서 제정하신 창조 질서라는 큰 원칙을 전제한 후에 실제적인 여러
교훈을 준다.

말씀 연결(삼상 26장; 고전 7장)_생명과 섬기는 삶

....

....

▶**말씀기도**

생명을 소중히 여기시고 구원받은 백성으로서 흐트러짐 없이 하나님의 규례대로 살아가며 하
나님께 소망을 두고 살아가게 하옵소서.

겔 5장 　피할 수 없는 예루살렘의 멸망

묵상　죄의 결과는 황무함

key word　5:1 날카로운 칼　5:3 터럭　5:10 아버지가　5:11 미운 물건과

message　에스겔 선지자는 계속해서 기이한 상징적 행동으로 하나님의 말씀을 선포한다. 즉 선지자는 머리와 수염을 남김없이 깎고 불에 태움으로써 예루살렘의 철저한 멸망을 경고하고 유다 백성들이 멸망할 수밖에 없는 이유와 죄악상을 고발한다.

시 42-43편　하나님을 사모하는 간구와 바라봄

묵상　낙심 중 찬송

key word　42:4 이 일　42:5 여전히 찬송하리로다　42:6 요단 땅과　43:1 경건하지 아니한 나라　43:3 주의 거룩한 산과　43:4 제단에 나아가

message　제2권의 첫 번째 시인 42편의 배경은 사울의 박해 때이거나 아니면 압살롬의 반란 때로 추정한다. 시인은 성전 예배마저 제대로 드릴 수 없는 상황을 탄식하면서 목마른 사슴이 시냇물을 사모하듯 주의 성전을 간절히 사모하고 있다. 43편은 42편과 연결되는 연속시로 추정되는데 도피 생활 중에 있는 다윗이 자신의 구원을 호소하면서 다시금 성전 예배에 참여하는 복된 날이 오기를 간구하고 있다.

말씀 연결(겔 5장; 시 42-43편)_황무함과 낙심

▶일러두기

'성경적 독신주의란(고전 7:8), 바울 사도는 결혼이 나쁘거나 악한 것이라고 말하지는 않지만 독신 생활이 더 복되다고 한다. 이는 종말 사상이 최고조를 이루고 있던 당시의 시대적 배경하에서 나온 말이다.

3 / Sep 우상을 멀리함

사무엘상 27장 | 고린도전서 8장 | 에스겔 6장 | 시편 44편

삼상 27장 다시 블레셋으로 피신하는 다윗

묵상　　　적진에 들어감

key word　27:6 시글락 27:8 그술, 기르스, 아말렉 27:10 여라무엘

message　사울의 뉘우침이 있었지만 다윗은 조석으로 변하는 사울을 믿을 수 없어 다시 블레셋으로 피신하기로 결정한다. 하지만 다윗은 오히려 동족 이스라엘과 전투를 치러야 하는 등 많은 갈등과 위기에 직면한다. 피난 생활에 지친 다윗이 현실에 안주하기 위해 내린 결정이 결과적으로 그에게 큰 불안정을 가져다주었다.

고전 8장 우상 제물에 관한 권면

묵상　　　우상 제물을 멀리함

key word　8:1 우상 제물 8:9 걸려 넘어지게 하는 것 8:12 상하게 하는 것

message　지식보다 사랑으로써 모든 일을 행해야 한다는 대원칙을 제시한 부분이다. 먼저 우상의 제물에 관하여 바울은 우상은 아무것도 아니므로 그 제물을 먹어도 괜찮다고 생각하는 사람에게 그러한 신앙 자유도 귀중하지만 그로 인해 믿음이 약한 형제가 상처받을 수 있으므로 형제를 위해 절제할 수 있는 자유, 곧 사랑이 있는 자유를 행사하라고 권한다.

말씀 연결(삼상 27장; 고전 8장)_들어감과 멀리함

▶말씀기도

비록 적진에 들어갔어도 그들의 행위를 본받지 말고 우상 제물을 멀리하고 하나님만 자랑하는 삶이기를 소원하며 기도합니다.

겔 6장	**우상 숭배처의 철저한 파멸**

묵상   우상 숭배를 심판하심

key word   6:11 손뼉을 치고   6:13 푸른 나무   6:14 광야

message   예루살렘이 멸망할 수밖에 없는 이유를 설명한다. 예루살렘이 멸망하는 가장 중요한 원인은 무엇보다 우상 숭배이다. 그렇기 때문에 에스겔 선지자는 우상 숭배의 진원지인 신당과 더불어 우상 숭배자들이 철저하게 멸망하게 될 것을 선포하는 한편, 끝까지 신앙을 지키는 소수의 백성들에게 임할 안전을 약속한다.

시 44편	**절망의 심연에서 외치는 기도**

묵상   하나님을 자랑함

key word   44:2 주의 손으로   44:8 셀라   44:12 헐값으로   44:16 수치   44:19 승냥이의 처소

message   이 시는 저작 시기가 다소 모호하다. 바벨론 포로 이후의 시로 추정되는데 한 경건한 신앙인이 절망의 심연에서 외치는 기도시이다. 시인은 먼저 과거에 택한 민족 이스라엘에 내려 주셨던 하나님의 은총을 회고한다. 이어서 시인은 현재 처해 있는 환난을 호소하면서 하나님의 도움과 구원을 요청하고 있다.

말씀 연결(겔 6장; 시 44편)_심판하심과 자랑

▶**일러두기**

고린도전서 8장 1절의 '우상 제물'은 고린도에서는 우상의 신전에 드려진 고기들이 공공연히 매매되고 있었다. 게다가 도축 행위는 우상과 연관된 경우가 많았다. 우상은 아무 힘도 없고 능력도 없기 때문에 우상에게 바친 음식이라고 할지라도 이는 단순한 음식물에 지나지 않는다.

4
Sep

버림당함

사무엘상 28장 | 고린도전서 9장 | 에스겔 7장 | 시편 45-46편

삼상 28장 블레셋 침공과 신접한 여인을 찾는 사울

묵상　　　사울을 버림

key word　28:4 수넴 28:6 굼 28:7 엔돌 28:18 진노를 아말렉에게 28:19 나와 함께 28:24 무교병

message　다윗을 신임하는 블레셋 왕 아기시는 이스라엘과의 전투에 다윗의 참전을 종용한다. 한편 블레셋에게 침공을 당한 사울은 다급해진 나머지 엔돌의 신접한 여인을 찾으나 국가와 가문의 몰락을 고지받고 충격에 빠진다.

고전 9장　철저한 자기 부인과 복음을 위한 삶

묵상　　　몸을 쳐 복종함

key word　9:1 주 안에서 행한 나의 일 9:5 게바 9:7 자기 비용 9:12 권리 9:24 운동 장에서 달음질

message　9장은 8장의 교훈을 실천한 예로, 바울은 자신의 절제와 권리 포기를 말한다. 바울이 자신의 사도적 권한을 포기하고 절제하는 이유는, 오직 그리스도의 복음에 아무런 장애가 없게 하려는 데 있다고 고백한다. 바울은 자신의 이러한 태도를 운동 경기에 비유하여 설명한다.

말씀 연결(삼상 28장; 고전 9장)_버림과 복종

▶말씀기도

두려움과 불순종의 자세를 버리고 늘 자신의 몸을 쳐 복종하며, 영원하신 주의 보좌와 그의 나라를 바라보면서 살아가기를 소원하며 기도합니다.

겔 7장	예루살렘의 임박한 멸망

묵상   끝이 이름

key word   7:7 요란한 날 7:10 몽둥이가 7:12 사는 자 7:13 돌아가서 7:16 골짜기의
           비둘기 7:18 굵은 베로 허리를 7:22 은밀한 처소

message   이 심판이 머지않은 장래에 곧 성취될 것임을 경고한다. 아울러 심판
           의 정황을 상세하게 묘사함으로써 심판이 얼마나 처참하게 진행될지
           를 경고하고 그 결과 가나안은 한동안 이방인에게 강점될 것을 예언
           한다.

시 45-46편 왕의 결혼 축가와 힘이신 하나님

묵상   주의 보좌는 영원함

key word   45:2 사람보다 아름다워 45:6 공평한 규 45:12 두로의 딸 45:13 왕의 딸
           45:16 왕의 아들들 46:1 환난 중에 만날 큰 도움

message   45편은 시편의 아가로 불리는 시로 이스라엘 왕의 결혼식 때에 부르
           던 왕의 결혼 축가이다. 이 노래는 궁극적으로 신랑 메시야와 신부
           교회와의 온전한 연합을 예시한다는 측면에서 메시야 예언시로 볼
           수 있다. 46편은 유다 왕 히스기야 시대에 유다가 앗수르 산헤립의
           침공을 받았으나 하나님의 전적인 도우심으로 위기를 극복한 사건을
           배경으로 한다. 이 시의 핵심 주제는 '여호와는 환난 날의 피난처'이
           다. 그래서 본 시는 모든 시대를 통하여 환난 중에 있는 성도들에게
           큰 위로와 소망을 준다.

말씀 연결(겔 7장; 시 45-46편)_끝과 영원함

▶일러두기

사무엘상 28장 11절의 '혼을 불러낼 수 있을까?'라는 것에서 성경은 사람이 죽으면 그 혼은 지
옥이나 천국(음부나 낙원)으로 옮겨가고 더 이상 이 세상 사람들과 아무런 관계를 가질 수 없다
고 말한다(눅 16:19-31). 따라서 죽은 사람의 혼을 불러내는 초혼은 불가능하다.

5
Sep
하나님의 영광

사무엘상 29-30장 | 고린도전서 10장 | 에스겔 8장 | 시편 47편

삼상 29-30장 이스라엘 전투에서 제외된 다윗과 아말렉을 치고 시글락을 구원한 다윗

묵상 전쟁의 승리와 전리품의 분배

key word 29:1 아벡 29:10 네 주의 신하들 30:1 아말렉 사람 30:7 아비아달 30:9 보술 시내 30:10 피곤하여 30:12 무화과 뭉치 30:14 갈렙 30:16 편만하여 30:17 소년 30:22 악한 자와 불량배들

message 29장에서는 다윗을 이스라엘과의 전쟁에 참전시킬 것인지에 대해 격론을 벌인 블레셋 장수들은 결국 다윗을 전쟁에서 베제시키기로 한다. 그리하여 다윗은 결정적 순간에 동족상잔의 비극을 피하게 된다. 30장은 동족과 전쟁을 치를 위기를 넘긴 다윗은 시글락으로 회군하나 뜻밖에 시글락은 이미 아말렉에게 약탈당했고, 많은 사람들이 포로로 끌려간 뒤였다. 그러나 다윗은 하나님의 뜻을 묻는 가운데 다시 힘을 얻고 아말렉과 전투를 벌려 포로를 구출하고 전리품을 획득한다.

고전 10장 우상에 대한 경고

묵상 하나님의 영광을 위한 삶

key word 10:1 다 구름 아래 있고 10:2 구름과 바다에 10:16 축복 10:18 제물을 먹는 자들 10:20 귀신과 교제하는 자 10:25 시장에서 파는 것

message 우상 제물과 관련하여 이제 바울은 이스라엘 역사를 회고하면서 다시 교훈한다. 즉 바울은 출애굽 이후 이스라엘이 범했던 우상 숭배, 간음, 원망 등의 예를 들면서 그러한 사건을 거울삼아 회개할 것을 고린도 교인들에게 권고한다. 또 바울은 우상의 제전에 참여하는 문제를 다루는데 그것은 우상 제전에 참여하는 문제를 다루는데 그것은 다른 신을 섬기는 죄로서 성도가 반드시 금해야 할 악행이라고 교훈한다.

말씀 연결(삼상 29-30장; 고전 10장)_승리와 영광

▶말씀기도

주님은 영광 받으시기에 합당하신 분이시며, 모든 우상을 멀리하고 먹든지 마시든지 무엇을 하든지 주님의 영광을 위해 살아가를 위해 기도합니다.

겔 8장	**예루살렘에 만연한 우상 숭배**
묵상	하나님의 영광이 거기 있음
key word	8:3 모습 8:10 각양 곤충
message	장로들을 비롯한 유다 백성의 지도자들이 하나같이 낯설고 기이한 우상들을 숭배하는 무서운 범죄 행위와 이에 대한 하나님의 극에 달한 진노를 상징적 언어들로 묘사한다.

시 47편	**큰 왕이시오 지존하신 여호와**
묵상	거룩한 보좌에 앉으신 여호와
key word	47:1 손바닥을 치고 47:7 지혜의 시 47:9 방패
message	매년 1월 1일에 지키는 신년절(나팔절)에 공식적으로 사용되던 찬양 시로서 온 땅의 통치자요 만왕의 왕 되시는 하나님께 대한 힘찬 찬양의 노래이다.

말씀 연결(겔 8장; 시 47편)_영광과 거룩한 보좌

▶**일러두기**

에스겔 8장 14절의 '담무스'는 지중해 연안 민족들이 섬기는 곡물 신이다. 겨울에 죽었다 봄에 살아난다는 부활의 신이기도 하다. 그래서 겨울에는 애곡의 제사가, 봄에는 기쁨의 제사가 드려졌다. 거세한 남자 제사장에 의해 자행되는 음란한 의식을 동반한 인신 제사가 특징이다.

주의 인자하심

6 Sep

사무엘상 31장 | 고린도전서 11장 | 에스겔 9장 | 시편 48편

삼상 31장 길보아 전투에서 전사한 사울의 최후

묵상   길르앗 야베스인들의 선

key word   31:1 엎드려져   31:9 머리를 베고   31:11 길르앗 야베스   31:12 벧산

message   마침내 블레셋과의 대혈전이 벌어진다. 이 전투에서 이스라엘은 참패를 당하고 사울의 세 아들은 전사하며 사울은 자결한다. 한편 사울의 시신이 블레셋 사람에게 모욕당할 것을 염려한 길르앗 야베스 사람들은 사울의 시신을 수습하여 화장하며 애도한다.

고전 11장 교회의 질서와 성찬의 의의

묵상   성만찬

key word   11:3 머리   11:11 주 안에는   11:21 자기의 만찬   11:24 축사하시고   11:27 합당하지 않게

message   우상 제물의 문제에 대한 결론으로서 무엇이든지 하나님의 영광을 위해 할 것을 교훈하고, 이에 공적인 예배시에 여자들이 머리에 수건을 쓰는 문제에 관해 다룬다. 그리고 올바른 성찬식 지침이다. 당시에는 성찬과 애찬을 같이 했는데 이와 관련하여 바울은 서로 편당을 지어 애찬하는 것을 지적하고 있다.

말씀 연결(삼상 31장; 고전 11장)_선(善)과 성만찬

▶**말씀기도**

주의 성소에서 인자하심이 기대되고, 실현되지만 가증한 일로 인하여 심판하셔야 하는 하나님의 마음을 헤아려 천국 백성되게 하옵소서.

겔 9장	예루살렘에서부터 시작되는 심판

묵상   하나님의 영광의 이동

key word   9:1 관할하는 자   9:2 북향한 윗문   9:4 탄식하며 우는 자   9:8 아하 주 여호
와여

message   우상 숭배가 자행되던 예루살렘에서부터 하나님의 무서운 심판이 시작
될 것을 경고한다. 그곳이 비록 성전이라고 해도 범죄의 처소에서 하나
님의 심판이 시작되는 것은 자명한 일이다.

시 48편	하나님의 거룩한 산 시온

묵상   주의 전에서 주의 인자하심을 생각함

key word   48:1 하나님의 성, 거룩한 산   48:4 왕들이 모여서   48:11 유다의 딸들

message   하나님의 성전이 있는 거룩한 산 시온에 관한 노래이다. 시온(예루살렘
성)은 하나님의 통치의 중심지로서 시인은 그곳의 아름다움과 견고함,
그리고 하나님께 대한 시온의 찬양을 노래하고 있다.

말씀 연결(겔 9장; 시 48편)_영광과 인자하심

▶일러두기

고린도전서 11장 17-34절의 '고린도 교회의 성찬 문제'는 당시 성찬 예식은 교제를 겸한 공동 식
사로 행해졌다. 이는 구약 시대에 화목 제사 후 제사장들과 드린 자가 함께 제물을 나눠 먹은 데
서 근거한다. 예수께서도 성만찬을 제자들과 함께 나누는 만찬으로 가르치셨으므로 애찬이 문
제될 것은 없었다. 하지만 성도 각자가 성찬에 사용될 음식을 준비하면서 빈부의 차가 심하게
나타난 것이 문제였다.

삼하 1장   사울과 요나단의 죽음 그리고 다윗의 애가

묵상
서로 사랑함

key word
1:1 사울이 죽은 후 1;6 청년 1:18 활 노래 1:21 제물 낼 밭

message
길보아 전투에서 사울과 요나단이 전사했다는 소식을 접한 다윗의 애끊는 심정이 잘 묘사되어 있다. 사울의 죽음은 다윗에게는 피곤한 도피 생활을 종결짓는 기쁜 소식이 아닐 수 없다. 그런데도 오히려 사울의 죽음을 슬퍼한다.

고전 12장   성령 은사의 다양성과 통일성

묵상
성령의 나타남

key word
12:8 지식의 말씀 12:23 아름답지 못한 12:25 돌보게 12:28 사도 12:30 통역하는

message
바울은 긴 지면을 할애하여 당시 고린도 교회가 안고 있던 가장 심각한 문제인 '성령의 은사' 문제를 진지하게 다룬다. 바울은 영적 은사의 다양함을 인정하는 한편 그것을 주신 이는 오직 하나님이라는 사실을 강조한다. 따라서 바울의 교훈은 다양한 은사가 유기적인 조화와 통일을 이루어야 한다는 것이다. 아울러 바울은 '한 몸, 여러 지체'라는 비유를 들어 그리스도 교회 내의 다양한 직분에 대해 교훈한다.

말씀 연결(삼하 1장; 고전 12장)_사랑과 성령

▶**말씀기도**

서로 사랑하라, 성령 안에서 지체의 부족함을 하나님의 영광을 사모하고, 하나님께서 함께하심을 깨닫는 삶이기를 기도합니다.

겔 10장   성전을 떠나는 하나님의 영광

묵상   하나님의 영광이 덮임

key word   10:2 숯불을   10:11 나아갈 때에는   10:12 눈이 가득하더라   10:19 동문에
            머물고

message   하나님의 천사가 숯불을 예루살렘 성전 위에 부어 성전을 불바다로 만
            드는 모습과 하나님의 영광이 성전을 떠나는 참으로 두려운 장면이 묘
            사된다. 비록 하나님의 성전일지라도 범죄의 처소로 전락한다면 그곳은
            이미 하나님과 거룩한 교제가 이루어지는 예배 처소가 될 수 없는 것이
            다.

시 49편   재물을 의지하는 자의 어리석음

묵상   존귀한 사람

key word   49:3 명철   49:7 속전   49:8 너무 엄청나서   49:18 자기를 축하하며

message   49편은 37편 및 73편과 맥을 같이하는 지혜와 교훈시로서 물질의 유한
            함과 물질을 추구하는 자의 어리석음에 대해 경고하고 있다.

말씀 연결(겔 10장; 시 49편)_영광과 인자하심

▶일러두기

사무엘하 1장 17절의 '슬픈 노래'에 해당하는 히브리어 '학키나'는 '애곡하다, 흐느껴 울다'라는
뜻의 원어 '쿤'에서 유래한 말로 죽은 자를 위한 애가를 지칭한다. 곧 사울과 요나단의 죽음을
슬퍼하고 고인들의 업적을 드높이기 위한 노래이다.

8
Sep
사랑함

사무엘하 2장 | 고린도전서 13장 | 에스겔 11장 | 시편 50편

삼하 2장 헤브론에서 왕이 된 다윗

묵상 　　서로 사랑함

key word　2:1 헤브론 2:2 아비가일 2:8 넬의 아들 아브넬 2:13 기브온 못 가 2:16 헬갓 핫수림 2:18 아사헬 2:28 나팔

message　다윗이 유다 족속의 지지로 헤브론에서 왕위에 오르고 사울의 아들 이스보셋도 마하나임에서 유다 지파를 제외한 열한 지파의 왕으로 옹립된다. 이로써 이스라엘 내에 내전이 벌어지게 되었으나 다윗의 우세로 휴전 상태에 들어가게 된다.

고전 13장 사랑

묵상 　　제일인 사랑

key word　13:1 사랑 13:2 모든 비밀과 모든 지식 13:12 거울로 보는 것 같이 희미하나

message　잘 알려진 것처럼 '사랑의 장'으로서 바울은 은사 문제로 시끄러운 고린도 교회에 가장 큰 은사를 소개한다. 즉 사랑의 필수성에 대해, 사랑의 본질에 대해, 그리고 사랑의 영원성에 대해 미려한 문장으로 소개한다. 은사가 좋은 것은 사실이지만 그것이 사랑의 동기에서 이웃에게 유익을 주는 것이어야 한다.

말씀 연결(삼하 2장; 고전 13장)_물음과 사랑

▶**말씀기도**

주와 친밀한 대화를 나눌 때 나타나는 사랑과 주의 영과 함께 부드러운 마음으로 살 때 감사로 제사를 드릴 때 나타나는 주의 인자하심을 바라는 마음으로 서로 사랑하는 삶이기를 기도합니다.

506

겔 11장　백성의 지도자에게 임하는 심판

묵상　새 마음과 새 영을 주심

key word　11:3 가마가 되고　11:15 예루살렘 주민　11:17 모으며　11:21 미운 것과 가증한 것　11:23 성읍 동쪽

message　하나님의 영이 성전을 떠나는 참담한 장면을 묘사한 에스겔 선지자는 예루살렘 위에 임할 본격적인 심판에 앞서 유다 지도자들의 죄악을 지적한다. 그러나 이런 심판 선언의 와중에도 선지자는 포로민의 귀환과 유다 백성의 회복에 대한 소망의 메시지를 잊지 않는다.

시 50편　감사로 제사를 드리는 자의 행복

묵상　감사로 제사를 드림

key word　50:1 해 돋는 데서부터　50:4 위 하늘과 아래 땅　50:5 제사로 나와 언약한 이들　50:16 네가 어찌하여

message　예루살렘 성전 성가대의 대장인 아삽이 노래한 시로서 시의 중심 주제는 하나님 앞에서의 올바른 예배 자세이다. 따라서 본 시는 오늘날 우리들에게 하나님께서 정년 기뻐하시는 예배 자세가 무엇인지를 교훈해 주고 있다.

말씀 연결(겔 11장; 시 50편)_영을 주심과 제사드림

▶일러두기

사무엘하 2장 26절의 '요압'의 이름의 뜻은 '여호와는 아버지이시다'로서 다윗의 조카로 다윗 왕조의 중요 인물이었다. 그는 군대장관으로 성품은 비인간적이었으나 이스라엘 영토 확장에 일익을 담당하였다.

9
Sep

세우심

사무엘하 3장 | 고린도전서 14장 | 에스겔 12장 | 시편 51편

삼하 3장   사울의 집의 몰락과 다윗 집의 번영

묵상	다윗을 강하게 하심
key word	3:7 어찌하여, 통간하였느냐 3:8 개 머리 3:14 포피 백개 3:17 이스라엘 장로들 3:22 신복 3:26 시라 우물 가 3:29 백탁병자 3:33 미련한 자의 죽음
message	극명히 대비되는 사울 집안과 다윗 집안의 성쇠에 관한 내용이다. 사람이나 국가의 흥망성쇠는 하나님께 달려 있다. 하나님을 무시한 개인이나 하나님 없는 나라는 잠시 번성하는 것 같으나 결국 패망한다는 것을 알 수 있다.

고전 14장   교회의 덕과 질서를 세우는 은사

묵상	교회의 덕을 세움
key word	14:1 사랑을 추구하며 14:5 영으로 14:16 알지 못하는 14:17 감사를 잘하였으나 14:20 지혜있는 아이가 14:26 찬송시 14:34 잠잠하라
message	바울은 방언이 통역되지 않을 때 회중에게는 아무런 유익이 없다고 역설한다. 요컨대 바울의 관심은 방언 자체에 있는 것이 아니라 교회의 덕과 질서가 있었다. 바울은 공중 예배시 지켜야 할 질서에 대해 교훈한다. 그래서 집회시에 떠드는 부녀자들에게 잠잠하라고 명령한다.

말씀 연결(삼하 3장; 고전 14장)_강하게 세움

▶**말씀기도**

다윗과 에스겔을 세워 일하시는 하나님께서 우리를 세우셔서 교회의 덕을 세우는 일에 힘쓰게 하시며 세움받은 자로서 주 앞에 정직한 삶을 살아가기를 소원합니다.

겔 12장	**예루살렘 함락과 포로가 될 유다 왕에 대한 예언**
묵상	에스겔을 세우심
key word	12:2 인자 12:9 무엇을 하느냐 12:10 묵시 12:12 얼굴을 가리리라 12:19 이 땅 백성 12:22 모든 묵시가 12:24 허탄한 묵시
message	에스겔 선지자는 바벨론에 포로로 끌려간 유다 백성들을 향해 예루살렘 함락과 유다 왕이 포로가 될 것을 두 가지 비유로 예언하면서 예루살렘에 닥칠 무서운 환난과 기근으로 인한 처절한 고통을 선포한다.

시 51편	**다윗의 참회 시**
묵상	죄악을 씻으심
key word	51:4 주께만 범죄하여 51:6 중심이 진실함 51:14 피 흘린 죄 51:17 상한 심령 51:19 의로운 제사
message	51편은 시편의 7대 회개시 중에서도 가장 대표적인 것으로 다윗이 우리아의 아내 밧세바와 불륜을 범한 뒤에 나단 선지자의 엄중한 경고를 듣고, 하나님 앞에서 철저하게 통회하는 내용을 다루고 있다.

말씀 연결(겔 12장; 시 51편)_세움과 씻음

▶**일러두기**

시편 51편 7절의 '정결례에 사용된 우슬초'는 박하과의 작고 털이 무성한 식물로 향기가 좋은 풀이다. 유월절 나병자 정결례(레 14:4), 어린 암송아지 제사(민 19:6) 등에 사용된 우슬초는 육신의 정결을 위한 수단으로 생각되었다.

10
Sep

생명

사무엘하 4-5장 | 고린도전서 15장 | 에스겔 13장 | 시편 52-54편

삼하 4-5장 이스보셋의 최후와 통일 이스라엘 왕이 된 다윗

묵상	환난 가운데서 생명을 건지심
key word	4:1 손의 맥이 풀렸고 4:3 브에롯 사람들이 4:7 아라바 길 5:3 기름을 부어 5:4 삼십 세 5:6 예루살렘 5:7 시온 5:9 실로 5:11 두로 왕 히람 5:20 바알 브라심 5:24 뽕나무
message	4장에서 사울의 아들 이스보셋이 신하에게 피살되는 비극을 소개한다. 하나님은 당신을 무시한 정권을 무너뜨리는 일에 다윗의 손을 빌리지 않으시고 도리어 스스로 분란과 반역으로 자멸하게 하였다. 5장은 다윗 왕권에 대항했던 이스보셋 정권은 내부 분열과 반역으로 종말을 고했다.

고전 15장 부활에 관한 교훈

묵상	부활의 생명
key word	15:15 거짓 증인 15:20 첫 열매 15:23 강림 15:28 만물 15:37 형체 15:39 육체 15:45 마지막 아담 15:51 홀연히 15:55 쏘는 것
message	이제 바울은 본서의 마지막 교리 문제로 '죽은 자의 부활'에 관해 논리적으로 설명한다. 먼저 '부활의 확실성'을 논증한다. 어떤 고린도 교인들은 예수의 육체적인 부활을 믿지 않는다. 그래서 바울은 육체의 부활은 복음의 핵심임을 천명하면서 그 역사성을 논증한다.

말씀 연결(삼하 4-5장; 고전 15장)_생명과 부활

▶**말씀기도**

예수 그리스도를 믿음으로 영생을 얻고 부활에 참여하게 됨으로 감사하며 또한 주께서 생명을 붙들어 주심을 감사하옵고 기도합니다.

겔 13장   거짓 선지자들의 비참한 종말

묵상   거짓 선지자들의 손에서 건져내심

key word   13:4 황무지에 있는 여우   13:5 성 무너진 곳에   13:11 폭우   13:18 사냥하려
           고   13:19 두어 움큼 보리

message   예루살렘의 함락과 유다 왕을 비롯한 백성들의 포로 됨을 예언한 12장
           에 이어 선지자는 본 장에서 백성들을 호도하는 거짓 선지자들의 악행
           을 지적하면서 이들의 비참한 멸망을 선포한다.

시 52-54편   다윗의 참회 시

묵상   생명을 붙들어 주시는 하나님

key word   52:2 삭도   52:4 해치는   52:6 의인이   52:7 악으로   53:1 어리석은 자   54:1
           주의 이름   54:3 낯선 자들   54:6 낙헌제

message   52편에서 다윗이 사울의 추격을 피하여 도피하던 때에 다윗에게 도움
           을 주었던 제사장 아히멜렉이 에돔 사람 도엑의 밀고로 그 일가가 살해
           된 끔찍한 사건이 본 시의 배경이다. 53편은 14편과 거의 동일한 시로 하
           나님을 경외하는 것이 인생의 근본이라는 주제하에 하나님이 없다고 하
           는 무신론자들의 어리석음을 일깨워 주는 일종의 지혜의 시이다. 54편
           은 다윗이 사울의 추격을 피해 도피하던 시절에 지은 시 가운데 하나로
           서 십 주민들의 밀고 사실을 알고 탄식하며 지은 시이다.

말씀 연결(겔 13장; 시 52-54편)_건져내시고 붙들어 주시는 하나님

▶**일러두기**

고린도전서 15장 1-11절의 '헬라인의 부활 사상'은 헬라 철학에서는 영혼을 만물 중 가장 고상하
고 영원히 불멸하는 것으로 간주한 반면 육신은 저급한 죄의 처소로 간주했다.

11 Sep — 하나님 앞에서 행함

사무엘하 6장 | 고린도전서 16장 | 에스겔 14장 | 시편 55편

삼하 6장 예루살렘으로 운반된 법궤

묵상 힘을 다하여 춤을 춤

key word 6:2 바알레유다 6:11 온 집에 복을 6:13 궤를 멘 사람들 6:17 번제와 화목제 6:18 여호와의 이름

message 다윗은 확실히 하나님이 통치하는 왕정 국가로 발돋움하고자 했다. 그 일환으로 하나님의 임재와 통치를 나타내는 법궤를 수도 예루살렘으로 옮겼다.

고전 16장 예루살렘 성도를 위한 헌금

묵상 헌금과 주를 사랑함

key word 16:2 매주 첫날 16:8 오순절 16:13 믿음에 굳게 서서 16:15 아가야 16:24 친필로

message 고린도 교회를 향한 바울의 목회자적인 권면과 개인적인 당부 그리고 문안 인사로 구성된다. 먼저 바울은 당시 심각한 기근으로 큰 곤경에 빠져 있던 예루살렘 교회를 돕기 위한 연보를 요청하고 있었다. 이는 교회 간의 협조와 사랑이 필요함을 깨우치는 장면이다.

말씀 연결(삼하 6장; 고전 16장)_힘을 다하여 사랑함

▶**말씀기도**

모든 삶의 중심을 하나님께 드리고 거짓 선지자의 말을 따르지 말고 하나님의 말씀을 따라 모든 짐을 여호와께 맡기는 삶이기를 소원합니다.

겔 14장	**지도자들의 우상 숭배를 책망함**
묵상	거짓 선지자들을 심판하심
key word	14:1 이스라엘 장로 두어 사람 14:3 우상을 마음에 들이며 14:14 노아, 다니엘, 욥 14:16 자기만 건지겠고 14:22 피하는 자가
message	선지자는 예루살렘의 장래 운명을 알아보기 위해 자심을 찾은 유다 포로민들의 대표들을 향해 그들의 우상 숭배와 죄악들을 지적하면서 예루살렘의 필연적 멸망과 남은 자들의 구원을 선포한다.

시 55편	**배신당한 자로서의 탄식**
묵상	짐을 여호와께 맡김
key word	55:4 내 마음이 55:11 그 거리 55:17 저녁과 아침과 정오에
message	아들 압살롬의 반역 때에 자신의 친구였던 아히도벨의 배반을 보고 다윗이 큰 비탄에 잠겨 하나님께 정당한 보응을 간구하며 비탄한 마음으로 기록한시이다.

말씀 연결(겔 14장; 시 55편)_거짓과 짐

▶일러두기

사무엘하 6장 11절에서 '온 집에 복을'이라는 것은 하나님은 권위를 무시한 자들 곧 블레셋 사람들, 벧세메스 사람들 그리고 웃사와 같은 사람에게는 죽음을, 당신을 영화롭게 한 오벧에돔과 같은 자에게는 복과 은혜를 내려주셨다.

12 Sep 계획

사무엘하 7장 | 고린도후서 1장 | 에스겔 15장 | 시편 56-57편

삼하 7장 성전 건축 소망과 다윗 언약

묵상
성전을 위한 계획

key word
7:2 나단 선지자 7:3 마음에 있는 모든 것 7:7 백향목 7:10 악한 종류 7:12 네 몸에서 날 네 씨 7:21 이 모든 큰 일 7:27 집을 세우리라

message
다윗은 예루살렘으로 옮긴 법궤를 안치할 성전 건축을 소망하지만 하나님께서 아직 때가 아님을 계시하신다. 다만 다윗의 이 같은 아름다운 마음을 기뻐하신 하나님께서는 다윗과 언약을 맺으시고 복과 은혜를 약속하신다. 하나님은 뜨거운 사랑과 경건한 열정을 가진 자들에게 차고 넘치는 사랑과 은혜를 채워 주신다.

고후 1장 인사와 여행 변경에 대한 변호

묵상
고린도 교회 방문을 위한 계획

key word
1:4 환난 1:8 아시아에서 당한 환난 1:10 큰 사망 1:12 육체의 지혜 1:16 마게도냐 1:18 미쁘시니라 1:21 기름을 부으심

message
고린도후서는 바울이 고린도 교회에 써 보낸 두 번째 편지인데 매우 정직과 감격적이며, 친근한 필체로 기록되었다. 두 번째 편지의 시작은 먼저 문안 인사를 한 후에 환난에서 구원해 주신 하나님께 감사한다.

말씀 연결(삼하 7장; 고후 1장)_성전과 교회

▶말씀기도

평안할 때도 하나님과 나라를 위한 생각과 그분을 위한 계획을 생각하며 더 깊은 영성의 시간으로 주님께 나아가는 삶이기를 기도합니다.

겔 15장　포도나무 비유

묵상　예루살렘을 향한 하나님의 계획

key word　15:4 불이　15:7 그들이 그 불에서 나와도

message　선지자는 예루살렘의 유다 백성들을 야산에 버려져 마구 자란 쓸모없는 포도나무에 비유한다. 그리고 이런 포도나무는 잘려져 불에 태워지듯이 선민으로서의 자격을 상실한 유다 백성들을 멸망을 피할 수 없다는 사실을 경고한다.

시 56-57편　하나님을 의지하는 자의 담대함과 노래

묵상　대적 앞에서 하나님만 생각함

key word　56:1 종일 치며　56:2 삼키려 하며　56:12 감사제　57:1 날개　57:6 억울하도다　57:8 내 영광아 깰지어다

message　56편은 다윗이 대적들의 위협을 피해 이방 땅 블레셋에서 망명 생활하던 때에 지은 비탄시로 뒤이어 나오는 57편과 짝을 이룬다. 따라서 본 시에는 망명자의 절박한 사정이 잘 나타나 있는데 그래도 시인은 불평하지 않고 하나님의 보호와 구원을 신뢰하고 있다. 57편은 작시 동기와 내용과 형식상에서 56편과 짝을 이루는 시로서 다윗이 사울의 추격을 피하여 유대 광야의 한 굴에 숨어 있을 때를 배경으로 지은 하나님의 보호와 구원을 간구하는 비탄시이다.

말씀 연결(겔 15장; 시 56-57편)_예루살렘과 대적

▶일러두기

고린도후서 1장 6절의 '위로'는 문자적으로 '곁으로 부르다'라는 뜻이다. 성령을 가리키는 '보혜사'와 같은 어근을 가진 이 단어는 곁으로 불러 보살피고 권면하시는 성령의 자상하고 부드러운 성품이 잘 반영된 말이다.

13
Sep

승리(이기게 하심)

사무엘하 8-9장 | 고린도후서 2장 | 에스겔 16장 | 시편 58-59편

삼하 8-9장 이스라엘의 번영과 요나단과의 우정을 잊지 않은 다윗

묵상　　　다윗을 이기게 하심

key word　8:1 그 후에　8:3 소바　8:9 하맛　8:13 소금 골짜기　8:16 사관　8:17 사독
　　　　　9:3 요나단의 아들　9:8 죽은 개 같은 나　9:12 미가

message　8장에서 다윗은 이스라엘의 국력을 크게 신장시키기 위해 이스라엘을
　　　　　위협하던 대적들을 차례로 물리치고 국내적으로 행정 조직을 개편하여
　　　　　나라의 안정을 더욱 공고히 하였다. 9장은 나라를 일으키는 데 혼신의
　　　　　정열을 불태우던 다윗이었지만 그 가운데 요나단과의 우정어린 약속을
　　　　　잊지 않고 그의 혈육을 찾아 돌보는 따뜻한 인간미를 보여준다.

고후 2장　고린도 교회를 향한 바울의 사랑

묵상　　　고린도 교회 방문을 위한 계획

key word　2:7 용서하고

message　바울은 당을 지어 자기를 배척한 자들을 용서하라고 말한다. 그들이 그
　　　　　동안의 견책으로 벌을 받았으며 범죄자에게 지나친 벌을 주는 것은 그
　　　　　를 낙담하게 할 것이라고 생각했기 때문이다. 그리고 바울은 그리스도
　　　　　의 향기라는 비유를 들어 하나님께서 그리스도 안에서 궁극적인 승리를
　　　　　주시는 것과 자기들의 사역으로 인해 생명의 역사가 일어남을 부각시킨
　　　　　다.

말씀 연결(삼하 8-9장; 고후 2장)_이기게 하심

▶**말씀기도**
하나님께서는 정의와 공의를 행하시는 분이시며 그리스도의 향기의 삶을 통해 사랑을 나타내
게 하심을 믿고 감사하오며 기도합니다.

겔 16장　남편을 저버린 부정한 여인 이스라엘

묵상　　　　왕후의 지휘에 오름과 언약을 배반함

key word　 16:3 가나안, 아모리, 헷　16:8 맹세하고　16:17 남자 우상　16:18 나의 기
　　　　　 름과 향　16:24 누각　16:27 블레셋 여자　16:33 서물　16:40 돌로 치며
　　　　　 16:45 자녀를 싫어한

message　 부정한 아내 비유를 통해 이스라엘의 죄악을 지적한다. 즉 하나님은 고
　　　　　 아 이스라엘을 양육하고 아내를 삼으며 사랑을 베풀었지만 이스라엘은
　　　　　 남편 되신 하나님을 저버리고 다른 남자와 간음하는 부정을 저지른 결
　　　　　 과 아내의 영화로운 자리를 박탈당하게 된다는 비유이다.

시 58-59편　언약을 소원하는 기도와 피난처 되신 하나님

묵상　　　　심판하시는 하나님

key word　 58:3 모태에서부터　58:4 귀머거리 독사　58:7 급히 흐르는 물　58:8 소멸
　　　　　 하여 가는 달팽이　59:3 엎드려 기다리고　59:5 모든 나라들　59:12 그들의
　　　　　 입의 죄라

message　 58편은 아들 압살롬의 반역으로 인해 다윗의 도피 생활을 하던 때에 지
　　　　　 은 시로 불의한 권세자들에 대하여 하나님의 공의의 심판을 호소하고 있
　　　　　 는 내용이다. 59편은 아내 미갈의 도움으로 사울의 칼로부터 목숨을 건진
　　　　　 사건을 배경으로 한 다윗의 비탄시 중에서 가장 먼저 지어진 것이다.

말씀 연결(겔 16장; 시 58-59편)_언약과 심판

▶**일러두기**

사무엘하 9장 8절의 '죽은 개 같은 나'는 아주 비천하고 보잘것없는 존재를 뜻하는 말로 히브리
사회에서 개는 천대받는 동물이었고 개는 부정하게 여겨졌다.

14
Sep

언약

사무엘하 10장 | 고린도후서 3장 | 에스겔 17장 | 시편 60-61편

삼하 10장 암몬과 아람을 무찌른 다윗

묵상   여호와의 선히 여기심

key word   10:1 암몬 자손의 왕이 죽고 10:4 수염 절반을 깎고 10:16 하닷에셀이

message   다윗은 주변 여러 나라를 평정함으로써 이스라엘의 국력을 신장시켰다.
           이때 암몬 왕 하눈은 이스라엘을 무시하다가 다윗 군대의 일격을 받았
           으며 아람 사람의 도움으로 다시 도전했지만 다윗의 군대에 무참히 패
           하고 말았다.

고후 3장 새 언약의 일꾼

묵상   새 언약의 일꾼

key word   3:7 율법 조문의 직분 3:8 여의 직분 3:9 정죄의 직분

message   바울은 새 언약과 새 언약의 영광을 비교하면서 자신이 더없이 영광스
           러운 새 언약의 일꾼임을 자부하고 있다.

말씀 연결(삼하 10장; 고후 3장)_선과 일꾼

▶**말씀기도**

하나님의 신실하심과 하나님의 언약을 의지하여 새 언약의 일꾼으로서 살아가는 삶이기를 소
원합니다.

겔 17장　두 독수리와 백향목, 포도나무 비유

묵상　　　언약을 배반함과 심판

key word　17:6 포도나무　17:7 큰 독수리　17:22 높은 가지　17:23 각종 새가

message　부정한 여인의 비유를 통해 유다의 멸망을 선포한 데 이어 에스겔 선지
　　　　자는 두 독수리와 백향목, 포도나무의 비유를 통해 유다 멸망의 여러 가
　　　　지 징후들을 국제 정세 속에서 조명하고 있다. 그러나 훗날 유다의 회복
　　　　에 대한 비전이 제시되어 있어서 흑암 중 한 줄기 빛을 던져주고 있다.

시 60-61편　전쟁에서 승리를 위한 기도와 견고하신 하나님

묵상　　　여호와의 인자와 진리

key word　60:3 어려움　60:4 깃발을 주시고　60:8 나의 목욕통이라　61:2 나보다 높
　　　　은 바위

message　60편은 이스라엘의 주력 부대가 북방 징벌로 틈을 비운 사이에 에돔이
　　　　유다를 기습하여 발생한 전투를 배경으로 쓰여진 시이다. 표제에 '교훈
　　　　을 위하여'라는 말은 '사기를 올리기 위하여'라는 뜻으로 해석된다. 61편
　　　　은 무슨 특별한 경우를 당해서 쓴 시가 아니라 평소에 기도로서 하나님
　　　　과 교제하고 싶은 심정을 피력한 짧은 시이다.

말씀 연결(겔 17장; 시 60-61편)_심판과 진리

▶일러두기

사무엘하 10장 4절의 '수염을 절반을 깎고'는 고대 히브리 사회에서 수염은 권위와 존귀의 상
징이었다. 수염을 깎는 것은 노예로 예속되었다는 뜻이기에 권위와 명예를 짓밟히는 지독한 수
치였다. 하눈은 이에 대하여 눈에 잘 띄도록 수염을 절반만 깎아서 웃음거리를 만들었다.

숨은 부끄러움의 일

사무엘하 11장 | 고린도후서 4장 | 에스겔 18장 | 시편 62-63편

삼하 11장 다윗의 범죄

묵상   다윗의 악한 일

key word   11:1 그 해가 돌아와 11:15 그로 맞아 죽게 하라 11:16 요압이 11:21 우리아
            도 죽었나이다 11:27 그 장례를 마치매

message   거듭된 승리로 인해 영적으로 느슨해진 다윗이 우리아의 아내 밧세바를
            범하고 또 밧세바를 얻기 위해 우리아를 전사하게 하는 끔찍한 범죄를
            저질렀다.

고후 4장 질그릇에 담긴 보배

묵상   숨은 부끄러운 일을 버림과 보배 되신 예수님

key word   4:7 질그릇에 4:8 욱여쌈 4:18 주목하는

message   바울은 계속해서 영광스런 새 언약의 사도로서 자신이 견지하고 있는
            사역의 자세를 말한다. 낙심하지 않고 자신을 깨끗하게 하며, 오직 진리
            만을 나타내고 예수의 주되심을 전파했다. 또한 질그릇과 보배 비유를
            들어 성도들에게는 사망 권세를 이기신 생명의 성령의 역사가 있기 때
            문이다.

말씀 연결(삼하 11장; 고후 4장)_악한 일과 부끄러운 일

▶**말씀기도**

부끄러운 일을 버리고 오직 심령으로 날로 새로워지며, 주 앞에 감출 것 없음을 고백하고 진정
한 찬양으로 하나님께 나아가는 삶이기를 기도합니다.

겔 18장　행위대로 갚으시는 하나님

묵상　범죄하는 그 영혼의 죽음

key word　18:10 가령　18:12 눈을 들거나　18:13 자기의 피가　18:14 또 가령　18:17 손을 금하여　18:24 가증한 일　18:31 마음과 영을

message　심판의 부당함을 항변하는 유다 백성들을 향해 심판의 필연성과 행위대로 보응받는 심판의 개별성에 대해 지적하면서 같은 맥락에서 회개하는 자의 구원을 아울러 선포하고 회개를 촉구한다.

시 62-63편　잠잠히 주를 앙망하는 자의 노래

묵상　행한 대로 갚으심

key word　62:1 나의 영혼이　62:3 넘어지는 담과　62:4 높은 자리에서　63:5 골수

message　62편은 다윗의 환난 시절에 쓰여진 시로 잠잠히 하나님만을 바라겠다는 탄원시이다. 63편은 '쫓겨난 자의 시'로서 다윗이 아들 압살롬에게 쫓겨 유대 광야로 도망쳤던 기구한 때에 쓴 시이다. 다윗은 억울한 현실에 좌절하지 않고, 하나님이 모든 것을 회복시킬 것을 믿고 하나님이 모든 것을 회복시킬 것을 믿고 있다.

말씀 연결(겔 18장; 시 62-63편)_죽음과 갚으심

▶**일러두기**

에스겔 18장 2절의 '아버지가 신 포도를 먹으면 아들의 이가 시다'라는 말씀은 자신들의 고난이 조상의 죄 때문이라는 뜻이다. 그러나 하나님은 심판이 개인 행위에 대한 결과라고 말씀하시면서 조상 책임론을 철저하게 배격하셨다.

16 Sep 새로운 피조물

사무엘하 12장 | 고린도후서 5장 | 에스겔 19장 | 시편 64-65편

삼하 12장 나단의 책망과 다윗의 참회

묵상
다윗의 회개

key word
12:11 백주에 동침하리라 12:12 너는 은밀히 12:17 집의 늙은 자들 12:20 기름을 바르고 12:24 그의 아내 밧세바 12:27 물들의 성읍

message
밧세바와의 간음뿐 아니라 이를 숨기려고 우리아를 죽게하는 살인죄까지 범했던 다윗은 나단의 고발에 눈물로 참회하게 된다. 또한 다윗은 하나님이 내리신 형벌을 온전히 받아들임으로써 하나님의 회복케 하시는 은총을 받았다.

고후 5장 내세와 부활에 대한 소망

묵상
그리스도 안에 있음

key word
5:1 장막 집 5:12 외모로 자랑하는 자들 5:17 새로운 피조물 5:18 화목하게 5:20 그리스도를 대신하여

message
바울은 '땅의 장막과 하늘의 집'이라는 비유를 들어 육체의 한시성을 통과한 후에 얻게 될 영원한 삶을 의연한 자세로 설명한다. 지상의 집이 무너진다 해도 하늘의 집이 있다는 사실을 알기에 바울은 고난 중에서도 결코 낙심하지 않았다. 나아가 바울은 자신의 행동은 하나님과 교회를 위한 일념에서 나온 것이다.

말씀 연결(삼하 12장; 고후 5장)_회개와 그리스도 안위하심

▶말씀기도

그리스도 안에서 새로운 피조물이 되었고 예수 안에서 자유를 누리고 모든 죄악에 대해 회개하며, 애통하는 마음으로 날마다 주의 뜰에 거하는 존귀한 삶이 되기를 기도합니다.

겔 19장　다윗 왕가의 몰락에 대한 애가

묵상　　　애가

key word　19:1 애가　19:3 사람을 삼키매　19:13 광야

message　사자의 비유와 포도나무 비유를 통해 한때는 영화의 극치를 달렸던 유다 왕국과 다윗 가문이 처절하게 몰락하고 패망하는 현실을 탄식한다.

시 64-65편　악인의 심판과 하나님의 권능

묵상　　　주의 뜰에 살게 하심

key word　64:2 악을 행하는 자　64:4 온전한 자　64:10 악인은　65:2 모든 육체　65:5 엄위하신 일　65:9 하나님의 강

message　64편은 압살롬의 반격 직전에 쓰여진 시로 다윗은 대적자들의 간계를 고발하면서 그들에 대한 하나님의 징계를 호소하고 있다. 65편은 우주 만물의 주권자 되시는 하나님에 대한 찬양과 감사의 시이다.

말씀 연결(겔 19장; 시 64-65편)_애가와 주의 뜰

▶일러두기

사무엘하 12장 1절의 '나단'은 다윗과 솔로몬 시대의 선지자이다. 다윗이 밧세바를 범하고 우리아를 죽게 한 때 하나님의 징계를 전했으며 솔로몬이 태어났을 때에는 하나님의 사랑을 전했다. 또한 아도니야의 반란 시에는 다윗에게 청하여 솔로몬의 왕위 계승권을 확보하였다. 나단은 무엇보다도 여호와의 계시에 충실한 예언자로서 후에 다윗과 솔로몬의 행적을 기록하였다.

17
Sep
은혜에 대한 태도

사무엘하 13장 | 고린도후서 6장 | 에스겔 20장 | 시편 66-67편

삼하 13장 다말을 범한 암논

묵상　　　압살롬의 반역

key word　13:6 과자 13:11 누이야 13:12 어리석은 일 13:13 왕께 말하라 13:15 미움
　　　　　이 13:17 이 계집 13:24 양 털 깎는 일 13:34 뒷산 언덕길

message　다윗의 가정을 징벌하시겠다는 하나님의 경고는 장남 암논이 이복누이
　　　　　다말을 추행하고 이를 분히 여긴 다말의 오빠 압살롬이 암논을 살해하
　　　　　는 사건으로 현실화되었다.

고후 6장 복음 사역자의 모범과 성도의 구별된 삶

묵상　　　은혜를 헛되이 받지 않음

key word　6:8 속이는 자 6:9 징계를 받는 자 6:15 벨리알

message　바울은 계속해서 자신의 사도권을 변호한다. 자신이 고린도에서 종 된
　　　　　자세로 진실하고 겸손히 사역을 감당했다고 말하면서 자신을 관대히 받
　　　　　아 달라고 말한다. 또한 이방의 우상 풍습에서 떠날 것을 권면하는 내용
　　　　　이다.

말씀 연결(삼하 13장; 고후 6장)_반역과 은혜

▶말씀기도

지금은 은혜의 때임을 기억하고 우리의 왕이신 하나님의 마음을 헤아리는 삶을 살아가며, 고독
한 자와 갇힌 자를 형통하게 하는 하나님을 바라보며 살아가기를 소원합니다.

겔 20장 불순종의 역사로 점철된 이스라엘

묵상   준행하면 삶을 얻을 율례

key word   20:8 애굽의 우상들 20:9 내 이름을 위함이라 20:18 그들의 자손 20:25 선하지 못한 율례 20:26 장자를 다 화제로 20:28 높은 산 20:29 바마 20:46 남으로 향하라

message   에스겔은 과거 출애굽 시절부터 광야 생활, 가나안 정복에 이르기까지 끊임없이 베풀어주신 하나님의 사랑과 그럼에도 불구하고 틈만 나면 반역하는 이스라엘 불순종의 역사를 상기시키면서 멸망의 필연성을 경고한다.

시 66-67편 만민이 주를 찬양하라

묵상   기도를 들으심

key word   66:1 온 땅이여 66:6 바다, 강 66:12 머리를 타고 가게 66:14 내 입술이 67:1 그의 얼굴 빛을 67:6 땅이

message   66편은 이스라엘의 출애굽이라는 극적인 사건을 배경으로 하여 하나님의 구원 사역을 노래하는 찬양시이다. 시인은 먼저 민족 전체의 입장 곧 '우리'라는 집합적인 관점에서 다음으로 선민의 대표로서 개인적인 차원에서 하나님께 감사 찬양을 드린다. 67편은 '선교의 노래'라는 별칭을 가진 시인데 시인은 이스라엘에 베풀어진 하나님의 구원이 열방으로 확장되기를 기원하고 있다.

말씀 연결(겔 20장; 시 66-67편)_율례와 기도

▶일러두기
사무엘상 13장 18절의 '채색옷'은 왕족이나 부유층 계층이 즐겨 입던 소매가 긴 외투로 귀한 신분을 나타내거나 혼인 잔치 전의 공주들이 처녀임을 나타내기 위해 입었다.

18
Sep

마음을 헤아림

사무엘하 14장 | 고린도후서 7장 | 에스겔 21장 | 시편 68편

삼하 14장 예루살렘으로 돌아온 압살롬

묵상　　　 다윗의 마음을 헤아린 요압

key word　 14:3 입에 할 말을 넣어 주니라 14:7 내게 남아 있는 숯불 14:11 여호와를 기억하사 14:14 땅에 쏟아진 물 14:16 하나님의 기업 14:26 머리털이 무거우므로

message　 형 암논을 죽이고 도피하던 압살롬이 다윗과 화해하고 예루살렘으로 돌아오는 장면이다. 그런데 다윗과 압살롬과의 화해는 정치적인 것이었을 뿐 진정한 회개와 용서가 전제되지 않았다. 다윗과 압살롬의 화해 이면에는 여전히 불행의 씨앗이 싹트고 있었다.

고후 7장 성도 간 화해로 인한 기쁨

묵상　　　 하나님의 뜻대로 하는 근심

key word　 7:1 거룩함을 온전히 7:8 편지로 7:15 심정

message　 바울은 고린도 교인들에게 화해의 요청을 하는데 마침내 고린도 교회의 문제가 잘 해결되고 사도와 고린도교인 간에 화해가 이루어진 것을 기뻐한다. 이제 바울은 힘을 내어 주의 일을 독려한다.

말씀 연결(삼하 14장; 고후 7장)_헤아림과 근심

▶**말씀기도**

우리의 왕이신 하나님의 마음을 헤아리는 성도가 되게 하시고 하나님께서 형통하게 하시는 삶을 통해 고독한 자와 갇힌 자를 위해 기도할 수 있는 은혜 주시기를 소원합니다.

겔 21장 　 칼의 비유와 암몬 멸망 예언

묵상　　　 재앙을 내리시는 하나님

key word　 21:3 칼을 칼집에서 빼어 21:10 내 아들의 규 21:19 바벨론의 왕 21:20 랍
　　　　　 바 21:25 이스라엘의 왕 21:31 짐승 같은 자

message　 불타는 삼림 비유를 깨닫지 못하겠다고 핑계하는 유다 장로들을 향해
　　　　　 에스겔 선지자는 다시 칼을 경고한다. 한편 선지자는 바벨론의 칼이 유
　　　　　 다를 향하자 민족적 자부심으로 즐거웠던 암몬을 향해 그들의 운명이
　　　　　 유다와 다르지 않음을 경고한다.

시 68편 　 전능하신 하나님의 승리

묵상　　　 날마다 우리 짐을 지시는 하나님

key word　 68:1 일어나시니 68:2 연기 68:4 광야에 행하시던 이 68:12 여자들도
　　　　　 68:14 살몬에 68:15 바산의 산 68:26 이스라엘의 근원

message　 일종의 개선가로서 전쟁에서 승리한 후에 승리의 근원이 되시는 하나님
　　　　　 께 감사하며 영광을 돌리는 찬양시이다. 본서는 원수를 멸하시는 하나
　　　　　 님의 능력으로 말미암아 하나님의 백성이 최후 승리를 거두고, 하나님
　　　　　 을 찬양하게 되리라는 승리의 비전을 제시해 준다. 아울러 본 시는 장차
　　　　　 이루어질 천국의 최종적인 승리를 바라보고 기뻐하는 시이다.

말씀 연결(겔 21장; 시 68편)_재앙과 우리의 짐

▶일러두기

사무엘하 14장 26절의 '왕의 저울'은 왕실에서 사용하는 저울로 확실하지는 않으나 일반인들이
사용하던 보통 저울보다 무거웠을 것으로 추정한다. 당시 이스라엘에는 일상적으로 사용하던
'보통 저울'과 왕실에서 사용하던 '무거운 저울'이 있었고, 성전에서만 사용하던 '성전 저울'이
있었던 것으로 알려지고 있다.

19 Sep · 반역과 충성

사무엘하 15장 | 고린도후서 8장 | 에스겔 22장 | 시편 69편

삼하 15장 다윗을 반역한 압살롬

묵상   압살롬의 반역과 후세의 충성

key word   15:4 내가 정의를 베풀기를 15:6 이스라엘 사람의 마음을 15:7 사 년 만에 15:17 벧메르학 15:19 가드 사람 잇대 15:23 광야 길 15:27 선견자 15:28 광야 나루터 15:30 머리를 가리고

message   아버지 다윗과 거짓으로 화해한 압살롬이 자신의 힘을 키워 반기를 들었다. 다윗은 압살롬의 반역을 피해 도망치는 가운데 누구도 원망하지 않고 하나님을 의지하였다. 다윗은 하나님께서 부르짖는 영혼을 외면하지 않으실 것을 확신하고 오히려 자기를 돌아보며 신앙을 점검했다.

고후 8장 예루살렘 교회를 위한 연보

묵상   충성된 사람들

key word   8:4 성도가 섬기는 일 8:13 평안하게 8:14 균등하게 8:20 거액의 8:24 너희의 사랑과

message   어려움에 처한 예루살렘 교회를 도울 것을 독려한다. 그리고 고린도 교회의 모금을 위하여 연보의 연보를 보낸다. 바울은 사랑의 헌금은 하나님의 은혜에 감사하는 표현이었고, 형제애와 교회 연합, 그리고 성도간의 평등을 이루는 방법이었다.

말씀 연결(삼하 15장; 고후 8장)_반역과 충성된 사람들

▶말씀기도

모든 반역의 행위에서 돌이켜 자신을 주께 드리고, 교회에 칭찬받는 자로서 삶을 통해 오직 하나님의 구원을 바라보는 삶이기를 소원합니다.

겔 22장　　죄악의 도성 예루살렘

묵상　　　　이스라엘의 반역

key word　　22:2 피 흘린 성읍　22:10 아버지의 하체를 드러내는　22:18 찌꺼기　22:24
　　　　　　진노의 날에　22:28 회를 칠하고

message　　유다를 풀무 속의 금속에 비유하면서 예루살렘의 온갖 죄상을 공개하고
　　　　　　멸망을 선포한다. 특히 유다 백성 전체에 광범위하게 만연해 있었다는
　　　　　　선지자의 고발을 통해 하나님의 백성으로 자처하는 유다가 멸망할 수밖
　　　　　　에 없는 이유를 새삼 깨닫게 된다.

시 69편　　고통당하는 자의 탄식과 소망

묵상　　　　반역에 충성

key word　　69:1 물들이 내 영혼까지　69:7 비방　69:10 내가 곡하고　69:12 성문에
　　　　　　앉은 자　69:21 초　69:28 생명책　69:33 갇힌 자

message　　세속적인 왕권 유지에 눈이 먼 사울 왕으로부터 불의한 핍박을 받으며,
　　　　　　쫓기고 방황할 때에 쓴 다윗의 시이다. 억울하게 핍박을 받으면서도 하
　　　　　　나님의 정의를 지키려고 애쓰는 순수한 신앙이 잘 드러나 있다. 시인은
　　　　　　극심한 고난과 불의한 핍박 중에서도 구원의 하나님을 바라보며 자신의
　　　　　　처지를 호소하고 소망을 가진다.

말씀 연결(겔 22장; 시 69편)_반역과 충성

▶일러두기

고린도후서 8장 2절의 '연보'는 헬라어 '로기아'는 '추렴한 것', '모집한 것'이라는 의미로 자선
과 구제 및 교회의 경비 목적으로 성도들이 자발적으로 돈을 모으는 행위를 말한다. 성도가 한
마음으로 순수하게 베푸는 연보는 교회의 연합과 성도의 교제를 나타내는 가시적인 표지가 되
었다.

20
Sep

도우심

사무엘하 16장 | 고린도후서 9장 | 에스겔 23장 | 시편 70-71편

삼하 16장 거듭된 시련을 겪은 다윗

묵상　　　모함과 저주에서 도우심

key word　16:1 므비보셋 16:5 바후림 16:7 사악한 자여 16:8 사울의 족속의 모든 피
　　　　　16:9 죽은 개 16:10 스루야 16:16 왕이여 만세

message　압살롬의 반란을 피해 도망하던 다윗은 사울 집안의 시므이로부터 비난
　　　　　을 받고 압살롬이 자신의 후궁과 동침하는 등 점점 더 큰 시련을 겪어야
　　　　　만 했다. 다윗에게 닥친 일련의 시련들은 다윗이 밧세바의 일로 행한 범
　　　　　죄의 결과이고 죄인을 다스리시는 하나님의 징벌이었다.

고후 9장 헌금과 구제에 대한 교훈

묵상　　　모든 것이 넉넉함으로 도우심

key word　9:7 즐겨 내는 자 9:8 모든 은혜 9:12 부족한 것을 9:15 그의 은사

message　바울은 고린도 교회에 연보를 준비시킨다. 바울이 고린도 교회를 방문
　　　　　할 때에는 마게도냐를 거쳐 그곳 신자들과 같이 가게 될 것인데 그때 준
　　　　　비되지 않은 채 급히 하게 되면 부끄러움을 당할 것을 염려하여 미리 준
　　　　　비시킨 것이다. 그러면서 바울은 연보 문제의 결론으로서 연보의 유익
　　　　　에 대해 말한다.

말씀 연결(삼하 16장; 고후 9장)_모함과 도우심

▶**말씀기도**

하나님은 우리의 모든 상황을 도우시며, 우리는 우리를 끝까지 버리지 않고 도우시는 하나님을
신뢰하며 살아가기를 소원합니다.

겔 23장　두 음녀 비유

묵상　　　음행의 멸망에서 도우심

key word　23:4 오홀라, 오홀라바　23:5 앗수르 사람　23:23 브곳　23:31 그의 잔
23:36 가증한 일　23:38 당일　23:42 잡류　23:45 의인

message　23장에서는 언니 오홀라로 비유되는 북이스라엘과 동생 오홀라바로 비
유되는 남유다가 음행하는 범죄를 지적하면서 남유다 역시 이미 멸망을
당한 북이스라엘과 그 운명이 다르지 않을 것을 선포하고 있다.

시 70-71편　속히 임하시고 늙을 때 버리지 마옵소서

묵상　　　수치에서 구원하심

key word　70:2 나의 영혼을 찾는 자　70:3 아하, 아하 하는 자　70:4 주를 찾는 모든
자　71:1 주께 피하오니　71:5 나의 소망　71:7 이상한 징조　71:15 측량할

message　70편은 절망적인 고통 중에서 아주 다급하게 하나님의 구원과 도우심을
간구하는 비탄시이다. 시인의 다급한 심경에서 상황의 절박함을 엿볼
수 있다. 71편은 '노년의 시편'이라고도 불리는 늙고 병든 영혼의 기도인
데 작자 미상의 이 시는 경건한 신앙인으로 일생을 살아온 노인이 기력
이 쇠하고 병든 상태에서 임종을 바라보며 고백하는 시이다.

말씀 연결(겔 23장; 시 70-71편)_음행과 수치

▶일러두기

사무엘하 16장 21절의 '후궁들과의 동침'은 고대에는 왕위찬탈자나 다른 나라를 정복한 정복자
가 공주나 후궁을 취함으로써 승리를 선포하는 의식이 있었다. 아히도벨은 이런 맥락에서 압살
롬이 다윗의 후궁을 취함으로 왕의 권위를 공고히 하도록 조언하였다.

하나님의 능력

사무엘하 17장 | 고린도후서 10장 | 에스겔 24장 | 시편 72편

삼하 17장 아히도벨의 책략을 꺾은 후새

묵상 　　　 모략을 폐하시고 세우심

key word 　 17:2 기습하여 17:5 후새도 부르라 17:8 용사라 17:17 에느로겔 17:24 마
　　　　　 하나임 17:25 아마사 17:27 소비

message 　 다윗은 사악한 아히도벨의 계략으로 생명의 위기를 맞았으나 하나님의
　　　　　 은혜로운 간섭으로 위험한 상황을 모면하였다. 이처럼 하나님을 전적으
　　　　　 로 의뢰하는 사람도 때로 생명이 위협받는 일을 만날 수가 있다. 하지만
　　　　　 이 같은 어려움 속에서도 택한 자를 지켜주시는 하나님의 지극한 관심
　　　　　 과 보호하심은 여전하시다.

고후 10장 자신의 사역을 변호하는 바울

묵상 　　　 우리의 싸우는 무기

key word 　 10:1 유순하고 10:4 견고한 진 10:8 주께서 주신 권세 10:13 한계

message 　 바울은 자신의 사도직에 도전하는 자들을 무서운 어조로 책망하고 있
　　　　　 다. 그리고 바울은 고린도 교회가 자신의 사도적인 영향력 아래 있으므
　　　　　 로 그들에게 자신의 신앙을 자랑하는 일이 정당하다는 사실을 증명한
　　　　　 다.

말씀 연결(삼하 17장; 고후 10장)_모략과 무기

▶**말씀기도**

하나님은 우리의 모든 계략을 피하시며 세우심을 믿으며 우리의 눈에 기뻐하시는 것을 취하시
는 주님을 찬양하며 기도합니다.

겔 24장　녹슨 가마 비유

묵상　눈에 기뻐하는 것을 취하심

key word　24:3 비유를 베풀어　24:6 녹　24:11 녹이 소멸되게　24:21 내가 더럽힐 것이며　24:23 울지도 아니하되　24:26 그 날

message　녹슨 가마 비유를 통해 바벨론에 의한 유다의 멸망이 목전에 이르렀음을 지적하고 그 피해의 심각성을 경고한다. 한편 후반부에서는 선지자 아내의 죽음을 통해 유다의 패망이 돌이킬 수 없는 시점에 왔음을 보여준다.

시 72편　평강과 번영의 나라

묵상　홀로 기이한 일을 행하시는 하나님

key word　72:1 주의 판단력　72:3 산　72:12 궁핍한 자　72:14 피가　72:16 산 꼭대기의 땅

message　72편은 127편과 함께 솔로몬이 지은 시로 군왕시이다. 본 시는 하나님의 완전한 공의 실현과 우주 통치, 그리고 평강의 지배를 노래하고 있는데 이는 궁극적으로 메시야의 통치와 영광에 대한 예언이라고 볼 수 있다. 시의 내용은 왕의 통치의 공의성, 왕의 통치의 영광, 왕의 통치가 가져온 풍요함을 주시기를 바라는 기도로 되어 있다.

말씀 연결(겔 24장; 시 72편)_기뻐하는 기이한 일

▶일러두기

시편 72편 18-19절의 '영광이 충만할지어다'는 시편 제2권에 대한 송영이다. 송영은 '영광', '장대함' 등의 의미로 하나님의 영광을 칭송하는 노래 혹은 그 말에 붙은 이름이다.

22 Sep 하나님의 열심

사무엘하 18장 | 고린도후서 11장 | 에스겔 25장 | 시편 73편

삼하 18장 압살롬의 죽음

묵상
원수를 갚으심

key word
18:4 문 곁에 왕이 서매 18:6 에브라임 수풀 18:11 은 열 개와 띠 18:14 작은 창 셋 118:19 아하마아스 18:21 구스 사람 18:24 두 문

message
다윗에게 반역했던 압살롬의 비극적인 죽음이 소개된다. 에브라임 수풀에서 벌어진 다윗 군대와 압살롬 군대의 치열한 전투에서 압살롬은 요압에 의해 죽임을 당하였다. 그리고 압살롬의 죽음으로 인해 다윗에게는 지울 수 없는 상처가 남게 되었다.

고후 11장 사도로서 바울의 고난

묵상
교회를 위한 열심과 염려

key word
11:4 다른 예수 11:8 비용 11:15 행위대로 11:17 기탄 없이 11:26 동족의 위험

message
바울의 사도권 변호가 계속 이어지고 있다. 거짓 사도는 교회를 이용하여 자기의 부와 명예를 구한다. 따라서 거짓 사도는 결국 그 열매로 그 정체를 알 수 있다. 이에 바울은 복음의 권위와 순수성을 지키고자 주 안에서 자랑하고 있다. 사실 바울은 좋은 유대적 배경과 탁월한 학문을 지녔고, 주를 위해 많은 고난을 당했다.

말씀 연결(삼하 18장; 고후 11장)_원수와 염려

▶**말씀기도**

주 안에서 정결한 마음으로 살아가기를 위해 기도하며 오직 하나님만을 바라며 하나님을 가까이하는 삶이기를 기도합니다.

겔 25장   암몬, 모압, 에돔, 블레셋의 멸망 선포

key word   25:3 아하 좋다 하였도다 25:4 동방 사람 25:6 손뼉을 치며 25:12 에돔이
유다 족속을 쳐서 25:13 데만에서부터

message   유다 왕국과 이웃하고 있는 열방의 장래가 예언된다. 먼저 암몬, 모압,
에돔, 블레셋을 향한 멸망이 선포되고 있다.

시 73편   악인의 형통함에서 얻는 교훈

묵상   악인을 황폐하게 하심

key word   73:9 혀는 땅에 두루 73:20 주께서 깨신 후에는 73:22 주 앞에 짐승
73:27 음녀

message   악인의 번영으로 인한 갈등의 극복을 노래하고 있는데 시인은 한때 악
인의 번영을 보고 시험에 빠졌던 상태를, 그러나 성소에 들어가 예배하
던 중에 악인의 번영은 일시적이며 심판은 영구하다는 사실에 새삼 깨
달았음을 보여준다. 악인에 대한 의인의 영원한 승리는 이 땅에서 즉각
적으로 이루어지는 것이 아니라 최후 심판의 때에 성취된다는 것을 성
경은 증명하고 있다.

말씀 연결(겔 25장; 시 73편)_원수와 악인

▶일러두기

사무엘하 18장 15절의 '요압이 압살롬을 죽인 이유'는 암논을 죽이고 도피 생활하던 압살롬을
다윗과 화해시킨 요압은 반란을 일으킨 압살롬을 잔인하게 살해한다. 그는 압살롬을 의지하여
야심을 키웠으나 압살롬이 다윗에게 반란을 일으키면서 자신의 야망도 사라지게 되었다. 요압
이 다윗의 명을 어기면서까지 압살롬을 죽인 것은 자신을 반대하던 압살롬에게 받은 상처 때문
으로 보기도 한다.

회복

사무엘하 19장 | 고린도후서 12장 | 에스겔 26장 | 시편 74편

삼하 19장 예루살렘으로 돌아온 다윗

묵상
다윗의 왕권 회복

key word
19:9 변론하여 19:10 기름을 부어 19:13 아마사 19:19 패역한 일 19:29 시바와 밭을 나누라 19:31 바르실래 19:37 김함 19:40 길갈

message
압살롬의 반역이 진압되고 다윗은 예루살렘에 복귀한다. 다윗이 귀환하는 가운데 그동안 자신을 괴롭혔던 자들을 용서하고 포용한다. 이러한 다윗의 처신은 자신의 사사로운 감정에 얽매이지 않고 용서와 사랑으로 하나 되는 일에 힘쓰는 통치자의 본을 보여준다.

고후 12장 바울의 환상과 계시

묵상
사도성의 회복

key word
12:1 계시 12:7 내 육체의 가시 12:8 세 번 주께 12:10 내가 약한 그 때에

message
바울은 신비한 영적 체험과 계시를 받은 것을 객관적으로 표현하고, 동시에 자신이 가지고 있는 육체적인 결함도 숨기지 않고 말한다. 자신의 약함 속에 주님의 능력이 머물게 된다는 진리를 깨달았기 때문이다. 바울은 자비량 사역의 원칙을 말하는데 이는 사도의 정당한 대가를 헐뜯는 자들의 비난을 아예 없애기 위함이었다.

말씀 연결(삼하 19장; 고후 12장)_왕권과 사도성 회복

▶**말씀기도**
어떤 상황에서도 우리를 회복시키시는 하나님을 믿으며, 다윗의 왕권을 회복시키시고 주님으로부터 받은 소명을 회복하는 삶을 살기를 기도합니다.

겔 26장　두로가 받을 심판

묵상　두로 왕국의 멸망과 선포

key word　26:2 두로　26:4 맨 바위　26:7 느브갓네살　26:11 견고한 석상　26:19 깊은 바다

message　암몬, 모압, 에돔, 블레셋의 멸망을 선포한 에스겔 선지자는 무려 28장에 걸쳐 팔레스타인 북방 지중해 연안의 막강한 해양 국가 두로의 멸망을 선포한다. 이렇게 선지자가 세 장에 걸쳐 두로의 멸망을 선포하는 이유는 작지만 막강한 영향력을 가진 난공불락의 해양 국가임을 볼 수 있다.

시 74편　민족의 구원을 위한 기도

묵상　이스라엘 회복을 위한 하나님의 조처

key word　74:1 어찌하여　74:2 옛적부터 얻으시고　74:13 용들의 머리　74:19 멧비둘기　74:22 우매한 자가

message　바벨론의 3차 침공으로 예루살렘 도성과 하나님의 성전이 함락되게 된 극한 위기 상황에 직면하여 민족의 구원을 호소하는 시이다. 저작 시기는 예레미야 시대인데 아삽의 후손 중 한 사람이 지은 후에 아삽 성가대의 이름으로 표제어를 삼은 것이다.

말씀 연결(겔 26장; 시 74편)_회복과 조처

▶일러두기

사무엘하 19장 4절의 히브리어 '파닌'은 얼굴 이상으로 사람의 전 인격을 상징한다. 곧 얼굴을 가림은 애통을(19:4), 땅에 대고 엎드림은 존경과 경배를(대상 19:4), 얼굴을 돌이킴은 거절을(대하 30:9), 얼굴을 숨김은 불만을(신 31:17-18), 얼굴을 무릎 사이에 넣음은 간절한 기도를(왕상 18:42), 얼굴을 굳게 함은 완악함(렘 5:3)을 나타낸다.

왕과 함께함

사무엘하 20장 | 고린도후서 13장 | 에스겔 27장 | 시편 75-76편

삼하 20장 세바의 반란

묵상	왕의 반역자 처단
key word	20:1 불량배 20:3 후궁 열 명 20:9 아마사의 수염 20:15 언덕 20:16 지혜로운 여인 한 사람 20:19 어머니와 같은 성 20:26 대신
message	이스라엘 열한 지파의 반목이 베냐민 지파의 불량배 세바를 통해 폭발하였다. 이같이 거듭된 반란과 피의 복수는 다윗의 범죄 후 하나님의 대언자 나단의 입술을 통해 이미 예언된 바이다. 더욱이 이스라엘 열한 지파의 반목은 이후 왕국 분열의 원인이 되었다. 실로 다윗이 뿌린 죄악의 씨가 얼마나 비참한 열매를 맺게 되는지를 여실히 보여준다.

고후 13장 바울의 마지막 권면과 인사

묵상	왕이신 그리스도 안에 거함
key word	13:5 버림 받은 자 13:11 마음을 같이하여 13:12 모든 성도 13:13 교통하심
message	바울이 자신의 두 번째 편지를 마무리하면서 다시 한번 마지막 권고를 한 후에 작별 인사와 더불어 축도를 하는 내용이다. 바울은 고린도 교회를 향해 마지막 경고를 한다. 두 번째 방문 때에는 그냥 돌아왔지만 세 번째 때까지 회개하지 않는다면 단호하게 처리할 것임을 경고한다.

말씀 연결(삼하 20장; 고후 13장)_왕의 반역자와 그리스도 안에 거함

▶말씀기도

하나님께 감사하며 살아가는 신실한 삶이되게 하시고 교만의 잔을 비우고 오직 왕되신 주께 경배하며 나아가는 삶이기를 위해 기도합니다.

겔 27장　두로에 관한 애가

묵상　　　두로를 심판하시는 만국 왕

key word　27:3 나는 온전히 아름답다　27:7 엘리사 섬　27:8 아르왓　27:9 그발
　　　　　27:10 바사　27:12 다시스　27:13 야완　27:15 드단　27:17 민닛　27:18 헬본
　　　　　27:21 게달　27:23 하란

message　선지자는 다시금 찬란한 부귀영화를 누리던 해양 국가 두로의 멸망을
　　　　　애가 형식으로 선포하면서 동시에 두로의 멸망으로 큰 충격에 휩싸인
　　　　　주변 국가의 슬픔을 소개한다.

시 75-76편　공의로운 승리자 하나님

묵상　　　재판장이신 하나님

key word　75:3 땅의 기둥　75:7 재판장이신 하나님　76:2 살렘　76:4 약탈한 산　76:5
　　　　　잠에 빠질 것이며

message　75편은 하나님의 공의롭고 공평하신 심판의 날을 기대하며 부른 감사의
　　　　　시이다. 시인은 최후 심판의 날에 하나님께서 교만한 자를 반드시 심판
　　　　　하실 것을 노래한다. 76편은 아삽 후손이 쓴 시로 의인을 위해 악인과 싸
　　　　　워 이기시는 하나님의 능력을 찬양하는 시이다. 저작 배경은 유다 왕 히
　　　　　스기야 시절에 앗수르 왕 산헤립의 침공을 받은 때로 추정된다.

말씀 연결(겔 27장; 시 75-76편)_심판하시는 재판장 그리스도

▶일러두기

고린도후서 13장 2절의 '교회의 권징'은 하나님의 이름을 불경스럽게 하지 못하도록, 죄인을 회
개시키기 위해 시행한다. 권징은 괴롭고 슬프며 잃기도 하지만 하나님의 위로받는 기회이기도
한다. 권징의 절차는 먼저 경고하고 권면하며, 듣지 않을 경우 수찬을 정지하고 정직시킨다.

25 Sep · 자기 몸을 주신 왕과 기이한 일을 행하신 하나님

사무엘하 21장 | 갈라디아서 1장 | 에스겔 28장 | 시편 77편

삼하 21장 다윗의 기근 극복과 국력 신장

묵상　　인간 왕의 한계

key word　21:2 기브온 사람 21:5 모해한 21:9 곡식 베는 첫날 21:10 아야의 딸
　　　　21:12 길르앗 야베스 21:17 아비새

message　기브온 사람들에게 행한 사울의 죄악으로 인해 다윗 때에 이스라엘 전
　　　　역에 3년 연속 기근을 맞아야 했던 사실과 이스라엘을 괴롭히던 블레셋
　　　　과의 전투에서 많은 공헌을 했던 다윗 휘하의 용사들의 치적 등을 소개
　　　　한다.

갈 1장　　사도로서 바울의 권위

묵상　　자기 몸을 주신 그리스도

key word　1:2 갈라디아 1:14 조상의 전통 1:18 게바를 방문하려고 1:22 얼굴로는 알
　　　　지 못하고

message　갈라디아서는 율법으로부터의 해방을 주제로 삼고 있는 책으로 오직 믿
　　　　음으로 의롭게 된다는 이신득의의 교리를 강조한다. 사도 바울은 하나
　　　　님으로부터 친히 받은 자신의 사도권을 변호한다. 그리고 갈라디아서를
　　　　기록한 목적으로 율법주의에 깊이 물든 거짓 교사들의 왜곡된 가르침으
　　　　로부터 복음을 바로 세우고 가르치고 있다.

말씀 연결(삼하 21장; 갈 1장)_한계와 그리스도

▶말씀기도

인간 왕은 육체의 한계를 넘지 못하며 기이한 일을 행하시는 진정한 왕이신 하나님을 의뢰하고
주를 바라며 살아가는 성도의 삶이기를 기도합니다.

540

겔 28장	**두로 왕의 몰락과 시돈의 패망**
묵상	두로를 심판하시는 만국 왕(2)
key word	28:2 두로 왕 28:7 이방인 28:8 구덩이 28:10 할례 받지 않은 자의 죽음
	28:12 완전한 도장 28:24 찌르는 가시
message	두 장에 걸쳐 두로의 예언을 애가 형식으로 노래한 선지자는 28장에서 국가의 번영으로 교만할 대로 교만해진 두로 왕의 최후를 예언하면서 두로 왕을 향한 애가를 선포한다. 이어 후반부에는 두로와 더불어 동고 동락하던 시돈 역시 두로와 함께 몰락할 것임을 예언한다.

시 77편	**하나님의 도우심을 간구하는 노래**
묵상	기이한 일을 행하시는 하나님
key word	77:6 노래 77:10 지존자의 오른손의 해 77:11 기이한 일 77:15 주의 팔
message	77편의 주제는 '고난 중에 더욱 성숙되는 신앙'으로서 시인은 고난으로 인해 잠시 회의에 빠지지만 다시 한번 하나님에 관하여 깊이 묵상하면서 더욱더 차원 높은 성숙한 신앙을 갖게 된다. 시인은 먼저 고난 중에 겪은 회의와 불안을 읊은 후에 이어서 과거 역사를 회고한다.

말씀 연결(겔 28장; 시 77편)_심판과 행하시는 하나님

▶일러두기

에스겔 28장 21절에서 '시돈 멸망의 역사'는 북이스라엘의 아합이 시돈 왕 엣바알의 딸 이세벨을 아내로 맞은 이래로 북이스라엘과 우호 관계를 유지하였다. 그 후 시돈은 앗수르의 에살핫돈, 애굽의 바로 호브라, 바벨론의 느브갓네살, 바사의 캄비세스, 아닥사스다 3세, 그리스의 알렉산더, 로마에 의해 정복당했다.

26 Sep 하나님의 백성의 삶

사무엘하 22장 | 갈라디아서 2장 | 에스겔 29장 | 시편 78편 1-37절

삼하 22장 다윗의 감사 찬송

묵상　　주께 감사함과 찬양함

key word　22:1 여호와께서 22:11 그룹 22:17 많은 물 22:24 완전하여 22:29 나의 등불 22:43 땅의 티끌같이

message　험난한 생애를 살아왔지만 그런 가운데서도 하나님의 사랑과 후원을 지속적으로 받아온 다윗은 하나님의 모든 은총을 기억하며 감격어린 어조로 감사 찬송을 부른다.

갈 2장 **믿음으로 의롭게 되는 구원의 도리**

묵상　　계시를 따라 살아감

key word　2:1 십사 년 후에 2:9 야고보 2:16 의롭게 되는 것 2:19 율법으로 말미암아

message　사도 바울은 모교회인 예루살렘 교회에서 자신을 사도로 인정한 사실과 자신이 베드로를 책망하던 사실을 언급함으로써 자신의 위상이 베드로의 위상과 결코 차이나지 않음을 밝힌다. 나아가 바울 사도는 이신칭의 교리를 설명함으로써 당시 거짓 교사들의 주장을 반박한다.

말씀 연결(삼하 22장; 갈 2장)_감사함과 계시

▶**말씀기도**

모든 백성 중에서 하나님께 감사하며 주의 이름을 찬양하고 오직 계시를 따라 열방의 통치자이신 하나님을 바라며 살아가는 삶이기를 소원합니다.

542

겔 29장   애굽의 몰락과 회복

묵상   열방을 통치하는 하나님의 주권

key word   29:4 강의 모든 고기 29:9 사막과 황무지 29:13 사십 년 29:14 바드로스
            29:18 느부갓네살 왕이

message   애굽의 왕 바로의 교만, 애굽이 당할 심판, 애굽의 회복 그리고 바벨론의
           애굽 침공 등에 관해 기록하고 있다.

시 78:1-37   이스라엘의 범죄

묵상   하나님의 말씀에 귀를 기울임

key word   78:5 증거 78:8 완고하고 패역하여 78:13 물을 무더기 같이 서게 78:14
            구름으로 78:20 떡, 고기 78:25 힘쎈 자의 떡 78:37 정함이 없으며

message   78편의 표제어에 제시된 바대로 '미스길' 즉 교훈시이다. 시인은 출애굽
           의 모세 시대로부터 다윗 시대에 이르기까지 이스라엘 역사를 회고하면
           서 거기서 발생되는 영적 교훈을 노래한다. 시인은 먼저 동시대의 사람
           들에게 조상들의 죄악의 친절을 밟지 않도록 경계한다. 이어서 시인은
           백성들의 끝없는 범죄와 하나님의 끝없는 사랑을 대비시킴으로써 주의
           사랑의 위대성을 증언한다.

말씀 연결(겔 29장; 시 78편 1-37절)_열방의 통치와 귀를 기울임

▶일러두기

사무엘하 22장 1절의 '내 공의'는 의로움은 본질적으로 법적인 용어로서 요청된 행동의 규범 곧
하나님의 법규와 규례에 일치하는 것을 의미한다. 모든 인간은 한계가 있지만 그럼에도 의롭다
칭함을 받은 인물들이 있고, 다윗 또한 자기 의를 내세우고 있다. 이는 하나님과 그 백성 사이의
밀접한 관계 속에서 주어지는 은혜이다. 곧 의로움은 우리를 사랑하시는 하나님의 은혜로 주어
지는 것이다.

27 Sep 구원을 이루심

사무엘하 23장 | 갈라디아서 3장 | 에스겔 30장 | 시편 78편 38-72절

삼하 23장 다윗을 도운 용사들

묵상　　크게 이기게 하심

key word　23:1 다윗의 마지막 말이라 23:3 이스라엘의 반석 23:9 엘르아살 23:23 시위 대장

message　다윗은 인생의 황혼에 이르렀을 때에 자신의 허물과 실수에도 불구하고 하나님께서 자신과 맺으신 언약을 신실히 지켜 오신 사실을 노래하며 생명을 아끼지 않고 자신을 도운 용사들을 소개한다. 다윗은 자신의 생애를 마감하는 시점에서 영광과 치적을 노래하지 않고 오히려 배후에서 역사하신 하나님의 권능과 신실함을 찬양하고 피 흘려 헌신한 형제들의 수고를 잊지 않고 있는 것이다.

갈 3장 율법과 믿음

묵상　　믿음으로 사는 의인

key word　3:2 성령을 받은 것 3:10 저주 아래 있는 자 3:14 성령의 약속 3:19 범법하므로

message　바울은 갈라디아 교회의 무분별한 신앙을 질타하고 복음과 율법의 상관관계를 설명한다. 바울은 아브라함의 믿음을 통하여 이신칭의의 신앙을 가르치고, 율법의 저주적 기능과 복음의 축복적 기능을 대조하며, 율법과 약속의 관계성 및 율법의 긍정적 역할에 대해 가르친다.

말씀 연결(삼하 23장; 갈 3장)_이기게 하심과 믿음

▶말씀기도

하나님의 영이 말씀하시는 바를 듣고 오직 믿음으로 여호와의 심판을 기억하며, 하나님께 택한 자로서의 삶을 살아가기를 소원합니다.

겔 30장　애굽 몰락의 예언

묵상　　　여호와의 날

key word　30:12 모든 강을 마르게　30:13 놉　30:14 노　30:17 아웬　30:20 열한째 해

message　에스겔 선지자는 애굽 몰락을 경고한다. 애굽 왕 바로는 바벨론에 포위된 예루살렘을 돕기 위해 주변 동맹국들과 더불어 원정을 꾀하나 실패하고 그 영향력이 현격히 감소된다. 뿐만 아니라 오히려 바벨론의 원정을 자초하게 되어 결국 애굽과 주변 동맹국들은 쇠퇴의 길을 걷게 된다.

시 78:38-72　하나님의 구원

묵상　　　택하심

key word　78:42 대적에게서　78:46 황충　78:48 우박에　78:51 함의 장막　78:54 성소의 영역　78:57 속이는 활　78:60 실로　78:70 양의 우리에서 취하시며

message　이스라엘의 패역상에도 불구하고 택한 백성을 버리지 않고 구원하여 선민의 권리를 회복시켜 주시는 하나님의 은총을 노래한다.

말씀 연결(겔 30장; 시 78편 38-72절)_ 날과 택하심

▶**일러두기**

갈라디아서 3장 24절의 '초등교사'란 원래 이 말은 주인의 자녀를 가르치며 일상생활을 지도하고 감독하던 학식이 뛰어난 노예를 일컬었다. 율법을 '초등교사'에 비유한 것은 율법이 성도를 그리스도께로 인도하는 역할을 담당하였다는 의미이다.

진노하심과 회복

사무엘하 24장 | 갈라디아서 4장 | 에스겔 31장 | 시편 79편

삼하 24장 다윗이 시행한 인구조사

묵상 이스라엘을 향한 진노

key word 24:1 그들을 치시려고 24:2 단에서부터 24:8 아홉 달 스무 날 24:11 선지자 갓 24:15 죽은 자가 칠만 명 24:22 마당질하는 도구

message 다윗의 생애에서 밧세바와의 불륜 다음으로 큰 실수라 할 수 있는 인구조사에 관한 내용이다. 다윗의 인구조사는 자신의 세력과 위세가 얼마나 큰가를 확인하려는 것이었다. 이러한 다윗을 통해 조금만 환경이 좋아져도 교만해지고 범죄하기 쉬운 약한 우리의 모습을 되돌아보게 된다.

갈 4장 복음 안에서 상속자 된 성도

묵상 회복을 위한 해산과 수고

key word 4:5 아들의 명분 4:13 육체의 약함 4:25 하갈 4:27 산고를 모르는 자

message 복음과 율법을 비교하고 율법주의로 돌아가려는 것이 얼마나 위험한지를 지적한다. 하나님의 구속사 안에서 율법과 복음은 서로 충돌하지 않는다. 복음의 요체인 예수를 증거하는 두 계시로서 율법은 후견인의 역할을, 복음은 상속자의 역할을 한다. 성도는 그리스도 안에서 상속자로서 자유인인 것이다.

말씀 연결(삼하 24장; 갈 4장)_진노와 수고

▶**말씀기도**

인생은 하나님의 진노하심에서 노출되어 예수 그리스도로 말미암아 그 진노에서 구원받고 구원의 약속에서도 죄의 진노를 받을 때에 간구함으로 회복됨을 믿고 감사드립니다.

겔 31장　넘어진 레바논 백향목 같은 애굽

묵상　교만한 자를 넘겨줌

key word　31:4 물들, 깊은 물　31:8 하나님의 동산의 백향목　31:11 여러 나라의 능한
　　　　자　31:14 구덩이

message　애굽과 애굽 왕 바로의 멸망을 선포라고 선지자는 레바논의 백향목으로
　　　　비유되는 찬란한 영광을 자랑하던 앗수르의 멸망을 상기시킨다. 그러면
　　　　서 애굽의 운명 역시 앗수르의 신세와 결코 다를 바 없음을 강조하고 애
　　　　굽 멸망의 필연성을 다시 선포한다.

시 79편　갇힌 자의 탄식

묵상　죄 사하심을 간구함

key word　79:1 주의 기업　79:11 갇힌 자　79:12 칠 배나 갚으소서

message　79편은 74편과 마찬가지로 바벨론 군대에 의해 예루살렘이 함락되는 사
　　　　건을 배경으로 쓴 시로 비극적인 예루살렘의 멸망 상황을 비통하게 바
　　　　라보면서 하나님께 구원을 호소한 시이다.

말씀 연결(겔 31장; 시 79편)_교만과 죄 사함

▶일러두기

사무엘하 24장 11절의 '선지자의 갓'이란 사울을 피해 다니던 때부터 다윗을 보필하며 하나님
의 뜻을 전한 선지자이다. 갓은 다윗에게 하나님의 징벌과 동시에 용서와 긍휼도 전하였다.

왕

열왕기상 1장 | 갈라디아서 5장 | 에스겔 32장 | 시편 80편

왕상 1장　아도니야의 왕권 도전과 솔로몬의 왕위 계승

묵상　　　왕위의 정통성

key word　1:1 다윗 왕　1:5 아도니야　1:7 스루야의 아들 요압　1;8 사독　1:9 에느로겔
　　　　　1:11 나단　1:15 수넴 여자 아비삭　1:36 아멘　1:38 그렛 사람　1:50 제단 뿔

message　열왕기상은 아도니야의 반란에 이은 솔로몬의 극적인 왕위 계승으로 대
　　　　　단원을 시작한다. 1장은 나단, 밧세바, 사독의 도움으로 솔로몬의 즉위가
　　　　　가능했던 것으로 기술하지만 그 이면에는 역사를 주관하시는 하나님의
　　　　　섭리가 있었음을 보여준다.

갈 5장　성령 안에서 새로워진 삶

묵상　　　죄를 다스리는 그리스도 예수의 사람

key word　5:2 할례를 받으면　5:6 사랑으로써　5:17 소욕　5:22 양선

message　바울은 그리스도로 말미암아 얻은 자유를 지킬 것과 오직 믿음으로 자
　　　　　유를 얻고 사랑으로 그것을 지켜나가는 그리스도인의 실천 원리를 가르
　　　　　친다. 나아가 육체의 일과 영적인 일을 비교하여 참 자유를 얻은 자는 성
　　　　　령 안에서 거룩한 생활을 누리게 됨을 강조한다.

말씀 연결(왕상 1장; 갈 5장)_정통성과 예수의 사람

▶**말씀기도**

주님만이 우리의 정통성을 가지신 왕이시며, 그분의 통치 아래 자유를 누리고 그 정욕과 탐심
을 십자가에 못 박고 살아가기를 소원하며 기도합니다.

겔 32장   바로와 애굽 패망에 대한 애가

묵상   열방 통치자의 심판

key word   32:1 열두째 해 셋째 달 초하루   32:2 바다 가운데의 큰 악어   32:7 불 끄듯 할 때   32:12 모든 나라의 무서운 자들   32:16 여러 나라 여자   32:22 거기에 앗수르와   32:30 북쪽 모든 방백

message   선지자는 애굽 왕 바로를 그물에 걸린 나일 강의 악어에 비유하면서 애굽 왕과 애굽 그리고 애굽을 의지하던 주변 나라들의 패망을 애가 형식으로 선포한다.

시 80편   하나님이 심으신 한 포도나무

묵상   회복시키시는 만국의 하나님

key word   80:1 그룹 사이   80:8 포도나무   80:10 산들, 백향목   80:17 주의 오른쪽에 있는 자

message   북왕국 이스라엘이 앗수르에 의해 패망하던 때를 배경으로 쓴 시로서 앗수르 제국에 의해 북왕국의 수도 사마리아가 함락됨으로써 동족들이 포로된 것을 애달파 하는 남왕국 유다 백성들의 중보 기도이다. 시인은 이스라엘 포도나무에 비유하여 농부가 자신의 나무를 아끼듯 택한 백성을 아껴 구원을 풀어 달라고 호소하고 있다.

말씀 연결(겔 32장; 시 80편)_통치자 하나님

▶일러두기

열왕기상 1장 31절의 '구약 시대의 왕에 대한 인사법'은 '왕이여 만수무강 하옵소서'(단 2:4)라는 표현이 가장 일반적인데 왕의 건강과 안녕을 기원하는 인사이다. 그리고 이때는 완전한 충성과 복종의 표시로 왕의 발 아래 무릎을 꿇고 얼굴을 땅에 조아렸다. 또 다른 표현으로 '왕 만세'라는 구호 형식이 있는데 군중이 왕을 환영하며 환호할 때 주로 사용되었다.

30 Sep 왕과 함께 하는 삶

열왕기상 2장 | 갈라디아서 6장 | 에스겔 33장 | 시편 81-82편

왕상 2장 다윗의 죽음과 솔로몬의 왕권 강화

묵상	대장부가 됨
key word	2:2 세상 모든 사람이 가는 길 2:5 요압 2:7 길르앗 바르실래 2:10 조상들과 함께 누워 2:15 이 왕위는 내 것이었고 2:24 집을 세우신 2:26 아나돗 2:37 기드론 시내
message	하나님을 믿는 믿음 하나로 영웅적 삶을 살았던 다윗은 하나님의 말씀에 절대 순종하라는 신명기적 교훈을 이스라엘의 통치 원리로 삼으라고 유언한다. 한편 아도니야는 다시 정치적 야심을 드러내고, 이를 계기로 솔로몬은 하나님의 뜻을 거스리는 대적자들을 제거하였다.

갈 6장 주 안에서 서로 짐을 지라

묵상	예수의 흔적을 지님
key word	6:2 성취하라 6:4 자기의 일을 살피라 6:7 업신여김 6:11 큰 글자 6:17 흔적
message	바울 사도는 믿음으로 참 자유를 얻은 성도의 실천 강령으로서 성도의 나눔과 선행에 관해 가르친다. 율법의 노예에서 벗어난 성도는 주어진 자유를 누리며 자기 민족을 구하는 것에 그쳐서는 안 된다. 오히려 약한 자의 짐을 함께 지고 그리스도의 법을 이루어가야 한다.

말씀 연결(왕상 2장; 갈 6장)_대장부와 예수

▶**말씀기도**

힘써 대장부가 되고 예수의 흔적을 지닌 성도로서 파수꾼의 삶을 살며, 주님이 주시는 시험을 잘 감당하며 살아가는 성도의 삶이기를 소원합니다.

550

겔 33장　파수꾼 사명을 부여받은 에스겔

묵상　　　파수꾼

key word　33:2 칼을　33:6 파수꾼이　33:10 쇠퇴하게　33:15 생명의 율례　33:27 황
　　　　　무지　33:30 자, 가서　33:32 고운 음성

message　33장부터 마지막까지 메시지의 방향을 바꾸어 이스라엘의 회복을 선포
　　　　　한다. 그중 33장은 서론격으로 파수꾼으로 부름받은 선지자의 사명을
　　　　　언급한다.

시 81-82편　기쁜 절기에 부르는 찬양과 세상을 판단하시는 하나님

묵상　　　시험을 받음

key word　81:6 광주리를 놓게　82:2 악인의 낯 보기를　82:4 가난한 자와 궁핍한 자
　　　　　82:7 사람처럼 죽으며

message　81편의 표제어 속에 나타난 '깃딧'은 '기쁜 곡조'라는 뜻이다. 이는 본 시
　　　　　가 유월절이나 초막절과 같은 민족의 절기에 불려지도록 지어진 노래임
　　　　　을 말해준다. 여기서 시인은 과거에 베풀어주신 하나님의 축복을 소망
　　　　　한다. 82편은 사회 정의와 공평의 실현을 촉구하는 시이다. 시인은 공의
　　　　　의 재판장이신 하나님을 섬기는 성도들은 하나님의 성품을 따라 사회에
　　　　　공의를 실현할 의무가 있음을 밝히고 있다.

말씀 연결(겔 33장; 시 81-82편)_파수꾼과 시험

▶**일러두기**

솔로몬은 다윗이 우리아의 아내 밧세바에게서 낳은 아들로 이스라엘의 세 번째 왕이다. 일천번
제를 드려 지혜를 얻고 성전을 건축하여 종교적 기반을 닦았다. 이스라엘 역사상 가장 큰 영토
를 확장하여 부귀영화를 누렸으나 이방 여인과 결혼하고 우상을 끌어들여 사후 왕국이 분열됐
다.

세우심

왕상 3장　솔로몬의 지혜와 재판

묵상　　　구하는 것을 주심

key word　3:4 기브온　3:7 작은 아이　3:11 장수　3:15 꿈　3:25 산 아이를 둘로

message　솔로몬은 애굽 왕 바로와 함께 인연을 맺어 그 딸을 아내로 취하고 데려다가 다윗 성에 두고 자기의 궁과 여호와의 전과 예루살렘 주위의 성이 완공되기를 기다렸다. 그때까지 여호와의 이름을 위해 성전을 아직 건축하지 아니하였으므로 백성들은 산당들에서 제사하였고, 솔로몬도 여호와를 사랑하고 그 부친 다윗의 법도를 행하되 단지 산당들에서 제사하며 분향하였다.

엡 1장　구하시는 하나님을 향한 찬양과 감사

묵상　　　교회의 머리로 세우심

key word　1:7 그의 피　1:10 통일되게　1:11 기업이 되었으니

message　그리스도와 하나 됨의 원리를 교회론 중심으로 펼쳐가는 에베소서는 다른 바울 서신과 마찬가지로 교리를 설명하는 전반부와 성도의 실천적 삶을 강조하는 후반부로 구성된다.

말씀 연결(왕상 3장; 엡 1장)_구하고 세우심

▶말씀기도

왕을 세우시고 교회의 머리 되시는 그리스도를 세우시고 친히 이스라엘의 목자가 되시는 하나님을 믿으며 살기를 소원하며 기도합니다.

겔 34장　파수꾼 사명을 부여받은 에스겔

묵상	친히 양의 목자가 되심
key word	34:2 이스라엘의 목자들　34:3 살진 양　34:4 영약한 자　34:6 유리되었고 34:8 노략거리　34:16 살진 자와 강한　34:25 화평과 언약　34:26 복된 소낙비
message	파수꾼의 비유를 통해 자신의 사명을 선포한 에스겔 선지자는 이제 양과 목자의 비유를 통해 백성을 괴롭히는 유다의 악한 지도자들과 이에 동조하여 백성을 괴롭히는 자들을 책망하면서 당하는 백성들을 향해 미래의 참된 평안과 번영의 소망을 제시한다.

시 83-84편 하나님의 개입과 여호와의 장막의 노래

묵상	주께 힘을 얻고 시온의 대로가 있는 자
key word	83:1 침묵　83:8 롯 자손　83:12 하나님의 목장　84:3 참새도 제 집을 얻고 84:4 주의 집에 사는 자
message	83편은 선민의 원수에 대하여 심판을 호소하는 일종의 탄원시이다. 시의 배경은 유다 왕 여호사밧의 제위시에 이방의 여러 나라들이 동맹을 맺고 유다를 침공해 왔을 때로 추정된다. 84편은 하나님의 거룩한 임재 처소인 성소를 열렬히 사모하는 찬양시이다.

말씀 연결(겔 34장; 시 83-84편)_양의 목자와 시온의 대로

▶일러두기

에베소는 소아시아 서쪽 해안에 위치한 아시아 주 최대 도시이다. 이오니아인이 주류를 이루며 아데미를 숭배했다. 바울은 2차 선교 여행 때 이곳에 교회를 세웠고 3차 선교 여행 때는 3년 정도 이 교회에서 사역했다. 기원후 431년 제3차 종교회의가 개최되어 그리스도의 양성(신성, 인성) 교리가 확장된 곳이기도 하다.

좋은 것을 주심

2
Oct

열왕기상 4-5장 | 에베소서 2장 | 에스겔 35장 | 시편 85편

왕상 4-5장 솔로몬의 번영과 성전 건축 준비

묵상　　구하는 것을 주심(2)

key word　4:2 아들 4:6 궁내 대신 4:20 바닷가의 4:22 고르 4:24 딥사 4:30 동쪽 5:1 두로 5:6 레바논 5:9 음식을 주소서 5:18 그발

message　4장에서는 솔로몬 시대의 평화와 번영을 증거한다. 솔로몬은 하나님으로부터 받은 지혜를 발휘하여 행정을 조직하고 내각을 구성하였다. 또한 주변 국가를 정복하여 조공을 받으며 최고의 번영을 누리게 된다. 그리고 이와 같은 것은 그의 신하들을 선별하여 그 중요성의 순서대로 세운데서 잘 드러난다. 5장은 왕국의 기반을 닦은 솔로몬은 선왕 때부터 그렇게 소원하던 성전 건축을 착수한다. 이를 위해 하나님은 다윗과 친분관계에 있던 두로 왕 히람을 동원하신다.

엡 2장　　은혜로 얻은 구원과 교회의 일치

묵상　　하나님의 권속이 됨

key word　2:2 세상 풍조 2:3 진노의 자녀 2:11 할례를 받지 않은 무리 2:14 둘 2:17 오셔서

message　바울은 본격적으로 성도의 구원 문제를 다룬다. 먼저 바울은 구원받기 이전 인간의 타락한 상태를 상기시키면서 아무 자격도 없는 자가 구원받은 것은 하나님의 말할 수 없는 은혜 때문임을 가르친다. 후반부에는 바울은 그리스도의 교회 안에서 더는 이방인과 유대인의 구별이 있을 수 없으며 성도는 주 안에서 연합과 일치를 이루어야 한다고 권면한다.

말씀 연결(왕상 4-5장; 엡 2장)_주심과 권속

▶말씀기도

구하는 것마다 좋은 것으로 주시고 하나님 나라 시민권을 주시며 하나님의 권속이 되게 하신 은혜로 모든 죄악을 사하시는 주님께 감사드립니다.

겔 35장　에돔의 멸망 선포

묵상　대적을 멸하여 주심

key word　35:2 세일 산　35:5 옛날부터 한을 품고　35:10 이 두 민족　35:15 에돔의 온 땅

message　목자 비유를 통해 이스라엘의 악한 지도층의 멸망을 선포한데 이어 에돔의 멸망이 다시 선포된다. 이렇듯 에돔의 멸망이 반복 예언되는 것은 에돔이 유다 땅과 예루살렘 지역에 들어와 정착하고 있었기 때문이다.

시 85편　포로 귀환자들의 간구

묵상　은혜를 베푸심

key word　85:1 야곱의 포로된 자　85:7 인자　85:8 성도

message　바벨론 포로 귀환을 배경으로 한 시로 포로 귀환에 대하여 하나님께 감사를 드리는 찬양시이다. 시인은 하나님께서 포로에서 귀환하게 해주신 은혜를 감사하는 동시에 거칠고 황량해진 이스라엘의 심령응 회복시켜 달라고 간구하고 있다.

말씀 연결(겔 35장; 시 85편)_대적을 멸하여 은혜를 베푸심

▶일러두기

열왕기상 5장 1절의 '두로'는 시돈 남방 40km 지점에 위치한 암반으로 된 난공불락의 섬이다. 베니게인의 대표적 도시 국가인데 작지만 뛰어난 조선술과 해운기술로 지중해의 해상 무역을 장악하였다. 히람 왕 때 최고의 번영을 누렸으나 앗수르, 바벨론의 침공을 받았고 알렉산더는 육지에서 두로 섬까지 제방을 쌓아 요새를 함락시켰다.

3
Oct
위대하신 하나님

열왕기상 6장 | 에베소서 3장 | 에스겔 36장 | 시편 86편

왕상 6장　솔로몬 성전 건축

묵상　　　성전 건축

key word　6:1 애굽 땅에서　6:5 골방　6:16 백향목 널판　6:19 언약궤　6:22 온 성전을 금으로　6:23 두 그룹　6:29 핀 꽃　6:38 부월

message　모든 준비가 끝나자 솔로몬 왕이 성전을 건축한 일을 기록한다. 솔로몬의 성전 건축은 이스라엘의 역사뿐 아니라 기독교의 구속사에서도 중요한 의미를 가진다. 모든 일에는 반드시 그 일의 뜻이 있고, 목적이 있기 마련이다. 한편 도중에 하나님은 다시 한번 이 일이 여호와께 비롯된 일임을 상기시키며 여호와의 계명에 복종하라고 명령하신다.

엡 3장　교회의 신비와 교회를 위한 기도

묵상　　　끝까지 지킬 자세

key word　3:2 경륜　3:6 이는 이방인들이　3:8 지극히　3:16 속사람　3:18 지식에 넘치는 그리스도의 사랑　3:19 너비와

message　이방인과 유대인의 하나 됨을 가르친 후 바울은 이방인과 유대인이 머리이신 그리스도 안에서 서로 한 몸을 이루는 교회의 놀라운 일치와 연합의 비밀에 대해 가르치면서 하나님의 섭리와 경륜이 드러난 교회가 하나님의 은혜 가운데 든든히 서가기를 간절히 기도한다.

말씀 연결(왕상 6장; 엡 3장)_성전 건축을 능히 하심

▶말씀기도

성전된 우리를 성령으로 세워 가시고 우리가 구하거나 생각하는 모든 것에 넘치도록 능히 하심을 믿으며 황폐한 땅을 새롭게 하신 기이한 일들을 행하신 주님의 은혜에 감사합니다.

겔 36장   이스라엘 회복에 대한 예언

묵상   이스라엘 산들을 회복시키심

key word   36:3 남은 이방인   36:5 맹렬한 전투   36:8 가지를 내고   36:15 만민의
비방   36:17 월경 중에 있는   36:25 맑은 물   36:31 스스로 밉게 보리라
36:38 예루살렘이 정한 절기의 양 무리

message   에돔의 멸망으로 이스라엘의 회복이 임박했음을 선포한 후 에스겔 선지
자는 이스라엘이 본토로 귀환함으로써 외적 지위를 회복할 뿐만 아니라
심령이 새로워지고 변화되어 하나님의 백성으로서 내적 지위를 회복할
것이라고 예언한다.

시 86편   곤궁에 처한 경건한 신앙의 기도

묵상   기이한 일들을 행함

key word   86:8 신들   86:9 주께서 지으신 모든 민족   86:16 주의 여종의 아들

message   시편 3권에서 유일한 다윗의 시로서 다윗의 수많은 역경을 극복한 비결
을 보여준다. 그것은 모든 역경 중에서 오직 구원의 하나님을 의지했다
는 것이다.

말씀 연결(겔 36장; 시 86편)_회복과 행하심

▶**일러두기**

열왕기상 6장 5절의 '골방'은 성전 봉사에 사용하는 각종 성물들을 보관하는 장소 혹은 성전에
서 봉사하는 제사장들이 휴식을 취하거나 잠을 자는 처소로 여겨진다.

4 Oct 세우심

열왕기상 7장 | 에베소서 4장 | 에스겔 37장 | 시편 87-88편

왕상 7장   솔로몬 왕궁 건축과 성전 부속 성물 제작

묵상　성전을 세움

key word　7:6 주량　7:8 바로의 딸을 위하여　7:13 히람　7:15 놋기둥 둘　7:23 바다 7:25 소 열두 마리　7:26 밧　7:33 축과 테와 살과 통　7:38 물두멍　7:40 부삽　7:46 숙곳　7:48 금 단　7:4 불집게　7:50 외소

message　솔로몬은 성전 건축을 완공한 후 자기의 궁을 13년 동안 건축하였고 그의 집 전체를 완공하였다. 솔로몬이 자기의 궁을 13년 동안 건축한 것은 하나님께서 그에게 약속하신 대로 그의 부귀와 영광이 컸음을 보인다. 또 솔로몬은 '레바논 삼림의 궁'을 지었다.

엡 4장   교회의 일치와 성도의 새 생활

묵상　그리스도의 몸을 세움

key word　4:4 몸이 하나　4:11 복음 전하는 자　4:14 어린 아이　4:17 허망한 것　4:22 욕심　4:24 새 사람

message　바울은 성도의 연합과 일치 그 이유에 대해 교훈하면서 구원받고 변화된 성도는 옛사람을 벗고 새사람으로서의 삶을 살아야할 것을 권면한다.

말씀 연결(왕상 7장; 엡 4장)_성전을 세움과 몸을 세움

▶**말씀기도**

구원의 하나님을 찬양하며 사망의 깊은 골짜기에서 건져내시며 주께 부르짖는 기도에 응답하시고 날마다 주님을 찬양하는 삶이기를 기도합니다.

558

겔 37장   골짜기의 마른 뼈 환상

묵상   여호와의 거룩한 이름을 위한 열심

key word   37:3 능히 살 수 있겠느냐 37:5 생기 37:9 대언하라 37:11 우리들의 뼈들이 37:26 화평의 언약

message   골짜기의 마른 뼈 환상을 통해 마른 뼈와 같이 아무 기력도, 소망도 없는 유다 백성들이 하나님의 크신 권능과 은혜를 입어 본토로 귀환하게 된다는 소망과 더불어 두 가지 비유를 통해 분열된 남북 이스라엘이 연합하게 될 것이라는 비전을 제시하고 있다.

시 87-88편   하나님 나라에 대한 찬양과 성도들의 소망

묵상   시온을 세우심

key word   87:2 야곱의 모든 거처 87:4 라합 88:4 힘없는 용사와 같으며 88:10 유령 88:12 잊음의 땅

message   87편은 바벨론 포로 직후에 지은 시로 포로 이후에 새로 재건한 하나님의 성전이 이전에 비해 보잘 것 없음에 실망하고 있는 백성들에게 용기를 주기 위해 쓰여졌다. 88편은 다윗 시대에 고라 자손의 성가대를 지휘했던 헤만의 시로서 시편 중에서 가장 애조를 띤 비탄시이다. 따라서 본 시에는 호소와 간구와 확신이라는 비탄시의 전형적인 3요소가 잘 나타난다.

말씀 연결(겔 37장; 시 87-88편)_하나님의 백성과 세우심

▶일러두기

열왕기상 7장 21절의 '야긴과 보아스'는 우편 기둥인 야긴은 '저(하나님)가 세우리라'는 뜻이며 좌편 기둥인 보아스는 '그의 안에 힘이 있다'라는 뜻이다. 이 두 기둥의 이름은 곧 성전을 세우신 주인이 하나님이시며 하나님께서 성전을 통하여 능력을 드러낸다는 상징적 의미를 갖는다.

5 영광

Oct

열왕기상 8장 | 에베소서 5장 | 에스겔 38장 | 시편 89편

왕상 8장   솔로몬의 성전 봉헌식

묵상   성전 가득한 여호와의 영광

key word   8:2 일곱째 달   8:22 여호와의 제단 앞에서   8:27 하늘들의 하늘   8:34 조상들에게 주신 땅   8:41 이방인   8:43 땅의 만민   8:51 철 풀무   8:65 십사일

message   솔로몬은 성전을 완공한 후 여호와의 언약궤를 다윗성 곧 시온에서 메어 올리고자 하여 이스라엘 장로와 이스라엘 열두 지파의 족장들을 예루살렘으로 소집하였다. 성전 기구들 중에 가장 중요한 것이 하나님의 언약궤이기 때문이다

엡 5장   빛의 자녀답게 살아라

묵상   영광스런 교회

key word   5:2 향기로운 제물   5:12 은밀히 행하는 것들   5:14 잠자는 자여   5:16 세월을 아끼라   5:32 이 비밀

message   새 삶으로 부름 받은 성도의 생활 원리가 구체적으로 언급된다. 성도는 죄악된 일을 버리는 소극적 측면이 아니라 하나님을 닮아가는 성별된 생활을 적극적으로 추구하여야 한다. 이것이 빛의 자녀로서의 삶이라고 규정된다. 22절부터는 부부간의 생활 원리를 다루고 있다.

말씀 연결(왕상 8장; 엡 5장)_영광과 교회

▶**말씀기도**

이방 나라 가운데서도 그 영광을 나타내 주시고 기름을 부어 세우시며, 주님 앞에 영광스런 교회로 세워져 가시기를 위해 기도합니다.

560

겔 38장	**곡의 멸망 예언**
묵상	이방 사람의 눈에서 거룩함을 나타내심
key word	38:2 마곡 38:4 돌이켜 38:12 세상, 백성 38:19-22 큰 지진, 전염병, 폭우, 큰 우박덩이, 불과 유황
message	곡의 침략 전쟁과 패망을 예언한다. 유다의 회복이 성취되지 않은 상태에서 주어진 이 예언은 하나님의 권능에 의해 사탄의 세력(계 20:8-9)이 세상 종말에 심판당하는 모습을 예견하는 듯하다.

시 89편	**영원히 견고한 하나님의 나라**
묵상	찾아내어 기름을 부으심
key word	89:2 견고히 89:3 택한 자와 언약을 맺으며 89:12 다볼과 헤르몬 89:17 주는 그들의 힘의 영광 89:39 관을 땅에 던져
message	다윗 시대의 성가대 지휘자 중 하나인 '여두둔'과 동일인으로 알려진 에단의 시로서 시작 배경은 솔로몬의 아들 르호보암 통치시에 유다가 애굽 왕 시삭의 침공을 받았을 때로 추정된다(왕상 14:15-18). 국가적인 큰 위기 앞에서 시인은 전날 하나님께서 다윗에게 주셨던 '다윗의 언약'에 기초하여 하나님께 구원을 호소하고, 나아가 다윗의 왕국으로 대표되는 하나님의 나라가 영원할 것임을 노래하고 있다.

말씀 연결(겔 38장; 시 89편)_거룩함과 기름 부으심

▶일러두기

열왕기상 8장 23절의 '하나님의 성품'은 솔로몬의 기도 가운데 나타난 하나님의 주요 성품들로 '상천하지에 유일무이하신 하나님'(23절), '주의 입으로 친히 약속하신 말씀을 반드시 이루시는 신실하신 하나님'(24절), '세상천지 어디든지 계시지 않는 곳이 없으신 무소부재하신 하나님'(27절)이시다.

6 Oct · 마지막 영광

열왕기상 9장 | 에베소서 6장 | 에스겔 39장 | 시편 90편

왕상 9장　성전 봉헌식을 받으시고 복 주시는 하나님

묵상	성취후의 자세
key word	9:7 속담거리와 이야기거리　9:13 가불 땅　9:14 달란트　9:15 밀로　9:19 국고성　9:25 해마다 세 번씩
message	성전 건축과 봉헌을 받으신 하나님은 솔로몬에게 복을 주신다. 솔로몬 왕이 여호와의 전과 왕궁 건축하기를 마치며 자기의 무릇 이루기를 원하던 일을 마친 때에 여호와께서는 전에 기브온에 나타나심같이 다시 솔로몬에게 나타나셨다.

엡 6장　교회의 전투성

묵상	끝까지 지킬 자세
key word	6:3 땅에서　6:4 노엽게　6:5 종들아　6:15 신을 신고　6:17 구원의 투구　6:21 두기고
message	부모와 자녀(1-4절), 주인과 종(5-9절) 간의 덕목을 제시하고 있다. 이들 관계의 요체는 권위에 대한 존경과 순종이다. 10-20절은 그리스도인의 영적 전투를 묘사하고 있는데 전투의 대상(사탄), 방법(성령의 무장), 자세 등을 구체적으로 제시하고 있다. 바울은 본서를 쓸 당시 옥중에 있었는데 그러한 옥중생활에서도 신자의 영적 싸움을 독려하고 있다.

말씀 연결(왕상 9장; 엡 6장)_자세

....

....

▶**말씀기도**

하나님께서 거룩하게 구별한 성전이라도 포기하시며, 그러므로 하나님의 전신갑주를 입고 살아가는 삶이기를 소원하며 기도합니다.

562

겔 39장　곡의 패배와 후회

묵상　여호와의 거룩한 이름을 위한 열심

key word　39:2 돌이켜서 이끌고　39:6 불　39:10 늑탈하리라　39:11 하몬 곡　39:16 하모나　39:18 바산　39:26 부끄러움을 품고

message　마곡 연합군이 이스라엘과 싸워 보기도 전에 하나님의 기적적인 역사로 말미암아 전멸당하고 매장된다는 전반부와 이스라엘의 완전한 회복을 예언한 후반부로 구분된다.

시 90편　영원자 앞에 선 연약한 인간의 호소

묵상　티끌로 돌아가게 하심

key word　90:2 산이 생기기 전에　90:3 티끌　90:8 은밀한 죄　90:14 아침

message　90편은 시편 중 유일하게 모세의 작품으로 간주되는 시이다. 출애굽의 위대한 영도자였던 모세는 영원자이신 하나님 앞에서 유한자인 인생의 무상함을 고백하면서 하나님의 긍휼과 은총을 간구하고 있다.

말씀 연결(겔 39장; 시 90편)_여호와의 이름을 위한 열심과 돌아가게 하심

▶일러두기

에베소서 6장 5-9절에서 '로마 제국의 노예 제도'는 주로 전쟁 포로나 빚을 갚지 못한 채무자들이 노예로 팔려갔다. 전성기 때 로마 제국에는 6,000만 명의 노예가 있었으며, 최대의 노예시장 델로스에서는 하루에 1만 명의 노예가 매매되기도 하였다. 당시 건강한 장정 노예의 몸값은 당시 120드라크마였다. 노예의 모든 권리와 생살여탈권은 주인에게 달려 있었다.

전해짐

열왕기상 10장 | 빌립보서 1장 | 에스겔 40장 | 시편 91편

왕상 10장 스바의 여왕 방문과 솔로몬의 부귀영화

묵상　　　명성

key word　　10:1 스바 10:2 낙타 10:11 백단목 10:22 다시스 10:29 헷 사람

message　　솔로몬의 지혜와 왕국의 번성은 최고조에 이른다. 이에 멀리서 스바의
여왕이 솔로몬 왕국을 방문한다. 당시 동방의 현인으로 알려진 스바의
여왕이 소문으로만 듣던 솔로몬의 지혜를 직접 확인하려고 이스라엘을
방문했다가 솔로몬의 지혜와 그의 탁월한 다스림에 놀라 솔로몬 왕을
격찬한다. 그리고 그의 지혜가 하나님께로부터 온 것임을 깨닫고 하나
님을 찬양하게 된다.

빌 1장　　바울의 감사와 옥중 간증

묵상　　　전파되는 그리스도

key word　　1:6 착한 일 1:8 심장 1:12 복음 전파에 진전 1:13 시위대 1:19 나를 구원에
1:22 육신으로 사는 1:23 떠나서 1:26 너희 자랑

message　　그리스도 예수의 헌신된 종인 바울과 디모데는, 예수를 따르는 빌립보
의 모든 이들과 목회자와 사역자들에게 이 편지를 쓴다. 우리는 하나님
우리 아버지와 우리 주 예수 그리스도께서 주시는 은혜와 평화로 문안
한다.

말씀 연결(왕상 10장; 빌 1장)_명성과 전파

▶**말씀기도**

하나님은 우리의 이름을 높이시며 오직 그리스도 예수의 이름이 전파되기를 힘쓰며 하나님이
보여주시는 것을 전하는 자가 되기를 기도합니다.

겔 40장　새 성전 환상

묵상　　　본 것과 다 전함

key word　40:1 사로잡힌 지 스물다섯째 해　40:2 매우 높은 산　40:5 담　40:15 쉰 척
　　　　　40:16 종려나무　40:26 일곱 층계　40:48 성전 문 현관　40:49 문 벽 곁에
　　　　　는 기둥

message　새 성전의 환상은 일차적으로 포로지에 있는 포로민들에게 가슴 벅찬
　　　　　비전을 제시해주었다. 새성전에 대한 환상은 궁극적으로 장차 도래할
　　　　　메시야 시대의 영화로운 주님 나라에 대한 상징적 묘사로 이해할 수 있
　　　　　을 것이다.

시 91편　전능하신 자의 그늘

묵상　　　피난처 되신 여호와

key word　91:1 은밀한 곳　91:6 밝을 때 닥쳐오는 재앙　91:13 밟으며

message　91편은 저자 미상의 시인데 여기서 시인은 하나님의 보호 아래 있는 자
　　　　　의 안전함과 기쁨을 노래하고, 그로 인하여 하나님을 찬양하고 있다.

말씀 연결(겔 40장; 시 91편)_본 것과 피난처

▶일러두기

빌립보서 1장 1절의 '빌립보'는 마게도냐 주 동쪽에 있는 상업, 무역, 문화의 중심지이다. 알렉산
더의 부왕 빌립 2세가 세웠다. 바울의 2차 전도 여행 때 복음을 들은 자색 옷감장사 루디아의 후
원으로 유럽 최초의 교회가 세워진 도시이다(행 16장).

8
Oct

구원을 이룸

열왕기상 11장 | 빌립보서 2장 | 에스겔 41장 | 시편 92-93편

왕상 11장 솔로몬의 타락과 죽음

묵상　　　　명령을 어김과 여호와의 충성

key word　　11:6 악　11:13 한 지파　11:14 하닷　11:19 왕비 디브네스　11:26 여로보암
　　　　　　11:29 아히야

message　　일찍이 하나님은 번영할 때에 삼가 근신하여 하나님을 잊지 않고 말씀
　　　　　　에 더욱 순종할 것을 경고하셨다. 이것은 번영 속에서 항상 교만과 타락
　　　　　　의 위험이 내포되어 있기 때문이었다. 솔로몬은 이방 왕들과 마찬가지
　　　　　　로 왕의 위상과 체면 세우기에 힘쓴다. 그리고 열방의 왕들처럼 축첩을
　　　　　　일삼고, 종교적 혼합주의를 허용하여 이방신들의 산당을 짓는 등 가증
　　　　　　한 범죄에 빠지고 만다.

빌 2장　　그리스도의 겸손

묵상　　　　두렵고 떨림으로 구원을 이룸

key word　　2:2 같은 사랑　2:3 다툼과 허영　2:15 흠이 없고　2:17 전제　2:25 사자

message　　복음을 위해 어떤 고난도 기꺼이 감수했다는 옥중 간증에 이어 바울은
　　　　　　빌립보 교회에 나타나는 분열의 조짐을 조심스럽게 진단하면서 성도의
　　　　　　하나 됨을 당부한다.

말씀 연결(왕상 11장; 빌 2장)_여호와의 충성과 구원

▶**말씀기도**

끝까지 하나님의 말씀을 지키고 두렵고 떨림으로 구원을 이루시며 우리를 구원하시는 여호와
임을 믿고 의지하는 삶이기를 소원하며 기도합니다.

겔 41장   새 성전의 성소와 지성소

묵상   성전을 측량하심

key word   41:13 성전   41:16 땅에서   41:18 그룹   41:21 문설주   41:22 여호와의 앞의 상   41:23 내전과 외전

message   새 예루살렘의 바깥뜰과 안뜰로 들어가는 문들의 구조와 치수들을 세세히 소개한 데 이어 성전의 가장 중요한 건물인 성소와 지성소의 구조와 그 주변 골방들, 부속 건물과 성전 장식들에 대해 상세하게 묘사하고 있다.

시 92-93편   위대하신 하나님의 행사와 주권과 통치

묵상   성장

key word   92:1-3 십현금   92:6 어리석은 자   93:3-4 큰 물, 많은 물소리, 큰 파도

message   92편 역시 저자와 저작 배경이 알려져 있지 않은 시로서 시인은 개인적인 구원의 체험에 근거하여 하나님의 신실한 섭리와 정직한 행사를 찬양하고 있다. 93편은 시편 47편 및 95-99편과 더불어 이른바, '군왕 시'로 불려지는 시인데 익명의 시인은 본서를 통해 여호와 통치의 견고성과 당위성 그리고 영원성을 장엄하게 묘사하고 있다.

말씀 연결(겔 41장; 시 92-93편)_측량과 성장

▶**일러두기**

빌립보서 2장 25절에서 '에바브로디도'는 빌립보 교인들이 옥에 갇힌 바울을 위해 모금한 돈을 바울에게 전달한 자이다. 병이 들기까지 옥중에서 바울을 도왔고 회복된 뒤에는 이 서신을 빌립보 교회에 전달한 자이다.

9
Oct
선택
열왕기상 12장 | 빌립보서 3장 | 에스겔 42장 | 시편 94편

왕상 12장 왕국 분열과 여로보암의 우상 숭배

묵상	어린 사람들의 자문을 선택
key word	12:8 어린 사람들 12:11 전갈 12:13 왕이 포악한 12:16 이새의 아들 12:25 세겜 12:29 벧엘
message	솔로몬이 죽자 그의 아들 르호보암이 이스라엘의 왕위에 오른다. 하지만 르호보암은 부친의 정책에 따라 계속해서 백성들에게 과중한 부역과 세금을 부과한다. 이에 이스라엘 백성들의 누적된 불만이 폭발하게 된다. 그들은 여로보암을 중심으로 세력을 집결하여 르호보암 왕권에 대항한다. 르호보암은 군대를 동원하여 여로보암의 세력을 치려 했으나 하나님께서 막으심으로 포기한다.

빌 3장 푯대를 향하여 달려간 바울

묵상	예수 그리스도를 아는 지식을 선택함
key word	3:3 할례파 3:8 배설물 3:14 푯대 3:20 시민권
message	육체적인 조건으로 의롭게 되지 않고 오직 그리스도를 믿음으로 말미암아 의롭게 됨을 강조한다. 바울 자신은 '그리스도를 믿음으로 말미암아 얻는 의'를 위해 육체의 자랑을 잃어버리고 배설물로 여긴다고 했다. 그리고 우리에게 자신을 본받으라고 말하고 있다.

말씀 연결(왕상 12장; 빌 3장)_자문과 선택

▶**말씀기도**

하나님의 지혜를 통하여 그리스도를 아는 거룩한 선택으로 하나님을 믿으며 나아가는 삶이기를, 백성된 도리를 다하는 삶을 살기를 소원하며 기도합니다.

겔 42장　성전 주변 제사장들의 방

묵상　거룩한 것을 선택

key word　42:10 남쪽　42:15 동쪽을 향한 문　42:16-19 동쪽을, 서쪽으로, 오백 척

message　성전 건물 주변의 제사장들의 방의 위치, 구조, 용도 등이 소개된다. 그리고 후반부에서 성전 사면의 담에 대한 환상이 언급되고 있다.

시 94편　세상을 의로 심판하시는 하나님

묵상　자기 백성을 버리지 않으심

key word　94:9 귀를　94:18 주의 인자하심이　94:20 율례를 빙자하고

message　본 장 역시 저자 미상인데 시인은 부당하게 의인과 악한 자를 압제하는 악인에 대하여 공의의 재판장 되시는 여호와께서 의로운 재판을 해주실 것을 호소하고 있다.

말씀 연결(겔 42장; 시 94편)_거룩과 자기 백성

▶**일러두기**

열왕기상 12장 1절의 '르호보암'은 암몬 여인 나아마에게서 태어난 솔로몬의 아들로 반란이 일어날 정도로 백성들을 혹사시킨 전형적인 전제 군주이다. 원로들의 훈계를 버린 결과 왕국이 분열되고 말았다. 국방에 주력하여 나라가 견고해지자 자만하다가 애굽 왕 시삭의 침공을 받는다(대하 12:1- 5). 18명의 아내와 60명의 첩을 통해 28남 60녀를 두었다(대하 11:18-23). 남유다를 17년 간 통치한 군주이다.

영(靈)

열왕기상 13장 | 빌립보서 4장 | 에스겔 43장 | 시편 95-96편

왕상 13장 여로보암을 향한 심판 선포

묵상   말씀하신 것을 이루심

key word   13:2 요시야라 이름하는 13:11 벧엘의 한 늙은 선지자 13:18 속임이라
            13:22 네 시체가 13:28 사자는 그 시체 13:33 자원하면

message   북쪽 이스라엘의 왕 여로보암이 벧엘과 단에 금송아지를 만들고 우상숭
            배를 했던 때에, 한 하나님의 사람이 여호와의 말씀을 인하여 유다에서
            부터 벧엘에 이르렀다. 유다에서 벧엘은 걷기에 가깝지 않은 거리이었
            다. '하나님의 사람'은 하나님께서 세우셨고 하나님께 속하고 하나님과
            기도로 교제하며 하나님의 성품을 닮았고 하나님의 말씀 전파의 사명을
            받았고 하나님의 권위를 가진 사람을 가리킨다.

빌 4장 주 안에서 기뻐하라

묵상   모든 쓸 것을 채우심

key word   4:2 유오디아 4:15 마게도냐 4:17 유익하도록 4:21 문안하라 4:22 가이
            사의 집 사람들

message   바울이 언급한 유오디아와 순두게라는 여인은 이러한 사회적 배경하에
            빌립보교회를 주도적으로 이끌어 가는 주요 인물이었음에는 틀림이 없
            다. 그러므로 그들의 불화설은 사람들에게 화제의 대상이 되었고, 빌립
            보교회에 적지 않은 영향을 끼쳤던 것이다.

말씀 연결(왕상 13장; 빌 3장)_말씀과 채우심

▶**말씀기도**
모든 쓸 것을 채우심을 믿고 간구하며 영광이 가득한 주의 전을 사모하며 모든 영광을 하나님
께 돌리는 삶을 살아가기를 기도합니다.

겔 43장 성전에 임재하신 하나님

묵상   성전에 가득한 영광

key word   43:2 하나님의 영광이   43:9 내가 그들 가운데에 영원히   43:13 제단
43:21 성전의 정한 처소   43:24 소금을 쳐서

message   에스겔 선지자는 하나님의 영이 임재하는 영광스러운 모습을 묵도한다.
이미 19년 전에 하나님께서 예루살렘 성전을 떠나시는 모습을 묵도한
선지자로서 이런 환상은 큰 기쁨과 감격이 아닐 수 없었을 것이다.

시 95-96편 예배자의 찬양의 바른 자세와 새 노래

묵상   영광을 여호와께 돌림

key word   95:1 구원의 반석   95:8 므리바   96:1 새 노래   96:5 만국의 모든 신들의 우
상

message   95-96편은 성전 예배시에 사용된 여호와 경배의 찬양시이다. 이같은 찬
양시의 주제는 주권적 통치자에게 마땅히 드리는 경배에 대해서 읊고
있다. 즉 이 부분의 시는 우주와 선민의 통치자로서의 하나님을 찬양하
는 이른바 신정 찬양시이다.

말씀 연결(겔 43장; 시 95-96편)_영광을 여호와께 돌림

▶일러두기

열왕기상 13장 11절의 '벧엘의 한 늙은 선지자'는 왕국 분열 후 여로보암의 그릇된 종교 정책이
시행되는 북이스라엘에 여전히 살면서 그 아들들도 벧엘의 금송아지 제사에 참여하는 것으로
보아 신앙적으로 매우 그릇된 선지자임을 짐작할 수 있다.

11 Oct 우상이냐 하나님이냐

열왕기상 14장 | 골로새서 1장 | 에스겔 44장 | 시편 97-98편

왕상 14장   여로보암의 종말과 르호보암의 통치

묵상   우상을 선택함

key word   14:2 청하건대 14:11 성읍에서 죽은즉 14:14 한 왕 14:23 푸른 나무 아래
          14:24 남색하는 자 14:25 시삭

message   우상 숭배로 일관하던 여로보암은 아들의 죽음과 가문의 멸망을 선고받
          는다. 르호보암 역시 짧은 기간 하나님을 경외하던 열심에서 벗어나 우
          상을 숭배하다 애굽의 침공과 남북 간의 전쟁으로 국운이 점점 쇠퇴해
          간다. 다른 신을 따르는 결과가 어떠한지를 볼 수 있다. 그리고 우리가
          기도의 깊은 경지에 이르면 이룰수록 우리는 아이 같이 더욱더 단순하
          고 순진하기 마련이다. 엄숙한 신앙은 언제나 단순하다. 기도는 그 말의
          내용이 중요한 것이 아니고, 그 자세가 더욱더 중요하다.

골 1장   만물의 으뜸이신 그리스도

묵상   우리의 선택(예수 그리스도)

key word   1:1 형제 1:15 모든 피조물보다 1:17 만물보다 먼저 1:18 근본 1:19 충만
          1:25 직분

message   사도 바울은 그의 동역자 디모데와 함께 골로새 성도들에게 문안 인사를
          전하면서 골로새교회의 믿음과 소망과 사랑의 소문을 듣고, 또 온 천하에
          서도 열매를 맺어 자라고 있음에 대해 감사한다. 바울은 골로새 교인들이
          신령한 지혜와 총명으로 하나님의 뜻을 알고 주께 합당하게, 기쁨으로 견
          딤과 참음에 이르고 성도의 기업에 참여하게 되기를 기도한다.

말씀 연결(왕상 14장; 골 1장)_선택

▶말씀기도
오직 예수 그리스도만이 우리의 구주이시고 영광의 소망되시며, 새 노래로 하나님을 찬송하는
삶이기를 간절한 마음을 담아 기도하며 나아갑니다.

겔 44장　성전 봉사자를 위한 규례

묵상　　　성전을 더럽힘

key word　44:1 동쪽을 향한　44:4 북문을 통하여　44:7 할례　44:8 성물의 직분
　　　　　44:17 양털 옷　44:20 머리털을 밀지도　44:22 과부나

message　하나님의 영광이 동문을 통해 성전으로 들어오는 감격적인 환상을 소개
　　　　　한 후 성전 봉사자들의 자격과 레위인의 의무, 제사장의 의무, 분깃을 세
　　　　　세히 소개하고 있다.

시 97-98편　의로운 통치와 기이한 일을 행하시는 여호와

묵상　　　수치 당함과 여호와를 찬양

key word　97:2 구름과 흑암　97:7 허무한 것　98:1 거룩한 팔　98:9 의로, 공평으로

message　97편은 여호와의 통치에 대한 찬양시이다. 시인은 온 세상을 심판하시
　　　　　는 하나님을 향한 경건한 두려움이 가득 찬 분위기를 그리고 있다. 98편
　　　　　은 하나님의 의로운 통치와 세상을 공평히 심판하신 일에 대한 찬양시
　　　　　이다. 시인은 하나님의 구원 역사가 이방까지 확장될 것을 노래한다.

말씀 연결(겔 44장; 시 97-98편)_ 영광을 여호와께 돌림

▶일러두기

골로새서 1장 7절의 '에바브라'는 바울에게 복음을 배운 골로새 출신 성도로서 골로새와 더불어
인근에 있는 라오디게아, 히아라볼리 지역까지 그리스도의 복음을 전하고 교회를 설립한 믿음
의 지도자이다. 바울로부터 믿음을 인정받을 정도로 매우 신선한 인물이었다.

12
Oct

거룩한 삶

열왕기상 15장 | 골로새서 2장 | 에스겔 45장 | 시편 99-101편

왕상 15장 아사와 바아사의 통치

묵상　　여호와 앞에 온전함

key word　15:1 아비얌 15:4 등불 15:5 헷 사람 우리아의 일 15:7 아비얌 15:10 미아
　　　　가 15:17 이스라엘 왕 바아사 15:26 그의 아버지의 길

message　남왕국 르호보암과 북왕국 여로보암의 사후, 이제부터 이들 뒤를 이어 남
　　　　북 왕국을 맡아 다스린 통치자들이 소개된다. 먼저 제2대 남왕국 유다의
　　　　왕 아비얌의 통치와 사적에 관한 기록이 소개된다.

골 2장　그리스도 안에서 행하라

묵상　　그리스도 안에서 행함

key word　2:1 라오디게아 2:11 그리스도의 할례 2:16 먹고 마시는 것 2:19 머리를 붙
　　　　들지 아니하는지라 2:23 자의적 숭배

message　그리스도 안에는 지혜와 지식의 모든 보화가 감추어져 있으므로 어떠한
　　　　교묘한 말에 속지 않아야 하며 질서 있게 행하고 그리스도를 믿는 믿음
　　　　으로 굳건하게 서야 한다. 그리스도를 주로 받은 성도들은 그에게 뿌리를
　　　　받고 세움을 받아 믿음에 굳게 서서 삶이 감사가 넘쳐야 한다. 철학과 헛
　　　　된 속임수에 사로잡히지 않아야 한다.

말씀 연결(왕상 15장; 골 2장)_온전한 행함

▶**말씀기도**

마음으로 하나님 앞에서 온전한 삶을 살아가고 그리스도 안에서 오직 하나님만을 찬양하는 삶
이기를 간절한 마음을 담아 기도합니다.

겔 45장　거룩한 구역과 각종 규례 및 절기들

묵상　　　성소의 거룩함

key word　45:6 성읍의 기지　45:7 왕에게 돌리되　45:8 압제하지 아니하리라　45:10 에바　45:11 호멜　45:12 세겔　45:14 고르　45:17 소제　45:19 성전 문설주

message　에스겔 선지자는 성전 지역 선별, 왕을 위한 거룩한 지역 설정, 왕과 백성이 지켜야 할 의무, 절기에 관련 규례들을 상세히 소개한다. 여기서 바른 예배가 드려지고 공의가 구현되는 이상적인 나라의 정형을 엿볼 수 있다.

시 99-101편　크고 두려운 여호와의 이름, 영원한 찬송과 경건한 다짐

묵상　　　거룩한 하나님을 찬양함

key word　99:1 그룹 사이　99:5 발등상　99:6 모세와 아론　100:4 그의 문　101:1 인자와 정의 101:8 아침마다

message　99-100편에서는 경배와 찬양은 바로 나의 것이어야 한다. 이 부분의 시편들을 통해 경배의 초청에 기꺼이 응하고 경배의 대상인 하나님의 성품을 올바로 알아 그분께 마땅히 경배를 드림으로써 경배자로서의 온전한 기쁨을 누려야 한다. 101편은 선민 이스라엘을 다스려 나갈 왕으로서 치세에 임하는 다윗의 통치 철학이 표현된 군왕시이다.

말씀 연결(겔 45장; 시 99-101편)_거룩함을 찬양

▶일러두기

골로새서 2장 1절의 '라오디게아'는 소아시아의 브루기아 주 남서쪽 끝 골로새 서쪽 20km, 헤아라볼리 남쪽 10km 지점의 고원 지대에 있는 도시이다. 수리아의 안티오쿠스 2세가 재건하고 아내 라오디케의 이름을 따서 명명되었다. 라오디게아 교회는 에바브라에 의해 세워진 듯하다.

13
Oct
왕과 함께하는 삶

열왕기상 16장 | 골로새서 3장 | 에스겔 46장 | 시편 102편

왕상 16장 아사와 바아사의 통치

묵상   여호와 앞에 온전함

key word   16:1 하나니 16:8 엘라 16:9 마시고 취할 때에 16:18 왕궁 요새 16:30-31 아합, 이세벨

message   예후는 유다와 이스라엘의 선지자였다. 그리고 유다에서 아사가 죽고 여호사밧이 왕위에 오를 때까지 예후는 놀라운 선지자의 사명을 감당하였으며 이스라엘에서도 그의 역할은 유다에서와 다를 바 없었다. 그의 아비도 선지자였고, 따라서 그 아버지에게서 그 아들이 나왔다고 할 만하다.

골 3장   옛사람을 버리고 새사람을 입으라

묵상   하나님은 우편에 앉아계신 왕과 함께함

key word   3:5 땅에 있는 지체 3:11 야만인 3:14 온전하게 매는 띠 3:15 주장하게 3:16 시와 찬송과 신령한 노래 3:21 노엽게

message   그리스도와 함께 살리심을 받은 성도들은 그의 옛사람은 죽고 새사람으로 다시 태어났고 그리스도께서 다시 나실 때 성도들도 함께 영광중에 나타날 것이다. 성도들은 옛사람과 그 행위를 벗어버리고 새사람을 입어야 한다. 서로 용납하고 피차 용서하며 이 모든 것 위에 사랑을 더하며 그리스도의 평강이 마음을 주관하도록 하여야 한다.

말씀 연결(왕상 16장; 골 3장)_혼돈과 함께함

▶**말씀기도**

진정한 왕은 하나님이시며 옛사람을 버리고 새사람으로 거듭나며 아침마다 왕되신 주님을 예배하며 나아가는 삶이기를 기도합니다.

576

겔 46장 통치자와 백성이 지킬 각종 규례

묵상
왕을 위한 예배

key word
46:3 이 땅 백성도 46:5 힘대로 46:9 북문으로 들어와서 46:11 명절과 성회 46:13 아침마다 46:18 흩어지지 않게

message
에스겔 선지자는 장차 회복될 이스라엘에 세워질 새 성전에서 왕과 백성들이 지켜야 할 각종 절기와 규례 즉 안식일, 월삭, 성전 출입 관련 규례, 제사 시 왕이 지킬 규례, 희생 제물에 관한 규례를 소개한다.

시 102편 예루살렘의 회복을 기원하는 노래

묵상
시온의 왕

key word
102:5 나의 살이 뼈에 102:11 그림자 102:13 정한 기한 102:18 창조함을 받은 백성

message
익명의 저자에 의한 바벨론 포로의 탄식 노래이다. 즉 선민 이스라엘 민족의 바벨론 포로 생활 체험에서 우러난 비탄의 시이다.

말씀 연결(겔 46장; 시 102편)_예배와 시온의 왕

▶**일러두기**
열왕기상 16장 23절의 '오므리'는 엘라의 군대장관이며 반란자 시므리를 죽이고 오므리 왕조를 창시한 북이스라엘의 6대 왕이다. 사마리아를 요새화하고 수도로 정했다. 세계사에서 이스라엘이 '오므리의 땅'으로 불릴 정도로 정치적으로 명망 있는 인물이었으나 성경에서 '오므리 집안'은 패역한 집안의 대명사로 언급될 정도로 철저한 불신앙적 인물이기도 했다.

14
Oct

말의 사용
열왕기상 17장 | 골로새서 4장 | 에스겔 47장 | 시편 103편

왕상 17장 엘리야의 사역과 사르밧 과부

묵상　　권위 있는 말

key word　17:12 병에 기름 조금뿐 17:15 엘리야의 말대로 17:16 가루가 17:19 다락

message　이스라엘의 방자한 왕 아합은 아름다우나 악한 시돈 여자 이세벨을 아내로 삼았다. 그녀의 나쁜 영향으로 인하여 하나님의 선지자들이 살해당하였다. 그리고 바알 숭배가 그 나라에 국교나 다름없이 등장하였다. 이스라엘의 모든 사람 중에서 은거하거나 숨어서 살아왔다.

골 4장 항상 기도하고 바른말로 권면하라

묵상　　기도와 마땅한 말

key word　4:3 그리스도의 비밀 4:14 누가 4:15 눔바 4:17 아킵보

message　종들의 주인은 하늘에 계시는 아버지처럼 의와 공평으로 베풀어야 한다. 하나님께 전도의 문을 열어달라고 기도하고 외인에게는 지혜로 행하며, 세월을 아껴야 하고 말은 은혜 가운데 소금을 치듯 해야 한다. 마지막으로 바울은 두기고, 오네시모, 아리스다고, 마가, 유스도, 에바브로, 누가 및 데마와 같은 주의 일군들을 소개하고 그들과 관련된 소식을 전하며 작별 인사를 한다.

말씀 연결(왕상 17장; 골 4장)_말

....

....

▶**말씀기도**

하나님이 넣어주신 권위의 말을 사용하고 기도와 문안 그리고 증언의 말을 통하여 하나님과의 언약을 지키는 삶이기를 기도합니다.

겔 47장　　성전에서 흐르는 생명수 환상

묵상　　　　소성시키는 물(말씀)

key word　47:1 그　47:2 스며 나오더라　47:7 강 좌우편에　47:8 아라바　47:10 엔게디
　　　　　　47:11 진펄과 개펄　47:19 다말

message　에스겔 선지자가 완성된 새 성전의 문지방에서 흘러나오는 생명수가 바
　　　　　　다를 이루며 사해 골짜기로 흘러들어 척박한 골짜기가 옥토로 변하는 놀
　　　　　　라운 환상을 체험한다.

시 103편　　자비롭고 은혜로우신 여호와

묵상　　　　언약의 말

key word　103:1 영혼　103:4 관을 씌우시며　103:5 독수리 같이　103:7 그 행위를
　　　　　　103:8 더디 하시고　103:14 우리의 채질

message　다윗의 많은 시편들 중에서도 탁월한 문학적인 가치를 지닌 황금시이다.
　　　　　　여기서 다윗은 회고와 간증을 통해 하나님을 향한 찬양으로 모든 이를 초
　　　　　　청한다. 요컨대 본 시는 찬양으로의 초대, 찬양받으실 하나님의 인자와
　　　　　　긍휼, 그리고 성도와 천사와 만민을 향한 찬양의 권면으로 구성되어 있
　　　　　　다.

말씀 연결(겔 47장; 시 103편)_물과 언약의 말

▶일러두기

열왕기상 17장 1절의 '엘리야'는 우상 숭배가 극에 달한 아합과 아하시야 때에 사역한 북이스라
엘의 선지자로 3년 만의 가뭄에도 하나님의 언약을 참고 기다린 인내의 선지자이다. 그는 사르
밧 과부의 아들을 살렸으며, 바알, 아세라 선지자 850명과 갈멜산에서 대결함으로써 하나님만
이 유일한 참 신이심을 증명했다. 그는 회오리바람을 타고 승천하였다.

15
Oct

영원히 계속되는 여호와의 영광

열왕기상 18장 | 데살로니가전서 1장 | 에스겔 48장 | 시편 104편

왕상 18장 엘리야의 갈멜 산 승리

묵상 　　불을 내리심

key word 　18:7 그가 알아보고 18:12 엘리야가 여기 있다 18:15 만군의 여호와 18:17 이스라엘을 괴롭게 하는 자여 18:32 세야 18:36 저녁 소제

message 　삼년 기근이 이제 끝날 때가 되었다. 이 기간에 하나님의 대변자로서 엘리야는 죄지은 백성에 대하여 하등의 메시지가 없었다. 여호와는 친히 메마른 밭과 문이 닫혀진 하늘을 통하여 백성에게 고백과 참회를 하게 하셨다. 하나님의 종이 침묵을 지킬 때도 있었고, 그때는 하나님이 다른 놀라운 섭리로 말씀하실 때이다.

살전 1장 모범적 신앙을 가진 데살로니가 교회

묵상 　　성령의 기쁨으로 말씀을 받음

key word 　1:1 데살로니가 1:6 많은 환난 1:7 마게도니아와 아가야 1:8 믿음의 소문 1:9 우상을 버리고

message 　사도 바울이 서신을 데살로니가 교회에 썼다. 바울은 이 서신의 명칭을 언급하지 아니한다. 그래서 이 서신은 명칭이 없다. 서신의 주인공은 사도라고 자신을 칭하지도 아니한다. 다른 곳에서 바울은 그 자신을 "사도"(엡 1:1)라고 한다. 그러나 이곳에서는 "사도"라는 말이 없다.

말씀 연결(왕상 18장; 살전 1장)_불과 성령

▶**말씀기도**

지금도 능력의 증거를 보이시고 영원히 우리 안에 거하시는 하나님을 성령의 기쁨으로, 말씀으로 받아들이며 주심에 감사의 기도를 드립니다.

580

겔 48장　새 영토 분배

묵상　거기에 계심

key word　48:10 중앙에 여호와의 성소　48:11 사독의 자손 중에서　48:13 제사장의 경계선을 따라　48:15 속된 땅　48:30 성읍의 출입구

message　새롭게 회복될 이스라엘 땅에서 앞으로 어떻게 열두 지파에게 분배되는 지를 자세히 언급하고 있다. 나라를 잃고 바벨론에 포로로 끌려간 이스라엘 백성들을 향해 에스겔이 선포하는 본토 회복과 영토 분배의 메시지는 바벨론에 있는 포로민 이스라엘에게 더없는 소망과 비전을 준다.

시 104편　만물의 창조주요 통치자이신 하나님

묵상　평생토록 여호와께 노래함

key word　104:2 빛을 입으시며　104:4 바람을　104:14 풀, 채소　104:18 높은 산들은 104:19 달로 절기를　104:26 리워야단

message　창조주 하나님의 권능과 지혜를 노래한 시편의 4대 창조시 중의 하나로서 마치 창세기 1장의 내용을 연상하게 할 정도로 하나님께서 창조하신 대자연에 대한 감탄과 경이로움이 잘 나타나 있다. 시인은 우주 만물을 창조하시고, 그 하나하나를 다스려 나가시는 하나님의 놀라운 섭리에 대해서도 벅찬 감격을 나타내고 있다.

말씀 연결(겔 48장; 시 104편)_거기에서 노래함

▶**일러두기**

'여호와의 불의 심판'(왕상 18:38) - 죄악이 가득했던 소돔과 고모라(창 19:24), 모세의 지도권에 도전하여 애굽으로 돌아가려고 반란을 일으킨 고라 일당(민 16:35), 그릇되게 분향한 나답과 아비후(레 10:2), 엘리야를 잡으러 간 오십부장과 오십 명의 군사(왕하 1:9-12)에서 드러난다.

16 Oct 여호와 앞에 섬

열왕기상 19장 | 데살로니가전서 2장 | 다니엘 1장 | 시편 105편

왕상 19장 호렙 산에서 주의 음성을 들은 엘리야

묵상　　　세미한 소리로 말씀하심

key word　19:1 이세벨　19:4 로뎀 나무　19:12 세미한 소리　19:13 겉옷으로 얼굴을
　　　　　19:16 예후　19:18 칠천 명

message　북이스라엘이 국내적으로 영적 전쟁이 치열한 와중에 아람 왕 벤하닷은
　　　　　북이스라엘을 두 차례 공격하나 아합은 하나님의 크신 도움으로 두 전쟁
　　　　　에서 모두 승리한다. 하지만 아합은 승리에 도착한 나머지 하나님의 뜻을
　　　　　거스르고 교만하다 결국 심판을 선고받기에 이른다.

살전 2장 사역을 회상하는 바울

묵상　　　하나님의 말씀으로 받음

key word　2:2 먼저 빌립보에서　2:9 밤낮으로 일하면서　2:15 쫓아내고　2:16 죄를 항
　　　　　상 채우매　2:18 한번 두번

message　바울 일행이 데살로니가에 들어가 복음을 전한 것이 헛되지 않았다는 것
　　　　　을 모두 알게 되었다. "우리가 너희 가운데 들어간 것이"(1절)라는 이것은
　　　　　전도의 놀라운 모습이다. 전도는 나오는 것이 아니고 "들어가는 것"이다.
　　　　　데살로니가교회의 가장 훌륭한 증인들은 바로 이들이었다. "너희가 친히
　　　　　아나니"가 그것을 보여준다.

말씀 연결(왕상 19장; 살전 2장)_세미한 소리를 받음

▶**말씀기도**

하나님이 말씀하시는 세미한 소리를 듣고 고난 중에도 영원한 언약임을 기억하며 살아가는 삶
이기를 간구하며 간절히 기도합니다.

단 1장　바벨론 왕궁에서 교육을 받는 다니엘과 세 친구

묵상　　　뜻을 정함

key word　1:8 왕의 음식　1:18 기한　1:21 고레스 왕 원년

message　바벨론의 포로가 된 다니엘과 세 친구의 역사를 통해 하나님께서 역사의 주관자 되시며 믿음을 지키는 자들을 반드시 하나님의 은혜를 입게 된다는 교훈적 메시지를 전하고 있다. 그 가운데 다니엘과 세 친구가 적국 바벨론 왕궁에서 어려움 가운데 믿음을 지켜 오히려 고위 관리로 등용하는 과정을 소개하고 있다.

시 105편　이스라엘을 돌보시는 하나님

묵상　　　영원한 언약을 주심

key word　105:5-6 그의 입의 판단　105:15 선지자　105:23 이스라엘이 애굽에　105:36 기력의 시작　105:39 구름을

message　시편에 나타난 세 편의 역사시(78, 106편) 가운데 하나이다. 하지만 나머지 두 편의 시가 역사를 통한 교훈이 목적이라면 본 시는 역사를 통한 감사라는 점이 특징이다. 시인은 아브라함 때부터 가나안 입성 때까지를 회고하면서 그 속에 나타난 하나님의 은혜를 감사를 드린다.

말씀 연결(단 1장; 시 105편)_뜻과 언약

▶일러두기

'언약의 대표자 아브라함, 이삭, 야곱'(시 105:9-10) 이 세 족장은 모든 백성을 대표하여 하나님과 영원한 언약을 맺었다(창 12:7; 17:8; 26:3). 이후 택한 백성은 족장들이 하나님과 맺은 그 언약에 근거하여 하나님께 긍휼을 호소했고, 하나님은 그 백성에게 인자를 베푸셨다(신 9:5).

왕상 20장   아람 왕 벤하닷을 물리친 아합 왕

묵상　　　전쟁에서 승리하게 하심

key word　20:1 벤하닷 20:11 갑옷 입은 자가 20:18 화친하러 20:22 해가 바뀌면
　　　　　20:23 산의 신 20:30 골방 20:32 굵은 베로 20:35 선지자의 무리

message　아람 왕이 등장하여 이스라엘에게 협박하고 전쟁을 하려고 한다. 다윗은
　　　　　이전에 아람 왕들로부터 조공을 받았으나 이스라엘의 배교로 이제는 이
　　　　　스라엘이 아람의 협박의 대상이 되고 말았다. 하나님의 뜻 안에서 살아갈
　　　　　때에 그 나라가 강성하였으나 하나님의 은혜를 떠났을 때에 국력이 쇠하
　　　　　고 백성들이 전쟁의 불안 속에서 살아가는 역사의 산 교육을 이곳에서 보
　　　　　게 된다.

살전 3장   바울의 기쁨과 감사

묵상　　　강림하심

key word　3:1 아덴 3:5 시험하는 자 3:10 믿음이 부족한 것 3:13 성도

message　바울은 교인들이 환난 중에 믿음을 잃어버리게 될까 염려하는 마음이 생
　　　　　겼다. 그래서 그는 디모데를 보내어 교인들의 형편을 살피고 그들을 위로
　　　　　하고 권면하게 하였다. 그는 그를 통해 그들을 굳게 하고 그들의 믿음에
　　　　　대해 그들을 위로하기를 원하였다.

말씀 연결(왕상 20장; 살전 3장)_승리와 강림

▶**말씀기도**

전쟁에서 승리하게 하시고 종말에 그의 모든 성도와 함께 강림하시며, 열방을 통치하시고 강림
하실 신실하신 주님을 찬양합니다.

단 2장   느부갓네살의 꿈을 풀이한 다니엘

묵상   영원한 나라를 세우심

key word   2:4 아람 말   2:6 꿈과 그 해석   2:8 나의 명령   2:13 다니엘과   2:22 빛
                2:26 벨드사살   2:27 지혜자   의 겨   2:40 쇠   2:46 예물과 향품

message   바벨론에 포로로 끌려간 다니엘과 세 친구들은 믿음의 절개를 지킴으로
                써 하나님의 은혜를 입어 바벨론의 관직에 등용한다. 그때 마침 다니엘이
                왕이 꾼 꿈의 내용과 뜻을 풀이하게 되고 이에 크게 감동한 왕은 다니엘
                을 고위 관리로 기용한다.

시 106편   하나님을 거듭 배신한 이스라엘

묵상   영원부터 영원까지 찬양받으실 이

key word   106:1 할렐루야   106:5 주의 유산   106:7 홍해에서   106:14 광야에서
                106:32 므리바 물   106:45 뜻을 돌이키사

message   106편은 4권의 마지막 시로서 시편에 나타난 세 편의 역사시(78, 105편)
                가운데 하나이다. 역사시는 이스라엘의 역사를 소재로 하여 쓴 시인데 앞
                선 105편의 시가 이스라엘의 역사 속에서 나타난 하나님의 구원과 은혜
                에 감사하고 언약에 신실하신 하나님을 찬양한 것인데 비해, 본시는 이스
                라엘의 과거 역사 속에서 나타난 이스라엘의 패역함과 범죄를 돌이켜 보
                면서 하나님께 참회하고 있다.

말씀 연결(단 2장; 시 106편)_나라를 세우심과 찬양

▶일러두기

다니엘 2장 10절의 '박수와 술객'은 점이나 마술, 강산술 혹은 천체의 변화를 통해 인간의 미래
를 예견하는 박수나 술객, 박사들은 모두 고위관직에 기용된 그룹에 속했다.

18
Oct
하나님의 뜻

열왕기상 21장 | 데살로니가전서 4장 | 다니엘 3장 | 시편 107편

왕상 21장 나봇의 포도원을 빼앗은 아합

묵상　　겸비함

key word　21:3 내 조상의 21:7 이세벨 21:10 불량한 두 사람 21:14 나봇이 21:18 아합 왕을 만나라 21:22 여호보암의 집 21:23 개들이

message　아합이 나봇의 포도원을 강탈하는 과정에서 벌어진 불법적 사건을 다루고 있다. 아합 한 사람의 탐욕으로 인하여 죄 없는 한 백성이 죽어갔다. 그것도 왕의 권력을 이용한 이세벨의 악의적인 행위로 인하여 되어졌다. 그러나 그보다 더 슬픈 것은 권력의 지시를 받은 나봇의 고향의 "장로들과 귀인들"(8절) 나봇의 무죄와 이세벨의 조작된 지시를 반대하지 아니하고 그대로 실천한 일이다.

살전 4장 주의 재림을 대비하라

묵상　　거룩함

key word　4:6 신원 4:13 소망 없는 다른 이 4:14 예수 안에서 자는 자

message　데살로니가 교회가 안고 있는 그릇된 종말관에 대해 지적하고 있다. 구체적으로 말하면 하나님의 뜻에는 구원, 자기희생, 성령 충만, 복종, 고난당함, 만족, 확고함, 특별히 성화가 포함된다. 이 문맥에서 하나님의 뜻은 특별히 성적 부정을 멀리하는 것을 의미한다.

말씀 연결(왕상 21장; 살전 4장)_겸비와 거룩

▶**말씀기도**

하나님의 뜻을 겸비하고 거룩함으로 고난을 통해 높임을 받으신 우리의 구원자이신 주님을 믿으며 찬양과 영광을 돌립니다.

단 3장　풍무 시험에서 승리한 다니엘의 세 친구

묵상　고난을 통해 높이심

key word　3:1 금으로 신상을 만들었으니　3:5 삼현금　3:8 갈대아 사람들　3:14 사실이냐　3:19 평소보다 칠 배　3:25 신들의 아들

message　승승장구하던 느부갓네살은 두라 평지에 자신의 신상을 세우고 모두 경배하게 한다. 한편 다니엘과 세 친구의 고속 성장을 시기한 바벨론의 관리들은 계략을 꾸미고 결국 사드락과 메삭과 아벳느고는 풀무불에 던져진다. 그러나 하나님의 초자연적 개입으로 구원을 얻는다.

시 107편　구속함을 받은 자의 감격스러운 찬양

묵상　채우심과 건지심

key word　107:2 대적의 손에서　107:15 행하신 기적　107:17 미련한 자　107:18 사망의 문에　107:22 감사제　107:30 바라는 항구　107:34 염전

message　시편의 마지막 권인 5권(107-150편)의 첫 번째 시로서 바벨론 포로 해방의 환희와 감격에 기초하여 하나님의 인자하심과 구원 사역을 노래한 감사의 찬양이다. 시인은 구원받을 자격이 없는 자들임에도 불구하고 이스라엘에 구원을 베풀어주신 하나님의 크신 은혜를 감격하여 하나님을 찬양하고 있다.

말씀 연결(단 3장; 시 107편)_고난과 채우심

▶ **일러두기**

열왕기상 21장 19절에서 '개들이 내 피 곧 네 몸의 피도'라고 한 표현에서 나봇은 죽임당한 뒤 사자(死者)의 예우를 받지 못하고 들에 버려졌음을 알 수 있다. 이렇게 나봇이 땅에 묻히지 못한 것은 이세벨이 나봇 뿐 아니라 가족들까지 모조리 죽였기 때문이었다(왕하 9:26).

주의 날

열왕기상 22장 | 데살로니가전서 5장 | 다니엘 4장 | 시편 108-109편

왕상 22장 길르앗 라못 전투와 아합의 죽음

묵상   무심코 일어남

key word   22:3 길르앗 라못 22:4 나는 당신과 같고 22:11 철로 뿔들을 만들어
22:17 목자없는 양 같이 22:25 골방에 들어가서 숨는 그날 22:39 상아궁
22:47 섭정왕 22:48 다시스

message   통합이 언제나 힘이 있는 것은 아니다. 이는 이곳에서 불신자와 멍에를
함께하는 것이 전혀 힘이 없음을 보여주기 때문이다. 하나님은 연약한 것
을 기쁘게 사용하시나 부정한 것을 사용하시지는 않으신다.

살전 5장 종말을 기다리는 성도의 삶

묵상   도둑같이 임함

key word   5:1 때와 시기 5:5 빛의 아들 5:8 호심경을 붙이고 5:14 게으른 5:23 영과
혼과 몸 5:24 미쁘시니 5:26 거룩하게 입맞춤

message   사람들이 "평안하다, 안전하다."라고 할 그때에 그가 밤에 도적같이 오신
다. 그때에 '멸망이 갑자기 그들에게' 온다. 도둑은 그 자신이 집안에 들어
올 때에 사전 경고를 하지 아니한다. 도둑은 가장 예측불허의 시간을 택
한다. 갑자기 그리고 순식간에 온다.

말씀 연결(왕상 22장; 살전 5장)_무심코 임함

▶**말씀기도**

하나님의 심판의 날 아합을, 느부갓네살을 그리고 대적들을 밟으시는 날임을 믿으며 쉬지 말고
기도하며 살아가는 삶이기를 소원하며 기도합니다.

단 4장   느부갓네살 왕의 두 번째 꿈

묵상   자기 뜻대로 행하심

key word   4:9 박수장 4:10 땅의 중앙에 한 나무 4:16 짐스의 나무 4:29 열두 달이
            지난 후 4:31 왕의 입에 있을 때 4:35 하늘의 군대

message   느부갓네살이 큰 나무 꿈을 꾸었으나 그 꿈의 의미를 알지 못해 답답해하
            는 장면과 다니엘이 이전처럼 왕의 꿈을 해석하는 장면 그리고 그 꿈이
            성취되어 느부갓네살이 7년 동안 짐승처럼 지내는 장면, 마지막으로 왕
            이 제정신으로 돌아와 하나님을 찬양하는 장면이 차례로 언급되고 있다.

시 108-109편 하나님을 의지하는 자와 대적의 보복의 열망

묵상   대적을 밟으심

key word   108:2 비파 108:7 세겜 109:18 저주가 물 같이 109:23 석양 그림자
            109:27 주의 손이 하신 일 109:29 욕을 옷 입듯

message   108편은 하나님의 구원을 확신하는 시인데 특이하게도 이 시는 원래 각
            각 따로 쓴 두 편의 시를 예배용으로 발췌 편집한 혼합시이다.
            109편은 비탄의 자주의 시이다. 자신의 생명을 노리는 대적들에게서 큰
            위협을 받고 있던 때에 쓴 시로 보이며, 시인은 하나님께 자신의 곤고함
            을 호소하는 가운데 악인에 대하여 하나님의 심판이 임하기를 간구하고
            있다.

말씀 연결(단 4장; 시 108-109편)_행하심과 밟으심

▶일러두기
시편 109편 8절에서 '배신자의 운명'은 '그 직분을 타인이 빼앗게'라는 표현은 생명을 누릴 가
치도 없는 배신자에게서 영광과 존귀를 박탈하고 권세와 권위의 자리에서 끌어내리는 것을 가
리킨다. 이 표현은 베드로가 후일 예수를 판 가룟 유다에 대해 적용시켰다(행 1:20).

20
Oct
기도와 하나님의 통치

열왕기하 1장 | 데살로니가후서 1장 | 다니엘 5장 | 시편 110-111편

왕하 1장   엘리야와 아하시야 왕

묵상	하나님께 간구해야 함
key word	1:2 바알세붑 1:3 사마리아 왕 1:8 털이 많은 사람 1:9 산 꼭대기 1:15 여호와의 사자
message	악한 아비의 아들 아하시야는 다락 난간에서 떨어져 병들었다. 그때에 그는 에그론의 신에게 물었다. 에그론은 바알신전 중에서 아하시야가 가장 쉽게 대할 수 있는 곳으로 보인다. 아합과 이세벨의 영향으로 이스라엘 중에서 바알 숭배가 만연했었다. 아하시야의 실족 사고는 슬픈 일이었다.

살후 1장   박해와 하나님의 공의로운 심판

묵상	교회를 위하여 기도함
key word	1:1 실루아노와 디모데 1:5 하나님의 공의로운 심판의 표요 1:7 안식
message	바울이 이전에 자상한 부성애로 데살로니가 교회를 권면하였으나 잘못된 재림관에 젖어 있던 데살로니가 교인들은 이런 바울의 권면을 이해하지 못했다.

말씀 연결(왕하 1장; 살후 1장)_간구와 기도

▶**말씀기도**

오직 하나님께 기도하고 교회를 위해 기도하며, 하나님의 통치는 대대로 이르고 열방 가운데 거룩한 옷을 입고 헌신하는 삶이기를 기도합니다.

단 5장　벨사살의 최후 경고

묵상　하나님의 통치와 영광

key word　5:10 왕비　5:11 거룩한 신들의 영이 있는 사람　5:16 자주색 옷　5:17 왕의 예물　5:23 호흡을

message　바벨론의 마지막 왕 벨사살의 최후가 언급되고 있다. 교만한 벨사살은 예루살렘 성전 기물로 여흥을 즐기는 신성모독죄를 자행하고 이때 왕궁 분벽에 낯선 손가락이 나타나 글씨를 쓴다. 다니엘은 이 글씨의 내용이 바벨론의 멸망을 경고하는 것이라고 해석하는데 얼마 후 예언은 그대로 성취되었다.

시 110-111편　메시야의 통치와 지존하신 여호와

묵상　원수들 중에서 다스리심

key word　110:1 발판이 되게 하기까지　111:1 정직한 자들의 모임　111:10 여호와를 경외함이 지혜의 근원

message　110편은 2, 16, 22, 24, 45편 등과 같이 장차 사탄의 왕국을 멸하고 영원한 하나님의 왕국을 세우실 '메시야 예언시'이다. 111편은 매절의 첫 글자가 히브리어 알파벳 순서로 구성된 답관체 형식의 시로 이어 나오는 112편과 그 형식이나 내용에 있어 한 쌍을 이루고 있다.

말씀 연결(단 5장; 시 110-111편)_ 영광과 다스림

▶일러두기

다니엘 5장 1절의 '벨사살'의 이름의 뜻은 '벨(바벨론의 신)이여, 지켜주소서'이다. 느부갓네살의 손자이며, 나보니두스의 장남으로 바벨론의 마지막 왕이다. 나보니두스는 바사의 전쟁을 위해 출병하면서 그를 섭정왕으로 세웠다. 그러나 벨사살은 기원전 539년 10월 10일 바사의 왕 고레스가 바벨론 성읍을 합락시킬 때 죽임을 당하고 말았다.

세움 받은 자

열왕기하 2장 | 데살로니가후서 2장 | 다니엘 6장 | 시편 112-113편

왕하 2장   엘리야의 승천과 엘리사의 계승

묵상	엘리사를 세움
key word	2:2 당신의 영혼이 2:10 어려운 일 2:11 불수레와 불말들 2:12 아버지여 2:17 부끄러워하도록 2:19 토산이 2:23 대머리여 오라가라
message	엘리야가 하늘로 들려 올라감으로써 엘리야의 시대가 끝이 나고 그를 이어 엘리사가 신적 권위를 덧입고 선지자로 사역을 시작하는 장면이다. 또한 그리스도인은 모든 과정은 하나님의 놀라운 빛으로 나아가는 과정이다.

살후 2장   재림의 징조와 재림에 대한 소망

묵상	교회를 위하여 기도함
key word	2:4 하나님의 성전 2:7 불법의 비밀 2:8 입의 기운 2:15 말, 우리의 편지
message	본 장에서 영감을 받은 사도가 제시한 예언적 모습을 살펴본다. 이것은 우리들의 큰 관심을 갖게 한다. 그리고 이 내용은 주님이 오시기 전에 세상이 돌이킨다는 일반적인 신념의 강한 지지를 표명한다.

말씀 연결(왕하 2장; 살후 2장)_세움

▶**말씀기도**

하나님은 우리를 모든 형편 가운데 세우시고 엘리사를 선지자의 계보를 잇도록 하셨으며 바벨론 포로 중에서도 다니엘을 세워 하나님의 권능을 나타내신 주님을 찬양합니다.

단 6장　사자 굴에서 건짐받은 다니엘

묵상　다니엘을 세우심

key word　6:7 사자 굴에 던져　6:8 고치지 아니하는 규례　6:10 예루살렘으로 향한
　　　　　6:18 오락　6:23 왕이 심히 기뻐서　6:24 참소

message　메대, 바사의 다리오 치세 하에서 일어난 사건을 말한다. 다니엘을 시기
　　　　　하던 자는 나라가 바뀌자 다시 다니엘을 모함하고 다니엘은 신앙의 절개
　　　　　를 지키다 사자 굴에 던져지나 믿음을 지킨 결과 더욱 존귀하게 된다. 또
　　　　　한 이를 본 다리오 왕조차 감동을 받아 하나님께 영광을 돌린다.

시 112-113편　하나님의 경외하는 자의 행복과 찬양

묵상　가난한 자를 세우심

key word　112:4 흑암　112:10 욕망　113:3 해 돋는 데에서부터 해 지는 때까지

message　112편은 헬렐루야로 시작되는 할렐루야 찬양시로서 여호와를 경외하는
　　　　　자가 받을 축복을 노래하고 있다. 113편 역시 할렐루야로 시작해서 할렐
　　　　　루야로 끝나는 짧은 할렐시이지만 매우 독특한 주제를 다룬 시이다.

말씀 연결(단 6장; 시 112-113편)_세우심

▶ **일러두기**

열왕기하 2장 1절의 '엘리사'는 '하나님은 구원이시다'라는 뜻의 이름이다. 엘리야의 후계자로
서 이스라엘 왕 여호람과 여호아하스, 요아스 등의 통치기간 동안 많은 이적을 행하였다. 엘리
야는 자신의 겉옷을 그에게 던짐으로써 자신을 계승할 자로 그를 세웠다. 그는 바알 숭배 체제
를 근본적으로 척결하려 했던 스승 엘리야의 사명을 마무리 지었으며 하사엘과 예후를 기름 부
어 세웠다.

22 Oct 하나님의 권세와 영광

열왕기하 3장 | 데살로니가후서 3장 | 다니엘 7장 | 시편 114-115편

왕하 3장   이스라엘과 모압의 전쟁

묵상   보지 못한 바람과 비를 보게 하심

key word   3:5 아합이 죽은 후 3:11 손에 물을 붓던 3:12 여호와의 말씀이 3:14 여호
사밧의 얼굴 3:15 거문고 탈 자 3:21 갑옷 입을 만한 자 3:25 물매꾼 3:27
맏아들을

message   아합 왕이 죽은 후 이스라엘의 국력이 약해진 틈을 타서 모압이 이스라엘
을 배반한다. 이에 여호람은 강력하게 대처하기로 결심하고 유다 왕 여호
사밧과 동맹을 맺고 모압 원정길에 나선다. 모압 원정길에 여호람은 엘리
사를 방문하여 그의 도움을 구하고, 엘리사는 여호사밧의 얼굴을 보아 이
스라엘의 모압 징벌을 돕겠다고 한다.

살후 3장   재림을 대망하는 자에 대한 권면

묵상   하나님께 영광된 그리스도인의 삶

key word   3:2 부당하고 3:8 음식을 값없이 먹지 3:9 권리 3:10 누구든지 3:14 부끄
럽게 하라 3:17 편지마다 표시로서

message   사도 바울은 재림 문제에 관한 것을 상세하게 설명하고 나서 엄숙한 분위
기를 보여준다. 바울은 사도이다. 그는 능력의 종이고 하나님의 은혜 안
에서 능력을 행하였다.

말씀 연결(왕하 3장; 살후 3장)_보지 못한 것을 보게하신 하나님의 영광

▶말씀기도

온 세상의 통치자이신 하나님께만 영광을 돌리고 게으르지 않고 질서가 있으며, 수고와 성실함
으로 주님의 이름을 높이는 삶이기를 기도합니다.

단 7장　네 짐승 환상

묵상　소멸되지 않은 영원한 권세

key word　7:2 하늘의 네 바람　7:4 사자와　7:5 많은 물고기를 먹으라　7:6 표범과 같
은 것　7:7 넷째 짐승　7:13 인자 같은 이　7:20 열 뿔

message　벨사살 원년에 다니엘이 꿈을 통해 본 네 짐승 환상이다. 여기서 네 짐승
은 장차 나타날 세상 나라의 등장과 몰락을 보여준다. 다니엘은 이 환상
을 통해 이방 나라의 멸망과 하나님 나라의 영원한 승리를 보여주고 있
다.

시 114-115편 자연 만물을 다스리시고 오직 홀로 높으신 하나님

묵상　주의 이름에만 돌려지는 영광

key word　114:3 바다가　115:1 주의 이름만　115:17 적막한 데

message　112편은 할렐루야로 시작되는 할렐루야 찬양시로서 여호와를 경외하는
자가 받을 축복을 노래하고 있다. 114편은 자연 만물을 다스리시는 여호
와의 주권을 주제로 삼는 시이다. 115편은 선창자의 선창에 따라 찬양대
가 응답하는 교창의 형태로 구성된 시로서 우상의 헛됨을 상기시키면서
오직 주께만 영광 돌릴 것을 권고하는 노래이다.

말씀 연결(단 7장; 시 114-115편)_권세와 영광

▶일러두기

시편 115편 4-8절에서 '우상의 특징'은 첫째, 인간의 손으로 만들어졌다는 것이며, 둘째, 인간과
유사한 기관들이 있으나 실제로는 아무 구실도 하지 못한다. 셋째, 무가치하고 허탄하여 그것을
만드는 자까지 존귀한 인격을 상실하고 우상과 똑같이 망령된 존재로 전락한다는 것이다.

하나님의 능력과 긍휼

열왕기하 4장 | 디모데전서 1장 | 다니엘 8장 | 시편 116편

왕하 4장　기적을 행사한 엘리사

묵상　　능력으로 긍휼을 베푸심

key word　4:1 선지자의 제자들의 아내　4:4 들어가서 문을 닫고　4:8 수넴　4:10 작은 방을 담 위에 만들고　4:15 문에 서니라　4:23 초하루　4:31 지팡이를　4:33 여호와께　4:35 일곱 번 재채기 하고

message　엘리사는 스승 엘리야의 행한 것보다 2배 정도의 기적을 행하였다. 물론 그 모든 기적은 하나님의 이름으로 또 그가 하나님과 깊이 교통함으로 이루어졌다. 바알 숭배가 극심하며 배교적이었던 그 시대에 하나님께서는 선지자 엘리야와 또 그의 뒤를 이은 선지자 엘리사의 기적들을 통해 참된 하나님의 영광을 밝히 증거하셨다.

딤전 1장　거짓 교사를 경계하라

묵상　　능하게 하심과 넘치는 은혜

key word　1:4 신화　1:6 헛된 말에 빠져　1:15 죄인 중에　1:20 후메네오

message　바울의 첫 번째 부담감은 디모데로 하여금 머물러 있어 임무를 완성하라고 격려하는 것이었다. 바울은 젊은 디모데에게 하나님 앞에서의 그의 지위와 하나님께서 그가 승리하는 것을 보고 싶어 하신다는 사실을 상기시킴으로 격려한다.

말씀 연결(왕하 4장; 딤전 1장)_긍휼과 은혜

▶말씀기도

온 세상의 통치자이신 하나님께만 영광을 돌리고 게으르지 않고 질서가 있으며 수고와 성실함으로 주님의 이름을 높이는 삶이기를 기도합니다.

단 8장　숫양과 숫염소 환상

묵상　　　불완전한 세상 왕과 열방의 통치자 하나님

key word　8:7 그것이 숫양에게로　8:9 작은 뿔 하나　8:14 이천삼백 주야　8:22 네 나라

message　8장은 7장의 네 짐승의 환상 중 둘째와 셋째 짐승이 상징하는 국가들로부터 주의 백성들이 당하는 무자비한 탄압을 숫양과 숫염소 환상으로 보여준다. 이 환상을 통해 다니엘은 끝까지 참고 인내한 자는 반드시 구원을 얻는다는 위로를 전한다.

시 116편　성도를 돌아보시는 여호와께 찬양

묵상　　　주신 은혜에 대한 보답

key word　116:1 들으시므로　116:3 사망의 줄　116:14 서원

message　112편은 아름다운 운율이 매 절마다 반복되는 개인의 구원 체험에서 우러난 신앙 간증시로서 구원의 은총에 대하여 감사하면서 서원을 드리고 있다.

말씀 연결(단 8장; 시 116편)_열방의 통치자 하나님과 주신 은혜

▶**일러두기**

디모데전서 1장 3절의 '디모데'는 바울의 1차 선교 여행 때 복음을 들은 루스드라 출신(행 16:1-3)으로서 바울과 동행하며 전도사역을 수행한 신실한 동역자로서 고린도, 에베소 교회를 돌보았다.

기도

열왕기하 5장 | 디모데전서 2장 | 다니엘 9장 | 시편 117-118편

왕하 5장   엘리사와 나아만

묵상
나아만의 병을 고침

key word
5:1 아람 5:5 은, 금 5:9 집 문에 서니 5:10 요단 강에 5:16 내가 섬기는
5:18 림몬의 신당 5:21 내려 5:26 내 마음이

message
본 장의 전반부에는 엘리사 선지자가 당시 이스라엘의 적대국이었던 아
람의 군대장관 나아만의 나병을 고치게 된 경위와 결과를 기록하고 있으
며, 이 사건은 민족과 계층을 초월하여 순종하는 삶에는 하나님의 은혜가
찾아든다는 사실을 교훈한다.

딤전 2장   공식 예배와 교회 질서에 관한 교훈

묵상
높은 지위에 있는 사람을 위해 기도함

key word
2:1 도고 2:8 거룩한 손을 들어 2:9 땋은 머리 2:15 해산함으로

message
바울은 공식 예배에서 대중 기도 순서를 맡은 자가 각계각층의 모든 사람
을 위해 기도할 곳과 여성도들은 절제된 생활로 창조주 하나님이 정하신
교회의 질서를 순종하라고 권면한다. 그리고 교회가 조직을 단순화하고
동기를 순화시킨다면 목회자들은 주님의 영광을 위하여 영적인 사역을
더 잘 할 수 있을 것이다.

말씀 연결(왕하 5장; 딤전 2장)_병을 고침과 기도

▶**말씀기도**

모든 질병 가운데서 기도하고 왕과 높은 지위에 있는 자들을 위해 기도하며 금식하고 주님의
인도하심을 따라 살아가기를 위해 기도드립니다.

단 9장 　　다니엘의 회개와 칠십 이레

묵상　　금식하며 기도함

key word　9:12 재판관　9:15 강한 손으로　9:16 주의 공의를 따라　9:17 주의 얼굴 빛을　9:27 가증한 것

message　다니엘은 바벨론 포로 생활이 70년간 지속될 것이라는 사실을 알고 백성을 위해 회개 기도하면서 하나님의 은혜를 구한다. 이에 대한 하나님은 일흔 이레의 신비한 계시를 주시는데 이는 포로 생활 후의 영광스러운 회복과 종말에 있을 메시야의 구원에 대한 소망을 제시하는 것이다.

시 117-118편 능력과 구원이신 여호와를 찬양

묵상　　고통 중에 부르짖음

key word　117:1 모든 나라들　118:2 이스라엘　118:12 가시덤불의 불 같이　118:19 의의 문　118:22 머리돌　118:25 형통하게　118:26 여호와의

message　117편은 시편 중 가장 짧은 시로서 한 편의 독립된 시라기보다 공중 집회에서 찬양을 시작 할 때의 송영이다. 짧지만 여호와에 대한 만민의 찬양이라는 시편의 중심 사상이 명쾌하게 표현되어 있다. 118편은 히브리 축제 때 부르는 노래집인 할렐 시집의 마지막 시인데 시인이 축제일에 예배자로서 성전에 올라가면서 부르는 형식으로 쓰여져 있다.

말씀 연결(단 9장; 시 117-118편)_금식하며 부르짖음

▶일러두기

다니엘 9장 1절의 '다리오'는 아하수에로의 아들로 벨사살이 다스리던 바벨론을 멸망시키고 바벨론을 다스린 메대 왕이다. 역사에 알려지지 않은 인물이라 정확히 알기는 어렵지만 딸을 바사 왕 고레스와 결혼시킨 메대의 키악사레스 2세로 보는 견해가 일반적이다.

25 Oct 은총을 받은 사람

열왕기하 6장 | 디모데전서 3장 | 다니엘 10장 | 시편 119편 1-24절

왕하 6장 엘리사와 아랍군대

묵상 기도로 권능을 나타냄

key word 6:1 좁으니 6:3 종들과 함께 6:9 나오나이다 6:13 도단 6:17 불말과 불병거 6:18 그들의 눈을 어둡게 6:22 떡과 물을 6:25 나귀 머리

message 엘리사 선지자가 행한 다른 이적은 한 선지자 제자가 나무를 베다가 도끼를 물에 빠뜨렸는데 엘리사가 나뭇가지를 물에 던져 도끼를 물 위로 떠오르게 한 이적이다. 이 이적의 교훈은 하나님은 자연 법칙을 주관하실 수 있다는 것이다. 그때에 아랍 군대가 이스라엘을 침공한다.

딤전 3장 감독과 집사의 자격

묵상 직분을 잘 감당함

key word 3:1 감독 3:8 집사 3:15 알게 하려 함이니

message 교회가 하나의 유기체로서 그리스도께 연합된 살아 있고 성장하는 몸이지만 또한 하나의 조직이기도 하다. 사실상 모든 유기체는 조직을 갖추고 있어야 하며 그렇지 않으면 스스로를 파괴하게 될 것이다. 인간의 몸은 살아 있는 조직체이지만 또한 고도로 조직화된 기계이기도 하여 만일 지교회가 그 임무를 효과적으로 수행해야 하는 것이라면 지도권이 형성되어야 하며, 이것은 곧 조직을 의미한다.

말씀 연결(왕하 6장; 딤전 3장)_권능과 직분

▶말씀기도

하나님께 기도함으로 능력의 삶을 살게 하시고 주신 직분을 잘 감당하며, 하나님 앞에 겸비한 주의 말씀을 따라 살아가게 하옵소서.

단 10장   힛데겔 강변에서 본 환상

묵상 하나님 앞에 겸비함

key word 10:1 바사 왕 10:3 좋은 떡 10:4 힛데겔 10:20 헬라의 군주

message 다니엘이 힛데겔 강변에서 환상을 보는 장면과 환상 중에 나타난 천사
(또는 그리스도)로부터 위로받는 장면으로 구분된다.

시 119:1-24 위대한 여호와의 말씀

묵상 율법을 따라 행함

key word 119:8 나를 아주 버리지 마옵소서 119:12 율례들을 119:17 후대하여
119:20 내 마음이 상하나이다

message 119편을 한마디로 요약한다면, 여호와의 율법에 대한 22개의 단상들이
라고 할 수 있다. 본시는 176절이라는 아주 긴 구절로 이루어졌지만 그것
들은 무질서하게 연결된 것이 아니라 아주 치밀하고 짜임새 있게 구성되
었다. 즉 119편은 히브리어 22개의 알파벳 순서로 작시된 소위 답관체 형
식의 구성을 갖추고 있으며, 22개의 매 알파벳마다 8절씩을 갖추어 도합
176절의 방대한 분량이 된 것이다.

말씀 연결(단 10장; 시 119편 1-24절)_겸비와 율법

▶일러두기

열왕기하 6장 25절의 '비둘기 똥 사분 일 갑에 은 다섯 세겔'의 '갑'은 곡물을 측량하는 단위로
약 1.2리터이다. 한 움큼도 되지 않는 비둘기 똥을 얻기 위해 평상시 곡식 5스아(약 36리터)를
살 수 있는 돈을 지불해야 한다는 말이다.

26
Oct 하나님의 말씀을 들음

열왕기하 7장 | 디모데전서 4장 | 다니엘 11장 | 시편 119편 25-48절

왕하 7장　사마리아 회복을 위한 엘리사

묵상　엘리사의 순종

key word　7:2 그의 손에 의지하는 자　7:3 여기 앉아서 죽기를　7:5 해 질 무렵　7:9 아름다운 소식　7:15 병기　7:20 성문에서

message　아랍군대의 포위로 사마리아 성이 곤경에 처했을 때 엘리사가 그 성의 회복을 예언했고, 그 예언은 아주 쉽게 성취되었다. 인간의 눈으로 보기에 절망적이었던 사마리아 세 네 명의 나병자를 통해 하나님의 기적으로 구원받은 사실을 묘사하고 있다.

딤전 4장　거짓 교사와 예수의 선한 일꾼

묵상　성령의 말씀에 순종할 것

key word　4:2 양심이 화인을 맞아서　4:3 혼인을 금하고　4:7 망령되고 허탄한 신화　4:12 연소함

message　목회자 개인의 영적 생활과 수고를 다룬다. 여기서는 참된 목회자에게 필요한 세 가지 자격을 시사한다. 말씀의 전파, 말씀을 실천, 말씀의 진보이다.

말씀 연결(왕하 7장; 딤전 4장)_순종

▶말씀기도

축복의 말씀뿐 아니라 부정의 말씀일지라도 주님의 말씀을 들을 수 있어야 하고 어떤 말씀이든 하시는 말씀을 듣고 순종하는 삶이기를 기도합니다.

단 11장   이스라엘 주변 열방에 관한 예언

묵상   열국의 흥망성쇠의 모습이 부정적으로 그려짐

key word   11:4 천하 사방에 나누일 것 11:10 남방의 왕 11:11 그의 손에 넘겨 준 11:17
          여자의 딸 11:25 계략을 세워 11:27 두 왕 11:28 거룩한 언약을 11:30 깃
          딤의 배들 11:40 마지막 때에 11:45 종말이 이르리니

message   진리의 글에 관한 내용, 즉 이스라엘을 둘러싸고 있는 주변 열강들의 장
          래에 관해 받은 계시를 소개한다. 바사 제국의 열망과 헬라 제국의 등장,
          바사, 헬라, 수리아 네 왕국으로 분열되는 헬라 제국, 애굽과 수리아 두 왕
          조 사이의 전쟁, 이스라엘에 대한 수리아의 무자비한 박해 등이 언급되고
          있다.

시 119:25-48   위대한 여호와의 말씀(2)

묵상   말씀에 대한 결단

key word   119:25 영혼이 진토에 119:29 거짓 행위 119:30 성실한 길 119:36 탐욕
          119:48 내 손을 들고

message   이 시는 히브리 글자 달렛(ד)으로 시작해서 와우(ו)로 마친다. 이곳에서는
          영적 상태가 때에 따라서 성장하고, 때에 따라서 쇠퇴하는 것을 보여준
          다.

말씀 연결(단 11장; 시 119편 25-48절)_흥망성쇠와 결단

▶**일러두기**

열왕기하 7장 9절의 '아름다운 소식'에서 '좋은 소식' 또는 '기쁜 소식'이라는 뜻으로 아람군대
가 모두 도망쳤다는 소식과 함께 생명을 살릴 수 있는 양식이 있다는 소식을 동시에 말하고 있
다.

환난과 성도의 삶

열왕기하 8장 | 디모데전서 5장 | 다니엘 12장 | 시편 119편 49-72절

왕하 8장 엘리사 관련 일화와 유다 왕들

묵상　　하나님의 말씀대로 함

key word　8:1 이전에 아들을 다시 살려준 여인　8:2 우거하다가　8:8 하사엘　8:11 그
　　　　의 얼굴을 쏘아보다가 우니

message　수넴 여인의 이야기가 다시 등장한다. 이전에 엘리사에게 극진히 봉사했
　　　　던 수넴 여인이 자신의 권리를 회복하는 이야기이다. 수넴 여인은 엘리사
　　　　의 권고로 7년간의 기근을 피할 수 있었고, 게하시의 증거로 7년간 다른
　　　　사람이 차지하고 있던 자기 소유를 돌려받을 수 있었다. 하나님은 자신을
　　　　경외하는 신실한 자들에게 환난 가운데서도 피할 길을 주신다.

딤전 5장 성도를 대하는 목회자의 바른 자세

묵상　　하나님께 소망을 둠

key word　5:11 젊은 과부　5:17 장로　5:20 범죄한 자들

message　디모데는 젊은이로서 교회 내의 나이 많은 신자들에게 주인 행세를 하지
　　　　않도록 조심해야만 하였다. 목회자는 나이 많은 성도들을 책망하지 말고
　　　　권면하며 격려해야 한다.

말씀 연결(왕하 8장; 딤전 5장)_말씀과 소망

▶**말씀기도**

하나님께 소망을 두며 많은 사람을 옳은 데로 돌아오게 하시고 고난당함이 유익임을 알아 주의
말씀으로 위로를 받는 삶이기를 기도합니다.

단 12장   세상 끝 날에 관한 예언

묵상   환난 중에 구원 받음

key word   12:7 한 때 두 때 반 때 12:11 천이백구십 일 12:12 천삼백삼십오 일

message   종말로 상징되는 안티오쿠스 4세의 무시무시한 박해와 박해 중에도 믿음
           을 지킨 자가 얻을 영생과 부활의 상급에 대한 약속으로 끝을 맺는다.

시 119:49-72 위대한 여호와의 말씀(3)

묵상   말씀에 대한 결단

key word   119:50 고난 중의 위로라 119:52 주의 옛 규례 119:54 나그네 된 집에서
           119:61 악인들의 줄 119:72 주의 입의 법

message   이 시는 히브리어 알파벳 '자인'에서 '테트'까지 해당된다. 성도가 고난 중
           에 새 힘을 얻고 더 큰 은혜의 길로 나아가는 것이 이곳의 주제이다.

말씀 연결(단 12장; 시 119:49-72)_구원과 유익함

▶**일러두기**

디모데전서 5장 3절의 '참 과부'는 부양가족이 없는 외로운 자이고(4-5절), 하나님께 소망을 두
고 주야로 기도에 힘쓰는 자(5절)이며, 육신의 쾌락을 추구하지 않는 자(6절)이다. 그리고 60세
이상인자(9절)이고, 이혼이나 재혼 경력이 없는 자(9절), 또 행실이 선한 자(10절)이다.

하나님의 성실하심

열왕기하 9장 | 디모데전서 6장 | 호세아 1장 | 시편 119편 73-96절

왕하 9장　요람을 반역한 예후의 등극

묵상　예후를 왕으로 삼으심

key word　9:1 허리를 동이고　9:3 머리에 부으며　9:8 매인 자나 놓인 자　9:11 미친 자
9:18 내 뒤로 물러나라　9:22 이세벨의 음행과 술수　9:31 시므리　9:37 거름

message　본 장은 이스라엘 왕 요람 때에 군대장관 예후의 반역 사건을 기록한다.
요람은 아합과 이세벨의 아들이고 그의 전왕 아하시야의 형제이다(왕하
1:17). 예후의 반역은 요람과 아합 가(家)에 대한 하나님의 심판이며 그의
예언의 성취이었다.

딤전 6장　성도들을 위한 여러 권면

묵상　성도의 성실한 삶

key word　6:5 경건을 이익의 방도로　9:9 멸망　6:11 하나님의 사람아　6:12 믿음의 선
한 싸움을 싸우라　6:13 선한 증언을　6:20 헛된 말

message　이 서신은 회화체로 되어 있고 열정적인 개인적 어조로 되어 있어서 내용
을 확연하게 나누기가 어렵다. 마치 즉흥적으로 연설하는 사람이 불쑥 한
마디씩 던지는 식의 우연한 회화를 하는 종류의 글이다. 이 서신 전체에
걸쳐서 바울이 아버지와 같은 사랑의 마음이 넘치고 있다.

말씀 연결(왕하 9장; 딤전 6장)_삼으심과 성실함

▶**말씀기도**

오직 의와 경건과 믿음과 사랑과 인내와 온유를 따르는 데 성실하며 믿음의 선한 싸움을 싸우
고 영생을 취하며 살아가는 삶이기를 기도합니다.

호 1장　음란한 여인과 결혼한 호세아

묵상　　　패역을 세우시는 성실함

key word　1:9 로암미　1:10 바닷가의 모래 같이

message　선지자 호세아의 결혼 생활을 바탕으로 해서 이루어진다. 즉 음란한 여인
을 아내로 맞아 세 자녀를 얻은 호세아의 불행한 결혼을 소개한다. 이에
비유하여 하나님을 떠나 범죄하고 타락한 이스라엘을 고발한다.

시 119:73-96　위대한 여호와의 말씀(4)

묵상　　　괴롭게 하심도 성실하심임

key word　119:73 나를 만들고 세우셨사오니　119:81 피곤하오니　119:85 웅덩이를 팠
나이다　119:94 나는 주의 것이오니

message　시편은 인간의 필요성과 그것을 충족시키시는 하나님의 풍성함에 대하
여 언급되어 있다. 이곳에서 피조물인 인간이 하나님의 풍성한 은혜 안에
서 어떻게 살아야 하는가를 보여준다. 하나님의 은혜가 풍성할수록 성도
들의 의무도 많다. 이곳은 히브리어 알파벳 요드(י)에서 라멧(ל)까지 나온
다.

말씀 연결(호 1장; 시 119편 73-96절)_성실하심

▶일러두기

호세아 1장 1절에서 '호세아'의 이름의 뜻은 '여호와는 구원하신다'라는 의미이다. 여로보암 2세
재위 기간 중 태어난 웃시야, 요담, 아하스 그리고 히스기야의 유다 통치기에 이스라엘에서 선
지자 사역을 수행하였다. 이스라엘 백성의 위선적이고 형식적인 예배 의식을 고발하고 하나님
을 저버렸던 이스라엘의 죄악과 하나님의 한없는 사랑과 신실함을 자신의 불행한 결혼 생활에
빗대어 보여주고 있다.

29 Oct 주의 법도와 명철함

열왕기하 10장 | 디모데후서 1장 | 호세아 2장 | 시편 119편 97-120절

왕하 10장 아합 가문의 몰락과 예후의 죽음

묵상   주의 법도를 통한 심판

key word   10:1 아들 칠십 명   10:4 두 왕   10:13 태후의 아들들   10:15 레갑의 아들
           10:21 바알의 신당   10:29 금송아지

message   예후는 이스라엘 왕 여호람을 반역하여 그를 죽이고 이스라엘에 있던 그
           의 모친 이세벨을 죽게 한 후에, 본 장에 기록된 대로 두 가지 일을 더 하
           였다. 첫째는 아합 집에 속한 자들을 다 죽인 것이고, 둘째는 바알을 섬기
           는 자들을 다 죽인 것이다.

딤후 1장 복음과 함께 고난을 받으라

묵상   주의 법도를 지키는 실제적 삶

key word   1:4 네 눈물을 생각하며   1:5 외조모 로이스   1:6 나의 안수함   1:10 예수의
           나타나심   1:15 버린 이 일   1:16 오네시보로

message   바울은 사랑하는 믿음의 아들, 디모데에게 목회 서신으로 디모데전서와
           후서를 보냈는데 디모데전서가 목회 상의 제반 규준을 다룬 것이라면 후
           서는 복음 사역자로서 갖추어야 할 영성과 인품을 다루고 있다. 바울의
           서신마다 전제되는 서언이지만 바울은 특별히 자신의 사도직이나 하나
           님의 종으로서의 사명에 대하여 위엄 있게 다루고 있음을 볼 수 있다.

말씀 연결(왕하 10장; 딤후 1장)_주의 법도

▶**말씀기도**

말씀하신 바를 온전히 지키며 환난과 궁핍의 때라도 말씀을 지키며 소명의 약속을 기다리며 주
야로 읊조리며 말씀을 따르는 삶이기를 기도합니다.

호 2장　음란을 제거해야 할 이스라엘

묵상　　　　주의 공의와 정의를 행해야 함

key word　　2:1 암미, 루하마　2:5 나를 사랑하는 자들　2:15 아골 골짜기로　2:16 내 남
　　　　　　편　2:19 내가 네게 장가 들어

message　　호세아 아내의 타락한 모습을 통해 죄로 물든 이스라엘의 허물을 지적하
　　　　　　고, 그 죄악에 대한 하나님의 준엄한 심판과 이스라엘을 회복시키려는 하
　　　　　　나님의 은혜가 소개되고 있다.

시 119:97-120 위대한 여호와의 말씀(5)

묵상　　　　주의 법도의 사랑과 빛 되심

key word　　119:73 나를 만들고　119:76 위안이 되게　119:81 피곤하오니　119:94 나는
　　　　　　주의 것이오니　119:99 나의 명철함이　119:113 두 마음

message　　시편은 하나님의 율례와 법도 그리고 그것을 실천하려는 성도의 자세, 이
　　　　　　와 같은 관계에서 드러난 기쁨과 즐거움에 대하여 노래하고 있다. 이 시
　　　　　　는 멤(ㅁ)에서 사멕(ㅇ)까지 해당된다.

말씀 연결(호 2장; 시 119:97-120)_주의 법도

▶일러두기

열왕기하 10장 1절에서 '아들 칠십 명'의 의미는 '아들'이란 1세대만이 아니라 손자까지를 포함
한 말이고 '70'이란 '전체'(완전수)를 의미하는 상징적 숫자이다. 결국 이는 아합의 아들뿐 아니
라 오므리 왕조의 후손 모두를 포함한 대략적인 숫자로 여긴다.

30
Oct

말씀과 함께하는 삶

열왕기하 11-12장 | **디모데후서 2장** | **호세아 3-4장** | **시편 119편 121-144절**

왕하 11-12장 유다의 여왕과 요아스

묵상   율법책을 통한 성전 개혁

key word   11:2 빼내어   11:10 창과 방패   11:12 율법책   11:19 호위병의 문 길   12:4 사
람이 통용하는 은   12:20 길 가의 밀로 궁

message   11장에서 예후는 이스라엘 왕 여호람을 반역하여 그를 죽이고 이스라엘
에 있던 그의 모친 이세벨을 죽게 한 후에, 본 장에 기록된 대로 두 가지
일을 더 하였다. 12장은 이스라엘 왕 예후 7년에, 유다 왕 요아스는 일곱
살의 어린 나이에 왕위에 올라 예루살렘에서 40년 동안 치리하였다.

딤후 2장   그리스도 예수의 좋은 군사

묵상   매이지 않는 하나님의 말씀

key word   2:3-6 병사, 경기하는 자, 수고하는 농부   2:5 승리자의 관   2:7 내가 말하는
것   2:17 후메내오와 빌레도   2:20 금 그릇과 은 그릇

message   바울은 디모데에게 "너는 그리스도 예수 안에 있는 은혜 가운데 강하고"
라고 했다. 그리고 디모데가 많은 증인들 앞에서 바울에게서 들은 바를
충성된 사람들에게 부탁하라고 했다. 그리스도 예수 안에 있는 은혜 속에
서 강한 자만이 복음의 충성된 사역자가 될 수 있다.

말씀 연결(왕하 11-12장; 딤후 2장)_율법책을 통한 말씀

▶**말씀기도**

말씀을 받은 자로서 불의에서 떠나고 주의 말씀을 사모하며, 주의 계명으로 나의 즐거움을 삼
으며 살아가는 삶이기를 간구하옵고 기도합니다.

호 3-4장   부정한 아내와 도외시한 이스라엘

묵상   깨닫지 못하면 망함

key word   3:1 건포도 과자 3:2 호멜 4:12 나무, 막대기 4:15 길갈 4:19 바람이

message   3장에는 아내를 포기할 수 없었던 호세아가 마침내 속전을 주고 아내의
           지위를 회복시키는 장면과 하나님의 백성으로서의 영광을 회복하게 되
           리라는 예언적 메시지가 소개되고 있다. 그리고 4장은 호세아의 첫 번째
           설교로 하나님을 무시한 채 자기 멋대로 행동한 이스라엘의 죄악 특히 여
           호와 신앙을 굳건히 지키지 못한 데 대한 책망과 하나님께 돌아가지 못
           하는 근본적인 원인을 분석하고 있다.

시 119:121-144 위대한 여호와의 말씀(6)

묵상   발걸음을 주의 말씀에 굳게 세움

key word   119:122 보증하사 119:126 폐하였사오니 119:131 사모하므로 119:135 주
           의 얼굴을 119:160 강령 119:164 하루 일곱 번씩

message   이 시편에서는 성도가 하나님의 뜻을 사모하면서 진지하게 기도하는 모
           습을 볼 수 있다. 하나님을 앙망하는 뜨거운 자세는 기도에서 시작된다.
           시편은 "전심으로"(145절)라는 특이한 표현이 나온다. 이 표현은 하나님
           을 섬기는 성도의 자세를 잘 보여준다.

말씀 연결(호 3-4장; 시 119편 121-144절)_멸망과 세움

▶**일러두기**
열왕기하 11장 1절의 '아달랴'는 아합과 이세벨의 딸로서 유다 왕 여호람의 아내였다. 남편이 죽
고 젊은 아들(22세) 아하시야가 왕위에 오르자 태후로서 섭정을 통해 권력을 잡았다.

31 Oct

고통 중에 선택

열왕기하 13장 | 디모데후서 3장 | 호세아 5-6장 | 시편 119편 145-176절

왕하 13장 이스라엘 왕들과 엘리사의 죽음

묵상   여호와께 간구함

key word   13:5 구원자를 이스라엘에게 주시매 13:7 타작 마당의 티끌 13:13 여로보
            암 13:14 내 아버지 13:18 땅을 치소서

message   유다 왕 아하시야의 아들 요아스의 23년에 예후의 아들 여호아하스가 사
            마리아에서 이스라엘 왕이 되어 17년을 치리하며 여호와 보시기에 악을
            행하여 이스라엘로 범죄하게 한 느밧의 아들 여로보암의 죄를 좇고 떠나
            지 아니하였다.

딤후 3장 말세에 나타날 죄악상

묵상   경건의 삶

key word   3:1 말세 3:6 어리석은 여자 3:8 얀네와 얌브레 3:14 누구에게서 배운 것

message   본 장은 말세에 대한 이야기로 시작하면서 고통의 때라고 표현한다. 말세
            의 특징을 한마디로 표현하면, 경건하지 않은 이라고 볼 수 있다. 좀 더 구
            체적으로 바울은 말하기를 종말에 가서는 경건하지 않음이 더욱 거세질
            것이고 그것은 주류가 되고 상식이 될 것이다.

말씀 연결(왕하 13장; 딤후 3장)_간구와 경건

▶말씀기도

여호와께서 간구를 들으시고 말세는 고통하는 때가 이르고 고통의 때에 경건의 삶으로 승리하
며 살아가는 삶이기를 간절한 마음을 담아 기도합니다.

호 5-6장   남유다에 대한 책망과 이스라엘의 뿌리 깊은 죄악

묵상   여호와께로 돌아감

key word   5:6 양 떼와 소 떼를 끌고   5:7 새 달   5:10 경계표를 옮기는   5:13 야렙 왕
           6:4 인애   6:8 길르앗

message   5장에서 이번 설교에는 남북 왕조 역시 우상 숭배로 인해 하나님께 범죄
           함으로써 심판을 피할 수 없게 된 사실을 지적하고 있다. 6장은 이스라엘
           백성들의 무지와 죄악상을 고발하는 세 번째 설교이다. 결국 전인격이 하
           나님 앞에 바르게 반응하지 못했기 때문에 이스라엘이 멸망한 것이다.

시 119:145-176 위대한 여호와의 말씀(7)

묵상   전심으로 부르짖고 주의 법을 사랑함

key word   119:150 악을 따르는 자   119:156 긍휼   119:160 강령   119:164 하루 일곱 번
           씩   119:173 택하였사오니

message   이곳에서는 참된 것이 나온다. 참된 것은 거짓의 반대이다. 이 시편에서
           는 이와 같은 내용이 멋진 조화 속에서 나온다. 따라서 전부 8절로 구성
           되어 있다. 시 전체는 구원에 대한 내용으로 넘친다.

말씀 연결(호 5-6장; 시 119편 145-176절)_여호와께로 돌아감과 사랑함

▶일러두기

디모데후서 3장 6절에서 말하는 '어리석은 자'는 영지주의자들의 그릇된 교훈을 듣고 그것을
진리인줄 알고 동조하는 여자를 말한다. '유인하는'이라는 구절은 성적으로 유혹하는 행위로
해석할 수 있다. 영지주의자들 중에는 구원은 율법의 행위가 아니라 믿음으로 받는다는 사실을
악용하여 도덕(율법) 폐기론을 주장하고 방종하는 삶을 사는 자들도 있었다고 한다.

죄와 천국

열왕기하 14장 | 디모데후서 4장 | 호세아 7장 | 시편 120-122편

왕하 14장 아마샤와 여호보암 2세

묵상   죄의 결과와 하나님의 자비

key word   14:1 요아스의 아들 아마샤 14:7 소금 골짜기 14:7 셀라 14:9 가시나무
           14:11 벧세메스

message   아마샤는 능력 있는 왕은 아니었다. 그는 '어떤 하나님의 사람의 말'을 들
           어서 초창기에는 비교적 경건하게 살았다. 이것은 그의 출발이 대단히 좋
           았다는 것을 보여준다. 본 장은 왜 나라가 망하게 되었는지에 대한 해답
           을 제공하고 있다. 또한 유다의 9대 왕으로 부왕(요아스)의 암살자를 처
           형하면서 신명기의 정신에 따라 그 아들은 살려주었다.

딤후 4장 전도자의 사명을 다하다

묵상   천국에 들어가도록 구원하심

key word   4:10 데마 4:11 마가 4:13 드로아 4:16 처음 변명할 때 4:17 사자의 입에
           서 건짐 4:20 에라스도

message   바울은 결론적으로 디모데에게 엄한 명령을 내리고 있다. 그 명령이란 말
           씀을 전파하라는 것이다. 그리고 범사에 오래 참음과 가르침으로 경책하
           며 경계하라고 한다.

말씀 연결(왕하 14장; 딤후 4장)_자비와 구원

▶**말씀기도**

죄의 결과는 사망임을 기억하고 오직 하나님께로 돌아오며, 주신 직무를 다하고 믿음을 지키며
예루살렘의 평안을 구하는 삶이기를 기도합니다.

호 7장　이스라엘의 교만과 죄악을 고발함

묵상　드러나는 죄

key word　7:5 왕의 날　7:8 뒤집지 않은 전병　7:11 어리석은 비둘기

message　돌이키지 않은 이스라엘에게 심판이 준비된 사실과 영적 간음과 교만과 은혜를 배신한 죄를 범한 이스라엘을 향한 책망이 소개되고 있다.

시 120-122편　화평의 간구와 평안의 예루살렘

묵상　영혼을 지키심

key word　120:2 거짓된 입술과 속이는 혀　120:4 로뎀 나무 숯불　120:5 메섹　121:1 산　122:2 우리 발이　122:9 하나님의 집

message　120편은 화평을 깨뜨리기를 좋아하는 악인에 대하여 탄식하고, 하나님의 심판을 호소하는 시이다. 121편은 열다섯 편의 시들 중에 가장 잘 알려진 시로서 거룩한 성 예루살렘을 감싸고 있는 시온산과 주변의 산들을 바라보면서 하나님만이 진정한 보호자요 도움 되심을 확신하고 감사하는 시이다. 122편은 순례자가 귀향하기 직전, 하나님의 도성인 예루살렘의 영광과 안녕을 비는 시이다.

말씀 연결(호 7장; 시 120-122편)_죄와 영혼

▶**일러두기**

호세아 7장 8절의 '뒤집지 않은 전병'은 전병을 구울 때는 적절히 뒤집어 주어야 하는데 그렇지 않으면 한 면이 타고 다른 한 면은 설익어 먹을 수 없게 된다. 하나님과 우상을 동시에 섬기던 이스라엘이 바로 뒤집지 않은 전병처럼 하나님께 드려질 수 없는 쓸모없는 존재가 되어버린다는 비유이다.

세우심과 폐하심

열왕기하 15장 | 디도서 1장 | 호세아 8장 | 시편 123-125편

왕하 15장 유다 왕 아사랴와 이스라엘 왕들

묵상　정직히 행한 세움 받은 왕의 선택

key word　15:3 정직히 행하였으나 15:8 스가랴 15:10 살룸 15:14 므나헴 15:20 은 오십 세겔 15:27 베가 15:32 요담

message　부왕 아마샤를 이어 그의 아들 아사랴가 유다를 통치한다. 아사랴도 통치 초기에는 여호와 보시기에 정직히 행함으로써 대외적으로 많은 치적을 쌓았다. 한편 일찍이 하나님께서 예후에게 말씀하신 대로 예후 집안은 4대 왕 스가랴가 살룸에 의해 피살됨으로써 약 140년에 걸친 예후가의 이스라엘 통치가 종말을 보게 된다.

딛 1장　장로의 자격과 이단자에 대한 경고

묵상　사도로 세우심

key word　1:5 그레데 1:10 할례파

message　바울 서신 첫머리에 사도권의 신적 기원을 강조하고 있다. 자신의 서신이 하나님의 영감 받은 권위임을 확증하기 위해서였다. 이어 나오는 장로(감독)의 자격도 이와 같은 맥락에서 파악된다. 바울은 영지주의자와 유대주의자가 판치는 그레데교회를 바로잡기 위한 일환으로 장로 선택의 필요성과 그 요건을 설명하고 있다.

말씀 연결(왕하 15장; 딛 1장)_세움 받음과 세우심

▶**말씀기도**

여호와께 세움을 받은 성도로서의 삶을 통해 여호와께 구하고 세워주신 자리에서 하나님을 의지하고 바라며 은혜를 간구하는 삶이기를 기도합니다.

호 8장　　우상 숭배에 대한 책망

묵상　　　왕들을 폐하고 세우심

key word　8:5 송아지　8:7 바람을 심고　8:9 홀로 떨어진 들나귀

message　언약을 저버린 이스라엘의 멸망상, 가증스러운 우상 숭배로 인한 타락상,
　　　　　결국에는 하나님의 심판으로 패망하게 될 허망한 미래상이 어둡게 소개
　　　　　되고 있다.

시 123-125편　긍휼을 구하는 기도와 도움이 되시는 여호와

묵상　　　은혜와 평강으로 유지함

key word　123:4 안일한 자　124:2 우리를 치러　125:1 시온 산이 흔들리지 아니하고

message　123편은 하나님의 긍휼을 비는 기도시로 이 땅에서 도움을 얻지 못한 자
　　　　　가 하늘로 눈을 돌려 긍휼을 빌고 있다. 124편은 위험에서 구원을 베푸신
　　　　　하나님의 은총을 노래한 다윗 시이고, 125편은 여호와를 의뢰하는 자의
　　　　　안전을 위한 시이다.

말씀 연결(호 8장; 시 123-125편)_폐하시고 유지함

▶일러두기

디도서 1장 12절에서 '거짓말쟁이 그레데인'이란 기원전 6세기의 그레데 출신 시인이며 헬라
의 7현인 중 한 사람인 에피메니데스는 온화한 기후와 지리적 이점 때문에 부유했던 그레데 주
민을 가리켜 게으르고 부도덕하며 거짓말 잘하기로 유명한 사람들이라고 하였다.

3 Nov 신중함

열왕기하 16장 | 디도서 2장 | 호세아 9장 | 시편 126-128편

왕하 16장 유다 왕 아하스

묵상   앗수르 왕을 두려워 함

key word 16:1 아하스 16:4 푸른 나무 아래에서 16:13 수은제 16:18 낭실과

message   유다의 새로운 왕으로 요담의 뒤를 이어 그의 아들 아하스가 통치하게 되
          는데 그는 이전의 어떤 왕들과도 비교할 수 없을 만큼 사악하였다. 그는
          어린아이를 우상에게 제물로 바치는 악행을 범했을 뿐만 아니라 앗수르
          의 원조를 요청하러 다메섹에 갔다가 그곳의 우상 종교를 들여와 하나님
          의 성전을 더럽히는 가증한 죄악을 범하기도 하였다.

딛 2장 성도 양육을 위한 목회자 지침

묵상   자신의 것을 하나님께 드림

key word 2:9 상전들 2:13 복스러운 2:14 자신을 주심

message   본 장은 목회 지침이 제시되어 있다. 다양한 계층의 교인들을 다스리려는
          목회자 자신부터 경건한 삶을 실천함으로써 모범을 보여야 한다. 예수 당
          시 유대 종교 지도자들은 자신들은 실천하지 않으면서 사람들에게는 무
          거운 종교적 규례를 강요하였다.

말씀 연결(왕하 16장; 딛 2장)_두려움과 신중함

▶**말씀기도**

여호와 앞에서 두려움을 제거하고 바른 교훈에 합당한 것을 말하며, 주님의 신실하심을 의지하
여 울며 씨를 뿌리는 복된 삶이기를 기도합니다.

호 9장　이스라엘을 위해 준비된 심판의 날

묵상　　자신의 것을 하나님께 드림

key word　9:6 놉 9:9 기브아의 시대 9:14 배지 못하는 태

message　선민 이스라엘이 범죄로 인해 결국 하나님의 심판을 받아 멸망하게 되리라는 요지의 다섯 번째 설교가 소개된다. 특히 언급된 징계는 더욱 구체적이고 맹렬하다.

시 126-128편　자유의 감격과 평안과 가정의 행복

묵상　　울며 씨를 뿌림

key word　126:3 큰 일을 행하셨으니 127:2 사랑하시는 자에게 잠을 128:3 아내는 결실한 포도나무

message　126편은 바벨론 포로 해방의 감격을 노래하고 있다. 127편은 72편과 더불어 솔로몬의 작품으로 알려진 지혜시로서 하나님과 함께하지 않은 자의 헛된 수고를 다루고 있다. 128편은 진정한 복의 출처가 어디인지를 일깨워 주는 지혜시로서 하나님을 경외하는 가정이 누리고 행복을 주제로 삼고 있다.

말씀 연결(호 9장; 시 126-128편)_ 드림과 씨 뿌림

▶일러두기

호세아 9장 6절의 '놉'은 통일 애굽 최초의 수도로 나일 강 서쪽 강변에 위치한 멤피스를 가리킨다. 놉은 황소신인 아피스의 경배지로 유명했고, 또 애굽 왕의 무덤인 피라미드로 유명하다.

4
Nov

인간의 배반과 하나님의 사랑

열왕기하 17장 | 디도서 3장 | 호세아 10장 | 시 129-131편

왕하 17장 이스라엘의 실패와 멸망

묵상 배반의 비참함

key word 17:4 애굽의 왕 소 17:9 망대로부터 견고한 17:12 우상 17:14 조상들의 목 같이 17:17 복술과 사술 17:30 숙곳브놋 17:36 편 팔

message 호세아 왕 9년 북왕국 이스라엘은 앗수르의 침공으로 약 210년간의 짧은 역사를 끝으로 그 종말을 알린다. 북왕국 이스라엘의 멸망 원인을 살펴보면 출애굽 사건을 망각함으로써 파생된 죄악들, 율법에서 금한 우상숭배 행위들이라고 볼 수 있다.

딛 3장 세상에 대한 성도의 바른 자세

묵상 어리석은 자에서 사랑받는 자

key word 3:5 중생의 씻음 3:7 은혜를 힘입어 3:9 어리석은 변론 3:10 이단 3:11 스스로 정죄한 자 3:12 아데마 3:13 율법교사

message 교인의 신앙생활 원리가 제시되어 있다. 그 대표적인 것으로 복종, 화합을 들 수 있다. 교회도 하나의 공동체인 이상 성도 상호간 그리고 성도와 목회자 간의 화목과 질서가 필수적이다. 특히 이 장에서 눈여겨 볼 대목은 이단에 대한 성도의 태도이다. 이단과의 논쟁을 삼가고 한두 번 훈계한 다음 멀리하라고 교훈한다.

말씀 연결(왕하 17장; 딛 3장)_배반과 어리석음

▶**말씀기도**

여호와만 경외하며 사랑을 받는 자로서 하나님을 마음을 다하여 사랑하고 여호와를 찾는 마음을 담아 간절한 마음으로 기도합니다.

호 10장　이스라엘이 받게 될 징계와 형벌

묵상　　　사랑의 또 다른 방법

key word　10:2 그들이 두 마음을　10:4 독초　10:5 벧아웬　10:6 계획　10:8 아웬
　　　　　10:12 묵은 땅을 기경하라　10:14 살만

message　이스라엘의 각종 죄악상을 고발하고 하나님께서 친히 자기 이름으로써
　　　　　징계를 선언하신 여섯 번째 설교가 소개되고 있다. 그리고 강력한 회개의
　　　　　메시지를 주심으로써 징계를 선언하신 하나님의 궁극적인 목적이 무엇
　　　　　인지를 분명히 하고 있다.

시 129-131편　이스라엘의 고통스러웠던 삶과 젖뗀 아이 같은 심령

묵상　　　여호와를 바람

key word　129:3 밭 가는　130:4 사유하심　130:5 내 영혼은　131:3 바랄지어다

message　129편은 바벨론 포로 당시의 고통스런 삶을 회상하면서 시인은 환난과
　　　　　고통을 극복하도록 구원을 베풀어주신 하나님의 은혜에 감사하고 있다.
　　　　　130편은 시편에 나타난 일곱 편(6, 32, 38, 51, 102, 130, 143편)의 회개의
　　　　　시 가운데 하나로서 시인은 이스라엘의 곤고함이 죄 때문임을 발견하고
　　　　　주께 회개의 기도를 드리는 모습이다.

말씀 연결(호 10장; 시 129-131편)_징계와 바람

▶**일러두기**

호세아 10장 8절의 '아웬'은 '악', '우상 숭배'라는 뜻으로 특정 지명을 일컫기보다 우상 숭배가
자행되는 모든 지역을 가리킨다.

여호와께서 행하시는 자의 삶

열왕기하 18장 | 빌레몬서 1장 | 호세아 11장 | 시편 132-134편

왕하 18장 유다 왕 히스기야

묵상	어디로 가든지 형통함
key word	18:2 이십구 년 18:4 느후스단 18:18 엘리야김 18:19 랍사게 18:21 상한 갈대 지팡이 애굽 18:25 여호와의 뜻 18:27 대변을 먹게 하고
message	북왕국 이스라엘의 마지막 왕인 호세아의 시기에 남왕국 유다에서는 부왕 아하스를 이어 히스기야가 왕위에 올라 통치하게 된다. 친앗수르 정책으로 정치적, 종교적 독립성을 거의 상실하고 있던 유다는 히스기야에 의해 새롭게 개혁되어 간다. 다윗과 같이 정직했던 히스기야의 정치적, 종교적 개혁은 이전의 어떤 왕과도 비교할 수 없었다. 그의 과감한 개혁 정책은 당시대의 선지자 이사야의 말을 따른 신앙적 용단이었다.

몬 1장 오네시모를 위해 청원하는 바울

묵상	유익한 삶
key word	1:2 압비아 1:10 갇힌 중에서 낳은 아들 1:17 영접하기를 1:24 아리스다고
message	당시 로마 법률상 도망친 노예는 사형을 당하게 되어 있었다. 따라서 오네시모가 빌레몬에게 돌아갈 경우 그의 생명은 위태로웠다. 사정이 이러했음에도 바울은 오네시모를 복음의 일꾼으로 천거하며 그를 관용할 것을 요청하고 있다. 이 같은 모습은 부패한 우리를 위해 생명까지 주신 그리스도의 사랑을 연상시킨다.

말씀 연결(왕하 18장; 몬 1장)_형통과 유익

▶**말씀기도**

하나님은 우리를 결코 놓지 않으시고 버리지 아니하시며, 오직 하나님과 연합하는 삶과 하나님이 말씀하신 계명을 지키며 살아가는 삶이기를 기도합니다.

호 11장   백성을 버리지 않으시는 하나님

묵상   결코 버리지 않으심

key word 11:1 애굽에서 불러냈거늘 11:4 사람의 줄 11:8 아드마

message   채찍을 드셔서라도 당신의 백성을 돌이키시려는 하나님의 거룩한 집념
         과 고뇌가 언급된다. 채찍을 드신 하나님은 사랑의 하나님이셨다.

시 132-134편   성전 건축의 기쁨과 아름답고 신실한 봉사자의 찬양

묵상   성소에서 예배함

key word 132:1 그의 모든 겸손 132:5 성막을 발견하기까지 132:6 나무 밭 132:7 발
         등상 133:1 연합하여 동거함이 133:3 헐몬의 이슬

message   132편은 성전 순례자들이 즐겨 부른 성전 봉헌의 노래이다. 133편은 형제
         연합과 교제의 선함과 기쁨을 노래한다. 134편은 깊은 밤에도 깨어 일하
         는 주의 종들을 축복하는 시이다.

말씀 연결(호 11장; 시 132-134편)_버리지 않음과 예배함

▶**일러두기**

열왕기하 18장 1절의 '히스기야'의 이름의 뜻은 '여호와는 강하시다'라는 의미이다. 남유다 13대
왕으로 북이스라엘의 패망과 앗수르의 남하 정책에 맞서 하나님을 의지하여 신앙으로 헤쳐 나
간 3대 현군(여호사밧, 요시아 등) 중 한 사람이다.

6

Nov

하나님의 말씀하심

열왕기하 19장 | 히브리서 1장 | 호세아 12장 | 시편 135-136편

왕하 19장 앗수르 침공에 맞선 신앙적 응전

묵상   기도하는 자에게 말씀하심

key word   19:4 이 남아 있는 자 19:7 한 영 19:15 그룹들 19:21 처녀의 딸 시온
19:22 이스라엘의 거룩한 자 19:30 남은 자

message   앗수르 군대에 의해 수도 예루살렘이 포위된 절대절명의 위기에 놓인 남
왕국 유다와 히스기야 왕, 과연 남왕국 유다도 북왕국 이스라엘처럼 멸망
하고 말 것인가? 하지만 히스기야는 이 모든 위기 상황에서 신앙으로 대
처한다. 먼저 하나님의 선지자 이사야를 찾아 도움을 구하고, 앗수르 왕
산헤립의 협박 편지를 받고 하나님의 성전에 올라가 간절히 기도한다.

히 1장 하나님의 아들을 통해 말씀하심

묵상   아들을 통해 말씀하심

key word   1:2 이 모든 날 마지막 1:3 형상이시라 1:13 앉아 있으리라

message   히브리서는 다시 유대교로 회귀하려는 유대인 성도들을 위해 복음을 변
증할 목적으로 기록된 듯하다. 이런 맥락에서 서론격인 1장에서는 무엇
보다 복음의 중심인 예수 그리스도의 초월적이고 탁월하신 성품이 잘 나
타난다.

말씀 연결(왕하 19장; 히 1장)_기도하는 자와 아들을 통하여

▶**말씀기도**

기도할 때 하나님은 말씀하시며 여러 선지자들을 통하여 말씀하셨고 예수 그리스도를 통해 말
씀하고 계시는 바를 들을 수 있기를 위해 기도합니다.

호 12장　하나님께로 돌아오라

묵상　　　　아들을 통하여 말씀하심

key word　　12:1 바람을 먹으며　12:7 상인

message　　당신의 백성의 죄악을 돌이키시려는 하나님의 거룩한 의지가 소개된다.
　　　　　　동시에 부정한 이익을 추구하며 죄악의 노예로 전락해간 이스라엘의 허
　　　　　　물이 언급된다. 또한 하나님의 애타는 심정을 이해하고 그에 순수히 반응
　　　　　　하는 것이 구원에 이르는 길이라는 교훈이 잘 드러나는 장이다.

시 135-136편　여호와의 집과 영원하신 하나님께 감사

묵상　　　　기이한 일들을 통해 말씀하심

key word　　135:14 판단하시며　135:20 레위 족속　135:21 시온에서　136:1 감사하라
　　　　　　136:5 지혜로 하늘을 지으신 이　136:26 하늘의 하나님

message　　135편은 하나님에 대한 경배와 감사를 주제로 삼은 찬양시이다. 이 시는
　　　　　　독립된 창작시가 아니라 예배 의식에 쓰일 목적으로 율법서, 선지서, 시
　　　　　　편 등에서 각 부분을 발췌한 편집시이다. 136편은 이스라엘 백성들이 절
　　　　　　기를 맞이해서 거국적으로 부르던 감사의 찬양시로서 교창 형식으로 불
　　　　　　려졌다. 시인은 최고의 신 하나님, 창조주 하나님. 그리고 구원의 주 하나
　　　　　　님을 감격적인 어조로 노래하고 있다.

말씀 연결(호 12장; 시 135-136편)_선지자의 말씀과 기이한 일들

▶일러두기

열왕기하 19장 30절의 '남은 자'는 하나님의 은혜로 재난에서 보호받고 살아남은 자를 뜻한다.
또한 이 말은 영적으로 하나님의 새 백성의 기원이 되는 거룩한 씨를 가리키기도 한다.

도우시는 하나님

열왕기하 20장 | 히브리서 2장 | 호세아 13장 | 시편 137-138편

왕하 20장 히스기야의 신앙적 위기

묵상	히스기야를 도우심
key word	20:4 성읍 가운데까지도 20:9 해 그림자 20:12 브로닥발라단 20:18 환관
message	본 장 전반부에서는 한 인간으로서 그의 신앙에 대한 기록이다. 히스기야의 생애는 파란만장하다. 병든 히스기야는 이사야로부터 죽음의 연도를 받고 기도함으로써 생명을 15년간 더 연장 받은 축복을 받는데 그 증거로 해 그림자가 10도 뒤로 물러간 이적적인 사건이 연출된다.

히 2장 구원을 소중히 여겨라

묵상	시험을 받아 고난 당하심
key word	2:1 흘러 떠내려가지 2;14 같은 모양으로 2:16 천사들을 붙들어 주려 2:17 신실한 대제사장
message	천사보다 탁월한 분임을 설명한 저자는 이어 천사를 통해 수여한 율법이 소중히 여김을 받던 과거를 회상하면서 그리스도를 통해 받은 구원이 얼마나 소중한지를 상기시킨다. 그리고 예수 그리스도께서 낮아지신 것은 바로 우리의 구원 때문이지 천사보다 못하기 때문이 아님을 다시 한번 강조한다.

말씀 연결(왕하 20장; 히 2장)_도우시고 고난 당하심

▶**말씀기도**

질병으로 어려울 때 하나님의 도우심을 구하고 우리를 죄로부터 구원하시는 하나님을 찬양하는 마음을 담아 소원하며 기도합니다.

호 13장   우상 숭배로 인한 임박한 심판

묵상	유일한 구원자
key word	13:2 송아지와 입을 맞출 것 13:12 에브라임
message	허망한 우상 숭배와 그를 의지하는 이스라엘을 향한 임박한 심판을 소재로 한 여덟 번째 설교이다. 특히 우상과 하나님을 대조하여 누구를 의지하는 것이 지혜인지 그리고 하나님을 배신한 이스라엘에 예비된 심판이 무엇인지를 소개하고 있다.

시 137-138편   포로의 망향과 만유 위에 거하시는 여호와를 찬양

묵상	구원을 기대하는 찬양
key word	137:1 바벨론의 여러 강변 137:2 수금을 걸었나니 138:1 신들 앞에서 138:5 여호와의 도 138:6 굽어살피시며
message	137편은 바벨론 포로들의 저주 노래로서 바벨론 포로민들의 애국적 향수와 원수들을 향한 저주가 혼합된 시이다. 즉 고통스러웠던 바벨론 포로생활을 마치고 귀환한 한 경건한 신앙인이 그 옛날을 회상하며 지은 일종의 비탄시이다. 138편은 다윗이 주변 국가들을 정복한 후 하나님의 은혜에 감사하여 지은 찬양시이다.

말씀 연결(호 13장; 시 137-138편)_구원자를 찬양

▶**일러두기**

열왕기하 20장 12절의 '브로닥발라단'은 바벨론 왕의 이름이기도 하다. 바벨론 신들의 이름을 따라 부른 왕의 명칭이다. 브로닥발라단은 2차에 걸쳐 산혜립의 공격을 물리친 히스기야와 동맹을 맺어 아수르를 공략하기 위해 히스기야의 병문안 사절단을 보냈다.

신실하신 예수 그리스도

열왕기하 21장 | 히브리서 3장 | 호세아 14장 | 시편 139편

왕하 21장 유다 왕 므낫세와 아몬

묵상 하나님께 신실함(말씀에 순종)

key word 21:5 여호와의 성전 두 마당 21:7 아세라 목상을 21:11 아모리 사람의 행위
21:13 사마리아를 잰 줄

message 유다의 13대 왕 히스기야가 죽고 그의 아들 므낫세가 14대 왕위에 오르게
된다. 므낫세는 유다 열왕들 가운데 가장 오랫동안(55년) 유다를 통치하
면서 북왕국 이스라엘의 멸망 원인인 바알 숭배 재개, 일월성신, 인신 제
사, 우상 제작 등 온갖 악행을 자행했다.

히 3장   모세보다 뛰어나신 그리스도

묵상 자기를 세우신 이에게 신실하신 예수 그리스도

key word 3:1 믿는 도리 3:5 장래를 말할 것 3:11 내 안식   3:13 오늘이라 일컫는 동
안에

message 저자는 율법 수여자인 모세를 예수 그리스도에 비교함으로써 예수 그리
스도의 탁월성을 입증한다. 또한 모세 시대에 이스라엘 백성들이 실패 한
역사를 사례로 들어 예수 그리스도의 우월하심을 다시 한번 강조한다.

말씀 연결(왕하 21장; 히 3장)_신실하심

▶**말씀기도**

말씀을 듣는 일에 신실하며 우리를 세우신 이에게 신실하고, 모든 불의를 제거함으로서 여호와
의 도를 따르는 삶이기를 기도합니다.

호 14장   회개의 호소와 회복의 약속

묵상   여호와의 도의 길을 다님

key word   14:1 돌아오라 14:2 입술 14:3 말을 타지 아니하며 14:5 이슬과 같으리니
           14:9 여호와의 도

message   호세아의 결론으로서 이스라엘이 진정으로 살 수 있는 길을 제시하고 있
           다. 이스라엘이 살 길은 곧 그 죄악에서 참회하고 돌이키는 것이다.

시 139편   하나님의 전지전능하심을 찬양

묵상   나를 아시는 하나님

key word   139:2 내가 앉고 일어섬 139:6 이 자식 139:7 주의 영 139:9 새벽 날개를
           치며 139:15 은밀한 데 139:16 형질 139:24 영원한 길

message   139편은 창조주 하나님에 관한 찬양시인데 시인은 하나님의 전지성, 편
           재성, 전능성을 노래하고 있다.

말씀 연결(호 14장; 시 139편)_도의 길과 아시는 하나님

▶일러두기

열왕기하 21장 13절의 '다림 보던 추'는 줄에 매단 추를 말하는 것으로 건축할 때 집의 수직 상
태를 알아보기 위한 기구이다. 다림줄은 비유적으로 하나님께서 정하신 기준에 합당한 삶을 가
리킨다. 하나님께서 다림줄을 들고 서 계신다는 환상은 이스라엘의 위기를 경고하는 의미를 담
고 있다. 다시 말해 다림추는 인생을 공의로 달아보시는 하나님의 법을 말한다.

말씀 듣는 태도

열왕기하 22장 | 히브리서 4장 | 요엘 1장 | 시편 140-141편

왕하 22장 요시야의 경건하고 바른 통치

묵상
마음을 부드럽게 함

key word
22:1 요시야 22:2 그의 조상 다윗의 모든 길 22:4 힐기야 22:8 율법책 22:11 그의 옷을 찢으니라 22:12 아히감

message
7년간에 걸친 므낫세 왕(55년 통치)과 아몬 왕(2년 통치)의 오랜 악정으로 유다는 깊은 죄악의 수렁에 빠져 있었다. 이러한 때에 유다의 마지막 개혁자 요시야가 유다의 제16대 왕으로 즉위한다. 요시야는 8세에 왕위에 올라 31년 동안 유다를 통치하는데 그 기간동안 성전을 수리하고, 또 성전 수리 과정에서 율법책을 발견한다.

히 4장   하나님이 약속하신 안식

묵상
마음을 완고하게 하지 말 것

key word
4:1 안식 4:6 복음 전함을 먼저 받은 자들 4:10 이미 그의 안식에 4:12 혼과 영과

message
안식에 대한 하나님의 약속이 여전히 유효함을 상기시키면서 이 안식에 들어가기를 힘쓰라고 권면한다. 그리고 안식에 들어갈 수 있는 비결은 영원한 대제사장이신 예수 그리스도를 절대적으로 의지하는 것이라고 가르친다.

말씀 연결(왕하 22장; 히 4장)_마음

▶**말씀기도**

마음을 부드럽게 하며 겸비함으로, 마음을 완고하게 하지 말고 담대히 은혜의 보좌 앞으로 나아가는 삶이기를 소원하며 기도합니다.

욜 1장　메뚜기 재앙

묵상	모두가 들어야 함
key word	1:4 메뚜기 1:2 늙은 자들 1:5 취하는 자들 1:8 처녀 1:9 소제와 전제 1:15 여호와의 날
message	요엘은 선민을 향한 하나님의 심판과 회복을 주제로 하고 있다. 그 중 1:1-2;17은 큰 메뚜기 떼가 하나님의 명을 받아 군대처럼 유다와 예루살렘을 습격하는 모습과 그로 인한 황폐함을 시적 언어를 동원해 묘사하고 있다.

시 140-141편　구원의 능력을 여호와께 간구

묵상	약속하신 그대로 될 것을 믿음
key word	140:3 뱀같이 140:5 올무와 줄 140:8 악인의 소원 140:10 뜨거운 숯불 141:4 그들의 진수성찬 141:5 머리의 기름 141:7 스올 입구
message	140편의 저작 배경은 다윗이 사울 왕에게 쫓기고 있던 도피시기로 보여지는데 시인은 고달픈 망명 생활을 하는 중에 하나님께 자신의 생명을 해하려는 원수의 핍박으로부터 구원해 달라고 호소한다. 141편 역시 다윗의 비탄시로서 하나님의 구원을 호소하는 내용이다.

말씀 연결(욜 1장; 시 140-141편)_듣고 믿음

▶**일러두기**

여호와의 날(욜 2:1) - 하나님께서 이 역사 속에서 심판을 행하시는 날을 말한다(암 5:18-20). 하나님은 범죄자를 징계하고자 심판하시지만 회개를 통해 죄에서 돌아선 자들은 구원하시고 온 세상을 다스리시는 하나님이시다.

말씀 듣고 개혁함

10 Nov

열왕기하 23장 | 히브리서 5장 | 요엘 2장 | 시편 142편

왕하 23장 종교개혁을 단행한 요시야

묵상
기록된 율법의 말씀을 이룸

key word
23:4 부제사장들 23:5 제사장들을 폐하며 23:7 남창 23:9 신당들의 제
사장들 23:13 멸망의 산 23:16 해골을 가져다가 23:21 유월절을 지키라
23:24 드라빔 23:29 므깃도 23:31 립나 예레미야

message
요시야는 종교개혁을 단행함으로써 하나님과의 언약 관계를 재확립하는
것으로부터 시작되었다. 요시야는 유다 전역에 걸쳐 우상을 척결하고 이
스라엘 역사 이래 없었던 완벽한 유월절 절기를 준수한다. 그러나 불행하
게도 요시야는 므깃도 전투에서 그만 전사한다. 요시야 사후 여호아하스
가 3개월을 통치하다가 애굽으로 끌려가고 그를 이어 여호야김이 11년간
통치한다.

히 5장 위대한 대제사장이신 그리스도

묵상
자신을 위하여 속죄제를 드림

key word
5:6 멜기세덱의 반차 5:7 육체에 계실 때 5:14 단단한 음식

message
저자는 예수 그리스도가 위대한 대제사장이 되실 자격을 갖추신 분임을
소개하고 있다. 그리고 성도는 무엇보다 영적인 성장을 이룰 때만 이러한
신령한 지식을 가질 수 있다고 가르친다.

말씀 연결(왕하 23장; 히 5장)_율법과 속죄제

▶**말씀기도**

하나님의 말씀을 듣고 우리의 삶을 개혁해 나가며 미루거나 무관하지 말고 자신의 삶을 하나님
의 말씀을 들은 대로 행하는 삶이기를 기도합니다.

욜 2장   여호와의 날 경고와 회개의 촉구

묵상   마음을 다하여 하나님께로 돌아옴

key word 2:2 어둡고 캄캄한   2:5 줄을 벌이고   2:6 질리고   2:7 성을 기어 오르며
          2:17 낭실   2:20 북쪽 군대   2:27 다른 이가 없는 줄

message   고통과 희망이 교차되어 나타나고 있다. 요엘은 먼저 심각한 메뚜기 떼의
          습격을 경고한 다음에 위기를 극복하기 위한 방안으로 회개를 촉구한다.
          여기서 보듯이 하나님은 언제나 멸망시키기 위해서가 아니라 당신의 백
          성을 회복시킬 목적으로 징계하신다.

시 142편   유일한 피난처이신 여호와

묵상   소리 내어 여호와께 부르짖음

key word 142:2 원통함을   142:4 오른쪽   142:7 옥

message   다윗이 사울 왕의 추격에 쫓겨 굴로 피신해 있을 때 지은 비탄시로 한 절
          박하고 외로운 영혼이 자신의 억울한 고난을 탄원하면서 하나님의 구원
          을 소망하는 노래이다.

말씀 연결(욜 2장; 시 142편)_마음을 다하여 부르짖음

▶일러두기

요엘 2장 1절의 '여호와의 날'은 하나님께서 이 역사 속에서 심판을 행하시는 날을 말한다. 하나
님은 범죄자를 징계하고자 심판하시지만 회개(결단)를 통해 죄에서 돌아선 자들은 구원하시고
온 세상을 다스리시는 당신의 통치 속에 살게 하신다. 이러한 이중적 심판 개념은 각 예언서에
담겨 있는 묵시론적인 종말론에 그대로 접목된다.

죄의 처리와 우리의 자세

열왕기하 24장 | 히브리서 6장 | 요엘 3장 | 시편 143편

왕하 24장 멸망해가는 유다 왕국

묵상　　　죄와 그 결과

key word　24:1 느부갓네살 24:6 여호야긴 24:10 예루살렘에 올라와서

message　유다의 마지막 개혁자 요시야가 므깃도 전투에서 전사하자 이후 유다는
　　　　　급속히 타락과 쇠락의 길을 걷게 된다. 요시야의 뒤를 이어 여호아하스가
　　　　　왕위에 오르지만 3개월 만에 애굽으로 끌려가고, 그를 이어 여호야김이
　　　　　왕이 되어 11년간 통치하는데 유다의 종국은 여호야김의 악정으로 한층
　　　　　본격화된다.

히 6장 신앙의 진보를 이루라

묵상　　　내세의 능력을 맛보고도 타락함

key word　6:1 그리스도의 도의 초보 6:4 한 번 빛을 받고 6:19 소망, 영혼의 닻

message　적극적인 자세로 신앙의 성숙을 이루기 위해 노력하며 영적으로 퇴보하
　　　　　지 않게 주의하도록 경각심을 고취시킨다. 그러면서 부드러운 어조로 구
　　　　　원의 때가 가까웠으니 결코 변하지 않는 그리스도의 약속을 굳게 붙잡고
　　　　　끝까지 인내하도록 권면한다.

말씀 연결(왕하 24장; 히 6장)_죄와 타락

▶**말씀기도**

하나님께서는 죄에 대해 분명하게 심판하심을 기억하고 그 죄를 의 심판이 지나가기를 간구하
며 나아가는 삶이기를 위해 기도합니다.

욜 3장　열국을 심판하시는 여호와

묵상　열국을 심판하심(여호와의 자비)

key word　3:10 보습을 쳐서 칼을 만들지어다　3:12 내가 거기에 앉아서　3:14 심판의 골짜기　3:18 싯딤 골짜기

message　비록 선민의 죄악 때문에 이방 나라들을 동원하여 징계를 행하셨지만 여호와의 날 곧 심판의 날에는 선민을 회복하시는 동시에 그들을 괴롭혔던 가증스러운 이방 나라들을 멸하실 것이 선언되고 있다. 결국 여호와의 날은 성민에게 구원과 번영과 평안의 시대가 허락되는 날임을 알 수 있다.

시 143편　상하고 참담한 심령의 간구

묵상　심판이 지나가는 기도

key word　143:1 주의 진실과 의　143:6 마른 땅 같이　143:8 아침에　143:10 공평한 땅

message　143편은 7대 회개시 중의 마지막 것으로 상하고 피곤한 심령의 호소를 담고 있다. 본서에서 다윗은 대적의 압제로부터 벗어나고픈 소망을 간절히 아뢰고 있다. 그것은 고난 중에 있는 한 외로운 영혼의 구원 호소라고 할 수 있다.

말씀 연결(욜 3장; 시 143편)_심판과 기도

▶일러두기

요엘 3:장 14절의 '심판의 골짜기'는 유다 왕 여호사밧(이름의 뜻은 '여호와가 심판하신다')이 모압, 암몬, 에돔 연합군을 물리쳤던 골짜기 즉 '여호사밧 골짜기'(2절)를 뜻한다(대하 20:26). 마지막 날에 하나님께서 모든 원수를 심판하실 장소를 상징한다.

계속되는 죄에 대한 결과

열왕기하 25장 | 히브리서 7장 | 아모스 1장 | 시편 144편

왕하 25장 예루살렘 멸망과 바벨론 포로

묵상   죄의 결과로 유다가 포로로 끌려가는 비참함

key word   25:6 립나 25:12 비천한 자 25:13 갈대아 25:22 그달리야 25:25 칠월
            25:26 갈대아 사람 25:27 에윌므로닥 25:29 왕의 앞에서

message   마침내 거듭 예고된 유다 멸망의 날이 임한다. 시드기야 왕 9년, 곧 주전
            588년경에 바벨론 군대는 유다의 수도 예루살렘을 포위한다. 시드기야는
            끝까지 반 바벨론 정책을 쓰면서 애굽의 도움을 기대하고 1년 6개월 동안
            버텨보지만 마침내 주전 586년에 예루살렘 성을 내주고 만다.

히 7장 멜기세덱의 반차를 쫓은 대제사장 그리스도

묵상   죄를 처리하기 위해 하나님께서 예수 그리스도를 보내주셨음

key word   7:8 산다고 증거를 얻은 자 7:16 육신에 속한 한 계명 7:19 더 좋은 소망
            7:25 자기를 힘입어

message   그리스도의 모형인 멜기세덱의 제사장 직분보다 우월함을 지적함으로써
            그리스도의 제사장 직분의 우월성을 가르친다. 이어 아론 계열의 제사장
            직분의 한계를 언급하며 영원불변하는 대제사장이 요구될 수밖에 없음
            을 가르친다.

말씀 연결(왕하 25장; 히 7장)_죄의 결과와 처리

▶**말씀기도**

죄의 결과로 인해 낙심해 있거나 죄책으로 인해 억눌려 있다면 단번에 자기를 드려 우리를 구
원하신 예수 그리스도를 믿음으로 살아가기를 위해 기도합니다.

암 1장　이스라엘 주변국에 임할 심판

묵상　　　하나님의 심판의 범위를 열방으로 확장

key word　1:9 형제의 계약　1:10 불을 보내리니　1:14 회오리바람의 날

message　아모스는 남유다 출신이었지만 주로 북이스라엘을 주요 활동 무대로 삼
　　　　　아 예언 활동을 했다. 그는 1장에서 다메섹, 블레셋, 두로, 에돔, 암몬 등을
　　　　　향해 임박한 하나님의 심판을 선언하는데 이는 하나님께 죄를 범한 이스
　　　　　라엘의 허물을 간접적으로 지적하며 심판을 경고하기 위해서였다.

시 144편　여호와를 하나님으로 삼는 자의 행복

묵상　　　찬송

key word　144:3 생각하시나이까　144:4 사람은 헛것 같고　144:5 하늘을 드리우고
　　　　　144:7 큰 물　144:11 거짓의 오른손

message　하나님을 의뢰하는 자들이 받을 복을 노래한 시이다. 더불어 하나님께서
　　　　　허락하신 왕권의 영원성을 강조하고 있는 군왕시이기도 하다. 본 시를 통
　　　　　하여 다윗은 비록 연약한 인생일지라도 하나님으로 인해 강성해지고 복
　　　　　을 누릴 수 있다는 신앙을 고백하고 있다.

말씀 연결(암 1장; 시 144편)_ 하나님의 심판과 찬송

▶**일러두기**

아모스 1장 1절의 '아모스'의 이름의 뜻은 '무거운 짐을 진 자'라는 의미이다. 그는 남왕국 출신
의 선지자로서 북왕국 이스라엘에 대해 예언하라는 사명을 받고, 사마리아의 사치하고 무절제
한 생활상과 브엘세바와 길갈에서 드려지던 제사를 책망했다. 또한 의식이 의를 대신할 수 없
으며, 하나님이 모든 나라에 대해 도덕적으로 간섭하심과 이스라엘이 회개하지 않으면 침입자
의 노략물이 될 것임을 선언했다.

하나님의 나라에 대한 이해

역대상 1-2장 | 히브리서 8장 | 아모스 2장 | 시편 145편

대상 1-2장 아담에서 다윗까지의 계보

묵상 인간의 나라는 불완전하며 유한적이며 죄와 함께한 역사

key word 1:1 아담, 셋, 에노스 1:5 야벳의 자손 1:10 니므롯 1:17 셈의 자손 1:29 족보 1:34 이스라엘 2:1 이스라엘의 아들 2:18 갈렙 2:25 여라므엘 2:26 다른 아내 2:42 마레사 2:49 갈렙의 딸은 악사

message 바벨론 포로기를 거치는 동안 끊어졌던 이스라엘 역사를 복원하는 차원에서 뿌리 깊이 작업이 실시되었고 그 일환으로 족보가 소개되고 있다. 1장은 그 서론부로 창세가 5, 10, 11, 25장에 언급된 족보들에 의존하여 아담과 노아, 노아와 아브라함, 야곱의 후손의 명단이 소개되고 있다. 2장은 이스라엘 열두 지파의 근간이 되는 야곱의 열두 아들의 명단과 이스라엘의 영적 장자 지파인 유다 자손들이 다윗 대까지 소개된다.

히 8장 새 언약의 중보자이신 그리스도

묵상 하나님의 나라의 영원한 왕이신 예수 그리스도

key word 8:2 참 장막 8:7 첫 언약 8:8 그들의 잘못을 지적하여

message 예수 그리스도의 사역의 우월성을 가르친다. 즉 구약의 제사장은 장막에서 제사를 드린 반면 옛 언약이 아닌 새 언약에 기초하여 사역을 수행하기 때문에 그분의 사역이 우월하다는 것이다.

말씀 연결(대상 1-2장; 히 8장)_인간의 나라, 하나님의 나라

▶**말씀기도**

예수님이 통치하시는 그 나라는 영원하고 이 땅의 나라들에 소망을 두지 말고 하나님의 나라를 소망하며 살아가기를 위해 기도합니다.

암 2장　모압과 유다와 이스라엘에 임할 심판

묵상　이스라엘의 죄 된 모습

key word　2:2 그리욧　2:6 신 한 켤레를 받고　2:8 전당 잡은 옷　2:9 아모리 사람　2:16 그 날에는

message　이스라엘은 물론 그들과 좀 더 긴밀한 관계를 맺고 있던 모압과 유다를 향한 심판이 경고되고 있다. 이들 각 나라들이 심판을 받는 근본 이유는 각 나라들이 자행한 범죄 때문이었다. 죄와 심판은 필연적인 상관관계임을 잊어서는 안 된다.

시 145편　영원히 찬송 받으실 여호와 하나님

묵상　하나님 나라의 특징

key word　145:1 왕이신 나의 하나님　145:9 모든 것　145:14 비굴한 자　145:15 모든 사람의 눈

message　답관체 형식을 띤 다윗의 찬양시로서 여호와를 찬양할 3대 이유를 제시하고 있다. 여호와의 위대하신 능력, 여호와의 은혜와 자비, 그리고 여호와의 구원과 보호이다.

말씀 연결(암 2장; 시 145편)_죄 된 모습과 특징

▶일러두기

역대상 1장 1절의 본문 이하의 족보는 인류가 어떻게 발전해 왔는지를 밝혀주는 인류사요 하나님이 택하신 언약 백성의 발전 과정을 소개한 구속사이다. 특히 아담 이후 가인과 아벨이 생략된 채 곧바로 셋에게로 눈길을 돌린 것을 보면 역대기 제자가 선택된 계보 즉 언약 백성에 관심을 가지고 족보 정리를 했음을 보여준다.

환난을 대하는 태도

역대상 3-4장 | 히브리서 9장 | 아모스 3장 | 시편 146-147편

대상 3-4장 다윗과 솔로몬 후손과 유다와 시므온 지파의 계보

묵상　　　다윗과 솔로몬의 자손

key word　3:17 사로잡혀 간 3:19 스룹바벨 4:14 공장 4:23 토기장이 4:24 시므온
　　　　　의 아들들

message　3장에서는 이스라엘 왕국의 핵심 인물인 다윗 집안사람들의 명단이 소개
　　　　　되고 르호보암에서 바벨론 포로 때까지 솔로몬 후손의 이름과 스룹바벨
　　　　　이후의 계보가 소개된다. 4장은 지금까지 아담에서 바벨론 포로 후기까
　　　　　지를 잇는 방대한 계보를 요약 소개한 뒤 이어 유다 후손의 계보와 이스
　　　　　라엘 중 가장 약했던 시므온 후손의 계보가 함께 소개된다.

히 9장　　그리스도의 완전한 대속 사역

묵상　　　영원한 속죄를 이루신 그리스도

key word　9:10 육체의 예법 9:11 손으로 짓지 아니한 것 9:12 영원한 속죄 9:24 그
　　　　　하늘에 들어가사 9:28 죄와 상관 없이

message　예수 그리스도의 사역이 완전한 이유를 보여준다. 즉 구약의 장막이 제한
　　　　　적이고 재물이 불완전한 반면, 예수 그리스도는 자신의 몸을 대속 제물로
　　　　　드려 단번에 영원히 죄를 용서하고 구원을 이루셨기 때문에 그분의 대속
　　　　　사역은 완전하다고 말하는 것이다.

말씀 연결(대상 3-4장; 히 9장)_자손과 영원한 속죄

▶**말씀기도**

찬송하고 즐거워하며, 하나님만을 예배하고 주의 말씀으로 위로를 받는 삶이기를 위해 소망하
며 기도합니다.

암 3장　이스라엘의 멸망 이유

묵상	선지자를 통한 심판의 예언
key word	3:9 아스돗의 궁전　3:14 제단의 뿔들을 꺾어
message	아모스의 첫 번째 설교로서 이스라엘이 선민이라는 특권을 남용하여 향락에 빠진 사실이 지적되었다. 그 결과 내가 너희 모든 죄악을 너희에게 보응하리라는 여호와의 징계를 받게 되었다.

시 146-147편 만물의 창조주, 회복시키실 여호와

묵상	환난을 당한 주의 백성을 위로하심
key word	146:2 나의 생전에　146:5 야곱의 하나님　146:8 비굴한 자　147:2 예루살렘을 세우시고　147:6 겸손한 자　147:10 말의 힘　147:15 그의 말씀이
message	146편은 하나님을 의지하는 자의 복을 노래하고 147편은 우주에 가득 찬 하나님의 위대하심과 은혜로우심을 노래하고 있다. 정녕 여호와 찬양은 성도가 일평생 계속해야 할 호흡이다.

말씀 연결(암 3장; 시 146-147편)_심판의 예언과 위로

▶일러두기

역대상 4장 23절의 '토기장이'의 원뜻은 '만들다'이다. 진흙으로 그릇을 만들던 도공을 가리킨다. 이들은 왕실의 후원 아래 안정된 생활을 하였고, 또 그 직업이 세습되었다.

15
Nov
하나님의 나라의 상속자로서 하늘의 복

역대상 5-6장 | 히브리서 10장 | 아모스 4장 | 시편 148-150편

대상 5-6장 동쪽 자손과 레위 자손의 계보

묵상　　　레위 자손의 족보

key word　5:1 아버지의 침상을　5:6 디글랏비레셀　5:10 하갈 사람　5:11 바산　5:16
　　　　　사론　5:17 이스라엘 왕 여로보암　6:3 나답과 아비후　6:16 레위의 아들들
　　　　　6:23 엘가나　6:37 고라　6:39 아삽　6:44 에단　6:66 영토

message　5장에는 가나안 정착 때 요단강 동쪽 땅을 차지했던 르우벤의 후손과 갓
　　　　　후손 그리고 므낫세 후손의 계보와 그들이 차지했던 영토가 언급된다. 6
　　　　　장은 아론에서 포로기까지의 긴 세월 동안 대제사장직을 담당했던 자들
　　　　　의 명단과 레위 세 아들의 족보 및 레위인들의 거주지를 소개하고 있다.

히 10장 완전하고 영원한 새 언약

묵상　　　그리스도를 통하여 영원한 제사

key word　10:1 그림자일 뿐　10:4 황소와 염소의 피　10:20 휘장　10:32 빛을 받은 후
　　　　　10:36 인내가 필요함은　10:37 잠시 잠깐 후면

message　단번에 영원히 구원을 이루신 예수 그리스도의 대속 사역에 대해 가르친
　　　　　저자는 이제 구약의 제사의 한계와 예수 그리스도의 사역의 완전성을 정
　　　　　리한다. 또한 새 언약 시대를 사는 성도의 특권과 책임을 소개하고 있다.

말씀 연결(대상 5-6장; 히 10장)_족보와 제사

▶말씀기도

하나님의 성소에 담대히 나아가 여호와를 찬양하는 삶이 되며, 주의 말씀으로 환난을 이기고
위로를 받는 삶이기를 기도합니다.

642

암 4장   돌이키지 않는 이스라엘

묵상   이스라엘의 죄악과 하나님의 징벌

key word   4:4 벧엘 4:5 수은제 4:7 추수하기 석 달 4:12 네 하나님 만나기를 준비하
           라

message   예부터 지속되어온 이스라엘의 허물에 대한 심판이 선언된다. 즉 사치한
           지도층에 임할 심판, 우상 숭배, 경고를 무시하는 백성들, 끝내 하나님을
           거역한 자들에게 임할 심판이 언급되었다.

시 148-150편 우주 만물과 성도들이 드리는 찬양

묵상   여호와의 이름을 찬양함

key word   148:2 모든 천사여 148:4 하늘의 하늘 148:14 백성의 뿔 149:1 새 노래
           149:6 두 날 가진 칼 149:7 보수 150:3 나팔

message   148편은 우주에 있는 만물들에게 하나님을 찬양하라고 초대하고 권유하
           는 대찬양시이다. 149편의 시인은 이제 죄인을 구원하신 구속주 하나님
           을 찬양할 것을 요청한다. 150편은 할렐루야 시편의 마지막 시요, 시편의
           대단원을 이루는 결론적인 시로서 찬양 장소와 찬양할 악기와 찬송할 자
           들을 총동원하여 온 우주의 왕이시고 만유의 주되신 여호와의 하나님을
           찬양할 것을 요청하고 있다.

말씀 연결(암 4장; 시 148-150편)_ 징벌과 찬양

▶일러두기

역대상 5장 1절의 '장자의 명분'이란 이스라엘에서는 원칙적으로 아들에게만 상속권이 있었고,
장자는 다른 형제보다 아버지의 재산을 갑절이나 상속받았다(왕상 2:9). 성경에는 부모의 편애
로 인해 장자가 아닌 다른 아들에게 장자의 권한이 옮겨지는 것을 금한다(신 21:15-17).

16 Nov 하나님이 찾으시는 사람

역대상 7-8장 | 히브리서 11장 | 아모스 5장 | 누가복음 1장 1-38절

대상 7-8장 요단 서쪽 지파들과 베냐민 자손의 계보

묵상 이스라엘 가운데 출전할만한 자의 계수

key word 7:1 잇사갈의 아들들 7:6 베냐민의 아들들 7:13 납달리의 아들들 7:20 에브라임의 아들 7:30 아셀의 아들들 8:6 에훗 8:29 기브온 8:33 에스바알 8:34 므립바알

message 7장에는 요단강 서쪽의 영토를 차지했던 지파들 즉 잇사갈, 베냐민, 납달리, 므낫세 반, 에브라임, 아셀 지파 후손들의 계보와 그들이 보유한 군인들의 목록을 소개하고 있다. 8장에는 베냐민 후손의 계보가 보충적으로 소개되고 있다.

히 11장 믿음의 선진들

묵상 믿음으로 승리한 위인

key word 11:15 나온 바 본향 11:16 더 나은 본향 11:22 이스라엘 자손들이 떠날 것 11:32 기드온, 바락, 삼손, 입다 11:37 톱으로 켜는 것

message 믿음의 본질을 정의한 후 환난 중에도 믿음을 지킨 신앙 선열들의 용기 있는 삶을 사례로 들어 성도들을 격려한다. 특히 11장은 믿음 장으로도 잘 알려져 있다.

말씀 연결(대상 7-8장; 히 11장)_출전할만한 자와 승리

▶말씀기도

하나님은 오늘도 믿음으로 하나님을 찾는 자를 찾으시며, 오직 믿음으로 하나님 앞에 서는 삶이기를 위해 기도합니다.

암 5장　이스라엘을 향한 애가

묵상　　우리도 하나님을 찾아야 함

key word　5:1 애가　5:16 울음꾼　5:26 식굿

message　퇴락하는 이스라엘을 향한 애가와 이스라엘이 회복될 수 있는 방법 및 형
　　　　식적인 예배와 경건이 따르지 못한 삶으로 인한 절망적인 심판상이 무겁
　　　　게 소개되고 있다.

눅 1:1-38　세례 요한의 출생

묵상　　하나님이 찾으시는 사람

key word　1:3 데오빌로　1:8 반열　1:11 향단

message　1장은 누가복음 전체의 서론으로서 예수의 탄생에 대한 예언과 세례 요
　　　　한의 출생에 관한 내용이다. 1-4절 부분은 본서의 서언적 내용으로 본서
　　　　의 수신자 및 집필 동기와 목적 등이 나타나 있다. 5-25절 부분은 400여
　　　　년 전에 말라기 선지자가 예언한 대로 메시야 예수의 길을 예비하는 선구
　　　　자 세례 요한의 출생이고 그의 부모인 사가랴와 엘리사벳에게 예고된 부
　　　　분이다.

말씀 연결(암 5장; 눅 1장 1-38절)_ 하나님을 찾음

▶일러두기

누가복음 1장 13절의 '세례 요한'의 이름의 뜻은 '여호와는 은혜로우심'이다. 제사장 사가랴와
아론가의 자손 엘리사벳을 통해 유다의 한 성읍에서 태어났다. 예수 그리스도의 길을 예비한
광야의 선구자로 유다 광야에 거주하면서 낙타 털옷을 입고 메뚜기와 석청을 먹으며 사역하였
다. 제사장 가문에서 출생하여 율법을 잘 알았고, 광야에서 회개의 메시지를 선포하였으며, 요
단강에서 세례를 베풀었다.

17

Nov

죄의 결과와 해결하시는 하나님의 사랑

역대상 9-10장 | 히브리서 12장 | 아모스 6장 | 누가복음 1장 39-80절

대상 9-10장 포로생활에서 돌아온 백성과 사울 왕의 최후

묵상   죄의 결과와 비참함

key word   9:13 힘 있는 자   9:17 문지기   9:18 왕의 문   9:22 선견자   9:39 사울   10:4
           할례 받지 못한 자   10:10 다곤   10:13 신접한 자

message   9장은 포로생활에서 귀환한 열두 지파의 대표적인 인물 명단과 고레스의
           칙령에 따라 돌아온 제사장들의 명단 및 귀환한 레위인들이 각 직임에 따
           른 명단이 소개되고, 10장에서는 이스라엘의 초대 왕 사울이 블레셋과의
           길보아 전투에서 그 아들들과 함께 전사한 장면 등이 소개된다.

히 12장   믿음의 주를 바라보라

묵상   하나님의 은혜를 거역한 자들에게 주는 경고

key word   12:10 그의 거룩하심에   12:12 피곤한 손과 연약한 무릎   12:17 눈물을 흘리
           며   12:23 하늘에

message   수신자를 향해 인내하면서 믿음의 경주를 하라고 권면한다. 그리고 시련
           이 닥치더라도 그것을 주님이 주시는 연단으로 생각하고 물러서지 말라
           고 당부한다. 그러나 혹시 시련을 이기지 못할 자가 생길 수 있음을 우려
           하여 배교자가 당할 하나님의 심판을 상기시키며 경고하고 있다.

말씀 연결(대상 9-10장; 히 12장)_죄의 결과와 경고

▶**말씀기도**

죄와 싸우되 피 흘리기까지 싸우는 성도가 되며, 늘 하나님의 은혜를 감사하며 살아가는 삶을
살아가기를 소원하며 기도합니다.

암 6장 　교만과 사치에 빠진 이스라엘

묵상 　　　죄의 결과로 인한 이스라엘의 멸망

key word 　6:2 갈레 　6:4 상아 상 　6:6 귀한 기름 　6:12 말들이 어찌 　6:13 허무한 것

message 　선지자는 교만과 향락에 빠져 다가올 심판을 무시한 채 생활하는 이스라
　　　　　 엘 지도급 인시들의 영적 무지를 고발하고, 부패한 백성에게 내려질 극심
　　　　　 한 심판과 그들에게 내려질 심판의 주체가 하나님이심을 밝히고 있다.

눅 1:39-80 엘리사벳과 마리아의 만남

묵상 　　　죄를 처리하기 위한 하나님의 사랑

key word 　1:48 비천함 　1:59 할례 　1:63 서판 　1:69 구원의 뿔

message 　39-45절의 부분은 세례 요한을 잉태한 엘리사벳과 예수를 잉태한 마리
　　　　　 아의 만남을 다룬다. 저자는 구속사의 위대한 인물들을 잉태한 두 여인의
　　　　　 만남을 통해 특히 인간 마리아의 지복함을 강조한다. 동정녀 마리아는 자
　　　　　 신에게 베풀어진 하나님의 은총에 감사의 찬가를 부른다. 때가 되어 마침
　　　　　 내 엘리사벳은 세례 요한을 출생하고 67-80절에는 이에 사가랴는 하나
　　　　　 님께 찬송을 드린다.

말씀 연결(암 6장; 눅 1장 39-80절)_멸망과 사랑

▶일러두기

예수의 모친 마리아(눅 1:27)는 '높여진 자'라는 뜻이다. 하나님의 부르심에 순종하였으며 자녀
를 잘 양육하였다. 마리아는 비록 평범한 여인이었지만 순결하였으며, 하나님의 부르심에 순종
함으로 하나님의 사역에 동참하는 은혜를 누렸다.

대상 11-12장 이스라엘의 왕이 된 다윗과 다윗을 도운 용사들

묵상 | 다윗이 온 이스라엘의 왕이 되는 내용

key word | 11:4 여부스 땅의 주인 11:8 밀로 11:12 세 용사 11:15 아둘람 굴 11:23 시위대장 12:2 좌우 손을 노려 12:15 정월에 12:16 요새 2:32 시세를 알고 12:38 성심으로 12:39 그들의 형제

message | 11장에서는 다윗의 기름 부음, 예루살렘 정복, 다윗의 충성스러운 용사들의 명단이 소개된다. 12장에서는 다윗이 이스라엘 왕으로 등극하기까지 후원과 지지를 아끼지 않던 충성스러운 무리들을 왕위에 오르기 전 용사들의 명단과 통일 왕국의 대업을 완수해갈 때 힘이 된 용사의 명단으로 나누어 소개하고 있다.

히 13장　하나님을 기쁘시게 하는 삶

묵상 | 하나님의 함께 하심의 약속

key word | 13:5 돈을 사랑하지 말고 13:7 그들의 행실의 결말 13:10 장막에서 섬기는 자들 13:20 양들의 큰 목자이신

message | 저자는 결론적으로 이 책을 마감하면서 수신자들을 향해 형제 사랑, 남녀 문제 등 사회생활에 관한 교훈과 교회 생활에 필요한 교훈을 제시한 뒤 자신을 위한 기도를 당부한다.

말씀 연결(대상 11-12장; 히 13장)_이스라엘의 왕이 된 다윗과의 약속

▶**말씀기도**
오늘도 함께하시는 하나님의 약속의 말씀은 어떤 것인지, 그리고 하나님의 함께하심이 삶에 어떤 위로가 되는지를 묵상하는 삶이기를 소원합니다.

648

암 7장 　세 가지 환상과 아마샤와의 대결

묵상 　뜻을 돌이켜

key word 　7:4 불　7:7 다림줄　7:9 이삭의 산당　7:12 선견자　7:14 선지자의 아들　7:17 더러운 땅

message 　하나님의 심판 대행자인 앗수르의 침공에 대한 세 가지 환상(메뚜기, 불, 다림줄)과 하나님의 사람 아모스를 대적해 거짓 메시지로 백성을 미혹하던 제사장 아마샤의 모함과 음모가 언급된다. 하나님의 뜻은 교만한 마음으로는 받아들일 수 없다.

눅 2장 　예수 그리스도의 탄생과 유년 시절

묵상 　독생자 예수 그리스도를 보내어 주심

key word 　2:2 구레뇨　2:11 그리스도 주　2:22 정결예식　2:24 산비둘기　2:25 시므온 2:29 주재　2:36 선지자　2:41 유월절

message 　예수 그리스도의 탄생과 유년 시절에 관한 내용이다. 특히 누가는 당시의 역사적 사실들을 언급함으로써 수신자들의 이해를 돕고자 했으며 목자들의 경배를 언급함으로써 소외된 자들을 위해 오신 그리스도의 모습을 강조한다. 그리고 예수께서 유년 시절에 성전에서 겪은 일들을 소개하고 있다.

말씀 연결(암 7장; 눅 2장)_뜻과 예수

▶일러두기

'유대의 목자들의 지위'(눅 2:8) - 당시 유대에서 목자는 하층민에 속했고, 양을 치는 직업 자체가 천대를 받았다. 하지만 가장 위대한 소식은 바로 이들에게 최초로 접해졌으며, 목자들이야말로 최초의 복음 전도자였다.

19 Nov 기도 응답과 인내

역대상 13-14장 | 야고보서 1장 | 아모스 8장 | 누가복음 3장

대상 13-14장 웃사의 죽음과 블레셋 정벌

묵상 다윗이 왕이 된 후 언약궤를 가져오는 장면

key word 13:7 궤를 새 수레에 14:1 히람 14:2 높이 들림 14:3 아내들을 맞아 14:14 뽕나무

message 13장에서 다윗은 나라 안팎의 불안 요소를 대부분 청산한 뒤 이스라엘의 숙제로 남아 있던 언약궤를 예루살렘으로 옮겨오는 일을 시행한다. 14장에서는 다윗이 호화로운 궁전을 건축한 일과 예루살렘을 새로운 통치 장소로 삼은 후 많은 이들을 얻은 사실 및 두 차례에 걸친 블레셋 정벌 과정을 소개하고 있다.

약 1장 시련을 극복하는 성숙한 신앙

묵상 성도의 기도 응답에서의 인내

key word 1:1 흩어져 있는 열두 지파 1:9 낮은 형제 1:11 뜨거운 바람 1:12 생명의 면류관 1:17 회전하는 그림자 1:21 모든 더러운 것

message 야고보서는 성도의 실천적 측면을 강조한 책으로 율법주의와 이방인의 박해로 인해 시련을 겪고 있는 유대 출신 성도들을 위해 기록되었다. 특히 1장에서 야고보는 고난의 의미를 밝히고 고난을 극복하는 방법과 고난의 원인을 말한 뒤 고난 중에서도 진리를 행하라고 권면한다.

말씀 연결(대상 13, 14장; 약 1장)_언약궤와 인내

▶말씀기도

포기한 기도가 있다면 다시 하나님 보좌 앞으로 나아가 인내의 끝에 있는 심판이 임하기 전에 회개의 기도를 드리며, 그리스도를 보내신 하나님은 반드시 응답하심을 믿고 기도합니다.

650

암 8장   여름실과 환상과 형벌 예고

묵상   하나님의 인내의 끝(심판 작정)

key word   8:1 여름 과일 한 광주리 8:3 애곡 8:5 월삭 8:14 단, 브엘세바

message   여름실과 환상을 통해 지금은 번창하는 것 같으나 결국 멸망하게 될 이스
           라엘의 운명을 소개하고, 심판을 피할 수 없게 된 이유와 마지막 때의 징
           조가 언급된다. 하나님은 겉으로 드러난 종교적 행위보다 내면의 경건을
           더 원하신다.

눅 3장   세례 요한의 사역과 그리스도의 계보

묵상   백성이 바라고 기다린 그리스도

key word   3:1 디베료 3:14 강탈하지 3:17 키

message   메시야의 길을 예비하는 세례 요한의 활동 시대에 대해 증거한다. 디베료
           가이사가 위(位)에 있은 지 열다섯 해, 곧 본디오 빌라도가 유대의 총독으
           로, 헤롯이 갈릴리의 분봉 왕으로, 그 동생 빌립이 이두래와 드라고닛 지
           방의 분봉 왕으로, 루사니아가 아빌레네의 분봉 왕으로, 안나스와 가야바
           가 대제사장으로 있을 때에 하나님의 말씀이 빈들에서 사가랴의 아들 요
           한에게 임하였다.

말씀 연결(암 8장; 눅 3장)_인내의 끝과 기다림

▶일러두기

'어린 예수가 성전에 올라간 이유는?'(눅 2:42) 유대인 소년들은 12살이 되면 성인으로 인정되
어 율법을 지켜야 했다. 유대인 남자들은 율법에 따라 유월절에 예루살렘 성전으로 올라갔다.

20 Nov 하나님의 말씀(규례, 율법을 따름)

역대상 15장 | 야고보서 2장 | 아모스 9장 | 누가복음 4장

대상 15장 예루살렘으로 언약궤를 옮김

묵상
: 철저히 하나님의 규례대로 행함

key word
: 15:1 다윗 성 15:2 레위 사람 외에는 15:15 채 15:20 알라못 15:21 여덟째 음 15:27 세마포 겉옷

message
: 웃사의 죽음으로 일시 중단되었던 언약궤 이동이 재게 된다. 한 번 실패를 경험한 다윗은 철저히 율법에 근거해서 성별된 레위인들로 언약궤를 메고 운반하도록 함으로써 무사히 다윗성에 언약궤를 옮기게 된다.

약 2장 행함이 있는 믿음

묵상
: 하나님의 법의 최고

key word
: 2:6 억압하며 법정으로 2:7 아름다운 이름 2:17 행함이 없는 2:22 함께 일하고 2:25 라합

message
: 이 책의 주제가 본격적으로 다루어지고 있다. 야고보는 지위나 신분에 따라 차별하는 악한 습관을 배격하고 사람을 외모로 취하지 말라고 권면하면서 믿음은 행함으로 입증된다고 주장하여 이신칭의 교리와 더불어 쌍벽을 이루는 유명한 행함이 있는 믿음의 도를 가르친다.

말씀 연결(대상 15장; 약 2장)_행함과 법의 최고

....

....

....

▶**말씀기도**

성령으로 충만하여 말씀을 따라 행하는 믿음으로 살되 복음을 전하는 궁극적 사명을 이루어가는 성도의 사명을 담아 기도합니다.

652

암 9장　이스라엘의 멸망과 회복

묵상　하나님께서도 약속의 말씀을 신실히 지켜 가시는 모습

key word　9:6 그 궁창의 기초를　9:8 범죄한 나라　9:12 내 이름으로 일컫는 만국
9:13 파종하는 자

message　이스라엘을 향한 선자자적 예언이 명쾌히 제시되고 있다. 즉 파괴되는 문
지방 환상을 통해 이스라엘의 돌이킬 수 없는 멸망과 그러한 멸망 중에도
남은 자를 보존하시려는 하나님의 거룩한 계획이 강렬한 어조로 언급된
다.

눅 4장　그리스도의 공생애 시작

묵상　말씀이신 예수께서 어떻게 그 말씀을 따라 행하셨는가

key word　4:1 광야에서　4:2 마귀　4:4 사람이 떡으로만　4:15 회당　4:25 엘리야
4:26 사렙다　4:27 수리아 사람 나아만　4:31 가버나움　4:35 귀신

message　예수께서는 성령의 충만함을 입어 요단강에서 돌아오셨고 광야에서 40
일 동안 성령에게 이끌리시며 마귀에게 시험을 받으셨다. 이 모든 날에
아무것도 먹지 않으셨고 날수가 다하므로 주리셨다. 예수님과 성령님은
신적 본질에 있어서 하나이시지만, 예수께서는 성령의 충만함을 입으신
후 마귀의 시험을 받으셨고 전도사역을 시작하셨다.

말씀 연결(암 9장; 눅 4장)_약속의 말씀을 지키고 행함

▶일러두기

누가복음 4장 19절의 '주의 은혜의 해'란 시온을 위한 은혜와 구원의 때이다. 본래 히브리인들
은 50년마다 희년을 지켰는데 희년이 바로 해방과 자유를 가져다주는 은혜의 해였다. 이때는
땅의 경작을 중단하고 모든 빚을 탕감하며 노예를 해방하는 특별한 은혜의 해이다. 메시야로
오신 그리스도는 공생애를 통해서 희년 곧 구원의 해, 은혜의 해를 선포하고 있는 것이다.

대상 16장 언약궤 봉헌 제사와 감사 찬양

묵상
지혜의 실재가 어떻게 나타나야 하는가

key word
16:11 얼굴 16:22 나의 기름 부은 자 16:25 헛것 16:27 그의 처소 16:30 세계가 굳게 서고

message
언약궤를 다윗성으로 옮긴 후 이스라엘 전체가 하나님께 감사 제사를 드리게 된다. 이와 병행하여 레위인 중신의 찬양대가 구성되고 레위인들이 맡은 각 직업이 소개된다. 특히 아삽의 형제와 함께 찬양한 다윗의 감사 찬양이 소개되는데 이 찬송은 시편에서 발췌한 내용으로 구성되어 있다.

약 3장 말을 절제하라

묵상
지혜의 근본과 다양한 열매들

key word
3:8 쉬지 아니하는 3:15 위로부터 내려온 것

message
지도자에게 특별히 요구되는 덕목 중 언어생활에 대해 교훈한다. 즉 야고보는 말이 주는 피해가 얼마나 대단한지를 상기시키면서 말을 절제하도록 권면한다.

말씀 연결(대상 16장; 약 3장)_지혜의 열매

▶**말씀기도**

지혜를 사모하며 위로부터 난 지혜를 따르되 성결함과 화평과 관용과 양순, 긍휼과 선한 열매가 가득한 삶이기를 위해 기도합니다.

옵 1장   에돔의 죄와 이스라엘의 회복

묵상   지혜의 걸림돌

key word   1:4 독수리   1:6 수탈되었으며   1:7 너와 약조한 모든 자들   1:11 멀리 섰던
            1:12 형제의 날   1:13 내 백성   1:16 내 성산   1:17 시온 산   1:19 네겝

message   이스라엘의 대적이던 에돔의 처참한 멸망상과 에돔이 멸망하게 된 이유
            를 소개하고 있다. 동시에 에돔의 필연적인 심판과 더불어 선민 이스라엘
            의 궁극적인 회복을 언급한다.

눅 5장   병자를 고치시는 예수의 권능

묵상   지혜의 본질이신 예수의 사역

key word   5:1 게네사렛   5:11 모든 것을 버려 두고   5:13 손을 내밀어   5:19 지붕   5:24
            인자   5:31 건강한 자   5:34 금식   5:36 비유

message   본 장은 예수께서 행하신 세 가지 치유 이적으로 구성되어 있으며, 거라
            사 지방에서 귀신 들린 사람을 치유하시고, 혈루증 앓는 여인을 고치시
            며, 야이로의 딸을 다시 살리신 사건이 그것이다. 여기서 마태복음 4:18-
            22이나 마가복음 1:16-20의 내용과 동일한 사건을 증거한다고 본다. 그
            둘 사이에 차이점들도 있어 보이지만(마 4:18, 21 참조), 그것들은 부분적
            생략과 대략적 묘사나 자세한 묘사에서 생긴 것이며 그 두 증거는 서로
            보완적이라고 할 수 있다.

말씀 연결(옵 1장; 눅 5장)_지혜와 사역

▶일러두기

오바댜(1:1)의 이름의 뜻은 '여호와의 종'이다. '하나님을 섬기는 사람', '여호와를 예배하는 자'
의 이름이다. 오바댜는 가족이나 고향이 알려지지 않은 남유다 출신의 선지자로서 기원전 586
년경 바벨론에 의해 예루살렘이 패망하는 때를 전후하여 유다의 원수인 에돔의 멸망과 심판을
선포했다.

22 Nov 택하신 자

역대상 17장 | 야고보서 4장 | 요나 1장 | 누가복음 6장

대상 17장 다윗을 향한 계시와 언약

묵상   다윗과 그의 아들 선택

key word   17:1 휘장 17:4 내 종 17:11 네 씨 17:21 애굽에서 구속하신

message   언약궤를 옮겨온 다윗은 이제 성전 건축에 열망에 사로잡히지만 그 일은 솔로몬이 감당할 것이라는 응답을 받는다. 대신 하나님은 다윗을 향한 신실한 언약을 선언하셨고 이에 다윗은 감사 기도를 드리게 된다.

약 4장 세상과 벗하지 말며 비판하지 말라

묵상   선택하신 자에 대한 하나님의 마음

key word   4:1 정욕 4:4 간음하는 4:8 손을 깨끗이 하라 4:11 비방 4:14 안개

message   교회 교사를 대상으로 지도자로서의 개인 윤리에 대해 가르친 야고보는 이제 교회 공동체를 대상으로 공동체 윤리에 대해 권면한다. 즉 야고보는 허탄하고 세속적인 삶을 버리고 겸손하고 순결한 신앙으로 살도록 교훈한 뒤 교만에서 오는 탐욕과 비방을 버리고 헛된 자랑을 삼가라고 당부한다.

말씀 연결(대상 17장; 약 4장)_선택하신 자의 마음

▶말씀기도

한 사람 한 사람이 택함을 받은 자로서 온전히 하나님의 은혜의 보좌 앞에 나아가 더욱 큰 은혜를 사모하며 살아가기를 소원하며 기도합니다.

욘 1장　하나님께 불순종한 요나

묵상　　　이방 구원을 위해 선택받은 요나 이야기

key word　1:2 외치라 1:7 제비를 뽑아 1:14 무죄한 피를 1:17 큰 물고기

message　요나서에는 하나님의 구원 계획이 이스라엘의 국경을 넘어 이방 민족에
　　　　　게 전해지는 아름다운 구속의 역사가 소개되고 있다. 그중에서 앗수르의
　　　　　도성 니느웨 선교를 명령받은 요나가 그 사명을 외면하고 도피하다가 하
　　　　　나님의 징계를 받는 장면이 소개되고 있다.

눅 6장　열두 사도의 선택

묵상　　　하나님 나라의 대사로서 12제자 선택

key word　6:1 안식일 6:13 사도 6:20 하나님의 나라 6:37 정죄하지 말라 6:40 온
　　　　　전하게 6:42 외식하는 자 6:48 탁류

message　율법의 진정한 의미를 일깨워 주기 위한 예수님의 가르침이 펼쳐진다. 예
　　　　　수께서는 안식일 논쟁을 통해 율법의 근본 의미에 대하여 새롭게 정의하
　　　　　며 교훈하셨다. 그리고 효과적인 복음 사역을 위해 열두 제자를 택하신
　　　　　사건이 언급되고 있다. 또한 예수께서 갈릴리 1차 사역을 마치신 시점에
　　　　　서 행하신 내용을 수록하고 있다. 누가는 예수께서 안식일에 행하신 일에
　　　　　대해 이미 두 번 언급했다(눅 4:16, 31).

말씀 연결(욘 1장; 눅 6장)_이방 구원과 제자 선택

▶일러두기

누가복음 6장 15절의 '셀롯'은 '열렬한 열심 있는'이라는 의미이다. 그래서 이 말은 종교적인 의
미에서 율법이나 하나님께 대해 아주 열심 있는 사람을 뜻하기도 한다. 그러나 이 말은 당시 호
전적이고 민족주의적인 반로마 성향을 가진 사람들을 가리키는 용어로 사용되었다. 마가가 가
나나인이라고 한 것은 열심당을 뜻하는 아람어를 그대로 음역한 것이다.

이김

역대상 18장 | 야고보서 5장 | 요나 2장 | 누가복음 7장

대상 18장 통치 초기 다윗의 승전 기록

묵상   다윗의 이김
key word   18:1 그 후에 18:3 소바 18:13 에돔 18:15 군대사령관 18:16 서기관
message   가나안 땅의 판도를 결정짓는 블레셋과 아람 및 에돔과의 전투에서 다윗
           이 승리를 거둔 기록과 체계적이고 효율적인 다윗의 국가 통치에 관한 내
           용이 소개된다. 이 같은 승리의 기록은 결국 하나님의 은혜의 행적이라고
           보여진다.

약 5장   인내하고 기도하라

묵상   이김의 삶을 살기 위한 성도가 가져야 할 자세
key word   5:7 이른 비와 늦은 비 5:17 엘리야 5:19 미혹되어
message   세상의 허탄한 것을 추구하는 자의 허망함을 지적한 후 야고보는 먼저 가
           난한 자를 외면하고 품꾼을 정당하게 대우하지 않는 악한 부자에게 임할
           멸망을 경고한다. 그리고 세상에서 핍박당하며 살아가는 성도들을 향해
           재림의 임박을 상기시키며 인내를 권면한 뒤 자신과 이웃을 위해 기도하
           고 미혹에 빠진 형제를 구하라고 당부하면서 이 책을 마감한다.

말씀 연결(대상 18장; 약 5장)_이김의 삶

▶**말씀기도**
우리의 삶에 고난이 무겁고 힘들지라도 주께 기도할 때 우리에게 이김을 주시는 예수님께 기도
함으로 나아갑니다.

욘 2장 물고기 뱃속에서 드린 요나의 기도

묵상
물고기 뱃속에 들어간 요나의 기도

key word
2:4 주의 성전을 바라보겠다 2:9 구원은 여호와께 속함

message
하나님의 명령을 저버린 대가로 바다 속 큰물고기 배 안에 갇히게 된 요
나가 하나님을 향하여 자신의 허물을 인정하고 오직 하나님께만 소망이
있음을 확신한 뒤 은혜를 간구함으로써 마침내 구원을 얻게 되는 장면이
소개된다. 실로 하나님의 사람에게 고난은 오히려 복된 기회가 될 수 있
다.

눅 7장 예수의 메시야적 권능

묵상
예수님으로 인해 고난에서 이긴 자

key word
7:2 백부장 7:11 나인 7:14 손을 대시니 7:19 오실 그이 7:21 고통 7:23 실
족 7:29 세례 7:30 율법교사 7:37 향유

message
예수께서는 모든 말씀을 백성에게 들려주기를 마치신 후 가버나움으로
들어가셨다. 가버나움은 예수께서 이미 많은 병자들을 고쳐주셨던 곳이
었다. 누가복음 4장에는 가버나움 회당에서 더러운 귀신 들린 사람을 고
치신 일과, 시몬의 집에서 중한 열병으로 아파 누워 있던 시몬의 장모를
고쳐주신 일과, 해 질 때 집에 모여든 여러 병자들에게 일일이 손을 얹어
고쳐주신 일 등이 기록되어 있다. 이제 모든 설교가 끝나고 가버나움으로
사역의 장소가 바뀌게 되었다.

말씀 연결(욘 2장; 눅 7장)_기도와 고난을 이긴 자

▶일러두기
'유대인의 관'(눅 7:14)은 본래 '관'은 죽은 자의 유골이나 재를 넣어두는 항아리 혹은 시체를 넣
어두는 함을 가리켰다. 유대인들은 시신을 세마포로 싼 뒤 관에 넣고 얼굴을 수건으로 덮었다.
그리고 뚜껑을 사용하지 않았다.

하나님의 사람의 승리와 사명

역대상 19-20장 | 베드로전서 1장 | 요나 3장 | 누가복음 8장

대상 19-20장 승전 기록과 블레셋을 물리친 다윗

묵상　　하나님의 사람, 다윗의 승리

key word　19:1 암몬 자손의 왕 나하스　19:4 수염을 깎고　19:6 삯 내되　19:8 요압
　　　　　20:1 해가 바뀌어　20:4 키가 큰 자

message　19장은 다윗이 요단 동쪽에 살던 암몬 족속과 아람 족속을 정복하고 영토
　　　　　를 확장함으로써 주변 나라를 통치하던 승전 기록이다. 20장에서 다윗은
　　　　　오랫동안 이스라엘에 가시 같은 존재였던 암몬과 블레셋의 군대를 물리
　　　　　침으로써 주변 세력을 평정하게 된다.

벧전 1장　산 소망을 주신 하나님

묵상　　하나님의 사람의 정의

key word　1:2 미리 아심　1:6 여러 가지 시험　1:7 연단　1:13 마음의 허리를 동이고
　　　　　1:19 흠 없고 점 없는

message　베드로는 로마 황제 네로의 핍박에 직면해 있고 또 장차 환난을 당할 성
　　　　　도들에게 위로와 권면의 말을 전하고자 이 서신을 썼다. 먼저 수신자에
　　　　　대한 문안, 하나님의 긍휼의 결과로 이미 주어진 구원, 시련과 연단을 통
　　　　　해 장차 주어질 구원이 소개된다.

말씀 연결(대상 19-20장; 벧전 1장)_승리와 정의

▶**말씀기도**

하나님의 택하심을 입은 백성으로서 주신 사명을 감당하고 약속하신 승리의 삶을 이루어나가
며 살아가게 하옵소서.

욘 3장　니느웨 성의 회개

묵상　하나님의 택하심을 입은 자의 사명

key word　3:3 사흘 동안 걸을 만큼　3:5 굵은 베 옷　3:8 짐승

message　요나가 니느웨를 향해 회개를 촉구하자 성읍 전체가 참회한다. 예수께서
　　　　는 예루살렘을 향하여 요나의 메시지와 흡사한 내용을 전했으나 예루살
　　　　렘은 오히려 예수를 십자가에 매다는 죄를 범하고 결국 패망한다. 이처럼
　　　　복음에 어떻게 반응하느냐에 따라 자신의 영원한 미래가 결정된다.

눅 8장　하나님 나라를 전파하심

묵상　예수께서 하나님 나라의 복음을 전파하심

key word　8:3 청지기　8:14 이생의 염려와 재물과 향락　8:16 그릇으로 덮거나　8:18
　　　　삼가라　8:23 광풍　8:26 거라사　8:30 군대　8:31 무저갱　8:33 돼지
　　　　8:43 혈루증　8:52 통곡하매

message　예수님의 2차 갈릴리 전도사역에 관한 내용을 담고 있다. 예수님은 전도
　　　　자들의 본이시다. 전도자는 각 성과 마을에 두루 다니며 전해야 할 것이
　　　　다. 예수께서는 하나님의 나라를 반포하시고 그 복음을 전하셨다. 하나님
　　　　의 나라는 그의 설교의 중요한 주제이셨다(마 4:17; 행 1:3). 세상은 하나
　　　　님께서 지으신 세상이지만 사람들이 하나님의 왕권을 부정하고 그의 뜻
　　　　을 거슬러 우상을 섬기고 음란하고 부도덕하다.

말씀 연결(욘 3장; 눅 8장)_사명과 복음 선포

▶일러두기

팔레스타인의 농사 주기(눅 8:5)는 우기는 이른 비가 내리는 태양력으로 10-11월경 씨 뿌리기를
하며, 강수량이 많은 12-1월경 농작물의 성장기이며, 늦은 비가 내리는 2-3월경이 결실기이다.
비가 거의 오지 않는 6-7월경 첫 포도 수확을 하고, 건기인 8-9월경 여름 실과와 감람을 추수한
다.

25 Nov 인본주의와 신본주의

역대상 21장 | 베드로전서 2장 | 요나 4장 | 누가복음 9장

대상 21장 다윗의 인구조사

묵상   다윗이 인본주의로 인구조사를 실시함

key word   21:4 두루 다닌 후에 21:5 칼을 뺄 만한 자 21:9 선견자 갓 21:12 여호와의 칼 21:22 상당한 값으로 21:25 금 육백 세겔

message   다윗은 영적 긴장이 점차 느슨해진 통치 후반기에 인구조사를 단행하게 되고 그로 인해 하나님의 징벌을 받는 장면이다. 인구조사의 목적은 이스라엘의 군사력을 파악하려는 것이었다.

벧전 2장 거듭난 성도의 영적 성장과 올바른 삶

묵상   왕 같은 제사장이요 거룩한 나라요 그의 소유된 백성

key word   2:9 택하신 족속 2:11 거류민과 나그네 2:12 오시는 날 2:13 주를 위하여 2:15 선행으로 2:19 하나님을 생각함으로 2:24 죄에 대하여 죽고

message   성도들이 옛 죄악을 버리고 예수의 말씀으로 계속 자라나야 하며, 삶의 모든 영역에서 거룩을 추구하되 특히 이방인 앞에서, 권세자 앞에서, 고난을 제공하는 자 앞에서 그리스도께서 보이신 모범을 좇아 온전한 삶을 추구해야 한다고 가르친다.

말씀 연결(대상 21장; 벧전 2장)_인구조사와 소유된 백성

▶**말씀기도**

인본주의의 삶과 신본주의 삶을 구별하여 온전하신 뜻을 따라 바른 삶을 선택하고 자신을 내려놓고 주님만 바라보는 삶을 살아가기를 기도합니다.

욘 4장   요나의 분노와 하나님의 자비

묵상   요나가 사명을 감당한 후의 이야기

key word   4:2 노하기를 더디하시며 4:6 박넝쿨 4:8 동풍 4:11 좌우를 분별하지 못
             하는 자

message   율법적인 신앙관이 얼마나 잘못된 것인지를 확인시켜준다. 니느웨 성은
             회개를 통해 구원받았으나 이방의 구원을 받아들일 수 없었던 요나는 하
             나님께 불평한다. 그러자 하나님께서는 박넝쿨을 통하여 하나님의 자비
             롭고도 충만한 품성을 가르쳐주신다.

눅 9장   열두 제자의 파송과 변화산 사건

묵상   변화산상의 예수님

key word   9:2 내보내시며 9:10 벳세다 9:12 빈 들 9:14 남자가 한 오천 명 9:23 십
             자가 9:31 별세 9:33 초막 9:51 승천 9:52 사마리아인

message   갈릴리 전도사역 말기에 일어난 사건들이 다루어지고 있다. 예수께서는
             열두 제자를 불러 모으시고 모든 귀신을 제어하며 병을 고치는 능력과 권
             세를 그들에게 주셨다. 그것은 하나님께서 사도들에게 주신 능력과 권세
             이었다. 하나님의 나라를 전파하고 영혼들을 구원하는 사역은 단지 사람
             의 말로 되지 않고 하나님의 능력의 역사(役事)로 확증됨이 필요하였다.

말씀 연결(욘 4장; 눅 9장)_사명 감당과 변화산상

▶일러두기

니느웨(욘 3:2)는 티그리스 강 동쪽에 있던 고대 국가로서 당시 두루 살피는 데 약 3일이 소요될
정도였다. 어린아이만 12만 명, 총인구 60만 명에 달하는 큰 성읍이다. 기원전 700년 경 산헤립
에 의해 앗수르의 새 수도로 지정되었고, 기원전 612년경 메대 바사군에 의해 함락되었다. 한편
앗수르는 북이스라엘과 적대 관계에 있었다.

26
Nov

성도의 준비

역대상 22장 | 베드로전서 3장 | 미가 1장 | 누가복음 10장

대상 22장 성전 건축 준비

묵상 성전 건축을 준비한 다윗의 물품과 사람

key word 22:3 거멀 못에 쓸 철 22:4 시돈 사람과 두로 사람 22:9 온순한 사람 22:17 이스라엘 모든 방백 22:19 마음과 뜻

message 성전 건축에 대한 강한 열망이 있던 다윗이 비록 자신은 이루지 못할 일이라 할지라도 성전 건축을 위해 필요한 물품을 준비하여 아들 솔로몬과 신하들에게 간곡히 당부하는 장면이다.

벧전 3장 성도의 바른 생활과 의를 위한 고난

묵상 선을 위한 고난

key word 3:4 마음에 숨은 사람 3:7 더 연약한 그릇 3:13 열심히 선을 행하면 3:18 영으로 살리심

message 성도의 올바른 인간관계와 환난 중의 올바른 자세를 가르치고 있다. 베드로는 최소 단위의 사회라고 할 수 있는 가정 내에서 아내와 남편의 올바른 관계 정립과 고난에 직면한 성도의 자세, 끝까지 선을 추구하며 온유한 삶을 살 것, 그리스도께서 보여주신 모범 등을 소개하고 있다.

말씀 연결(대상 22장; 벧전 3장)_준비와 고난

▶말씀기도
주님이 찾으시는 일꾼으로 준비하고 마음의 분주함을 제거함으로 주님의 기쁨이 되는 삶이기를 위해 감사하며 기도합니다.

미 1장	**사마리아와 예루살렘에 임할 심판**
묵상	하나님의 심판 준비
key word	1:7 음행의 값 1:8 들개 1:16 머리털을 깎아
message	미가는 북이스라엘의 멸망을 눈앞에 둔 기원전 8세기경 이사야와 비슷한 시기에 활동을 시작한 선지자였다. 그는 타락한 사마리아와 그에 못지 않게 부패하고 범죄했던 예루살렘의 멸망을 선포하는 것으로 사역을 시작한다. 물론 이 예언의 관심사는 일방적으로 심판에만 있는 것이 아니라 예루살렘을 돌이켜 회개하도록 하는 데 있었다.

눅 10장	**70명의 제자 파송과 선한 사마리아인 비유**
묵상	추수 때에 일꾼의 준비의 필요성
key word	10:6 평안을 받을 사람 10:11 발에 묻은 먼지도 10:19 뱀과 전갈 10:23 조용히 10:25 영생 10:30 여리고 10:36 이 세 사람 중에 누가
message	본 장은 크게 세 부분으로 이루어져 있다. 70명의 제자들에게 사명을 부여하여 파송하신 사건이 언급되고 선한 사마리아인 비유를 통해서 참된 이웃의 도리를 가르치며 마리아와 마르다의 비교를 통해서 성도가 무엇을 우선으로 여겨야 하는지를 가르치고 있다.

말씀 연결(미 1장; 눅 10장)_준비와 필요성

▶**일러두기**

미가(미 1:1)는 '미가야'의 축약형으로 이름의 뜻은 '누가 여호와와 같은가?'이다. 미가는 예루살렘 근방 모레셋 출신으로 이사야와 동시대에 사역한 선지자이다. 그는 남유다 왕 요담 때로부터 히스기야 때까지 억압받고 소외된 가난한 자들에 대한 하나님의 관심을 전하고 동시에 지도자들의 불의를 꾸짖고 진실된 신앙 회복을 촉구했으며, 메시야의 도래라는 희망의 메시지를 선포했다.

예배 직무와 삶의 예

역대상 23장 | 베드로전서 4장 | 미가 2장 | 누가복음 11장

대상 23장 레위인들의 직무

묵상 　 레위인들을 세워 예배 직무를 확립

key word 　 23:1 솔로몬을 왕으로 23:6 반 23:14 하나님의 사람 23:24 그 조상의 가문 23:26 멜 필요가 없다

message 　 성전을 건축하기 위한 준비의 일환으로 다윗은 성전에서 봉사할 레위인들을 24개 반으로 조직하고 각각에 직무를 맡기고 각 가문을 점검한다. 그리고 성전 업무가 증가함에 따라 레위인의 봉사 연령도 20세 이상으로 크게 확대된다.

벧전 4장 성도들이 받을 고난과 사명

묵상 　 육체의 남은 때에 드릴 삶의 예배

key word 　 4:5 사실대로 고하리라 4:6 육체로는 4:18 죄인은 어디에 서리요

message 　 4장에 이르러 3장의 연장선상에서 성도의 삶은 죄와 단절되어야 함을 역설하고 또 고난 중에서도 종말을 고대하는 성도답게 기도와 사랑으로 하나님과 이웃을 대할 것을 가르치며, 고난 중에 인내할 수 있는 원동력과 고난에 직면한 성도들이 갖춰야 할 자세에 대해 언급한다.

말씀 연결(대상 23장; 벧전 4장)_직무와 예배

▶**말씀기도**

예배의 회복은 하나님의 소원이심을 기억하고 삶의 예배로 하나님 앞에 서서 삶의 예배의 지속을 위해 강청하는 기도로 나아가기를 기도합니다.

미 2장	가난한 자를 억압하는 자의 멸망
묵상	예배 회복을 위해 이스라엘을 모으시는 모습
key word	2:1 침상 2:5 분깃에 줄을 댈 2:12 보스라 2:13 길을 여는 자
message	가진 자들의 죄악과 주의 뜻을 무시하는 자들의 악행 및 거짓 선지자에게 쉽게 미혹되는 백성의 어리석음을 질책하는 동시에 남은 자들을 통한 이스라엘의 회복이 제시되고 있다.

눅 11장	기도에 관한 교훈과 바알세불 논쟁
묵상	삶의 예배를 지속시키는 기도에 대한 교훈
key word	11:15 바알세불 11:20 하나님의 손 11:30 니느웨 사람들 11:30 남방 여왕 11:33 움 11:51 사가랴
message	기도에 대해 가르치시는 내용과 귀신을 쫓아내는 예수의 권세가 어디 있는가를 다루고 있다. 예수께서는 일상생활에서 기도하는 생활을 하셨고, 특별히 중대한 일을 앞두고는 언제나 기도하신 모습을 우리는 그의 공생애를 통해서 찾아볼 수 있다. 본문에서는 예수께서 기도하시고 난 다음에 제자들이 세례 요한이 그의 제자들에게 기도를 가르쳐준 것처럼 자기들에게도 기도를 가르쳐 달라고 요구하고 있는 것을 볼 수 있다.

말씀 연결(미 2장; 눅 11장)_예배의 회복과 기도에 대한 교훈

▶**일러두기**

'아버지'(눅 11:13)는 아람어로 '압바'이다. 어린아이가 자기 부모를 부를 때 사용하는 표현이다. 구약에서는 하나님을 이스라엘을 돌보시는 아버지로 보는 사상이 나타나기는 하지만 하나님을 '아버지'라고 부르는 경우는 거의 없었다. 그런데 예수는 하나님을 '아버지'라고 부르며, 제자들에게도 그렇게 부르도록 가르치셨다.

나타날 영광

역대상 24-25장 | 베드로전서 5장 | 미가 3장 | 누가복음 12장

대상 24-25장 제사장의 직무와 찬양 맡을 자들

묵상　　　성전에 들어가 섬길 자들을 세움

key word　24:5 성전의 일을 다스리는 자　24:8 하림　24:10 아비야　24:28 엘르아살
　　　　　25:1 신령한 노래　25:4 헤만　25:7 익숙한 자

message　24장에서는 제사장들을 24개 반으로 나누게 된다. 한편 이러한 24개 반
　　　　　제도는 신약 시대에도 계속된다. 25장은 제사장이나 레위인들과 마찬가
　　　　　지로 레위인들 중 성전에서 악기를 연주하고 찬양하게 될 자들도 24계열
　　　　　로 조직되고 각각의 직무가 좀 더 구체화된다.

벧전 5장　장로와 일반 성도에게 주는 교훈

묵상　　　세움의 구체적인 교훈

key word　5:2 치되　5:4 목자장　5:9 대적하라　5:13 바벨론에 있는 교회

message　신앙 공동체를 이끌어갈 지도자와 환난을 이겨나가야 할 일반 성도들에
　　　　　게 경건한 교훈을 주는 동시에 교회 각 구성원들이 영적 전투를 감당해나
　　　　　갈 때 어떤 자세를 취해야 할 것인지를 가르친 후 문안과 축도로 끝을 맺
　　　　　는다.

말씀 연결(대상 24-25장; 벧전 5장)_세움

▶말씀기도

우리의 영광의 자리는 하나님이 주심을 기억하고 하나님의 능하신 손아래에서 겸손하게 살아
가는 삶이기를 위해 감사하며 기도합니다.

미 3장　그릇된 지도자들을 향한 책망

묵상　맡은 자들의 불성실함

key word　3:5 유혹하는 선지자　3:7 입술을 가릴 것　3:8 여호와의 영으로 말미암아

message　계속해서 사회, 종교 지도자들의 탐욕스러운 행실과 거짓 선지자들의 그릇된 행보 및 제사장을 위시한 모든 지도자들의 악행을 비난하며 엄중히 경고하고 있다. 하나님의 백성 공동체에서 지도자는 누리는 위치가 아니라 섬기는 자리임을 잊지 말아야 할 것이다.

눅 12장　하나님의 나라에 관한 교훈

묵상　하나님의 능하신 손 아래서 겸손

key word　12:1 누룩　12:6 앗사리온　12:15 탐심　12:17 심중에 생각하여　12:24 까마귀를 생각하라　12:25 자　12:31 구하라　12:38 이경　12:51 분쟁　12:58 옥졸　12:59 한 푼

message　바리새인들의 외식을 경계하고 하나님을 두려워하는 삶을 살라는 권면이 주어진다. 외식이란 겉과 속이 다른 것을 말한다. 겉으로는 하나님을 잘 섬기는 것 같지만, 속으로는 그를 부정하고 그를 무시하는 것이며, 겉으로는 깨끗한 것 같지만, 속으로는 탐욕과 미움과 음란으로 가득한 것이다. 외식은 일종의 거짓과 속임이다. 외식은 '누룩'과 같이 조용히 많은 사람들에게 악영향을 끼친다.

말씀 연결(미 3장; 눅 12장)_불성실함과 겸손

▶일러두기

'제비뽑기'(대상 24:5)는 어떤 문제를 결정하거나 하나님의 뜻을 알기 위해 사용한 방법이다. 하나님의 권위를 인정하고 그분의 뜻에 전적으로 맡기는 신앙적 행위로 사용되었다. 즉 땅을 분배하기 위해, 죄인을 찾아내기 위해, 속제죄에 사용할 염소를 결정하기 위해, 일꾼을 선택하기 위해 사용되었다.

29 Nov 세움을 받은 하나님의 사람

역대상 26-27장 | 베드로후서 1장 | 미가 4장 | 누가복음 13장

대상 26-27장 성전 관리를 맡은 자와 행정 조직

묵상   하나님 나라의 일꾼이 세워지는 과정

key word   26:6 다스리는 자   26:7 스마야의 아들들   26:16 살래겟 문   26:20 하나님의 전 곳간   26:29 밖에서   27:7 아사헬   27:16 지도자   27:23 이십 세 이하   27:32 왕자들의 수종자   27:33 왕의 벗

message   26장에는 성전 수비를 맡은 문지기와 성전의 살림을 맡은 창고 관리자의 반이 소개되고 있다. 이들의 임무는 각자 달랐지만 오직 하나님을 위해 일한다는 사실만은 확고했다. 27장에는 국가를 경영하는 일에서 필수 불가결한 군사와 행정에 관련된 조직과 제도를 개편하는 장면이 언급된다.

벧후 1장 주 안에서의 성장과 신앙의 근거

묵상   세우신 하나님의 사람에게 능력을 주심

key word   1:3 신기한 능력   1:13 장막에 있을 동안에   1:14 그리스도께서   1:16 그의 크신 위엄   1:19 날이 새어

message   성도가 하나님께 받은 특권과 거짓 선생을 물리치기 위해 성결한 삶이 요구됨을 역설하고, 그리스도의 재림의 확실성을 역설하며, 하나님의 말씀의 권위와 역할 및 그 말씀을 대할 주의할 점을 가르친다.

말씀 연결(대상 26-27장; 벧후 1장)_세워지는 과정과 능력

▶말씀기도

하나님께 세움을 받은 성도로서 어떤 삶을 살더라도 하나님께서 명령하신 대로 살아가는 삶이 되기를 간구하며 기도합니다.

미 4장　회복될 시온의 영광

묵상　　　하나님 여호와의 이름을 의지하여 행함

key word　4:4 포도나무　4:7 남은 백성　4:8 양 떼의 망대

message　종말의 때에 도래할 평화의 나라와 흩어진 이스라엘을 다시 회복하시라
　　　　　는 약속 그리고 여러 이방 나라들의 도전이 있을 것이지만 하나님께서 친
　　　　　히 보호자가 되어 주심으로써 마침내는 승리하게 될 것이라는 희망의 메
　　　　　시지를 전달하고 있다.

눅 13장　하나님 나라의 비유

묵상　　　제자의 삶

key word　13:4 실로암에서 망대가　13:6 무화과나무　13:15 외식하는 자들아　13:19
　　　　　겨자씨　13:33 예루살렘 밖에서는　13:34 몇 번이냐

message　예수께서 회개를 촉구하는 내용과 안식일에 병자를 고치시는 이적을 통
　　　　　해 참된 구원과 안식은 그리스도에서만 얻어질 수 있다는 사실을 교훈하
　　　　　고 있으며, 또 세 가지 비유를 통하여 하나님 나라를 가르치신다. 특히 예
　　　　　수님의 모습은 회개를 촉구하는 선지자로서 심판을 경고하는 심판주로
　　　　　서, 병자를 치유하시는 영적 의사로서 천국에 대해 가르치는 교사로서 다
　　　　　양한 모습으로 나타나신다.

말씀 연결(미 4장; 눅 13장)_행함과 제자의 삶

▶일러두기

장자권 이양(대상 26:10) - 이스라엘에서 장자는 하나님의 소유이자 한 가문의 대표권자로서
고유한 권한이 주어졌다. 장자의 권한은 함부로 이양될 수 없었으나 장자가 사망하여 후사가
없는 때 르우벤처럼 장자가 죄를 범했을 경우 그 서열을 새로 정할 때에는 변경될 수 있었다(창
48:8-20 참조).

하나님에 대한 바른 섬김과 거짓 섬김

역대상 28장 | 베드로후서 2장 | 미가 5장 | 누가복음 14장

대상 28장 성전 건축을 당부한 다윗

묵상 | 다윗이 아들 솔로몬에게 성전 건축을 앞두고 당부하는 말씀

key word | 28:2 하나님의 발판 28:6 내 여러 뜰 28:7 오늘과 같이 하면 28:9 네 아버지의 하나님을 알고 28:18 수레 28:20 두려워하지 말며

message | 23장에서 연속되는 내용으로 임종을 앞둔 다윗이 백성의 지도자들을 모아놓고 성전 건축을 당부하는 동시에 자신의 뒤를 이을 솔로몬에게 여호와 신앙을 분부하는 장면이다.

벧후 2장 거짓 선생들의 출현에 대한 경고

묵상 | 거짓 선지자에 대한 경계의 말씀들

key word | 2:7 무법한 자 2:10 주관하는 이 2:14 굳세지 못한 영혼 2:15 발람의 길 2:17 물 없는 샘

message | 유다서 1:4-16에서와 동일한 주제가 언급된다. 거짓 선생들의 출현과 그들에게 내려질 심판에 대한 교훈, 거짓 선생들의 특징과 죄악상 그리고 이단에 의한 배교의 어리석음을 경고하고 있다.

말씀 연결(대상 28장; 벧후 2장)_성전 건축과 당부의 말씀

▶**말씀기도**

형식과 권위에 매여 있지는 않은지를 돌아보고 작고 가난한 자와 함께 하는 섬김의 자리에서 하나님을 기쁘게 하는 삶을 살아가기를 소원합니다.

미 5장 　회복될 시온의 영광

묵상　　　메시야에 대한 약속과 그를 섬길 것

key word　5:5 일곱 목자　5:6 니므롯 땅　5:7 이슬 같고

message　목자처럼 이스라엘을 돌보실 자의 출현과 그분의 고난과 구원 사역 및 그
　　　　　분에 의해 이뤄질 우상 숭배자에 대한 심판 사역 등을 소개한다. 이런 맥
　　　　　락에서 볼 때 여기서 제시된 이스라엘을 돌보실 자란 모든 불의한 세력을
　　　　　꺾고 평화의 나라를 건설하실 메시야를 지칭한다고 볼 수 있다.

눅 14장 　천국 시민의 자격과 자세

묵상　　　하나님을 바르게 섬기는 자에 대한 교훈

key word　14:2 수종병　14:8 앉지　14:12 점심　14:17 잔치할 시각에　14:19 겨리
　　　　　14:23 산울타리

message　본 장은 크게 두 단락으로 나눌 수 있다. 첫 번째 단락은 바리새인의 식탁
　　　　　에서 베푸신 예수님의 교훈으로 천국 시민의 자격이고, 두 번째 단락은
　　　　　바리새인 집에서 나오신 후 주신 교훈으로 천국 시민의 자세에 관한 내용
　　　　　이다. 특히 여기서 다루는 예수님의 교훈들은 기득권자들에게는 엄중한
　　　　　경고와 도전일 것이다. 안식일에 예수께서는 바리새인의 한 우두머리의
　　　　　집에 떡을 잡수시러 들어가셨다. 그는 그 바리새인의 식사 초대를 거절하
　　　　　지 않으셨다.

말씀 연결(미 5장; 눅 14장)_섬기는 자

▶**일러두기**

'지옥'(벧후 2:4)을 뜻하는 헬라어 '타르타로스'는 지하세계의 가장 낮은 곳 혹은 가장 무섭고
비참하며 가장 깊고 어두운 지하를 말한다. 당시 헬라인들은 '타르타로스'를 최고의 신 제우스
에게 범죄한 신들이 영원한 형벌을 받는 곳으로 여겼다.

1 Dec 하나님 나라를 향한 성도의 태도

역대상 29장 | 베드로후서 3장 | 미가 6장 | 누가복음 15장

왕하 29장 성전 건축 예물과 감사 기도

묵상　　성전 건축 앞에 예물을 드림의 태도

key word　29:15 세상에 있는 날이 그림자 같아서 29:16 다 주의 손에서 29:21 전제
　　　　29:23 형통하니 29:26 온 이스라엘의 왕 29:30 온 세상

message　마지막 순간까지 성전 건축에 대한 아름다운 소망을 놓지 않았던 다윗은
　　　　성전 건축에 필요한 예물을 바치고 백성들에게 협조를 요청하게 된다. 그
　　　　후 다윗은 하나님의 절대 주권을 주제로 한 감사의 기도를 드린다.

벧후 3장 그리스도의 재림에 대한 약속

묵상　　마지막 날에 가져야 할 태도

key word　3:1 이 두 편지로 3:3 조롱하는 자 3:5 일부러 잊으려 3:10 주의 날이 도둑
　　　　같이 3:16 다른 성경

message　거짓 선생들의 가르침이 지닌 오류와 허구성을 고발한다. 즉 거짓 선생들
　　　　이 그리스도의 재림에 대한 그릇된 교리를 유포하는 것에 대해 경고하고,
　　　　그리스도의 재림의 확실성을 일깨움으로써 성도들의 영적 각성을 촉구
　　　　하며 그리스도의 재림을 소망하는 성도들에게 요구되는 영적인 준비와
　　　　성장에 관해 언급하고 있다.

말씀 연결(대상 29장; 벧후 3장)_태도

▶말씀기도
즐거움과 자원하는 마음으로 주의 보좌 앞에 나가고 있는지 돌아보며, 이 땅에 살지만 새 하늘
과 새 땅을 바라보며 즐거움으로 살아갈 수 있기를 위해 기도합니다.

미 6장　　이스라엘과 변론하시는 하나님

묵상　　　오르지 한 마음으로 행할 것

key word　6:4 종 노릇 하는 집　6:5 싯딤　6:7 강물 같은 기름　6:10 에바　6:11 부정한 저울　6:16 오므리

message　변론을 통해 이스라엘을 향한 하나님의 애타는 심정과 당신이 진정 원하는 삶이 무엇인지를 밝히고 또 이스라엘이 그 죄악으로 인해 형벌을 받게 될 것이라는 예언적 메시지를 전하고 있다.

눅 15장　　잃어버린 영혼을 찾으시는 하나님

묵상　　　그 모든 일에 즐거움으로 할 것

key word　5:1 죄인　15:13 재물을 다 모아 가지고　15:15 돼지를 치게　15:16 쥐엄 열매 15:17 스스로 돌이켜

message　당시 경멸의 대상이던 세리와 죄인들과 교제하시는 예수님의 모습이 언급되고 있다. 예수께서 사람들에게 말씀을 전하실 때 많은 세리들과 죄인들이 그에게 가까이 나아와 말씀 듣기를 원하였다. 당시에 죄인들로 알려진 그들 속에 하나님의 말씀에 대한 관심과 영혼 구원에 대한 갈망이 있었던 것 같다.

말씀 연결(미 6장; 눅 15장)_마음으로 즐거움으로 할 것

▶**일러두기**
'결혼 기념의 증표로 주는 열 드라크마'(눅 15:8)는 유대 사회에서는 남자가 여자를 아내로 맞이할 때 사랑의 증표로 드라크마 열 닢을 줄에 꿰어 주었는데 부인은 그것을 머리띠로 삼아 이마에 두르고 다녔다. 열 드라크마 중에서 하나라도 잃어버리면 남편에 대해 충실하지 못했음을 드러내는 것으로 열 드라크마는 화폐 가치 이상의 의미를 지닌 부부의 사랑을 상징한다.

2
Dec

하나님께 충성된 성도의 삶

역대하 1장 | 요한일서 1장 | 미가 7장 | 누가복음 16장

대하 1장   솔로몬의 통치

묵상	하나님께 충성된 예배
key word	1:3 기브온 1:6 천 마리 희생으로 번제를 1:12 지혜와 지식 1:14 병거성 1:16 무역상 1:17 헷 사람들
message	다윗의 왕위를 계승한 솔로몬이 천 마리 희생 번제를 통해 하나님으로부 터 신령한 지혜를 얻고 큰 재물과 존귀, 엄청난 군사력과 국가의 재력 등 을 통해 놀라운 모습으로 왕국을 발전시켜 나가는 과정을 기술하고 있다.

요일 1장   빛이신 하나님과의 교제

묵상	충성의 자세로 사귐
key word	1:1 태초부터 있는 1:3 사귐 1:5 하나님은 빛이시라
message	요한복음과 밀접한 관계를 지닌 이 책은 성육신하시어 이 땅에서 사랑과 진리의 원형을 제시하신 예수 그리스도의 삶과 인격과 가르침에 초점이 맞춰져 있다. 생명의 말씀이신 그리스도를 소개하고, 빛 가운데 행할 것 을 권면한 후 죄 고백을 통해 하나님과 바른 교제를 나눌 것을 권면한다.

말씀 연결(대하 1장; 요일 1장)_충성

▶**말씀기도**

온전한 예배와 지극히 작은 일에 충성함으로 하나님과 사귐을 이루고, 그리스도 안에서 이웃과
사귐의 도구가 성도의 본이 되기를 기도합니다.

676

미 7장   이스라엘의 타락과 하나님의 구원

묵상   자신의 재앙과 같은 상황에서 결단

key word   7:4 가시   7:11 성벽을 건축하는 날   7:14 주의 지팡이   7:17 티끌을 핥으며
                 7:18 사유하시며

message   천적으로 부패한 이스라엘을 향한 선지자 미가의 애가에 이어 이스라엘
                 의 회복에 대한 소망에 찬 메시지들이 소개된다. 하나님의 백성이 구원받
                 고 평화와 번영을 누리는 것은 전적으로 하나님의 적극적인 은혜 때문이
                 라는 사실을 다시금 상기 시킨다.

눅 16장   재물에 대한 교훈

묵상   충성의 범위

key word   16:2 셈하라   16:6 말   16:7 석   16:9 재물   16:17 획   16:19 자색 옷

message   예수께서는 불의한 청지기의 비유를 가르치셨다. 바리새인들은 예수님
                 의 가르침을 듣고서 그분을 조롱했고, 이에 예수께서는 바리새인들을 꾸
                 짖으시고 그들에게 부자와 나사로의 비유를 가르치셨다. 이 '불의한 청지
                 기의 비유'는 독립적인 의미의 산출이 아니라 14-15장에서의 '잃어버린
                 것'에 대한 3종류의 비유에 연이은 또 다른 관점에서의 비유임을 염두에
                 둔다면 보다 더 현실적인 해석이 가능하리라 본다.

말씀 연결(미 7장; 눅 16장)_재앙과 충성

▶일러두기

'쥐엄 열매'(눅 15:16)는 작은 뿔이라는 뜻이다. 9-10m 높이의 구주콩나무, 캐롭나무라고도 한
다. 4-5월경에 꼬투리 안에 8-9개의 콩 열매를 맺는다. 빈민의 주식이나 짐승의 사료로 사용되
었다.

3 성전 건축

Dec

역대하 2장 | 요한일서 2장 | 나훔 1장 | 누가복음 17장

대하 2장   건축을 준비하는 솔로몬

묵상
솔로몬이 성전 건축을 하는 장면

key word
2:3 후람 2:4 여호와의 이름을 위하여 2:6 하늘과 하늘의 하늘 2:10 고르
2:13 재주 있고 총명한 사람 2:16 욥바

message
왕권이 인정되자 솔로몬은 즉각 성전 건축 준비에 박차를 가한다. 이를
위해 솔로몬은 두로 왕 후람에게 협조를 요청하고 후람은 백향목 등 온갖
좋은 물자와 기술자 지원을 아끼지 않는다. 성전 건축을 위해 이방인들까
지도 감동시켜 당신의 일을 이루어가는 하나님의 오묘한 섭리를 엿볼 수
있다.

요일 2장   새 계명 그리고 적그리스도에 대한 경계

묵상
계명 준수

key word
2:1 나의 자녀들아 2:6 그가 행하시는 대로 2:16 육신의 정욕

message
하나님과 신령한 교제를 나누는 삶에 대한 지침과 세상을 사랑하지 말 것
에 대한 권면 그리고 적그리스도에 대한 경고의 메시지가 소개되고 있다.

말씀 연결(대하 2장; 요일 2장)_성전 건축과 계명

▶말씀기도

눈에 보이는 성전 건축이 아닌 영원하신 성전이신 예수 그리스도를 바라보며, 자신을 세워가기
위해 계명을 따라 살아가기를 소원하며 기도합니다.

나 1장　니느웨에 대한 경고

묵상　아름다운 소식을 전하는 삶

key word　1:1 나훔　1:8 범람하는 물　1:11 악을 꾀하는 한 사람

message　나훔은 니느웨의 심판과 멸망이 그 주제이다. 특히 본 장은 하나님의 공의로운 성품에 무지했던 니느웨 백성에게 주의 성품을 가르치고, 그 공의로우신 하나님이 니느웨를 반드시 심판하실 것을 선언한다. 요나 선지자를 통해 참회했던 니느웨는 얼마 가지 않아 오히려 더 큰 교만과 죄악으로 치닫고 말았다.

눅 17장　제자들을 위한 교훈

묵상　대인 관계에서 계명 준수에 대한 교훈

key word　17:1 실족　17:2 연자맷돌　17:8 띠를 띠고　17:10 무익한 종

message　예수께서는 제자들에게 타인을 용서해야 하는 필요성에 관해 가르치셨다. 이에 사도들은 예수께 자신들의 신앙을 키워 주실 것으로 요청했고, 그에 응하여 예수께서는 무익한 종의 비유를 가르치셨다. 후에 예수께서는 열 명의 나병자를 치유하셨는데 그중 한 사람만이 돌아와서 예수께 감사를 표했다. 구주께서는 바리새인과 마주하셨으며, 하나님의 왕국이 임하는 것에 대해 가르치셨다.

말씀 연결(나 1장; 눅 17장)_아름다운 소식과 계명 준수

▶**일러두기**

'질투하시는 하나님'(나훔 1:2), 이 표현은 결혼 관계에서 발생하는 '질투'와 연관이 있다. 하나님과 이스라엘 사이는 종종 남편과 아내의 관계로 묘사된다. 따라서 이스라엘이 하나님 외의 우상을 섬기면 하나님은 질투하시며(출 20:5), 형벌을 내리신다. 즉 '질투하시는 하나님'은 이스라엘에게 순결한 신앙을 요구하시는 분이다.

성도의 삶의 깨끗함

역대하 3-4장 | 요한일서 3장 | 나훔 2장 | 누가복음 18장

대하 3-4장 성전 건축과 언약궤

묵상	성전 건축의 모습
key word	3:1 모리아 산 3:7 그룹 3:8 규빗 4:1 놋으로 제단을 4:5 한 손 너비 4:12 기둥 돌 4:17 스레다 4:19 진설병
message	성전 건축 준비를 완료한 솔로몬은 하나님께서 옛적 아브라함에게 약속하신 그 땅 모리아 산에 성전을 건축한다. 이 장소는 하나님께서 다윗에게 약속하신 처소이기도 하다. 이를 통해 역대기 저자는 성전 건축이 하나님의 언약에 기초하고 하나님의 언약을 성취하는 일이라고 기술한다.

요일 3장 하나님의 자녀와 사랑의 실천

묵상	성도로서 어떻게 깨끗함을 이루어갈 수 있는가
key word	3:1 세상 3:9 하나님의 씨 3:11 처음부터 들은 소식 3:18 행함과 진실함으로 3:22 계명을 지키고
message	하나님의 자녀가 추구해야 할 적극적인 면들을 소개하고 있다. 우선 하나님의 자녀의 영광된 신분을 밝힌다. 우선 하나님의 자녀의 영광된 신분을 밝힌 뒤 죄를 멀리하고 거룩함을 추구할 것, 이어서 사랑의 교제를 권면한 후 사랑의 실천에 대해 가르친다.

말씀 연결(대하 3-4장; 요일 3장)_성전 건축을 이루어감

▶**말씀기도**

우리의 믿음을 굳게 하여 예수님만 바라보며 자신을 깨끗하게 하기를 힘쓰도록 하며, 늘 '주 예수여 나를 불쌍히 여기소서'라는 마음으로 주님 앞에 나아가며 기도합니다.

나 2장	장차 임할 니느웨의 멸망상
묵상	우리가 어떻게 깨끗함을 지켜야 하는지
key word	2:1 파괴하는 자 2:6 강들의 수문 2:11 사자
message	마치 니느웨가 함락되는 그 현장에 서 있는 것처럼 생생한 필치로 멸망상을 소개하고 있다.

눅 18장	기도와 영생에 관한 교훈
묵상	예수님의 교훈
key word	18:1 낙심하지 18:5 괴롭게 하리라 18:11 토색 18:15 만져 주심을 바라고 18:16 어린 아이 18:20 계명 18:25 낙타가 바늘귀 18:31 예루살렘 18:37 나사렛
message	본 장에서는 크게 기도와 영생에 관한 두 교훈으로 이루어졌다. 인내와 열정으로 기도에 전념하라는 가르침과 기도의 진실성을 보여주는 바리새인과 세리의 비유, 어린이와 같은 자가 하나님 나라에 들어갈 수 있다는 교훈과 또한 부자 관원에 관한 기사, 수난과 부활에 관한 예고, 소경을 고치시는 기사 등이 소개되고 있다.

말씀 연결(나 2장; 눅 18장)_깨끗함과 예수님의 교훈

▶**일러두기**

'누가 구원을 얻을 수 있나이까'(눅 18:26) - 문자적으로 '위기나 위험에서 벗어나다'라는 뜻이다. 신약에서는 죄와 사망의 권세로부터 해방되어 영원한 생명을 누리는 것을 의미한다. 성경은 예수 그리스도를 믿을 때에만 영원한 구원에 들어갈 수 있다고 가르친다(행 16:31).

성전으로서의 성도와 세상의 도전

5
Dec

역대하 5- 6장 1-11절 | 요한일서 4장 | 나훔 3장 | 누가복음 19장

대하 5-6:1-11 지성소로 옮겨진 언약궤와 봉헌식

묵상   여호와의 성전이 완성된 때의 모습

key word   5:3 일곱째 달 절기   5:10 두 돌판 외에   5:11 그 반열대로   6:1 캄캄한 데

message   성전 건축을 완료한 솔로몬은 이제 레위인들로 하여금 다윗성에 있던 언
약궤를 운반하게 하고 제사장을 시켜 지성소 안에 안치시킨다. 그리고 성
대한 제사와 장엄한 찬양으로 하나님께 영광을 돌린다. 그리고 언약궤를
안치한 솔로몬은 성전을 봉헌하기에 앞서 감사의 기도를 드린다.

요일 4장   사랑이신 하나님

묵상   하나님께서 어떻게 우리와 함께 하시는가

key word   4:6 미혹의 영   4:7 서로 사랑하자   4:11 마땅하도다   4:16 하나님은 사랑이
시라

message   가장 명쾌한 사랑의 가르침이다. 사랑을 권하기에 앞서 영의 분별을 권함
으로써 참사랑은 진리에 근거할 때 가능하다는 것과 독생자를 주신 하나
님의 사랑을 소개하고 사랑이 지닌 능력과 참사랑의 특징을 가르친 후 사
랑의 실천을 권면하고 있다.

말씀 연결(대하 5-6장 1-11절; 요일 4장)_성전의 완성과 함께함

▶**말씀기도**

하나님의 성령이 거하시는 성전된 몸임을 기억하고 하나님이 내주하시고 통치로 변화된 삶을
살기를 위해 기도합니다.

682

나 3장   철저히 멸망 당하는 니느웨

묵상   성전된 우리를 파괴하고 멸망하고자 도전하는 것

key word   3:1 화 있을 진저   3:4 음행으로   3:8 노아몬   3:9 구스   3:13 장정들은 여인

          같고   3:14 물을 길어

message   당시의 패권국인 앗수르의 수도였던 니느웨가 쉽게 함락된 이유가 영적

          타락과 도덕적 부패에 있었음을 밝히고, 그 멸망상을 애굽의 노아몬에 견

          주어 생생하게 묘사하면서 니느웨가 막강한 군사력을 지녔다 할지라도

          하나님이 계획하신 심판을 피할 수 없음을 선언하고 있다.

눅 19장   예수의 예루살렘 입성

묵상   성도는 늘 예수를 모시고 변화된 삶을 살아야 함

key word   19:8 속여 빼앗은 일   19:18 므나   19:23 은행   19:31 주가 쓰시겠다 하라

message   예수님의 마지막 전도 여행 시 잃어버린 죄인을 찾는다는 누가복음의 중

          심 사상이 세리 삭개오가 예수님을 영접한 사건과 열 므나 비유를 통해서

          확연하게 제시되고 있다. 그리고 예루살렘에 입성하시고 성전에서 가르

          치는 예수를 통해 공생애 최후의 한 주간이요 궁극적으로 위대한 승리의

          삶을 완수하신 하나님의 아들의 모습이 잘 나타나고 있다고 본다. 또한

          누가는 각 절마다 신선하고 깊은 복음의 의미를 전해주고 있다.

말씀 연결(나 3장; 눅 19장)_파괴와 변화

▶**일러두기**

요한일서 3장 9절의 '하나님의 씨'는 '하나님의 말씀' 또는 중생으로 이끌어주는 '하나님의 성
품', 즉 예수 안에 거함으로써 늘어나는 성경의 체험이나 성결의 생활을 말한다.

기도에 대한 교훈

역대하 6장 12-42절 | 요한일서 5장 | 하박국 1장 | 누가복음 20장

대하 6:12-42 솔로몬의 기도

묵상	기도의 방향성
key word	6:12 손을 펴니라 6:15 내 아버지 다윗에게 6:19 종의 기도와 간구 6:23 심판하사 6:31 경외 6:32 능한 손과 펴신 팔
message	솔로몬은 이스라엘 공동체를 보호해 달라고 기도드리며, 이런 솔로몬의 봉헌 기도는 모든 기도의 교본으로 불릴 만큼 성도들에게 기도의 모범을 보여준다.

요일 5장 세상을 이기는 믿음과 영원한 생명

묵상	기도의 확신
key word	5:6 물과 피 5:12 아들, 생명이 있고 5:21 우상
message	이 책의 결론부로서 형제 사랑은 곧 하나님의 모든 계명을 순종하는 일과 절대 관계에 있음을 밝히고, 믿음의 주체이신 예수께서 하나님의 아들이심과 그 아들 안에 참 생명이 있음을 소개한 후 이 세상을 살아가는 성도들에게 기도와 성결의 필요성을 일깨우고 있다.

말씀 연결(대하 6:12-42; 요일 5장)_기도의 확신과 방향성

▶**말씀기도**

기도하는 것을 얻은 줄 알고 확신하고 언제 어디서나 나의 기도를 하나님이 들으심을 확신하며 기도에 힘쓰는 일에 앞장서기를 위해 기도합니다.

합 1장   하박국의 불평과 하나님의 응답

묵상   기도함에 있어서 가질 수 있는 오해

key word   1:10 흉벽 1:15 투망

message   유다의 죄악에도 불구하고 하나님이 왜 침묵하시는지에 대한 하박국의
질문과 유다를 징벌하기 위해 갈대아를 준비해두셨다는 하나님의 응답
그리고 유다의 죄악을 벌하고자 더 큰 죄의 세력을 들어서 쓰시는 하나님
의 섭리에 대한 하박국의 질문이 소개되고 있다.

눅 20장   예수의 권위에 대한 도전

묵상   외식으로 기도하는 것에 대한 교훈

key word   20:10 때리고 20:17 건축자들이 버린 돌 20:22 가이사 20:24 데나리온
20:43 발등상

message   예수께서 예루살렘에 입성하자 위협을 느낀 유대 종교 지도자들이 노골
적으로 적대감을 드러내고 살해 음모를 꾸미고 있다. 대제사장과 서기관
들 그리고 사두개인들의 도전은 예수님의 권위를 확증하고 드러내는 역
할을 하고 있다. 말하자면 기세등등했던 유대 지도자들은 오히려 예수님
의 지혜로운 반대 질문과 준엄한 경고를 들어야 했다. 예수께서는 하나님
의 지혜로 이들의 간계를 물리치시고 그들에게 하나님의 백성으로서 가
져야 할 정당한 삶의 자세를 가르쳐 주셨다.

말씀 연결(합 1장; 눅 20장)_기도와 외식

▶일러두기

'사두개인'(눅 20:27)은 솔로몬 당시 대제사장 사독 후손들로 추정되는 유대의 종교 집단이다.
장로들의 전통을 배격하며 부활을 부인하는 등 바리새파에 반대되는 개방적 종교 성향을 보였
으며, 당시 제사장 계급을 중심으로 상당한 정치적 영향을 행사하였다.

기도의 응답

대하 7장　성전 봉헌식

묵상　솔로몬의 기도에 대한 하나님의 응답

key word　7:5 낙성식　7:8 칠 일 동안 절기　7:14 내 얼굴을 찾으면　7:20 이야깃거리

message　솔로몬이 기도를 마치자 하나님은 하늘에서 불로 응답하시고 솔로몬은 1주일에 걸친 성전 낙성식을 성대하게 거행한다. 이어 하나님께서는 솔로몬과 성전 언약을 맺으신다. 이 언약은 순종하는 자의 축복과 불순종하는 자의 저주가 중심 주제를 이룬다.

요이 1장　사랑의 권면과 이단에 대한 경고

묵상　주의 진리와 사랑에 대한 실제 교훈

key word　1:1 장로　1:7 미혹하는 자요 적그리스도니　1:9 지나쳐　1:11 악한 일

message　송신자와 수신자에 대한 언급과 인사말로 구성된 서언부, 온 교회가 계명을 좇아 진리와 사랑 안에 거하며 교회를 어지럽히는 이단에 대해 경계하라는 내용의 본론부와 이어 방문 계획을 피력하고 인사를 전하는 등의 결론부로 구성되어 있다.

말씀 연결(대하 7장; 요이 1장)_기도의 응답과 사랑의 교훈

▶말씀기도

기도하는 것을 얻은 줄 알고 확신하며, 언제 어디서나 나의 기도를 하나님이 들으심을 확신하며 더욱 기도에 힘쓰기를 바라며 기도합니다.

합 2장　불경건한 바벨론 운명

묵상　　기도 응답의 지연에 대한 교훈

key word　2:2 묵시　2:3 반드시 응하리라　2:4 의인은　2:11 담에서 돌이 부르짖고
　　　　2:16 여호와의 오른손의 잔　2:17 레바논에 강포를 행한 것

message　바벨론은 필시 멸망할 것인데 그 이유는 탐욕과 불의한 이익을 취한 것,
　　　　포악과 헛된 수고, 술취함과 잔악함, 우상 숭배 때문이었다.

눅 21장　종말에 관한 교훈

묵상　　성전 파괴에 대한 교훈

key word　21:1 헌금함　21:2 렙돈　21:6 돌 하나도 돌 위에 남지 않고　21:9 난리와 소
　　　　요의 소문　21:28 속량　21:37 감람원

message　예루살렘 성전 파괴와 세상 종말과 지상 재림에 대해 예수께서는 예언하
　　　　시고, 메시야의 재림과 종말을 소망하는 성도의 올바른 자세에 대해 가르
　　　　치신다. 십자가 고난을 앞두신 예수님은 자신이 육신적으로 더 이상 동행
　　　　할 수 없는 상황에서 종말적 신앙과 재림에 대한 확신을 가지고 닥쳐올
　　　　고난과 심판을 피하기 위해서 무엇을 해야 하는지를 교훈하신다.

말씀 연결(합 2장; 눅 21장)_기도와 성전 파괴에 대한 교훈

▶일러두기

'유대 전쟁'(눅 21:20) - 로마 점령군의 오만한 행동은 유대인들의 증오의 대상이었는데 마침 총
독 게시우스 프로루스가 성전 금고에서 17달란트를 강탈하는 사건이 발생하였다. 이에 반발한
유대인들은 로마군의 안티니오 요새를 점령하고 로마 군대와 맞섰다. 그러자 네로는 베스파시
안을 파견하였고, 그의 아들 디도와 함께 갈릴리 지방을 점령한다. 그러나 네로의 갑작스러운
죽음으로 베스파시안은 로마로 돌아가 황제로 추대되었고, 아들 디도의 주도로 기원전 70년 예
루살렘을 함락함으로써 유대 전쟁은 막을 내렸다.

8 Dec — 악한 것을 본받지 말고 선한 것을 본 받으라

역대하 8장 | 요한삼서 1장 | 하박국 3장 | 누가복음 22장

대하 8장　솔로몬의 영화

묵상　본 받아야 할 선한 일들

key word　8:2 후람이　8:4 국고성　8:16 모든 것을 완비　8:17 에시온게벨

message　성전 건축을 마친 솔로몬 왕국은 부강함을 더해간다. 솔로몬은 영토를 더욱 확장하고 두로 왕의 도움으로 해상 무역을 신장시킨다. 솔로몬 왕국은 영적으로나 국력에 있어서나 명실상부한 근동 최강의 면모를 자랑하기에 이른다.

요삼 1장　진리를 행하는 자와 거스르는 자

묵상　악한 것을 본받지 말고 선한 것을 본받을 것

key word　1:3 진리　1:7 이방인에게　1:8 함께 일하는 자가　1:9 두어 자　1:14 대면하여

message　장로로 일컬어지는 글쓴이의 사신에 해당하는 편지글이다. 그 내용은 인사말과 온전한 신앙을 소유했고, 또 사랑을 실천했던 가이오에 대한 칭찬, 교회를 대항하던 디오드레베의 악행과 그에 비교되는 신실한 믿음의 사람 데메드리오의 신앙을 소개하고 문안과 방문 약속으로 끝을 맺는다.

말씀 연결(대하 8장; 요삼 1장)_본받는 일

▶**말씀기도**

우리는 어떤 선한 일을 선택하여 행하는 것이 아니라 주님이 기뻐하시는 선한 일을 선택하여 행하는 복 있는 삶이기를 기도합니다.

합 3장   하박국의 기도

묵상   주로 말미암은 부흥의 갈망의 선함

key word   3:1 시기오놋 3:3 셀라 3:13 악인의 집의 머리 3:14 전사의 머리 3:19 지
            휘하는 사람

message   선민의 멸망과 그 멸망의 도구로 타락한 이방 세력이 사용된 데 대한 의
            문을 말끔히 해소한 하박국은 이제 하나님께 기도하며 영광을 돌린다. 하
            박국은 하나님의 거룩한 성품, 초월한 능력과 섭리, 온전한 신앙고백 등
            을 주제로 하나님께 영광을 돌린다.

눅 22장   최후 만찬과 잡히심

묵상   예수님의 선하신 모습

key word   22:16 하나님의 나라 22:19 기념하라 22:20 저녁 먹은 후 22:25 주관하
            며 22:35 전대와 배낭 22:54 대제사장의 집 22:66 공회

message   누가는 대제사장들과 서기관들의 악한 음모를 시작으로 복음서의 마지
            막 내용(눅 22:1-24, 53)으로 서술하였다. 한편 예수를 죽이려는 대적자들
            의 계획이 구체적으로 실현되고 있다. 지상 성역의 마지막을 앞두고 예수
            께서는 성찬을 제정하시고 제자들에게 남에게 봉사하라고 가르치셨으며
            베드로에게는 형제들을 강화하라 명하셨다. 구주의 속죄 희생이 겟세마
            네 동산에서 시작되었다.

말씀 연결(합 3장; 눅 22장)_부흥의 갈망과 예수의 선한 모습

▶일러두기

'3대 절기'(대하 8:13)는 첫째, 무교절로서 출애굽 전날 무교병을 먹으며 출애굽을 준비한 날을
기념하는 절기이다. 둘째, 칠칠절은 밀의 수확을 하나님께 드리는 절기이고, 셋째, 초막절은 출
애굽 후 광야생활동안 지키고 보호하여주신 하나님의 은혜를 기억하며 감사하는 절기이다.

9
Dec

영광과 비방

역대하 9장 | 유다서 1장 | 스바냐 1장 | 누가복음 23장

대하 9장　솔로몬을 방문한 스바의 여왕

묵상　솔로몬의 지혜로 하나님께 영광 돌림

key word　9:1 스바　9:4 정신이 황홀하여　9:9 금 백이십 달란트　9:15 금으로 큰 방패
9:29 잇도의 묵시 책

message　솔로몬의 지혜가 각처에 퍼지자 멀리 스바에서 여왕이 솔로몬을 방문하
여 그 지혜를 듣기 원한다. 훗날 예수께서는 하나님의 말씀에 귀 기울이
지 않는 종교 지도자들을 책망할 때 스바의 여왕의 열심을 소개되기도 했
다. 한편 후반부에는 솔로몬의 부귀영화와 함께 죽음을 간단하게 언급함
으로써 인생의 유한함을 상기시킨다.

유 1장　거짓 교사와 이단에 대한 경계

묵상　하나님께 영광을 돌리는 삶

key word　1:3 일반으로 받은 구원　1:4 가만히 들어온　1:6 자기 처소를　1:7 다른 육체
를 따라　1:9 천사장 미가엘　1:12 애찬　1:13 유리하는 별들　1:17 미리 한 말
1:22 의심하는 자들　1:24 거침이 없게

message　유다서는 그 강조하는 바를 매우 강한 필체로 기록한다. 특히 이 서신은
교회를 어지럽히는 자들을 거짓 교사요 불신자로 간주하고, 이 서신을 읽
는 독자들에게 믿음의 도를 굳건히 지킬 것을 권면한다.

말씀 연결(대하 9장; 유 1장)_영광을 돌림

▶말씀기도

하나님께 영광을 돌리는 삶과 비방의 삶은 상반되고 영광 돌리지 못하면 사람들의 비방거리가
됨을 기억하며 살아가는 삶이기를 기도합니다.

습 1장   여호와의 심판의 날

묵상   하나님께 영광을 돌리지 않는 자들에 대한 심판

key word 1:5 밀감 1:7 여호와의 날 1:9 문턱을 뛰어넘어서 1:10 어문

message   선지자 스바냐는 유다 백성의 집요한 죄악에 분노하신 하나님의 거룩한
          심판 의지를 선포하고 또 심판의 이유와 심판의 양상 등을 피력함으로써
          하나님의 심판이 가깝고 필연적임을 역설한다.

눅 23장   십자가에 달리신 예수

묵상   예수를 직접적으로 비방하는 자들

key word 23:1 빌라도 23:2 백성을 미혹하고 23:12 전에는 원수였으나 23:22 빌라
          도가 세 번째 말하되 23:26 구레네 사람 23:28 예루살렘의 딸들 23:33
          해골이라 하는 곳 23:35 관리 23:36 신 포도주 23:51 아리마대

message   예수께서 본디오 빌라도와 헤롯 안디바에게 재판을 받으셨다. 그들 중 어
          느 누구도 유대인들이 기소한 범죄에 대해 죄를 발견하지 못했으나, 빌라
          도는 십자가형에 처하도록 예수님을 넘겨주었다. 한편 예수께서는 자신
          을 십자가에 못 박은 로마 군인들을 용서하셨으며, 십자가에 달린 한 강
          도에게도 말씀을 전하셨다.

말씀 연결(습 1장; 눅 23장)_심판과 비방하는 자들

▶일러두기

'스바냐'(습 1:1)의 이름의 뜻은 '여호께서 예비해두셨다'이다. '여호와께서 숨겨둔 자', 유다
왕국의 경건한 왕 히스기야의 4대 손으로 요시야 왕 통치기에 활동한 선지자이다. 그는 왕족 출
신으로 아마랴, 므낫세와는 형제간이며 그다랴와 아몬과는 4촌 간, 구시와 요시야는 6촌 간, 여
호아하스와 여호야김, 스가랴와는 8촌 간이었다.

10 Dec 살아있음

역대하 10장 | 요한계시록 1장 | 스바냐 2장 | 누가복음 24장

대하 10장 분열된 이스라엘 왕국

묵상   살아있음을 증거로 말을 듣는 것

key word 10:1 세겜 10:2 여로보암 10:4 멍에를 무겁게 10:11 전갈 10:18 하도람

message   원로의 교훈을 무시하고 젊은 정치인들의 말에 귀를 기울인 르호보암이 과중한 세금부과와 강제노역 등의 철권통치를 하다 결국 이스라엘이 분열되는 역사가 기록된다.

계 1장 일곱 교회를 향한 인사와 그리스도의 환상

묵상   죽었다가 살아나신 예수의 계시의 말씀

key word 1:1 계시 1:4 이제도 1:18 사망과 음부의 열쇠

message   요한계시록은 로마의 칼날 같은 핍박에 직면해 배교의 위기를 맞고 있던 소아시아 일곱 교회에 전해진 위로와 소망과 승리의 메시지이다. 계시의 출처와 진실성을 밝히고, 일곱 교회를 향한 문안 인사 후 요한이 목격한 환상의 배경과 그리스도의 명령, 교회의 중심이 되신 그리스도에 대한 상징적 환상 등이 소개된다.

말씀 연결(대하 10장; 계 1장)_살아있고 살아나심

▶**말씀기도**

다시 살아나신 예수 그리스도의 말씀을 듣고 이 시대의 남은 자로서의 사명을 감당하는 삶이기를 기도합니다.

습 2장	회개의 권면과 열국에 임한 심판 선언

묵상　살아있는 자를 남은 자로 설명하는 것

key word　2:4 가사, 아스글론, 아스돗, 에그론　2:14 당아와 고슴도치

message　심판을 면하기 위해 회개를 촉구하고, 유다 주변의 여러 나라들(블레셋, 모압, 암몬, 구스, 앗수르 등)에 임할 하나님의 준엄한 심판을 소개한다. 이처럼 하나님의 공의의 법은 혈통과 국경을 초월하여 엄정하게 집행됨을 볼 수 있다.

눅 24장	부활, 승천하신 예수

묵상　살아나신 예수님의 이야기

key word　24:13 이십오 리　24:18 글로바　24:19 말과 일에 능하신 선지자　24:30 떡을 가지사 축사하시고　24:36 평강　24:48 증인　24:50 베다니

message　예수께서 십자가 죽음 후 3일 만에 부활하셨다. 무덤가에서 천사들이 몇몇 여인들에게 예수님이 부활하셨음을 알렸다. 여인들에게서 그 소식을 들은 몇몇 제자들은 구주의 부활에 대한 가능성을 의심했다. 예수께서는 친히 자신의 부활과 승천이 역사적인 사건임을 드러내시고, 제자들에게 나타나심으로써 주께서 언제나 동행하신다는 확신을 심어주셨다.

말씀 연결(습 2장; 눅 24장)_살아남은 자와 살아나신 예수

▶일러두기

역대하 10장 11절의 '전갈'은 죽음에 이르기까지 가혹하게 다스리겠다는 뜻의 은유적 표현이다. 독성이 강해 사람을 죽이기까지 하는 전갈의 특성을 살린 표현이다. '가시나 뼈가 달린 고문용 채찍'을 가리킨다는 견해도 있다.

11
Dec

하나님을 섬기는 자세

역대하 11-12장 | 요한계시록 2장 | 스바냐 3장 | 요한복음 1장

대하 11-12장 통치 초기의 르호보암과 유다 침공

묵상　　하나님을 섬기는 자세

key word　11:1 유다와 베냐민 족속　11:13 온 이스라엘　11:22 마아가　12:3 애굽에서 그와 함께 온 백성　12:9 금 방패도　12:15 잇도

message　11장은 왕국 분열의 통분을 힘으로 해결하기 위해 르호보암은 군대를 동원하나 선지자 스마야의 권면에 순종하여 전쟁을 포기함으로써 동족상잔의 비극을 피할 수 있었다. 12장에서 다윗과 솔로몬의 길을 따라 말씀 중심의 통치를 하던 르호보암은 3년이 지나면서 점차 신앙의 길에서 벗어난다. 그 결과 애굽 왕 시삭의 침략으로 국가적 위기에 직면한다.

계 2장　네 교회에 보내는 말씀

묵상　　하나님을 섬기는 성도의 자세

key word　2:6 니골라 당　2:8 서머나　2:10 마귀　2:14 발람　2:20 이세벨　2:23 그의 자녀　2:27 철장

message　처음 네 교회(에베소, 서머나, 버가모, 두아디라)에 주는 주님의 메시지이다. 즉 에베소 교회에는 첫사랑의 상실을 책망한다. 서머나 교회는 궁핍했으나 실상 부요하다고 칭찬한다.

말씀 연결(대하 11-12장; 계 2장)_자세

▶**말씀기도**

삼위 하나님을 섬기는 성도로서 스스로 겸비하고 고난 가운데서도 충성하며 회개하고 끝까지 이기는 삶이기를 기도하옵나이다.

습 3장　예루살렘이 받은 형벌과 보호

묵상　하나님을 섬기는 바른 자세

key word　3:1 패역하고　3:9 입술을 깨끗하게　3:10 내가 흩은 자의 딸　3:13 이스라엘의 남은 자　3:19 저는 자

message　유다는 지도자로부터 예루살렘 주민 대부분이 하나님의 경고를 무시했고 심지어 열국의 패망을 통해 전해진 심판의 메시지도 외면했다. 이에 하나님은 그들을 심판하실 것이며, 그 후 겸손히 순종하는 남은 자들을 모으실 것이고, 또 당신의 백성을 향해 위로와 회복의 약속을 주실 것이다.

요 1장　성육신 하신 하나님의 아들

묵상　하나님이신 예수님의 증언

key word　1:1 태초　1:4 생명　1:10 세상　1:15 나보다 앞선 것　1:28 요단 강 건너편 베다니　1:29 세상 죄를 지고 가는　1:38 랍비　1:40 안드레　1:42 게바　1:45 나다니엘

message　그리스도의 기원을 창세 이전의 영원하신 하나님께 두고 있는 1장은 예수 그리스도의 신성을 입증하고 강조하기 위해 그리스도의 선재와 성육신을 언급한다. 그리고 세례 요한의 등장과 그의 사역 목적을 소개한 후 세례 요한을 통해 예수 그리스도를 증거하게 한다.

말씀 연결(습 3장; 요 1장)_바른 자세와 예수님의 증언

▶일러두기

메시야(요 1:41)는 '기름 부음 받은 자, 임직을 받은 자'라는 히브리어 '마쉬아흐'의 헬라어 음역이다. 왕위를 물려받을 대머리에 기름을 붙는 습관에서 나온 말이다. 당시 유대인들은 안정과 번영을 가져다줄 정치적 메시야를 기대했으나 예수의 메시야적 직분은 그들의 기대와는 다른 것이었다.

이기는 자

12 Dec

역대하 13장 | 요한계시록 3장 | 학개 1장 | 요한복음 2장

대하 13장 남유다 왕 아비야의 통치 행적

묵상 이기는 자의 선택

key word 13:9 장립을 받고자 13:11 아침 저녁으로 13:12 전쟁의 나팔을 불어 13:15 소리 지를 때에

message 선정으로 시작하여 악정으로 마감한 르호보암을 계승한 아비야는 백성들을 향한 장문의 연설에서 북이스라엘의 우상 숭배와 그릇된 예배, 성직 매매 등을 지적하면서 이를 경계하고 바른 신앙을 회복하도록 촉구한다. 이렇게 율법을 준수하려는 열심 덕분에 그는 하나님의 은혜를 입어 전력 면에서 현격한 열세였음에도 불구하고 여로보암 군대를 물리치고 국가를 보위하게 된다.

계 3장 나머지 네 교회에 보내는 말씀

묵상 아시아 일곱 교회의 예

key word 3:1 사데 3:5 생명책 3:7 빌라델비아 3:8 열린 문 3:9 사탄의 회당 3:12 나의 새 이름 3:14 라오디게아

message 2장에 이어 소아시아 일곱 교회를 향한 주님의 메시지이다. 다섯 번째 교회인 사데 교회를 향한 메시지가 주어지는데 그 교회는 살았다는 이름만 가진 교회이며, 여섯 번째 교회인 빌라델비아 교회인데 이 교회는 약하지만 충성된 교회라는 칭찬을 받는다. 일곱 번째는 라오다게아 교회인데 이 교회는 부요한 양 자랑하지만 궁핍한 교회라는 책망을 받는다.

말씀 연결(대하 13장; 계 3장)_선택과 일곱 교회

▶**말씀기도**

하나님만을 의지할 것을 결단하고 성령이 하시는 말씀을 듣기로 결단하며, 성령께서 거하시는 성전을 이루는 희망을 노래하며 기도합니다.

696

학 1장　성전 재건축 명령

묵상　성전 건축을 통해 이기는 삶

key word　1:4 판벽한　1:11 한재를 들게　1:12 남은 모든 백성

message　바벨론 포로 귀환 후 시작했던 성전 재건이 착수 2년 만에 외부 세력의 방해로 14년간 중단된 상황에서 선지자 학개가 하나님의 명령을 좇아 성전 재건축을 독려하는 장면이 나온다. 그리고 학개의 명령이 있은 지 3주 후에 지도자들과 백성이 재건축을 시작하는 장면이 소개되고 있다.

요 2장　가나 혼인 잔치에서의 이적

묵상　승리자이신 예수님의 부활

key word　2:1 가나　2:4 여자여　2:11 표적

message　예수의 공생애 중 첫 이적이라고 할 수 있는 가나 혼인잔치의 이적이 소개된다. 그리고 유월절을 지키기 위해 성전에 올라갔다가 성전을 정화한 사건이 소개된다. 이는 모두 예수의 메시야적 권능과 권세를 공개적으로 드러낸 사건들이다.

말씀 연결(학 1장; 요 2장)_이기는 삶과 부활

▶**일러두기**

'성전에서 매매하는 자와 돈 바꾸는 자'(요 2:13), 유대인들은 예루살렘 성전으로 유월절 절기를 지키러 올 때 제물을 가지고 오기 어려운 경우 돈을 준비해서 제물을 살 수 있도록 허용하였다. 그리고 로마 지배 아래 있던 유대인들은 로마의 화폐를 사용했기 때문에 성전세를 내기 위해 유대 화폐로 환전해야 했는데 이 과정에서 많은 문제가 발생했다.

13
Dec

하나님을 찾음

역대하 14-15장 | 요한계시록 4장 | 학개 2장 | 요한복음 3장

대하 14-15장 유다 왕 아사의 통치와 종교개혁

묵상   아사 왕이 위기 가운데 하나님을 찾음

key word   14:1 아사 14:9 구스 14:12 여호와께서 14:14 그랄 15:7 손이 약하지 않게 하라 15:9 에브라임 15:16 아사 왕의 어머니 미아가

message   14장에서 아비야의 뒤를 이어 왕이 된 아사는 통치 초기 대대적인 종교개혁을 단행하여 유다에 잔존해 있던 우상들과 신당을 척결한다. 그리고 국방에 눈을 돌려 군사력을 향상시킨다. 그 결과 아사는 하나님의 크신 은총을 입어서 구스의 백만 대군을 능히 물리치게 된다. 15장에서 아사 왕의 1차 종교개혁에도 불구하고 유다 왕국에는 여전히 우상들이 잔존하고 있었다.

계 4장   천상에서의 예배

묵상   하나님께 대한 예배

key word   4:4 이십사 장로 4:5 번개 4:8 여섯 날개 4:10 관을

message   먼저 요한은 장차 될 일의 근원이라고 할 수 있는 영광의 보좌에 계신 하나님을 묘사하고 그분께 찬송을 돌리는 24장로를 보여준다.

말씀 연결(대하 14-15장; 계 4장)_하나님을 찾고 예배함

....

....

....

▶**말씀기도**

사슴이 시냇물을 찾기에 갈급함같이 하나님을 찾기에 갈급한 때에 매일의 삶에서 하나님을 찾고 주시는 평강을 누리기를 기도합니다.

학 2장 　성전 완성에 따른 복된 약속

묵상
하나님의 임재의 상징인 성전을 대하는 태도

key word
2:3 이전 영광　2:5 나의 영이　2:7 모든 나라의 보배　2:12 거룩한 고기
2:23 너를 인장으로

message
학개 선지자는 재건에 따르는 은혜로운 약속을 선포함으로써 작업에 더욱 박차를 가하게 된다. 여기에는 완성된 성전에 임할 하나님의 영광, 성전 재건을 게을리함으로써 맞아야 했던 각종 시련에 대한 회상 등이 소개되고 있다.

요 3장 　거듭남과 구원에 대한 대화

묵상
하나님을 찾는 이에게 영생을 약속

key word
3:1 니고데모　3:3 거듭나지　3:5 물과 성령으로　3:17 보내신　3:20 악을 행하는　3:21 진리를 따르는 자　3:25 정결예식　3:30 그는 흥하여야

message
밤중에 찾아온 니고데모와 예수의 대화를 통해 중생과 구원에 관한 진리를 가르치고 있다. 예수께서는 영생에 관해서도 가르치심으로 중생과 영생의 도리가 하나임을 알려주셨다.

말씀 연결(학 2장; 요 3장)_임재의 상징과 영생을 약속

▶일러두기

요한계시록 3장 14절의 '라오디게아'는 에베소에서 동방으로 통하는 중요 무역로에 위치해 있고 일찍부터 양모 산업과 은행업이 발달하여 매우 부유했다. 이곳 교회는 박해를 받은 일이 없고 이단 사상에 영향을 받거나 시달린 이도 없는 매우 평온한 교회였다.

14 Dec 하나님을 의지함

역대하 16장 | 요한계시록 5장 | 스가랴 1장 | 요한복음 4장

대하 16장 아람과 동맹한 아사 왕

묵상 이스라엘과 유다의 충돌

key word 16:1 왕래하지 못하게 16:4 이욘 16:14 많이 분향하였더라

message 2차에 걸친 종교개혁으로 하나님 중심의 신앙을 확립한 아사 왕이었지만 항존하는 북이스라엘의 위협을 막아내기 위해 그는 하나님 대신 인간을 의지하는 잘못을 범한다. 아사 왕은 아람과 동맹을 맺고 군사적 결속을 다짐하나 선견자 하나니로부터 책망을 듣는다.

계 5장 두루마리와 어린 양

묵상 하나님께 대한 예배

key word 5:5 유대 지파의 사자 5:6 어린 양 5:9 사람들을 피로 사서 5:11 만만

message 성자 그리스도에 대한 계시다. 먼저 일곱인으로 봉한 책과 그 책을 개봉하실 그리스도가 묘사된다. 그리고 네 생물과 24장로와 모든 천사와 만물의 찬송과 경배가 이어진다.

말씀 연결(대하 16장; 계 5장)_유다의 충돌과 예배

▶말씀기도

능력과 부와 지혜와 힘과 존귀와 영광과 찬송을 받으시기에 합당하신 예수 그리스도를 의지하고, 참으로 세상의 구주이신 예수를 의지하며 살아가기를 위해 기도합니다.

700

슥 1장　회개의 요청과 환상

묵상　하나님께로 돌아올 것을 촉구하는 것

key word　1:8 화석류나무　1:12 언제까지　1:18 네 개의 뿔

message　조상들의 죄악을 언급함으로 하나님께로 돌아올 것을 촉구하는 회개의
　　　　　권면과 스가랴가 목격한 여덟 가지 환상 가운데 말 탄 자의 환상 및 네 뿔
　　　　　공장에 대한 환상을 통해 성전 재건에 낙심한 백성들에게 위로와 용기를
　　　　　준다.

요 4장　수가 성 여인

묵상　예수께서 세상의 구주이심

key word　4:9 유대인이 사마리아인과 상종　4:12 우리 조상 야곱　4:16 가서 네 남편
　　　　　을 불러오라　4:18 남편 다섯　4:20 이 산　4:23 영　4:31 그 사이에　4:34
　　　　　온전히

message　당시 멸시받고 소외된 사마리아 수가 성에서 예수께서 한 여인과 대화함
　　　　　으로써 전도의 기회를 마련한 사건과 헤롯 안디바 궁정 관리의 아들을 고
　　　　　치신 사건을 소개한다. 이는 예수께서 유대인뿐 아니라 사마리아와 이방
　　　　　인들까지 구원의 대상으로 삼으신다는 사실을 보여준다.

말씀 연결(슥 1장; 요 4장)_주께로 돌아올 것

▶일러두기

'구주'(요 4:42)는 헬라어 '소테르'로서 그 의미는 '구원하다'는 말의 '소조'에서 온 말로 '구원하
는 자'라는 뜻이다. 이 말은 아버지이신 하나님께 사용되기도 하였지만(딤전 1:1) 특별히 성자이
신 예수 그리스도에게 사용되었다(눅 2:11). 예수는 그 백성을 죄와 비참한 상태에서 구원하시
고 하나님의 진노와 죄의 권세 아래에서 구원하시며 하나님과 사귀는 복된 구원으로 인도하시
는 분이다(롬 5:8-11).

심판과 자비

역대하 17장 | 요한계시록 6장 | 스가랴 2장 | 요한복음 5장

대하 17장 여호사밧의 통치

묵상
하나님의 함께 하심

key word
17:1 여호사밧 17:2 영문 17:14 천부장 17:17 활과 방패를 잡은 자 17:18 싸움을 준비한 자

message
아사의 초기 선정을 본받아 왕이 된 여호사밧은 유다에 상존하던 우상들을 척결하는 종교개혁을 단행하며, 레위인 등 종교 지도자들을 각 지방에 파송하여 하나님의 말씀을 가르침으로써 유다 왕국을 여호와 중심 국가로 세우기 위해 힘쓴다. 이런 노력을 하나님께서는 가상히 보셨고, 여호사밧은 강한 군사력을 보유하는 자주국방 태세를 공고히 할 수 있었다.

계 6장   일곱 봉인에 담긴 심판

묵상
인 심판

key word
6:1 일곱 인 6:2 흰 말 6:4 다른 붉은 말 6:5 검은 말 6:8 청황색 말 6:15 장군

message
어린 양이신 그리스도께서 굳게 닫힌 두루마리의 인봉을 떼신다. 첫째 인부터 여섯째 인까지 떼시는 장면이 소개된다. 이것은 어린 양이신 그리스도께서 바로 인간 역사의 모든 일들을 주관하시고 최후의 완성을 이루시는 분임을 암시해 준다.

말씀 연결(대하 17장; 계 6장)_자비와 인 심판

▶**말씀기도**

하나님은 심판 중에도 자비를 베푸시는 분이시니 하나님의 자비를 통해 우리의 삶이 소생되며 그 힘을 의지하여 살아가기를 위해 기도합니다.

슥 2장　척량 줄을 잡은 자의 환상과 권면

묵상　심판에서 피함

key word　2:1 측량줄　2:5 불로 둘러싼 성곽　2:10 머물 것임이라

message　스가랴가 목격한 새번째 환상으로 척량줄을 잡은 환상을 통해 지금은 비록 패망할 것이지만 마침내 회복되고야 말 선민의 역사를 주관하고 계시는 하나님의 구원의 섭리를 확인시켜주는 장면을 보여준다.

요 5장　예루살렘에 올라가신 예수

묵상　심판의 권한을 가지신 예수

key word　5:2 베데스다　5:14 다시는 죄를 범하지 말라　5:18 동등으로　5:29 생명의 부활　5:35 등불　5:45 고발하는

message　예수께서 공생애 기간 동안 두 번째 유월절을 지키기 위해 예루살렘에 올라가셔서 행한 이적과 교훈으로 구성되었다. 예수께서는 베데스다 연못에서 38년 된 병자를 고치셨는데 이 일로 인해 격렬한 안식일 논쟁이 일어났다. 이에 대해 예수께서는 스스로 하나님과 같은 일을 하심을 주장하시고 그 증거를 제시한다.

말씀 연결(슥 2장; 요 5장)_심판의 피함과 권한

▶일러두기

역대하 17장 1절의 '여호사밧'은 발에 병이나 거동이 불가능해진 아사를 대신해 왕위에 오른 뒤 24년간 나라를 다스린 남유다의 네 번째 왕이다. 그는 유다 땅에서 우상을 제거하는가 하면 백성들에게 율법을 가르치고 재판 제도를 확립했다.

하나님 앞에 서는 자

역대하 18장 | 요한계시록 7장 | 스가랴 3장 | 요한복음 6장

대하 18장 아합과 동맹한 여호사밧

묵상
여호사밧이 여호와 앞에 말씀을 물을 때의 상황

key word
18:5 선지자 사백 명 18:16 목자 없는 양 18:25 시장 18:26 고난의 떡
18:29 나는 변장하고 18:30 작은 자나 큰 자나 18:33 무심코

message
종교개혁으로 여호와 신앙을 확립한 여호사밧은 이방 나라 아람의 위협
을 받는 동족 북이스라엘을 돕기 위해 동맹을 맺는다. 이에 미가야 선지
자는 이 동맹이 선하지 못함을 경고하고 거짓 선지자의 예언을 믿는 동맹
군이 아람과의 전투에서 패배하여 아합이 전사할 것을 경고한다.

계 7장   인치심을 받은 십사만 사천 명

묵상
천상의 예배에 초대되어 하나님 앞에 선 자

key word
7:2 인 7:4 십사만 사천 7:5 유다 7:6 므낫세 7:14 큰 환난 7:17 목자

message
여섯째 인과 일곱째 인 사이의 중간 광경에 대한 답변으로 하나님께 선
택받은 자들의 복됨과 구속함 받은 성도들이 누리는 축복이 나타난다. 즉
하나님의 인침을 받고 구원의 반열에 선 144,000명의 주의 백성과 역시
구원받은 하나님의 백성의 흰옷 입은 큰 무리에 관한 묘사가 소개된다.

말씀 연결(대하 18장; 계 7장)_여호와 하나님 앞에서

▶**말씀기도**
언제 어디에 서 있으나 하나님 앞에 선 자로서의 부끄러움 없이 말씀에 순종하며 주님만을 바
라보고 살아가는 살이기를 소원하며 기도합니다.

슥 3장　대제사장 여호수아에 관한 환상

묵상　　하나님 앞에 선 자

key word　3:2 불에서　3:8 예표의 사람

message　네 번째 환상으로 대제사장 여호수아가 하나님 앞에서 죄사함을 받는 장면과 백성의 대표자로서 여호수아가 하나님으로부터 약속과 명령을 받는 장면 그리고 메시야 약속이 주어지는 장면이 소개된다.

요 6장　생명의 떡이신 그리스도

묵상　　하나님 앞에 서신 예수님과 예수님의 약속

key word　6:1 디베랴　6:7 데나리온　6:10 수가 오천 명쯤　6:19 십여 리　6:23 축사하신　6:24 가버나움　6:29 하나님의 일　6:51 살　6:70 마귀

message　전반부에서는 오병이어의 이적에 관한 내용이, 후반부에서는 자신을 생명의 떡으로 드러내신 예수의 교훈이 언급된다. 이는 예수께서 자신이 하늘로부터 온 생명의 떡이며, 영생을 주시기 위해 장차 살과 피를 희생하게 될 대속의 제물임을 가르치신 것이다.

말씀 연결(슥 3장; 요 6장)_앞에 선 자와 예수님의 약속

▶일러두기

'성경의 거짓 선지자'(대하 18:10-11) - 첫째, 아합 왕 때 길르앗 라못 전투를 부추겨 아합을 죽음한 400인 선지자(18:5), 둘째, 여로보암 왕 때 남유다에서 온 하나님의 선지자를 속여 죽게한 벧엘 출신의 늙은 선지자(왕상 13:11-204), 셋째, 아합 왕 때 이세벨의 후원으로 선지자 노릇을 한 바알과 아세라 선지자(왕상 18:19-40), 넷째, 예레미야 선지자를 대적하여 거짓으로 예언한 스마야(렘 29:24, 31-32), 다섯째, 여호야김 때 우상 숭배를 경고하던 예레미야를 박해한 바스훌(렘 20:1-6), 여섯째, 예루살렘 성벽 개축 때 도비야와 산발랏에 고용되어 예언을 한 여선지자 노아다(느 6:14)이다.

17
Dec

성도의 기도와 응답
역대하 19-20장 | 요한계시록 8장 | 스가랴 4장 | 요한복음 7장

대하 19-20장 2차 개혁과 연합군을 물리친 여호사밧

묵상 · 전쟁 중에 여호와께 기도함

key word · 19:7 불의 함 19:8 예루살렘에서 19:11 왕에게 속한 모든 일 20:1 마온
사람 20:7 주께서 사랑하시는 아브라함 20:8 한 성소 20:14 야하시엘
20:20 드고아 20:24 들 망대 20:26 브라가 골짜기

message · 19장에서 아합과 군사 동맹을 맺고 길르앗 라못 전투에 참전했다. 크게
패배한 여호사밧은 선지자 예후의 책망에 순응하고 사법제도를 개혁하
며 국가의 흐트러진 신앙을 쇄신한다. 20장에서는 국가의 조직을 정비하
고 신앙을 회복한 여호사밧은 모압과 암몬 연합군의 공격에 맞서 군사력
을 의지하지 않고 하나님께 간구한 결과 전쟁에서 승리를 거둔다.

계 8장　일곱째 봉인과 금 향로

묵상 · 향연과 함께 하나님께 올려지는 기도

key word · 8:2 나팔 8:7 십분의 일 8:11 쓴 쑥 8:13 화, 화, 화가 있으리니

message · 어린 양이 일곱째 인을 떼자 제2의 재앙인 일곱 나팔의 재앙과 연결된다.
곧이어 첫 번째에서 네 번째 나팔의 재앙이 순식간에 펼쳐진다. 이는 시
간이 갈수록 세상에 대한 하나님의 심판의 강도가 더욱 격렬해지는 것을
보여준다.

말씀 연결(대하 19-20장; 계 8장)_하나님께 기도

....

....

▶말씀기도
하나님이 함께하여 주시니 오직 주님만 바라보고 우리가 하는 모든 일은 오직 하나님의 영으로
살아가기를 간구하오며 기도합니다.

슥 4장   순금 등대와 두 감람나무 환상

묵상   오직 여호와의 영으로 됨

key word   4:6 힘으로 되지 아니하며 4:7 머릿돌 4:10 작은 일의 날

message   다섯 번째 환상이 소개된다. 성소 안 순금 등대와 그 등대 좌우의 두 감람
            나무는 성전 재건의 완수를 상징한다. 한편 두 감람나무는 순금 등대의
            기름을 공급하는 것 혹은 성전 재건을 위해 백성을 독려하던 대제사장 여
            호수아와 지도자 스룹바벨로 이해할 수 있다.

요 7장   성전에서 가르치시는 예수

묵상   목마름을 해결해 주시는 예수님

key word   7:6 내 때 7:7 세상 7:16 내 교훈은 7:19 율법 7:22 할례 7:35 헬라인

message   친형제들까지 예수를 불신하는 내용이 나오고 계속되는 유대인들의 배
            척과 음모 그리고 이에 대응하여 예수께서 자신을 하나님의 아들로 드러
            내시는 장면과 생수의 강에 대한 교훈으로 가르치신 내용이 언급되고 있
            다.

말씀 연결(슥 4장; 요 7장)_여호와의 영과 목마름

▶일러두기

'신약 시대의 유대교 분파'(요 7:32)는 첫째, 바리새인으로서 '분리된 자'라는 뜻이다. 당시 가장
큰 종교 및 사회 세력으로 율법 준수에 철저했다. 제사장 및 산헤드린 회원 등 종교, 정치적 귀
족들과 그 추종 세력으로 이루어진 폐쇄적인 집단이다. 둘째, 열심당으로서 선민사상에 투철하
고 민족주의적 성향을 가진 일종의 비밀 당파이다. 그리고 네 번째로 에세네파로서 철저한 금
욕 생활과 사회로부터 격리된 공동체 생활을 했다.

죄를 처리하시는 하나님

역대하 21장 | 요한계시록 9장 | 스가랴 5장 | 요한복음 8장

대하 21장 유다 왕 여호람의 통치

묵상	언약을 지키시지만 심판하시는 하나님
key word	21:1 오십오 년간 21:7 등불 21:16 무죄한 자의 피 21:19 욧바 21:20 여호와 보시기에 악을 행하되
message	북이스라엘의 악녀 이세벨의 딸 아달랴와 결혼한 유다 왕 여호람은 부왕과는 달리 악정을 행한다. 그는 형제와 방백을 살해하고 우상 숭배를 강요한다. 그 결과 에돔과 립나의 반란과 아라비아의 침공을 받아 국가적으로 위기를 맞지만 끝내 회개를 거부하다 결국 중병으로 죽음에 이른다.

계 9장 다섯째와 여섯째 나팔 재앙

묵상	최후의 심판의 모습
key word	9:1 별 9:3 황충 9:7 사람의 얼굴 같고 9:8 여자의 머리털 9:11 아바돈 9:14 네 천사 9:20 귀신 9:21 복술
message	다섯 번째 나팔 재앙과 여섯 번째 나팔 재앙이 소개된다. 앞선 네 번째까지의 나팔 재앙이 주로 우주와 자연계에 미칠 대재앙이었다면 다섯 번째와 여섯 번째의 재앙은 주로 인간들에게 미칠 대재앙이라는 점에서 심각하다.

말씀 연결(대하 21장; 계 9장)_심판

....

....

▶**말씀기도**

하나님은 죄를 심판하시고 우리의 모든 죄를 예수의 십자가로 덮으시고 해결해 주셨음을 믿으며 감사를 드립니다.

708

슥 5장   두루마리 환상과 여인의 환상

묵상   온 땅에 내리는 저주

key word   5:2 길이가 이십 5:6 에바 5:11 시날 땅

message   여섯 번째 두루마리 환상(점철된 이스라엘의 죄악에 대한 징계를 상징)
과 일곱 번째 한 여인의 환상(죄악이 하나님 앞에서 반드시 드러날 것을
상징)이 소개된다.

요 8장   세상의 빛이신 예수

묵상   진리로 자유하게 하시는 예수님(죄를 처리)

key word   8:6 예수를 시험함이러라 8:7 죄 없는 8:12 나는 세상의 빛이니 8:15 판
단하나 8:26 참되시매 8:41 음란 8:48 사마리아 사람 8:58 내가 있느니
라

message   간음 중에 잡힌 여인에 관한 기사가 언급되고 바리새인과의 진리 논쟁,
자신의 부활 승천에 관한 예고, 하나님의 자녀와 마귀의 자녀에 대한 비
교 등이 언급된다. 예수께서는 자신을 세상의 죄악을 밝히는 진리와 구원
의 참 빛이시며 자신으로 말미암아 구원에 이르게 될 것을 가르치신다.

말씀 연결(슥 5장; 요 8장)_저주와 죄의 처리

▶ **일러두기**

'형제를 죽인 폭군 여호람'(대하 21:2)은 여호사밧의 왕위를 계승한 유다 5대 왕으로 북왕국 아
합과 이세벨의 딸 아달랴와 혼인하여 바알 종교를 들여온 우상 숭배자이다. 세력 강화를 위해
친형제들을 모두 살해할 정도로 정권욕이 강한 사람이었다. 선지자 엘리야의 경고를 무시하다
결국 창자에 중한 병이 걸려 죽음을 맞이했다. 그는 '요람'으로도 불린다.

19
Dec
왕의 통치와 성도의 선포
역대하 22-23장 | 요한계시록 10장 | 스가랴 6장 | 요한복음 9장

대하 22-23장 아하시야의 통치와 여호야다의 종교개혁

묵상   왕을 세우심

key word   22:2 오므리   22:5 아하시야   22:6 이스르엘   22:7 예후   22:11 요아스
           23:1 여호야다   23:5 기초문   23:11 기름을 붓고   23:15 왕궁 말문 23:20 윗
           문

message   22장에서 아하시야는 부왕 여호람의 악정을 따라 북왕국의 아합 가문과
           교류하다 북왕국 반란자 예후에게 살해당한다. 이 공백기에 아달랴는 왕
           자들을 모두 죽이고 섭정을 시작하고 이때 대제사장 여호사밧은 아하시
           야의 유일한 핏줄 요아스를 숨겨 성전에서 양육한다. 23장에서는 우상 숭
           배를 강요하며 나라를 혼란하게 한 악녀 아달랴의 악정에 항거하여 제사
           장 여호야다는 혁명을 일으켜 다윗 왕조를 복원한다.

계 10장   천사와 작은 책

묵상   임금에게 예언하여야 함

key word   10:1 힘 쎈 다른 천사   10:4 인봉하고   10:9 갖다 먹어 버리라

message   10장은 앞서 5장에서 언급되었던 봉인된 장면과 그 작은 책을 가장 힘센
           천사가 가지고 등장하는 장면과 그 작은 책을 사도 요한이 받아먹는 장면
           이다.

말씀 연결(대하 22-23장; 계 10장)_세우심과 예언

▶말씀기도
예수 그리스도가 인생의 왕좌에 앉아 통치하시도록 자리를 내어 드리고, 우리에게 주신 예수
그리스도의 이름의 권세로 말씀을 선포하는 것을 믿으며 살아가기를 기도합니다.

710

슥 6장　네 병거 환상과 면류관을 쓴 대제사장 여호수아

묵상　　싹이라 이름하는 자의 통치

key word　6:1 네 병거　6:10 헬대　6:11 면류관을 만들어

message　마지막 여덟 번째 네 병거의 환상과 스가랴가 포로 귀환자들의 대표들이
가져온 은금으로 만든 면류관을 대제사장에게 씌우고 그것을 다시 성전
에 안치하는 장면이다. 이를 통해 대제사장 여호수아를 인정하고 그를 통
해 성전이 완공될 것을 확신하게 된다.

요 9장　소경을 치유하신 예수

묵상　　하나님께로부터 오지 아니하면 아무것도 할 수 없음

key word　9:7 실로암　9:11 예수라 하는 그 사람　9:18 그 부모를 불러 묻되　9:22 출
교　9:38 절하는지라　9:39 심판하러

message　세상의 빛으로 오신 예수는 날 때부터 소경된 사람을 고치신다. 하지만
여전히 영적인 소경 상태에 있는 바리새인은 예수께 병 고침 받은 자를
심문하여 예수를 해칠 기회를 찾는다. 예수께서는 소경을 고치시는 이적
을 통해 자신이 생명을 주는 빛이시며 세상의 구세주 되심을 증거하고 있
다.

말씀 연결(슥 6장; 요 9장)_저주와 진리

▶**일러두기**

'악녀 아달랴'(대하 22:2)는 북이스라엘 왕 아합과 이세벨의 딸로 남유다 여호람과 혼인했다. 아
들 아하시야가 죽자 왕자들을 모두 죽이고 왕이 될 정도로 잔혹하고 정권욕이 강했다. 바알 종
교를 강요한 철저한 우상 숭배자였다. 여호사밧에게 비참하게 죽임을 당했다.

생명 얻는 길

역대하 24장 | 요한계시록 11장 | 스가랴 7장 | 요한복음 10장

대하 24장 유다 왕 요아스의 통치

묵상 여호와 보시기에 정직함

key word 24:1 요아스 24:8 한 궤 24:16 여러 왕의 묘실 24:20 스가랴 24:24 적은 무리 24:25 그의 침상에서 24:27 경책

message 제사장 여호야다의 혁명으로 다윗 왕통이 회복되고 왕위에 오른 요아스는 여호와 신앙을 회복하며 예루살렘 성전을 수축하는 열심을 보인다. 그러나 여호야다 사후 요아스는 우상을 숭배하며 선지자를 성전 마당에서 살해하는 등 낙정을 거듭하다 결국 신하들에 의해 살해되고 만다.

계 11장 두 증인

묵상 하나님을 예배하고 경외함

key word 11:1 갈대 11:2 마깥 마당 11:3 베옷 11:7 짐승 11:9 사흘 반 동안 11:18 주의 진노 11:19 하나님의 언약궤

message 두 증인에 대한 환상인데 여기서 '두 증인'은 신실한 교회 공동체 전체를 대표한다. 그리고 일곱 번째 나팔이 우리는 장면이다.

말씀 연결(대하 24장; 계 11장)_정직과 경외함

▶**말씀기도**

세상의 소리를 듣고 생명 얻는 길은 하나님의 음성을 듣고 순종하는 길이며 이 땅에 오신 예수님을 믿고 살아가기를 소원하며 기도합니다.

슥 7장   금식보다 순종을 원하시는 하나님

묵상   말씀을 듣지 않는 제사장들과 선지자들에 대한 경고

key word   7:1 기슬래월 7:5 일곱째 달 7:11 등을 돌리며 7:12 금강석

message   바벨론 포로 생활을 하면서 유다인들은 자신들의 패망을 슬퍼하여 매년
           다섯째 달을 금식으로 지켜왔다. 그런데 성전 재건이 시작된 지금에도 금
           식이 필요한가라는 질문이 제기되었고, 이에 스가랴는 형식적인 금식 이
           전에 거룩에 입각한 참된 금식 곧 실천적인 신앙을 권면하게 된다.

요 10장   선한 목자 되신 예수

묵상   생명을 주시는 예수님

key word   10:3 양의 이름을 각각 불러 10:7 나는 양의 문이라 10:12 삯꾼 10:16 다
           른 양들 10:19 유대인 10:24 의혹하게

message   예수는 양과 목자의 관계를 비유로 설명하면서 자신을 선한 목자로 선포
           하신다. 그리고 수전절에 예루살렘에서도 자신이 양의 목자 됨과 하나님
           의 아들 됨을 말씀하신다. 하지만 완악한 무리들은 여전히 예수를 배척하
           고, 예수도 또한 믿는 자들을 찾아 예루살렘을 떠나신다.

말씀 연결(슥 7장; 요 10장)_선지자들에 대한 경고와 생명

▶**일러두기**

'수전절'(요 10:22)은 '봉헌'이라는 뜻이다. 기원전 164년 유다 마카베오가 수리아 왕 안티오쿠
스 에피파네스 군대에 의해 더렵혀진 성전을 정결하게 하고 하나님께 봉헌한 날을 기념하는 절
기이다. 유대력 9월 25일부터 8일간 지켜졌다. 수전절의 다른 이름은 '하누카'이다.

생명의 하나님

역대하 25장 | 요한계시록 12장 | 스가랴 8장 | 요한복음 11장

대하 25장 유다 왕 아마샤의 통치

묵상	죄를 심판하시는 하나님
key word	25:5 유다 사람들을 모으고 25:8 하나님은 능히 25:11 세일 자손 25:16 모사 25:18 가시나무 25:23 에브라임 문 25:24 오벧에돔
message	요아스의 뒤를 이어 왕이 된 아마샤는 에돔과의 전쟁을 신앙으로 승리하나 교만해진 나머지 북이스라엘에게 전쟁을 선포하고 우상에게 결과를 묻는 등 실정을 거듭한다. 결국 성전이 훼파되고 반역자들의 손에 피살되는 비참한 최후를 맞는다.

계 12장 여자와 용

묵상	생명을 아끼지 아니하는 자의 생명을 보존하심
key word	12:1 해를 옷 입은 한 여자 12:3 용 12:6 광야 12:7 미가엘 12:10 참소하던 자 12:17 그 여자의 남은 자손
message	일곱 나팔의 재앙과 일곱 대접의 재앙 사이에 삽입된 계시이다. 지금까지는 일곱 봉인과 일곱 나팔을 통하여 마지막 심판 날에 이루어질 세계의 운명에 대해 중점적으로 다루었다.

말씀 연결(대하 25장; 계 12장)_심판과 보존

▶말씀기도

"나를 믿는 자는 죽어도 살겠고 무릇 살아서 나를 믿는 자는 영원히 죽지 아니하리니"라고 하신 말씀을 의지하여 살아가기를 소원하며 기도합니다.

슥 8장   예루살렘 회복에 대한 약속

묵상   구원하여 복이 되게 하심

key word   8:2 질투하노라   8:3 진리의 성읍   8:12 평강의 씨앗을 얻을 것이라   8:19
              넷째 달   8:23 옷자락을 잡을 것

message   예루살렘 회복과 관련한 일곱 가지 약속과 유다 백성을 향한 세 가지 복
              이 제시되고 있다. 이를 통해 예루살렘의 회복을 고대하는 유다 백성에게
              확신과 소망을 심어주고 있다. 하나님은 당신이 한번 약속하신 것은 결코
              저버리지 않으신다.

요 11장   죽은 나사로를 살리신 예수

묵상   영광을 받으시려 살리심

key word   11:6 이틀을 더 유하시고   11:11 나사로가 잠들었도다   11:16 디두모   11:20
              마르다   11:31 위로하던

message   생명의 이적 곧 예수가 죽은 나사로를 살리신 사건이 소개된다. 예수께서
              나사로가 병들었다는 소식을 듣고 베다니로 가시는 도중 나사로가 숨을
              거두고 말았다. 죽은 지 나흘이 되어서야 베다니에 도착한 예수는 나사로
              를 살리시고 이로써 부활이요 생명이신 그리스도의 모습을 드러낸다.

말씀 연결(슥 8장; 요 11장)_구원과 영광

▶일러두기

'예수께서 흘린 세 번의 눈물'(요 11:35)은 그 첫째가 예루살렘의 멸망을 보고 조국을 위해 눈물
을 흘리시고(눅 19:41), 두 번째는 십자가 죽음을 앞에 두고 기도할 때 사명 감당하기 위해 눈물
을 흘리셨으며(히 5:7), 세 번째가 나사로의 죽음을 보고 사랑하는 사람을 위해 눈물을 흘리셨다
(요 11:35).

겸손의 왕이신 예수

역대하 26장 | 요한계시록 13장 | 스가랴 9장 | 요한복음 12장

대하 26장 유다 왕 웃시야의 통치

묵상	겸손한 자를 도우시고 교만한 자를 물리치심
key word	26:10 광야에 26:16 향단에 분향 26:19 나병이 생긴지라 26:21 별궁에 살았으므로
message	아마샤에 이어 유다의 왕이 된 웃시야는 군사적, 경제적으로 괄목할 만한 성장을 이루었지만 그 역시 교만한 마음에 제사장의 직분을 침해하다 나병에 걸리는 형벌을 받는다.

계 13장 짐승 두 마리

묵상	하나님을 대적하는 교만한 짐승
key word	13:5 짐승이 13:14 또 다른 짐승이 13:12 먼저 나온 짐승의 13:16 표 13:17 매매 13:18 육백육십육
message	'두 짐승'에 관한 환상이다. 먼저 바다에서 올라온 짐승은 다니엘이 본 네 짐승이 모두 결합된 모습을 하고 있다(단 7장). 바다에서 나온 이 짐승은 역사상 무수히 나타났고 앞으로도 계속 나타날 '세속 정권'이라 할 수 있다. 두 번째로 땅에서 올라온 짐승은 거짓 선지자였다. 이 짐승은 역사를 통해 등장했던 수많은 '거짓 종교들'을 가리킨다. 결국 이 두 짐승의 활동상은 사탄이 교회를 핍박하는 양면적인 특성을 보여주는 것이다.

말씀 연결(대하 26장; 계 13장)_겸손한 자와 교만한 짐승

▶**말씀기도**

예수님을 섬기는 성도로서 어떤 겸손의 삶을 살 수 있는지 생각하며, 겸손의 왕이신 예수 그리스도를 온전히 따르는 삶이기를 소원합니다.

슥 9장 　유다의 주변국들에 임할 심판

묵상 　　 겸손의 왕에 대한 예언

key word 　9:1 하드락　9:15 물맷돌

message 　이스라엘의 선민을 중심으로 전개될 장래 일들에 대한 내용이 소개되고 있으며, 특히 선민의 대적들에게 임할 심판, 블레셋의 남은 자에 대한 구원, 선민의 영원한 구원, 나귀 새끼를 타고 오시는 왕의 승리와 통치, 갇힌 자에게 주어질 해방과 선민의 궁극적인 승리 등이 언급되어 있다.

요 12장 　예루살렘에 입성하신 예수

묵상 　　 스가랴의 예언이 성취되는 겸손의 왕의 모습

key word 　12:2 함께 앉은　12:3 나드　12:13 호산나　12:15 시온　12:31 세상의 임금 12:32 땅에서 들리면　12:38 이사야　12:40 완고하게　12:41 주의 영광을 보고

message 　예수의 마지막 죽음을 예비하는 내용이 전개된다. 예수의 발에 향유를 부은 사건, 예루살렘 입성, 죽음에 대한 예고와 유대인들의 불신 등은 모두 임박한 십자가 사역을 향해 나아가는 예수의 모습에 초점이 맞추어져 있다.

말씀 연결(슥 9장; 요 12장)_예언과 성취

▶일러두기

'나귀를 타신 왕'(슥 9:9)은 무력을 앞세우는 세상의 교만한 정복자를 상징하는 '말 탄 자'와는 대조되는 모습으로 지극히 겸손과 평화로움을 나타낸다. 이 장면은 나귀 새끼를 타고 예루살렘으로 입성하신 메시야 예수의 행적에 그대로 적용되고 있다(마 21:5; 요 12:15).

성도의 인내

역대하 27-28장 | 요한계시록 14장 | 스가랴 10장 | 요한복음 13장

대하 27-28장 유다 왕 요담과 아하스의 통치

묵상	성도의 인내는 말씀을 끝까지 붙드는 것임
key word	27:3-4 건축하고, 증축하고, 건축하며 28:4 푸른나무 28:5 아람 왕 28:7 왕의 아들 28:15 종려나무 성 28:20 디글랏빌레셀
message	27장은 웃시야의 뒤를 이어 왕이 된 요담은 건축 사업과 탁월한 지도력으로 군사력을 강화하며 선정을 베풀었다. 28장은 요담의 뒤를 이은 아하스는 철저하게 우상을 숭배하였고 이에 하나님의 진노로 아람과 북이스라엘 연합군의 침공과 에돔과 블레셋의 침공을 받게 된다.

계 14장   십사만 사천 명이 부르는 노래

묵상	성도들의 인내
key word	14:1 시온 산 14:10 불과 유황 14:14 낫 14:18 불을 다스리는 다른 천사 14:19 포도주 틀 14:20 천육백 스다디온
message	시온 산에 서 있는 140,000명의 정체가 드러난다. 그들은 대환난 때 신앙의 순결을 지킨 자들로서 구속함을 받은 무리들이다. 그들은 시온 산에서 어린 양과 함께 거하는데 여기서 시온 산은 하나님 나라의 왕권이 있는 곳을 상징한다. 그리고 세 천사가 나타나 인류를 향하여 하나님께 돌이키라고 경고한다.

말씀 연결(대하 27-28장; 계 14장)_성도의 인내

▶**말씀기도**

세상의 도전 앞에서 끝까지 말씀을 붙들고 삶의 문턱에서도 하나님의 구속을 기다리며, 말씀을 따라 살아가기를 소원하며 기도합니다.

슥 10장　하나님의 백성의 구원

묵상　　　인내의 결과도 하나님의 섭리에 따른 것임

key word　10:2 드라빔　10:4 모퉁잇돌　10:8 휘파람　10:11 고난의 바다

message　여호와의 구원 약속이 구체적으로 나타난다. 즉 하나님께 의지하고 헛된
　　　　　신에게 의지하지 말 것과 비록 하나님의 백성이 사로잡혀 갈 것이나 반드
　　　　　시 되돌아올 것이며, 그 원수들은 징벌 받을 것이 예고되어 있다.

요 13장　사랑의 새 계명

묵상　　　인내의 본을 보이신 예수님

key word　13:10 목욕　13:14 옳으리라　13:16 보냄을 받은 자가　13:18 발꿈치를 들었
　　　　　다　13:23 의지하여　13:33 작은 자　13:34 새 계명　13:35 사랑

message　예수께서는 제자들의 발을 씻기심으로써 겸손과 섬김의 도를 가르치시
　　　　　며 서로 사랑하라는 새 계명을 주신다. 그런데도 예수를 배반하려는 가룟
　　　　　유다의 계획은 구체적인 행동으로 옮겨지고 있다. 이런 가운데 베드로가
　　　　　예수를 부인하게 될 것이라는 예고가 주어진다.

말씀 연결(슥 10장; 요 13장)_ 인내의 본

▶일러두기

'신약의 유월절에 모인 유대인들의 수'(요 13:1) - 고대사가 요세푸스에 의하면 당시 유월절 절
기를 지키기 위해 희생된 양은 무려 25만 6,500마리였다. 양 한 마리에는 약 10명 정도가 한 그
룹이 되어 예식을 치렀다고 한다. 이는 계산에 따르면 당시 유월절에 예루살렘에 올라온 유대
인의 수는 상상을 초월할 정도로 많았음을 알 수 있다.

24 Dec 주님께 경배

역대하 29장 | 요한계시록 15장 | 스가랴 11장 | 요한복음 14장

대하 29장 성전 제사를 회복시킨 히스기야

묵상 　　예배의 자세

key word 　29:3 첫째 해 첫째 달에 29:12 그핫 29:21 나라와 성소와 유다 29:23 안
　　　　수하고 29:24 속죄제 29:26 다윗의 악기 29:27 여호와의 시

message 　아하스의 뒤를 이어 왕이 된 히스기야는 제일 먼저 부왕의 극심한 우상
　　　　숭배로 황폐해진 성전을 복구하고 레위인들을 동원하여 성전을 청결하
　　　　게 한 뒤 제사를 드리고 하나님을 찬양함으로써 율법대로 성전 제사를 회
　　　　복시킨다. 하나님과의 관계 정립을 우선적으로 시도한 히스기야의 신앙
　　　　이 잘 드러난다.

계 15장 마지막 재앙을 가지고 온 천사

묵상 　　어린양의 노래를 통한 경배

key word 　15:3 모세의 노래 15:5 증거 장막 15:6 금 띠

message 　본격적으로 전개되는 마지막 재앙 곧 일곱 대접의 재앙을 위한 준비를 다
　　　　룬다. 곧 일곱 천사가 마지막 재앙이 담겨 있는 일곱 대접을 받는 장면이
　　　　다.

말씀 연결(대하 29장; 계 15장)_예배와 경배

▶말씀기도

오직 성삼위 하나님께만 경배를 올려드려야 하며, 주의 약속을 붙잡고 나아가는 삶이기를 간구
하옵고 감사드리며 기도합니다.

슥 11장　양 떼를 버린 목자의 비유

묵상　참 목자가 누구인지

key word　11:1-2 백향목, 잣나무　11:5 판 자들　11:7 은총, 연합　11:10 꺾었으니

message　레바논으로 상징되는 페니키아를 위한 애가에 이어 자기 백성을 억압하거나 책임을 다하지 않는 나쁜 목자에 대한 비유적 메시지가 소개되어 있다. 이 장은 메시야의 배척과 수난당함을 예언한 부분으로도 널리 알려져 있다.

요 14장　제자들을 위로하시는 예수

묵상　경배 받으실 예수님과 그분의 약속

key word　14:2 거할 곳　14:6 내가 곧 길이요 진리요　14:12 그보다 큰 일　14:13 구하든지　14:16 보혜사　14:27 평안

message　예수께서는 임박한 십자가 죽음을 앞두고 전해주신 다락방 강화에서 근심하지 말라고 하신다. 그리고 자신이 길이요 진리요 생명임을 밝히시고 보혜사 성령을 보내주실 것과 하늘의 평안을 약속하신다.

말씀 연결(슥 11장; 요 14장)_참 목자와 약속

▶**일러두기**

'은 삼십 개'(슥 11:12)는 종이 죽임을 당할 때 보상해 주던 종의 몸값이었다(출 21:32). '은 30'의 개념은 하나님의 구속 사역에 그대로 적용되어 메시야 예수가 가룟 유다에 의해 은 30의 값으로 대적자들의 손에 팔리게 된다.

25
Dec
복 있는 자
역대하 30장 | 요한계시록 16장 | 스가랴 12-13장 1절 | 요한복음 15장

대하 30장 유월절을 부활시킨 히스기야

묵상   여호와를 섬기는 자가 복됨

key word   30:2 둘째 달에 30:5 브엘세바에서부터 30:6 보발꾼 30:10 사람들이
           30:13 무교절 30:15 부끄러워하여

message   부왕 아하스 때에 철저하게 더렵혀진 성전을 정화하고 중건한 히스기야
           는 이스라엘 신앙의 핵심 중 하나인 유월절 절기를 갱신하고 부활시킨다.
           그리고 경건한 히스기야가 중단된 유월절을 부활시키기 위해 성심껏 절
           기를 준비하는 과정이 세밀하게 언급되고 있다.

계 16장 진노의 일곱 대접

묵상   깨어 있는 자가 복 됨

key word   16:6 그들에게 피를 마시게 하신 것 16:8 불 16:9 회개하지 아니하고
           16:11 하늘의 하나님 16:12 동방에서 16:16 아마겟돈

message   마침내 일곱 대접의 재앙이 전개되는 장면이다. 먼저 네 가지 재앙이 앞
           서고, 뒤이어 세 가지 재앙이 뒤따르는 형태로 전개된다. 일곱 대접 재앙
           은 앞서 나타난 일곱 나팔 재앙과 유사하지만 재앙의 강도에서 더 강렬하
           고 그 범위에서 더욱 포괄적이고 전세계적이라는 차이점이 있다.

말씀 연결(대하 30장; 계 16장)_복됨

▶**말씀기도**

여호와가 정하신 예배를 소중히 여기고 깨어 예수님께 붙어 복 있는 자가 되기를 간구하옵고 감사드리며 기도합니다.

슥 12-13:1 구원받을 예루살렘

묵상   예루살렘에서 다시 살게 됨

key word   12:6 화로 12:11 므깃도 골짜기 13:1 죄와 더러움

message   마지막 때 예루살렘이 정화되리라는 비전이 제시된다. 예루살렘이 참회
           와 청결 작업을 통해 거룩을 회복하리라는 메시지에 이어 이스라엘의 목
           자와 많은 사람이 죽음을 맞게 될 것이나 그중 3분의 1이 그 시험을 이겨
           내고 하나님의 거룩한 백성이 되리라는 약속이 주어진다. 그리고 다가올
           여호와의 날에 대한 예언이다.

요 15장 참포도나무 되신 예수

묵상   예수 안에 거함

key word   15:1 포도나무 15:24 아무도 못할 일 15:25 이유없이 나를 미워하였다 한
           말

message   예수와 성도 사이의 연합을 강조하는 포도나무 비유와 성도가 하나 되어
           야 한다는 교훈이 언급된다. 그리고 세상의 미움을 받게 될 때 성도는 상
           황에 낙심하지 말고 믿음을 잃지 말 것을 권면하고 있다.

말씀 연결(슥 12-13장 1절; 요 15장)_예루살렘과 예수 안에

▶**일러두기**

'브엘세바에서 단까지'(대하 30:5)는 팔레스타인의 최남단에서 최북단에 이르기까지이다. 이스
라엘 전역을 일컫는 관용적 표현이다.

멸하여야 할 우상과 영광 받으실 예수님

역대하 31장 | 요한계시록 17장 | 스가랴 13장 2-9절 | 요한복음 16장

대하 31장 히스기야의 종교개혁

묵상   우상을 제거함

key word   31:1 이 모든 일이 끝나매 31:2 반열 31:16 소와 양의 십일조 31:8 더미
                    31:10 사독의 족속 31:14 동문지기 31:16 삼세 이상으로

message   더럽혀진 성전을 정화하고 유월절을 부활시킨 히스기야는 이제 유다 전
                    역에 산재한 우상들을 척결하고 그동안 흐트러졌던 제사장과 레위인의
                    반열을 정비하며 나아가 십일조 제도를 확립하여 종교인들의 생계 대책
                    을 세운다.

계 17장 큰 음녀에게 내릴 심판

묵상   만왕의 왕이신 어린 양

key word   17:1 큰 음녀 17:3 붉은 빛 짐승 17:5 이름이 17:9 일곱 산 17:11 여덟째 왕
                    17:14 만주의 주시오 만왕의 왕

message   큰 음녀의 등장과 그 음녀에 대한 심판을 다룬다. 교회는 그리스도의 순
                    결한 신부이다. 이와는 대조적으로 바벨론으로 불리는 음녀는 교회를 핍
                    박하는 세속 세력 혹은 세속과 결탁한 타락한 교회를 가리킨다고 볼 수
                    있다.

말씀 연결(대하 31장; 계 17장)_우상과 어린 양

▶**말씀기도**

우리의 삶 속에 내재된 우상을 깨뜨리고 만왕의 왕이신 예수님을 모시고 그분의 통치에 순종하
며 살아가기를 소원하며 기도합니다.

슥 13:2-9 정결하게 될 예루살렘

묵상	우상을 이 땅에서 멸하심
key word	13:4 털옷 13:6 두 팔 사이에 있는 상처
message	예루살렘이 참회와 청결 작업을 통해 거룩을 회복하라는 메시지에 이어 이스라엘의 목자와 많은 사람이 죽음을 맞게 될 것이나 그중 3분의 1이 그 시험을 이겨내고 하나님의 거룩한 백성이 되리라는 약속이 주어진다.

요 16장 보혜사 성령의 사역

묵상	세상을 이기신 예수님께 간구함
key word	16:5 너희 중에서 16:8 책망하시리라 16:11 이 세상 임금이 심판을 16:20 곡하고 16:32 흩어지고 16:33 환난
message	임박한 십자가 수난을 앞두고 예수께서는 제자들을 위로하기 위해 보혜사 성령에 대해 다시 약속하시고 십자가 사역이 해산의 고통과 같을 것이지만 십자가 죽음 이후에는 부활의 기쁨과 소망이 있을 것이라고 가르치신다. 그리고 장차 올 박해에 담대한 신앙으로 이겨낼 것을 당부하신다.

말씀 연결(슥 13장 2-9절; 요 16장)_멸하심과 이기심

▶**일러두기**

'두 팔 사이에 있는 상처'(슥 13:6)는 우상을 섬기는 제전 의식 때 양팔에 자해하여 낸 상처를 말한다. 메시야로 인한 회복의 때가 오면 사람들이 우상 숭배한 사실이 부끄러워 그 상처를 숨길 것이다.

충성과 후에 오는 부정한 환경

역대하 32장 | 요한계시록 18장 | 스가랴 14장 | 요한복음 17장

대하 32장 앗수르의 침략을 물리친 히스기야

묵상	충성된 일을 한 후에 맞는 위기
key word	32:5 밀로 32:17 히스기야의 신들도 32:18 산헤립의 신하 32:21 모든 큰 용사와 32:24 대답하시고 32:25 교만하여 32:30 다윗 성 서쪽으로 32:33 높은 곳에 장사하여
message	성전 정화와 종교개혁 단행을 통해 신앙을 확립한 히스기야는 하나님의 크신 은혜를 입어 앗수르 왕 산헤립의 침략을 물리친다. 이런 히스기야의 축복은 불치병으로 죽음 직전에 15년간의 생명을 연장받은 데서도 잘 나타난다.

계 18장 바벨론의 패망

묵상	죄에 참여하지 말아야 할 것
key word	18:3 음행 18:12 자주 18:13 종들과 사람의 영혼들 18:14 맛있는 것들 18:22 세공업자
message	18장에는 멸망이 상세히 기록되어 있다. 바벨론의 특징은 탐욕스럽고, 교만하며, 호전적이고, 교회를 핍박하며, 성도들을 끊임없이 유혹하는 존재이다. 그렇기 때문에 하나님은 이 조직체를 악한 존재로 선포하시고, 그리스도의 재림 때 멸망시키기로 작정하신다.

말씀 연결(대하 32장; 계 18장)_충성된 일과 죄

▶**말씀기도**

하나님께 끝까지 충성하고 여호와만이 우리의 유일한 하나님이시며 천하의 왕 되심을 믿고 감사를 드립니다.

슥 14장　예루살렘과 이방 나라들

묵상　　　우상을 이 땅에서 멸하심

key word　14:2 남은 백성은　14:4 감람 산　14:7 여호와께서 아시는 한 날　14:9 홀로
　　　　　한 분이실 것　14:13 크게 요란하게　14:21 가나안 사람

message　다가올 여호와의 날에 대한 예언이다. 즉 최후의 때에 예루살렘은 이방
　　　　　민족에게 함락될 것이지만 하나님은 혹독한 시험을 거친 뒤 그들을 구원
　　　　　하실 것이라는 희망의 메시지가 주어지고 있다.

요 17장　대제사장 예수 그리스도의 기도

묵상　　　만민을 다스리는 권세를 가지신 예수

key word　17:1 영화롭게 하게　17:3 유일하신　17:5 창세 전에　17:6 그들은 아버지의
　　　　　것　17:12 멸망의 자식　17:23 온전함을 이루어

message　예수께서 십자가 사역을 앞두고 마지막 대제사장으로서 백성들을 위해
　　　　　성부 하나님께 간곡히 기도하는 내용이다. 예수께서는 자신을 영화롭게
　　　　　해달라고 간구한 뒤 제자들이 하나 되고 세상에서 거룩함을 유지할 수 있
　　　　　게 해달라고 간구하신다. 또한 성도들이 그리스도 안에서 연합을 이룰 수
　　　　　있기를 간구하신다.

말씀 연결(슥 14장; 요 17장)_멸하시고 이기심

▶일러두기

'산헤립이 유다를 침공한 역사적 배경'(대하 32:2)에서는 앗수르는 남진 정책을 펴서 북이스라
엘을 멸망시켰다. 이에 위협을 느낀 히스기야는 바벨론과 동맹을 맺었다. 그러자 앗수르는 1차
로 유다를 침공하여 신하의 예를 갖추도록 하였다(왕하 18:14-16). 그 후 히스기야가 계속해서
반앗수르 정책을 펴자 산헤립은 애굽 원정길에 두 번째로 유다를 침공하였다.

이방 민족 중에 크게 되신 이름, 여호와

역대하 33장 | 요한계시록 19장 | 말라기 1장 | 요한복음 18장

대하 33장 유다 왕 므낫세와 아몬의 통치

묵상 | 환난을 당할 때라도 기도를 들으시는 여호와

key word | 33:4 여호와의 전에 33:6 아들들을 불 가운데로 33:11 므낫세를 사로잡고 33:14 기혼

message | 히스기야의 뒤를 이어 왕이 된 므낫세는 철저한 개혁주의자 히스기야와는 정반대로 철저한 우상 숭배의 길을 걷는다. 그러나 므낫세는 하나님의 심판에 겸허히 순종하여 회개하고 개혁적 삶으로 일생을 마감한다. 반면 후계자 아몬은 악정을 일삼다 신하에게 살해당한다.

계 19장 어린 양의 혼인 잔치

묵상 | 하나님께 대한 찬양

key word | 19:1 할렐루야 19:7 어린 양의 혼인 19:8 세마포 19:10 예언의 영 19:11 백마 19:13 피 19:14 하늘에 있는 군대들 19:17 하나님의 큰 잔치 19:20 유황불 붙는 못

message | 교회의 핍박자요 성도의 유혹자인 큰 음녀의 성 바벨론의 멸망은 교회와 성도에게는 기쁜 소식이다. 그래서 교회와 성도는 바벨론에 대해 의로운 심판을 베푸신 하나님께 찬송을 드린다. 이어 어린 양의 혼인 잔치가 베풀어진다.

말씀 연결(대하 33장; 계 19장)_기도와 찬양

▶**말씀기도**

각자가 서 있는 곳에서 하나님의 이름은 크게 영광 받으시며, 오늘도 하나님의 이름만 높이는 삶이기를 간구하옵고 감사드리며 기도합니다.

말 1장   이스라엘을 사랑하시는 하나님

묵상   여호와는 이스라엘 밖에서도 크심

key word   1:4 악한 지역 1:5 이스라엘 지역 1:7 더러운 떡 1:10 불사르지 1:11 해 뜨는 곳

message   이스라엘을 향한 하나님의 지극한 사랑과 그와 대조되는 제사장들의 죄악과 불순종을 지적하고 있다.

요 18장   체포되신 예수 그리스도

묵상   예수 그리스도께서 왕이심

key word   18:1 기드론 18:11 잔 18:12 천부장 18:22 아랫사람 18:24 안나스 18:28 더럽힘 18:30 행악자 18:38 죄

message   겟세마네 동산에서 기도하던 중 체포되신 예수께서 대제사장과 산헤드린 공회, 빌라도 법정에서 심문당하시고 십자가형을 언도받는 내용이다. 특히 예수께서는 당신을 모른다는 베드로의 부인과 십자가에 못 박으라고 외치는 유대인들로부터 배신당하는 아픔을 겪어야 했다.

말씀 연결(말 1장; 요 18장)_크신 왕

▶**일러두기**

'말라기'(말 1:1)의 이름의 뜻은 '나의 사자', 성전 재건 후 영적인 침체기를 겪고 있던 백성을 향해 회개를 촉구하고 메시야 대망 사상을 선포한 선지자이다.

생명책

역대하 34장 | 요한계시록 20장 | 말라기 2장 | 요한복음 19장

대하 34장 요시야 왕의 개혁 정책

묵상 생명책에 기록된 성도의 삶

key word 34:2 다윗의 길로 걸으며 34:3 아직도 어렸을 때 34:4 가루를 만들어
34:8 사반 34:9 대제사장 힐기야 34:15 율법책 34:33 가증한 것

message 아몬의 뒤를 이은 요시야는 부왕 아몬이 행한 각종 악정과 악습들을 철저
하게 청산한다. 그는 우상을 철폐하고 성전을 복구하던 중 율법을 발견하
고 그동안 잊혀진 온 하나님과의 언약을 갱신한다. 요시야는 죄악으로 어
두워져 가는 유다 왕국에 개혁의 등불을 밝힌 선왕이었다.

계 20장 천 년 왕국

묵상 생명책에 기록되지 못한 자

key word 20:2 천 년 20:4 살아서 20:5 그 나머지 죽은 자들 20:6 복이 있고
20:8 곡과 마곡

message 천 년 왕국에 대한 복된 비전과 흰 보좌에 앉으신 하나님의 최후 심판의
장면을 보여준다. 먼저 모든 죄악의 근원인 사탄이 붙들려 무저갱에 천
년 동안 감금되고, 그 사이에 지상에는 천 년 왕국이 실현된다. 천 년 이후
에 사탄은 다시 잠시 놓여 곡과 마곡의 전쟁을 주도하지만 실패하고 영원
한 불못에 던져진다.

말씀 연결(대하 34장; 계 20장)_생명책의 기록

▶**말씀기도**
입에는 진리의 율법을, 입술에는 불의함이 없고, 화평함과 정직함으로 하나님과 동행하며 성도
의 삶을 살기를 기도합니다.

말 2장　　제사장의 타락과 백성들의 죄

묵상　　생명책에 기록될 자가 되도록 초대함

key word　　2:3 똥　2:6 그의 입에는 진리의 법이　2:11 이방 신의 딸　2:15 오직 하나
　　　　　　2:16 옷으로 학대를 가리는

message　　부패한 제사장들을 향한 하나님의 징계와 이상적 제사장 그리고 하나님
　　　　　　의 법을 어기고 가정의 평안을 무너뜨린 죄악을 고발한다.

요 19장　　십자가에 달리신 예수 그리스도

묵상　　예수님의 죽으심과 그를 찾는 사람들

key word　　19:12 가이사　19:13 가바나　19:14 유월절의 준비일　19:23 깃　19:29 신 포
　　　　　　도주　19:38 아리마대　19:39 몰약

message　　예수께서 십자가에 달리시고 장사되는 내용이다. 총독 빌라도의 노력에
　　　　　　도 불구하고 사형선고를 받으신 예수는 골고다 언덕에서 십자가에 못 박
　　　　　　혀 죽으셨다. 이로써 구약성경의 모든 예언을 성취하며 인류 구원의 대사
　　　　　　역을 감당하셨다. 이후 예수의 시신은 아리마대 요셉에 의해 무덤에 장사
　　　　　　된다.

말씀 연결(말 2장; 요 19장)_초대함과 찾는 사람

▶일러두기

'골고다'(요 19:17)는 '해골'이라는 뜻이다. 라틴어로는 '갈보리'이다. 예수를 십자가에 못 박아
처형한 골고다 언덕은 멀리서도 눈에 띄는 구릉지대로서 예루살렘 성 가까운 곳이며, 지방에서
부터 들어오는 길목에 위치했다. 골고다는 예수가 인류의 죄를 대신 지고 십자가에 못 박히신
곳으로 치욕과 죽음의 언덕이자 대속의 은혜의 장소이다.

30 Dec 하나님의 예비하심

역대하 35장 | 요한계시록 21장 | 말라기 3장 | 요한복음 20장

대하 35장 철저하게 유월절을 지킨 요시야

묵상   하나님의 명령, 율법, 법도 등을 예비하심

key word   35:5 레위 족속의 서열   35:7 자기의 소유   35:10 섬길 일이 구비되매
35:12 모세의 책에 기록된 대로

message   성전을 정화하고 율법에 따라 하나님과의 언약을 갱신한 요시야는 여호
와 신앙을 회복하기 위해 증조부 히스기야 이후 소홀해진 유월절 절기를
성대하게 거행한다. 그러나 이렇게 철저한 개혁 의지로 살아간 요시야지
만 애굽의 북진을 막으려다 므깃도에서 전사한다.

계 21장 새 하늘과 새 땅

묵상   거룩한 성 예루살렘을 하나님이 예비하심

key word   21:6 알파와 오메가   21:11 하나님의 영광   21:12 열두 문   21:15 측량하려고
21:16 만 이천 스다디온   21:17 백사십사 규빗

message   하나님의 최후 백보좌 심판으로 인해 어둠의 악은 완전히 사라졌다. 에덴
동산에서 사탄의 유혹으로 시작된 옛 하늘과 옛 땅은 지나갔다. 이제 모
든 것이 완전히 새롭게 되었다. 마침내 새 하늘과 새 땅의 중심이 될 거룩
한 성, 새 예루살렘의 영광이 자세히 묘사되고 있다.

말씀 연결(대하 35장; 계 21장)_예비하심

▶**말씀기도**

새 하늘과 새 땅, 성령과 영생이 어떤 의미가 있는지 마음에 새기고 이 모든 것이 나를 예비하신
주님의 은총임을 깨달아 살아가기를 기도합니다.

말 3장　하나님의 심판과 십일조

묵상　사자를 예비하시고, 길을 예비하심

key word　3:2 표백하는 자　3:6 변하지 아니하나니　3:7 조상들의 날로부터　3:8 나의 것을 도둑질하고도　3:10 나를 시험하여

message　심판주로 오시는 하나님의 길을 예비하는 선구자에 관한 예언과 범죄한 자들에게 임할 심판 예언, 온전한 십일조 등을 통해 하나님의 은혜를 회복하라는 권면, 이스라엘의 교만, 여호와 앞에 있는 기념책에 의한 심판 등이 제시되고 있다.

요 20장　부활하신 예수 그리스도

묵상　성령과 영생을 예비하여 주심

key word　20:15 알고　20:16 랍오니　20:19 평강

message　예고하신 대로 예수는 사흘 만에 무덤에서 부활하셨다. 그리고 예수께서는 막달라 마리아와 제자들과 도마에게 나타나셔서 자신의 부활을 증거하신다. 이처럼 부활하신 예수는 오늘 우리의 삶 속에서도 자신의 부활하심을 여전히 증거하고 계신다.

말씀 연결(말 3장; 요 20장)_예비하심

▶일러두기

'도마'(요 20:25)는 예수님의 열 두 제자 중 하나로 갈릴리 출신 디두모라 불리기도 한다. 예수께서 베다니로 가고자 하실 때 함께 죽을 각오로 따라나설 정도로 열성적인 반면, 이성적이고 회의적인 성격 때문에 예수의 가르침의 진의를 깨닫지 못하는 단점을 가진 인물이다. 예수를 직접 만나 눈으로 보고 손으로 만져본 후에 예수를 하나님으로 고백했다.

31
Dec

무너짐과 다시 세우심

역대하 36장 | 요한계시록 22장 | 말라기 4장 | 요한복음 21장

대하 36장 유다 말기의 통치자들

묵상   유다가 무너지며 이를 다시 세우실 것을 약속하심

key word   36:4 여호야김 36:10 시드기야 36:14 제사장의 우두머리 36:22 바사

message   현군 요시야의 전사 이후 유다의 국운은 급격히 쇠락하기 시작한다. 외세
의 영향으로 여호아하스, 여호야김, 여호야긴 왕이 단명하고 시드기야 왕
에 이르러 유다는 멸망하고 만다. 그러나 오랜 세월이 지나 바사 제국이
중근동의 패권을 장악하자 고레스는 유다의 포로민을 본토로 귀환시킨
다. 저자는 신앙원리를 상기시키며 역대하를 마감한다.

계 22장 새 예루살렘과 지상에서의 간절한 소망

묵상   세우심의 완성은 예수님의 다시 오심

key word   22:1 생명수의 강 22:7 내가 속히 오리니 22:16 새벽 별 22:20 주 예수여
오시옵소서 22:21 은혜

message   요한계시록의 결론은 새 하늘과 새 땅에 대한 좀 더 확실한 보증과 함께
새 하늘과 새 땅에 대한 어린 양의 초대 및 그 나라의 조속한 도래를 바라
는 신앙인의 소망으로 구성되어 있다. 먼저 신천신지의 중심부인 새 예루
살렘의 생명수 강과 생명나무에 대해 소개한다. 이어서 본 계시의 진실
됨, 재림의 확실성과 임박성, 불신자들에 대한 경고, 새 예루살렘으로의
초대, 그리고 재림에 대한 성도의 강렬한 소망으로 성경 계시의 막이 내
려진다. 아멘 주 예수여 오시옵소서!

말씀 연결(대하 36장; 계 22장)_세우심

▶말씀기도

어떤 절망과 좌절감 속에서도 다시 세우시는 주님을 바라보고 다시 새롭게 하시는 주님께 소망
을 두고 일어서는 삶이기를 소원합니다.

말 4장   여호와께서 정하신 날

묵상   하나님을 경외하는 자를 치료하시는 하나님의 약속

key word   4:1 용광로 불 같은 날 4:2 공의로운 해 4:5 엘리야

message   말라기 선지자의 설교의 결론부로 장차 임할 의로운 해 곧 메시야와 그의
            출현에 앞서 준비하게 될 일꾼에 대한 내용이 소개된다. 특히 예언서의
            대결론부에 해당하는 4장은 하나님의 공의는 최종적으로 승리하고 악은
            패한다는 명쾌한 결론을 내리고 있다.

요 21장   부활을 증거하신 예수

묵상   부활하신 주의 명령을 통해 제자를 세워 가시는 모습

key word   21:2 다른 제자들 21:5 애들아 21:8 오십 칸쯤 21:11 백쉰세 마리 21:15
            내 어린 양을 먹이라 21:16 사랑하는 21:22 내가 올 때까지

message   앞에서 언급했던 부활을 다시 한번 언급한다. 특히 예수께서는 제자들을
            만나 친교를 나누시고, 자신을 세 번이나 부인했던 베드로에게 찾아오셔
            서 사랑을 확인하고 사명감을 불어넣어 주셨다. 이런 모습에서 우리는 예
            수께서는 사랑의 끈을 결코 놓지 않으실 뿐더러 사랑하는 자들을 통해서
            끊임없이 사명을 감당하게 하신다는 사실을 알 수 있다.

말씀 연결(말 4장; 요 21장)_치료와 세워가심

▶**일러두기**

'바사'(대하 36:22)는 바벨론을 멸망시키고 중근동의 패권을 차지한 페르시아 제국이다. 오늘날
의 이란이다. 고레스는 안산 왕 캄비세스 1세의 아들로 바사의 초대 임금이다. 관용 정책으로 방
대한 제국을 세웠다.